예기역주 2

禮記譯註 2

예기역주禮記譯註 2

초판 1쇄 인쇄 2024년 4월 21일
초판 1쇄 발행 2024년 4월 25일

지은이 / 정현鄭玄 주注, 진호陳澔 집설集說
옮긴이 / 김용천
인　쇄 / 북토리

펴낸곳 / 도서출판 동과서
경기 고양시 일산서구 송파로 151번길 24
등록번호 / 1996년 제22-405호

D.K.S. Publishing Co.
24, Songpa-ro 151 beon-gil, Ilsanseo-gu,
Goyang-si, Gyeonggi-do, Korea

전화 / (02)333-7533
팩스 / (02)6280-2353

값 45,000원

ISBN 978-89-6525-161-3 (94140)
978-89-6525-159-0 (세트)

잘못된 책은 교환해 드립니다.

예기역주 2

禮記譯註 2

정현鄭玄 주注 / 진호陳澔 집설集說

김용천 옮김

동과서

옮긴이 김용천:

동국대학교 대학원 사학과에서 석사 및 박사학위를 받았으며, 현재 대진대학교 역사문화콘텐츠학과 교수로 재직 중이다. 한대의 종묘제·상복례를 중심으로 예학을 연구하고 있다. 저서로 『전한후기 예제담론』, 『중국 고대 상복의 제도와 이념』(공저) 등이 있으며, 역서로 『중국 전근대 사상의 굴절과 전개』, 『중국의 공과 사』, 『후한 유교국가의 성립』, 『중국 사상문화 사전』, 『역주 주례주소(1)』(공역) 등이 있다. 「전한 원제기 위현성의 종묘제론」, 「『석거예론』의 분석과 전한시대 예치이념」, 「『순자』·『예기』 「왕제」의 예치구상」, 「북위 효문제 '삼년상'의 실체와 그 성격」, 「양진시대 '위인후자'의 복제 담론」, 「기장 '수복'의 규정과 예학적 논쟁」 등의 논문이 있다.

예기역주 서문

본 『예기역주』는 김용천, 박례경, 이봉규, 이원택, 장동우 다섯 사람이 권근權近(1352~1409)의 『예기천견록禮記淺見錄』을 역주하면서 함께 『예기』에 대한 연구와 역주를 진행하여 이룬 결과이다. 『예기천견록』은 이색李穡(1328~1396)의 유업을 이어받아 권근이 원대元代 학자 진호陳澔의 『예기집설禮記集說』을 바탕으로 이룬 주석서이다. 본 연구팀은 조선시대 내내 『예기집설대전禮記集說大全』이 『예기』의 대표적 주석서로 사용되었던 것을 고려하여, 경문 배치를 『예기집설대전』의 체제에 의거해서 구성하였다. 다만 「대학」과 「중용」은 『예기집설』에 없어 주희朱熹의 『대학장구大學章句』와 『중용장구中庸章句』를 새로 번역하여 넣었다. 그리고 십삼경주소본 『예기정의禮記正義』 가운데 정현鄭玄의 주注를 뽑아서 진호의 집설 앞에 배치하여 함께 완역하였다. 정현의 주는 한대漢代 예학 해석의 집성이라고 할 수 있고, 진호의 집설은 주자학의 입장에서 송대宋代 예설을 수렴한 것이라고 할 수 있다. 따라서 독자는 본 『예기역주』를 통해서 『예기』와 관련한 한대와 송대의 두 대표적 주석을 만나게 될 것이다.

역주에 참여한 다섯 사람의 『예기』에 대한 공동 강독과 역주, 연구는 『예기천견록』의 번역을 시작했던 2001년 이전으로 거슬러 올라간다. 다섯 사람 모두 학위 과정에서부터 삼례三禮와 예제禮制에 대한 연구에 종사해왔다. 김용천은 역사학 전공자로 한대 예학을 중심으로 중국 예제를 연구해왔다. 박례경은 철학 전공자로 『예기』에 대한 경학적 연구로 박사학위를 취득하였고, 중국과 한국의 예제와 예학 일반을 연구해왔다. 이봉규는 철학 전공자로 예설의 철학적 기반과 조선시대 예제에 대하여 연구해왔다. 이원택은 정치학 전공자로 조선 후기 예송을 중심으로 예설과 예제의 정치학적 맥락을 연구해왔다. 장동우는 철학 전공자로 조선 후기 예학의 변화와 조선시대 가례에 대하여 연구해왔다. 『예기』에 대한 공동 연구와 역주는 다섯 사람이 예학 관련 전공자로 성장하는 큰 바탕이 되었다.

다섯 사람은 함께 연구하는 과정에서, 한국연구재단의 지원을 받아 『의례儀禮』를 완역하여 2012년 8책의 『의례역주儀禮譯註』를 출간하였다. 그리고 『주례主禮』에 대한 역주를 김용천과 박례경 박사가 함께 진행하여 매년 『주례역주周禮譯註』가 순차적으로 출간되고 있다. 반면, 가장 먼저 역주를 시작한 『예기역주』는 이렇게 늦게야 독자에게 모습을 보이게 되었다. 늦게나마 출간하게 되어 만감이 교차하지만, 그 원인은 게으른 교열 때문으로 그 당사자의 한 사람으로서 사과드리지 않을 수 없다.

『예기역주』를 완역하는 동안 다섯 사람의 지식이 너무 부족하여 주변의 도움을 받지 않을 수 없었다. 『예기역주』 자체는 외부 지원 없이 다섯 사람의 공동 노력으로 이루어졌지만, 『예기천견록』 역주에 힘껏 지원해준 청명문화재단의 도움이 없었다면 어쩌면 이삭만 피고 결실을 맺지 못했을 것이다. 재단을 설립하신 청명 선생님과 재단에 깊은 감사를 드린다. 김유철 교수와 함께 『이십오사』의 『예악지』를 연구, 정리하고 역주하였던 김선민, 문정희, 방향숙, 최진묵, 홍승현 박사 이하 여러 선생님들로부터 중국 예학과 예제에 대한 무수한 정보들을 배울 수 있었다. 복식과 관련해서는 단국대 최연우 교수의 눈에 보일 듯한 설명이 또한 시야를 넓혀주었다. 장동우 교수의 주도로 올해 사업이 마무리된 『가례대전』 연구팀, 한재훈, 전성건, 김

윤정, 정현정, 박윤미, 차서연, 남경한, 김진우 선생님을 비롯해 여러 동학들의 지적을 통해 교정되었다. 이외에도 우리의 지식을 넓혀준 언급하지 못한 선생님들이 많다. 진심으로 감사드린다.

관혼상제를 비롯한 여러 예제와 세부 의절에 대하여 다양한 이야기가 『예기』에 담겨 있다. 대목마다 인류가 여러 환경에서 삶을 가꾸어갔던 곡절이 퇴적되어 있다. 청명 선생님은 당신을 매장하지 말라고 유언하셨고, 제자들은 그대로 따랐다. 그러나 기억하는 사람들에게 그리워하는 마음은 매장하던 시대의 사람들이 가졌던 것 못지않다. 그리워하는 마음을 어떻게 담아낼 것인가 하는 것은 우리가 빚어내는 방식에 달려 있다. 『예기』는 동아시아에서 인류가 빚어냈던 천고의 문양들로 우리를 안내해준다. 부디 독자가 그 문양을 완색하고 활용할 수 있기를 바란다.

번역은 생각보다 오역이 많다. 저술은 정보가 잘못되어도 맞지 않는 주장이라고 생각하면 되지만, 오역은 독자에게 오해를 야기한다. 그래서 번역은 끝이 나도 마음이 편치 않은 일이다. 여러 사람의 도움이 있었어도, 『예기역주』의 오역은 오로지 각 권을 맡은 역자의 책임이다. 단지 다섯 사람은 지적을 받고 고쳐서 더 나아지게 하리라는 마음을 늘 겸손하게 일관하겠다.

역자를 대표해

2024년 3월 1일

이봉규 삼가 적는다.

차례

예기역주 2

예기역주 1

곡례상曲禮上___곡례하曲禮下___단궁상檀弓上___단궁하檀弓下

예기역주 3

예기禮器___교특생郊特牲___내칙內則___옥조玉藻___명당위明堂位___상복소기喪服小記___대전大傳___소의少儀___학기學記

예기역주 4

악기樂記___잡기상雜記上___잡기하雜記下___상대기喪大記___제법祭法___제의祭義___제통祭統___경해經解___애공문哀公問___중니연거仲尼燕居___공자한거孔子閒居

예기역주 5

방기坊記___중용中庸___표기表記___치의緇衣___분상奔喪___문상問喪___복문服問___간전間傳___삼년문三年問___심의深衣___투호投壺___유행儒行___대학大學___관의冠義___혼의昏義___향음주의鄕飮酒義___사의射義___연의燕義___빙의聘義___상복사제喪服四制

일러두기

○ 본 『예기역주』는 진호陳澔의 『예기집설禮記集說』을 완역하고, 정현鄭玄의 주註를 완역하여 부가한 것이다. 체제는 『예기집설』의 경문, 정현의 주, 진호의 집설의 순으로 배치하였다. 아울러 『예기집설』에 없는 『대학大學』과 『중용中庸』 두 편은 주희의 『장구章句』와 정현의 주를 마찬가지 체제로 구성하여 부가하였다.

○ 본 번역의 주대본으로 『예기집설』은 보경문화사에서 1984년 영인한 『예기집설대전禮記集說大全』을, 정현의 주는 북경대학교 출판부에서 2000년 간행한 십삼경주소(정리본) 『예기정의禮記正義』를, 『대학장구』와 『중용장구』는 보경문화사에서 1990년 영인한 『대학大學·중용中庸 부언해附諺解』*를 사용하였다. 보조 대본으로 사고전서四庫全書를 이용하였다.

○ 본 번역의 권차卷次는 『예기집설대전』에 따라 30권 49편의 체제로 되어 있다.

○ 본 번역에서는 『예기집설대전』이 구분한 장차章次에 따라 일련번호를 붙였다. 예컨대, 번역문과 본문의 첫머리에 '【교특생 62】'로 되어 있는 것은 『예기집설대전』 「교특생」의 62번째 장이라는 뜻이다.

○ 『집설』에 성씨姓氏만으로 인용된 제유諸儒에 대한 정보를 제공하기 위해 「예기집설대전범례禮記集說大全凡例」를 책머리에 번역하여 실었고, 인용문이 사고전서四庫全書에서 분명하게 확인된 경우에는 괄호 속에 성명을 기입하였다.

○ 번역에서 경전이나 제자서 등을 인용한 경우에는 인용문을 번역하고 괄호 안에 원문을 수록하였다.

○ 각주에 수록된 도상 자료는 송宋 섭숭의聶崇義의 『삼례도三禮圖』, 청淸 『흠정의례의소欽定儀禮義疏』 「예기도禮器圖」, 청淸 황이주黃以周의 『예서통고禮書通考』, 1998년 강소고석출판사江蘇古籍出版社에서 간행한 전현錢玄의 『삼례사전三禮辭典』 등에서 해당 도상을 찾아 수록하였다.

○ 용어의 번역은 가독성을 높이기 위해 가능한 우리말로 번역하고 원문 용어를 병기하는 것을 원칙으로 하였다.

* 영조의 1758년 서문이 있는 내각장본을 경신년(1860, 1920)에 간행한 판본이다.

예기역주 권5

왕제 제5
王制

정현鄭玄의 『예기목록禮記目錄』에서 말한다. "「왕제王制」라고 제목을 붙인 것은 이 편이 선왕의 반작班爵·수록授祿·제사祭祀·양노養老의 법도를 기록하였기 때문이다. 이 편은 유향劉向의 『별록別祿』에서는 「제도制度」에 속해 있다." 鄭『目錄』云: "名曰「王制」者, 以其記先王班爵·授祿·祭祀·養老之法度. 此於『別錄』屬「制度」."

소疏에서 말한다. "「왕제」는 진秦나라와 한漢나라 사이에 지어졌다. 노식盧植[1]은 '한나라 문제文帝가 박사와 제생諸生에게 명하여 짓게 하였다'라고 하였다. 「王制」之作, 在秦漢之際. 盧植云: '文帝令博士諸生作.'"

【왕제 1】

왕자王者(천하에 왕이 된 자)의 제도에서 봉록과 작위[2]는 공公·후侯·백伯·자子·남男 등 모두 5등급이다.

王者之制, 祿爵, 公·侯·伯·子·男, 凡五等.

集說 『맹자』에 "천자가 하나의 작위고, 자子와 남男이 함께 하나의 작위

다"[3]라고 하였다. 『孟子』言: "天子一位, 子 · 男同一位."

【왕제 2】

제후의 경우, 상대부上大夫인 경卿,[4] 하대부下大夫, 상사上士, 중사中士, 하사下士 등 모두 5등급이다.

諸侯之上大夫卿 · 下大夫 · 上士 · 中士 · 下士, 凡五等.

鄭注 두 경우의 5등급은 오행五行의 강剛과 유柔 십일十日을 형상한 것이다.[5] '봉록'(祿)은 받아먹는 것이다. '작위'(爵)는 등급(秩次)이다. 상대부를 '경卿'이라고 한다. 二五, 象五行剛柔十日. '祿', 所受食. '爵', 秩次也. 上大夫曰'卿'.

集說 『맹자』에 "군주가 하나의 작위고, 모두 6등급이다"[6]라고 했다. ○ 소疏에서 말한다. "5등급인 것은 우虞 · 하夏 · 주周가 같다. 은殷에서는 3등급으로 공公 · 후侯 · 백伯이다." 『孟子』言: "君一位, 凡六等." ○ 疏曰: "五等, 虞 · 夏 · 周同. 殷三等, 公 · 侯 · 伯也."

【왕제 3】

천자의 전지(田)는 방方[7] 1000리고, 공公과 후侯[8]의 전지는 방 100리고, 백伯은 70리고, 자子와 남男은 50리다. 50리가 못되는 경우에는 천자에게 직접 조회하지 못하고 제후에게 의부하여 전한다. 이를 '부용附庸'(공로를 의부하여 전함)이라고 한다.

天子之田方千里,① 公·侯田方百里, 伯七十里, 子·男五十里. 不能五十里者, 不合於天子, 附於諸侯. 曰附庸.

鄭注 ① 해와 달의 크기를 본뜨고 또한 해그림자의 길이가 같은 것을 취하였다.[9] 이 경문은 직할지를 가리키는 것으로, 그 직할지로 공公·경卿·대부大夫·원사元士 등에게 녹봉을 준다. 象日月之大, 亦取晷同也. 此謂縣內, 以祿公·卿·大夫·元士.

集說 이것은 천자와 제후의 전지(田) 규모를 말한 것이다. '못된다'(不能)는 것은 부족하다(不足)는 뜻과 같다. '불합어천자不合於天子'는 천자의 조회에 참여하지 못한다는 말이다. 백성의 공로를 '용庸'이라 하는데, 그 공로功勞[10]가 대국에 의부하여 천자에게 전달되기 때문에 '부용附庸'이라 한다. 천자 이하에 대해서 모두 전지(田)로 말하고 땅(地)으로 말하지 않은 것은, 땅에는 산과 숲, 하천과 연못, 언덕과 늪, 험준한 땅과 평탄한 땅의 차이가 있기 때문이다. 만약 땅의 규모로 차이를 두고 전지의 규모는 고려하지 않는다면, 정전井田의 경작지가 균등하지 못하게 되고 곡록穀祿[11]이 공평하지 못하게 된다. 리里를 계산하는 방법에는 두 가지가 있다. 전지를 나누는(分田) 경우의 리는 방方(사면의 길이)으로 계산한다. 이를 테면 "방 1리가 1정井이다"[12]라고 한 것이 여기에 해당된다. 복服을 나누는 것(分服)[13]으로서의 리는 무袤(한 면의 길이)로 계산한다. 이를 테면 "25가家가 1리里가 된다"[14]라고 한 것이 여기에 해당된다. 뒤 장에서 "방 천 리는 전지 9만 묘畝가 된다"고 한 것은 방으로 계산한 것이요, "항산恒山[15]에서 남하南河[16]까지는 천 리 가까이 된다"고 한 것은 무로 계산한 것이다. 복을 나눌 때에는 거리의 원근을 계산해서 조공의 등급을 정하고, 전지를 나눌 때에는 전지의 면적을 계산해서 부세와 봉록의 제도를 수립한다. 이렇게 하는 것은 균

등하고 공평하게 하기 위한 것이다. 此言天子・諸侯田里之廣狹. '不能', 猶不足也. '不合於天子'者, 不與王朝之聚會也. 民功曰'庸', 其功勞附大國, 而達於天子, 故曰'附庸'. 天子以下, 皆言田而不言地者, 以地有山林・川澤・原隰・險夷之不同. 若限以地里而不計田里, 則井地不均, 穀祿不平矣. 里數有二. 分田之里以方計. 如"方里而井"是也. 分服之里以袤計. 如"二十五家爲里"是也. 後章言"方千里者, 爲田九萬畝", 此以方計者也; "自恒山至于南河, 千里而近", 此以袤計者也. 分服則計道里遠近, 以爲朝貢之節, 分田則計田畝多寡, 以爲賦祿之制. 此所以爲均平也.

【왕제 4】

천자의 삼공三公이 받는 전지田地는 공公과 후侯에 준하고, 천자의 경卿은 백伯에 준하고, 천자의 대부大夫는 자子와 남男에 준하고, 천자의 원사元士는 부용附庸에 준한다.

天子之三公之田視公・侯, 天子之卿視伯, 天子之大夫視子・男, 天子之元士視附庸.

鄭注 모두가 별의 크고 작은 것을 본뜬 것이다. '모이지 못한다'(不合)는 것은 조회에 참여하지 못함을 말한다. 작은 성城을 '부용附庸'이라고 한다. 부용의 나라는 나랏일을 대국에 의부하여 전달하고 자신의 나라 이름으로 통하지 못한다. '시視'는 비견한다는 뜻과 같다. '원元'은 뛰어나다는 뜻이다. '뛰어난 사'(善士)란 작명을 받은 사士를 가리킨다. 이 전지는 은殷나라가 하夏나라의 작록 3등급 제도를 이어받은 것이다. 은나라에는 귀후鬼侯와 매백梅伯이 있었다. 공자가 『춘추』에서 주나라가 중시하였던 문文을 변화시켜 은나라가 중시하였던 질質를 따라, 백伯・자子・남男을 합하여 하나로

삼았으니, 은나라 작위 3등급은 공公·후侯·백伯이다.[17] 직할지 안의 작위를 자子라고 부른 것과 달리한 것이다. 주나라 무왕武王이 천하를 평정한 초기, 다시 5등급의 작위를 수립하여 자子와 남男을 추가하였으나 여전히 은나라의 전지제도를 이어받았으니 9주의 강역이 아직 좁았기 때문이다. 주공周公이 섭정하여 태평太平의 정치를 실현하면서 9주의 강역을 확대하고 예제禮制를 제정하여 무왕의 뜻을 이루었다. 그리하여 천하에 왕 노릇 하였던 자의 후손[18]을 공公으로 분봉하고, 공로가 있는 제후諸侯들에 대하여 공로가 큰 자에겐 방方 500리의 땅을 분봉하고, 그 다음은 후侯로 400리의 땅을 분봉하고, 그 다음은 백伯으로 300리의 땅을 분봉하고, 그 다음은 자子로 200리의 땅을 분봉하고, 그 다음은 남男으로 100리의 땅을 분봉하였다. 귀속해온 은나라의 제후들에게도 역시 공로에 따라 작록을 올리고 내리고 하였다. 여기에 해당되지 않는 일반 제후들에게는 모두 땅을 늘려주어 100리가 되게 하였다. 그러므로 주나라 시대에는 작위는 높지만 강역이 작은 제후국과 작위는 낮지만 강역은 큰 제후국이 있었다. 오직 천자의 직할지는 봉지를 넓혀주지 않고 신하들에게 봉록을 주었는데, 백성을 친히 다스리는 일을 위주로 하지 않기 때문이었다. 皆象星辰之大小也. '不合', 謂不朝會也. 小城曰'附庸.' 附庸者, 以國事附於大國, 未能以其名通也. '視', 猶比也. '元', 善也. '善士', 謂命士也. 此地, 殷所因夏爵三等之制也. 殷有鬼侯·梅伯. 『春秋』變周之文, 從殷之質, 合伯·子·男以爲一, 則殷爵三等者, 公·侯·伯也. 異畿內謂之子. 周武王初定天下, 更立五等之爵, 增以子·男, 而猶因殷之地, 以九州之界尙狹也. 周公攝政致太平, 斥大九州之界, 制禮成武王之意. 封王者之後爲公, 及有功之諸侯, 大者地方五百里, 其次侯四百里, 其次伯三百里, 其次子二百里, 其次男百里. 所因殷之諸侯, 亦以功黜陟之. 其不合者, 皆益之地爲百里焉. 是以周世有爵尊而國小, 爵卑而國大者. 唯天子畿內不增, 以祿群臣, 不主爲治民.

集說 이것은 천자의 조정에서 작위가 있는 자의 전지를 말한 것으로, 또한 『맹자』에서의 설명과 다르다.[19] ○ 방씨方氏는 말한다. "삼공三公 이하는 천자의 직할지(畿內)에서 채읍采邑을 받는데, 그 봉록의 정도는 직할지 밖에 있는 제후의 등급 - 공公 · 후侯 · 백伯 · 자子 · 남男 - 에 맞추어 차등을 둔다. '원사元士'는 상사上士를 말하는데, 원자元子 · 원후元侯와 더불어 '원元'이라고 칭하는 것이 같다. 중사中士와 하사下士를 말하지 않았으니, 부용에 준해서 전지를 받는 것은 상사뿐이다." 此言王朝有位者之田, 亦與『孟子』不同. ○ 方氏曰: "三公而下, 食采邑於畿內, 祿之多少以外諸侯爲差. '元士', 上士也, 與元子 · 元侯稱元同. 不言中士 · 下士, 則視附庸惟上士也."

【왕제 5】

왕자王者의 제도에서 농부의 전지田地는 100묘이다. 100묘를 나누어주는데, 상농부上農夫는 9인을 부양할 수 있고, 그 다음은 8인을 부양할 수 있고, 그 다음은 7인을 부양할 수 있고, 그 다음은 6인을 부양할 수 있으며, 하농부下農夫는 5인을 부양할 수 있다. 서인으로서 관직에 있는 자도, 그 봉록은 이것을 기준으로 삼아 차등을 둔다.
制, 農田百畝. 百畝之分, 上農夫食[20]九人, 其次食八人, 其次食七人, 其次食六人, 下農夫食五人. 庶人在官者, 其祿以是爲差也.

鄭注 농부는 모두 공公으로부터 전지를 받는다. 전지의 비옥도는 5등급이 있어 수확량이 다르다. '서인으로서 관직에 있는 사람'(庶人在官)은 부府와 사史 등의 관리로 부서의 우두머리가 임명하고 천자나 국군으로부터 임명받지 않는 이들을 가리킨다. '분分'은 어떤 본에는 '분糞'으로 되어 있다. 農

夫皆受田於公. 田肥墽有五等, 收入不同也. '庶人在官', 謂府・史之屬, 官長所除, 不命於天子國君者. '分'或爲'糞'.

集說 이는 서인이 받는 전지를 말한 것이다. 정전제에서 한 가장은 100묘를 받는데, 기름진 땅은 상농의 전지가 되고 척박한 땅은 하농의 전지가 된다. 그러므로 부양할 수 있는 가족 수에 많고 적은 차이가 있다. 부府・사史・서胥・도徒[21] 등은 모두 서인庶人으로서 관직에 있는 자들이다. 그들의 봉록은 상농에서 하농까지의 차이를 기준으로 삼아 차등을 둔다. 많이 받는 자라도 9인을 부양할 수 있는 봉록을 초과할 수 없고, 적게 받는 자라도 5인을 부양할 수 있는 봉록보다 적어서는 안 되며, 그들의 관직의 높고 낮음에 따라 5등급의 차등을 둔다. 此言庶人之田. 井田之制, 一夫百畝, 肥饒者爲上農, 墝瘠者爲下農. 故所養有多寡也. 府・史・胥・徒之屬, 皆庶人之在官者. 其祿以農之上下爲差. 多者不得過食九人之祿, 寡者不得下食五人之祿, 隨其高下爲五等之多寡也.

【왕제 6】

제후의 하사下士는 상농부에 준하니, 그 봉록이 상농부가 경작해서 얻는 수입을 대신하기에 충분하다. 중사中士는 하사의 2배이고, 상사上士는 중사의 2배이며, 하대부下大夫는 상사의 2배이다. 경卿의 봉록은 대부大夫의 4배이고, 군주의 봉록은 경의 10배이다.
諸侯之下士視上農夫, 祿足以代其耕也. 中士倍下士, 上士倍中士, 下大夫倍上士. 卿四大夫祿, 君十卿祿.

集說 이것은 대국의 경우를 말한 것이다. '상농부에 준한다'(視上農夫)는 것은 9인을 부양할 수 있는 봉록을 받는다는 것이다. 此言大國也. '視上農夫'者,

得食九人之祿也.

【왕제 7】

차국次國(대국에 다음가는 나라)의 경우 경卿은 그 봉록이 대부大夫의 3배이고, 군주의 봉록은 경의 10배이다. 소국小國의 경우 경은 그 봉록이 대부의 2배이고, 군주는 그 봉록이 경의 10배이다.

次國之卿, 三大夫祿, 君十卿祿. 小國之卿, 倍大夫祿, 君十卿祿.

鄭注 이것은 등급에 따른 녹봉의 높고 낮은 차이를 말한 것이다. 此班祿尊卑之差.

集說 정자程子는 말한다. "맹자의 시대는 선왕의 시대와 멀지 않으며, 문적文籍도 아직 진秦의 분서焚書를 겪지 않았는데도, 작위와 봉록을 규정하는 제도에 대해서는 이미 그 상세한 내용을 전해 듣지 못하였다. 오늘날 전해지는 예에 관한 글들은 모두 진의 분서로 타고 남은 것들을 주워 모은 것인데, 그 중에는 한대의 유자들이 일시적으로 견강부회한 것에서 나온 것이 많다. 그러니 어찌 모두 믿고서 구절마다 밝히고자 하겠는가? 따라서 그 사실은 본래부터 하나하나 소급하여 복원시킬 수 없는 것이다."[22] ○ 주자朱子는 말한다. "『맹자』의 이 장에서 말하는 설은 『주례』나 『예기』의 「왕제王制」와 다르다. 대개 상고할 수 없으니 보류해두는 것이 낫다."[23] ○ 방씨方氏(방각方慤)[24]는 말한다. "차국과 소국에서 대부大夫와 사士의 경우를 말하지 않았으니, 그 차등이 대국의 경우와 같음을 알 수 있다. 경卿 이상에 대해서는 세 등급의 나라가 (차등의 비율을) 각기 달리하였고, 대부 이하에 대해서는 세 등급의 나라가 모두 같이하였다. 이는 경 이상은 그 봉

록이 점차 많아지므로 차등의 비율을 줄이지 않는다면 토지의 수입으로 봉록을 지급할 수 없으며, 대부 이하는 그 봉록이 점차 적어지므로 이 역시 줄이게 되면 신하들이 가족을 부양할 수 없기 때문이다. 이것이 차등의 비율이 같기도 하고 다르기도 한 까닭이다." 程子曰: "孟子之時, 去先王未遠, 載籍未經秦火, 然而班爵祿之制, 已不聞其詳. 今之禮書, 皆掇拾於煨燼之餘, 而多出於漢儒一時之傅會. 奈何欲盡信而句爲之解乎? 然則其事固不可一一追復矣." ○ 朱子曰: "『孟子』此章之說, 與『周禮』·「王制」不同. 蓋不可考, 闕之可也." ○ 方氏曰: "次國·小國不言大夫·士者, 多寡同於大國, 可知. 由卿而上, 三等之國所異, 由大夫而下, 三等之國所同者. 蓋卿而上, 其祿浸厚, 苟不爲之殺, 則地之所出, 不足以供, 大夫而下, 其祿浸薄, 苟亦爲之殺, 則臣之所養, 不能自給. 此所以多寡或同或異也."

【왕제 8】

차국次國의 상경上卿은, 그 지위가 대국大國의 중경中卿에 상당하고, 중경은 하경下卿에 상당하며, 하경은 상대부上大夫에 상당한다. 소국小國의 상경은 그 지위가 대국의 하경에 상당하고, 중경은 상대부에 상당하며, 하경은 하대부下大夫에 상당한다.[25]

次國之上卿, 位當大國之中, 中當其下, 下當其上大夫. 小國之上卿, 位當大國之下卿, 中當其上大夫, 下當其下大夫.

鄭注 이 부분은 제후가 경과 대부를 조빙覜聘[26]의 사신으로 보내서 함께 모였을 때의 서열을 말한 것이다. 빙문 간 사신 사이에 작위가 같을 경우 소국小國의 사신이 아래에 위치하고, 작위가 높으면 물론 위에 위치한다. 此諸侯使卿·大夫覜聘並會之序也. 其爵位同, 小國在下, 爵異, 固在上耳.

集說 이는 세 등급의 나라에서, 그 경과 대부가 부빙頫聘[27]의 예로 함께 모였을 때 존비의 순서가 이와 같음을 말한 것이다. 정현鄭玄은 "작위가 같을 경우 소국의 사신이 아래에 위치한다"고 했다. 이는 두 사람이 똑같이 경卿이라면 소국의 경이 대국의 경 아래에 위치한다는 뜻이다. (정현이 말한) "작위가 높으면 물론 위에 자리한다"는 것은, 만약 대국이 대부이고 소국이 경이라면 (소국의 경이) 대국의 대부 위에 위치한다는 뜻이다. 此言三等之國, 其卿・大夫頫聘並會之時, 尊卑之序如此. 鄭云"爵位同則小國在下." 謂二人同是卿, 則小國卿在大國卿之下. "爵異, 固在上"者, 謂若大國是大夫, 小國是卿則位於大國大夫之上也.

【왕제 9】

중사中士와 하사下士[28]가 있는 경우, 그 반열班列 위차位次의 수數는 각각 바로 위 등급 나라의 3분의 2에 상당한다.[29]

其有中士・下士者, 數各居其上之三分.

鄭注 개介(사신 측의 부관)의 직을 수행하는 자가 혹 단독으로[30] 갔는데 (타국에서 사신으로 온 개와) 함께 모인 경우이다. '거居'는 상당한다는 뜻과 같다. 이것은 대국大國을 기준으로 말한 것으로, 대국의 사士는 상사上士가 되고 차국次國의 사는 중사中士가 되고 소국小國의 사는 하사下士가 된다. 사士의 수는 나라마다 모두 27인으로 각각 3등급으로 나누면 상사가 9인, 중사가 9인, 하사가 9인인데, 지위로 서로 상당시키면 차국의 상사는 대국의 중사에 상당하고, 중사는 하사에 상당하고, 소국의 상사는 대국의 하사에 상당한다. 무릇 작명을 받은 사士가 아니면 또한 국경을 나가 모이

는 일이 없다. 『춘추공양전』에 (사신으로 파견된) 사士를 '미천한 사람'(微)이라고 하였다.31) 謂其爲介, 若特行而並會也. '居', 猶當也. 此據大國而言, 大國之士爲上, 次國之士爲中, 小國之士爲下. 士之數, 國皆二十七人, 各三分之, 上九·中九·下九, 以位相當, 則次國之上士當大國之中, 中當其下, 小國之上士當大國之下. 凡非命士, 亦無出會之事. 『春秋傳』謂士爲'微'.

集說 정씨鄭氏(정현鄭玄)는 말한다. "개介(사신 측의 부관)의 직을 수행하는 자가 혹 단독으로 갔는데 (타국에서 사신으로 온 개와) 함께 모인 경우이다. '거居'는 상당한다는 뜻과 같다. 이것은 대국을 기준으로 말한 것으로, 대국의 사士는 상사가 되고 차국의 사는 중사가 되고 소국의 사는 하사가 된다. 사士의 수는 나라마다 모두 27인으로 각각 3등급으로 나누면 상사가 9인, 중사가 9인, 하사가 9인이 된다." ○ 소疏에서 말한다. "이제 대국의 사가 이미 수가 정해져서 조회朝會에 참여하고 있을 때 중국中國(중간 정도 되는 나라)의 사와 소국小國의 사가 참여할 경우, 그 반열 위차의 수는 각각 위 등급 나라의 3분의 2의 위차에 상당한다. 말하자면 차국次國은 대국大國을 위 등급의 나라로 간주하는데 차국의 상사上士 9인은 대국의 중사中士 9인에 상당하고, 차국의 중사 9인은 대국의 하사下士 9인에 상당한다. 이것이 각각 대국의 3분의 2에 상당하는 것이다. 소국小國은 차국을 위 등급의 나라로 삼는다. 소국의 상사 9인은 차국의 중사 9인에 상당하고, 소국의 중사 9인은 차국의 하사 9인에 상당한다. 이 역시 위 등급 나라의 3분의 2에 상당하는 것이다. 이것이 '각각 위 등급 나라의 3분에 상당한다'(各居上之三分)는 것이다. 鄭氏曰: "謂其爲介, 若特行而並會也. '居', 猶當也. 此據大國而言, 大國之士爲上, 次國之士爲中, 小國之士爲下. 士之數, 國皆二十七人, 各三分之, 上九·中九·下九." ○ 疏曰: "今大國之士, 旣定在朝會, 若有中國之士·小國之士者, 其行位之數, 各居其上國三分之二. 謂次國以大國爲上, 而次國上九當大國中九, 次國中九當大

國下九. 是各當其大國三分之二. 小國以次國爲上. 小國上九當次國中九, 小國中九當次國下九. 亦是居上三分之二也. 是'各居上之三分'.

【왕제 10】

전체 사해 안은 9주州로 하나의 주는 방 1,000리다. 하나의 주에 100리 되는 나라 30개, 70리 되는 나라 60개, 50리 되는 나라 120개를 세우니, 모두 210개의 나라가 된다. 명산名山과 대택大澤은 봉지로 주지 않으며, 그 밖의 남는 땅으로 부용과 한전間田[32]을 삼는다. 8주에, 주마다 210개의 나라를 세운다.

凡四海之內九州, 州方千里. 州建百里之國三十, 七十里之國六十, 五十里之國百有二十, 凡二百一十國. 名山·大澤不以封, 其餘以爲附庸·間田. 八州, 州二百一十國.

鄭注 '건建'은 세운다는 뜻이다. 대국大國으로 세운 것이 30개국인 것은 삼공三公에 준하여 10배의 개수로 세웠기 때문이다. 차국次國으로 세운 것이 60개국인 것은 육경六經에 준하여 10배의 개수로 세웠기 때문이다. 소국小國으로 세운 것이 120개국인 것은 12소경小卿에 준하여 10배의 개수로 세웠기 때문이다. '명산과 대택은 봉지로 주지 않는다'(名山·大澤不以封)는 것은 백성들이 재화를 함께 취하는 것이어서 제후가 독점적으로 관리하지 못하게 하고 다만 (그곳에서 재화를 취하는 백성들에게) 부세賦稅를 부과할 뿐임을 말한다. 이 땅의 전체 경계가 방 3,000리인데 3을 세 번 더하면 9가 되니 방 1,000리 되는 지역이 9개가 된다. 그 하나가 천자의 현내縣內(직할지)가 되고 나머지 8개의 지역에 각각 하나의 주州를 세우는 것, 이것은 은

殷나라의 제도이다. 주공이 예禮를 제정할 때 9주의 전체 경계가 방 7,000리였는데 7을 일곱 번 더하면 49가 되므로 방 1,000리의 지역이 49개였다. 그 하나가 천자의 기내畿內(직할지)가 되고 나머지 지역이 48개가 되는데, 8주州에 각각 방 1,000리가 되는 지역을 6개씩 가지게 하였다. 이론상으로는 1주에 방 500리 되는 나라를 분봉함에 4개가 넘지 않게 하고, 대국大國이라고 한다. 또한 방 400리 되는 나라를 분봉함에 6개를 넘지 않게 하고, 방 300리 되는 나라를 분봉함에 11개를 넘지 않게 하고서 차국次國이라고 한다. 또한 방 200리 되는 나라를 분봉함에 25개를 넘지 않게 하고 나머지 방 100리 되는 나라와 함께 소국小國이라고 한다. 위 네 등급의 수를 합치면 모두 46이 된다. 1주에 210개국이 있으므로 나머지 방 100리 되는 나라가 164개가 된다. 무릇 나라가 있는 땅이 방 1,000리 5개이고 방 100리 59개이며 그 외 방 100리 41개의 땅이 부용附庸국의 땅이 된다. '建', 立也. 立大國三十, 十三公也. 立次國六十, 十六卿也. 立小國百二十, 十二[33]小卿也. '名山·大澤不以封'者, 與民同財, 不得障管, 亦賦稅之而已. 此大界方三千里, 三三而九, 方千里者九也. 其一爲縣內, 餘八各立一州, 此殷制也. 周公制禮, 九州大界方七千里, 七七四十九, 方千里者四十有九也. 其一爲畿內, 餘四十八, 八州各有方千里者六. 設法, 一州封地方五百里者不過四, 謂之大國. 又封方四百里者不過六, 又封方三百里者不過十一, 謂之次國. 又封方二百里者不過二十五, 及餘方百里者, 謂之小國. 盈上四等之數, 幷四十六. 一州二百一十國, 則餘方百里者百六十四也. 凡處地方千里者五, 方百里者五十九, 其餘方百里者四十一, 附庸地也.

集說 '9주九州'는 왕기王畿(천자의 직할지)까지 포함해서 말하는 것이다. 이곳에서는 1개 주마다 수용할 수 있는 것이 이와 같음을 말했는데, 모두 8개 주로 나머지에 대해서도 이를 준해서 미루어 적용하니, 모두 기외畿外(천자의 직할지 이외의 땅)의 제도를 말하는 것이다. 아래 경문에서 비로소 천

자의 기내畿內 제도를 말한다. '九州', 幷王畿而言. 此但言每一州所可容者如此, 凡八州, 餘以例推, 皆言畿外之制. 下文始言天子畿內之制也.

【왕제 11】

천자의 현내縣內[34]에는, 방 100리 되는 나라가 9개, 70리 되는 나라 21개, 50리 되는 나라 63개로 모두 93개의 나라가 있다. 명산名山과 대택大澤은 분급하지 않으며, 그 밖의 남는 땅은 사士의 녹봉으로 주어 한전閒田으로 삼게 한다.

天子之縣內, 方百里之國九, 七十里之國二十有一, 五十里之國六十有三, 凡九十三國. 名山·大澤不以朌, 其餘以祿士, 以爲閒田.

鄭注 '현내縣內'는 하夏나라 때 천자가 거주하는 주州의 지역 명칭이다. 은나라에서는 명칭을 '기畿'라고 불렀으니 『시詩』「상송商頌·현조玄鳥」에 "나라의 기내 천 리, 백성이 거주하는 땅이로다"라고 하였다. 주周나라에서도 또한 '기畿'라고 불렀다. 기내畿內에 대국大國이 9개인 것은 그 가운데 삼공三公에게 분급하는 전지가 3개인데 치사致仕하는 이가 있으면 보조해주기 위하여 6개가 되고, 나머지 3개는 천자의 자제子弟를 분봉하는 데 대비하기 때문이다. 차국次國이 21개인 것은 경卿에게 분급하는 전지가 6개인데 역시 치사하는 이가 있으면 보조해주기 위하여 12개가 되고 또한 3개는 삼고三孤에게 분급하는 전지이며, 그 나머지 6개는 천자의 자제를 분봉하는 데 대비하기 때문이다. 소국小國이 63개인 것은 대부大夫에게 분급하는 전지가 27개인데 치사하는 이가 있으면 보조해주기 위하여 54개가 되고 그 나

머지 9개는 역시 천자의 자제를 분봉하는 데 대비하기 때문이다. 삼고三孤의 전지에 대하여 (치사致仕한 뒤에) 보조해주지 않는 것은 그 자리가 고유한 직무 없이 공公을 도와 도道를 논할 뿐이어서, 비록 치사致仕하여도 계속 조정에 나아가서 일을 도모할 수 있기 때문이다. '반肦'은 '반班'(나누어주다)으로 읽는다. '縣內', 夏時天子所居州界名也. 殷曰'畿',『詩』「殷頌」曰: "邦畿千里, 維民所止." 周亦曰'畿'. 畿內大國九者, 三公之田三, 爲有致仕者副之爲六也, 其餘三, 待封王之子弟. 次國二十一者, 卿之田六, 亦爲有致仕者副之爲十二, 又三爲三孤之田, 其餘六, 亦待封王之子弟. 小國六十三, 大夫之田二十七, 亦爲有致仕者副之爲五十四, 其餘九, 亦以待封王之子弟. 三孤之田不副者, 以其無職, 佐公論道耳, 雖其致仕, 猶可卽而謀焉. '肦'讀爲'班'.

集說 정현의 주에서 말했다. "기내畿內에 대국을 9개로 한 것은, 3개는 삼공三公에게 분급하는 전지고, 또 3개는 삼공에서 치사致仕하는 이에게 분급하는 전지며, 나머지 3개는 천자의 자제를 분봉할 경우를 대비한 것이다. 차국을 21개로 한 것은, 6개는 육경六卿에게 분급하는 전지고, 또 6개는 육경에서 치사하는 이에게 분급하는 전지고, 또 3개는 삼고三孤[35]에게 분급하는 전지고, 나머지 6개는 역시 천자의 자제를 분봉할 경우를 대비한 것이다. 소국을 63개로 한 것은, 27개는 대부에게 분급하는 전지인데 대부에서 치사하는 이에게 분급하는 전지까지 합해서 모두 54개이고, 나머지 9개는 역시 천자의 자제를 분봉할 경우를 대비한 것이다. 삼고三孤는 정해진 직무가 없어서 치사한 뒤에도 계속 조정에 나아가서 일을 도모할 수 있기 때문에 그 전지를 보조해주지 않는다." 내(진호)가 생각하건대 이것은 명확한 증거가 없으니, 모두 정현의 개인적 견해이다. 더구나 주周나라 제도에서 육경六卿은 공公과 고孤를 겸직하였으므로, 정현의 설대로라면 남는 전지가 오히려 많았겠지만, 주공周公과 소공召公의 지자支子로서 주나라에 살

았던 이들은 모두 작위와 봉록을 세습하였으니 정현의 설대로라면 여러 대에 걸친 천자의 자제들이 반드시 모두 봉지를 받을 수는 없었을 것이다. ○ 소疏에서 말한다. "기외畿外의 제후에게는 천자가 나라를 분봉하여 세워주는(封建) 의리가 있기 때문에 '분봉하지 않는다'(不以封)라 하였고, 기내의 신하에게는 작위를 세습하지 못하고 천자가 녹봉을 분급해주는 의리가 있기 때문에 '분급하지 않는다'(不以朌)라고 하였다." ○ 주자는 말한다. "여러 유자들이 단지 이러한 식으로 계산한 것일 뿐, 실상은 그렇지 않을 것이다. 나라를 세울 때에는 반드시 산천의 형세에 따라서 하는 것이지 자른 듯이 정방으로 할 수 있는 이치는 없다." 또 말했다. "오늘날에 이를 시행하는 것이 불가능할 뿐 아니라, 옛날에서 상고해보아도 역시 밝히기 어려운 점이 있다."36) ○ 석량왕씨石梁王氏가 말했다. "천자의 현내縣內에서 분봉되는 땅이 3분의 1 혹은 2분의 1에다가, 또 산천 · 성곽 · 도로 · 관개시설 등까지 제외하면, 왕실을 봉양할 땅이 얼마나 되겠는가?" 鄭注"畿內九大國者, 三爲三公之田, 又三爲三公致仕者之田, 餘三待封王之子弟也. 次國二十一者, 六爲六卿之田, 又六爲六卿致仕者之田, 又三爲三孤之田, 餘六亦待封王子弟也. 小國六十二者, 二十七大夫之田, 幷大夫致仕之田, 共五十四, 餘九亦待封王子弟也. 三孤無職, 雖致仕, 猶可卽而謀, 故不副." 愚意此無明證, 皆鄭氏臆說. 況周制六卿兼公 · 孤, 則所餘之田尙多, 然如周 · 召之支子在周者, 皆世爵祿, 則累朝之王子弟, 未必能盡有所封也. ○ 疏曰: "畿外諸侯, 有封建之義, 故云'不以封', 畿內之臣, 不世位, 有朌賜之義, 故云'不以朌'." ○ 朱子曰: "恐只是諸儒做箇如此筭法, 其實不然. 建國, 必因山川形勢, 無截然可方之理." 又曰: "非惟施之當今, 有不可行, 求之昔時, 亦有難曉." ○ 石梁王氏曰: "天子縣內以封者, 或三分之一, 或半之, 又除山川 · 城郭 · 塗巷 · 溝渠, 則奉上者, 幾何?"

【왕제 12】

무릇 9주에는 1,773개국의 나라가 있는데, 천자의 원사元士와 제후의 부용附庸은 여기에 포함되지 않는다.

凡九州, 千七百七十三國, 天子之元士 · 諸侯之附庸, 不與.

鄭注 '포함되지 않는다'(不與)는 것은 그 수에 들지 않는다는 뜻이다. 『춘추전』에 "우禹왕이 도산塗山에서 제후들을 조회하였는데 옥玉을 든 이와 백帛을 든 이들이 일만 개의 나라에 이르렀다"[37]라고 하였다. 옥玉과 백帛을 들었다고 하였으니 이는 오직 중국中國을 가리킨다. 중국으로 만개의 나라라고 하였으니 이는 제후의 땅이 방 100리인 자, 방 70리인 자, 그리고 방 50리인 자가 있는 것이다. 우가 요와 순을 계승하였기 때문에 그러한 것이다. 요복要服 이내로 땅이 방 7,000리이므로 충분히 수용할 수 있다. 하夏나라가 말기에 쇠약해지자 오랑캐들이 침략해오고 제후가 서로 병탄하면서 토지가 줄고 나라의 수도 적어졌다. 은의 탕湯왕이 이어받아 다시 중국의 방 3,000리의 경계를 정비하고 또한 9주로 나누어 이 1773개의 나라를 건설하였다. 주공이 당唐과 우虞의 옛 영역을 회복하여 오복五服을 9개로 나누자 그 요복 이내가 또한 방 7,000리였는데 은殷나라 제후의 수를 그대로 따르면서 그 땅을 넓혀주고 그 작위를 증가시켰던 것이다. 『효경설』에 "주周나라의 1800제후가 5000리 안에 포진해 있다"라고 하였다. 이 『효경설』의 말은 주나라의 법을 개정한 것으로 번성하였을 때와 쇠약하였을 때의 중간 곧 3,000리와 7,000리의 중간에 관련지어 설을 만든 것이다. 이 설의 의도를 다하면, 5를 다섯 번 더하여 25가 되므로 방 1,000리인 나라가 25개 되는데, 그 하나가 기내畿內가 되고 나머지 24주州는 각각 방 1,000리인 지역을 3개씩 지닌다. 그 나머지 제후의 땅에 대해서는 그 크기가 어떻게 되

는지 아직 듣지 못하였다. '不與', 不在數中也. 『春秋傳』云: "禹會諸侯於塗山, 執玉帛者萬國." 言執玉帛, 則是惟謂中國耳. 中國而言萬國, 則是諸侯之地有方百里, 有方七十里, 有方五十里者. 禹承堯舜而然矣. 要服之內, 地方七千里, 乃能容之. 夏末既衰, 夷狄內侵, 諸侯相幷, 土地減, 國數少. 殷湯承之, 更制中國方三千里之界, 亦分爲九州, 而建此千七百七十三國焉. 周公復唐虞之舊域, 分其五服爲九, 其要服之內, 亦方七千里, 而因殷諸侯之數廣其土, 增其爵耳. 『孝經說』曰: "周千八百諸侯, 布列五千里內." 此文改周之法, 關盛衰之中, 三七之間以爲說也. 終此說之意, 五五二十五, 方千里者二十五, 其一爲畿內, 餘二十四州, 各有方千里者三. 其餘諸侯之地, 大小則未得而聞.

集說 9주州에 걸쳐 1,773개국이 있다는 것은, 안의 1주가 왕기王圻가 되어 93개국을 포함하고, 밖의 8주가 1,680개국을 포함하여, 기내畿內와 함께 1,773개국이 되기 때문이다. 원사元士와 부용附庸이 포함되지 않는 것은, 위 경문에서 계산한 것으로는 50리까지 한하는데 원사와 부용은 모두 50리가 되지 못하기 때문에 포함되지 않는 것이다. ○ 석량왕씨石梁王氏는 말한다. "정현鄭玄의 주註에서 1,800개국이라는 설을 인용하면서 '하夏나라의 제도는 요복要服[38] 이내가 7,000리다'라고 하였는데, '오복五服 5,000리'[39]라는 말과는 합치되지 않는다." 九州而千七百七十三國者, 內一州爲王圻, 容九十三國, 外八州容一千六百八十國, 幷畿內爲千七百七十三國也. 元士·附庸不與者, 以上文所算止五十里, 而元士·附庸, 皆不能五十里, 故不與也. ○ 石梁王氏曰: "註引千八百國之說, 謂'夏制要服內七千里', 與'五服五千'之言, 不合."

【왕제 13】

천자의 경우, 백 리 안에서 거둔 조세로 관부의 비용(官)에 공급하고,

천 리 안에서 거둔 조세로 천자가 사용하는 비용(御)에 충당한다.

天子, 百里之內以共官, 千里之內以爲御.

鄭注 이 전지의 전세로 공급하는 바를 말한 것이다. '관官'은 문서文書와 재용財用을 가리킨다. '어御'는 의복과 음식을 가리킨다. 謂此地之田稅所給也. '官', 謂其文書・財用也. '御', 謂衣食.

集說 '공관共官'은 왕조의 모든 관부에서 필요로 하는 문서의 구비와 온갖 비용의 수요에 공급함을 가리킨다. '어御'는 천자가 사용하는 온갖 비용을 가리킨다. 내개 이런 것들은 모두 조세에서 취한다. ○ 방씨方氏(방각方慤)는 말한다. "백 리에서 내는 적은 조세로 모든 관부에 공급할 재원으로 삼는다면 아마도 부족할 것 같지만, 그러나 신분이 낮은 곳에 걸맞게 하는 데에는 부족하지 않다. 천 리에서 내는 많은 조세로 한 사람의 비용에 충당한다면 아마도 남을 것 같지만, 그러나 신분이 높은 곳에 걸맞게 하는 데에는 남는 것이 아니다. 또 가까운 곳에서 거둔 조세로 남에게 주는 이유는 공급을 쉽게 하여 어려움이 없게 하려는 것이요, 먼 곳에서 거둔 조세로 자기를 받들게 하는 이유는 공급을 어렵게 하여 절제를 하려는 것이다. 백 리 안에서 거둔 것도 천자의 비용에 충당하지 않는 것은 아니지만, 요컨대 관부에 공급하는 것을 위주로 한다. 천 리 안에서 거둔 것 역시 관부에 공급하지 않는 것은 아니지만, 요컨대 천자의 비용에 충당하는 것을 위주로 한다." '共官', 謂供給王朝百官府文書之具・泛用之需. '御', 謂凡天子之服用. 蓋皆取之租稅也. ○ 方氏曰: "以百里所出之少, 資百官之所共, 疑若不足, 然卑者所稱, 不爲不足. 以千里所出之多, 爲一人之御, 疑若有餘, 然尊者所稱, 不爲有餘. 且以其近者與人, 則欲其易給而無勞, 以其遠者奉己, 則欲其難致而有節. 百里之內, 非不以爲御也, 要之以共官爲主耳. 千里之內, 非不共官也, 要之以爲御爲主耳."

【왕제 14】

천 리 밖에는 방백方伯을 둔다. 5개의 나라로 속屬을 삼는데 속마다 장長을 두고, 10개의 나라로 연連을 삼는데 연마다 수帥를 두고, 30개의 나라로 졸卒을 삼는데 졸마다 정正을 두고, 210개의 나라로 주州를 삼는데 주마다 백伯을 둔다. 전체 8주에 8백, 56정, 168수, 336장이 있다. 8백은 각각 자기에게 속한 나라를 이끌고 천자의 노老 2인에게 예속되는데, 천하를 나누어 좌우로 삼기 때문에 '이백二伯'이라고 한다.

千里之外設方伯. 五國以爲屬, 屬有長, 十國以爲連, 連有帥, 三十國以爲卒, 卒有正, 二百一十國以爲州, 州有伯.① 八州八伯, 五十六正, 百六十八帥, 三百三十六長. 八伯各以其屬, 屬於天子之老二人, 分天下以爲左右, 曰'二伯'.②

鄭注 ① '속屬'·'련連'·'졸卒'·'주州'는 모인다는 뜻과 같다. '백伯'·'수帥'·'정正'은 또한 우두머리다. 무릇 우두머리는 모두 뛰어난 제후가 우두머리로 되는 방식을 따른다. 은殷나라에서는 주州의 우두머리를 백伯이라고 한다. 우虞와 하夏 그리고 주周나라에서는 주州의 우두머리를 목牧이라고 불렀다. '屬'·'連'·'卒'·'州', 猶聚也. '伯'·'帥'·'正', 亦長也. 凡長皆因賢侯爲之. 殷之州長曰伯. 虞·夏及周皆曰牧.

② '노老'는 상공上公을 가리킨다. 『주례』에 "9명命을 받아 백伯이 된다"라고 하였다. 『춘추공양전』에 "섬陝[40] 동쪽은 주공周公이 주관하고, 섬 서쪽은 소공召公이 주관한다"[41]라고 하였다. '老', 謂上公. 『周禮』曰: "九命作伯." 『春秋傳』曰: "自陝以東, 周公主之, 自陝以西, 召公主之."

集說 『춘추공양전』에서 "섬陝 동쪽은 주공周公이 주관하고, 섬 서쪽은 소공召公이 주관한다"고 하였는데, 이는 곧 천자의 상공上公으로서 천하의 제후국을 나누어 주관하는 것이다. '8백伯'은 8주의 백伯이고, '이백二伯'은 곧 천하의 백이다. 『春秋傳』曰"自陝以東, 周公主之, 自陝以西, 召公主之", 此卽天子之上公, 分主天下之侯國也. '八伯'爲八州之伯, '二伯'則天下之伯也.

【왕제 15】

친 리 인을 전복甸服이라고 부른다. 친 리 밖을 재采라 부르고, 류流라 부른다.

千里之內曰甸.① 千里之外曰采,② 曰流.③

鄭注 ① 전복에서는 전지를 경작하여 곡세穀稅를 낸다. 服治田, 出穀稅.

② 9주州 이내의 지역에서는 그 특산물을 취하여 곡세에 충당한다. 九州之內地, 取其美物, 以當穀稅.

③ 9주 이외를 가리킨다. 이적들은 떠돌아 다녀 공물을 바치기도 하고 바치지 않기도 한다. 『서』「우공禹貢」에 의하면 황복 이외의 지역에서 삼백리가 만蠻이고 이백리가 유流다. 謂九州之外也. 夷狄流移, 或貢或不. 「禹貢」荒服之外, 三百里蠻, 二百里流.

集說 방씨가 말했다. "전복은 사방을 향해 500리이므로 방方 1,000리가 된다. 왕기王畿 천 리 밖으로는 후복侯服이 가장 가까운 곳에 있는데, 채采는 또 후복 가운데서도 가장 가까운 곳이다. 반면에 황복荒服은 가장 먼 곳에 있는데, 류流는 또 황복 가운데서도 가장 먼 곳이다. 가장 먼 곳과 가장 가까운 곳을 예로 들었으니, 그렇다면 수복綏服과 요복要服은 그 안에

위치하는 것이다. 方氏曰: "甸服四面五百里, 則爲方千里矣. 王畿千里之外, 莫近於侯服, 而采又侯服之最近者. 莫遠於荒服, 而流又荒服之最遠者. 擧其最遠最近, 則綏·要之服, 在其中矣."

【왕제 16】

천자의 제도에서는 3공公, 9경卿, 27대부大夫, 81원사元士를 둔다.

天子, 三公·九卿·二十七大夫·八十一元士.

鄭注 이것은 하夏나라 제도이다. 「명당위明堂位」(43)에 "하후씨夏后氏의 관직은 100관이다"라고 하였는데, 성수成數[42]를 들어 말한 것이다. 此夏制也. 「明堂位」曰"夏后氏之官百", 擧成數也.

集說 석량왕씨石梁王氏는 말한다. "'요순이 옛것을 상고해서 관직을 세운 것이 100관이요, 하나라와 상나라의 관직은 이것의 두 배였다'[43]라고 하였다. 정현이 주에서 유독 「명당위」만을 인용하여 하夏나라의 관직이 100관이라 한 것은 잘못이다."[44] 石梁王氏曰: "'唐虞稽古, 建官惟百, 夏商官倍.' 註獨引「明堂位」, 謂夏官百, 非也."

【왕제 17】

대국大國은 3경을 두는데 모두 천자로부터 임명받으며, 하대부下大夫 5인, 상사上士 27인이 있다. 차국次國은 3경을 두는데 2경은 천자로부터 임명받고 1경은 그 국군國君으로부터 임명받으며, 하대부 5인, 상사 27인이 있다. 소국小國은 2경을 두는데 모두 그 국군으로부터 임명받으며, 하대부 5인, 상사 27인이 있다.

大國三卿, 皆命於天子, 下大夫五人, 上士二十七人. 次國三卿, 二卿命於天子, 一卿命於其君, 下大夫五人, 上士二十七人. 小國二卿, 皆命於其君, 下大夫五人, 上士二十七人.

鄭注 '천자로부터 임명받는다'(命於天子)는 것은 천자가 선발하여 등용한다는 뜻으로 오늘날 조서詔書로 관리를 임명하는 것과 같다. 소국小國도 역시 3경卿이 있어 1경卿은 천자로부터 임명을 받고 두 경은 그 국군으로부터 임명받는다. 이 경문은 잘못되거나 빠진 것이 있는 듯하다. 아니면 기내畿內의 소국은 2경이 있음을 나타내려고 한 것인가? '命於天子'者, 天子選用之, 如今詔書除吏矣. 小國亦三卿, 一卿命於天子, 二卿命於其君. 此文似誤脫耳. 或者欲見畿內之國二卿與?

集說 마씨馬氏(마희맹馬晞孟)[45]는 말한다. "천자는 6경卿을 두는데 2경 중에 한 명이 공公이 되므로 3공이 있고, 6경 가운데 또 3고孤가 있다. 천자는 6경을 두고, 대국은 3경을 두는데, 천자의 통統에 소속된다. 대부와 사士에 이르면 또한 3경에 소속된다. '하대부는 5인이다'(下大夫五人)라는 것은 2경 아래에 각각 하대부 2인이 있고 1경 아래에 하대부 1인이 있기 때문이다. 『주관周官』에서 '세 명을 둔다'(設其參)고 한 것은 곧 3경을 가리키고, '다섯 명을 세운다'(傅其伍)고 한 것은 곧 하대부 5인을 가리키고, '많은 수를 배치한다'(陳其殷)고 한 것은 곧 상사 27인을 가리킨다.[46] 상대부·중대부·하대부가 있는데 하대부만을 말한 것은 경에 대응시켜 말했기 때문이다. 실제로는 대부에 상대부·중대부·하대부의 구분이 있다. 사에도 상사·중

사 · 하사가 있는데 상사만을 말한 것은 부府[47]와 사史[48]에 대응시켜 말했기 때문이다. 실제로는 사 또한 상사 · 중사 · 하사의 구별이 있다." 馬氏曰: "天子六卿, 而二卿一公, 故有三公, 而六卿之中, 又有三孤焉. 天子六卿, 而大國三卿, 乃其統之屬也. 至於大夫 · 士, 則又三卿之屬焉. '下大夫五人', 二卿之下, 下大夫各二人, 一卿之下, 下大夫一人. 『周官』所謂'設其參'卽三卿也, '傅其伍'卽下大夫五人, '陳其殷'卽上士二十七人也. 有上中下之大夫, 而獨言下大夫者, 對卿而言也. 其實大夫有上中下之辨. 士亦有上中下, 而獨言上士者, 對府 · 史而言也. 其實士又有上中下之異."

【왕제 18】

천자는 그 대부 가운데서 삼감三監을 임명하여 방백方伯의 나라로 가서 나라들을 감독하게 하는데, 방백의 나라마다 3인을 둔다.
天子使其大夫爲三監, 監於方伯之國, 國三人.

鄭注 방백을 도와 제후들을 통솔하게 한다. 使佐方伯領諸侯.

集說 '감독한다'(監)는 것은 직접 가서 보고 조사 감독하는 것이다. 왕의 조정에서 보내기 때문에 그 권한이 또한 높다. 한 주州마다 3인씩 두므로 (8주에) 24인이 된다. 이는 대부로서 조정에 있으면서 일정한 직무가 없는 자이니, 만일 일정한 직무가 있다면 어찌 파견될 수 있겠는가? 직무가 있는데도 파견한다면 특명特命인 것이다. '監'者, 監臨而督察之也. 自王朝出, 權亦尊矣. 一州三人, 則二十四人也. 此大夫之在朝必無職守者, 使有常職, 豈可遣乎? 不然則特命也.

【왕제 19】

천자의 현내縣內에 있는 제후는 봉록을 받고,[49] 현외縣外[50]에 있는 제후는 세습한다.

天子之縣內諸侯, 祿也,① 外諸侯, 嗣也.②

鄭注 ① 유능한 인재를 뽑아 제후의 자리에 임명하고 그 나라의 봉록은 기외畿外의 제후와 같게 하는데 세습할 수 없게 한다. 選賢置之於位, 其國之祿如諸侯, 不得世.

② 공功을 세우면 분봉하여 세습하게 한다. 「관례·기記」[51]에서 "제후의 자손 가운데 대를 이어서 제후로 세우는 것은 조상의 어진 덕을 잘 본받기 때문이다"라고 하였다. 有功乃封之, 使之世也. 「冠禮·記」曰: "繼世以立諸侯, 象賢也."

集說 기내畿內의 땅에는 왕조의 백관이 봉록을 받아먹는 읍이 포함되어 있다. 기외畿外의 땅은 분봉하여 나라를 세워주고 그 자손이 세습하여 지키게 한다. 그런데 기내의 백관에 대해서도 제후라고 말한 것은 천자의 삼공은 그 전지가 공公과 후侯에 준하고, 경卿은 백伯에 준하고, 대부大夫는 자子·남男에 준하고, 원사元士는 부용附庸에 준하기 때문이다. 畿內之地, 王朝百官食祿之邑在焉. 畿外乃以封建, 使其子孫嗣守. 然內亦謂之諸侯者, 三公之田視公·侯, 卿視伯, 大夫視子·男, 元士視附庸也.

【왕제 20】

왕王의 제도에서, 삼공三公은 1명命을 더 받으면 곤복袞服을 입는다.

만일 1명을 더하는 경우가 있다면, 그것은 특별한 은혜로 하사한 것이다. 신하는 9명命[52]을 넘을 수 없다.

制, 三公一命卷. 若有加則賜也. 不過九命.

集說 '왕의 제도'(制)라는 것은 삼공의 명복命服 제도를 말한다. 명命의 수는 9에서 멈춘다. 천자의 삼공三公은 8명命으로 별면복鷩冕服[53]을 입는데, 만약 1명命을 더 받으면 상공上公이 되어 왕의 후손과 대등하게 곤면복袞冕服[54]을 입는다. 그러므로 '일명을 더 받으면 곤복을 입는다'(一命袞)라고 한 것이다. 만약 삼공이 되어 곤복이 더해지는 경우가 있다면, 이는 특별한 은혜의 하사에서 나온 것이지 일반적인 규례로서 당연한 것은 아니다. 그러므로 '만일 일명을 더하는 경우가 있다면 그것은 특별한 은혜로 하사한 것이다'(若有加則賜也)라고 한 것이다. 신하된 자는 9명命을 넘지 못하니, 『주례』「대종백大宗白」에서 "재명에 복을 받는다"(再命受服)고 한 것은 이와 다른 것이다. ○ 마씨馬氏(마희맹馬睎孟)는 말한다. "삼공의 곤복에는 내려가는 용의 그림은 있지만 올라가는 용의 그림은 없다." '制'者, 言三公命服之制也. 命數止於九. 天子之三公, 八命著鷩冕, 若加一命則爲上公, 與王者之後同而著袞冕. 故云: '一命袞.' 若爲三公而有加袞者, 是出於特恩之賜, 非例當然, 故云: '若有加則賜也.' 人臣無過九命者, 「大宗伯」"再命受服", 與此不同. ○ 馬氏曰: "三公袞服, 有降龍無升龍."

【왕제 21】

차국次國의 군주는 7명命을 넘지 못하고, 소국小國의 군주는 오명五命을 넘지 못한다. 대국大國의 경卿은 3명命을 넘지 못하고, 하경下卿

은 2명命이다. 소국의 경卿과 하대부下大夫는 1명命이다.

次國之君, 不過七命, 小國之君, 不過五命.① 大國之卿, 不過三命, 下卿再命. 小國之卿與下大夫一命.②

鄭注 ① '곤卷'은 시속에서 사용하는 말이다. 이치에 맞는 바른 말은 '곤袞'이라고 한다. 삼공은 8명命을 받고 있는데, 다시 1명命을 더 받으면 용곤龍袞[55]을 입어 이왕조二王朝의 후손과 같다. 이보다 더 많으면 특별한 하사이지 명복命服이 아니다. 우虞나라와 하夏나라의 제도에서 천자의 의복에는 해·달·별·별자리가 그려져 있다. 『수례』에서 "여러 공公의 의복에서 곤면袞冕 이하로는 왕의 의복과 똑같이 한다"[56]고 하였다. '卷', 俗讀也. 其通則曰'袞'. 三公八命矣, 復加一命, 則服龍袞, 與王者之後同. 多於此, 則賜, 非命服也. 虞夏之制, 天子服有日月星辰. 『周禮』曰: "諸公之服, 自袞冕而下, 如王之服."

② 차국의 경卿을 언급하지 않은 것은 대국의 하경으로 그것을 서로 밝혀주기 때문이다. 이들 경의 명수命數는 다르지만 대부의 명수는 모두 같다. 『주례』에 의하면 공公·후侯·백伯의 경은 3명命이고 대부大夫는 2명命이며, 자子와 남男의 경卿은 2명命이고 대부大夫는 1명命이다. 不著次國之卿者, 以大國之下互明之. 此卿命則異, 大夫皆同. 『周禮』公侯伯之卿三命, 其大夫再命, 子男之卿再命, 其大夫一命.

集說 방씨方氏는 말한다. "대국의 경卿은 3명命을 넘지 못하고 하경은 2명命이다. 따라서 차국의 경卿은 2명命 혹은 1명命임을 알 수 있다. 소국의 경卿과 하대부는 1명命이다. 따라서 대국·차국·소국 등 세 등급의 나라에서 그 대부는 모두 1명命일 뿐임을 알 수 있다. 대국의 경우 하경을 들어서 말했으니, '경卿'은 상경上卿과 중경中卿을 가리킴을 알 수 있다. 소국의 경우 단지 '경'이라고만 하였으니, 이때의 경은 상경·중경·하경 세 등급

의 경을 겸하여 말한 것임을 알 수 있다. 하대부만 말하고 상대부上大夫와 중대부中大夫를 언급하지 않은 것은, 제후의 나라에는 중대부가 없고 경이 곧 상대부이기 때문이다. 앞에서 상·중·하가 해당하는 바를 말한 것[57]이 이와 똑같지 않은 것은, 지위는 비록 그 명命에 준하는 것이라 해도 자세하고 간략한 차이가 없을 수 없기 때문이다. 方氏曰: "大國之卿不過三命, 下卿再命. 則知次國之卿再命一命也. 小國之卿與下大夫一命. 則知三等之國其大夫皆一命而已. 大國對下卿言, '卿'指上·中可知. 小國特言卿, 則兼三等之卿可知. 言下大夫而不及上·中者, 蓋諸侯無中大夫而卿卽上大夫故也. 前言上·中·下之所當, 與此不同者, 位雖視其命, 不能無詳略之異也."

【왕제 22】

무릇 백성 가운데 재예才藝가 있는 이에게 관직을 줄 때에는 반드시 먼저 조사하고 평가한다. 조사하고 평가함이 명확히 판별된 뒤에 일을 시킨다. 직무를 잘 수행해낸 뒤에 작위를 준다. 작위가 정해진 뒤에 봉록을 준다. 작위를 줄 때에는 조정에서 주는데, 사士와 더불어 함께 준다. 사람을 처형할 때에는 시장에서 하는데, 백성들과 함께 그를 처형해 내친다.

凡官民材, 必先論之.① 論辨然後使之.② 任事然後爵之.③ 位定然後祿之.④ 爵人於朝, 與士共之. 刑人於市, 與衆棄之.⑤

鄭注 ① '논論'은 그 덕행德行과 도예道藝[58]를 심사하는 것을 말한다. '論', 謂考其德行道藝.

② '변辨'은 조사하고 심사함이 확정을 얻는 것을 말한다. 『역』에서 "조사해

서 판별한다"[59]고 하였다. '辨', 謂考問得其定也. 『易』曰: "問以辨之."

③ '작爵'은 그 품계의 서열을 바르게 정하는 것을 말한다. '爵', 謂正其秩次.

④ 상식常食[60]으로 주는 것이다. 與之以常食.

⑤ 반드시 함께하는 이유는 자세하고 신중히 하기 위한 것이다. 『서書』에서 "덕을 밝히고 벌을 신중히 함을 잘한다"[61]고 하였다. 必共之者, 所以審愼之也. 『書』曰: "克明德愼罰."

集說 '논'은 그 덕행과 도예의 상세한 내용을 조사하고 평가하는 것을 말한다. '조사하고 평가함이 명확히 판별된다'(論辨)는 것은 재주의 우열이 자세히 파악된 것이다. '일을 맡는다'(任事)는 것은 그 직무를 잘 감당해낸 것이다. 그런 뒤에 그에게 1명命의 지위로 작위를 주고, 봉록을 주어 부양해준다. ○ 소疏에서 말한다. "작위를 줄 때 조정에서 시행하는 것은 은殷나라의 법이다. 주나라에서는 천자가 조묘祖廟에 나아가 배례를 하고 수여한다. 처형할 때 시장에서 하는 것 역시 은殷나라의 법이다. 귀천을 막론하고 모두 시장에서 처형한다는 뜻이다. 주나라에서는 작위를 가진 자인 경우 전사씨甸師氏[62]에게 처형하게 한다." '論', 謂考評其行藝之詳也. '論辨', 則材之優劣審矣. '任事', 則能勝其任矣. 於是爵之以一命之位, 而養之以祿焉. ○ 疏曰: "爵人於朝, 殷法也. 周則天子假祖廟而拜授之. 刑人於市, 亦殷法. 謂貴賤皆刑於市. 周則有爵者, 刑于甸師氏也."

【왕제 23】

이 때문에 형벌 받은 사람을 공가公家[63]에서는 먹여 살리지 않으며, 대부는 그를 부양하지 않으며, 사士는 그를 길에서 만나도 함께 이야기를 나누지 않는다. 사방으로 내치되 거주할 곳을 제한하고, 부세와 요역의 대상에 참여시키지 않음으로써, 일부러 살리려고 하지는 않음을 보인다.

是故公家不畜刑人, 大夫弗養, 士遇之塗, 弗與言也. 屛之四方, 唯其所之, 不及以政, 示弗故生也.①

鄭注 ① '병屛'은 추방한다는 뜻과 같다. 형벌을 가한 뒤에는 추방하고 내버려서 요역과 부세도 부과하지 않고 또한 전지도 지급하지 않으며, 궁핍해져도 구휼해주는 일이 없다. 『서書』「우서虞書」에 "다섯 가지 유배형에 각각 형구刑具가 있다. 다섯 가지 형구에 의해 처벌받은 사람은 세 곳으로 나누어 거주하게 한다"고 한 말이 그것이다. 주나라에서는 묵형墨刑(얼굴이나 팔뚝에 죄명을 먹칠하여 넣는 형벌)을 받은 자는 문門을 지키게 하고, 의형劓刑(코를 베는 형벌)을 받은 자는 관關을 지키게 하고, 궁형宮刑(생식기를 제거하는 형벌)을 받은 자는 내內(궁실)를 지키게 하고, 월형刖刑(발꿈치를 자르는 형벌)을 받은 자는 유囿(왕실의 원림園林)를 지키게 하고, 곤형髡刑(머리를 깎는 형벌)을 받은 자는 적積을 지키게 하였다. '屛', 猶放去也. 已施刑則放之棄之, 役賦不與, 亦不授之以田, 困乏又無賙餼也. 「虞書」曰: "五流有宅. 五宅三居"是也. 周則墨者使守門, 劓者使守關, 宮者使守內, 刖者使守囿, 髡者使守積.

集說 '공가에서는 형벌 받은 사람을 등용하지 않는다'(公家不畜刑人)에 대해서 구설에서는 은나라 제도라고 말하였는데, 『주례』에서 "묵형墨刑(얼굴이나 팔뚝에 죄명을 먹칠하여 넣는 형벌)을 받은 자는 문門을 지키게 하고, 의형劓刑(코를 베는 형벌)을 받은 자는 관關을 지키게 하고, 궁형宮刑(생식기를 제거하는 형벌)을 받은 자는 내內(궁실)를 지키게 하고, 월형刖刑(발꿈치를 자르는 형벌)을 받은 자는 유囿(왕실의 원림園林을 말함)를 지키게 하고, 곤형髡刑(머리를 깎는 형벌)을

받은 자는 적積[64]을 지키게 한다"[65]고 하였기 때문이다. '오직 거주할 곳을 정해준다'(唯其所之)는 것은 그 죄의 경중에 따라 마땅히 가야 할 곳을 정해서 거주시키는 것으로, 이를 테면 『서書』「우서虞書」에서 "다섯 가지 유배형마다 형구가 있다. 다섯 가지 형구에 의해 처벌받은 사람은 세 곳에 거주시킨다"고 한 말이 그것이다. '불급이정不及以政'은 부세와 요역의 대상에 참여시키지 않는 것이다. '시불고생示弗故生'은 전지를 주지 않고 궁핍해져도 구휼해주지 않아 그가 살아가기를 일부러 바라지는 않음을 보이는 것이다. '公家不畜刑人', 舊說以爲商制, 以『周官』"墨者守門, 劓者守關, 宮者守內, 刖者守囿, 髡者守積也." '唯其所之'者, 量其罪之所當往適之地而居之, 如「虞書」"五流有宅, 五宅三居"是也. '不及以政', 賦役不與也. '示弗故生', 不授之田, 不賙其乏, 示不故欲其生也.

【왕제 24】

제후는 천자에 대해서, 해마다 소빙小聘의 예를 행하고, 3년마다 대빙大聘의 예를 행하며, 5년마다 조회朝會의 예를 직접 가서 행한다. 諸侯之於天子也, 比年一小聘, 三年一大聘, 五年一朝.①

鄭注 ① '비년比年'은 매년이다. 소빙에는 대부大夫를 보내고, 대빙에는 경卿을 보내며, 조회 때에는 제후가 직접 간다. 그러나 이 대빙과 조회의 제도는 진晉 문공文公이 패자였을 때에 제정된 것이다. 우虞나라와 하夏나라의 제도에서는 제후가 해마다 조회朝會에 참여한다. 주周나라의 제도에서는 후복侯服·전복甸服·남복男服·채복采服·위복衛服·요복要服 등 여섯 지역의 제후는 각기 그 복服의 수로서 조회하러 온다. '比年', 每歲也. 小聘使大夫, 大聘使卿, 朝則君自行. 然此大聘與朝, 晉文霸時所制也. 虞·夏之制, 諸侯歲朝.

周之制, 侯·甸·男·采·衛·要服六者, 各以其服數來朝.

集說 '비년比年'은 매년이다. 소빙에는 대부를 보내고, 대빙에는 경卿을 보내며, 조회 때에는 제후가 직접 간다. '比年', 每歲也. 小聘使大夫, 大聘使卿, 朝則君親行.

【왕제 25】

천자는 5년마다 한 번 순수巡守를 행한다.

天子, 五年一巡守.

鄭注 천자는 사해 안을 집안으로 여겨서 정기적으로 한 번씩 순행하면서 살펴본다. '5년'(五年)은 우虞나라와 하夏나라 때의 제도이다. 주周나라에서는 12년마다 한 번 순수를 행하였다. 天子以海內爲家, 時一巡省之. '五年'者, 虞·夏之制也. 周則十二歲一巡守.

集說 『서書』「순전舜典」에서는 "5년마다 한 번 순수를 한다"고 했고, 『주관』「추관秋官·대행인大行人」에서는 "12년마다 왕이 큰 나라에 순수를 행한다"고 하였으며, 『맹자』에서는 "순수는 제후가 지키고 있는 봉토를 순행巡行(가서 살펴봄)하는 것이다"라고 했다. 「舜典」曰: "五載一巡守", 『周官』「大行人」曰: "十有二歲, 王巡守殷國", 『孟子』曰: "巡守者, 巡所守也."

【왕제 26】

그해 2월에 동쪽으로 순수巡守를 떠나 대종岱宗에 이른다. 번시燔柴

의 예를 행하여 하늘에 제사지내고, 대종에서 바라보면서 산천에 제사지낸다. 제후를 접견하고, 100세 된 자가 있는지 물어본다. 있으면 찾아가서 만난다.

歲二月, 東巡守, 至于岱宗.① 柴而望祀山川.② 覲諸侯,③ 問百年者. 就見之.④

鄭注 ① '대종岱宗'은 동악東岳이다. '岱宗', 東嶽.

② '시柴'는 하늘에 제사를 올려 도착하였음을 알리는 것이다. '柴', 祭天告至也.

③ '근覲'은 만나보는 것이다. '覲', 見也.

④ 노인을 찾아가서 만나는 것이다. 就見老人.

集說 '세이월歲二月'은 순수하는 해의 2월에 해당한다. '대岱'는 태산이다. '종宗'은 존귀함을 뜻한다. 동방의 산 가운데 이 산보다 높은 산이 없다. 그러므로 산천제사에서 동악東岳으로 삼고 '대종岱宗'이라 불렀다. '시柴'는 본래 '시祡'인데, 지금은 통해서 사용한다. 섶을 태워서 하늘에 제사를 지내 도착했음을 보고(告至)하는 것이다. 동방의 산천 가운데 제사지내야 할 대상은 모두 이 태산에서 바라보면서 제사지낸다. 이어서 동방의 제후를 접견하고, 100세가 된 자가 있는지 물어보고, 있으면 그의 집에 찾아가서 만난다. 그의 나이가 많기 때문에 불러서 만나지 않는 것이다. '歲二月', 當巡守之年二月也. '岱', 泰山也. '宗', 尊也. 東方之山, 莫高於此. 故祀以爲東岳而稱'岱宗'也. '柴', 本作'祡', 今通用. 燔燎以祭天而告至也. 東方山川之當祭者, 皆於此望而祀之. 遂接見東方之諸侯, 問有百歲之人, 則卽其家而見之. 以其年高, 故不召見也.

【왕제 27】

태사大師에게 시詩를 채록해서 진술하게 하여 백성의 풍속을 살펴본다. 시市에게 물가를 보고하도록 명하여 백성들이 좋아하고 싫어하는 바를 살펴본다. 마음이 방탕하면 좋아하는 것이 편벽된다. 命大師陳詩, 以觀民風.① 命市納賈, 以觀民之所好惡. 志淫好辟.②

鄭注 ① '진시陳詩'는 그 시를 채록해서 살펴보는 일을 말한다. '陳詩', 謂采其詩而視之.

② '시市'는 시장을 관장하는 자이다. '가賈'는 물가와 물량의 변동을 뜻한다. 질박하면 실용적인 물건이 귀한 것이 되고 방탕하면 사치스런 물건이 귀한 것이 된다. 백성들의 마음이 방탕하고 편벽되면 그들이 좋아하는 것이 올바르지 않다. '市', 典市者. '賈', 謂物貴賤厚薄也. 質則用物貴, 淫則侈物貴. 民之志淫邪, 則其所好者不正.

集說 '태사大師'는 악관의 우두머리다. 시詩는 그것으로 뜻을 표현하는 것이다. 시를 채록해서 살펴보면 풍속의 좋고 나쁨을 볼 수 있고, 정치의 잘잘못을 알 수 있다. 수요에 응하여 공급되는 물건은 시장으로 나오는데, 물가의 변동은 사람들의 기호와 연관되어 있다. 질박함을 좋아하면 실용적인 물건이 귀한 것이 되고, 비싸지고, 호사스러움을 좋아하면 사치스런 물건이 귀한 것이 된다. 마음이 사치스럽고 방탕한 곳으로 흐르면 좋아하는 바가 모두 사특하고 편벽된다. '大師', 樂官之長. 詩以言志. 采錄而觀覽之, 則風俗之美惡可見, 政令之得失可知矣. 物之供用者, 皆出於市, 而價之貴賤, 則係於人之好惡. 好質則用物貴, 好奢則侈物貴. 志流於奢淫, 則所好皆邪僻矣.

【왕제 28】

전례典禮에게 명하여 계절과 달을 살피고 날의 간지를 정하게 하고, 법률法律 · 예禮 · 악樂 · 제도制度 · 의복衣服을 통일시켜, 바로잡는다.

命典禮, 考時月, 定日, 同律 · 禮 · 樂 · 制度 · 衣服, 正之.①

鄭注 ① '동同'은 음률陰律이다.[66] '同', 陰律也.

集說 '전례典禮'는 예禮를 관장하는 관직이다. '계절과 달을 살피고, 날을 정한다'(考時月定日)는 것은 바로 『서書』 「순전舜典」에서 "계절과 달을 맞추고 날을 바로잡는다"고 한 뜻이다. 네 계절 및 달의 크고 작음을 조사하고 교정하는 것으로, 계절에는 절기의 빠르고 늦음이 있고, 달에는 상하현 · 보름 · 그믐 · 초하루가 있으며, 날에는 간지干支의 선후가 있어, 이들을 살펴서 각기 도수度數에 합당하게 하는 것이다. 법도法度[67] · 예악 · 제도 · 의복은 모두 왕자王者가 정하는 것이다. 천하에는 군주가 하나이므로 기준을 달리하는 것을 용납하지 않는다. 기준을 달리하면 바른 것이 아니다. 그러므로 순수巡守를 하면서 이르는 곳에서 같이하지 않은 것을 바로잡는 것은 모두 같게 하는 것이다. '典禮', 掌禮之官也. '考時月定日', 卽「舜典」所云"協時月正日也." 考校四時及月之大小, 時有節氣早晩, 月有弦望晦朔, 日有甲乙先後, 考之使各當其節. 法律 · 禮樂 · 制度 · 衣服, 皆王者所定. 天下一君, 不容有異. 異則非正矣. 故因巡守所至而正其不同者, 使皆同也.

【왕제 29】

산천의 귀신에 제사지내지 않는 일이 있으면 공경하지 않는 것이 된다. 공경하지 않는 자가 국군國君인 경우 땅을 삭탈한다.

山川神祇有不擧者爲不敬. 不敬者君削以地.①

鄭注 ① '거擧'는 제사를 지낸다는 뜻과 같다. '擧', 猶祭也.

集說 무릇 제사는 거행하고 있는 제사에 대하여 아무도 함부로 폐하지 못하는 바가 있다. 그러므로 '제사를 거행하지 않는 것은 공경하지 않는 것이 된다'(不擧者爲不敬)는 것이다. 산천은 땅이 우러러보는 바이다. 그러므로 (제사를 지내지 않으면) 땅을 삭탈한다. 凡祭有其擧之莫敢廢也. 故'不擧者爲不敬'. 山川, 地之望也. 故削地焉.

【왕제 30】

종묘에서 차서次序에 따라서 하지 않는 일이 있으면 불효不孝가 된다. 불효한 자가 국군國君인 경우 작위를 빼앗아 축출한다.

宗廟有不順者爲不孝. 不孝者君絀以爵.①

鄭注 ① '따르지 않는다'(不順)는 것은 소목昭穆의 위치를 바꾸는 것과 같은 경우를 말한다. '不順'者, 謂若逆昭穆.

集說 '종묘에서 차서에 따르지 않는다'(宗廟不順)는 것은 예를 들면 소목의 순서를 어지럽히고 제사의 때를 놓치는 것이니 모두 불효이다. 작위는 조

종祖宗이 전해준 바이다. 그러므로 작위를 강등시키는 것이다. '宗廟不順', 如紊昭穆之次·失祭祀之時, 皆不孝也. 爵者, 祖宗所傳. 故絀爵焉.

【왕제 31】

예禮를 고치고 악樂을 바꾸는 것은 따르지 않는 것(不從)이 된다. 따르지 않는 자가 국군國君인 경우 먼 지역으로 추방한다. 제도와 의복을 바꾸는 것은 배반하는 것(畔)이 된다. 배반한 자가 국군인 경우 다른 국군들에게 성토하여 주살하게 한다.

變禮易樂者爲不從. 不從者君流.① 革制度·衣服者爲畔. 畔者君討.②

鄭注 ① '류流'는 추방하는 것이다. '流', 放也.

② '토討'는 주벌誅罰하는 것이다. 討', 誅也.

集說 '부종不從'은 위반하고 어기는 것이다. '류流'는 먼 지역으로 추방하는 것이다. '토討'는 죄를 성토하여 주살하게 하는 것이다. 『맹자』에서 "천자는 성토는 하지만, 정벌하지는 않는다"[68]고 했다. 이 장의 네 '군君' 자는 모두 국군을 가리킨다. '不從', 違戾也. '流'者, 竄之遠方. '討'者, 聲罪致戮. 『孟子』曰: "天子討而不伐." 此章四'君'字, 皆謂國君.

【왕제 32】

백성에게 공功과 덕德이 있는 이에 대해서는 땅을 더해주고 작위를 올려준다.

有功德於民者, 加地進律.①

鄭注 ① '율律'은 제도규정(法)이다. '律', 法也.

集說 응씨應氏는 말한다. "율律은 작명爵命의 등급이다. 땅을 더해주고 작위를 올려주는 것은, 권면함을 보이기 위함이다." 應氏曰: "律者, 爵命之等. 加地而進之, 所以示勸也."

【왕제 33】

오월에 남쪽으로 순수를 가서 남악南嶽에 이르는데, 동쪽으로 순수할 때의 예禮와 같이 한다. 팔월에 서쪽으로 순수를 가서 서악西嶽에 이르는데, 남쪽으로 순수할 때의 예와 같이 한다. 십일월에 북쪽으로 순수를 가서 북악北嶽에 이르는데, 서쪽으로 순수할 때의 예와 같이 한다. 돌아와서 시조묘始祖廟 이하 녜묘禰廟에 이르러 제사를 올려 보고드리는데 희생으로 각기 한 마리 소를 사용한다.[69]

五月南巡守, 至于南嶽, 如東巡守之禮. 八月西巡守, 至于西嶽, 如南巡守之禮. 十有一月北巡守, 至于北嶽, 如西巡守之禮. 歸假于祖·禰, 用特.①

鄭注 ① '격假'은 이른다는 뜻이다. '특特'(한 마리)은 한 마리 소이다. 시조묘 이하 녜묘에 이르기까지 모두 각각 한 마리 소를 사용한다. '假', 至也. '特', 特牛也. 祖下及禰, 皆一牛.

集說 '격假'은 이른다는 뜻이다. 순행巡行에서 돌아와 서울에 도착하면, 곧바로 각각 한 마리 소로 시조묘 이하 네묘에 제사를 올려 보고한다. '假', 至也. 歸至京師, 卽以特牛, 告至于祖・禰之廟.

【왕제 34】

천자가 (순행巡行을 위해) 떠나려고 할 때에는 상제上帝에게 류제類祭를 지내고, 사社에 의제宜祭를 지내고 네묘禰廟에 조제造祭를 지낸다. 제후가 떠나려고 할 때에는 사에 의제宜祭를 지내고 네묘에 조제造祭를 지낸다.

天子將出, 類乎上帝, 宜乎社, 造乎禰. 諸侯將出, 宜乎社, 造乎禰.

鄭注 ① '제帝'는 오덕五德의 제帝[70]로 남교南郊에서 제사드리는 대상을 가리킨다. '류類'・'의宜'・'조造'는 모두 제사 명칭인데, 그 예禮가 망실되었다. '帝', 謂五德之帝, 所祭於南郊者. '類'・'宜'・'造', 皆祭名, 其禮亡.

集說 류類・의宜・조造는 모두 제사 명칭이다. 뒤 장(40)에서 "천자가 정벌하러 떠날 때"(天子將出征)라고 했으므로, 이 장의 '떠난다'(出)는 것은 순수巡守를 말한다. 제후의 경우는 조朝・근覲・회會・동同 등의 예를 행하기 위해 나가는 것인 듯하다. '類'・'宜'・'造', 皆祭名. 後章言"天子將出征", 則此'出'爲巡守也. 諸侯則朝・覲・會・同之出歟.

【왕제 35】

천자가 큰일이 없을 때 제후와 서로 만나는 것을 조朝라고 한다. 예를 조사하고, 형벌을 바로잡고, 덕을 전일專一하게 하여 천자를 높인다.

天子無事, 與諸侯相見曰朝.① 考禮 · 正刑 · 一德, 以尊于天子.

鄭注 ① '일'(事)은 정벌征伐을 말한다. '事', 謂征伐.

集說 '일이 없다'(無事)는 것은 상사喪事나 전쟁 등의 일이 없다는 뜻이다.71) '예를 조사한다'(考禮)는 것은 예를 상고하고 살펴 바로잡아서 어긋나거나 분수에 벗어남이 없게 하는 것이다. '형벌을 바로잡는다'(正刑)는 것은 공평하게 시행하여 치우치거나 왜곡됨이 없게 하는 것이다. '덕을 하나로 귀일시킨다'(一德)는 것은 배반하는 마음을 품지 않는 것이다. 세 가지는 모두 천자를 높이는 일이다. '無事', 無死喪寇戎之事也. '考禮'者, 稽考而是正之, 使無違僭也. '正刑'者, 行以公平, 使無偏枉也. '一德', 無貳心也. 三者皆尊天子之事.

【왕제 36】

천자가 제후에게 악기樂器를 하사할 때는 축柷으로 그 명령을 전달한다. 백伯 · 자子 · 남男에게 악기를 하사할 때는 도鼗로 그 명령을 전달한다.

天子賜諸侯樂, 則以柷將之. 賜伯 · 子 · 男樂, 則以鼗將之.①

鄭注 ① '장將'은 그것을 잡고서 명령을 전달하는 것을 말한다. '축柷'과

注 '도鼗'(땡땡이북)는 모두 악樂을 절주節奏하는 악기다. '將', 謂執以致命. '柷'·'鼗', 皆所以節樂.

集說 '축柷'[72]은 모양이 칠통漆桶과 같다. 가로와 세로 각 2척 4촌이고, 깊이는 1척 8촌이다. 가운데에 몽치 자루가 있어 밑바닥까지 연결되어 있는데, 그것을 쳐서 좌우로 부딪치게 하는 것이다. 악樂의 시작을 합치시키는 것이다. '도鼗'[73]는 북과 모양이 같은데 작다. 자루가 있어 이를 잡고서 흔들면 옆에 달린 땡땡이가 저절로 치게 된다. 악의 종지에 절도를 주는 것이다. '그것을 가지고 행한다'(將之)는 것은 사자가 이를 잡고 명령을 행하는 것을 말한다. ○ 소疏에서 말한다. "'축柷'은 한 곡의 시작을 조절하는 것이다. 그 박자가 느리기 때문에 이것으로 제후에게 주는 명령을 싣는다. '도鼗'는 한 노래의 끝남을 조절하는 것이다. 그 연주가 급박하기 때문에 이것으로 백伯·자子·남男 등에게 주는 명령을 싣는다." '柷', 形如漆桶. 方二尺四寸, 深一尺八寸. 中有椎柄連底, 撞之, 令左右擊. 所以合樂之始. '鼗', 如鼓而小. 有柄持而搖之, 則旁耳自擊. 所以節樂之終. '將之', 謂使者執此以將命也. ○ 疏曰: "'柷', 節一曲之始. 其事寬, 故以將諸侯之命. '鼗', 節一唱之終. 其事狹, 故以將伯·子·男之命."

【왕제 37】

제후는 천자로부터 활과 화살을 하사받은 뒤에 정벌을 행하고, 부鈇(좌작도)와 월鉞(도끼)을 하사받은 뒤에 주살誅殺을 행한다.

諸侯賜弓矢, 然後征. 賜鈇鉞, 然後殺.

集說 '부鈇'는 좌작도莝斫刀이다. '월鉞'은 도끼다. '鈇', 莝斫刀也. '鉞', 斧也.

【왕제 38】

규찬을 하사받은 뒤에 창주鬯酒를 빚는다. 규찬을 하사받지 못했으면 천자에게 창주를 빌려온다.

賜圭瓚, 然後爲鬯. 未賜圭瓚, 則資鬯於天子.

鄭注 그 기물을 얻은 뒤에야 감히 그 일을 행하는 것이다. '규찬圭瓚'은 창주鬯酒를 담는 술잔이다. '창주'(鬯)는 검은 기장으로 빚은 술(秬酒)이다. 得其器, 乃敢爲其事. '圭瓚', 鬯爵也. '鬯', 秬酒也.

集說 '규찬圭瓚'[74]과 '장찬璋瓚'[75]은 모두 창주鬯酒를 따르는 술잔이다. 대규大圭[76]로 술잔의 자루를 만든 것을 규찬이라고 한다. 검은 기장을 빚어서 술을 만들면 향기가 위아래로 뻗어 가득하다. 그래서 '창주'(鬯 향기가 가득한 술)라고 한다. 제사에 쓰는 술에서 땅에 부어서 강신降神할 때에는 반드시 창주를 사용한다. 그러므로 아직 규찬을 하사받지 못했으면 천자에게 창주를 구한다. 규찬을 하사받은 뒤에 비로소 직접 창주를 빚을 수 있다. 圭瓚・璋瓚, 皆酌鬯酒之爵. 以大圭爲瓚之柄者, 曰圭瓚. 釀秬鬯爲酒, 芬香條鬯於上下. 故曰鬯. 祭酒, 灌地降神, 必用鬯. 故未賜圭瓚, 則求鬯於天子. 賜圭瓚, 然後得自爲也.

【왕제 39】

천자가 제후에게 (정령과 교화에 대한) 교육을 명령한 뒤에 학교를 세운다. 소학小學은 공궁公宮 남쪽의 왼편에 있고, 태학大學[77]은 교郊에 있다. 천자의 태학을 벽옹辟廱이라 하고, 제후의 태학을 반궁

頖宮이라 한다.

天子命之教, 然後爲學. 小學在公宮南之左, 大學在郊.① 天子曰辟廱, 諸侯曰頖宮.②

鄭注 ① '학교'(學)는 사士를 교육시키기 위한 건물이다. 『상서전尙書傳』에 "100리 되는 나라에는 도성 밖 20리에 교郊가 있다. 70리 되는 나라에는 9리에 교가 있다. 50리 되는 나라에는 3리에 교가 있다"78)고 하였다. 여기서의 '소학小學'과 '태학大學'은 은殷나라 제도이다. '學', 所以學士之宮. 『尙書傳』曰: "百里之國, 二十里之郊. 七十里之國, 九里之郊. 五十里之國, 三里之郊." 此'小學'·'大學', 殷之制.

② 존비에 따라 학교 명칭을 달리한다. '벽辟'은 밝다는 뜻이고, '옹廱'은 화목하다는 뜻이므로, 천하 사람들이 밝게 통하도록 하고 화목하게 한다는 의미다. '반頖'이라는 말은 '반포한다'는 뜻으로 정령政令과 교화敎化를 반포한다는 의미다. 尊卑學異名. '辟', 明也, '廱', 和也, 所以明和天下. '頖'之言班也, 所以班政教也.

集說 소疏에서 말한다. "100리 되는 나라는 도성이 중앙에 위치하고 사면으로 50리가 된다. 도성 밖으로 20리까지 교郊를 설치하여 교 바깥으로 다시 30리가 된다. 70리 되는 나라는 도성이 중앙에 위치하고 사면으로 35리가 된다. 도성 밖으로 9리까지 교를 설치하여 교 바깥으로 다시 26리가 된다. 50리 되는 나라는 도성이 중앙에 위치하고 사면으로 25리가 된다. 도성 밖으로 3리까지 교를 설치하여 교 바깥으로 다시 22리가 된다. 이것은 은殷나라 제도이다. 주周나라 제도로 말하면, 기내畿內(왕의 직할지)가 1,000리인데, 도성에서 100리까지가 교郊가 된다. 제후의 교郊를 보면, 공公은 50리, 후侯와 백伯은 30리, 자子와 남男은 10리까지다. 근교近郊는 각각 이

것의 절반이다. 천자와 제후는 모두 근교가 원교의 절반이다.[79] 이 경문의 '소학小學'과 '태학大學'은 은殷나라 제도이다. 주周나라의 경우, 태학은 도성 안에 있고 소학은 서교西郊에 있다. '벽辟'은 밝다는 뜻이고, '옹雍'은 화목하다는 뜻이다. 군주는 높고 밝으며 온화하다. 이 학교에서 도예道藝[80]를 익혀서 천하 사람이 모두 밝게 통달하고 두루 화목하게 하는 것이다. '반頖'이라는 말은 반포한다는 뜻으로, 정령과 교화를 반포한다는 것이다." ○ 장자張子(장재張載)[81]는 말한다. "벽옹은 옛날에는 이 명칭이 없었는데, 대체로 주나라 때부터 시작된 것이다. 주나라가 천하를 차지하자 드디어 이것으로 천자의 학교 명칭을 삼았다. 『설문說文』에서는 '반궁頖宮은 제후가 향사례鄕射禮를 행하던 건물이다'라고 하였다." ○ 구설에는 "벽옹辟雍은 물이 마치 벽옥처럼 둘레를 완전히 흘러 돈다. 반궁泮宮은 둘레의 반을 흘러 도는데, 대체로 문을 동쪽과 서쪽에 두어, 남쪽으로 물이 통하고 북쪽에는 물이 없다"[82]라고 하였다. 疏曰: "百里之國, 國城居中, 面有五十里. 二十里置郊, 郊外仍有三十里. 七十里之國, 國城居中, 面有三十五里. 九里置郊, 郊外仍有二十六里. 五十里之國, 國城居中, 面有二十五里. 三里置郊, 郊外仍有二十二里. 此是殷制. 若周制則畿內千里, 百里爲郊. 諸侯之郊, 公五十里, 侯・伯三十里, 子・男十里. 近郊各半之. 天子・諸侯, 皆近郊半遠郊. 此'小學'・'大學', 殷制. 周則大學在國, 小學在西郊. '辟', 明也,[83] '雍', 和也. 君則尊明雍和, 於此學中習道藝, 使天下之人, 皆明達諧和也. '頖'之言班, 所以班政敎也." ○張子曰: "辟雍, 古無此名, 蓋始於周. 周有天下, 遂以名天子之學. 『說文』云: '頖宮, 諸侯鄕射之宮也.'" ○ 舊說, "辟雍, 水環如璧, 泮宮半之, 蓋東西門, 以南通水, 北無水也."

【왕제 40】

천자가 출정할 때, 상제上帝에게 류제類祭를 지내고, 사직社稷에게 의

제宜祭를 지내고, 녜禰에게 조제造祭를 지내고, 정벌할 곳을 향해 마제禡祭를 지내며, 조상으로부터 명命을 받고, 태학大學에서 군사전략을 결정한다.

天子將出征, 類乎上帝, 宜乎社, 造乎禰, 禡於所征之地,① 受命於祖,② 受成於學.③

鄭注 ① '마禡'는 군사의 제사로서 군대를 위해 비는 것인데, 그 의례는 역시 망실되었다. '禡', 師祭也, 爲兵禱, 其禮亦亡.

② 조상에게 고하는 것이다.[84] 告祖也.

③ 군사전략을 결정하는 것이다. 定兵謀也.

集說 '마禡'는 군사를 출정할 때 지내는 제사이다. '조상에게서 명을 받는다'(受命於祖)는 것은 종묘에서 거북점을 쳐 묻는 것이다. '태학에서 확정된 계획을 받는다'(受成於學)는 것은 그 군사전략을 결정한다는 뜻이다. '禡', 行師之祭也. '受命於祖', 卜於廟也. '受成於學', 決其謀也.

【왕제 41】

정벌을 나가서 죄지은 자를 포획하고, 돌아와 태학大學에서 제물을 올리고 신문할 괴수와 절단한 귀의 수량을 보고한다.

出征執有罪, 反, 釋奠于學, 以訊馘告.

鄭注 나물을 올리고 폐백을 올리는 것은 선사先師(군사의 선조)에게 예禮를 표하는 것이다. '신괵訊馘'은 생포한 포로와 절단한 귀를 말한다. 『시詩』에

서 "신문할 만한 죄수와 생포한 무리들을 데리고"(執訊獲醜[85])라고 했고, 또 "반궁頖宮에서 베어온 귀를 바치네"[86])라고 했다. '괵馘'은 어떤 본에는 '국國'으로 되어 있다. 釋菜奠幣, 禮先師也. '訊馘', 所生獲·斷耳者. 『詩』曰: "執訊獲醜", 又曰: "在頖獻馘." '馘'或爲'國'.

集說 죄인을 포획하여 돌아오면, 선성先聖과 선사先師에게 제물을 올리고 생포한 괴수와 베어온 귀의 수를 보고한다. '신訊'은 그 괴수로서 마땅히 신문해야 할 자를 말하고, '괵馘'은 절단한 그 사람의 왼쪽 귀다. '보고한다'(告)는 것은 그 수가 얼마인지 보고하는 것이다. 獲罪人而反, 則釋奠于先聖·先師, 而告訊馘焉. '訊', 謂其魁首當訊問者, '馘', 所截彼人之左耳. '告'者, 告其多寡之數也.

【왕제 42】

천자와 제후는 일이 없으면, 해마다 세 가지를 위해 사냥을 한다. 첫 번째는 제수를 위한 것이고, 두 번째는 빈객을 위한 것이고, 세 번째는 군주의 주방을 충당하기 위한 것이다.

天子·諸侯無事, 則歲三田. 一爲乾豆, 二爲賓客, 三爲充君之庖.

鄭注 '세 차례의 사냥'(三田)이란 여름철에는 사냥을 하지 않는다는 것으로, 대개 하夏나라 시대에 그러하였다. 『주례』에서는 "봄 사냥을 수蒐, 여름 사냥을 묘苗, 가을 사냥을 선獮, 겨울 사냥을 수狩라 한다"[87])라고 하였다. '간두乾豆'는 (사냥한 짐승의 고기를) 말려서 제사의 두실豆實[88])로 삼는 것을 말한다. '포庖'는 오늘날의 부엌이다. '三田'者, 夏不田, 蓋夏時也. 『周禮』曰: "春曰蒐, 夏曰苗, 秋曰獮, 冬曰狩." '乾豆', 謂腊之以爲祭祀豆實也. '庖', 今之廚也.

集說 '일이 없다'(無事)는 정벌征伐 · 출행出行 · 상흉喪凶 등의 일이 없다는 뜻이다. '해마다 세 가지를 위해 사냥한다'(歲三田)는 것은 매년 사냥하는 것이 모두 이 세 가지 용도를 위해서 하는 것임을 뜻한다. '간두乾豆'는 (사냥한 짐승의 고기를) 말려서 두실豆實로 삼는다는 뜻이다. ○ 소疏에서 말한다. "종묘宗廟에 먼저 하고 그 다음으로 빈객에게 접대하는 것은 신을 높이고 빈객을 공경하는 의리다." '無事', 無征伐 · 出行 · 喪凶之事也. '歲三田'者, 謂每歲田獵, 皆是爲此三者之用也. '乾豆', 腊之以爲祭祀之豆實也. ○ 疏曰: "先宗廟, 次賓客者, 尊神敬賓之義."

【왕제 43】

일이 없는데도 사냥하지 않는 것을 '공경하지 않는다'라고 한다. 사냥을 예에 맞지 않게 하는 것을 '하늘이 내려준 만물을 함부로 없앤다'고 한다. 천자는 사면으로 포위하지 않고, 제후는 엄습해서 무리를 전부 잡지 않는다.

無事而不田, 曰'不敬'. 田不以禮, 曰'暴天物'.① 天子不合圍, 諸侯不掩群.②

鄭注 ① '공경하지 않는다'(不敬)는 말은 제사를 소홀히 하고 빈객을 홀대한다는 뜻이다. '不敬'者, 簡祭祀, 略賓客.

② 사냥감의 씨를 말리기 때문이다. 爲盡物也.

集說 『서書』에서 "하늘이 내려준 만물을 함부로 다 없앤다"[89]고 했다. '합위合圍'는 사면에서 포위하는 것이다. '엄군掩群'은 엄습해서 무리를 전부 잡는 것이다. 『書』曰: "暴殄天物." '合圍', 四面圍之也. '掩群'者, 掩襲而擧群取之也.

【왕제 44】

천자가 금수를 포획하면 큰 유緌를 내려 눕혀놓고, 제후가 금수를 포획하면 작은 유緌를 내려 눕혀놓고, 대부가 금수를 포획하면 좌거佐車를 멈춘다. 좌거가 멈추면 백성이 사냥한다.

天子殺則下大綏, 諸侯殺則下小綏,① 大夫殺則止佐車. 佐車止則百姓田獵.②

鄭注 ① '유綏'는 유緌로 되어야 옳다. '유緌'는 순舜임금 때의 깃발이다. '하下'는 그것을 내려놓는 것을 말한다. '綏'當爲緌. '緌', 有虞氏之旌旗也. '下', 謂弊之.

② '좌거佐車'는 짐승을 몰거나 막는 수레이다. '佐車', 驅逆之車.

集說 '살殺'은 포획한다는 뜻으로, 몰던 금수를 포획하는 것이다. '유綏'는 깃발의 일종이다. '하下'는 내려 눕혀놓는 것이다. '좌거佐車'는 곧 『주례』에서 말한 "짐승을 몰거나 막는 수레"[90]이다. '구驅'는 금수를 몰아서 사냥할 곳으로 가게 하는 것이다. '역逆'은 금수가 달아나는 것을 막아 흩어지거나 도망가지 못하게 하는 것이다. 이 조목은 사냥하는 예禮에서 존비와 귀천에 따른 차서를 말한 것이다. '殺', 獲也, 獲所驅之禽獸也. '綏', 旌旗之屬也. '下', 偃仆之也. '佐車', 卽『周禮』"驅逆之車". '驅'者, 逐獸使趨於田之地. '逆'者, 要逆其走而不使之散亡也. 此言田獵之禮, 尊卑·貴賤之次序.

【왕제 45】

수달이 물고기로 제사한 뒤에 우인虞人이 택량澤梁에 들어간다. 승냥이가 들짐승으로 제사한 뒤에 사냥을 한다. 비둘기가 변화하여 매가 된 뒤에 위罻와 라羅를 설치한다. 낙엽이 떨어진 뒤에 산림山林에 들어간다. 곤충이 아직 겨울잠에 들지 않았으면 불을 놓아 사냥하지 않는다. 새끼를 사냥하지 않고, 알을 취하지 않고, 새끼 밴 것을 죽이지 않고, 어린것을 죽이지 않고, 새집을 뒤엎지 않는다.

獺祭魚, 然後虞人入澤梁. 豺祭獸, 然後田獵. 鳩化爲鷹, 然後設罻羅. 草木零落, 然後入山林. 昆蟲未蟄, 不以火田.① 不麛, 不卵, 不殺胎, 不妖夭,② 不覆巢.③

鄭注 ① 만물을 취하는 것은 반드시 시기에 따라야 한다. '량梁'은 물을 막고 고기를 잡는 것이다. '위罻'는 작은 그물이다. '곤昆'은 밝다는 뜻이다. 명충明蟲(곤충)은 양을 만나면 생장하고 음을 만나면 숨는다. 取物必順時候也. '梁', 絶水取魚者. '罻', 小網也. '昆', 明也. 明蟲者, 得陽而生, 得陰而藏.

② 아직 성체가 되지 않은 것을 해침을 중시하는 것이다. '요妖'는 단절시켜 죽인다는 뜻이다. 아직 다 자라지 않은 것을 '요夭'라고 한다. 重傷未成物. '妖', 斷殺. 少長曰'夭'.

③ '복覆'은 뒤엎어 망가뜨리는 것이다. '覆', 敗也.

集說 '량梁'은 물을 막고 고기를 잡는 것이다. 『주례』의 주註에서 "(량은) 물의 제방이다. 물을 막아 제방을 쌓고 구멍을 만들어 통발로 그 구멍을 받치는 것이다"91)라고 하였다. 「월령月令」(24)에서 "중춘仲春(2월)에 매가 변화하여 비둘기가 된다"고 하였으니, 여기서 "비둘기가 변화하여 매가 된다"고 한 것은 반드시 중추仲秋(10월)일 것이다. '위罻'와 '라羅'는 모두 새를 잡는 그물이다. '미麛'는 짐승 새끼의 통칭이다. '요妖'는 단절시켜 죽이는 것이다. '요夭'는 날짐승과 들짐승의 어린것이다. 이 열 가지는 모두 사냥하는

예禮로서 계절의 순서에 순응하여 인仁의 뜻을 넓히는 것이다. '梁', 絶水取魚者. 『周禮』註云: "水堰也. 堰水爲關空, 以笱承其空." 「月令」"仲春, 鷹化爲鳩", 此言"鳩化爲鷹", 必仲秋也. '罻'·'羅', 皆捕鳥之網. '麛', 獸子之通稱. '妖', 斷殺之也. '夭', 禽獸之稚者. 此十者, 皆田之禮, 順時序廣仁意也.

【왕제 46】

총재冢宰가 국가의 예산을 편성하는 것은 반드시 한 해 말에 한다. 오곡이 모두 들어온 뒤에 국가의 예산을 정한다. 나라의 규모에 맞추고 한 해의 풍흉에 비추어서 정한다. 30년 동안의 수치를 통산한 것으로 국가의 예산을 제정하는데, 수입을 헤아려서 지출을 정한다.

冢宰制國用, 必於歲之杪. 五穀皆入, 然後制國用.① 用地小大, 視年之豐耗.② 以三十年之通制國用, 量入以爲出.③

鄭注 ① '국가의 예산을 편성한다'(制國用)는 것은 오늘날 경상비를 계획하여 세우는 것과 같은 것이다. '모杪'는 끝이라는 뜻이다. '制國用', 如今度支經用. '杪', 末也.

② 소국과 대국은 풍년과 흉년에 각기 그해의 수입에 따라 예산의 규모를 정하는데, 예산을 증액해도 예에 넘치지 않게 하고, 축소해도 일정한 정도로 줄이고 아예 없애지는 않는다. 小國·大國, 豐凶之年, 各以歲之收入, 制其用多少, 多不過禮, 少有所殺.

③ 30년 동안의 수치를 평균해서 9년의 비축분이 있어야 한다. '출出'은 관리 등에게 지급하고, 국가의 기물을 만드는 데 들어가는 비용을 말한다.

通三十年之率, 當有九年之蓄. '出', 謂所當給爲.

集說 '30년 치의 통계로'(以三十年之通)라는 것은 30년 동안의 재정수입 수치를 통산해서 10년의 여유분이 있게 한다는 뜻이다. 연말마다 수입을 4등분 하고 그 가운데 3/4을 사용하여 매년 1/4을 남기면, 3년 만에 3/4이 남아 또한 1년의 예산을 충당할 수 있다. 이것이 30년 뒤에 10년의 여유분이 있게 되는 까닭이다. 정현의 주에서는 9년이라고 하였는데, 30년 동안의 윤달까지 합하면 10년이 된다. 일설에는 27년이면 9년의 여유분이 있게 되는데 30년이라고 한 것은 성수成數를 든 것이라고 한다. '以三十年之通'者, 通計三十年所入之數, 使有十年之餘也. 蓋每歲, 所入均析爲四而用其三, 每年餘一, 則三年而餘三, 又足一歲之用矣. 此所以三十年而有十年之餘也. 鄭註以九年言之, 蓋積三十年內閏月, 當十歲也. 一說, 二十七年則有九年之餘, 言三十者, 擧成數耳.

【왕제 47】

제사에는 전체 예산의 10분의 1을 사용한다.

祭用數之仂.

鄭注 올 한 해 경상비의 수치를 계산해서 그 가운데 10분의 1을 사용한다. 算今年一歲經用之數, 用其什一.

集說 정현의 주에서는 '륵仂'을 10분의 1이라고 했고, 공영달孔穎達의 소疏에서는 '나누는 것'을 지칭한다고 하였다. 대체로 한 해 경상비의 수치를 통산해서 그 가운데 10분의 1을 사용하여 상제常祭(매년 정례적으로 지내는 제사)의 예禮를 행하는 것이다. 鄭註以'仂'爲十一, 疏以爲分散之名. 大概是總計一歲經用之數, 而用其十分之一, 以行常祭之禮也.

【왕제 48】

상喪을 치루는 3년 동안 제사를 지내지 않는다. 다만 천지天地와 사직社稷에 제사를 지낼 때에만, 춘거輴車의 끈을 넘어 제사를 행한다. 상에는 3년 치 예산의 10분의 1을 사용한다.

喪三年不祭. 唯祭天地社稷, 爲越紼而行事.① 喪用三年之仂.②

鄭注 ① 감히 비천한 일로 존귀한 일을 폐하지 않는 것이다. '월越'은 뛰어넘는다는 뜻과 같다. '불紼'은 춘거輴車의 끈이다. 不敢以卑廢尊. '越', 猶躐也. '紼', 輴車索.

② '상喪'은 국가의 중대한 일이므로 3년 치 예산의 10분의 1을 사용한다. '喪', 大事, 用三歲之什一.

集說 상은 흉사이고, 제사는 길례이다. 길과 흉은 도리를 달리하여 서로 간여할 수 없다. 그러므로 3년 동안은 제사를 지내지 않는다. 다만 천지와 사직社稷에 제사지내는 것은 감히 비천한 일로 인해 존귀한 일을 폐할 수 없기 때문이다. 매장하기 이전에는 항상 춘거輴車[92]에 끈을 묶어놓아 화재에 대비한다. 상이 집안에 있는데 제사를 밖에서 지내는 것, 이것이 춘거의 끈을 넘어 가는 것이다. 상은 3년 만에 끝마치는데, 그 기간 안에 예에 관계된 일이 복잡하고 어렵다. 그러므로 3년 동안의 경상비를 합산해서 그 가운데 10분의 1을 사용한다. 喪凶事, 祭吉禮. 吉凶異道, 不得相干. 故三年不祭. 唯祭天地社稷者, 不敢以卑廢尊也. 未葬以前, 常屬紼於輴車, 以備火災. 喪在內而行祭於外, 是踰越喪紼而往也. 喪三年而除, 中間禮事繁難. 故總計三歲經用之數而用其十之一也.

【왕제 49】

상사와 제사에서 비용이 부족한 것을 '포暴'(결핍됨)라 하고, 여분이 있는 것을 '호浩'(풍요함)라고 한다. 제사를 지낼 때에는, 풍년이라고 해서 사치스럽게 지내지 않고 흉년이라고 해서 검소하게 지내지 않는다.

喪·祭, 用不足曰'暴', 有餘曰'浩'.① 祭, 豐年不奢, 凶年不儉.②

鄭注 ① '포暴'는 결핍되다는 뜻과 같다. '호浩'는 풍요하다는 뜻과 같다. '暴', 猶耗也. '浩', 猶饒也.

② 항상 총 예산의 10분의 1을 사용한다. 常用數之仂.

集說 '포暴'는 쇠잔하고 망가졌다는 뜻으로 가지런히 갖추어지지 못함을 말한다. '호浩'는 넘친다는 뜻으로 이른바 "문식함이 화려하다고 해서 예를 무시하지 않는다"[93]는 것이다. 예산을 편성할 때에는 일정한 원칙이 있다. 이 때문에 한 해에는 풍년과 흉년이 있지만 예에는 사치와 검소함이 없다. 이 경문은 『예기』를 기록한 사람의 말이다. 「잡기雜記」에서 "흉년에는 제사는 낮은 등급의 희생(下牲)으로 지낸다"[94]고 하였으니, 곧 공자의 말이다. '暴'者, 殘敗之義, 言不齊整也. '浩'者, 汎濫之義, 所謂"以美沒禮也." 惟其制用, 有一定之則. 是以歲有豐凶, 而禮無奢儉. 此記者之言. 「雜記」云"凶年, 祀以下牲", 孔子之言也.'

【왕제 50】

나라에 9년간의 비축분이 없으면 '부족하다'(不足)라고 하고, 6년간의 비축분이 없으면 '위급하다'(急)라고 하고, 3년간의 비축분이 없으면 '나라가 나라꼴이 아니다'(國非其國)라고 한다. 3년 동안 경작하면 반드시 1년 간 먹을 식량이 남게 되고, 9년 동안 경작하면 반드시 3년간 먹을 식량이 남게 된다. 30년을 통산해서 9년간의 비축분이 있으면 비록 흉년과 수해가 닥쳐도 백성들에게 푸성귀만 먹은 파리한 얼굴빛이 없게 된다. 그런 뒤에야 천자는 식사를 함에, 날마다 음악을 연주하면서 식사하는 정찬正餐을 (한 차례씩) 가진다. 國無九年之畜曰'不足', 無六年之畜曰'急', 無三年之畜曰'國非其國'也. 三年耕, 必有一年之食, 九年耕, 必有三年之食. 以三十年之通, 雖有凶旱水溢, 民無菜色. 然後天子食, 日擧以樂.

鄭注 '채색菜色'은 푸성귀만을 먹은 얼굴빛이다. 백성에게 푸성귀만 먹은 굶주린 얼굴빛이 없어야 천자가 날마다 한 차례씩 음악을 연주하면서 식사할 수 있다. '菜色', 食菜之色. 民無食菜之飢色, 天子乃日擧以樂以食[95].

集說 굶주려서 푸성귀만 먹게 되면 얼굴빛이 파리해진다. 그래서 '채색菜色'이라 한다. 희생을 잡아 음식을 정식으로 갖추어 차린 것을 '거擧'라고 한다. 『주례』에서 "왕은 하루에 한 번 '거擧'를 하는데,[96] 정鼎[97]이 12개이고 그 음식물마다 각각의 조俎[98]가 있다.[99] 음악을 연주하면서 식사를 북돋는다"[100]고 했다. 또 "큰 흉년이 닥쳤을 때는 거를 하지 않는다"[101]고 했는데, 이는 흉년을 만나면 비축분이 있어도 줄여야 하기 때문이다. 飢而食菜則色病. 故云'菜色'. 殺牲盛饌曰'擧'. 『周禮』"王日一'擧', 鼎十有二, 物皆有俎. 以樂侑食." 又云"大荒則不擧"者, 蓋偶値凶年, 雖有備, 亦當貶損耳.

【왕제 51】

천자는 7일 만에 빈殯을 행하고 7개월 만에 장례葬禮를 행한다. 제후는 5일 만에 빈을 행하고 5개월 만에 장례를 행한다. 대부大夫·사士·서인庶人은 3일 만에 빈을 행하고 3개월 만에 장례를 행한다. 삼년상은 천자로부터 (서인에 이르기까지) 공통적이다.

天子七日而殯, 七月而葬. 諸侯五日而殯, 五月而葬. 大夫·士·庶人, 三日而殯, 三月而葬.① 三年之喪, 自天子達.②

鄭注 ① 신분이 높은 사람은 천천히 진행하고, 신분이 낮은 사람은 빨리 진행한다. 『춘추좌씨전』에 "천자는 7개월 만에 장례를 행하는데, 예속된 모든 제후가 이른다. 제후는 5개월 만에 장례를 행하는데, 동맹 관계에 있는 제후가 이른다. 대부는 3개월 만에 장례를 하는데, 같은 반열에 있는 대부가 이른다. 사士는 달을 넘겨서 장례를 하는데, 인척姻戚관계에 있는 사람들이 이른다"[102]고 하였다. 尊者舒, 卑者速. 『春秋傳』曰: "天子七月而葬, 同軌畢至. 諸侯五月, 同盟至. 大夫三月, 同位至. 士踰月, 外姻至."

② 아래로 서인에까지 공통되는 것으로 부모의 상에 대해서는 똑같다. 천자와 제후는 기년복에 대해서 상복을 낮춘다. 下通庶人, 於父母同. 天子·諸侯降期.

集說 제후는 천자보다 낮추어서 5개월 만에 장례를 행한다. 대부는 제후보다 낮추어서 3개월 만에 장례를 행한다. 사와 서인은 또 대부보다 낮추므로 그 달을 넘기면 장례를 행한다. 이제 총괄해서 '대부·사·서인이 3일 만에 빈殯[103]을 행한다'(大夫·士·庶人三日而殯)고 말하는데, 이는 본래 똑같이 하는 것이다. 그러나 모두 '3개월 만에 장례를 행한다'고 한 것은 틀린 말이다. 위 문장에서 모두 두 달씩 줄이고 있어서 아래 신분의 경우도 알

수 있기 때문에 생략해서 말한 듯하다. 공영달孔穎達은 『춘추좌씨전』의 "대부는 3개월 만에 장례를 행하고, 사는 달을 넘겨 장례를 행한다"라고 한 것을 인용하면서 "대부는 죽은 달을 제외하고 3개월이다. 사는 죽은 달을 포함하여 3개월이다. 이것이 한 달을 넘긴다는 것이다. 그러므로 '달을 넘겨서'라고 말한 것이다"라고 설명한다. 공영달의 말대로라면 대부는 4개월이 되고, 사는 3개월이 된다. 대부가 한 달을 넘겨서 장례를 행한다고 말하는 것은 가능하지만, 어찌 사가 한 달을 넘긴다고 말할 수 있겠는가? 이는 말이 통하지 않는다. 『춘추좌씨전』의 설을 정론正論으로 삼아야 한다. 諸侯降於天子而五月. 大夫降於諸侯而三月. 士・庶人, 又降於大夫, 故踰月也. 今總云'大夫・士・庶人三日而殯', 此固所同. 然皆'三月而葬'則非也. 其以上文降殺俱兩月, 在下可知, 故略言之歟. 孔氏[104]引『左傳』"大夫三月, 士踰月"者, 謂"大夫除死月爲三月. 士數死月爲三月. 是踰越一月. 故言踰月耳." 誠如此則是大夫四月, 士三月. 謂大夫踰越一月, 猶可, 豈得謂士踰越一月乎? 此不可通. 當從左氏說爲正.

【왕제 52】

서인의 경우, 끈에 매달아 하관하고(縣封), 장례葬禮를 비가 내린다고 해서 중단하지 않고, 봉분을 만들지 못하고, 나무를 심어 무덤을 표시하지 못하고, 상례를 마칠 때까지 두 가지 일을 하지 않는다.

庶人縣封, 葬不爲雨止, 不封不樹, 喪不貳事.

鄭注 '현봉縣封'은 '현폄縣窆'으로 되어야 한다. '현폄'(매달아 하관함)이란 지극히 신분이 낮아서 불綍(상여줄)을 끌면서 관을 내려놓을 수 없기 때문이다. 비가 내려도 매장을 하는 것은 그 예의 절차가 간소하기 때문이다. '봉

封'은 흙을 쌓아서 봉분을 만드는 것을 말한다. 봉분을 만들지 못하고 나무를 심어 무덤을 표시하지 못하는 것은 신분이 매우 낮아서 문식하는 예가 없기 때문이다. 『주례』에서 "작위의 등급에 따라 봉분의 규모와 그 나무의 수를 정한다"[105]고 하였으니, 사士 이상은 모두 봉분을 하고 나무를 심을 수 있는 것이다. '이貳'라는 글자는 둘이라는 뜻이다. 서인은 상례를 마칠 때까지 두 가지 일을 할 수 없으므로 정사에 복무시키지 않는다. 「상대기喪大記」(58)에서 "대부와 사는 장례葬禮를 마친 후엔 제후의 정령(公政)이 집 안에 하달되고, 졸곡[106]을 마친 후엔 소변素弁에 환질環絰을 두르고 요대要帶를 차고서 전쟁에 나가는 일도 마다하지 않는다"라고 하였다. '縣封', 當爲'縣窆'. '縣窆'者, 至卑, 不得引紼下棺. 雖雨猶葬, 以其禮儀少. '封', 謂聚土爲墳. 不封之不樹之, 又爲至卑無飾也. 『周禮』曰"以爵等爲丘封之度與其樹數", 則士以上乃皆封樹. '貳'之言二也. 庶人終喪無二事, 不使從政也. 「喪大記」曰: "大夫·士旣葬, 公政入於家, 旣卒哭, 弁絰帶, 金革之事無辟也."

集說 이는 서인의 예를 말한 것이다. 서인에게는 비碑[107]와 율綍[108]이 없으므로 줄(繩)에 매어서 하관한다. 그래서 '줄에 매달아 하관한다'(縣窆)라고 한 것이다. '불봉不封'은 봉분을 만들지 않는다는 뜻이다. 대부와 사는 장례를 마친 뒤로 군주의 정사政事가 가家에 미치지만, 서인의 경우는 상례를 마칠 때까지 두 가지 일을 할 수 없다. 此言庶人之禮. 庶人無碑綍, 縣繩下棺. 故云'縣窆'也. '不封', 不爲丘壟也. 大夫·士, 旣葬, 公政入於家, 庶人則終喪無二事也.

【왕제 53】

천자로부터 서인에 이르기까지 상례喪禮는 죽은 자를 기준으로 하고 제사祭祀는 산 자를 기준으로 한다.

自天子達於庶人, 喪從死者, 祭從生者.

鄭注 '죽은 자를 기준으로 한다'(從死者)는 것은 시신에게 입히는 옷과 덮는 이불, 관棺과 곽椁을 두고 하는 말이다. '산 자를 기준으로 한다'(從生者)는 것은 제사를 올릴 때의 희생과 기물을 두고 하는 말이다. '從死者', 謂衣衾・棺椁. '從生者', 謂奠・祭之牲・器.

集說 「중용中庸」(18-3)에서는 "아버지가 대부이고 자식이 사이면 장례는 대부의 예로서 행하고 제사는 사의 예로서 지낸다. 아버지가 사이고 자식이 대부이면, 장례는 사의 예로서 행하고 제사는 대부의 예로써 지낸다"고 하였다. 대개 장례는 죽은 자의 작위를 기준으로 하고, 제사는 산 자의 봉록을 기준으로 한다는 의미로 이 경문과 취지가 같다. 「中庸」曰: "父爲大夫, 子爲士, 葬以大夫, 祭以士. 父爲士, 子爲大夫, 葬以士, 祭以大夫." 蓋葬用死者之爵, 祭用生者之祿, 與此意同.

【왕제 54】

지자支子(적장자 이외의 자식)는 제사를 주관하지 못한다.

支子不祭.

集說 이에 대한 설명은 「곡례하曲禮下」(85)에 보인다. 說見「曲禮」.

【왕제 55】

천자는 7묘七廟이다. 3소昭와 3목穆에 태조의 종묘를 합하여 7이 된다. 제후는 5묘五廟이다. 2소와 2목에 태조의 종묘를 합하여 5가 된다. 대부는 3묘三廟이다. 1소와 1목에 태조의 종묘를 합하여 3이 된다. 사는 1묘一廟이다. 서인은 침寢(안방)에서 제사지낸다.

天子七廟. 三昭三穆, 與大祖之廟而七.① 諸侯五廟. 二昭二穆, 與大祖之廟而五.② 大夫三廟. 一昭一穆, 與大祖之廟而三.③ 士一廟.④ 庶人祭於寢.⑤

鄭注 ① 이는 주나라의 제도이다. '7묘(七)'는 태조 및 문왕·무왕의 조묘祧廟[109]에 친묘親廟 4묘를 더한 것이다. '태조太祖'는 후직后稷을 말한다. 은殷나라는 6묘로 설契 및 탕湯에 2소昭와 2목穆이다.[110] 하夏나라는 5묘로 태조가 없고, 우禹에 2소昭와 2목穆이다. 此周制. '七'者, 大祖及文王·武王之祧, 與親廟四. '大祖', 后稷. 殷則六廟, 契及湯與二昭二穆. 夏則五廟, 無大祖, 禹與二昭二穆而已.

② '태조太祖'는 처음 제후로 봉해진 군주를 말한다. 전 왕조의 후손은 처음 봉해진 군주의 묘가 되지 못한다. '大祖', 始封之君. 王者之後, 不爲始封之君廟.

③ '태조'는 별자別子로서 처음 작위를 받은 자이다. 「대전大傳」(17)에서 "별자는 시조가 된다"고 했는데, 이 경문의 경우를 말한다. 그러나 비록 별자가 아니라도 처음 작위를 받은 자도 또한 그렇게 한다. '太祖', 別子始爵者. 「大傳」曰"別子爲祖"謂此. 雖非別子, 始爵者亦然.

④ 제후의 중사中士와 하사下士를 말하는 것으로, 관사官師[111]라고 칭해지는 사람들이다. 상사上士의 경우는 2묘이다. 謂諸侯之中士·下士, 名曰官師者. 上士二廟.

⑤ '침寢'은 적침適寢(안방)이다. '寢', 適寢也.

集說 제후의 '태조太祖'는 처음 봉해진 군주이다. 대부의 '태조'는 처음 작위를 받은 자이다. '사는 1묘이다'(士一廟)라는 것은 제후국의 중사中士와 하사下士를 가리킨다. 상사上士는 2묘이다. 천자와 제후의 정침을 '노침路寢'이라고 하고, 경·대부·사의 정침은 '적실適室'이라고 하는데 적침適寢이라고도 한다. 서인은 묘廟가 없기 때문에 침寢(안방)에서 선조에게 제사를 드린다. 諸侯'太祖', 始封之君也. 大夫'太祖', 始爵者也. '士一廟', 侯國中·下士也. 上士二廟. 天子·諸侯正寢, 謂之路寢, 卿·大夫·士曰適室, 亦謂之適寢. 庶人無廟, 故祭先於寢也.

【왕제 56】

천자와 제후의 종묘제사는, 봄 제사를 '약礿'이라 하고, 여름 제사를 '체禘'라고 하고, 가을 제사를 '상嘗'이라 하고, 겨울 제사를 '증烝'이라 한다.

天子·諸侯宗廟之祭, 春曰'礿', 夏曰'禘', 秋曰'嘗', 冬曰'烝'.

鄭注 이것은 대개 하夏나라와 은殷나라의 제사 명칭이다. 주周나라에서는 이를 바꾸어서 봄 제사를 '사祠'라고 했고 여름 제사를 '약礿'이라 했으며, '체禘'는 성대하게 지내는 제사(殷祭)[112]로 삼았다. 『시詩』「소아小雅·천보天保」에서 "약礿·사祠·증烝·상嘗의 제사, 선공과 선왕께 드리네"라고 하였으니, 이 경문의 제사는 주나라에서 네 계절에 종묘에 지내는 제사의 명칭이다. 此蓋夏·殷之祭名. 周則改之, 春曰'祠', 夏曰'礿', 以'禘'爲殷祭. 『詩』「小雅」曰: "礿[113]祠烝嘗, 于公先王", 此周四時祭宗廟之名.

集說 정씨鄭氏(정현鄭玄)는 말한다. "이것은 대개 하夏나라와 은殷나라의 제사 명칭이다. 주나라에서는 봄 제사를 '사祠'라고 했고 여름 제사를 '약禴'이라 했으며, '체禘'는 은제殷祭(성대한 규모로 지내는 제사)라고 여겼다." ○ 소疏에서 말한다. "'약禴'은 간소하다는 뜻이다. 봄철에는 만물이 아직 자라지 않아 제물祭物이 종류가 많지 않고 간소하다. '체禘'는 차서次序의 뜻이다. 여름철에는 만물이 아직 이루어지지 않았더라도 계절의 차서次序에 따라서 제사지내야 한다. '상嘗'은 햇곡식이 익어서 맛을 본다는 뜻이다. '증烝'은 많다는 뜻이다. 겨울철에는 만물이 이루어진 것이 많다. 정현이 하나라와 은나라의 제사 명칭이라고 추측한 것은 그것이 주나라 때의 명칭과 다르기 때문이다. 하나라와 은나라의 제사에 관해서는 또 문헌이 없기 때문에 '대개'(蓋)라고 칭하면서 추측한 것이다." 鄭氏曰: "此蓋夏・殷之祭名. 周則春曰'祠', 夏曰'禴', 以'禘'爲殷祭." ○ 疏曰: "'禴', 薄也. 春物未成, 祭品鮮薄也. '禘'者, 次第也. 夏時物雖未成, 宜依時次第而祭之. '嘗'者, 新穀熟而嘗也. '烝'者, 衆也. 冬時物成者衆也. 鄭疑爲夏・殷祭名者, 以其與周不同. 其夏・殷之祭又無文, 故稱'蓋'以疑之."

【왕제 57】

천자는 천지天地에 제사하고, 제후는 사직社稷에 제사하고, 대부는 오사五祀에 제사한다. 천자는 천하의 이름난 산과 큰 하천에 제사하는데, 오악五嶽에 대한 제사는 삼공三公의 규모를 기준으로 삼아서 하고, 사독四瀆에 대한 제사는 제후의 규모를 기준으로 삼아서 한다. 제후는 자신의 봉지 안에 있는 이름난 산과 큰 하천에 제사한다. 천자와 제후는 이어받은 전대 왕조가 자신의 직할지 안에 있는데 제사를 주관할 후손이 끊어진 경우 제사를 지내준다.

天子祭天地, 諸侯祭社稷, 大夫祭五祀.① 天子祭天下名山大川, 五嶽視三公, 四瀆視諸侯.② 諸侯祭名山大川之在其地者.③ 天子·諸侯, 祭因國之在其地而無主後者.④

鄭注 ① '오사五祀'는 사명司命·중류中霤·문門·항行·려厲를 말한다.[114] 이 제사는 대부로서 채지采地를 소유한 자의 경우를 말한 것이고, 채지采地가 없는 대부는 세 가지 신[115]에게만 제사한다. '五祀', 謂司命也, 中霤也, 門也, 行也, 厲也. 此祭謂大夫有地者, 其無地祭三耳.

② '시視'는 (삼공이나 제후가 사용하는) 희생과 제기의 수를 기준으로 삼는다는 뜻이다. '視', 視其牲器之數.

③ 노魯나라에서 태산에 제사지내고, 진晉나라에서 하수河水(황하)에 제사지낸 것이 그 경우이다. 魯人祭泰山, 晉人祭河是也.

④ 이어받은 나라에서 선왕과 선공 가운데 공덕이 있어서 의당 대대로 제사를 받아야 마땅한데, 이제 단절되어 그들을 위해 제사를 주관할 후손이 없게 된 경우를 가리킨다. 옛날 하후씨夏后氏는 교제郊祭에서 곤鮌을 배향하였는데, 기杞나라가 하夏나라의 후계자가 되자 바꾸어서 교제사에서 우禹를 배향하였다. 진후晉侯의 꿈에 황웅黃熊[116]이 도성 안에 들어오자 하夏에서 지내던 교제郊祭를 지내주었다. 이들이 바로 그러한 예禮이다. 謂所因之國, 先王·先公有功德, 宜享世祀, 今絶無後爲之祭主者. 昔夏后氏郊鮌, 至杞爲夏後, 而更郊禹. 晉侯夢黃熊入國, 而祀夏郊. 此其禮也.

集說 '삼공三公을 기준으로 삼고 제후諸侯를 기준으로 삼는다'(視三公·視諸侯)는 것은 (삼공과 제후가 사용하는) 옹饔과 희餼[117]의 뢰례牢禮의 규모를 기준으로 삼아 희생과 제기의 수를 정한다는 것이다. '인국因國'은 나라를

세운 땅이 이전 왕조에서 도읍으로 정했던 옛 터를 이어받은 것을 말한다. 이제 제사를 주관할 자손이 없는 경우, 왕의 직할지 안에 있다면 천자가 제사를 지내주고, 제후의 땅에 있다면 제후가 제사지내주는 것은 일찍이 백성에게 공덕이 있어서 제사를 끊어서는 안 되기 때문이다. ○『주관제도周官制度』에서 말한다. "오사五祀는 『주례』·『예기』·『의례』 등에 보이며, 사서史書에도 여기저기 나오는 곳이 많다. 「제법祭法」에서만 더해서 '칠사七祀'로 되어 있다. 『춘추좌씨전』과 『공자가어孔子家語』에서는 중重·해該·수修·희熙·구룡句龍 등 오관五官이라고 하였고, 「월령月令」에서는 문門·행行·호戶·조竈·중류中霤라고 하였다. 따라서 이른바 '오사'는 명칭은 같은 오사라고 해도 제사에 따라 각기 주신으로 삼는 바가 있는 것이다. 정현은 '칠사七祀는 주周나라의 제도이고, 오사는 상商나라의 제도'라고 하였다. 그러나 『주례』 「대종백大宗白」에서도 '사직社稷과 오사에 제사지낸다'고 하였고, 『의례』에서는 '사士가 병에 걸리면 오사에 기도를 올린다'고 하였다. 그렇다면 오사에는 존비尊卑와 높이고 낮추는 구분이 없는 것이다. 내 생각으로 정현의 설명도 억설이지만, 「제법」의 말도 깊이 믿을 만한 것은 못된다." '視三公·視諸侯', 謂視其饔·餼牢禮之多寡, 以爲牲器之數也. '因國', 謂所建國之地, 因先代所都之故墟也. 今無主祭之子孫, 則在王畿者, 天子祭之, 在侯邦者, 諸侯祭之, 以其昔嘗有功德於民, 不宜絶其祀也. ○『周官制度』云: "五祀, 見於『周禮』·『禮記』·『儀禮』, 雜出於史傳多矣. 獨「祭法」加爲七. 『左傳』·『家語』以爲'重·該·修·熙·句龍'之五官, 「月令」以爲'門·行·戶·竈·中霤.' 然則所謂'五祀'者, 名雖同而祭各有所主也. 鄭氏'以七祀爲周制, 五祀爲商制.' 然「大宗伯」亦云'祭社稷·五祀', 『儀禮』'士疾病禱五祀', 則五祀無尊卑隆殺之辨矣. 愚意鄭氏已是臆說, 「祭法」之言, 亦未可深信."

【왕제 58】

천자는 약礿은 단독으로(犆) 지내고, 체禘·상嘗·증烝의 시제는 협제祫祭로 지낸다.

天子犆礿, 祫禘·祫嘗·祫烝.

鄭注 '특犆'은 단독으로(一)라는 뜻과 같다. '협祫'은 합한다는 뜻이다. 천자와 제후가 상喪을 마치고 선군先君의 신주를 시조묘始祖廟에 함께 모셔놓고 제사를 지내는 것을 '협祫'이라고 하는데, 뒤에 이를 계승하여 정례적 의례로 삼았다. 천자는 협제를 먼저 지내고 뒤에 시제時祭를 지내며, 제후는 시제를 먼저 지내고 뒤에 협제를 지낸다. 무릇 협제를 지내는 해에는 봄에 단독으로 약제礿祭를 지낼 뿐이다. 협제를 지내지 않는 것은 만물이 다 자란 것이 없으면 은제殷祭를 지내지 않기 때문이다. 주나라에서는 여름 제사의 명칭을 바꾸어 '약礿'이라고 했고, 체禘를 은제殷祭(성대한 규모로 지내는 제사)로 삼았다. 노魯나라의 예禮에서는, 삼년상을 마치고 태조의 묘廟에서 협제를 지내고, 그 이듬해 봄에 군묘群廟에 체제禘祭를 지냈다. 이후로 5년 동안에 은제를 두 번 지내는데, 한 번은 협제로 한 번은 체제禘祭로 지냈다. '犆', 猶一也. '祫', 合也. 天子·諸侯之喪畢, 合先君之主於祖廟而祭之, 謂之'祫', 後因以爲常. 天子先祫而後時祭, 諸侯先時祭而後祫. 凡祫之歲, 春一礿而已. 不祫, 以物無成者不殷祭. 周改夏祭曰'礿', 以禘爲殷祭也. 魯禮, 三年喪畢而祫於大祖, 明年春禘於群廟. 自爾之後, 五年而再殷祭, 一祫一禘.

集說 '협祫'은 합한다는 뜻이다. 그 예禮에는 두 가지가 있다. 시제時祭를 지낼 때의 협제는 여러 묘(群廟)의 신주를 모두 태조의 묘로 올려서 합사合食하지만 훼철된 묘廟의 신주는 참여시키지 않는다. 3년마다 지내는 대협大祫에서는 훼철된 묘의 신주도 참여시킨다. 천자의 예에서, 봄에 지내는

약제礿祭의 경우 단독으로 제사한다는 것은 각각 그 묘에서 지내는 것이다. 체禘·상嘗·증烝 등 제사의 경우는 모두 합사合食하는 형태로 지낸다. ○ 석량왕씨石梁王氏는 말한다. "'특약特礿'이라는 것은 봄철에는 만물이 전혀 이루지지 않았기 때문에 단지 하나의 시제로 그치고 이때에는 협제로 지내지 않는다. 여름철에는 만물이 조금 이루어지기 때문에 이때에 협제로 지낼 수 있다. 가을철에는 만물이 크게 이루어지고, 겨울철에는 만물이 완전히 이루어지므로 두 계절 모두 협제로 지낼 수 있다. 그러므로 '체禘·상嘗·증烝 등은 협제로 지내지만, 약礿은 단독으로 지낸다'라고 한 것이다." '祫', 合也. 其禮有二. 時祭之祫, 則群廟之主皆升而合食於太祖之廟, 而毁廟之主不與. 三年大祫, 則毁廟之主, 亦與焉. 天子之禮, 春礿則特祭者, 各於其廟也. 禘·嘗·烝, 皆合食. ○ 石梁王氏曰: "'特礿'者, 春物全未成, 止一時祭而已, 於此時不祫也. 夏物稍成, 可於此時而祫. 秋物大成, 冬物畢成, 皆可祫. 故曰'祫禘, 祫嘗, 祫烝, 而礿則特也.'"

【왕제 59】

제후는 약礿을 지내면 체禘를 지내지 않고, 체禘를 지내면 상嘗을 지내지 않고, 상嘗을 지내면 증烝을 지내지 않고, 증烝을 지내면 약礿을 지내지 않는다.

諸侯礿則不禘, 禘則不嘗, 嘗則不烝, 烝則不礿.

鄭注 우虞와 하夏의 제도에서 제후는 매년 천자를 조회하기 때문에 시제時祭 한 차례를 지내지 않는다. 虞·夏之制, 諸侯歲朝, 廢一時祭.

集說 남방의 제후는 봄 제사를 마치고 여름에 천자를 조회한다. 그러므로 (여름 종묘제사인) 체禘를 지내지 않는다. 서방의 제후는 여름 제사를

마치고 가을에 천자를 조회한다. 그러므로 (가을 종묘제사인) 상嘗을 지내지 않는다. 사방의 제후가 모두 이런 식으로 한다. ○ 석량왕씨石梁王氏는 말한다. "제후가 매년 조회를 하여 시제 한 차례를 지내지 않는 것은 천자의 일(王事)이 중요하기 때문이다." 南方諸侯春祭畢, 則夏來朝. 故闕禘祭. 西方諸侯夏祭畢而秋來朝. 故闕嘗祭. 四方皆然. ○ 石梁王氏曰: "諸侯歲朝爲廢一時之祭, 王事重也."

【왕제 60】

제후의 경우 약礿을 단독으로 지내고, 체禘를 한 번은 단독으로 한 번은 협제祫祭로 지내며, 상嘗을 협제로 지내고, 증烝을 협제로 지낸다.
諸侯礿犆,① 禘一犆一祫,② 嘗祫, 烝祫.

鄭注 ① 특犆·약礿의 문장[118]을 서로 관련지어 밝힌 것이다. 互明犆·礿文.
② 천자보다 낮추는 것이다. 협제를 지내는 해에는 체제禘祭를 지내지 않는다. 下天子也. 祫歲不禘.

集說 '특약犆礿'과 '약특礿犆'은 다른 뜻이 있는 것이 아니라 문장을 바꾸어 표현한 것일 뿐이다. '협상祫嘗', '협증祫烝'이라고 표현한 것은 '상협嘗祫'·'증협烝祫'이라고 표현한 것과 또한 같은 의미다. 제후가 천자보다 낮추는 것은 체禘에서 한 번은 단독으로 지내고 한 번은 협제로 지내는 차이일 뿐이다. 여름에 지내는 시제인 체제사는 올해 단독으로 지냈다면 다음해에는 합제사로 지내고, 협제를 지낸 다음 해에는 또 단독으로 지내어 천자가 매년 (봄을 제외한) 세 계절에 모두 협제로 지내는 것과 동등하지 않음을 말

한 것이다. ○ 석량왕씨石梁王氏는 말한다. "만물이 조금 이루어진 것은 크게 이루어진 것만 못하고, 그 이루어지는 것도 아직 기필할 수 없다. 그러므로 여름철 체제사를 지낼 때에는 협제로 지낼 수도 있고 단독으로 지낼 수도 있어 고정할 수 없다. 가을과 겨울철에는 만물이 이루어질 것을 기필할 수 있다. 그러므로 이 두 계절에는 반드시 협제로 지낼 수 있다. 그러므로 '특犆'은 말하지 않고, '상제사는 협제로 지낸다'(嘗祫), '증제사는 협제로 지낸다'(烝祫)라고 한 것이다. 이 부분은 전적으로 협제의 경우를 위해 언급한 것이다." ○ 내가 생각건대, 이 장에 대해 선유先儒는 하夏나라와 은殷나라의 제도라고 했다. 그러나 '체禘'는 왕자王者가 지내는 큰 제사(大祭)이다. 이제 네 계절의 정기적인 시제의 명칭이라고 하는 것은 무엇 때문인가? 아마도 주나라에서 시제時祭의 명칭을 바꾼 뒤에 체제禘祭는 (여름 제사라는 시제의 의미는 없어지고) 전적으로 대제大祭를 뜻하는 것이 된 듯하다. 또 『주관제도』에서는 "선왕先王이 예禮를 제정할 때에 반드시 하늘의 도(天道)를 본떴다. 그러므로 월제月祭는 달을 본뜨고, 시향時享은 계절을 본뜨고, 3년마다 지내는 협제와 5년마다 지내는 체제는 윤달을 본떴다"고 하였다. 또 "「왕제王制」에서 협祫이라고 한 것은 3년마다 지내는 제도가 아니다"라고 하였다. '犆礿'·'礿犆', 非有異也, 變文而已. '祫嘗'·'祫烝', 與'嘗祫'·'烝祫'亦然. 諸侯所以降於天子者, 禘一犆一祫而已. 言夏祭之禘, 今歲犆則來歲祫, 祫之明年又犆, 不如天子每歲三時皆祫也. ○ 石梁王氏曰: "物稍成未若大成, 其成亦未可必. 故夏禘之時, 可祫可犆, 不可嘗[119]也. 秋冬物成可必. 故此二時必可祫. 故不云'犆'而云'嘗祫'·'烝祫'. 此一節專爲祫祭發也." ○ 愚按, 此章先儒以爲夏殷之制. 然'禘', 王者之大祭也. 今以爲四時常祭之名, 何歟? 豈周更時祭之名, 而後禘專爲大祭歟. 又『周官制度』云: "先王制禮, 必象天道. 故月祭象月, 時享象時, 三年之祫·五年之禘, 象閏." 又云: "「王制」之言祫, 非三年之制也."

【왕제 61】

천자는 사社와 직稷에 제사지낼 때 모두 태뢰太牢를 쓴다. 제후는 사와 직에 제사지낼 때 모두 소뢰小牢를 쓴다. 대부와 사는 종묘에 제사지낼 때, 규전圭田이 있으면 제사를 지내고 없으면 천신薦新[120]의 예禮만 행한다. 서인은 봄에는 부추를 올리고, 여름에는 보리를 올리고, 가을에는 기장을 올리고, 겨울에는 벼를 올린다. 부추에는 계란을 함께 올리고, 보리에는 물고기를 함께 올리며, 기장에는 돼지를 함께 올리고, 벼에는 기러기를 함께 올린다.

天子社稷皆太牢. 諸侯社稷皆少牢. 大夫·士宗廟之祭, 有田則祭, 無田則薦.① 庶人春薦韭, 夏薦麥, 秋薦黍, 冬薦稻. 韭以卵, 麥以魚, 黍以豚, 稻以鴈.②

鄭注 ① 규전圭田이 있는 자는 제사를 지내고 나서 또 천신薦新의 예를 행한다. 제사는 계절의 첫 달(首時)에 지내고, 천신은 계절의 둘째 달(仲月)에 행한다. 사士는 천신의 희생으로 한 마리 새끼 돼지(特豚)를 쓰고, 대부 이상은 새끼 양(羔)을 쓴다. 이른바 "새끼 양과 새끼 돼지(羔豚)로 제사하면 백관百官이 모두 제사음식을 얻을 수 있다"[121]라는 말이 그것이다. 『시詩』에 "여름 둘째 달 이른 아침에 새끼 양을 바치고 부추로 제사지낸다네"[122]라고 하였다. 有田者旣祭, 又薦新. 祭以首時, 薦以仲月. 士薦牲用特豚, 大夫以上用羔. 所謂"羔豚而祭, 百官皆足." 『詩』曰: "四之日其早, 獻羔祭韭."

② 서인에게는 정해진 희생이 없고, 새로 나온 곡식과 서로 어울리는 것을 희생으로 쓴다. 庶人無常牲, 取與新物相宜而已.

集說 제사에는 정해진 예가 있고 정해진 때가 있다. 천신은 정규적인 제

사가 아니다. 다만 계절의 새로 나온 산물을 얻으면 올린다. 그러나 이 역시 네 계절에 각각 한 번씩 거행할 뿐이다. 정현의 주에서 "제사는 수시首時에 지내고, 천신은 중월仲月(계절의 둘째 달)에 행한다"고 하였는데, '수시首時'는 각 계절의 첫 달을 가리킨다. 祭有常禮, 有常時. 薦非正祭. 但遇時物卽薦. 然亦不過四時各一擧而已. 註云"祭以首時, 薦以仲月", '首時'者四時之孟月也.

【왕제 62】

천시에 제사지내는 소는 뿔이 누에고치나 밤톨만한 것(繭栗)을 쓰고, 종묘에 제사지내는 소는 뿔이 한 줌(握) 정도 자란 것을 쓰고, 빈객을 접대할 때의 소는 뿔이 한 척尺 정도 자란 것을 쓴다.
祭天地之牛, 角繭栗, 宗廟之牛, 角握, 賓客之牛, 角尺.

鄭注 '악握'은 길이가 부膚[123]를 넘지 않음을 말한다. '握', 謂長不出膚.

集說 뿔이 누에고치만 하고 밤톨만한 것은 송아지를 말한다. '악握'은 길이가 부膚를 넘지 않음을 말한다. 손을 측면으로 세운 것이 부膚인데, 네 손가락 폭의 길이[124]다. 빈객을 접대할 때에는 살지고 큰 것을 취한다. 如繭如栗, 犢也. '握', 謂長不出膚. 側手爲膚, 四指也. 賓客之用, 則取其肥大而已.

【왕제 63】

제후는 일 없이 소를 죽이지 않고, 대부는 일 없이 양을 죽이지 않고, 사는 일 없이 개와 돼지를 죽이지 않고, 서인은 일 없이 진귀한 음식을 먹지 않는다.

諸侯無故不殺牛, 大夫無故不殺羊, 士無故不殺犬·豕, 庶人無故不食珍.

鄭注 '일'(故)은 제사나 빈객 접대를 말한다. '故', 謂祭·饗.

集說 소·양·돼지를 삶는 것은 반드시 정실鼎實[125]을 준비하기 위한 것이다. 정鼎은 평상시 사용하는 그릇이 아니고, 예를 행할 일이 있을 때에만 설치한다. 따라서 일 없이 죽이지 않는 것이다. 진귀한 음식의 내용은 「내칙」(71)에 보인다. '서인이 일이 없다'(庶人無故)는 것은 또한 관례와 혼례 등의 예가 아닌 경우를 가지고 말하는 것이다. 烹牛·羊·豕, 必爲鼎實. 鼎非常用之器, 有禮事則設. 所以無故不殺也. 珍之名物, 見「內則」. '庶人無故', 亦以非冠昏之禮歟.

【왕제 64】

음식은 희생을 넘지 않으며, 평상복은 제복을 넘지 않으며, 침실은 종묘를 넘지 않는다.

庶羞不踰牲,① 燕衣不踰祭服, 寢不踰廟.

鄭注 ① 양으로 제사를 지냈다면 소고기로 음식을 만들지 않는다. 祭以羊, 則不以牛肉爲羞.

集說 '음식은 희생을 넘지 않는다'(羞不踰牲)는 것은 예를 들어 희생이 양이었다면 소고기로 음식을 만들지 않는다는 뜻이다. 이 세 가지는 모두 자신

을 봉양하는 데 소박하게 하고 신을 섬기는 데 넉넉히 함을 말한 것이다. '羞不踰牲'者, 如牲是羊, 則不以牛肉爲庶羞也. 此三者, 皆言薄於奉己, 厚於事神也.

【왕제 65】

대부는 제기祭器를 빌리지 않는다. 제기가 아직 마련되지 않았다면 생활을 위한 기물을 먼저 마련하지 않는다.

大夫祭器不假. 祭器未成, 不造燕器.

鄭注 '조造'는 만든다는 뜻이다. '造', 爲也.

集說 이 구절은 구본에 "서인의 신분으로 노인이 된 사람은 반찬 없이 밥만 먹지 않는다"[126]는 구절 다음에 놓여 있다. 이제 그 순서를 살펴보건대, 이곳에 옮겨 놓아야 옳다. 대부가 전록田祿[127]이 있으면 남에게 제기를 빌리지 않는다. 전록이 없는 경우에는 제기를 진설하지 않으므로 빌려도 된다. 무릇 집안을 조성할 때에는 제기를 먼저 마련하고 생활에 필요한 기물들을 뒤에 마련한다. 此一節, 舊在"庶人耆老, 不徒食"之後. 今考其序, 當移在此. 大夫有田祿, 則不假借祭器於人. 無田祿者不設祭器, 則假之可也. 凡家造祭器爲先養器爲後.

【왕제 66】

옛날에 백성의 노동력을 빌어 공전公田을 경작시키고, 사전私田에 대해서는 전세田稅를 징수하지 않았다.

古者, 公田藉而不稅.

鄭注 '자藉'라는 말은 빌린다(借)는 뜻이다. 백성의 노동력을 빌어 공전을 경작시켜서 풍년이든 흉년이든 여기서 수취하고, 백성이 스스로 경작하는 토지에 대해서는 전세田稅를 부과하지 않았다. 『맹자』에서 "하나라는 50묘畝를 단위로 공법貢法을 실시했고, 은나라는 70묘를 단위로 조법助法을 실시했고, 주나라는 100묘를 단위로 철법徹法을 실시했다"[128]라고 하였다. 따라서 경문에서 '옛날'(古)이라고 한 것은 은나라 때를 말한다. '藉'之言借也. 借民力治公田, 美惡取於此, 不稅民之所自治也. 『孟子』曰: "夏后氏五十而貢, 殷人七十而助, 周人百畝而徹." 則所云'古'者, 謂殷時.

集說 『맹자』에서 "은나라는 70묘를 단위로 조법助法을 실시했다. '조助'라는 것은 빌린다(藉)는 뜻이다"라고 하였다.[129] 백성의 노동력을 빌어 공전을 도와서 경작하게 할 뿐, 사전에 대한 전세는 징수하지 않았다. 『孟子』曰: "殷人七十而助. '助'者, 藉也." 但借民力以助耕公田, 而不取其私田之稅.

【왕제 67】

시장에서는 점포에 대해서는 세를 징수하지만 파는 물품에 대해서는 세를 징수하지 않았다.

市廛而不稅.

鄭注 '전廛'은 물건을 파는 점포이다. 그 점포에 대해서는 세를 징수하지만 물품에 대해서는 세를 징수하지 않았다. '廛', 市物邸舍. 稅其舍, 不稅其物.

集說 '전廛'은 시장의 점포이다. 시장의 점포에는 세를 징수하지만 그 물품에 대해서는 세를 징수하지 않았다. '廛', 市宅也. 賦其市地之廛, 而不征其貨也.

【왕제 68】

관문에서는 검문만 하고 관세는 징수하지 않았다.

關譏而不征.

鄭注 '기譏'는 이상한 복장을 한 사람을 검문하고 다른 언어를 말을 하는 사람을 식별하는 것이다. '정征'도 세를 징수한다는 뜻이다. 『주례』에서 "나라에 흉년이 들거나 질병이 창궐하면 관문의 세는 없지만 그래도 검문은 한다"[130]고 하였다. '譏', 譏異服, 識異言. '征', 亦稅也. 『周禮』"國凶札, 則無門關之征, 猶譏也."

集說 관문을 설치하는 것은 주로 이상한 복장과 다른 언어를 말하는 사람을 검문하기 위한 것으로 교역하는 화물에 대한 세는 징수하지 않았다. 關之設, 但主於譏察異服異言之人, 而不征其往來貨物之稅也.

【왕제 69】

임야, 산기슭, 하천, 연못에는 시기를 정하여 들어가게 하였지만 금법禁法을 두지는 않았다.

林麓川澤, 以時入而不禁.

鄭注 '록麓'은 산기슭을 말한다. '麓', 山足也.

集說 산림山林과 천택川澤에서 채취하는 산물은, 그 채취하러 들어가는 시기를 정해두지만, 그러나 백성과 더불어 그 이익을 함께하였다. 바로 『맹자』에서 말한 "택량澤梁에서 물고기를 잡는 것에 금법을 두지 않았다"는 것이다. 山澤采取之物, 其入也, 雖有時, 然與民共其利. 卽『孟子』所謂'澤梁無禁'也.

【왕제 70】

규전圭田을 경작하는 것[131]에 대해서는 세를 징수하지 않았다.

夫圭田無征.

鄭注 '부夫'는 경작한다는 뜻이다. '정征'은 세를 징수한다는 뜻이다. 『맹자』에 "경卿 이하에게는 반드시 규전圭田이 있다"고 하였다. 규전을 경작하는 것에 세를 징수하지 않는 것은 현자를 우대하기 위함이다. 이는 『주례』의 사전士田[132]으로서 주나라에서는 근교의 땅을 주고 거기서 10분 1의 세를 징수하였다. '夫', 猶治也. '征', 稅也. 『孟子』曰: "卿以下必有圭田." 治圭田者不稅, 所以厚賢也. 此則『周禮』之士田, 以任近郊之地, 稅什一.

集說 '규전圭田'은 봉록 이외에 받는 토지로서, 제사의 비용에 충당하기 위한 것으로 세를 징수하지 않는 것은 현자를 후대하는 것이다. '규圭'라는 것은 깨끗하다는 뜻이다. 『주관제도』에서 말한다. "규전圭田은 경卿에서 사士에 이르기까지 모두 50묘이다. 이는 전적으로 제사를 위주로 하는 토지이기 때문에 징세하지 않는다"라고 하였다. 그러나 「왕제」(61)에 "대부와 사는 종묘에 제사지낼 때, 규전圭田이 있으면 제사를 지내고 없으면 천신

薦新의 예만 행한다"고 하였고, 『맹자』에서도 "사士는 규전圭田이 없으면 또한 제사지내지 않는다"[133]고 하였다. 이미 모두 규전圭田이 있다고 해놓고서 무엇 때문에, 또 '규전圭田이 없으면 천신의 예만 행한다'고 말하겠는가? 이를 통해서 규전圭田을 하사하는 것은 또한 '공덕功德이 있으면 규찬圭瓚을 하사하는 것'과 유사함을 알 수 있다. '圭田'者, 祿外之田, 所以供祭祀, 不稅, 所以厚賢也. 曰'圭'者, 潔白之義也. 『周官制度』云: "圭田, 自卿至士, 皆五十畝. 此專主祭祀, 故無征." 然「王制」言, "大夫·士宗廟之祭, 有田則祭, 無田則薦", 『孟子』亦曰: "惟士無田, 則亦不祭." 既云皆有田, 何故又云'無田則薦?' 以此知賜圭田, 亦似'有功德則賜圭瓚'耳.

【왕제 71】

백성의 노동력을 동원할 때는 한 해에 3일을 넘기지 않는다.
用民之力, 歲不過三日.

鄭注 궁실·성곽·도로 및 관개시설을 수축하는 것이다. 治宮室·城郭·道渠.

集說 '백성의 노동력을 동원한다'(用民力)는 것은 이를 테면 성곽·도로·관개시설, 궁실과 사당을 수축하는 등의 일을 말한다. 『주례』에서는 "풍년에는 3일, 평년에는 2일, 흉년에는 1일만 동원한다"[134]고 하였다. 전쟁이 일어나면 이 제도에 구애되지 않는다. '用民力', 如治城郭·塗巷·溝渠·宮廟之類. 『周禮』"豐年三日, 中年二日, 無年則一日而已." 若師旅之事, 則不拘此制.

【왕제 72】

전지田地와 택지宅地는 사사로이 팔 수 없으며, 묘지는 사사로이 요구할 수 없다.

田里不粥, 墓地不請.

鄭注 모두 공가公家에게 받은 것이기 때문에 백성이 사적으로 처분할 수 없다. '육粥'은 판다는 뜻이다. '청請'은 요구한다는 뜻이다. 皆受於公, 民不得私也. '粥', 賣也. '請', 求也.

集說 '전리田里'(전지와 택지)는 공가公家에서 준 것이기 때문에 팔 수 없다. 묘지는 일족을 매장(族葬)[135]하는 서열이 있기 때문에 다른 사람이 요구할 수 없고, 자신 또한 마음대로 제공할 수 없다. 따라서 묘지를 다투는 자가 있으면 묘대부墓大夫[136]가 그 송사를 담당한다. '田里', 公家所授, 不可得而粥. 墓地有族葬之序, 人不得而請求, 己亦不得以擅與. 故爭墓地者, 墓大夫聽其訟焉.

【왕제 73】

사공司空은 자를 잡고 땅을 측량하고, 백성을 거주시킴에, 산천山川과 저택沮澤에 대해서 네 계절의 기후변화를 때에 따라 살피고 땅의 거리를 측량하여 확정해서 토목공사를 일으키고 민력民力을 편제한다.

司空執度度地①, 居民, 山川沮澤, 時四時,② 量地遠近,③ 興事任力.④

鄭注 ① '사공司空'은 동관冬官에 소속된 경卿으로서, 나라의 토목공사를 관장하는 자이다. '도度'는 자(丈尺)이다. '司空', 冬官卿, 掌邦事者. '度', 丈尺也.
② 춥고 따뜻하며 건조하고 습한 정도를 살피는 것이다. '저沮'는 수초가 자라는 늪을 말한다. 觀寒煖燥濕. '沮', 謂萊沛.
③ 읍邑과 정井[137]을 조성할 곳을 정하는 것이다. 制邑井之處.
④ '사事'는 읍邑 · 려廬 · 숙宿 · 시市[138]를 축조함을 말한다. '事', 謂築邑 · 廬 · 宿 · 市也.

集說 『서書』에 "사공司空은 방토邦土를 관장한다"[139]고 하였다. '자를 잡고서 땅을 헤아리고'(執度度地), '땅의 거리를 측량한다'(量地遠近)는 것은 대개 읍정邑井 · 성곽 · 여사廬舍의 구역을 정하는 것이다. 산천과 저택沮澤에는 건조하고 습하며 따뜻하고 추운 정도의 차이가 있다. 네 계절의 기후변화를 때에 따라 살펴 기후의 빠르고 늦음을 알아서 거주하는 사람들이 춥고 따뜻한 변화에 대처하는 데 실착하지 않게 하려는 것이다. '토목공사를 일으켜 민력民力을 편제한다'(興事任力)는 것은 또한 공가公家의 역역力役에 징발함을 말한다. ○ 방씨方氏(방각方慤)는 말한다. "작고 물이 머무르는 곳을 '저沮'라고 하고, 크고 물이 모여드는 곳을 '택澤'이라 한다." 『書』曰: "司空, 掌邦土." '執度度地' · '量地遠近', 蓋定邑井 · 城郭 · 廬舍之區域也. 山川沮澤, 有燥濕寒暖之不同. 以時候其四時, 知其氣候早晚, 使居者不失寒暖之宜也. '興事任力', 亦謂公家力役之征也. ○ 方氏曰: "小而水所止曰'沮', 大而水所鍾曰'澤'."

【왕제 74】

백성에게 일을 시킬 때, 노인이 할 수 있을 정도의 일을 부과하고,

건장한 젊은이가 먹을 정도의 음식을 지급한다.

凡使民, 任老者之事, 食壯者之食.

鄭注 노동을 가볍게 해주고, 먹는 것을 넉넉하게 해주는 것이다. 寬其力, 饒其食.

集說 늙은 사람은 먹는 것도 적고 해내는 일도 적다. 건장한 자는 해내는 일도 많고 먹는 것도 많다. 이제 백성에게 일을 시키면서 비록 젊고 건장하더라도 다만 노인이 해낼 수 있을 정도의 일을 부과하고, 비록 노인이라 해도 또한 젊은이 먹을 정도의 음식을 먹인다. 이는 관대하고 너그러움이 지극한 것이다. 老者食少而功亦少. 壯者功多而食亦多. 今之使民, 雖少壯, 但責以老者之功程, 雖老者, 亦食以少者之飲食. 寬厚之至也.

【왕제 75】

무릇 백성의 필수품을 저축해둘 때는 반드시 천지의 춥고 따스하며 건조하고 습한 조건에 따라 한다. 넓은 계곡과 큰 강은 형상을 달리하고, 그 사이에서 살아가는 사람들은 풍속을 달리하며, 강하고 부드러우며 가볍고 진중하며 느긋하고 다급한 성정은 한결같지 않다. 오미五味는 맛을 달리하고, 기계는 제작방법을 달리하며, 의복은 기후에 따라 그 적합한 것을 달리한다. 그 예의를 닦으면서도 그들의 풍속을 바꾸게 하지 않고, 그 형벌을 한결같게 적용하면서도 그들이 좋아하는 바를 바꾸게 하지 않는다.

凡居民材, 必因天地寒煖燥濕.① 廣谷大川異制,② 民生其間者異俗,③ 剛柔・輕重・遲速異齊.④ 五味異和,⑤ 器械異制,⑥ 衣服異宜.⑦ 修其敎, 不易其俗, 齊其政, 不易其宜.⑧

鄭注 ① 그 재능과 기예가 자연환경(地氣)을 이겨내도록 하는 것이다. 使其材藝堪地氣也.

② 그 외적인 모습을 말한다. 謂其形象.

③ 그 좋아하고 싫어하는 것을 말한다. 謂其所好惡.

④ 그 성정性情이 느긋하거나 급한 차이를 말한다. 謂其情性緩急.

⑤ 냄새와 맛 등의 차이를 말한다. 謂香臭與鹹苦.

⑥ 일을 할 때 사용하는 도구를 말한다. 謂作務之用.

⑦ 전구旃裘(모피옷)나 치격絺綌(갈포옷)을 말한다. 謂旃裘與絺綌.

⑧ '교敎'는 예의를 말하고, '정政'은 형률刑律을 말한다. '敎'謂禮義, '政'謂刑禁.

集說 '거居'는 재화를 비축하여 필요할 때에 대비함을 말하는 것으로서, '무천유무화거懋遷有無化居'[140]라고 할 때의 '거居'와 같은 뜻이다. '재材'는 사람들의 일상생활에 필수적인 물건을 말하는 것으로서, '천생오재天生五材'[141]라고 할 때의 '재材'와 같은 뜻이다. 천지의 기운은 동남쪽은 따뜻한 기운이 많고, 서북쪽은 추운 기운이 많다. 지형이 높은 곳은 반드시 건조하고 낮은 곳은 반드시 습하다. 그 지역의 적합한 것을 따라서 대비하는 것이다. 예를 들면, 모피옷(氈裘)으로 추위에 대비할 수 있고 갈포옷(絺綌)으로 더위에 대비할 수 있으며 육로는 수레로 다니고 수로는 배로 다니는 것과 같으니, 이들은 모두 자연환경의 적절한 바를 따른 것이다. 넓은 골짜기와 큰 강은 하늘과 땅이 처음 갈라질 때부터 그 형상이 이미 달랐다. 사람이 살아가는데 풍속을 달리하는 것은 이치상 본래 그러한 점이 있다. 성정이

느긋하기도 하고 급하기도 한 것은 또한 타고난 기품이 다르기 때문이다. 음식과 기계와 의복에 차이가 있는 것을 성왕도 또한 어찌 억지로 똑같게 만들겠는가? 다만 삼강三綱과 오전五典[142]의 가르침을 닦아서 예악禮樂과 형정刑政을 사용하는 것을 똑같이 할 뿐이다. 이것이 이른바 "남는 것을 자르고 부족한 것을 보충하여 백성을 인도한다"(財成輔相, 以左右民)[143]는 것이다. '居', 謂儲積以備用, 如'懋遷有無化居'之居. '材'者, 夫人日用所須之物, 如'天生五材'之'材'. 天地之氣, 東南多煖, 西北多寒. 地勢高者必燥, 卑者必濕. 因其地之所宜而爲之備. 如氈裘可以備寒, 絺綌可以備暑, 車以行陸, 舟以行水, 此皆因天地所宜也. 廣谷大川, 自天地初分, 其形制已不同矣. 民生異俗, 理有固然. 其情性之緩急, 亦氣之所稟殊也. 飮食·器械·衣服之有異, 聖王亦豈必强之使同哉? 惟修其三綱·五典之敎, 齊其禮樂·刑政之用而已. 所謂"財成輔相, 以左右民"也.

【왕제 76】

중국과 융戎·이夷의 오방 백성들은 모두 각자의 성품을 갖고 있어서 바꿀 수가 없다.

中國·戎·夷, 五方之民, 皆有性也, 不可推移.

鄭注 땅의 기운이 그렇게 만든 것이다. 地氣使之然.

集說 풍씨馮氏는 말한다. "오방五方의 백성은 기품이 같지 않고 아울러 숭상하는 풍속이 다르다. 이 때문에 그 성정이 각기 기품의 어둡고 밝음·풍속의 각박하고 너그러움에 따라 형성되어서 바꿀 수가 없다. (하지만) 그 본연의 성을 가지고 논한다면 하나일 뿐이다. 정씨鄭氏(정현鄭玄) 또한 '땅의 기운이 그렇게 만든 것이다'라고 하였다." 馮氏曰: "五方之民, 以氣稟之不齊, 兼

習俗之異尙. 是以其性各隨氣稟之昏明・習俗之薄厚而不可推移焉. 若論其本然之性則一而已矣. 鄭氏亦曰: '地氣使之然.'"

【왕제 77】

동방을 이夷라고 한다. 머리를 풀어헤치고 몸에 무늬를 새기며, 화식을 하지 않는 습성이 있다. 남방을 만蠻이라고 한다. 이마에 무늬를 새기고 (누울 때는) 발을 서로 향하게 하며, 화식을 하지 않는 습성이 있다. 서방을 융戎이라 한다. 머리를 풀어헤치고 짐승의 가죽을 옷으로 입으며, 낟알로 음식을 지어먹지 않는 습성이 있다. 북방을 적狄이라 한다. 날짐승과 길짐승의 털로 옷을 해 입고 동굴에 거주하며, 낟알로 음식을 지어먹지 않는 습성이 있다.

東方曰夷. 被髮文身, 有不火食者矣. 南方曰蠻. 雕題交趾, 有不火食者矣.① 西方曰戎. 被髮衣皮, 有不粒食者矣. 北方曰狄. 衣羽毛穴居, 有不粒食者矣.②

鄭注 ① '조雕'는 문文(문식하는 것)이니, 살갗에 무늬를 새기고 붉은색이나 푸른색으로 물들이는 것을 말한다. '발을 교차한다'(交趾)는 것은 발을 서로 향하듯이 하는 것으로, 목욕할 때는 냇물에 함께 들어가고 누울 때는 발을 서로 향하게 한다. '화식을 하지 않는다'(不火食)는 것은 땅의 기운이 따뜻해서 해가 되지 않기 때문이다. '雕', 文, 謂刻其肌, 以丹靑涅之. '交趾', 足相鄉然, 浴則同川, 卧則僢. '不火食', 地氣煖, 不爲病.

② '낟알로 음식을 지어먹지 않는다'(不粒食)는 것은 땅의 기운이 차가워서 오곡이 부족하기 때문이다. '不粒食', 地氣寒, 少五穀.

集說 '조雕'는 새기는 것이다. '제題'는 이마이다. 그 이마에 무늬를 새겨서 붉은색이나 푸른색으로 물들이는 것이다. '발을 교차한다'(交趾)[144]는 것은 발의 엄지발가락이 서로 향하는 것이다. 동남쪽은 땅의 기운이 따뜻하기 때문에 화식을 하지 않는 습성이 있다. 서북쪽은 땅의 기운이 차가워서 오곡이 부족하다. 그래서 낟알로 음식을 지어먹지 않는 습성이 있다. '雕', 刻也. '題', 額也. 刻其額以丹青涅之. '交趾', 足拇指相向也. 東南地氣煖, 故有不火食者. 西北地寒, 少五穀. 故有不粒食者.

【왕제 78】

중국中國·이夷·만蠻·융戎·적狄이 모두 각자 편안히 여기는 주거지, 입에 맞는 음식, 몸에 알맞은 의복, 편리한 도구, 구비된 기물을 가지고 있다.

中國·夷·蠻·戎·狄, 皆有安居·和味·宜服·利用·備器.

鄭注 그 생활방식은 비록 다르지만, 각기 자족한다. 其事雖異, 各自足.

集說 풍속은 비록 다르지만, 또한 모두 환경에 따라서 그 삶을 의지하여 부족함이 없다. 俗雖不同, 亦皆隨地以資其生, 無不足也.

【왕제 79】

오방五方의 백성은 언어가 통하지 않고 기호嗜好가 다르다. 그 뜻을 전달하고 그 욕구를 이해시키는 것에, 동방의 말을 통역하는 관직을 기寄, 남방의 말을 통역하는 관직을 상象, 서방의 말을 통역하는 관직을 적제狄鞮, 북방의 말을 통역하는 관직을 역譯이라고 한다. 五方之民, 言語不通, 嗜欲不同. 達其志, 通其欲, 東方曰寄, 南方曰象, 西方曰狄鞮, 北方曰譯.

鄭注 모두 해당 지방에서 불리는 명칭으로, 그 일의 종류에 의거한 것이다. '제鞮'는 안다는 뜻이다. 오늘날에도 기부冀部[145]에 '적제狄鞮'라고 말하는 사람이 있다. 皆俗間之名, 依其事類耳. '鞮'之言知也. 今冀部有言狄鞮者.

集說 방씨方氏(방각方慤)는 말한다. "언어가 통하지 않기 때문에, 반드시 그 뜻을 전달시키고, 기호가 같지 않기 때문에 반드시 그 욕구를 서로 통하게 한다. 반드시 뜻을 전달시키고 욕구를 통하게 하고자 하면, 기寄 · 상象 · 제鞮 · 역譯 등이 아니면 불가능하다. 그래서 선왕은 관직을 설치하여 이런 일들을 관장하게 하였다. '기寄'는 풍속이 다른 것을 이쪽에 의탁하게 할 수 있음을 말한다. '상象'은 풍속이 다른 것을 저쪽에 모방하게 할 수 있음을 말한다. '제鞮'는 복식이 다른 것을 구별하고자 하는 것이다. '역譯'은 언어가 다른 것을 변별하고자 하는 것이다. 『주관周官』에서는 이를 통틀어서 '상서象胥'라고 하였고,[146] 세속에서는 이를 통틀어서 '역譯'이라고 부른다." 유씨劉氏는 말한다. "이 네 가지는 모두 주로 먼 지역 사람의 언어를 통역하는 일을 담당하는 관직이다. '기寄'는 의탁한다는 뜻이다. 그 언어가 통하기 어려움이 마치 그 뜻을 사물에 의탁한 뒤에 통할 수 있는 것과 같기 때문이다. '상象'은 모방한다는 뜻이다. 뜻을 가지고 형태의 유사함을 모방하고 본떠서 통하게 하는 것과 같은 것으로서, 『주관周官』에서 말하는 '상서象胥'가 이것이다. '적狄'은 아득히 멀다는 뜻이고 '제鞮'는 융적의 신발

이름으로서, 밟는다(履)는 뜻과 같다. 그 일을 멀리 밟아가서 그 말뜻의 소재를 알아 통하게 하는 것이다. 『주관』의 '제구씨鞮屨氏'는 또한 그 노랫소리를 통하게 하였는데, 춤추는 자가 신은 신발을 가지고 이름을 삼았다. '역譯'은 푼다(釋)는 뜻으로, 등謄(베낀다)이라고 말하는 것과 같다. 피차간의 언어로 서로 베끼고 풀어서 통하게 함을 말한다. '월상씨越裳氏가 아홉 번의 통역을 거듭해서 내조해왔다'[147]는 것이 이것이다." 方氏曰: "以言語之不通也, 則必達其志, 以嗜欲之不同也, 則必通其欲. 必欲達其志通其欲, 非寄・象・鞮・譯則不可. 故先王設官以掌之. '寄'言能寓風俗之異於此. '象'言能倣象風俗之異於彼. '鞮'則欲別其服飾之異, '譯'則欲辨其言語之異. 『周官』通謂之'象胥', 而世俗則通謂之'譯'也." ○ 劉氏曰: "此四者, 皆主通遠人言語之官. '寄'者, 寓也. 以其言之難通, 如寄託其意於事物而後能通之. '象', 像也. 如以意倣像其形似而通之, 『周官』'象胥'是也. '狄'猶逖也, '鞮', 戎狄屨名, 猶履也. 遠履其事, 而知其言意之所在而通之. 『周官』'鞮屨氏', 亦以通其聲歌, 而以舞者所履爲名. '譯', 釋也, 猶言謄也. 謂以彼此言語相謄釋而通之也. '越裳氏重九譯而朝'是也."

【왕제 80】

무릇 백성을 거주시킬 때에, 전지田地를 헤아려 읍邑을 건설하고, 전지를 계산하여 백성을 거주하게 한다. 전지・읍・백성의 거주지 이 세 가지는 반드시 서로 알맞게 해야 한다.

凡居民, 量地以制邑, 度地以居民. 地・邑・民居, 必參相得也.

鄭注 '득得'은 충분하다는 뜻이다. '得', 猶足也.

集說 9부夫가 1정井이 되고, 4정이 1읍邑이 된다. 토지에 일정한 제도가 있고, 백성에게 일정한 거주지가 있으면, 치우쳐서 잘 행해지지 않는 폐단이 없게 된다. 전지·읍·거주지 세 가지가 이미 서로 알맞게 되면, 작은 단위에서부터 미루어 큰 단위로 나아가고 천하에까지 통하여 모두 서로 알맞게 될 것이다. 이것이 이른바 정전井田의 좋은 법이다. 九夫爲井, 四井爲邑. 田有常制, 民有定居, 則無偏而不擧之弊. 地也·邑也·居也三者, 旣相得, 則由小以推之大而通天下, 皆相得矣. 此所謂井田之良法也.

【왕제 81】

황무지가 없고, 노는 백성이 없으며, 먹는 것은 절제 있고 일을 시키는 것은 때에 맞아, 백성들이 모두 그들의 거주지를 편안하게 여기고, 일을 즐기며 공적 세울 것을 서로 권면하여 군주를 높이고 윗사람을 친애한다. 그런 뒤에 향학鄕學을 세워 인재를 일으킨다. 無曠土, 無游民, 食節事時, 民咸安其居, 樂事勸功, 尊君親上. 然後興學.

鄭注 소학小學과 태학大學을 세우는 것이다. 立小學·大學

集說 유씨劉氏(유안세劉安世)는 말한다. "부유하게 해준 뒤에 가르치는 것은 이치와 형세상 당연한 것이다. 만일 죽음에서 구제하기에도 모자랄까 염려되는 상황이 되면, 반드시 윗사람을 질시하고 그와 함께 망하기를 바라게 된다. 이런 상황에서 학교를 일으키고자 한들 가능할 일이겠는가? 이 「왕제」편은 전지의 분급(分田)과 봉록의 제정(制祿), 관직의 임명(命官)과 인재의

평가(論材), 조빙朝聘과 순수巡守, 상벌의 시행(行賞罰), 국학의 설치(設國學), 사냥과 어장의 운영(爲田漁), 국가의 예산 편성(制國用), 비축분의 확대(廣儲蓄), 장례와 제례의 정비(修葬祭), 부역의 제정(定賦役), 내국인을 편안하게 하고 외국인이 귀부하게 하는 것(安邇人來遠人) 등을 통해, 중국 등 오방의 사람들이 각자 제자리를 얻어 산 사람을 봉양하고 죽은 사람을 장사지냄에 유감이 없게 하는 것으로 시작하였으니, 이것은 왕도정치의 시작이다. 이 경문에 이르면 군주의 도가 확립되고 백성의 덕은 응당 쇄신된다. 그런 뒤에 향학을 세워서 백성을 가르치고 뛰어나고 재능 있는 인재들을 일으킨다. 아래 문장의 '사도는 육례를 닦고'(司徒修六禮) 이하 '서인의 신분으로 노인이 된 사람도 반찬 없이 밥만 먹지 않고'(庶人耆老不徒食)에 이르기까지는 모두 백성을 교화하고 풍속을 이루는 일이다. 이는 왕도정치의 완성이다. 뒤쪽 단락 '방 1리는 전지 구백묘(方一里者爲田九百畝)가 된다'에서부터 편 끝까지는 「왕제」의 전문傳文이다." 劉氏曰: "富而後敎, 理勢當然. 若救死恐不贍, 則必疾視其上而欲與偕亡矣. 雖欲興學, 其可得乎? 此篇自分田制祿, 命官論材, 朝聘巡守, 行賞罰, 設國學, 爲田漁, 制國用, 廣儲蓄, 修葬祭, 定賦役, 安邇人來遠人, 使中國五方各得其所, 而養生喪死無憾, 是王道之始也. 至此則君道旣得而民德當新. 然後立鄕學以敎民, 而興其賢能. 下文'司徒修六禮'以下, 至'庶人耆老不徒食', 皆化民成俗之事. 是王道之成也. 後段自'方一里者爲田九百畝'以下至篇終, 是「王制」傳文.

【왕제 82】

사도司徒는 육례六禮를 닦아 백성의 성품을 절도에 맞게 하고, 칠교七敎를 밝혀서 백성의 덕을 진작시키고, 팔정八政을 정비하여 지나친 사치를 예방하고, 도덕을 통일하여 풍속을 똑같게 하고, 기로耆老들을 봉양하여 효를 이루고, 의지할 곳 없는 사람을 구휼하여 부족한 사람에게까지 은택이 미치게 하고, 뛰어난 인재를 높여서 덕을 숭상하게 하며, 가르침을 따르지 않는 사람을 가려내어 악한 것을 물리치게 한다.

司徒修六禮以節民性, 明七教以興民德, 齊八政以防淫, 一道德以同俗, 養耆老以致孝, 恤孤獨以逮不足, 上賢以崇德, 簡不肖以絀惡.

鄭注 '사도司徒'는 지관地官에 소속된 경卿으로서, 나라의 교육을 관장하는 자이다. '태逮'는 미친다는 뜻이다. '간簡'은 가려낸다는 뜻이다. '司徒', 地官卿, 掌邦教者. '逮', 及也. '簡', 差擇也.

集說 이것은 향학鄕學에서 백성을 가르치고 사士를 뽑는 법인데, 대사도大司徒는 그 정령을 총괄하는 자이다. '육례六禮'·'칠교七敎'·'팔정八政'은 이 편 끝에 설명이 보이는데, 모두 도덕의 수단(用)이다. 도덕은 그 근간(體)이다. 근간에서 이미 하나가 되면 풍속은 같지 않음이 없게 된다. 此鄕學教民取士之法, 而大司徒則總其政令者也. '六禮'·'七教'·'八政', 見篇末, 皆道德之用也. 道德則其體也. 體既一則俗無不同矣.

【왕제 83】

향鄕에 명하여 가르침을 따르지 않는 자를 가려내어 보고하게 한다. 기로耆老가 모두 상庠(향의 학교)에 모이고, 좋은 날(元日) 향사례鄕射禮를 익혀 공功(능력)을 높이고, 향음주鄕飮酒의 예를 익혀 나이를 높인다. 대사도大司徒는 기내畿內의 뛰어난 사士들을 데리고 예를 행하는 일에 참여시킨다.

命鄕簡不帥教者以告.① 耆老皆朝于庠, 元日習射上功, 習鄕上齒. 大司徒帥國之俊士與執事焉.②

鄭注 ① '솔帥'은 따른다는 뜻이다. '가르침을 따르지 않는다'(不循教)는 것은 희학질하고 패려궂어 효도하지 않고 공경하지 않음을 말한다. 사도司徒가 향鄕에다 그런 패려궂은 자들을 가려내어 보고하게 하는 것은 향鄕이 사도에 소속되어 있기 때문이다. '帥', 循也. '不循教', 謂敖很不孝弟者. 司徒使鄕簡擇以告者, 鄕屬司徒.

② 장차 예禮를 익혀 교화시키는데, 가르침을 따르지 않는 이들에게 보고 본받게 하려는 것이다. '기로耆老'는 벼슬에서 은퇴하였거나 향鄕 중의 연로한 현자를 말한다. '조朝'는 모인다는 뜻과 같다. 이곳의 '상庠'은 향학鄕學이다. '향鄕'은 향음주례鄕飮酒禮이다. 향음주례(鄕禮)는 봄과 가을 향사례를 행할 때, 그리고 나라에서 납제蜡祭를 지낼 때, 음주의 예를 행하여 노인을 봉양하는 것을 말한다. 將習禮以化之, 使之觀焉. '耆老', 致仕及鄕中老賢者. '朝', 猶會也. 此'庠'謂鄕學也. '鄕', 謂飮酒也. 鄕禮, 春秋射·國蜡, 而飮酒養老.

集說 이 아래로는 가르침을 따르지 않는 사람을 가려내어 악한 것을 물리치는 일을 말하였다. '향鄕'은 기내畿內의 육향六鄕으로서, 원교遠郊 안에 있으며, 향마다 12,500가이다. '상庠'은 향의 학교이다. '기로耆老'는 향에 살고 있는 벼슬에서 은퇴한 경·대부이다. '원일元日'은 선택된 좋은 날이다. 기일이 정해지면 기로가 모두 와서 모이고, 이에 향사례와 향음주례를 행

한다. 사례射禮에서는 적중하는 것을 위로 여기므로, '공을 높인다'(上功)고 한 것이다. 향음주례에서는 연령의 높고 낮음으로 서열을 삼는다. 그러므로 '나이를 높인다'(上齒)고 한 것이다. '대사도大司徒'는 교관의 우두머리다. 뛰어난 이들을 데리고 예를 집행하는 일에 참여시키는 것은 대개 가르침을 따르지 않는 사람이 보고 느끼는 것으로부터 깨달아서 잘못을 고치고 선을 따르게 하려는 것이다. 此下言簡不肖以絀惡之事. '鄕', 畿內六鄕也, 在遠郊之內, 每鄕萬二千五百家. '庠'則鄕之學也. '耆老', 鄕中致仕之卿大夫也. '元日', 所擇之善日也. 期日定則耆老皆來會聚, 於是行射禮與鄕飮酒之禮. 射以中爲上, 故曰'上功'. 鄕飮則序年之高下. 故曰'上齒'. '大司徒', 敎官之長也. 率其俊秀者, 與執禮事, 蓋欲使不帥敎之人得於觀感而改過以從善也.

【왕제 84】

변화되지 않으면 기내畿內의 우향右鄕에 명하여 가르침을 따르지 않는 자를 가려내어 좌향左鄕으로 이주시키고, 기내의 좌향左鄕에 명하여 가르침을 따르지 않는 자를 가려내어 우향右鄕으로 이주시켜서, 처음의 예처럼 행한다.

不變, 命國之右鄕, 簡不帥敎者移之左, 命國之左鄕, 簡不帥敎者移之右, 如初禮.

鄭注 1년을 걸러서 (3년째) 심사했는데도 변화되지 않았으면, 그들의 거주지를 옮기게 하여 그가 새로운 사람을 보고서 교화되는 바가 있기를 바란다. 또한 다시 향학에서 예를 강습하면서 그들에게 보고 본받게 한다. 中年考校, 而又不變, 使轉徙其居, 覬其見新人有所化也. 亦復習禮於鄕學, 使之觀焉.

集說 좌향左鄕과 우향右鄕으로 맞바꾸어 이주시켜서 학문을 닦고 생활하는 장소를 바꾸고 스승과 벗들 사이에 강습하는 방법을 새롭게 하는 것은 그가 변화되기를 바라는 것이다. 左右對移, 以易其藏修游息之所, 新其師友講切之方, 庶幾其變也.

【왕제 85】

변화되지 않으면 그 사람을 교郊로 이주시키고 처음의 예처럼 한다. 그래도 변화되지 않으면 그 사람을 수遂로 이주시키고 처음의 예처럼 한다. 그래도 변화되지 않으면 그 사람을 원방遠方으로 내쳐서 죽을 때까지 등록시키지 않는다.

不變, 移之郊, 如初禮.① 不變, 移之遂, 如初禮.② 不變, 屛之遠方, 終身不齒.③

鄭注 ① '교郊'는 향鄕 경계의 바깥이다. 조금 멀리 내보내서 나중에 1년을 걸러서 (5년째) 또 그를 위해 교학郊學에서 예를 강습한다. '郊', 鄕界之外者也. 稍出遠之, 後中年又爲之習禮於郊學.

② 원교 바깥은 '수遂'로서, 수대부遂大夫가 관장한다. 또 1년 걸러서 (7년째) 다시 그들을 이주시켜 수遂에 거주하게 하고, 또 그들 위해 수의 학교에서 예를 강습한다. 遠郊之外曰'遂', 遂大夫掌之. 又中年復移之使居遂, 又爲習禮於遂之學.

③ '원방遠方'은 구주九州의 바깥이다. '치齒'는 등록한다는 뜻이다. '遠方', 九州之外. '齒', 猶錄也.

集說 사교四郊는 국國에서 100리 떨어진 곳으로 향鄕의 경계 바깥에 있다. 수遂는 또 원교 바깥에 있다. 대체로 점차 멀리하는 뜻을 보이는 것이다. 네 차례에 걸쳐 예의 가르침을 보여주었는데도 깨달아 고치지 못한다면, 그 사람은 끝내 더불어 덕에 들어갈 수 없다. 이에 마침내 그 사람을 내쳐서 버리는 것이다. 四郊去國百里在鄕界之外. 遂又在遠郊之外. 蓋示之以漸遠之意也. 四次示之以禮敎, 而猶不悛焉, 則其人終不可與入德矣. 於是乃屛棄之.

【왕제 86】

향대부鄕大夫로 하여금 빼어난 선비(秀士)를 논論하여 사도司徒에게 올리게 하는데, 이 사람을 선사選士라고 한다. 사도는 선사 가운데서도 빼어난 사람을 논하여 국학에 올리는데, 이 사람을 준사俊士라고 한다.

命鄕論秀士, 升之司徒, 曰選士.① 司徒論選士之秀者而升之學, 曰俊士.②

鄭注 ① 명단을 사도司徒에게 올리는 것이다. '수사秀士'(뛰어난 사)는 향대부가 고적考績한 사람으로서, 덕행과 도예道藝가 있는 자이다. 移名於司徒也. '秀士', 鄕大夫所考, 有德行道藝者.

② 예를 익히게 할 만한 자이다. '학學'은 태학大學이다. 可使習禮者. '學', 大學.

集說 이는 뛰어난 인재를 높여 덕을 숭상하는 일이다. ○ 유씨劉氏는 말한다. "'논論'은 그 덕행과 재능을 기술하여 보증하고 천거한다는 뜻이다. 곡식의 줄기에서 이삭이 피어 나온 것을 '수秀'라고 한다. 대사도大司徒는 향대부에게 명하여 향학의 사士 가운데 재주와 덕행이 동년배보다 빼어난

자를 기술하고 빈賓으로 예우하고 그 사람들을 사도에게 올리게 한다. 사도는 기량과 재주를 시험해서 그를 등용하여 향鄕과 수遂의 관리로 삼는데, 이 사람을 '선사選士'라고 한다. '선選'이란 택하여 임용한다는 뜻이다. 그 재주와 덕행이 또 선사보다 빼어나서 소성小成[148]에 안주하지 않고 국학에 오르기를 원하는 자가 있으면, 사도는 그의 장점을 기술하여 국학에 천거하여 올리는데, 이 사람을 '준사俊士'라고 한다. '준俊'이란 재주가 천명의 재주를 뛰어넘는 것에 대한 명칭이다." 此言上賢崇德之事. ○ 劉氏曰: "'論'者, 述其德藝而保舉之也. 苗之穎出曰'秀'. 大司徒命鄕大夫論述鄕學之士才德穎出於同輩者而禮賓之, 升其人於司徒. 司徒考試之量才而用之爲鄕・遂之吏曰'選士'. '選'者, 擇而用之也. 其有才德又穎出於選士, 不安於小成而願升國學者, 司徒論述其美而擧升之於國學曰'俊士'. '俊'者, 才過千人之名也."

【왕제 87】

사도에게 올려진 이는 향鄕의 요역에 징발되지 않고, 국학에 올려진 이는 사도司徒의 요역에 징발되지 않는데, 이들을 모두 조사造士라고 한다.

升於司徒者不征於鄕, 升於學者不征於司徒, 曰造士.

鄭注 '징발되지 않는다'(不征)는 것은 그 요역에 나아가지 않는다는 뜻이다. '조造'는 성취한다는 뜻이다. 예를 능숙하게 익혔으면 성취한 선비(成士)가 된다. '不征', 不給其繇役. '造', 成也. 能習禮, 則爲成士.

集說 사도에 올려지게 되면 향의 요역에서 면제되지만, 사도의 요역에는 여전히 나아간다. 국학에 올라가게 되면 사도司徒의 요역까지 함께 면제된

다. '조造'는 성취한다는 뜻으로 그 재주와 덕행을 이루었음을 말한다. 旣升於司徒, 則免鄕之徭役, 而猶給徭役於司徒也. 及升國學則幷免司徒之役矣. '造'者, 成也, 言成就其才德也.

【왕제 88】

악정樂正은 네 가지 학술(術)을 높여서, 네 가지 교육을 진작시키는데, 선왕先王의 『시詩』·『서書』·『예禮』·『악樂』에 따라 교육시켜 사士를 양성한다. 봄과 가을에 『예』와 『악』으로 가르치고, 겨울과 여름에 『시』와 『서』로 가르친다.

樂正崇四術, 立四教,① 順先王『詩』·『書』·『禮』·『樂』, 以造士.② 春秋教以『禮』·『樂』, 冬夏教以『詩』·『書』.③

鄭注 ① '악정樂正'은 악관樂官의 우두머리로서 국자國子[149]의 교육을 관장한다. 『서書』 「우서虞書·순전舜典」에 "기夔야! 너에게 명하여 음악을 관장하게 하니, 주자冑子를 가르쳐라!"라고 하였다. '숭崇'은 높인다는 뜻이다. 그 학술(術)을 높여서 교육을 진작시키는 것이다. 어린이는 소학에서 가르치고 장성한 자는 태학에서 가르친다. 『상서전』에 "나이 15세에 처음 소학에 들어가고, 18세에 태학에 들어간다"고 하였다. '樂正', 樂官之長, 掌國子之教. 「虞書」曰: "夔, 命汝典樂, 教冑子." '崇', 高也. 高尚其術, 以作教也. 幼者教之於小學, 長者教之於大學. 『尙書傳』曰: "年十五始入小學, 十八入大學."

② 이 네 가지 학술(術)에 따라 가르쳐서 이 사士를 이룬다. 順此四術, 而教以成是士也.

③ 봄과 여름은 양陽이다. 『시詩』와 『악樂』은 소리니[150], 소리는 또한 양陽

에 속한다. 가을과 겨울은 음陰이다. 『서書』와 『예禮』는 일이니[151] 일은 또한 음陰이다. 호언互言으로 말한 것은 모두 그 방법이 서로 이루어주기 때문이다. 春·夏, 陽也. 『詩』·『樂』者聲, 聲亦陽也. 秋·冬, 陰也. 『書』·『禮』者事, 事亦陰也. 互言之者, 皆以其術相成.

集說 이 이하에서는 국학에서 국자와 백성 가운데 빼어난 자를 가르치는 법과 현명한 인재를 뽑는 법을 기술하였다. 악정樂正은 그 교육을 관장하고, 사마司馬는 선발하는 법을 관장한다. '술術'은 길을 뜻하는 말이다. 시詩·서書·예禮·악樂 네 가지의 가르침이 곧 덕에 들어가는 길이 됨을 의미한다. 그러므로 '술術'이라고 한 것이다. 「문왕세자文王世子」(8)에 "봄에 악장을 입으로 외우고, 여름에 악곡을 연주한다"고 하여 이 경문과 다르게 말한 것은, 옛사람의 교육이 비록 네 계절마다 각기 익혀야 할 바가 있다고 하지만, 사실은 또한 자른 듯이 저쪽을 버리고 이쪽만을 익히는 것은 아니기 때문이다. 아마도 호언으로 말한 것일 뿐, 봄과 가을에 『시詩』·『서書』를 가르쳐서는 안 되고, 겨울과 여름에 예·악을 가르쳐서는 안 된다는 말은 아니다. 구주舊註의 음양으로 풀이한 설[152]은 구차하고 얽매인 설인 듯하다. 此以下言國學敎國子·民俊及取賢才之法. 樂正掌其敎, 司馬則掌選法也. '術'者, 道路之名. 言詩·書·禮·樂四者之敎, 乃入德之路. 故言'術'也. 「文王世子」言"春誦, 夏絃", 與此不同者, 古人之敎雖曰四時各有所習, 其實亦未必截然棄彼而習此. 恐亦互言耳, 非春秋不可敎『詩』·『書』, 冬夏不可敎禮·樂也. 舊註陰陽之說, 似爲拘泥.

【왕제 89】

왕의 태자, 왕의 서자, 제후들의 태자, 경과 대부 그리고 원사元士의 적자, 국인國人 가운데 준사俊士와 선사選士가 모두 악정樂正에게 나아가 배운다. 무릇 입학해서는 나이를 기준으로 삼는다.

王大子 · 王子 · 群后之大子, 卿 · 大夫 · 元士之適子, 國之俊 · 選, 皆造焉.① 凡入學以齒.②

鄭注 ① 모두 네 가지 학술(術)로 양성하는 것이다. '왕자王子'는 왕의 서자庶子이다. '군후群后'는 공公과 제후諸侯이다. 皆以四術成之. '王子', 王之庶子也. '群后', 公及諸侯.

② 모두 나이에 따라 배우고, 신분의 높고 낮음은 상관하지 않는다. 皆以長幼受學, 不用尊卑.

集說 '모두 나아간다'(皆造)는 것은 모두 와서 악정에게 가르침을 받는다는 뜻이다. 다만 나이의 순서로 차례 지우고 신분의 귀천은 구분하지 않는다. '皆造', 皆來受敎于樂正也. 惟次長幼之序, 不分貴賤之等.

【왕제 90】

(9년의) 교육과정을 마칠 때, 소서小胥 · 대서大胥 · 소악정小樂正은 가르침을 따르지 않은 자들을 가려내어 대악정大樂正에게 보고하고, 대악정은 왕에게 보고한다. 왕은 삼공三公 · 구경九卿 · 대부大夫 · 원사元士에게 명하여 모두 태학大學에 들어가게 한다[153]. 그런데도 변화되지 않으면 왕이 직접 태학에 가서 살펴본다. 그러고도 변화되지 않으면 왕은 3일 동안 음악이 수반되는 정찬을 중지한다. 먼

곳으로 내쫓는데, 서방으로 내쫓는 것을 '극棘'이라 하고 동방으로 내쫓는 것을 '기寄'라고 하며, 종신토록 명부에 등록시키지 않는다.

將出學, 小胥·大胥·小樂正簡不帥教者, 以告于大樂正, 大樂正以告于王.① 王命三公·九卿·大夫·元士皆入學. 不變, 王親視學.② 不變, 王三日不擧.③ 屛之遠方, 西方曰'棘', 東方曰'寄', 終身不齒.④

鄭注 ① 이 경문에서 '가려낸' 자는 왕의 태자, 왕의 서자, 제후들의 태자, 경卿·대부大夫·원사元士의 적자 가운데서 가려낸 자를 말한다. '대서大胥'와 '소서小胥'는 모두 악관의 속관이다. '졸업한다'(出學)는 것은 9년의 교육과정을 다 거쳐 수학과정이 끝나는 것을 말한다. 此所簡者, 謂王大子·王子·群后之大子, 卿·大夫·元士之適子. '大胥'·'小胥', 皆樂官屬也. '出學', 謂九年大成學止也.

② 예를 익히게 해서 그들을 교화시킴을 말하는 것이다. 변화하지 않으면, 왕이 또 직접 임하여 살펴보는 것은 현자의 자손을 내치는 일을 신중하게 하는 것이다. 여기서 예를 익히는 것은 모두 태학에서 한다. 亦謂使習禮以化之. 不變, 王又親爲之臨視, 重棄賢者子孫. 此習禮皆於大學也.

③ 음악을 동반하는 정찬을 중지하는 것으로, 사람을 내치는 일을 신중하게 하는 것이다. 去食樂, 重弃人.

④ '극棘'은 마땅히 '북僰'이 되어야 옳다. '북僰'은 접근한다(偪)는 뜻으로, 이夷(동쪽 이민족)와 융戎(서쪽 이민족)의 땅으로 가까이 가서 기탁하게 하는 것이다. 남과 북으로 내쫓지 않는 것은 그곳이 너무 멀기 때문이다.154) '棘'當爲'僰'. '僰'之言偪, 使之偪寄於夷戎. 不屛於南北, 爲其大遠.

集說 옛날의 교육은 9년 만에 모두 이루어지므로, '졸업'(出學)은 9년을 기한으로 한다. '소서小胥'와 '대서大胥'는 모두 악관樂官의 속관이다. 정현의 주

에서는 '극棘'을 '북僰'으로 보고, 또 '북僰'을 접근한다(偪)는 뜻으로 해석하였다. '북僰'은 본래 서융西戎의 지명이다. 내가 생각건대, 본래 글자대로 빠르다(急)의 뜻으로 해석하는 것만 못하니, 그가 빨리 선으로 옮겨가기를 바라는 것이다. '기寄'는 머문다는 뜻으로, 잠시 머물고 끝내는 돌아온다는 의미다. 비록 내쫓아서 종신토록 수용하지는 않지만, 그러나 오히려 이런 명칭을 붙여서 차마 끝내 버리지 못하는 뜻을 보여주는 것이다. 국자國子(공·경·대부의 자제)는 모두 세족世族의 친족으로서 혈연관계가 소원하고 신분이 낮은 서인과는 다르다. 그러므로 친족을 가까이 대하여 기대하는 바가 있는 것이다. ○ 방씨方氏는 말한다. "신분이 낮은 자는 네 번 변화하지 않으면 뒤에 그를 내쫓고, 신분이 높은 자는 단지 두 번 변화하지 않으면 드디어 그를 내쫓는다. 이에 대해서 진씨陳氏는 '선왕은 중서衆庶의 집안은 다스리기가 쉽고 세록世祿의 집안을 교화하기가 어렵다고 생각했기 때문'이라고 말한다. 다스리기가 쉽기 때문에 향鄕과 수遂에서의 고적考績은 항상 3년마다 있는 대비大比[155] 때에 한다. 교화하기가 어렵기 때문에 국자가 졸업하는 것은 항상 9년의 교육과정을 마친(大成)[156] 뒤에 한다. 3년이라는 짧은 기간에 고적考績하는 것이기 때문에 반드시 네 번 변화하지 않은 후에 내쫓는다. 9년이라는 오랜 기간 뒤에 가려내는 것이기 때문에 비록 두 번 변화되지 않더라도 내쫓는 것이 가능하다." ○ 소疏에서 말한다. "주周나라에서는 기내畿內에 사대四代[157]의 학學를 세웠는데, 유우씨有虞氏의 상庠을 향학鄕學으로 삼았다." 古之敎者, 九年而大成, '出學', 九年之期也. '小胥'·'大胥', 皆樂官之屬. 鄭注以'棘'爲'僰', 又以'僰'訓偪. '僰'本西戎地名. 愚謂不若讀如本字急也, 欲其遷善之速也. '寄'者, 寓也, 暫寓而終歸之意. 蓋雖屛之終身不齒, 然猶爲此名以示不忍終棄之意. 蓋國子皆世族之親, 與庶人疎賤者異. 故親親而有望焉. ○ 方氏曰: "賤者至於四不變然後屛之, 貴者止於二不變遂屛之者. 陳氏謂'先王以衆庶之家爲易治, 世祿之家爲難化.' 以其易治也, 故鄕·遂之所考, 常在三年大比之時. 以其難化也, 故國

子之出學, 常在九年大成之後. 以三年之近而考焉, 故必四不變而後屛之. 以九年之遠而簡焉, 則雖二不變, 屛之可也." ○ 疏曰: "周立四代之學於國, 而以有虞氏之庠爲鄕學."

【왕제 91】

대악정은 조사造士 가운데 빼어난 자를 논論하여 왕에게 보고하고, 그 명단을 사마司馬에게 올리는데, 이들을 진사進士라고 한다.
大樂正論造士之秀者, 以告于王, 而升諸司馬, 曰進士.

鄭注 명단을 사마에 보내는 것이다. '사마司馬'는 하관夏官에 속하는 경卿으로서 나라의 정무政務를 관장하는 자이다. '진사進士'는 나아가 작위와 봉록을 받을 수 있다. 移名於司馬. '司馬', 夏官卿, 掌邦政者. 進士, 可進受爵祿也.

集說 소疏에서 말한다. "사마司馬는 작위와 봉록을 관장한다. 다만 벼슬에 들어가는 것은 모두 사마가 주관한다." 疏曰: "司馬掌爵祿. 但入仕者, 皆司馬主之."

【왕제 92】

사마司馬는 논論을 변별하고 재능을 관직에 맞추어보고, 진사進士 가운데 뛰어난 자를 논하여 왕에게 보고하고 그 논을 확정한다. 논이 확정된 뒤에 임시로 관직을 준다. 관직을 잘 수행한 뒤에 작위를 준다. 작위가 정해진 뒤에 봉록을 준다.
司馬辨論官材,① 論進士之賢者, 以告于王, 而定其論.② 論定,然後官之.③ 任官, 然後爵之.④ 位定, 然後祿之.

鄭注 ① (대악정이 올린) 논論을 변별하고, 재능을 관직에 맞추어보고, 장점을 살펴보는 것이다. 辨其論, 官其材, 觀其所長.

② 각각 그 장점을 걸맞은 관직에 비정하여 기록하는 것이다. 各署其所長.

③ 시험 삼아 관직을 맡게 하는 것이다. 使之試守.

④ 임명하는 것이다. 命之.

集說 유씨劉氏(유이劉彝)[158]는 말한다. "옛날에는 향학鄕學에서 서인을 가르치고 국학에서 국자 및 서인 가운데 빼어난 자를 가르쳤는데, 그들이 벼슬길에 들어가는 데는 두 가지가 있었다. 향학에서 빼어난 자를 추천하는 것을 '선사選士'라 하고, 국학에서 빼어난 자를 추천하는 것을 '진사進士'라고 한다. 선사는 단지 향鄕과 수遂의 관리로 임용되는데 지나지 않지만, 이들을 선발하고 임용하는 권한은 사도司徒에게 있다. 진사는 반드시 조정의 관직에 임명되는데, 이들에 대한 작위와 봉록을 정하는 것은 그 권한이 모두 대사마大司馬에게 있다. 이것이 향학과 국학에서 가르치고 선발하는 것의 차이로, 세가世家(관리)와 편호編戶(일반 백성)의 구별을 두는 것이다. 그러나 서인이 벼슬길에 들어가는 데에도 마찬가지로 두 가지 방법이 있다. 선사가 될 만한 자는 사도가 시험해보고 임용한다. 이것이 첫 번째 방법이다. 사도가 국학에 이들을 추천하여 올리면, 논하고 선발하는 법이 국학의 학생과 동등하다. 이것이 두 번째 방법이다." 劉氏曰: "古者鄕學敎庶人, 國學敎國子及庶人之俊, 而其仕進有二道. 鄕學秀者之升曰'選士', 國學秀者之升曰'進士'. 其選士者, 不過用爲鄕·遂之吏, 而選用之權在司徒也. 其進士則必命爲朝廷之官, 而爵祿之定, 其權皆在大司馬. 此鄕學·國學敎選之異, 所以爲世家編戶之別. 然庶人仕進, 亦是二道. 可爲選士者, 司徒試用之. 此其一也. 司徒升之國學, 則論選之法與國子弟同矣. 此其二也."

【왕제 93】

대부가 자기 일을 폐기하면 종신토록 벼슬에 임용하지 않고, 죽었을 때에는 사士의 예로 장례를 치르게 한다.
大夫廢其事, 終身不仕, 死以士禮葬之.

鄭注 대부의 일을 감당하지 못하였기 때문이다. 以不任大夫也.

集說 '자신의 일을 폐기하였다'(廢其事)는 것은 가령 전쟁에서 용감하지 못하여 나라를 망치고 백성을 죽게 하거나, 혹은 주색향락으로 행실을 그르쳐 법도를 망치고 풍속을 어지럽히는 경우로, 살아 있는 동안에는 내쳐버리고 죽으면 신분을 강등한다. '廢其事', 如戰陳無勇而敗國殄民, 或荒淫失行而悖常亂俗, 生則擯棄, 死則貶降.

【왕제 94】

군사의 일이 있으면, (왕은) 대사도大司徒에게 명하여 사士에게 병거兵車를 타고 갑옷을 입는 의례를 가르치게 한다.
有發, 則命大司徒教士以車甲.

鄭注 병거兵車를 타고 갑옷을 입는 의례이다. '징발함이 있다'(有發)는 것은 군사의 일이 있어 병졸을 징발함을 말한다. 乘兵車衣甲之儀. '有發', 謂有軍師發卒.

集說 '발發'은 군사의 일이다. ○ 방씨方氏는 말한다. "선왕은 관제를 세울

때, 직무를 나누어 변별하지 않은 적도 없지만, 또한 통하게 하지 않은 적도 없다. 사도는 교육을 관장하고 사마는 정무를 관장하는데, 이것은 직무를 나누어 변별하는 것이다. 전쟁의 일이 있을 때, 사도司徒는 사士에게 병거를 타고 갑옷을 입는 의식을 가르치며, 사士를 선발할 때 사마가 논論을 변별하고 재능에 따라 관직을 안배하는데, 이것은 일을 연관시켜 통하게 하는 것이다." '發', 師旅之役也. ○ 方氏曰: "先王設官未嘗不辨, 亦未嘗不通. 司徒掌教, 司馬掌政, 是分職而辨之也. 有發則司徒教士以車甲, 造士則司馬辨論官材, 是聯事而通之也."

【왕제 95】

무릇 기예(技)를 가진 사람에 대해서는 힘을 논論한다. (기예를 가진 자는 명에 따라) 사방으로 가는데, 정강이와 팔뚝을 드러내고 활쏘기와 수레몰이로 힘을 겨룬다.

凡執技論力. 適四方, 臝股肱, 決射御.

鄭注 옷을 걷어 그 팔과 정강이를 드러내고, 활쏘기와 수레몰이를 시켜 승부를 겨루어 용기와 힘을 보여주게 하는 것을 말한다. 謂擐衣出其臂脛, 使之射御, 決勝負, 見勇力.

集說 활쏘기와 수레몰이의 기예를 가진 사람은 사방 어디든 (명하는 바에 따라) 가는데, 그러나 다만 힘의 우열을 논論할 뿐이다. 옷을 걷어 정강이와 팔뚝을 드러내는 것은 승부를 겨루어 무용을 보이고자 하는 것이다. 射御之技, 四方惟所之, 然但論力之優劣而已. 所以擐衣而出其股肱者, 欲以決勝負而示武勇也.

【왕제 96】

기예를 가지고 윗사람을 섬기는 직임으로는 축祝·사史·사射·어御·의醫·복卜 및 백공百工이 있다. 무릇 기예를 가지고 윗사람을 섬기는 사람은 자신의 직무 이외의 다른 직무를 수행하지 않고, 관직을 이동하지 않으며, 자기 향鄕을 벗어나면 사士와 함께 자리하지 못한다. 대부의 집안에서 벼슬하는 자도 자기 향鄕을 벗어나면 사士와 함께 자리하지 못한다.

凡執技以事上者, 祝·史·射·御·醫·卜及百工.① 凡執技以事上者, 不貳事, 不移官,② 出鄕不與士齒.③ 仕於家者, 出鄕不與士齒.④

鄭注 ① '기예'(技)가 이 일곱 가지임을 말한다. 言'技'謂此七者.

② 자신의 일에 전념하기를 바라는 것이며, 또한 덕德으로 하지 않는 일이기 때문이다. 欲專其事, 亦爲不德.

③ 천하기 때문이다. 향鄕 안에서는 함께 자리하는데, 친한 이를 친하게 여기는 것이다. 賤也. 於鄕中則齒, 親親也.

④ 역시 천하기 때문이다. 亦賤.

集說 '자신의 직무 이외에 다른 직무를 수행하지 않으면'(不貳事) 담당하는 직무에 더욱 정밀하게 된다. '관직을 이동하지 않는다'(不移官)는 것은 다른 직무가 그의 뛰어난 분야가 아니기 때문일 것이다. 기예로 이름이 있는 것은 천하고 대부의 가신이 되는 것도 또한 천하기 때문에 사士가 된 자와 함께 자리할 수 없다. 그러나 반드시 향을 벗어났을 때에만 그렇게 하는 것은 본향에서는 족인이나 친척으로서 사士가 된 자가 있을 경우 혹 그 사

士가 이 기예를 가진 이를 차마 낮추어 대하지 못하기 때문이다. '不貳事', 則所業彌至於精. '不移官', 恐他職非其所長. 以技名者賤, 爲大夫之臣亦賤, 故不得與爲士者齒列. 然必出鄕乃爾者, 於其本鄕有族人親戚之爲士者, 或不忍卑之故也.

【왕제 97】

사구司寇는 형벌을 바르게 하고 죄를 밝혀서 옥송獄訟을 판단한다. 반드시 세 번 자문하는 절차(三刺)를 거치고, 의도는 있지만 확실한 사실이 없으면 유죄로 판결하지 않는다. 형벌을 적용하여 가할 때는 형량이 가벼운 쪽을 따라 시행하고, 사면할 때는 죄가 무거운 쪽으로 사면한다.

司寇正刑明辟, 以聽獄訟.① 必三刺,② 有旨無簡, 不聽.③ 附從輕,④ 赦從重.⑤

鄭注 ① '사구司寇'는 추관秋官에 속하는 경卿으로서 형벌을 관장하는 자이다. '벽辟'은 죄를 뜻한다. '司寇', 秋官卿, 掌刑者. '辟', 罪也.

② 세 번 자문하는 절차(三刺)를 통해 백성의 마음을 살펴 알아서 옥송獄訟의 실정과 부합하는 판결을 내리는데, 첫 번째는 '여러 관원官員들에게 자문하는 것'(訊群臣)이요, 두 번째는 '여러 이서吏胥들에게 자문하는 것'(訊群吏)이요, 세 번째는 '모든 백성에게 자문하는 것'(訊萬民)이다. 以求民情, 斷其獄訟之中, 一曰訊群臣, 二曰訊群吏, 三曰訊萬民.

③ '간簡'은 사실(誠)을 말한다. 그런 의도는 있었지만 그 사실이 없는 자는 논하여 죄로 삼지 않는다. '簡', 誠也. 有其意, 無其誠者, 不論以爲罪.

④ '부附'는 형벌을 시행하는 것을 말한다. 그를 방면하기를 바라는 마음에

서 가벼운 형량 쪽을 따라 처벌하게 하는 것이다. '附', 施刑也. 求出之使從輕. ⑤ 비록 그 죄가 중형에 처할 만한 것이어도, 오히려 그를 사면하는 것이다. 雖是罪可重, 猶赦之.

集說 『주례』「추관秋官 · 소사구小司寇」에 "세 번 자문하는 절차(三刺)를 거쳐 서민의 옥송獄訟에 대해 실정에 부합하는 판결을 내리는데, 첫 번째는 '여러 관원들에게 자문하는 것'이요, 두 번째는 '여러 이서吏胥들에게 자문하는 것'이요, 세 번째는 '만백성에게 자문하는 것'이다"라고 하였다. '자刺'는 사형시킨다는 뜻이다. 죄를 지어 마땅히 사형시켜야 하는 자에 대해서 먼저 여러 관원들에게 자문하고, 다음으로 여러 이서吏胥들에게 자문하고, 다시 서민들에게 자문한 후에 그 경중을 결정하는 것이다. 만약 드러난 의도가 있지만 확실한 실제 자취가 없으면 판결을 내리기가 어렵다. 그래서 부속시켜 형벌을 주는 경우가 있고 사면하는 경우가 있다. 형벌을 적용하여 가하게 되면 형량이 가벼운 쪽을 따라 시행하고, 형벌을 사면하여 석방하게 되면 죄가 무거운 쪽으로 사면한다. 이른바 "죄 없는 사람을 죽이기보다는, 차라리 법대로 처벌하지 않는 데서 잘못하는 쪽을 택한다"159)는 것이다. 『周禮』"以三刺斷庶民獄訟之中, 一曰訊群臣, 二曰訊群吏, 三曰訊萬民." '刺', 殺也. 有罪當殺者, 先問之群臣, 次問之群吏, 又問之庶民, 然後決其輕重也. 若有發露之旨意, 而無簡覈之實迹, 則難於聽斷矣. 於是有附有赦焉. 附而入之則施刑從輕, 赦而出之則有罪從重. 所謂'與其殺不辜, 寧失不經'也.

【왕제 98】

무릇 다섯 가지 형벌을 결정할 때는 반드시 하늘의 이치에 나아가 판결한다. 죄가 있어 처벌할 때에는 사실과 일치하게 한다.

凡制五刑, 必卽天論.① 郵罰麗於事.②

鄭注 ① '제制'는 판결한다는 뜻이다. '즉卽'은 나아간다는 뜻이다. '반드시 하늘의 뜻에 나아가 논한다'(必卽天論)는 말은 하늘의 뜻에 부합한다는 뜻이다. 민자閔子는 "옛날의 도는 사람의 마음에 부합하지 않는다"160)라고 하였다. '즉卽'은 어떤 본에는 '칙則'으로 되어 있으며, '논論'은 어떤 본에는 '륜倫'으로 되어 있다. '制', 斷也. '卽', 就也. '必卽天論', 言與天意合. 閔子曰: "古之道不卽人心." '卽'或爲'則', '論'或爲'倫'.

② '우郵'는 허물한다는 뜻이다. '려麗'는 붙인다는 뜻이다. 사람을 허물하고 사람을 벌할 때는 마땅히 각기 그 해당 일에 붙여서 가해야 하고, 다른 일을 가지고 기뻐하거나 노여워해서는 안 된다. '郵', 過也. '麗', 附也. 過人·罰人, 當各附於其事, 不可假他以喜怒.

集說 '제制'는 판결한다는 뜻이다. '천론天論'은 하늘의 이치(天理)를 뜻한다. 하늘의 이치는 지극히 공정하고 사사로움이 없다. 죄를 판결하는 자가 하늘의 이치를 체인해서 사용한다면 역시 지극히 공정하고 사사로움이 없게 될 것이다. '우郵'는 '우尤'와 같은 글자로서 잘못을 뜻한다. 무릇 죄를 지어서 처벌할 때, 반드시 처벌과 죄의 실상이 서로 일치하게 한다면, 지극히 공정하고 사사로움이 없어서 형벌이 그 죄에 부합하게 된다. '制', 斷也. '天倫', 天理也. 天之理至公而無私. 斷獄者, 體而用之, 亦至公而無私. '郵', 與'尤'同, 責也. 凡有罪責而當誅罰者, 必使罰與事相附麗, 則至公無私而刑當其罪矣.

【왕제 99】

무릇 오형五刑의 송사를 처리할 때는 반드시 부자간의 친애에 근본하고 군신간의 의리에 입각해서 상황에 따라 적절하게 조정한다. 죄의 가볍고 무거운 차이를 숙고하여 논論하고, 죄의 깊고 얕은 정도를 신중하게 헤아려서 구별한다. 듣는 것과 보는 것을 밝고 분명하게 하고, 충정忠情과 친애함을 다하여 죄의 실정을 남김없이 파악한다. 옥송이 의심스런 경우엔, 널리 자문하여 대중과 함께 살피고, 여러 사람이 의심스러워하면 죄인을 용서해준다. 반드시 경미한 죄나 중대한 죄나 이전의 사례를 살펴서 판결을 내린다.

凡聽五刑之訟, 必原父子之親, 立君臣之義, 以權之.① 意論輕重之序, 愼測淺深之量, 以別之.② 悉其聰明, 致其忠愛, 以盡之.③ 疑獄, 氾與衆共之, 衆疑, 赦之. 必察小大之比, 以成之.④

鄭注 ① '권權'은 기울지 않게 헤아린다는 뜻이다. '權', 平也.

② '의意'는 숙고한다는 뜻이다. '낮고 깊음'(淺深)이란 모두 죄가 있지만 본심에는 선함과 악함의 차이가 있음을 말한다. '意', 思念也. '淺深', 謂俱有罪, 本心有善惡.

③ 그 실정을 다 파악하는 것이다. 盡其情.

④ '작고 크다'(大小)는 것은 죄가 가볍고 무겁다는 뜻과 같다. 이미 행해졌던 이전의 사례를 '비比'라고 한다. '小大', 猶輕重. 已行故事曰'比'.

集說 "아버지가 자식을 위해 숨겨주고, 자식이 아버지를 위해 숨겨주지만 정직함은 그 안에 있다"[161]는 것은 부자 사이에 친함이 있기 때문이다. "어지러운 나라에 형벌을 시행할 때에는 무거운 법을 쓴다"[162]는 것은 군

신 사이에 의義가 없기 때문이다. 유형에 따라 미루어 그 밖의 경우들도 통하게 할 수 있으니, 경중을 조정하기를 어떻게 할 것인지 살필 뿐이다. 부자관계와 군신관계는 인륜 가운데서 가장 중요한 것이다. 그러므로 특별히 예로 들어서 말한 것으로 위 문장 '천륜天倫'의 뜻을 이어받은 것이다. 법에 저촉된 점에서는 마찬가지지만 가볍고 무거운 정도와 깊고 얕은 정도의 차이가 있으므로, 일률적으로 논의해서는 안 된다. 그러므로 구별하니, 이것이 이른바 '권權'이다. 분명하게 보고 밝게 들어서 말과 얼굴빛 사이에서 살피며, 충정忠情과 친애함을 간절히 하여 말과 의도로 나타난 것에서 파악하면 거의 그 실정을 놓치지 않게 될 것이다. '범氾'은 넓다(廣)는 뜻과 같다. 혹시 (판결하기에) 의심스러운 점이 있다면 두루 널리 자문하고, 여러 사람과 살펴본다. 여러 사람이 의심스럽다고 말하면 그를 용서해준다. '비比'는 (이전의) 사례(例)를 뜻한다. 경미한 죄는 경미한 죄를 처벌한 사례가 있고, 중대한 죄는 중대한 죄를 처벌한 사례가 있을 것이니, 살펴보고 판결을 내리면 언제나 공정하지 않음이 없게 된다. "父爲子隱, 子爲父隱, 而直在其中"者, 以其有父子之親也. "刑亂國用重典", 以其無君臣之義也. 推類可以通其餘, 顧所以權之何如耳. 父子君臣, 人倫之重者. 故特擧以言之, 亦承上文'天倫'之意. 所犯雖同, 而有輕重淺深之殊者, 不可槩議也. 故別之, 所謂'權'也. 明視聰聽而察之於詞色之間, 忠愛惻怛而體之於言意之表, 庶可以盡得其情也. '氾', 猶廣也. 其或在所可疑, 則泛然而廣詢之, 衆見焉. 衆人共謂可疑, 則宥之矣. '比', 猶例也. 小者有小罪之比, 大者有大罪之比, 察而成之, 無往非公也.

【왕제 100】

옥사獄事의 조서가 완료되면, 사史는 완료되었다고 정正에게 보고하고, 정正은 조서를 잘 살펴본다. 정이 옥사의 조서가 완료되었음을 대사구大師寇에게 보고하면, 대사구는 극목棘木 아래에서 조서를 잘 살펴본다. 대사구가 옥사의 조서가 완료되었음을 왕에게 보고하면, 왕은 삼공에게 명하여 함께 참여해서 살펴보게 한다. 삼공이 옥사가 완료되었음을 왕에게 보고하면, 왕은 세 가지 유형의 사면 항목으로 사면하도록 명한다. 그렇게 한 뒤에 형벌을 결정하여 시행한다.
成獄辭, 史以獄成告於正, 正聽之.① 正以獄成告于大司寇, 大司寇聽之棘木之下.② 大司寇以獄之成告於王, 王命三公參聽之.③ 三公以獄之成告於王, 王三又. 然後制刑.④

鄭注 ① '사史'는 사구司寇에 소속된 리吏다. '정正'은 주周나라 때에는 향사鄕師[163]에 속하였다. 지금 한漢나라에는 정평승正平丞이 있는데, 진秦나라 때에 설치한 것이다. '史', 司寇吏也. '正', 於周鄕師之屬. 今漢有正平丞, 秦所置.

② 『주례』에서는 향사鄕師 등의 직무에 대해 "그 옥사獄事(형사사건)와 송사訟事(민사사건)를 변별하고, 그 사死와 형刑에 해당하는 죄를 구별하여, 각각 달리 문서를 작성하여 그 심사 조서를 갖추어놓고, (10일 경과 후) 외조(朝)에서 직무를 처리한다. 사구가 살펴본다"[164]라고 하였다. 여기서의 '조朝'는 왕의 외조外朝를 말한다. 왼쪽의 구극九棘[165]에는 고孤, 경卿과 대부大夫가 자리한다. 오른쪽의 구극에는 공公·후侯·백伯·자子·남男이 자리한다. 앞쪽의 삼괴三槐[166]에는 삼공三公이 자리한다. 『周禮』鄕師之屬"辨其獄訟, 異其死刑之罪而要之, 職聽於朝. 司寇聽之." '朝', 王之外朝也. 左九棘, 孤·卿·大夫位焉. 右九棘, 公·侯·伯·子·男位焉. 面三槐, 三公位焉.

③ 왕이 삼공三公에게 다시 사구 및 정正과 더불어 평결하게 하는 것은 형벌의 시행을 중대하게 여기기 때문이다. 『주례』에 "왕이 사면하고자 하면,

삼공三公에게 명하여 보내어 그 기간(사구 등이 처리하는 기간)에 직접 가서 의론하게 한다"[167]고 하였다. 王使三公復與司寇及正共平之, 重刑也. 『周禮』"王欲免之, 乃命三公會其期."

④ '우又'는 '유宥'로 되어야 옳다. '유宥'는 관대하게 한다는 뜻이다. "첫 번째 사면(一宥)하는 유형은 '오인해서 죄를 지은 경우'이다. 두 번째 사면(再宥)하는 유형은 '과실로 죄를 지은 경우'이다. 세 번째 사면(三宥)하는 유형은 '깜박 잊고서 죄를 지은 경우'이다"[168]라고 하였다. '又', 當作'宥'. '宥', 寬也. "一宥曰不識. 再宥曰過失. 三宥曰遺忘."

集說 '옥사를 이룬다'(成獄詞)는 것은 옥을 관장하는 자가 범인을 심문하여 조사한 문서가 이미 완성되었음을 말한다. '사史'는 문서를 관장하는 자이다. '정正'은 사사士師[169]의 속관이다. '청聽'은 자세히 살펴본다는 뜻이다. '극목棘木'은 외조에 있는 경卿의 자리다.[170] '우又'는 '유宥'로 되어야 옳다. 『주례』에 "첫 번째 사면하는 유형은 '오인해서 죄를 지은 경우'이다. 두 번째 사면하는 유형은 '과실로 죄를 지은 경우'이다. 세 번째 사면하는 유형은 '깜박 잊고서 죄를 지은 경우'이다"[171]라고 하였다. 형벌을 시행할 때에 천자는 오히려 이처럼 세 가지로 그 죄를 사면하고자 한다는 뜻이다. 아래에서 위에 이르기까지 모두 이견이 없지만 그래도 천자가 반드시 세 가지로 사면하도록 명한 후에 유사가 형벌을 시행하는 것은 군주에게는 아랫사람을 사랑하는 인이 되고 신하에게는 법을 지키는 의리가 있기 때문이다. '成獄詞[172]'者, 謂治獄者責取犯者之言辭已成定也. '史', 掌文書者. '正', 士師之屬. '聽', 察也. '棘木', 外朝之卿位也. '又', 當作'宥'. 『周禮』"一宥曰不識. 再宥曰過失. 三宥曰遺忘." 謂行刑之時, 天子猶欲以此三者免其罪也. 自下而上, 咸無異說, 而天子猶必三宥, 而後有司行刑者, 在君爲愛下之仁, 在臣有守法之義也.

【왕제 101】

무릇 형벌을 확정한 경우에는 가벼운 형이더라도 사면하는 일이 없다.

凡作刑罰, 輕無赦.

鄭注 형벌이 아무리 가볍더라도 사면하지 않는 것은 (그렇게 하지 않으면) 사람들이 쉽게 법을 어기기 때문이다. 法雖輕, 不赦之, 爲人易犯.

集說 풍씨馮氏는 말한다. "이는 법을 세우고 형벌을 결정하여 시행하는 취지를 말한 것이다. 아무리 가볍더라도 사면하지 않는 이유는 사람들에게 법을 위반하는 것을 어렵게 여기게 하려는 것이다. 형벌에 해당된다면 반드시 형벌을 가하여, 가볍더라도 사면하지 않는다. 더구나 무거운 형벌인 경우에는 어떻겠는가? 그러므로 군자는 마음을 다하지 않을 수 없는 것이다." 馮氏曰: "此言立法制刑之意. 雖輕無赦, 所以使人難犯也. 惟其當刑必刑, 輕且不赦. 而況於重者乎? 故君子不容不盡心焉."

【왕제 102】

형刑이란 형侀이니, 형侀은 완성된다는 뜻이다. 한 번 완성되면 바꿀 수가 없다. 그러므로 군자는 마음을 다한다.

刑者, 侀也. 侀者, 成也. 一成而不可變. 故君子盡心焉.

鄭注 '변變'은 바꾼다는 뜻이다. '變', 更也.

集說 소疏에서 말한다. "형侀은 형체이다." ○ 마씨馬氏(마희맹馬晞孟)는 말한다. "형刑이 형刑이 되는 까닭은 사람에게 형체가 있는 것과 같다. 옥사獄辭가 하나라도 구비되지 않으면 형벌이 될 수 없고, 몸체 어느 한 곳이라도 갖추어지지 않으면 온전한 사람이 될 수 없다. 옥사가 완성되면, 형벌은 집행하는 것은 있을 뿐 변경할 수는 없다. 그러므로 군자는 마음을 다한다. 군자는 자신의 마음을 다하지 않는 경우가 없지만, 형벌을 시행하는 것에 대해서는 더욱더 신중을 기한다." 疏曰: "侀是形體." ○ 馬氏曰: "刑之所以爲刑者, 猶人之有侀也. 一辭不具, 不足以爲刑, 一體不備, 不足以爲成人. 辭之所成, 則刑有所加而不可變. 故君子盡心焉. 君子無所不盡其心, 至於用刑, 則尤愼焉者也."

【왕제 103】

말을 분석하여 법률을 파괴하거나, 명칭을 어지럽혀 제도를 개변시키거나, 좌도左道를 가지고 정사를 어지럽히면 사형에 처한다.
析言破律, 亂名改作, 執左道以亂政, 殺.

鄭注 '말을 분석하여 법률을 파괴한다'(析言破律)는 것은 법령을 교묘하게 읽어내는 것을 말한다. '명칭을 어지럽혀 제도를 개변시킨다'(亂名改作)는 것은 관과 사물의 이름을 바꾸어 법도法度(법에서 정한 제도)를 개변시키는 것을 말한다. '좌도左道'는 무고巫蠱와 세속의 금기를 말한다. '析言破律', 巧賣法令者也. '亂名改作', 謂變易官與物之名, 更造法度. '左道', 若巫蠱及俗禁.

集說 말을 분석하여 법률을 파괴하는 것은 이른바 "조문을 왜곡하여 법을 농락한다"173)는 것이다. 명칭과 사물을 바꾸어 어지럽혀서 제도를 개변시키는 것이나, 혹은 이단異端과 사도邪道를 가지고 사람을 현혹시키는 것

은 모두 정사를 어지럽히기에 충분하다. 그러므로 마땅히 사형시켜야 하는 죄에 해당한다. 剖析言辭, 破壞法律, 所謂'舞文弄法'者也. 變亂名物, 更改制度, 或挾異端邪道, 以罔惑于人, 皆足以亂政. 故在所當殺.

【왕제 104】

음란한 음악(淫聲), 이상한 복장(異服), 기묘한 기예(奇技), 기이한 기구(奇器) 등을 만들어 대중을 현혹시키면 사형에 처한다. 행동이 거짓되면서도 견고하고, 말이 거짓되면서도 논리적이고, 배운 것이 정도正道가 아니면서도 해박하고, 행동이 잘못되었으면서도 문식을 잘하여 유려해서, 이런 것으로 대중을 현혹시키면 사형에 처한다. 귀신鬼神, 시일時日, 복서卜筮에 가탁하여 대중을 현혹시키면, 사형에 처한다. 이들 사형에 해당하는 네 가지 부류는 잘 살펴보는 심리 절차를 거치지 않는다.

作淫聲·異服·奇技·奇器, 以疑衆, 殺.① 行僞而堅, 言僞而辨[174], 學非而博, 順非而澤, 以疑衆, 殺.② 假於鬼神·時日·卜筮, 以疑衆, 殺.③ 此四誅者不以聽.④

鄭注 ① '음란한 음악'(淫聲)은 정鄭나라와 위衛나라의 음악 등을 말한다. '이상한 복식'(異服)은 취휼관聚鷸冠[175]과 경변瓊弁[176] 같은 것이다. '기묘한 기예'(奇技)와 '기이한 기기'(奇器)는 공수반公輸般이 기기를 이용해서 하관할 것을 청한 것 같은 것이다.[177] '淫聲', 鄭·衛之屬也. '異服', 若聚鷸冠·瓊弁也. '奇技'·'奇器', 若公輸般請以機窆.

② 모두 알맹이 없이 화려하고 재빠르게 변통만 잘하여 진실됨이 없는 것

을 말한다. 皆謂虛華捷給無誠者也.

③ 오늘날 상장喪葬·건축·결혼·점술(卜數)에 관계된 문서를 가지고 사람들을 예법에 위배되고 제도를 어기게 하는 것들이다. 今時持喪葬·築蓋·嫁取·卜數文書, 使民倍禮違制.

④ 그 해악이 되는 바는 크지만 옥사로는 밝힐 수 없기 때문이다. 爲其爲害大而辭不可明.

集說 '음란한 음악'(淫聲)은 선왕의 음악이 아닌 음악이고, '이상한 복식'(異服)은 선왕의 옷이 아닌 복식이다. '기묘한 기예'(奇技)와 '기이한 기기'(奇器)는 예를 들자면 '언사偃師가 나무인형을 만들어 춤을 주게 한 것'(偃師舞木)[178] 따위로, 『서書』에서 주紂가 "기묘한 기예(奇技)와 음란한 재주(淫巧)를 만들어 부인을 즐겁게 하였다"[179]고 하였다. 행동하는 것이 비록 거짓되지만 지키는 것이 견고해서 공격할 수가 없고, 말하는 바가 비록 거짓되지만 논리적이어서 굴복시킬 수 없음이 예를 들자면 '백마는 말이 아니다'(白馬非馬)[180]는 주장과 같고, 배운 바가 비록 올바른 도는 아니지만 섭렵한 것이 매우 광범위하면 또한 추궁하여 논박하기가 어렵다. '순비順非'는 잘못한 것을 문식하는 것으로, 행하는 바가 비록 잘못된 것이지만 문식을 잘해서 그 말이 현란하고 막힘이 없으니, 사람들은 모두 그것이 옳은 것이라고 생각한다. 귀신의 화복, 시일時日의 길흉, 복서卜筮의 좋고 나쁨을 가탁함에 이르러서는 그 모두 사람들로 하여금 보고 듣는 것에 현혹되어 예법을 어기게 하기에 충분하다. 그러므로 정치를 어지럽히는 한 가지 경우와 대중을 현혹시키는 세 가지 경우는 모두 단호하게 사형시키고 다시 더 자세히 살펴보지 않으니, 또한 그 해악이 중대하지만 옥사로는 밝힐 수 없기 때문이다. '淫聲', 非先王之樂也, '異服', 非先王之服也. '奇技'·'奇器', 如'偃師舞木'之類, 『書』云: "紂作奇技·淫巧, 以悅婦人." 所行雖僞, 而堅不可攻, 所言雖僞, 而辨不可屈,

如'白馬非馬'之類, 所學雖非正道, 而涉獵甚廣, 則亦難於窮詰. '順非', 文過也, 所行雖非, 而善於文飾, 其言滑澤無滯, 衆皆疑其爲是也. 至於假託鬼神之禍福·時日之吉凶·卜筮之休咎, 皆足以使人惑於見聞而違悖禮法. 故亂政者一, 疑衆者三, 皆決然殺之, 不復審聽, 亦爲其害大而辭不可明也.

【왕제 105】

무릇 금령禁令을 가지고 대중을 일률적으로 규제할 때에는, 과실로 범한 것도 사면해주지 않는다.

凡執禁以齊衆, 不赦過.

鄭注 이 또한 장차 사람들이 금령禁令을 쉽게 위반하기 때문이다. 亦爲人將易犯.

集說 법을 제정할 때는 정해진 규정이 있고, 형벌을 담당하는 것에 담당 부서가 있어서, 비록 과실過失이라 해도 사면하지 않는 것은 다양한 대중들을 일률적으로 규제하기 위한 것이다. 만약 과실을 사면한다는 명을 먼저 보이면, 사람들은 금령禁令을 위반하는 것을 대수롭지 않게 여기게 될 것이니, 어떻게 일률적으로 규제할 수 있겠는가? 立法有典, 司刑有官, 雖過失不赦, 所以齊衆人之不齊也. 若先示之以赦過之令, 則人將輕於犯禁矣, 豈能齊之乎?

【왕제 106】

규圭·벽璧과 금장金璋[181])은 시장에서 팔지 못한다. 명복命服과 명거命車[182]는 시장에서 팔지 못한다. 종묘에서 쓰는 기물은 시장에서 팔지 못한다. 희생犧牲은 시장에서 팔지 못한다. 군사용 기물은 시장에서 팔지 못한다.

有圭·璧·金璋, 不粥於市. 命服·命車, 不粥於市. 宗廟之器, 不粥於市. 犧牲不粥於市. 戎器不粥於市.

鄭注 존귀한 물건은 백성이 소유하기에 합당하지 않기 때문이다. '융기戎器'는 군사용 기물을 말한다. '육粥'은 판다는 뜻이다. 尊物, 非民所宜有. '戎器', 軍器也. '粥', 賣也.

集說 방씨方氏는 말한다. "이는 백성들의 불경不敬을 막기 위한 것이다. '금장金璋'은 금으로 장식한 것이다. 「고공기考工記」에서 '대장大璋과 중장中璋은 황금으로 된 구기(勺) 부분은 바깥은 청금색이다'[183]라고 한 것이 그것이다." 方氏曰: "此所以禁民之不敬. '金璋', 以金飾之. 「考工記」'大璋·中璋, 黃金勺, 青金外'者, 是也."

【왕제 107】

용기用器가 정해진 도량형에 합치되지 않으면 시장에서 팔지 못한다. 병거兵車가 정해진 기준에 합치되지 않으면 시장에서 팔지 못한다. 포布(베)와 백帛(비단)은 곱고 거친 정도가 승升과 올(縷)의 정해진 수량에 합치되지 않거나 폭의 너비가 정해진 크기에 합치되지 않으면 시장에서 팔지 못한다. 간색姦色[184]으로 정색正色을 어지럽히는 것은 시장에서 팔지 못한다.

用器不中度, 不粥於市. 兵車不中度, 不粥於市. 布帛精麤不中數, 幅廣狹不中量, 不粥於市. 姦色亂正色, 不粥於市.

鄭注 무릇 그러한 것들은 사용해서는 안 되기 때문이다. '용기用器'는 활과 화살, 쟁기와 보습(耒耜), 식기 등을 말한다. '도度'는 길이다. '수數'는 승升과 올(縷)의 수량을 말한다. 凡以其不可用也. '用器', 弓矢・耒耜・飮食器也. '度', 丈尺也. '數', 升縷多少.

集說 이는 백성의 불법을 금지시키기 위한 것이다. '용기用器'는 사람들이 일상에서 사용하는 기물이다. '수數'는 승升[185]과 올(縷)의 많고 적은 수량이다. 포布(베)는 폭의 너비가 2척 2촌이고, 백帛(비단)은 너비가 2척 4촌이다. 此所以禁民之不法. '用器', 人生日用之器也. '數', 升縷多寡之數也. 布幅廣二尺二寸, 帛廣二尺四寸.

【왕제 108】

화려한 비단, 구슬과 옥, 아름다운 기물은 시장에서 팔지 못한다. 화려한 의복과 진기한 음식은 시장에서 팔지 못한다.

錦文・珠玉・成器, 不粥於市. 衣服飮食, 不粥於市.

鄭注 백성에게 사치와 탐욕을 야기하는 것을 보이지 않으려는 것이다. '성成'은 아름답다는 뜻이다. 不示民以奢與貪也. '成', 猶善也.

集說 이는 백성이 검소하지 않은 것을 금지시키기 위한 것이다. 此所以禁

民之不儉.

【왕제 109】

제철이 아닌 오곡과 아직 익지 않은 과실은 시장에서 팔지 못한다. 제철이 아닌데 벌목한 나무는 시장에서 팔지 못한다. 제철이 아닌데 잡은 금수와 물고기(魚鼈)는 시장에서 팔지 못한다.

五穀不時, 果實未熟, 不粥於市.① 木不中伐, 不粥於市.② 禽獸魚鼈不中殺, 不粥於市.③

鄭注 ① 사물이 다 자라지 않으면 사람에게 이롭지 않기 때문이다. 物未成, 不利人.

② 제철이 아닌데 나무를 베면 사용하기에 적합하지 않기 때문이다. 『주례』에 "중동仲冬(11월)에 양의 기운을 지닌 나무[186]를 베고, 중하仲夏(5월)에 음의 기운을 지닌 나무를 벤다"[187]고 하였다. 伐之非時, 不中用. 『周禮』"仲冬斬陽木, 仲夏斬陰木."

③ 제때가 아닌데 잡으면 사용하기에 적합하지 않기 때문이다. 「월령月令」에 "계동季冬(12월)에 비로소 물고기를 잡는다"[188]고 하였고, 『주례』에 "봄에 자라와 무명조개를 바친다"[189]고 하였다. 殺之非時, 不中用. 「月令」"季冬始漁", 『周禮』"春獻鼈蜃."

集說 이는 백성의 어질지 않은 행위를 금지시키기 위한 것이다. 이상 14가지 일은 모두 대중을 일률적으로 규제하여 풍속이 동일한 데로 나아가도록 하려는 것이다. 此所以禁民之不仁. 凡十有四事, 皆所以齊其衆而使風俗之同也.

【왕제 110】

관문에서는 금령을 가지고 기찰(譏)하는데, 낯선 복장을 금지시키고, 낯선 말을 하는 사람을 식별해 살핀다.

關執禁以譏, 禁異服, 識異言.

鄭注 '관關'은 국경에 있는 문이다. '기譏'는 소리쳐서 행인을 멈추게 하고 살펴보는 것이다. '關', 竟上門. '譏', 呵察.

集說 유씨劉氏는 말한다. "윗 경문에서 말한 마땅히 금지하고 경계해야 할 일들은 사형司刑(형벌 담당관원)과 사시司市(시장 담당관원) 등이 있어서 다스리지만 기찰하지 않으면 범죄자는 많아지고 적발되는 자들은 적다. 그러므로 관문을 담당하는 관리에게 금령을 가지고 기찰하게 하여 낯선 복장을 한 사람을 보면 금지시키고, 낯선 말을 들으면 식별해 살피게 한다. 의복은 발견하기가 쉽기 때문에 단지 '금지시킨다'(禁)고 한 것이다. 언어는 인지하기가 어렵기 때문에 굳이 '식별해 살핀다'(識)고 한 것이다. '관關'은 국경에 있는 문이다. 관문을 예로 들었으므로 교문郊門과 성문城門 또한 그 안에 포함된다. 사도司徒의 속관에 사문司門과 사관司關이 있는데 모두 그들이 담당하는 직무의 대략이다." 劉氏曰: "凡上文所當禁戒之事, 雖有司刑·司市之屬以治之, 然不有以譏察之, 則犯者衆而獲者寡矣. 故令司關者執禁戒之令以譏察之, 見異服則禁之, 聞異言則識之. 衣服易見, 故直曰'禁'. 言語難知, 故必曰'識'. '關', 境上門. 擧關, 則郊門·城門, 亦在其中矣. 司徒之屬, 有司門·司關者, 皆其職之大略也."

【왕제 111】

태사大史는 예를 관장하여, 간책簡策을 가지고 조사하여 휘諱와 오惡를 올린다. 천자는 재계하고서 태사가 간諫한 바를 받는다.

大史典禮, 執簡記, 奉諱惡.① 天子齊戒受諫.②

鄭注 ① '간기簡記'는 책서策書[190]를 말한다. '휘諱'는 죽은 왕의 이름이다. '오惡'는 자묘子卯일[191]과 같이 기피하는 것이다. '簡記', 策書也. '諱', 先王名. '惡', 忌日若子卯.

② 한해가 끝나면 군신들은 한해의 일을 올려 국왕이 마땅히 고쳐야 할 것들을 간한다. 歲終, 群臣奏歲事, 諫王當所改爲也.

集說 (유씨劉氏는 말한다.) "『주관』에 태사大史는 역대 예의에 관한 전적을 관장하여 나라에 예에 관한 일이 있으면 미리 간책을 조사하여 마땅히 행해야 할 예의와 마땅히 알아야 할 휘諱・오惡, 예를 들면 묘휘廟諱나 기일忌日 등을 기록하여 받들어서 천자에게 올린다. 천자는 그 일을 중대하게 여기기 때문에 재계하고서 그 가르치고 고하는 바를 받는다. '간한다'(諫)는 것은 가르치고 고한다는 뜻과 같다. 대종백大宗白을 말하지 않은 것은 대종백의 체모가 존귀하여 단지 국왕이 직접 행사에 참여할 때 대례大禮를 도와 주관하기 때문이다." "『周官』, 大史典歷代禮儀之籍, 國有禮事則豫執簡策, 記載所當行之禮儀及所當知之諱惡, 如廟諱・忌日之類, 奉而進之天子. 天子重其事, 故齊戒以受其所教詔. '諫', 猶教詔也. 不言大宗伯者, 體貌尊, 惟詔相大禮於臨時耳."

【왕제 112】

사괴司會는 1년의 총결산을 천자에게 질의하여 평량平量을 받는다. 총재冢宰는 재계齋戒하고 질의할 것을 받는다.

司會以歲之成, 質於天子.① 冢宰齊戒受質.②

鄭注 ① '사괴司會'는 총재의 속관으로서, 계요計要[192](한 해의 결산)를 관장하는 자이다. '성成'은 계요計要이다. '질質'은 평량平量한다는 뜻으로 계요를 평가하여 조정함을 말한다. '司會', 冢宰之屬, 掌計要者. '成', 計要也. '質', 平也, 平其計要.

② 왕을 도와서 받는 것이다. 質[193]王受之.

集說 (유씨劉氏는 말한다.) "'사괴司會'[194]는 총재의 속관으로서, 법제를 운용하는 재정과 회계 그리고 왕과 총재가 행하는 관직 임면任免에 대한 일을 관장한다. 그러므로 한해가 끝날 즈음에 한해의 총결산을 천자에게 질의하여 평량을 받는데 먼저 총재에게 보고한다. 총재는 그 일을 중대하게 여겨서 재계하고 그 질정할 것을 받는다. '질質'은 윗사람에게 질정하여 그 합당함 여부를 고적하여 바로잡는다는 뜻이다." "'司會', 冢宰之屬, 掌治法之財用會計及王與冢宰廢置等事. 故歲之將終也, 質平其一歲之計要於天子, 而先之冢宰. 冢宰重其事, 而齊戒以受其質. '質'者, 質於上而考正其當否也."

【왕제 113】

대악정大樂正 · 대사구大師寇 · 시市 이 세 관직은 계요計要를 가지고 사괴를 통해서 천자에게 질의하여 평량을 받는다. 대사도大司徒·대사마大司馬·대사공大司空은 재계하고 질의할 것을 받는다.

大樂正·大司寇·市三官以其成, 從質於天子.① 大司徒·大司馬·大司空齊戒受質.

鄭注 ① '대악정大樂正'은 주나라 때에는 종백宗伯의 속관이었다. '시市'는 사시司市(시장을 관장하는 관리)로서, 주나라 때에는 사도司徒의 속관이었다. '종從'은 사괴司會를 따른다는 뜻이다. '大樂正', 於周宗伯之屬. '市', 司市也, 於周司徒之屬. '從', 從於司會也.

集說 (유씨劉氏는 말한다.) "'시市'는 사시司市(시장을 관장하는 관리)다. 『주관』에서 '사시司市는 하대부 2인이다'[195]라고 하였다. 사괴가 질의하여 평량할 것은 총재가 이미 받았다. 이 경문의 세 관직은 각기 자신들이 결산한 내용을 가지고 사괴를 통해서 천자에게 질의하여 평량을 받는다. 그러므로 이때 사도司徒·사마司馬·사공司空도 또한 재계하고 질의하여 평량할 것을 받는다." "'市', 司市也. 『周官』, '司市, 下大夫二人.' 司會所質, 冢宰既受之矣. 此三官各以其計要之成, 從司會而質於天子. 則司徒·司馬·司空, 亦齊戒而受之."

【왕제 114】

백관은 각기 그 계요計要를 가지고 삼관에게 질정한다. 대사도大司徒·대사마大司馬·대사공大司空은 백관의 계요計要를 가지고 천자에게 질의하여 평량平量을 받는다. 백관은 재계하고 그 질의하여 평량한 것을 받고서, 그런 뒤에 노인을 쉬게 하고 농민을 위로하며, 한 해의 총결산을 마치고, 다음 해의 국가예산을 편성한다.

百官各以其成, 質於三官. 大司徒·大司馬·大司空以百官之成, 質於天子.① 百官齊戒受質,② 然後休老勞農,③ 成歲事,④ 制國用.

鄭注 ① '백관百官'은 이 세 관직의 속관이다. '百官', 此三官之屬.

② 천자가 평량한 결과의 회답을 받는 것이다. 受平報也.

③ 향례饗禮를 베풀어 봉양하는 것이다. 饗養之.

④ 계요를 평가하여 결정짓는 것이다. 斷計要也.

集說 (유씨劉氏는 말한다.) "백관은 지위가 낮아서 감히 직접 보고할 수 없기 때문에 단지 삼관에게 질정한다. 삼관은 사도司徒·사마司馬·사공司空에게 보고하고, 이들이 대신해서 천자에게 질의하여 평량平量을 받는다. 천자는 육경과 더불어 이를 받아서 평량하여 결정짓고, 다 마치면 다시 그 평량한 결과를 아래로 회답한다. 그러므로 백관은 재계하고서 위에서 내린 평량한 결과의 회답을 받는다. 군주와 신하, 위아래 모두가 재계를 하고서 그 공경함을 다하는 것은 하늘이 부여한 일과 소임은 소홀히 할 수 없기 때문이다. 육관 가운데 대종백大宗白만을 언급하지 않은 것은, 종백이 예악에 관한 일을 시행할 때는 천자와 육경이 모두 참가하여, 한 해 결산을 할 일이 없기 때문이다. 다만 대악정은 국자國子를 가르치므로, 한해 예악禮樂의 비용에 대해서는 마땅히 질정해야 한다. 그러나 비록 대종백을 언급하지는 않았지만, 앞에서 먼저 '태사大史는 예를 관장한다'고 말했으므로 예악을 존중하는 뜻을 알 수 있다." 이상은 모두 유씨의 설이다. ○ 석량왕씨石梁王氏는 말한다. "'태사는 예를 관장하여'(大史典禮)에서 '(다음 해의) 국가예

산을 편성한다'(制國用)까지, 이 한 소절은 주나라의 제도와도 다르고, 하나라와 은나라에서도 살펴볼 수 있는 바가 없다. "百官位卑, 不敢專達, 故但質於三官. 三官達於司徒・司馬・司空, 而爲之質於天子. 天子與六卿受而平斷, 畢則還報其平於下. 故百官齊戒以受上之平報焉. 君臣上下莫不齊戒以致其敬者, 以天功天職不敢忽也. 六官獨不言大宗伯者, 宗伯禮樂事行, 則天子・六卿皆在, 無可歲會者. 惟大樂正敎國子, 及一歲禮樂之費用, 當質正之爾. 然雖不言宗伯, 而先言'大史典禮'於前, 則其尊重禮樂之意可見矣." 已上並劉氏說. ○ 石梁王氏曰: "'大史典禮'以下至'制國用', 此一節與周制異, 與夏・殷無考."

【왕제 115】

무릇 양노養老(노인을 봉양하는 것)의 예禮를,

凡養老,

集說 양노養老의 예는 그 조목이 네 가지가 있다. 삼로三老와 오경五更을 봉양하는 것이 첫 번째이다. 자손이 나라의 일을 위해 순국하면, 그의 아버지와 할아버지를 봉양하는 것이 두 번째이다. 치사致仕한 노인을 봉양하는 것이 세 번째이다. 서인庶人인 노인을 봉양하는 것이 네 번째이다. 일 년 동안에 모두 7차례 시행한다. 술을 대접하여 양기를 길러주는 것은 봄과 여름에 하고, 음식을 대접하여 음기를 길러주는 것은 가을과 겨울에 하는데, 네 계절에 각기 한 번씩 한다. 무릇 크게 합악合樂의 예를 행할 때에는 반드시 양노의 예로 의식을 마치는데 "봄에 학교에 들어갈 때, 석채釋菜의 예를 올리면서 합무合舞의 악樂를 행하고, 가을에 학업을 평가할 때 합성合聲의 악樂을 행한다"[196]고 하였으므로 앞의 경우와 합치면 6차례가 된다.

또 계춘季春(3월)에 크게 합악의 예를 행하여 천자가 태학을 시찰하는데 이때에도 양노의 예를 행하니, 모두 7차례가 된다. 養老之禮, 其目有四. 養三老·五更, 一也. 子孫死於國事, 則養其父祖, 二也. 養致仕之老, 三也. 養庶人之老, 四也. 一歲之間, 凡七行之. 飮養陽氣則用春夏, 食養陰氣則用秋冬, 四時各一也. 凡大合樂, 必遂養老, 謂"春入學, 舍菜, 合舞, 秋頒學, 合聲", 則通前爲六. 又季春大合樂, 天子視學, 亦養老, 凡七也.

【왕제 116】

유우씨有虞氏(순임금)는 연례燕禮로 행하였고,

有虞氏以燕禮,

集說 '연례燕禮'는 일헌一獻의 예가 끝나고 나면 모두 앉아서 취할 때까지 술을 마시는데, 그때의 희생은 개(狗)를 사용한다. 그 예에는 두 가지가 있다. 하나는 동성同姓에게 연례를 베푸는 것이고, 또 하나는 이성異姓에게 연례를 베푸는 것이다. '燕禮'者, 一獻之禮旣畢, 皆坐而飮酒以至於醉, 其牲用狗. 其禮亦有二. 一是燕同姓, 二是燕異姓也.

【왕제 117】

하후씨夏后氏는 향례饗禮로 행하였고,

夏后氏以饗禮,

集說 '향례饗禮'는 체천體薦[197]하지만 먹지 않으며, 술잔을 가득 채우지만 마시지 않으며, 서서 있고 앉지 않는다. 존비에 따라 술을 올리는데 올리는 횟수를 다하면 그친다. 그렇지만 역시 네 가지 경우가 있다. 제후가 와서 조회하는 경우가 첫 번째이다. 왕의 친척 및 제후의 신하가 와서 빙문하는 경우가 두 번째이다. 융적戎狄의 군주가 사자를 보내오는 경우가 세 번째이다. 숙위宿衛하는 군사・노인・고아를 접대하는 경우가 네 번째이다. 다만 숙위하는 군사・노인・고아의 경우는 술을 취하도록 대접하는 것을 법도로 삼는다. 「주정酒正」에서 그렇게 말하고 있다.[198] '饗禮'者, 體薦而不食, 爵盈而不飲, 立而不坐, 依尊卑爲獻, 數畢而止. 然亦有四焉. 諸侯來朝, 一也. 王親戚及諸侯之臣來聘, 二也. 戎狄之君使來, 三也. 享宿衛及耆老・孤子, 四也. 惟宿衛及耆老・孤子, 則以酒醉爲度, 「酒正」云.

【왕제 118】

은殷나라 사람은 사례食禮로 행하였고,

殷人以食禮,

集說 '사례食禮'는 밥도 있고 반찬도 있으며, 술을 진설하지만 마시지 않는데, 그 예는 밥을 위주로 하기 때문에 '사食'라고 한다. 그렇지만 또한 두 가지 경우가 있다. 『주례』「추관秋官・대행인大行人」에서 "사례 때 9번 희생을 올리거나(九擧) 공이 대부에게 음식을 대접하는 따위를 예사禮食라고 한다. 그 신하가 스스로 빈객과 더불어 아침저녁으로 함께 식사하는 것을 연사燕食라고 한다. 향례饗禮는 사례의 정식 형태이므로 종묘(廟)에서 행하고, 연례燕禮는 자애와 은혜를 보이는 것이므로 침전(寢)에서 행한다"[199]라고

하였다. '食禮'者, 有飯有殽, 雖設酒而不飮, 其禮以飯爲主, 故曰'食'也. 然亦有二焉. 「大行人」云: "食禮九擧及公食大夫之類, 謂之禮食. 其臣下自與賓客, 旦夕共食, 則謂之燕食也. 饗, 食禮之正, 故行之於廟, 燕, 以示慈惠, 故行之於寢也."

【왕제 119】

주周나라 사람은 이들을 다듬어 겸해서 사용하였다.

周人脩而兼用之.

鄭注 '겸해서 사용한다'(兼用之)는 것은 음양을 갖추는 것이다. 무릇 마시는 것은 양기를 길러주고, 무릇 밥은 음기를 길러준다. 양陽은 봄과 여름에 사용하고, 음陰은 가을과 겨울에 사용한다. '兼用之', 備陰陽也. 凡飮養陽氣, 凡食養陰氣. 陽用春夏, 陰用秋冬.

集說 봄과 여름에는 유우씨有虞氏의 연례燕禮와 하후씨夏后氏의 향례饗禮를 사용하고, 가을과 겨울에는 은殷나라의 사례食禮를 사용한다. 주周나라는 문文을 숭상하였기 때문에 삼대의 예를 겸해서 사용하였던 것이다. 春夏則用虞之燕・夏之饗, 秋冬則用殷之食. 周尙文, 故兼用三代之禮也.

【왕제 120】

50세는 향학鄕學에서 봉양하고, 60세는 소학小學에서 봉양하고, 70세는 태학大學에서 봉양한다. 이 방식은 제후에게까지 이른다.

五十養於鄕, 六十養於國, 七十養於學. 達於諸侯.

鄭注 천자와 제후의 경우 양노養老의 예는 같다. '국國'은 국중의 소학을 말하는 것으로 왕궁의 왼쪽에 있다. '학學'은 태학으로서 교郊에 있다. 소학이 국중에 있고, 태학이 교郊에 있는 것, 이것은 은殷나라 제도임이 분명하다. 天子·諸侯, 養老同也. '國', 國中小學, 在王宮之左. '學', 大學也, 在郊. 小學在國中, 大學在郊, 此殷制明矣.

集說 '향鄕'은 향학이다. '국國'은 국중에 있는 소학小學이다. '학學'은 태학이다. '제후에게까지 이른다'(達於諸侯)는 것은 천자가 행하는 양노의 예를 제후도 공통적으로 행하여 형식을 낮추거나 줄이지 않는다는 뜻이다. '鄕', 鄕學也. '國', 國中小學也. '學', 大學也. '達於諸侯'者, 天子養老之禮, 諸侯通得行之, 無降殺也.

【왕제 121】

80세에 이른 노인의 경우 군주의 명命에 답배할 때, 한 번 다리를 꿇고 머리만 두 번 지면에 댄다. 장님의 경우도 역시 그와 같이 한다. 90세에 이른 노인의 경우는 다른 사람을 시켜서 대신 받는다.
八十拜君命, 一坐再至. 瞽亦如之. 九十使人受.

鄭注 '명命'은 '군주가 직접 음식을 차려드리지 못하고, 반드시 그 예로서 드리는 것입니다'라는 내용을 말한다. '命', 謂'君不親饗食, 必以其禮致之.'

集說 군주의 명이 있으면 신하는 배례하고 받는 것이 예이다. 다만 80세가 된 노인과 장님은 예를 갖추기가 어렵다. 그러므로 배례할 때에, 다리는 한 번 꿇고 머리만 두 번 지면에 대어서 재배의 숫자를 갖추는 것이다. 90

세에 이른 노인의 경우는 또한 직접 배례할 필요 없이 단지 사람을 시켜서 대신 명을 받게 한다. 이는 군주가 음식을 내리는 예를 자신의 집으로 보내왔을 때 자기 집에서 받는 예가 이와 같음을 말한 것이다. 그러나 다른 명命에 대해서도 또한 반드시 그와 같이 하는 것이다. 人君有命, 人臣拜受, 禮也. 惟八十之老與無目之人, 爲難備禮. 故其拜也, 足一跪而首再至地, 以備再拜之數. 九十則又不必親拜, 特使人代受. 此言君致享食之禮於其家, 而受之之禮如此. 然他命則亦必然矣.

【왕제 122】

50세가 되면 양식의 정세함을 (젊은이들과) 다르게 한다. 60세가 되면 항상 고기를 미리 마련해둔다. 70세가 되면 좋은 음식을 곁들여 먹는다. 80세가 되면 평소 먹는 음식이 모두 진귀하고 맛난 것이다. 90세가 되면 음료수와 음식을 잠자고 쉬는 곳에 늘 갖추어두고, 맛난 음식과 음료수를 평소 다니며 노는 곳에 갖추어놓아도 된다. 五十異粻. 六十宿肉. 七十貳膳. 八十常珍. 九十飮食不離寢, 膳飮從於遊可也.

鄭注 '장粻'은 양식이다. '이貳'는 곁들인다는 뜻이다. '유游'는 나가고 들어오면서 멈추어 구경하는 것이다. '粻', 糧也. '貳', 副也. '游', 謂出入止觀.

集說 '장粻'은 양식이다. '이異'(특별함)는 정세한 정도가 젊은 사람들의 양식과는 다르다는 뜻이다. '고기를 미리 마련해둔다'(宿肉)는 것은 항상 하루 전에 갖추어놓아서 찾을 때 없는 일이 없도록 한다는 뜻이다. '선膳'은 음식

가운데 좋은 것으로, 늘 곁들여서 빠뜨림이 없도록 하는 것이다. '상진常珍'은 평소 먹는 음식이 모두 진귀하고 맛난 것이다. '침소에서 떠나지 않는다'(不離寢)는 것은 잠자고 쉬는 곳에는 각閣(음식을 올려놓는 시렁) 위에 둔 음식이 항상 있음을 말한다. 맛나고 좋은 음식, 물과 신 음료수 등 마실 것을 평소 다니며 노는 곳에 갖추어놓는 것이 허용된다. '粻', 糧也. '異'者, 精粗與少者殊也. '宿肉', 謂恒隔日備之, 不使求而不得也. '膳', 食之善者, 每有副貳, 不使闕乏也. '常珍', 常食皆珍味也. '不離寢', 言寢處之所, 恒有庋閣之飮食也. 美善之膳, 水漿之飮, 隨其常遊之處, 而爲之備具, 可也.

【왕제 123】

60세가 되면 (상례 물품 중) 한 해가 걸리는 것을 마련해둔다. 70세가 되면 한 계절이 걸리는 것을 마련해둔다. 80세가 되면 한 달이 걸리는 것을 마련해둔다. 90세가 되면 이들 마련해둔 물건을 날마다 정돈한다. 다만 시신의 의복을 묶는 효포(絞), 홑이불(紟), 이불(衾), 시신을 씌우는 주머니(冒)는 사망한 뒤에 마련한다.

六十歲制. 七十時制. 八十月制. 九十日脩. 唯絞·紟·衾·冒, 死而后制.

鄭注 시신의 의복을 묶는 효포(絞), 홑이불(紟), 이불(衾), 시신을 씌우는 주머니(冒)는 하루 이틀에 만들 수 있는 것이다. 絞·紟·衾·冒, 一日二日而可爲者.

集說 이 경문은 점차 늙어 가면 점차 죽을 때가 가까워지므로 마땅히 미리 상사喪事를 치를 준비를 해야 함을 말한 것이다. '한 해가 걸리는 것을

마련해둔다'(歲制)는 것은 관을 가리킨다. 쉽게 만들 수 없기 때문에 한 해를 두고 준비한다. 얻기 힘든 옷과 물건은 반드시 3개월이 걸려야 마련할 수 있다. 그러므로 '한 철이 걸리는 것을 마련해둔다'(時制)라고 한 것이다. 얻기 쉬운 옷과 물건은 한 달이면 마련해둘 수 있다. 그러므로 '한 달이 걸리는 것을 마련해둔다'(月制)라고 한 것이다. 90세에 이르면 관과 수의가 모두 갖추어져 있어 마련해둘 일이 없다. 다만 매일 정리하는데, 혹 완벽하지 못할까 염려해서이다. '효포'(絞)는 (시신에게 입힌) 의복을 묶어서 견고하게 하는 띠다. '금紟'은 홑이불이다. '효포'와 '금紟'은 모두 15승升의 포로 만든다. 무릇 '금衾'은 다섯 폭이다. 사士는 소렴에는 검은 이불에 붉은 안감을 쓰고, 대렴에는 이불 2개를 쓴다. '모冒'[200]는 시신을 씌우는 것으로 곧은 자루처럼 만드는데, 상체를 감싸는 부분을 '질質'이라 하고, 하체를 감싸는 부분을 '쇄殺'라고 한다. 그것을 사용할 때는 먼저 쇄로 다리를 싸면서 올라가고, 다음에 질로 머리를 싸면서 내려가 손에서 똑같게 만난다. 사士의 상에는 검은 모冒에 붉은 쇄殺를 사용한다. 이는 생시에 검은 옷에 붉은 치마를 하는 것을 상징한다. 이 네 가지 물건은 죽은 뒤에 마련하는데, 쉽게 만들 수 있기 때문이다. 此言漸老則漸近死期, 當豫爲送終之備也. '歲制', 謂棺也. 不易可成, 故歲制. 衣物之難得者, 須三月可辦. 故云'時制'. 衣物之易得者, 則一月可就. 故云'月制'. 至九十則棺衣皆具, 無事於制作. 但每日脩理之, 恐或有不完整也. '紾', 所以收束衣服爲堅急者也. '紟', 單被也. 紾與紟, 皆用十五升布爲之. 凡'衾'皆五幅. 士小斂緇衾赬裏, 大斂則二衾. '冒', 所以韜尸, 制如直囊, 上曰'質', 下曰'殺'. 其用之, 先以殺韜足而上, 次以質韜首而下, 齊于手. 士緇冒赬殺. 象生時玄衣纁裳也. 此四物須死乃制, 以其易成故也.

【왕제 124】

50세에 이르면 늙기 시작하고, 60세에 이르면 고기를 먹지 않으면 배부르지 않고, 70세에 이르면 비단옷을 입지 못하면 따뜻하지 않고, 80세에 이르면 다른 사람의 체온을 빌리지 않으면 따뜻하지 않고, 90세에 이르면 다른 사람의 체온을 빌려도 따뜻하지 않다. 50세에 이르면 집에서 지팡이를 짚고, 60세에 이르면 향당에서 지팡이를 짚고, 70세에 이르면 도성 안에서도 지팡이를 짚고, 80세에 이르면 조정에서도 지팡이를 짚는다. 90세 된 사람에게 천자가 자문을 구하고자 한다면 직접 그 집으로 찾아가 자문하는데 진귀한 음식을 가지고 간다.

五十始衰, 六十非肉不飽, 七十非帛不煖, 八十非人不煖, 九十雖得人不煖矣.① 五十杖於家, 六十杖於鄉, 七十杖於國, 八十杖於朝. 九十者, 天子欲有問焉, 則就其室, 以珍從.②

鄭注 ① '난煖'은 따뜻하다는 뜻이다. '煖', 溫.

② 존중하여 봉양하는 것이다. 尊養之.

集說 '지팡이'(杖)는 쇠약한 몸을 부지하기 위한 것이다. 50세가 되면 늙기 시작하므로 지팡이를 짚는다. 아직 50세가 되지 않았다면 지팡이를 짚을 수가 없다. "순수巡守할 때에 100세 된 노인을 찾아가 만난다"201)는 것은 평민 가운데의 노인을 두루 말하는 것이고, 여기서 '90세가 된 노인을 찾아가 만난다'는 것은 작위를 가진 사람만을 가리키는 것이다. 「제의祭義」(40)에서는 또 "80세가 되면 군주가 자문할 때에 그의 집에 찾아간다"고 하였는데, 역시 특별한 예이다. '진珍'은 (「왕제」(122)에서 말한) '상진常珍'(평소

먹는 음식이 모두 진귀한 음식이다)의 '진'과 같은 뜻이다. 진귀한 음식이 함께 따라가는 것은 존중하여 봉양하는 뜻을 극진히 하는 것이다. '杖', 所以扶衰弱. 五十始衰故杖. 未五十者不得執也. "巡守而就見百年"者, 泛言衆庶之老也, 此就見九十者, 專指有爵者也. 「祭義」又言"八十君問則就之"者, 亦異禮也. '珍', 與常珍之珍同. 從之以往, 致尊養之義也.

【왕제 125】

70세가 되면 조정에서 기다리지 않고, 80세가 되면 매달 안부를 묻고, 90세가 되면 좋은 음식을 항상 먹을 수 있게 매일 보내준다.
七十不俟朝,① 八十月告存,② 九十日有秩.③

鄭注 ① 대부나 사士인 노인은 군주가 읍을 하고 나면 물러나온다. 大夫・士之老者, 君揖則退.

② 매달 음식을 보내는 것이다. 每月致膳.

③ '질秩'은 항상이라는 뜻으로, 항상 좋은 음식을 먹을 수 있게 해주는 것이다. '秩', 常也, 有常膳.

集說 '조정에서 기다리지 않는다'(不俟朝)는 것은 군주에게 조회할 때, 들어가서 조정의 자리에 이르는데, 군주가 나와서 읍을 하면 곧바로 물러나오고 조정의 일이 끝날 때까지 기다리지 않음을 말한다. 이 경문은 치사致仕할 나이가 되었는데도 사직하지 못한 경우를 말하는 것이다. '고告'는 묻는다는 뜻과 같다. 군주가 매달 사람을 시켜서 좋은 음식을 보내고 안부를 묻는 것이다. '질秩'은 항상이라는 뜻이다. 날마다 사람을 시켜 좋은 음식을 항상 먹을 수 있게 보내주는 것이다. '不俟朝'者, 謂朝君之時, 入至朝位, 君出揖

卽退, 不待朝事畢也. 此謂當致仕之年而不得謝者. '告', 猶問也. 君每月使人致膳, 告問存否也. '秩', 常也. 日使人以常膳致之也.

【왕제 126】

50세에 이르면 노역에 종사하지 않고, 60세에 이르면 전쟁에 참여하지 않고, 70세에 이르면 빈객을 응대하는 일에 참여하지 않고, 80세에 이르면 재계해야 하는 일[202)]이나 상사喪事가 그에게 미치지 않는다.

五十不從力政, 六十不與服戎, 七十不與賓客之事, 八十齊喪之事弗及也.

鄭注 힘이 점점 쇠약해지기 때문이다. '역정力政'은 성을 쌓고 도로를 건설하는 일등에 동원되는 노역이다. '여與'는 미친다는 뜻이다. 80세에 이르면 재계하지 않기 때문에 제사를 주관하지 않는다. 아들이 대신 제사를 주관하는 것으로 이는 종자에게 아버지가 살아 계신 것을 가리킨다.[203)] 力稍衰也. '力政', 城道之役也. '與', 及也. 八十不齊, 則不祭也. 子代之祭, 是謂宗子不孤.

集說 방씨方氏(방각方慤)는 말한다. "'역정力政'은 노역에 관계된 정사政事이다. '복융服戎'은 전쟁에 관한 일이다. '역정'은 평상적으로 있는 일이기 때문에 50세가 되면 종사하지 않는다. '복융'은 비상사태이기 때문에 반드시 60세를 넘긴 이후에 참여하지 않는다. '종從'은 그 일을 직접 수행하는 것을 말하고, '여與'는 단지 함께 참여하는 것이고, '급及'은 간접적으로 자신에게 가해지는 바가 있음을 말하는 것이다. 너무 늙었기 때문에 일에 종사하거나 참여할 수 없을 뿐만이 아니라, 일이 본래 자기에게 미쳐서도 안 되는

것이다.” 方氏曰: “‘力政’, 力役之政也. ‘服戎’, 兵戎之事也. 力政, 事之常者, 故五十已不從矣. 服戎則事之變者, 必六十然後不與焉. ‘從’, 謂行其事也, ‘與’則與之而已, ‘及’則旁有所加之謂. 以其老甚, 非特不能從與於事, 而事固不當及於我矣.”

【왕제 127】

50세에 이르면 작명을 받는다. 60세에 이르면 직접 배우지 않는다. 70세에 이르면 정사政事를 되돌려주고, 단지 최복衰服만 입고 있는 것으로 거상居喪하는 것을 대신한다.

五十而爵.① 六十不親學.② 七十致政, 唯衰麻爲喪.③

鄭注 ① 현자인 경우 작명을 받아 대부大夫가 된다. 賢者命爲大夫.

② 제자의 예를 갖출 수 없기 때문이다. 不能備弟子禮.

③ ‘치정致政’은 군주에게서 맡았던 일을 되돌려준다는 뜻이다. ‘致政’, 還君事.

集說 ‘50세에 이르면 작명을 받는다’(五十而爵)는 것은 작명爵命을 받아 대부가 된다는 뜻이다. ‘직접 배우지 않는다’(不親學)는 것은 제자의 예를 갖출 수 없기 때문이다. 정사를 되돌려주는 것은 맡은 직무의 수고로움을 감당해낼 수 없기 때문이다. 혹시 상사가 발생하더라도 단지 최복만을 갖추어 입을 뿐, 그 밖의 의절은 일체 요구받지 않는다. ‘五十而爵’, 命爲大夫也. ‘不親學’, 以其不能備弟子之禮也. 致政事, 以其不能勝職任之勞也. 或有死喪之事, 惟備衰麻之服而已, 其他禮節皆在所不責也.

【왕제 128】

유우씨有虞氏는 상상上庠에서 국노國老에게 양노養老의 예를 행하였고, 하상下庠에서 서노庶老에게 양노의 예를 행하였다.

有虞氏養國老於上庠, 養庶老於下庠.

集說 양노의 예를 행할 때 반드시 학교에서 하는 것은 그곳이 효제孝弟와 예의禮義를 강론하고 밝히는 곳이기 때문이다. '국노國老'는 작명爵命이 있고 덕망이 있는 노인이다. '서노庶老'는 서인庶人[204] 및 일을 위해 순직한 이의 부친과 조부를 가리킨다. 국노는 존귀하기 때문에 양노의 예를 태학大學에서 행하고, 서노는 비천하기 때문에 양노의 예를 소학에서 행한다. '상상上庠'은 태학으로 서교西郊에 있고, '하상下庠'은 소학小學으로 도성 안의 왕궁 동쪽에 있다. 行養老之禮必於學, 以其爲講明孝弟禮義之所也. '國老', 有爵有德之老. '庶老', 庶人及死事者之父祖也. 國老尊故於大學, 庶老卑故於小學. '上庠', 大學, 在西郊, '下庠', 小學, 在國中王宮之東.

【왕제 129】

하후씨夏后氏는 동서東序에서 국노國老에게 양노養老의 예를 행하였고, 서서西序에서 서노庶老에게 양노의 예를 행하였다.

夏后氏養國老於東序, 養庶老於西序.

集說 '동서東序'는 태학大學으로 도성 안 왕궁 동쪽에 있고, '서서西序'는 소학으로 서교西郊에 있다. '東序', 大學, 在國中王宮之東, '西序', 小學, 在西郊.

【왕제 130】

은殷나라 사람은 우학右學에서 국노國老에게 양노養老의 예를 행하였고, 좌학左學에서 서노庶老에게 양노의 예를 행하였다.

殷人養國老於右學, 養庶老於左學.

集說 '우학右學'은 태학大學으로 서교西郊에 있고, '좌학左學'은 소학小學으로 도성 안 왕궁 동쪽에 있다. '右學', 大學, 在西郊, '左學', 小學, 在國中王宮之東.

【왕제 131】

주周나라 사람은 동교東膠에서 국노國老에게 양노養老의 예를 행하였고, 우상虞庠에서 서노庶老에게 양노의 예를 행하였다. 우상은 도성의 서교西郊에 있다.

周人養國老於東膠, 養庶老於虞庠. 虞庠在國之西郊.

鄭注 모두 학교 명칭이다. (명칭이) 다른 것은 네 왕조가 서로 변화를 주었기 때문이다. 어떤 때는 서쪽을 높이고 어떤 때는 동쪽을 높였으며, 어떤 때는 도성에 있는 것을 귀하게 여기고 어떤 때는 교郊에 있는 것을 귀하게 여겼다. '상상上庠'과 '우학右學'은 태학大學인데 서교에 있다. '하상下庠'과 '좌학左學'은 소학小學인데 도성 안 왕궁 동쪽에 있다. '동서東序'와 '동교東膠' 역시 태학으로 도성 안 왕궁 동쪽에 있다. '서서西序'와 '우상虞庠' 역시 소학이다. 서서가 서교에 있는 것은 주나라에서 소학을 서교에 세웠기 때문이다. '교膠'는 규합한다는 뜻이고, '상庠'은 기른다(養)는 뜻이다. 주나라의 소

학은 유우씨有虞氏의 상庠 제도를 본받았기 때문에 '상庠'이라는 명칭을 붙인 것이다. 향학鄕學을 세울 때도 그와 같이 했다고 한다. '교膠'는 어떤 본에는 '구緱'로 되어 있기도 하다. 皆學名也. 異者, 四代相變耳. 或上西, 或上東, 或貴在國, 或貴在郊. '上庠'·'右學', 大學也, 在西郊. '下庠'·'左學', 小學也, 在國中王宮之東. '東序'·'東膠', 亦大學, 在國中王宮之東. '西序'·'虞庠', 亦小學也. 西序在西郊, 周立小學於西郊. '膠'之言糾也, '庠'之言養也. 周之小學爲有虞氏之庠制, 是以名'庠'. 云其立鄕學亦如之. '膠', 或作'緱'.

集說 '동교東膠'는 태학으로 도성 안 왕궁 동쪽에 있고, '우상虞庠'은 소학으로 서교에 있다. '東膠', 大學, 在國中王宮之東, '虞庠', 小學, 在西郊.

【왕제 132】

유우씨有虞氏는 황皇을 쓰고서 제사를 지냈고, 심의深衣를 입고서 양노養老의 예를 행하였다.

有虞氏皇而祭, 深衣而養老.

集說 '황皇'·'수收'·'후冔'는 모두 관면冠冕의 명칭이다. 그러나 제도의 세부적인 내용에 대해서는 알 수 없다. '심의深衣'는 흰 베로 지은 옷이다. '皇'·'收'·'冔', 皆冠冕之名. 然制度詳悉則不可考矣. '深衣', 白布衣也.

【왕제 133】

하후씨는 수收를 쓰고서 제사를 지냈고, 연의燕衣를 입고 양노養老

의 예를 행하였다.

夏后氏收而祭, 燕衣而養老.

集說 '연의燕衣'는 검은색 옷이다. 하후씨는 검은색을 숭상하였다. 군주가 여러 신하들과 연향燕饗의 예를 행할 때 입는 옷으로 곧 제후가 날마다 조회를 볼 때 입는 옷이다. 그 관은 검은 관(玄冠)이고, 검은 띠(緇帶), 흰 폐슬(素韠), 흰 덧신(白舄)을 착용하였다. '燕衣', 黑衣也. 夏后氏尙黑. 君與群臣燕飮之服, 卽諸侯日視朝之服也. 其冠則玄冠, 而緇帶・素韠・白舄也.

【왕제 134】

은殷나라 사람은 후冔205)를 쓰고서 제사를 지냈고, 호의縞衣를 입고서 양노養老의 예를 행하였다.

殷人冔而祭, 縞衣而養老.

集說 '호縞'는 생견生絹으로 또한 소素(누이지 않은 것)라고 부른다. 이 경문의 '호의縞衣'는 흰 베로 만든 심의深衣를 말한다. '縞', 生絹, 亦名素. 此縞衣則謂白布深衣也.

【왕제 135】

주周나라 사람은 면冕을 쓰고서 제사를 지냈고, 현의玄衣를 입고서 양노養老의 예를 행하였다.

周人冕而祭, 玄衣而養老.

鄭注 '황皇'은 면冕의 일종으로, 깃털을 그려서 장식한다. 무릇 면복冕服에 속한 것은 그 복장이 모두 검은색(玄) 상의와 붉은색(纁) 하의를 입는다. 유우씨有虞氏는 12장章이고, 주周나라는 9장이며, 하夏나라와 은殷나라의 경우는 알려져 있지 않다. 무릇 양노의 예를 행할 때 입는 복장은 모두 그 당시 여러 신하와 연례燕禮를 행할 때 입는 복장이다. 유우씨는 질質을 중시하였으므로 심의深衣를 입었고, 하夏나라에서는 제도를 바꾸어서 검은색을 숭상하여 검은색의 상의와 치마를 입었다. 은殷나라는 흰색을 숭상하였으므로 누이지 않은 흰색의 상의와 치마를 입었다. 주周나라에서는 하나라와 은나라의 제도를 겸용하여 검은색 상의와 흰색 치마를 입었다. 그 관冠은 무퇴牟追·장보章甫·위모委貌 등의 관을 착용하였다. 제후는 천자가 연례를 행할 때 입는 복장을 조복朝服으로 삼는다. 『의례』「연례燕禮」에 "연례는 조복을 입고 행한다"라고 하였는데, 이 복장을 입는 것이다. 하夏나라와 은殷나라 왕실의 후손도 또한 천자가 연례 때 입는 복장을 조복으로 삼는다. 노魯나라 계강자季康子가 호의縞衣와 호상縞裳 조복朝服을 하였던 것은 (은의 후예인) 송宋나라의 예를 참람하게 사용한 것이다. 천자는 피변복皮弁服을 입고 날마다 조회를 한다. '皇', 冕屬也, 畫羽飾焉. 凡冕屬, 其服皆玄上纁下. 有虞氏十二章, 周九章, 夏·殷未聞. 凡養老之服, 皆其時與群臣燕之服. 有虞氏質, 深衣而已, 夏而改之, 尚黑而黑衣裳. 殷尚白而縞衣裳. 周則兼用之, 玄衣素裳. 其冠則牟追, 章甫, 委貌也. 諸侯以天子之燕服爲朝服. 「燕禮」曰: "燕, 朝服", 服是服也. 王者之後, 亦以燕服爲之. 魯季康子朝服以縞, 僭宋之禮也. 天子皮弁, 以日視朝也.

集 '현의玄衣' 역시 조회할 때 입는 옷이다. 치의緇衣(검은색 웃옷)와 소상

說 素裳(흰색 치마)은 15승升의 포로 만든다. 6번 염색하면 현색이 되고, 7번 염색하면 치색이 된다. 그러므로 치의를 또한 현의라고도 부른다. 또 살펴보건대, 하夏나라에서는 흑색을 숭상했기 때문에 웃옷과 치마를 모두 흑색으로 하였다. 은殷나라에서는 흰색을 숭상했기 때문에 웃옷과 치마를 모두 흰색으로 하였다. 주周나라는 이를 겸해서 썼다. 그러므로 검은색 상의에 흰색 치마를 입었다. 무릇 제후의 조복은 바로 천자가 연례를 행할 때 입는 옷과 같은데, 제후가 연례를 행할 때에도 이 옷을 입는다. '玄衣', 亦朝服也. 緇衣素裳, 十五升布爲之. 六入爲玄, 七入爲緇. 故緇衣亦名玄衣也. 又按, 夏氏[206]尙黑, 衣裳皆黑. 殷尙白則衣裳皆白. 周兼用之. 故玄衣而素裳. 凡諸侯朝服, 卽天子燕服, 而諸侯之行燕禮, 亦此服也.

【왕제 136】

(하 · 은 · 주) 삼대에서 양노養老의 예를 행하고 나면 모두 호마다 나이를 조사했다.

凡三王養老, 皆引年.

鄭注 양노의 예가 끝나고 호마다 나이를 조사하는 것은 (나이가 찬 해당자들에게) 복제復除(부역을 면제해주는 일)를 행해야 하기 때문이다. 노인은 너무 많아 현자가 아니면 일일이 양노의 예를 행할 수 없는 것이다. 已而引戶校年, 當行復除也. 老人衆多, 非賢者不可皆養.

集說 천하에는 노인이 많다. 어떻게 사람마다 일일이 양노의 예를 행할 수 있겠는가? 국노國老와 서노庶老에 대한 양노의 예가 끝나면, 곧 호戶마다 나이를 조사하는 명령을 시행해서 그 노인들에게 (복제의) 혜택을 하사하

는 것이다. 四海之內, 老者衆矣. 安得人人而養之? 待國老・庶老之禮畢, 卽行引戶校年之令, 而恩賜其老者焉.

【왕제 137】

80세에 이르면, 아들 가운데 한 명을 노역에서 면제해준다. 90세에 이르면, 그 집안사람들 모두 노역에서 면제해준다. 몹쓸 병에 걸려서 사람이 곁에서 부양해주지 않으면 안 되는 경우에는 한 사람을 노역에서 면제해준다. 부모의 상喪을 당하면 3년 동안 노역에서 면제해준다. 자최齊衰나 대공大功에 해당하는 상을 당하면 3개월 동안 부역에서 면제해준다. 제후에게 이주해가려는 경우에는 (이사하기 전에) 3개월 동안 노역에서 면제해준다. 제후로부터 대부에게 이주해온 경우에는 1년 동안 노역에서 면제해준다.

八十者, 一子不從政. 九十者, 其家不從政. 廢疾非人不養者, 一人不從政.① 父母之喪, 三年不從政. 齊衰・大功之喪, 三月不從政. 將徙於諸侯, 三月不從政. 自諸侯來徙家, 期不從政.②

鄭注 ① '몹쓸'(廢)이라는 것은 사람의 일에 구실을 못한다는 뜻이다. '廢', 廢於人事.

② '자自'는 부터(從)의 뜻이다. '自', 從也.

集說 '노역에 종사한다'(從政)는 것은 공가公家의 노역에 노동력을 제공하는 것을 말한다. ○ 방씨方氏는 말한다. "'장차 이주하려고 한다'(將徙)는 것은 떠나려고 하는 것을 말하고, '이주해온다'(來徙)는 것은 이미 이주해온 것을

말한다. 무릇 사람에게는 늙는 것보다 쇠약한 것이 없고, 질병보다 고통스러운 것이 없고, 상喪보다 근심스러운 것이 없고, 이주하는 것보다 힘든 일이 없다. 이러한 것들은 왕도정치에서 마땅히 구휼해야 할 대상이다. 그러므로 그들에게 모두 노역에 종사하지 않게 하는 것이다." ○ 구설舊說[207]에 "'장차 제후에게 이주하려고 한다'(將徙於諸侯)는 것은 대부의 채지에 사는 백성이 제후에게 이주하여 그의 백성이 된다는 뜻이며, '제후로부터 와서 이주한다'(自諸侯來徙)는 것은 제후의 백성이 대부의 읍으로 이주해오는 것을 말한다. 새로 이주해왔기 때문에 마땅히 노역을 면제해주어야 하는 것이다. 제후는 땅이 넓고 노역의 일이 적기 때문에 다만 3개월 동안 노역에 종사하지 않게 한다. 대부는 노역의 일이 많고 땅이 협소하기 때문에 사람들에게 (와서 살기를) 탐하고 흠모하게 하고자 한다. 그러므로 1년 동안 노역에 종사하지 않게 하는 것이다"라고 하였다. 일설[208]에는 "사士가 대부의 가문에서 벼슬하다가 나와 제후에게 출사하는 경우와, 제후에게 벼슬하다 물러나 대부에게 벼슬하는 경우를 가리킨다"라고 하였는데, 어느 설이 옳은지 알 수 없다. '從政', 謂給公家之力役也. ○ 方氏曰: "'將徙', 欲去者, '來徙', 已來者. 夫人莫衰於老, 莫苦於疾, 莫憂於喪, 莫勞於徙. 此王政之所宜恤者. 故皆不使之從政焉." ○ 舊說, "'將徙於諸侯'者, 謂大夫采地之民, 徙於諸侯爲民, '自諸侯來徙'者, 謂諸侯之民, 來徙於大夫之邑. 以其新徙, 當復除. 諸侯地寬役少, 故惟三月不從政. 大夫役多地狹, 欲令人貪慕. 故期不從政." 一說謂"從大夫家出仕諸侯, 從諸侯退仕大夫", 未知孰是.

【왕제 138】

어려서 아버지가 없는 자를 '고孤'라고 한다. 늙어서 자식이 없는 자를 '독獨'이라 한다. 늙어서 아내가 없는 자를 '긍矜'이라 한다. 늙어서 지아비가 없는 자를 '과寡'라 한다. 이 네 부류는 하늘이 낳아준 백성 가운데 궁핍한데도 호소할 데가 없는 자들이다. 모두 관에서 일정한 양식을 제공 받는다.

少而無父者謂之'孤', 老而無子者謂之'獨'. 老而無妻者謂之'矜', 老而無夫者謂之'寡'. 此四者天民之窮而無告者也. 皆有常餼.

鄭注 '희餼'는 관에서 제공하는 양식이다. '餼', 廩也.

集說 『좌전』에 "최저는 성成과 강彊을 낳았지만 아내를 잃었다(寡)"209)고 하였다. 이로 보면 아내가 없는 경우도 '과寡'라고 할 수 있다. '모두 관에서 일정한 양식을 제공 받는다'(皆有常餼)는 것은 군주가 관부의 양식으로 지원하여 일정한 생활을 하게 해주는 것을 말한다. 『左傳』"崔杼生成及彊而寡." 是無妻者亦可言寡也. '皆有常餼', 謂君上養以餼廩, 有常制也.

【왕제 139】

벙어리, 귀머거리, 절뚝발이, 사지 일부가 없는 사람, 앉은뱅이, 난쟁이 등은 여러 잡다한 기술 가운데 각자 그들의 기술능력에 따라 관에서 양식을 대주어 먹고 살게 해준다.

瘖·聾·跛·躄·斷者·侏儒, 百工各以其器食之.

鄭注 '단斷'은 신체 일부가 끊어진 것을 말한다. '주유侏儒'는 난쟁이다. '기器'는 기술능력을 뜻한다. '斷' 謂支節絶也. '侏儒', 短人也. '器', 能也.

集說 '벙어리'(瘖)는 말을 할 수 없는 자이고, '귀머거리'(聾)는 들을 수 없는 자이고, '절뚝발이'(跛)는 한쪽 다리를 쓸 수 없는 자이고, '앉은뱅이'(躄)는 두 다리가 모두 못 쓰게 된 자이고, '사지 일부가 없는 사람'(斷)은 사지 일부가 탈락되고 끊어진 자이고, '난쟁이'(侏儒)는 신체가 작고 왜소한 자이다. '백공百工'은 여러 잡다한 기술이다. '기器'는 기술능력을 뜻한다. 이 여섯 가지 유형의 사람들은 각기 기예에 대한 능력을 가지고 있어 관官에서 동원하여 시키는 일에 복무할 수 있다. 그러므로 그들의 기술능력에 따라 관의 양식을 대주어 생활하게 한다. 공영달孔穎達의 소疏에서는 『국어』의 "척시戚施(곱사등이)에게는 종을 치는 일을 맡게 한다"(戚施植鎛) 등 6가지를 인용하여 예증하고 있다. '瘖'者不能言, '聾'者不能聽, '跛'者一足廢, '躄'者兩足俱廢, '斷'者支節脫絶, '侏儒'身體短小者也. '百工', 衆雜技藝也. '器', 猶能也. 此六類者因其各有技藝之能, 足以供官之役使. 故遂因其能而以廩給食養之. 疏引『國語』"戚施植鎛"等六者爲證.

【왕제 140】

길을 갈 때 남자는 오른쪽으로 가고, 여자는 왼쪽으로 가고, 수레는 가운데로 간다.

道路, 男子由右, 婦人由左, 車從中央.

鄭注 길에서 세 갈래로 나누는 것은 멀리 떨어지려는 것이다. 道中三途, 遠別也.

集說 무릇 남자와 여자가 함께 한 길로 가게 될 경우, 남자는 항상 여자의 오른쪽으로 가고 여자는 항상 남자의 왼쪽으로 가니, 멀리 떨어지기 위한

것이다. 凡男子婦人同出一塗者, 則男子常由婦人之右, 婦人常由男子之左, 爲遠別也.

【왕제 141】

아버지의 나이라면 뒤에서 따라가고, 형의 나이라면 옆으로 약간 뒤처져서 가고, 친구 사이에는 서로 넘어서 앞서가지 않는다.

父之齒隨行, 兄之齒鴈行, 朋友不相踰.

鄭注 널리 공경하는 것이다. 길 가운데에 있는 상황을 말한 것이다. 廣敬也. 謂於塗中.

集說 '아버지의 나이'(父之齒) · '형의 나이'(兄之齒)라는 것은 그 사람의 나이가 아버지의 나이와 동등하거나 혹은 형의 나이와 동등함을 말하는 것이다. '수행隨行'은 그 뒤에서 따라가는 것이다. '안행鴈行'은 옆에서 나란히 걷되 약간 뒤처져서 걷는 것이다. '친구 사이'(朋友)는 나이가 서로 같으므로 피차간에 서로 넘어서서 앞서고 뒤따르는 것이 있어서는 안 되니, 옆으로 함께 걸어서 나란하게 감을 말한다. '父之齒' · '兄之齒', 謂其人年與父等, 或與兄等也. '隨行', 隨其後也. '鴈行', 並行而稍後也. '朋友', 年相若, 則彼此不可相踰越而有先後, 言並行而齊也.

【왕제 142】

가벼우면 (젊은이가) 혼자서 지고, 무거우면 나누어서 짊어진다.

머리가 반백이 된 노인은 짐을 끌거나 들면서 가지 않는다.
輕任幷, 重任分. 斑白不提挈.

鄭注 두 경우 모두 젊은이에게 준다는 뜻이다. 색이 뒤섞여 있는 것을 '반班'이라 한다. 皆謂以與少者. 雜色曰'班'.

集說 '병幷'은 자기 혼자서 짐을 진다는 뜻이다. '분分'은 짐을 나누어 둘로 분담한다는 뜻이다. '幷', 己獨任之也. '分', 析而二之也.

【왕제 143】

군자君子의 신분으로 노인이 된 사람은 탈 것 없이 맨몸으로 다니지 않고, 서인庶人의 신분으로 노인이 된 사람은 반찬 없이 밥만 먹지 않는다.
君子者老不徒行, 庶人者老不徒食.[210]

鄭注 '도徒'는 한갓이라는 뜻이다. '徒', 猶空也.

集說 방씨方氏는 말한다. "'도행徒行'은 탈 것 없이 길을 가는 것을 말한다. '도식徒食'은 반찬 없이 밥을 먹는 것을 말한다." ○ 응씨應氏는 말한다. "사람들이 모두 덕을 좋아하고 선비들이 직무를 유기하지 않는 것이 아니라면 어떻게 길에 탈 것 없이 걸어가는 현자가 없게 할 수 있겠는가? 사람들이 각기 살림을 영위할 만하고 풍속이 효도하고 공경하기를 숭상하는 것이 아니라면 어떻게 집에 맨밥을 먹는 노인이 없게 할 수 있겠는가?" 方氏曰: "'徒行', 謂無乘而行也. '徒食', 謂無羞而食也." ○ 應氏曰: "非人皆好德而士不失職, 安能使

在路無徒行之賢? 非人各有養而俗尙孝敬, 安能使在家無徒食之老?"

【왕제 144】

방方(가로와 세로) 1리의 면적이 전지 900묘畝가 된다.

方一里[211]者, 爲田九百畝.

鄭注 '1리里'는 방方 300보步의 면적이다. '一里', 方三百步.

集說 100보가 1묘가 되는데, 이는 길이가 100보이고 너비가 1보이다. 100묘가 1부夫가 받는 전지가 되는데, 이는 1경頃으로 길이와 너비가 각각 100보이다. 3부가 1옥屋이 되는데, 이는 3경으로 너비가 300보이고 길이가 100보이다. 3옥이 1정井이 되는데 곧 900묘로서 길이와 너비가 1리里다. 『맹자』「등문공상滕文公上」에 "방方(가로와 세로) 1리가 1정으로, 1정은 900묘이다"라고 하였다. 步百爲畝, 是長一百步闊一步. 畝百爲夫, 是一頃, 長闊一百步. 夫三爲屋, 是三頃, 闊三百步長一百步. 屋三爲井, 則九百畝也, 長闊一里. 『孟子』曰: "方里而井, 井九百畝."

【왕제 145】

방方 10리는 방 1리가 되는 면적이 100개로서 전지 9만 묘畝가 된다. 방 100리는 방 10리 되는 면적이 100개로서 전지 90억 묘가 된다.

方十里者, 爲方一里者百, 爲田九萬畝. 方百里者, 爲方十里者百, 爲田九十億畝.

鄭注 '억億'은 오늘날의 단위로 십만이다. '億', 今十萬.

集說 방 10리가 이미 전지 9만 묘가 되므로 방 10리 되는 것이 10개면 전지 90만 묘가 되고, 방 10리 되는 것이 100개면 전지 900만 묘가 된다. 그런데 이제 '90억 묘'(九十億畝)라고 말한 것은 이는 1억에는 10만이란 의미가 있고, 10억에는 100만이란 의미가 있기 때문에 90억은 곧 900만 묘가 되는 것이다. 一箇十里之方, 旣爲田九萬畝, 則十箇十里之方, 爲田九十萬畝, 一百箇十里之方, 爲田九百萬畝. 今云'九十億畝', 是一億有十萬, 十億有一百萬, 九十億, 乃九百萬畝也.

【왕제 146】

방方 천 리는 방 백 리 되는 것이 100개로서 전지 9만억 묘畝가 된다.
方千里者, 爲方百里者百, 爲田九萬億畝.

鄭注 '만억'은 오늘날의 만만(곧 억)이다. '萬億', 今萬萬也.

集說 방 1,000리를 수용하는 면적은 방 100리가 되는 면적이 100개이다. 방 100리 면적 한 개가 90억 묘이므로, 방 100리 되는 면적 10개는 9백억 무가 되고, 방 100리 되는 면적 100개는 9천억 묘가 된다. 그런데 경문에서 '9만억 묘'라고 하였으니 수치상으로 일치하지 않는다. 만약 억億을 단위로 말하면 9천억 묘라고 해야 하고, 만萬을 단위로 말하면 9만만 묘라고 해야

한다. 경문이 잘못된 것이다. ○ 응씨應氏는 말한다. "여기서부터 이 편 끝까지는 모두 이 편 처음과 중간에서 언급했던 정전井田과 봉건封建의 지리 경계를 반복해서 풀이한 것이다." 許千里之方, 爲方百里者百. 一箇百里之方, 旣爲九十億畝, 則十箇百里之方, 爲九百億畝, 百箇百里之方, 爲九千億畝, 今乃云'九萬億畝', 與數不同者. 若以億言之, 當云九千億畝, 若以萬言之, 當云九萬萬畝. 經文誤也. ○ 應氏曰: "自此至篇末, 皆覆解篇首及中間井田封建地里之界."

【왕제 147】

항산恒山에서 남하南河까지는 천 리 가까이 된다. 남하에서 장강長江까지는 천 리가 넘는다. 장강長江에서 형산衡山까지는 천 리가 넘는다. 동하東河에서 동해東海까지는 천 리가 넘는다. 동하에서 서하西河까지는 천 리 가까이 된다. 서하에서 유사流沙(사막지역)까지는 천 리가 넘는다. 서쪽으로는 유사의 끝까지 이르지 않았고, 남쪽으로는 형산의 끝까지 이르지 않았고, 동쪽으로는 동해의 끝까지 이르지 않았고, 북쪽으로는 항산의 끝까지 이르지 않았다.

自恒山至於南河, 千里而近.① 自南河至於江, 千里而近.② 自江至於衡山, 千里而遙.③ 自東河至於東海, 千里而遙.④ 自東河至於西河, 千里而近.⑤ 自西河至於流沙, 千里而遙.⑥ 西不盡流沙, 南不盡衡山, 東不盡東海, 北不盡恒山.

鄭注 ① 기주冀州의 범위다. 冀州域.

② 예주豫州의 범위다. 豫州域

③ 형주荊州의 범위다. 荊州域

④ 서주徐州의 범위다. 徐州域

⑤ 역시 기주의 범위다. 亦冀州域

⑥ 옹주雍州의 범위다. 雍州域

集說 방씨方氏(방각方慤)는 말한다. "부족한 경우는 '근近'이라 하고, 남음이 있는 것을 '요遙'라고 한다." ○ 응씨應氏(응용應鏞)는 말한다. "경문에서 동해만을 언급한 것은 동해는 중국의 영토 안에 있지만 서해 · 남해 · 북해는 이민족의 영토에 있기 때문이다. 남쪽은 장강과 형산을 하한선으로 삼는데, 백월百越 지역이 아직 다 열리지 않았기 때문이다. 황하에 대해서는 동서남북을 모두 언급한 것은 황하의 지류들이 에워싸고 굽이쳐 돌아 흘러 비록 유사에서 갈라지지만 또한 황하와 만나기 때문이다. 진秦대와 그 이전에는 서북쪽이 크게 펼쳐지고 동남쪽은 위축되었다. 진대 이후로는 동남쪽이 펼쳐지고 서북쪽은 줄어들었다. 선왕의 전성기에 사방으로 각각 끝까지 미치지 않은 지역이 있었으니, 나라 사람들을 힘들게 하여 바깥 변방을 일삼지 않았기 때문이다. 『서書』 「우공禹貢」에 '(오복五服의 지역 밖으로) 동쪽은 바다로 들어가고, 서쪽은 사막에 미치고, 그 북쪽과 남쪽까지 모두 이르렀다'[212]고 한 것은 다만 성교聲教가 거기에까지 미쳤던 것이고 부공賦貢이 바쳐지던 지역의 범위는 아니다." 方氏曰: "不足謂之'近', 有餘謂之'遙'." ○ 應氏曰: "此獨言東海者, 東海在中國封疆之內, 而西 · 南 · 北則夷徼之外也. 南以江與衡山爲限, 百越未盡開也. 河擧東西南北者, 河流縈帶周遶, 雖流沙分際, 亦與河接也. 自秦而上, 西北褎而東南蹙. 秦而下, 東南展而西北縮. 先王盛時, 四方各有不盡之地, 不勞中國以事外也. 「禹貢」'東漸西被朔南咸暨', 特聲教所及, 非貢賦所限也."

【왕제 148】

무릇 사해四海 안을 가지고 긴 곳을 잘라서 짧은 곳에 보탠다면 방 3천 리가 되어, 전지田地 80만억과 1만억 묘가 된다. 방 100리의 면적은 전지 90억 묘가 된다. 그곳에 산릉山陵(산악지대)·임록林麓(산림)·천택川澤(강과 호수)·구독溝瀆(수로)·성곽城郭·궁실宮室·도로道路 등으로 3분의 1을 빼면 나머지는 60억 묘가 된다.

凡四海之內, 斷長補短, 方三千里, 爲田八十萬億一萬億畝.① 方百里者, 爲田九十億畝, 山陵·林麓·川澤·溝瀆, 城郭·宮室·塗巷三分去一, 其餘六十億畝.②

鄭注 ① 구주를 대략 계산한 것이다. 九州之大計.

② 하나의 대국을 기준으로 삼는 것으로, 그 나머지는 백성에게 주기 위한 것이다. 산기슭을 '록麓'이라 한다. 以一大國爲率, 其餘所以授民也. 山足曰麓.

集說 '전지 80만억과 1만억 묘가 된다'(爲田八十萬億一萬億畝)는 것은 1주州는 방 천 리므로 9주는 방 삼천 리가 된다. 3을 세 배하면 9가 되므로 방 천 리 되는 것이 9개이다. 한 개의 천 리 면적에는 9만억 묘가 들어가므로, 아홉 개의 천 리 면적에는 9를 아홉 배한 81이므로 81만억 묘가 있는 것이다. 80이라는 정수 아래에 '만억'이라 말한 것은 80개의 만억이라는 뜻이요, 또 '1만억'(一萬億)이라 한 것은 80개의 만억 이외에 다시 1만억이 있음을 말한 것이니, 합해서 81만억 묘가 된다. 선유先儒는 '만억' 두 글자는 연문衍文이라 하였지만, 맞지 않다. 이는 공영달孔穎達 소疏의 뜻과 함께하는 것이다. 그러나 내가 살펴보건대, 방 100리는 전지 90억 묘가 되므로, 방 3천 리는 응당 '8만1천억 묘'라고 해야 하니, 소疏의 뜻의 경우는 (앞 경문 [146]에서 '9만억萬億'이라고) 잘못 말한 것을 이어받아 (잘못인 줄 알면서)

그렇게 풀이한 것이다.[213] '爲田八十萬億一萬億畝'者, 以一州方千里, 九州方三千里. 三三爲九, 爲方千里者九. 一箇千里有九萬億畝, 九箇千里, 九九八十一, 故有八十一萬億畝. 於八十整數之下, 云'萬億', 是八十箇萬億, 又云'一萬億', 言八十箇萬億之外, 更有一萬億, 是共爲八十一萬億畝. 先儒以'萬億'二字爲衍, 非也. 此並疏義. 然愚按方百里爲田九十億畝, 則方三千里, 當云'八萬一千億畝', 如疏義, 亦承誤釋之也.

【왕제 149】

옛날에는 주척周尺(주나라 척도) 8척으로 1보를 삼았는데, 지금은 주척 6척 4촌으로 1보를 삼는다. 옛날의 100묘는 오늘날의 동전東田 146묘 30보에 해당하며, 옛날의 100리는 오늘날의 121리 60보 4척 2촌 2분에 해당한다.

古者以周尺八尺爲步, 今以周尺六尺四寸爲步. 古者百畝當今東田百四十六畝三十步, 古者百里當今百二十一里六十步四尺二寸二分.

鄭注 주척의 수數에 대해서는 자세히 알려져 있지 않다. 살펴보건대, 예제禮制에는 주나라에서도 오히려 10촌을 1척으로 삼았다. 대체로 전국시대에 법도를 변경하고 어지럽힌 것이 많았던 것이다. 어떤 사람은 주척은 1척이 8촌이라 말하는데, 그러면 보步는 곧 8촌을 8배한 64촌이 된다. 이를 근거로 계산해보면, 옛날의 100묘는 오늘날 156묘 25보에 해당하고, 옛날의 100리는 오늘날 125리에 해당한다. 周尺之數, 未詳聞也. 按禮制, 周猶以十寸爲尺. 蓋六國時多變亂法度. 或言周尺八寸, 則步更爲八八六十四寸. 以此計之, 古者百畝, 當今百五十六畝二十五步, 古者百里當今百二十五里.

集說 소疏에서 말한다. "옛날에는 8촌으로 1척을 삼았으니, 주척 8척으로 1보步를 삼으면 1보는 6척 4촌이 된다. 오늘날에는 주척 6척 4촌을 1보로 삼고 있으므로 1보는 52촌이 되는 것이다. 이는 오늘날의 보가 옛날의 보에 같아지려면 1보마다 12촌을 다시 더하게 된다. 이를 근거로 계산해보면, 옛날의 100묘는 오늘날 동전東田[214] 152묘 71보 남짓이 되어 경문의 '146묘 30보'와 상응하지 않는다. 또 오늘날 보는 1보마다 옛날의 보 12촌이 남는다. 이를 근거로 계산해본다면 옛날의 100리는 오늘날의 123리 115보 20촌이 되어, 경문의 '121리 60보 4척 2촌 2분'과 또한 상응하지 않는다. 경문은 착란되어 있어 이용할 수가 없다." ○ 내가 살펴보건내, 소의 계산 역시 잘못되었다. 마땅히 다음과 같이 말해야 한다. 옛날에 8촌으로 1척을 삼았으니, 주척 8척으로 1보를 삼는다면 1보는 6척 4촌이 되어야 한다. 그런데 지금 주척 6척 4촌으로 1보를 삼고 있으니 1보는 5척 1촌 2분이다. 이는 오늘날의 보가 보마다 1척 2촌 8분을 다시 더하는 것이다. 이를 근거로 계산해본다면 옛날의 100묘는 오늘날의 동전東田 156묘 25보 1촌 6분과 4/1000가 되어 경문의 '146묘 30보'와는 상응하지 않는다. 리里 역시 이런 방식으로 추산된다. ○ 방씨方氏는 말한다. "동전東田은 곧 『시詩』에서 말한 '밭 둔덕이 남동쪽으로 향하네'라고 한 것이다. 남쪽이라 말한 것은 여사廬舍가 그 북쪽에 있어 남쪽을 향하기 때문이며, 동쪽이라 말한 것은 여사가 그 서쪽에 있어 동쪽을 향하기 때문이다." ○ 엄씨嚴氏는 '그 밭 둔덕이 동으로 남으로 향하네'에 대해서 "혹은 그 밭 둔덕이 남쪽으로 향하고, 혹은 그 밭 둔덕이 동쪽으로 향하는 것은 지세地勢와 물이 흐르는 방향에 따르기 때문이다"라고 하였다. 疏曰: "古者八寸爲尺, 以周尺八尺爲步, 則一步有六尺四寸. 今以周尺六尺四寸爲步, 則一步有五十二寸. 是今步比古步每步剩出一十二寸. 以此計之, 則古者百畝, 當今東田百五十二畝七十一步有餘, 與此'百四十六畝三十步'不相應.

又今步每步剩古步十二寸. 以此計之, 則古之百里, 當今百二十三里一百一十五步二十寸, 與此'百二十一里六十步四尺二寸二分'又不相應. 經文錯亂, 不可用也." ○ 愚按, 疏義所筭亦誤. 當云古者八寸爲尺, 以周尺八尺爲步, 則一步有六尺四寸. 今以周尺六尺四寸爲步, 則一步有五尺一寸二分. 是今步比古步每步剩出一尺二寸八分. 以此計之, 則古者百畝, 當今東田百五十六畝二十五步一寸六分千分寸之四, 與此'百四十六畝三十步', 不相應. 里亦倣此推之. ○ 方氏曰: "東田者, 卽『詩』言'南東其畝'也. 言南則以廬在其北而向南, 言東則以廬在其西而向東." ○ 嚴氏說'南東其畝'云: "或南其畝, 或東其畝, 順地勢及水之所趨也."

【왕제 150】

방 1,000리는 방 100리 되는 것이 100개가 된다.

方千里者, 爲方百里者百.

集說 천하 9주에 군주의 직할지가 가운데 위치하고, 바깥 8주는 주 마다 각기 방 1,000리다. 이는 100리 되는 것이 100개이다. 개방법開方法으로 계산하면 총 만 리가 된다. 天下九州, 主畿居中, 外八州, 每州各方千里. 是一百箇百里. 以開方之法推之, 合萬里也.

【왕제 151】

방 100리를 봉해주는 경우가 30개국이다. 나머지는 방 100리 되는 땅이 70개이다.

封方百里者三十國. 其餘方百里者七十.

集說 공公과 후侯는 모두 방 100리인데, 30개의 방 100리 땅을 봉해주므로, 나머지는 방 100리 땅 70개가 된다. 公·侯, 皆方百里, 封三十箇百里, 剩七十箇百里.

【왕제 152】

또한 방 70리의 땅을 봉해주는 것이 60개, 방 100리가 되는 것이 29개, 방 10리가 되는 것이 40개이다.

又封方七十里者六十, 爲方百里者二十九, 方十里者四十.

集說 백伯은 방 70리의 규모이므로 방 70리 땅을 60개 봉해준다. 이는 29개의 100리와 40개의 10리를 차지하는 땅으로, 방 100리 30개의 안에서 방 10리 60개를 남긴 것이다. 伯七十里, 封六十箇七十里. 是占二十九箇百里四十箇十里, 於三十箇百里內, 剩六十箇十里.

【왕제 153】

그 나머지는 방 100리 40개, 방 10리 60개이다. 또 방 50리 120개를 봉하는데, 방 100리 30개가 되고, 남는 땅은 방 100리 10개와 방 10리 60개이다.

其餘方百里者四十, 方十里者六十. 又封方五十里者百二十, 爲方百里者三十, 其餘方百里者十, 方十里者六十.

集說 위에 봉해진 두 등급의 나라가 합해서 100리 60개를 차지하는 것을 제외하고 나면, 단지 방 100리 40개와 방 10리 60개가 남는다. 이 안에서 방 50리가 되는 자子와 남男의 나라로 봉하는 것이 120개이다. 100리마다 4개씩 봉하면 실은 방 100리 30개를 차지하므로 세 등급의 봉지를 통괄하면, 단지 방 100리 10개와 방 10리 60개가 남는다. ○ 백伯의 나라는 방 70리로 7을 7배하면 49가 되어 방 10리 49개가 된다. ○ 자子와 남男은 방 50리로 5를 5배하면 방 10리 25개가 된다. 除上封二等國, 共占六十箇百里外, 止剩四十箇百里及六十箇十里. 於此地內, 封子・男五十里之國者, 百二十箇. 每一百里封四箇, 實占三十箇百里, 通三等封, 止剩十箇百里六十箇十里. ○ 伯國, 方七十里, 七七四十九, 是四十九箇十里. ○ 子・男, 方五十里, 五五二十五, 是二十五箇十里.

【왕제 154】

명산名山과 대택大澤은 분봉하지 않는다. 그 밖에 남는 땅으로 부용附庸의 나라를 위한 땅과 한전閒田으로 삼고, 제후 가운데 공로가 있는 이에게 한전에서 취하여 녹으로 준다. 땅을 삭탈하면 한전에 귀속시킨다.

名山・大澤不以封. 其餘以爲附庸・閒[215]田, 諸侯之有功者, 取於閒[216]田以祿之. 其有削地者, 歸之閒田.

集說 명산과 대택大澤을 제외하고, 모두 부용의 나라를 위한 땅 및 한전이 된다. 除名山・大澤之外, 皆爲附庸之國及閒田.

【왕제 155】

천자의 현縣 방 1,000리는 방 100리 되는 것이 100개로 방 100리 되는 나라를 9개 봉封한다. ○ 그 나머지는 방 100리 되는 것이 91개로, 여기에서 또 방 70리 되는 나라를 21개 봉하는데, 그 방 100리 되는 것 10개와 방 10리 되는 것 29개이다. ○ 그 나머지는 방 100리 되는 것 80개와 방 10리 되는 것 71개로, 여기에서 또 방 50리 되는 나라 63개를 봉하는데, 방 100리 되는 것 15개, 방 10리 되는 것 75개이다. ○ 그 나머지는 방 100리 되는 것 64개, 방 10리 되는 것 96개가 된다.

天子之縣內, 方千里者, 爲方百里者百, 封方百里者九. ○ 其餘方百里者九十一, 又封方七十里者二十一, 爲方百里者十, 方十里者二十九. ○ 其餘方百里者八十, 方十里者七十一, 又封方五十里者六十三, 爲方百里者十五, 方十里者七十五. ○ 其餘方百里者六十四, 方十里者九十六.

集說 이 경문은 위 장 기외畿外 지역을 분봉하는 법을 본뜬 것으로, 유추해보면 알 수 있다. 기외의 경우 봉해진 나라가 많고 남는 땅이 적은 것은 봉건의 제도를 천하에 확대하여 실시하기 때문이다. 기내의 경우 봉해진 나라가 적고 남는 땅이 많은 것은 왕의 조정에서 채읍을 나누어주는 것을 대비해서이다. 此倣上章畿外之法, 推之可見. 畿外封國多而餘地少, 廣封建之制於天

下也. 畿內封國少而餘地多, 備采邑之分於王朝也.

【왕제 156】

제후국의 하사下士는 봉록으로 9인을 부양할 수 있고, 중사中士는 18인을 부양할 수 있고, 상사上士는 36인을 부양할 수 있고, 하대부下大夫는 72인을 부양할 수 있고, 경卿은 288인을 부양할 수 있고, 국군國君은 2880인을 부양할 수 있다.

諸侯之下士, 祿食九人, 中士食十八人, 上士食三十六人, 下大夫食七十二人, 卿食二百八十八人, 君食二千八百八十人.

集說 이것은 대국에서의 수를 말한 것이다. 此言大國之數.

【왕제 157】

차국次國의 경卿은 216인을 부양할 수 있고, 국군國君은 2,160인을 부양할 수 있다.

次國之卿, 食二百一十六人, 君食二千一百六十人.

集說 차국 대부의 봉록 역시 72인을 부양할 수 있다. 경卿의 봉록은 대부 봉록의 3배이다. 그러므로 216인을 부양할 수 있다. 次國大夫, 亦食七十二人. 卿三大夫祿. 故食二百一十六人.

【왕제 158】

소국小國의 경卿은 144인을 부양할 수 있고, 국군國君은 1,440인을 부양할 수 있다.

小國之卿, 食百四十四人, 君食千四百四十人.

集說 소국 대부의 봉록 역시 72인을 부양할 수 있다. 경卿의 봉록은 대부 봉록의 2배이다. 그러므로 144인을 부양할 수 있다. 小國大夫, 亦食七十二人. 卿倍大夫祿. 故食百四十四人.

【왕제 159】

차국次國의 경卿으로 자신의 국군國君에 의해서 임명된 자는 봉록이 (천자가 임명한) 소국의 경卿과 같다.

次國之卿命於其君者, 如小國之卿.

集說 천자에 의해서 임명된 경우보다 낮추는 것이다. 降於天子所命也.

【왕제 160】

천자의 대부로서 삼감三監[217]이 되어 제후의 나라를 감독하는 자는, 그 봉록이 제후의 경卿에 준하고, 그 작위가 차국次國의 국군國

君에 준한다. 그 봉록은 방백方伯의 땅에서 취한다.

天子之大夫爲三監, 監於諸侯之國者, 其祿視諸侯之卿, 其爵視次國之君. 其祿取之於方伯之地.

集說 봉록이 제후의 경卿에 준한다는 것은 288인을 부양할 수 있는 것이다. 祿視諸侯之卿, 可食二百八十八人者也.

【왕제 161】

방백은 천자를 조회하기 위해서 모두 천자의 현내에 탕목湯沐의 읍을 두는데, 그 규모는 원사元士의 봉읍封邑에 준한다.

方伯爲朝天子, 皆有湯沐之邑於天子之縣內, 視元士.

鄭注 재계할 때 자신을 깨끗이 하는 용도로 제공하는 것이다. 몸을 씻을 때에는 뜨거운 물을 사용하고, 머리를 감을 때에는 따뜻한 물을 사용한다. 給齊戒自絜淸之用. 浴用湯, 沐用潘.

集說 '탕목湯沐'이라고 말한 것은 기내畿內에 들어오면 잠시 이곳에 머물러 재계하여 깨끗이 한 뒤에 가는 것을 말한다. 『춘추공양전』에는 그것을 '조숙朝宿의 읍'[218]이라 했다. 방백만이 그곳이 있으며 그 밖의 신분에는 없다. 허신許愼은 "주나라의 1,800제후에게 만약 모두 그런 곳이 있다면 경사의 땅을 모두 동원해도 부족할 것이다"[219]라고 했다. 謂之'湯沐'者, 言入至畿內, 卽暫止頓於此, 齊絜而往也. 『春秋傳』謂之'朝宿之邑'. 惟方伯有之, 其餘否. 許愼云: "周千八百諸侯, 若皆有之, 則盡京師地, 亦不能容."

【왕제 162】

제후의 세자世子는 나라를 세습한다. (제후로서 천자의) 대부가 된 자는 작위를 세습하지 못하며, 덕행에 따라 관직을 받고, 공로에 따라 작위를 받는다. (제후가 사망하고 그 세자가) 아직 작위를 받지 못한 상태라면, 천자의 원사元士에 준하는 대우를 받으면서 그 나라의 군주가 된다. 제후의 대부는 작위와 봉록을 세습하지 못한다.
諸侯世子世國.① 大夫不世爵, 使以德, 爵以功.② 未賜爵, 視天子之元士, 以君其國.③ 諸侯之大夫, 不世爵祿.

鄭注 ① 현명함을 닮기 때문이다. 象賢也.

② 현縣 내 및 열국의 제후로서 천자의 대부가 된 자를 가리킨다. 작위를 세습하지 않고 봉록만 세습하는 것은 현인에게 기회를 주기 위해 피하는 것이다. 謂縣內及列國諸侯爲天子大夫者. 不世爵而世祿, 辟賢也.

③ 열국 및 현縣 내의 나라를 가리킨다. 列國及縣內之國也.

集說 '세자가 나라를 세습한다'(世子世國)는 것은 기외畿外의 제도이다. 천자의 대부는 작위는 세습하지 않고 봉록은 세습한다. 선왕先王이 직무를 주고 작위를 줄 때는 반드시 덕행과 공로가 있는 자를 취한다. 열국의 군주가 죽었을 때, 그 아들이 아직 작위를 하사받지 못했다면 그 의복의 예수禮數 등은 천자의 원사元士에 준하게 하고, 작위를 하사받은 뒤에 선군先君(서거한 군주)이 했던 예전대로 할 수 있다. 제후의 대부는 작위와 봉록을 세습하지 않지만 커다란 공로와 덕행이 있는 경우 또한 세습하게 한다. 『춘추좌씨전』에서 "관직을 맡아 대대로 공을 세우면 관족官族을 갖는다"[220]고 하였다. '世子世國', 畿外之制也. 天子大夫, 不世爵而世祿. 先王使人爵人,

必取其有德有功者. 列國之君薨, 其子未得爵賜, 則其衣服禮數, 視天子之元士, 賜爵而後, 得如先君之舊也. 諸侯之大夫, 不世爵祿, 而有大功德者, 亦世之. 『左傳』言"官有世功, 則有官族."

【왕제 163】

육례六禮는 관례冠禮 · 혼례昏禮 · 상례喪禮 · 제례祭禮 · 향례鄕禮 · 상견례相見禮이다.

六禮, 冠 · 昏 · 喪 · 祭 · 鄕 · 相見.

鄭注 '향례'(鄕)는 향음주례鄕飮酒禮와 향사례鄕射禮를 말한다. '鄕', 鄕飮酒 · 鄕射.

集說 오늘날 남아 있는 예는 사관례士冠禮, 사혼례士昏禮, 사상례士喪禮, 특생궤사례特牲饋食禮와 소뢰궤사례少牢饋食禮, 향음주례鄕飮酒禮, 사상견례士相見禮 등이다. 今所存者, 士冠, 士昏, 士喪, 特牲 · 少牢饋食, 鄕飮酒, 士相見.

【왕제 164】

칠교七敎는 부자父子 · 형제兄弟 · 부부夫婦 · 군신君臣 · 장유長幼 · 붕우朋友 · 빈객賓客 등을 말한다. 팔정八政은 음식飮食 · 의복衣服 · 사위事爲 · 이별異別 · 도度 · 량量 · 수數 · 제制 등을 말한다.

七敎, 父子 · 兄弟 · 夫婦 · 君臣 · 長幼 · 朋友 · 賓客. 八政, 飮食·衣服·事爲·異別·度·量·數·制.

鄭注 음식이 으뜸이고, 의복은 그 다음이다. '사위事爲'는 백공百工의 기예를 말한다. '이별異別'은 오방五方에서 기물을 사용하는 것이 다름을 말한다. '도度'는 길이다. '량量'은 두곡斗斛(부피)이다. '수數'는 수치다. '제制'는 베나 비단의 너비 단위다. 飮食爲上, 衣服次之. '事爲', 謂百工技藝也. '異別', 五方用器不同也. '度', 丈尺也. '量', 斗斛也. '數', 百十也. '制', 布帛幅廣狹也.

集說 육례六禮·칠교七敎·팔정八政은 모두 사도司徒가 관장하는 업무이다. 예禮로 백성의 성품을 절제시키고, 교敎로 백성의 덕행을 흥기시켜서 예가 잘 닦여지면 백성의 성정이 무너지지 않고 교敎가 잘 밝혀지면 백성의 덕德이 변질되지 않는다. 그러나 팔정을 가지런하게 정비해서 음일함을 방비하는 것이 아니면, 또한 예교를 해치게 된다. '사위事爲'는 백공의 기예로, 바른 것이 있고 부정한 것이 있다. '이별異別'은 오방의 기구와 기물로서 같은 것도 있고 다른 것도 있다. '도량度量'은 장단과 대소의 기준에 차이가 없게 하고, '수제數制'는 다과와 너비의 기준에 차이가 없게 하는 것이다. '음식'이나 '의복'은 특히 백성들이 날마다 쓰는 것으로 안 되기 때문에 팔정 가운데 앞에 둔 것이다. 이를 가지런하게 정비하면 참람하고 속이고 달리하는 단서가 없게 될 것이다. 이 「왕제」에 대해서 선유先儒는 "역대의 전장典章을 잡다하게 들었다"고 하였는데, 비록 일일이 분별하더라도 모두 명확하게 예증하여 밝힐 수 없고, 게다가 위서緯書를 조술한 것도 많으니 어떻게 결단코 의심할 것이 없다고 할 수 있겠는가? 주자는 "한유漢儒가 제도를 설명할 때 맞지 않음이 있으면, 은나라의 예禮를 미루어 따른 경우가 많았다"고 말한 적이 있으니, 이 말 또한 징험됨이 없음을 의심한 것이다. 그러나 다만 큰 줄기에 의거하여 말한다면, '홍학興學' 이상과 '수육례脩六禮'

이하로 분명하고 명확한 것은 또한 후대 왕들의 법이 될 만하다. 六禮・七教・八政, 皆司徒所掌. 禮節民性, 教興民德, 脩則不壞, 明則不渝. 然非齊八政以防淫, 則亦禮教之害也. '事爲'者, 百工之技藝, 有正有邪. '異別'者, 五方之械器, 有同有異. '度量'則不使有長短小大之殊, '數制'則不使有多寡廣狹之異. 若夫飮食衣服, 尤民生日用之不可闕者, 所以居八政之首. 齊之則不使有僭儗詭異之端矣. 此篇, 先儒謂"雜擧歷代之典", 雖一一分別, 而不能皆有明證, 又且多租緯書, 豈可謂決然無疑哉? 朱子有言"漢儒說制度, 有不合者, 多推從殷禮去", 此亦疑其無徵矣. 然只據大綱而言, '興學'以上'脩六禮'以下, 其坦明者, 亦可爲後王之法也.

역주

1) 노식 : ?~192. 자는 子幹이며 幽州 涿郡 涿縣 사람이다. 鄭玄과 함께 馬融에게서 학문을 배웠다. 저서로 『尙書章句』·『三禮解詁』가 있으며, 蔡邕·楊彪·韓說과 함께 『漢記』를 공동으로 집필했다.

2) 봉록과 작위 : 봉록은 작위의 높고 낮음에 따라 차등 있게 採邑과 祿米를 주는 것이다. 작위는 제후의 封爵(공·후·백·자·남)과 群臣의 官爵(경·대부·사)을 모두 작위라고 부른다.

3) 천자가 ~ 작위다 : 『맹자』「萬章下」에 나오는 말이다. "천자가 하나의 작위이고, 공이 하나의 작위이고, 후가 하나의 작위고, 백이 하나의 작위고, 자와 남이 함께 하나의 작위다."(天子一位, 公一位, 侯一位, 伯一位, 子·男同一位)

4) 상대부인 경 : 상대부가 곧 경임을 말한 것이다. 『주례』에서는 대부와 사에 모두 상·중·하의 등급이 있다고 하였다. 이곳에서 상대부 아래에 하대부만 언급하고 중대부를 말하지 않은 것은, 대체로 王國에서는 3등급의 사는 사령장을 달리 받지만 중·하대부는 사령장을 함께 받으며, 侯國에서는 3등급의 사는 사령장은 함께 받지만 봉록이 다르고, 중·하대부는 사령장도 함께 받고 봉록도 같다. 따라서 사의 경우는 3등급으로 나누지만, 대부의 경우는 중·하를 하나로 보아 2등급으로 간주한다.(孫希旦, 『禮記集解』, 310쪽 참조)

5) 두 경우의 ~ 것이다 : 공영달의 소에 다음과 같이 말한 부분이 참조된다. "무릇 천자의 제도는 봉록과 작위가 중요하다. 그 봉록을 먹고 작위를 받는 사람에 公·侯·伯·子·男 등이 있는데 전부 남면하는 군주로 모두 5등급이다. 그 제후의 아래에 북면하는 신하로 上大夫인 卿·下大夫·上士·中士·下士가 있어 모두 5등급이다. 남면하는 군주의 5등급은 五行 가운데 剛日을 본받은 것이요, 북면하는 신하 5등급은 五行 가운데 柔日을 본받은 것이다."(凡王者之制度, 祿爵爲重. 其食祿受爵之人, 有公·侯·伯·子·男, 並南面之君, 凡五等也. 其諸侯之下, 北面之臣, 有上大夫卿, 有下大夫, 有上士, 有中士, 有下士, 凡五等也. 南面之君五等, 法五行之剛日, 北面之臣五等, 法五行之柔日) / "음양을 형상한 것임을 아는 것은 살펴보건대 『元命包』에 '周나라의 작위는 5등급으로 五精을 본받았다'라고 하였고 그 注에 '五精은 총괄하여 五行을 본받는 것이다. 세분하면 5剛인 甲·丙·戊·庚·壬을 본받는다. 그 제후의 신하는 5柔인 乙·丁·己·辛·癸를 본받는다'라고 한 것이 그것이다"(知象陰陽者, 按, 『元命包』云"周爵五等法五精', 注云'五精, 是其總法五行, 分之則法五剛, 甲·丙·戊·庚·壬. 其諸侯之臣法五柔, 乙·丁·己·辛·癸", 是也)라고 하였다.

6) 군주가 ~ 6등급이다 : 『맹자』「만장하」에 나오는 말이다. "군주가 하나의 작위고, 경이 하나의 작위고, 대부가 하나의 작위고, 상사가 하나의 작위고, 중사가 하나의 작위고, 하사가 하나의 작위니, 모두 6등급이다."(君一位, 卿一位, 大夫一位, 上士一位, 中士一

位, 下士一位, 凡六等)

7) 방 : 고대에 면적을 계산하던 용어이다. 후에 길이를 표시하는 수자 혹은 수량사가 추가되어 가로와 세로의 길이를 표시하는 뜻이 되었다. 대체로 토지를 계산하는 데에 사용한다.

8) 공과 후 : 천자의 3공이나 천자의 후손의 나라에 대해서는 '公'으로 칭하고, 그 밖의 대국에 대해서는 侯로 칭한다. 『춘추공양전』 隱公 5년 조에 "제후란 무엇인가? 천자의 삼공을 공이라 칭하고, 왕자의 후예를 공이라 칭하며, 그 밖의 대국을 후라고 칭하고 소국을 백·자·남이라고 칭한다"(諸侯者何? 天子三公稱公, 王者之後稱公, 其餘大國稱侯, 小國稱伯·子·男)라고 하였다. 錢玄, 『三禮通論』(南京師範大學出版社, 1996), 325쪽 참조.

9) 해와 ~ 취하였다 : 천 리의 범위 안에서 해와 달의 크기가 일정하게 보이고, 해그림자의 길이가 동일하게 측정된다는 것을 의미한다.

10) 공로 : 부세 등 천자의 나라에 바치는 것을 말한다.

11) 곡록 : 俸祿을 뜻한다. 『毛詩』 「小雅·正月」의 "조그만 소인들 집을 차지하고 있고, 비루한 이들 봉록을 받는데, 백성에게 지금까지 봉록이 없는 것, 하늘이 재해로 죽이고 군주의 정치가 해쳐서라네. 부유한 이들이야 좋겠지만, 불쌍한 것은 이 외로운 이들이네"(佌佌彼有屋, 蔌蔌方有穀, 民今之無祿, 天夭是椓. 哿矣富人, 哀此惸獨)에 대하여 정현은 箋에서 "穀은 봉록이다"(穀, 祿也)라고 하였다.

12) 방 1리가 1정이다 : 『맹자』 「滕文公上」에 "방 1리가 1정이다"(方里而一井)라고 하였다.

13) 복을 나누는 것 : 왕이 직접 통치하는 직할지(畿內) 이외의 지역을 服이라 한다. 이 복을 나누는 제도를 畿服制度라고 한다. 이는 왕의 직할지로부터 밖으로 확대되어 5개 혹은 9개 구역으로 구분되는데, 각 구역 내의 제후들은 왕실에 대해 차등적인 직무와 공납의 의무가 부가된다. 『書』 「益稷」 "弼成五服, 至于五千"에 대한 孔安國의 傳에 "5복은 侯服·甸服·綏服·要服·荒服이 있으며, 복의 거리는 5백 리다"(五服, 侯·甸·綏·要·荒服也, 服, 五百里)라고 하였다.

14) 25가가 1리가 된다 : 『주례』 「地官·遂人」에서 "5가가 1린이고, 5린이 1리다"(五家爲鄰, 五鄰爲里)고 한 것에 대해, 정현은 주에서 "25가가 1리다"(二十五家爲里)라고 하였다.

15) 항산 : 산 이름으로 산서성 大同府에 있다.

16) 남하 : 황하를 3분하여 남방에 가까운 지역을 말한다. 섬서성 華陰縣에서 하남성 衛輝府 사이이다.

17) 공자가 ~ 백이다 : 『춘추공양전』 桓公 11년 조 傳, "鄭忽出奔衛……"에 대한 何休의 注에서는 '伯·子·男'을 子로 통일하였다'고 하였는데, 정현은 伯으로 통일한 것으로 설명하고 있다.

18) 천하에 ~ 후손 : 夏의 제사를 받드는 杞와 殷의 제사를 받드는 宋의 후손을 가리킨다.

19) 『맹자』에서의 ~ 다르다 : 『맹자』 「萬章下」에서는 "천자의 경은 토지를 받을 때 후에 준하고, 대부는 토지를 받을 때 백에 준하고, 원사는 토지를 받을 때 자·남에 준한다"

(天子之卿受地視侯, 大夫受地視伯, 元士受地視子男)라고 하였다.

20) 食 : 음이 '嗣'(사)이다.

21) 부·사·서·도 : 府는 재화를 담당하는 서리를, 史는 문서나 서적을 담당하는 서리를, 胥와 徒는 명령의 전달 등 徭役을 담당하는 미천한 서리들을 가리킨다. 『주례』「天官·序官」에 "府 6명, 史 12명이다"(府六人, 史十有二人)라고 하였는데, 정현의 주에 "府는 재화를 담당하고, 史는 문서를 담당하는 사람이다. 무릇 부와 사는 모두 관청의 장관이 자체적으로 임명한다"(府, 治藏, 史, 掌書者. 凡府·史, 皆其官長所自辟除)라고 하였다. 『주례』「天官·序官」에 "胥 12명, 徒 120명이다"(胥十有二人, 徒百有二十人)라고 하였는데, 정현 주에 "이들은 백성의 신분으로 요역을 제공하는 이들이다. 오늘날의 衛士(호위나 경비를 담당하는 병사)와 같다. '胥'는 '諝(재주 있는 사람)의 뜻과 같은 것으로 읽으며, 재주와 지식이 있어 什長이 되는 이를 가리킨다"(此民給徭役者. 若今衛士矣. '胥'讀如'諝', 謂其有才知爲什長)라고 하였다.

22) 맹자의 ~ 것이다 : 이 말은 주희의 『맹자집주』「萬章下」의 "耕者之所獲……其祿以是爲差"에 대한 집주에 인용된 것에서 재인용한 것으로 보인다. 본래는 『이정유서』 권4에 "孟子之時去先王爲未遠, 其學比後世爲尤詳, 又載籍未經秦火, 然而班爵祿之制, 已不聞其詳. 今之禮書, 皆掇拾於煨燼之餘, 而多出於漢儒一時之傅會, 奈何欲盡信而句爲之解乎? 然則其事固不可一一追復矣"라고 程顥의 말로 나오고 있다.

23) 『맹자』의 ~ 낫다 : 『孟子集註』「萬章下」의 위와 같은 곳에 나온다.

24) 방각 : 자는 性夫. 重和 元年(1118) 진사에 급제하였다. 禮部侍郎을 지냈다. 저서에 『禮記集解』가 있다.

25) 대국, 차국, 소국 : 孫希旦의 설명에 따르면, 3등급의 나라에서 "대국은 공이고, 차국은 후·백이며, 속국은 자·남이다. 봉록을 제정할 때에 후로부터 공까지 모두 백 리다. 그러므로 공과 후는 모두 대국이 된다. 작위를 제정할 때에 후로부터 백까지 똑같이 七命이다. 그러므로 후와 백은 모두 차국이 된다. 상대부는 하대부의 위에 있는 자를 말하는데, 『의례』「大射禮」에서 말한 '小卿'이 여기에 해당된다"(大國, 公也, 次國, 侯伯也, 小國, 子男也. 蓋制祿則侯上而從公, 同爲百里. 故公侯皆爲大國. 制爵則侯下而從伯, 同爲七命. 故侯伯幷爲次國. 上大夫, 謂下大夫之上者, 「大射禮」所謂'小卿'是也)고 하였다. 『禮記集解』, 315쪽 참조.

26) 조빙 : 아래 '頫聘'에 대한 주 참조.

27) 부빙 : 聘問의 예를 가리킨다. '頫'는 '覜'라고도 한다. '覜'는 제후가 경·대부를 보내어 천자를 방문하는 禮로 제후 사이에서도 행할 수 있으며, '殷覜'라고도 한다. 정현은 "대부가 여럿이 함께 오는 것을 '覜'라 하고, 소수가 오는 것을 '聘'이라 한다"(大夫衆來曰'覜', 寡來曰'聘')고 하였다. 『주례』「春官·瑞典」, 注 참조.

28) 중사와 하사 : 공영달은 소에서 "中士는 次國의 士를 말하고, 下士는 小國의 士를 말한다"(中士者, 謂次國之士, 下士者, 謂小國之士)고 했다.

29) 중사와 ~ 상당한다 : 徐師曾은 이 문장이 '상사는 27인'(上士二十七人) 다음에 들어가야 하는 것인데, 착간되어 이곳에 있게 되었다고 했다. 孫希旦도 정현의 주와 공영달의 소에서 이 문장을 命士가 타국에 가서 조회하는 것으로 보고 "차국의 상사는 대국의 중사에 상당하고, 중사는 그 하사에 상당하며, 소국의 상사는 대국의 하사에 상당한다"고 말하고 있지만 문맥이 통하지 않는다고 하면서 서사증의 견해에 동의한다.(『예기집해』상, 315쪽 참조)

30) 단독으로 : 使臣을 수행하여 가지 않고 介들만 단독으로 갔다는 뜻이다.

31) 『춘추공양전』에 ~ 하였다 : 『춘추공양전』 隱公 원년 조, "宋人과 더불어 宿땅에서 맹약을 맺었다"(及宋人盟於宿)의 傳에 "누가 그들과 함께하였는가? 내국(魯나라)의 미천한 자이다"(孰及之? 內之微者)라고 하였다.

32) 한전 : 士人들에게 봉록으로 분급하는 토지로, 士人이 재직하는 동안 그 토지의 賦稅를 수취할 수 있게 하고 致仕하면 환수하는 형태로 운영된다. 『三禮辭典』, '閒田' 항목 참조.

33) 十二 : 阮元을 비롯한 여러 교감기에 이 앞에 '十'이 더 들어가야 옳다고 본다. 『禮記正義』 12책, 397쪽 참조.

34) 현내 : 천자가 거주하는 州, 즉 왕기를 말한다. 夏에서는 현내라고 하였고, 殷과 周에서는 畿內라고 하였다.(정현, 『예기주소』, p. 2863상a) 漢에서도 朝廷을 일컬어 縣官이라고 하였다.

35) 삼고 : 『書』「周官」에 "少師·少傅·少保를 3고라 한다"(少師·少傅·少保, 曰三孤)라고 하였다. '孤'는 특수하다는 뜻이다. 공보다 낮고 경보다 높은데 3인을 두어 삼공의 副長으로 삼는다.

36) 주자는 말한다. ~ 있다 : 『주자어류』 권87, 「小戴禮」에 나오는 말이다.

37) 우왕이 ~ 이르렀다 : 인용문은 『춘추좌씨전』 哀公 7년 조 傳에 나온다.

38) 요복 : 王畿 밖 매 500리가 하나의 服이 된다. 가까운 곳에서 먼 곳에 이르기까지 차례로 侯服·甸服·綏服·要服·荒服이 있어 이를 오복이라고 부른다. 『書』「禹貢」의 "弼成五服, 至于五千"에 대한 공안국의 傳에 나오는 말이다.

39) 오복 5,000리 : 『書』「禹貢」에 "五服의 제도를 도와서 수립하여 5,000리에 이르게 하였다"(弼成五服, 至于五千)라고 하였다.

40) 섬 : 지금의 陝縣, 곧 하남성 三門陝 지역을 가리킨다.

41) 섬 동쪽은 ~ 주관한다 : 인용문은 『춘추공양전』 隱公 5년 조 傳에 나온다.

42) 성수 : 나머지를 가감하여 일정하게 기준을 두어 말하는 수를 말한다. 가령 93, 97 등은 100 미만의 개수이지만, 100이라는 수로 말하는 경우를 가리킨다.

43) 요순이 ~ 두 배였다 : 『書』「周官」에 나오는 말이다.

44) 석량왕씨는 말한다. ~ 잘못이다 : 정현이 위 경문을 하나라의 제도를 기록한 것으로 보고 「명당위」의 문장을 인용한 것이 잘못임을 지적한 것이다.

45) 마씨 : 「禮記集說大全凡例」와 衛湜의 『禮記集說』의 「集說名氏」에 의하면 『禮記解』 70

권을 지은 馬晞孟을 가리킨다. 자 彦醇. 神宗 熙宁6년 진사에 급제하였고 州学教授를 지냈다.

46) 『주관』에서 ~ 가리킨다 : 인용문은 『주례』「天官 · 大宰」에 나온다.

47) 부 : 문서보관을 담당하는 관원이다.

48) 사 : 문서작성을 담당하는 관리이다.

49) 천자의 ~ 받고 : 공영달의 소에 따르면, 천자의 현내, 곧 畿內 공경대부의 자식은 아버지가 죽은 뒤에 아버지의 이전 채읍에서 수취권을 가질 수 있지만, 아버지를 계승해서 공경대부가 되지는 못한다.

50) 현내와 현외 : 縣內는 천자의 직할지인 畿內, 縣外는 畿外를 말한다.

51) 관례 · 기 : 『의례』「士冠禮」의 記를 말한다.

52) 9명 : 관작을 9개의 등급으로 나눈 것이다. 또한 9개의 등급 가운데 최고 등급을 '九命'이라고도 한다. 上公은 九命으로 伯이며, 왕의 三公은 八命, 후 · 백은 七命, 왕의 卿은 六命, 자 · 남은 五命, 왕의 대부 · 공의 孤는 四命, 공 · 후 · 백의 경은 三命, 공 · 후 · 백의 대부는 再命(곧 二命), 공 · 후 · 백의 사와 자 · 남의 대부는 一命이다. 자 · 남의 사는 명이 없다. 『주례』「춘관 · 대종백」에서는 "일명에 職을 받고, 재명에 服을 받고, 삼명에 位를 받고, 사명에 器를 받고, 오명에 則을 하사받고, 육명에 官을 하사받고, 칠명에 國을 하사받고, 팔명에 牧이 되며, 구명에 伯이 된다"고 하였다.

53) 별면복 : 공 · 후 · 백이 천자를 조빙하거나 제사를 도울 때에 입는다. 상의에 華蟲(꿩) · 火 · 宗彝(호랑이와 원숭이를 그린 彝尊), 하의에 藻 · 粉米 · 黼 · 黻 등 7가지 무늬(七章)가 그려져 있다. 鷩은 붉은 꿩(赤雉)이다.

54) 곤면복 : 상의에는 龍 · 山 · 華蟲 · 火 · 宗彝, 하의에는 藻 · 粉米 · 黼 · 黻 등 9가지 그림(九章)이 그려져 있다.

55) 용곤 : 衮服, 또는 衮冕服을 말한다. 상의에 용이 그려져 있기 때문에 '龍衮'이라 한다.

56) 여러 ~ 한다 : 인용문은 『주례』「春官 · 宗伯 · 司服」에 보인다.

57) 앞에서 ~ 말한 것 : 「왕제」(8) 경문 참조.

58) 도예 : 六藝에 대한 지식과 기예를 뜻한다. 『주례』「地官 · 鄕大夫」에 "正月 길일에 司徒로부터 敎法을 받아, 물러나와서 그 鄕吏에게 반포하여 각자 그 교법으로 자신이 담당하고 있는 것을 가르치면서 그 德行을 살피고 그 道藝를 관찰하게 한다"(正月之吉, 受敎灋于司徒, 退而頒之于其鄕吏, 使各以敎其所治, 以攷其德行, 察其道藝)라고 하였다. 가공언은 소에서 "'그 道藝를 관찰한다'는 것은 백성들 가운데 六藝에 대한 지식을 가진 자를 함께 헤아려 賓처럼 대우해주는 것이다"('察其道藝'者, 謂萬民之中有六藝者幷擬賓之)라고 하였다.

59) 조사해서 판별한다 : 이 말은 『역』「文言」에 나온다.

60) 상식 : 常食은 1차적으로 매일 일상적으로 먹는 음식을 가리킨다. 곧 관리에게 생활을 유지하도록 지급하는 俸祿을 뜻한다.

61) 덕을 ~ 잘한다 : 이 말은 『書』「康誥」에 나온다.

62) 전사씨 : 왕의 籍田을 관장하는 관직으로서 제사음식 · 과일 · 땔감 등 제사에 필요한 물자를 왕실에 공급한다. 『주례』「天官 · 甸師」에 "왕의 동성이 죄를 지을 경우 사형에 처한다"(王之同姓有辠, 則死刑焉)고 하였다.

63) 공가 : 천자와 제후를 말한다. 공영달의 소에 "천자와 제후의 家"라고 하였다.

64) 적 : 朝聘의 예에서 主國에서 賓客에게 제공하는 가축 · 곡물 · 땔감 등을 관장하는 곳을 말한다. 『三禮辭典』'積' 항목 참조.

65) 묵형을 ~ 한다 : 이 말은 『주례』「秋官 · 掌戮」에 나온다.

66) 동은 음률이다 : 공영달의 소에 "陽인 律로서 管을 먼저 호칭하지 않은 것은 먼저 말하는 것을 따라 호칭하였기 때문이다. 먼저 말하는 이유는 (陰律인) '同'이 平聲으로 평성이 발화의 근본이 되는 것은 옛날이나 지금이나 모두 그러하기 때문이다. 그러므로 먼저 말한 것이다"(不以陽律名管者, 因其先言耳. 所以先言者, 以'同'爲平聲, 平爲發語之本, 今古悉然. 故先言耳)라고 하였다. 정현의 설에 따르면 "命典禮, 考時月, 定日 · 同 · 律, 禮 · 樂 · 制度 · 衣服, 正之"로 표점이 되고, 그 의미는 "典禮에게 명하여 계절과 달을 살피고 날의 간지, 同(音律) · 律(陽律)을 정하게 하고, 禮 · 樂 · 制度 · 衣服을 바로잡는다"라는 뜻이 된다.

67) 법도 : 원문은 法律인데 律은 度 곧 법도 규정을 가리킨다.

68) 천자는 ~ 않는다 : 『맹자』「告子下」에 "천자는 성토는 하지만 정벌은 하지 않는다. 제후는 정벌은 하지만 성토는 하지 않는다"(天子討而不伐. 諸侯伐而不討)라고 하였다. 주희는 集註에서 "討라는 것은 그 죄를 성토하도록 명령을 내리고, 방백 · 연수로 하여금 제후를 이끌고 정벌하게 하는 것이다. 伐이라는 것은 천자의 명을 받들어 그 죄를 성토하고 정벌하는 것이다"(討者, 出命以討其罪, 而使方伯連帥帥諸侯以伐之也. 伐者, 奉天子之命, 聲其罪而伐之也)라고 하였다.

69) 시조묘 ~ 사용한다 : 孫希旦은 "먼저 太廟에 보고하여, 齊車(천자가 순수를 떠날 때 신주를 싣는 수레)에 싣고 갔던 신주를 도로 되돌려놓는다. 그런 뒤에 여러 廟에 일일이 보고하고, 禰廟에 이르러 마친다"고 하였다. 『禮記集解』(上), 329쪽 참조.

70) 오덕의 제 : 五方의 천제로서 五行과 蒼 · 赤 · 黃 · 白 · 黑의 오색에 따라 배합하고, 천제를 제사할 때 人帝를 함께 배향한다. 정현은 『주례』「春官 · 小宗伯」의 "사교에 오제의 兆域을 세웠다"(兆五帝於四郊)는 조목에 주를 달면서 "오제는 다음과 같다. 蒼은 靈威仰인데, 大昊를 거기에 배향한다. 赤은 赤熛怒인데, 炎帝를 거기에 배향한다. 黃은 含樞紐인데, 黃帝를 거기에 배향한다. 白은 白招拒인데, 少昊를 거기에 배향한다. 黑은 汁光紀인데, 顓頊을 거기에 배향한다. 황제는 남교에서도 제사지낸다"라고 했다. 金鶚은 大皞 · 炎帝 · 黃帝 · 小皞 · 顓頊의 다섯 천제를 제사지내고, 伏羲 · 神農 · 軒轅 · 金天 · 高陽의 다섯 인제를 배향하는 것이라고 했다. 『求古錄』「禮說 · 五帝五祀說」 참조.

71) 상사나 ~ 뜻이다 : 『춘추좌씨전』成公 13년 조 傳에 "나라의 중대한 일은 제사와 전쟁

에 있다"(國之大事, 在祀與戎)라고 하였다. 나라의 중대한 일은 보통 상사와 제사, 전쟁 등의 사안이 있는 것을 말한다.

72) 축 : 合樂의 시작을 알리는 칠통 모양의 악기다.

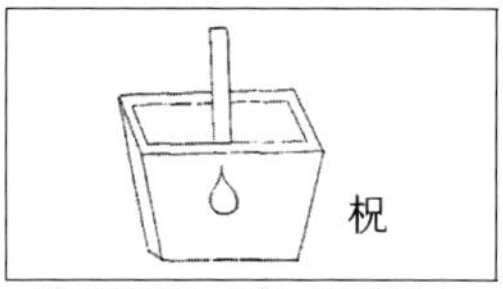

『三禮圖』(宋 聶崇義)

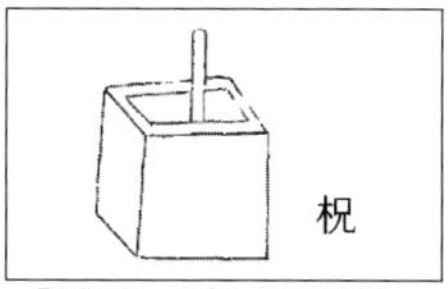

『禮書』(宋 陳祥道)

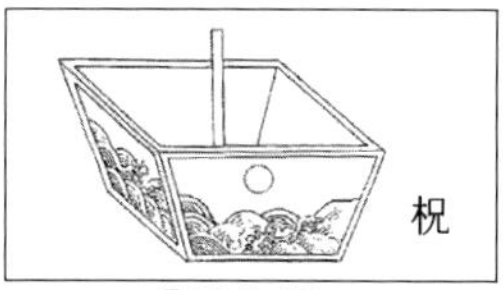

『明集禮』

73) 도 : 손으로 흔들어 두드리는 작은 북이다. 雷鼗 · 靈鼗 · 路鼗의 구분이 있다.

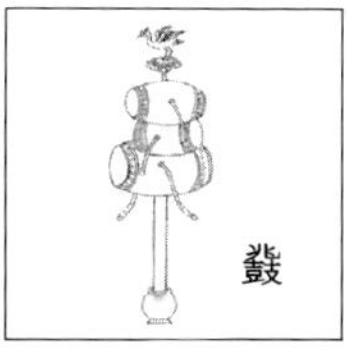

『明集禮』

74) 규찬 : 강신에 사용하는 울창주를 따르는 쟁반 모양의 술잔이다. 자루는 옥으로 만들고 머리를 용의 머리로 하였으므로 龍瓚이라도 한다.

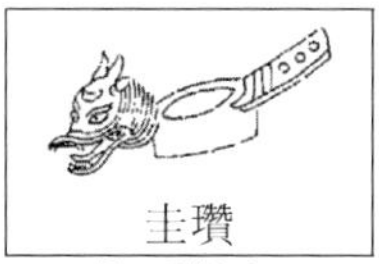

『三禮圖』(宋 聶崇義)

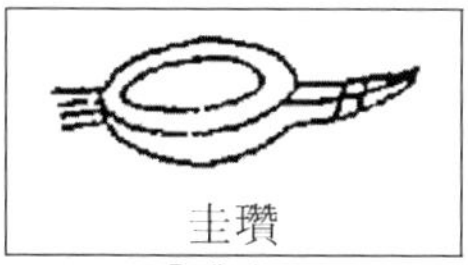

『禮書』(宋 陳祥道)

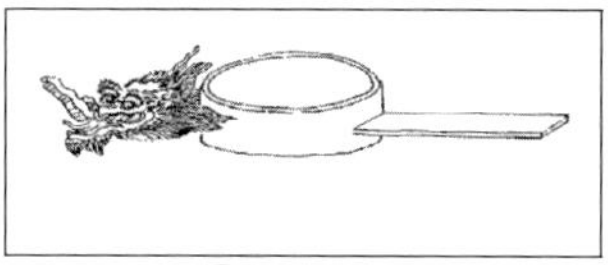
『明集禮』

75) 장찬 : 황후가 울창주를 따라 尸에게 올려 신을 예우하는 술잔으로 그 제도는 규찬과 동일하지만 璋(圭를 절반으로 나눈 홀)으로 손잡이를 만들고 조금 작다. 『三禮圖』(宋 聶崇義) 참조.

76) 대규 : 玉으로 만든 笏의 일종으로 그 제도에 대해서는 「禮器」(30)의 정현 주와 진호 집설에 자세하다.

77) 태학 : 학교 기관의 명칭은 '太學'으로 읽는다. 그러나 정현의 주에 은나라 제도라고 하였으므로, 은대에도 그렇게 읽었는지는 불분명하다. 주대의 제도에 의거하여 여기서는 학교 기관과 장소를 의미하는 뜻에서 '태학'의 뜻으로 읽는다.

78) 100리 되는 ~ 있다 : 공영달의 소에 이 인용문은 한나라 초기 伏生의 「多士傳」에 나온다고 하였다. 복생은 今文尙書를 전수한 인물로 현존하는 『書』 「多士」에는 정현이 인용한 문장은 보이지 않는다.

79) 천자와 ~ 절반이다 : 천자의 경우 도성 밖으로 100리 안이 교인데, 50리까지를 근교라고 하고, 그곳으로부터 백 리까지를 원교라고 한다.

80) 도예 : 정현은 『주례 · 천관』 「宮正」의 "십오를 모아 그들에게 도예를 가르친다"(會其什伍, 而敎之道藝)에 대한 주에서 鄭衆의 말을 인용하여 "道는 선왕이 백성을 가르치고

이끄는 것을 말한다. 藝는 禮·樂·射·御·書·數를 말한다"(道謂先王所以敎道民者. 藝謂禮·樂·射·御·書·數)고 했고, 가공언의 소에서는 "『주례』「保氏」에서 '도로써 國子를 양육하고 육예로 가르치는 일을 관장한다'고 말한 것과 같은 의미다. 도는 바로 『주례』「師氏」에서 말한 '三德'·'三行'이다. 예는 예·악·사·어·서·수이다"라고 했다. 그러나 王引之는 "『주례』「지관·향대부」에서 '그 덕행을 평가하고 그 도예를 살핀다'고 하여 德行과 道藝를 구분해서 말했다. 따라서 道는 덕행을 말하는 것이 아니다.…… 지금 살펴보면 도라는 것은 術이다. 道藝는 곧 術藝이다.…… 도는 술로 해석해야 되는데 藝 또한 術이다. 그러므로 도와 예를 연결하여 단을 이룬 것이니, 道는 곧 藝이다. 정사농이 '道는 선왕이 백성을 가르치고 이끄는 것을 말한다. 예는 예·악·사·어·서·수를 말한다'고 한 것은 예·악·사·어·서·수가 선왕들이 백성을 가르치고 이끄는 수단이었음을 말한 것이다. 그러므로 예를 또한 도라고도 하는 것이다. 가공언의 소에서 도를 삼덕·삼행으로 본 것은 정중의 본 뜻이 아니다"라고 하였다.

81) 장재 : 1020~1077. 北宋五子의 한 사람으로, 자는 子厚, 호가 橫渠이며, 시호는 明公이다. 저서에 『正蒙』·『西銘』·『易說』이 있다. 그의 학문을 關學이라 칭한다. 『宋史』 卷127, 「道學列傳」과 『宋元學案』 卷17, 18 「橫渠學案」 참조.

82) 벽옹은 ~ 없다 : 이 舊說은 『詩』「魯頌·泮水」에 대한 정현 箋의 설명을 가리킨다.

83) '辟', 明也 : 『禮記正義』(十三經注疏標點本, 北京大學出版社, 1999)에는 "'辟', 君也"로 되어 있다.

84) 조상에게 고하는 것이다 : 여기서의 祖도 순수할 때의 경우와 마찬가지로 祖·禰이다. 시조 이하 아비사당에서 명을 받는 것이다. 소 참조. 372쪽.

85) 신문할 ~ 데리고 : 이 인용문은 『詩』「小雅·出車」에 나온다.

86) 반궁에서 ~ 바치네 : 이 인용문은 『詩』「魯頌·泮水」에 나온다.

87) 봄 사냥을 ~ 한다 : 이 인용문은 『주례』「夏官·大司馬」에 나온다.

88) 두실 : 豆는 제기의 일종으로 젓갈 등 젖은 음식을 담는다. 實은 그릇에 담는 내용물을 가리킨다. 곧 협의로는 豆에 담을 祭需를, 광의로는 祭需를 뜻한다.

89) 하늘이 ~ 없앤다 : 인용문은 『書』「周書·武成」에 나온다.

90) 짐승을 ~ 수레 : 이 말은 『주례』「夏官·大司馬」에 나온다.

91) (량은) 물의 ~ 것이다 : 이 말은 『주례』「天官·漁人」의 鄭玄 註에 나온다.

92) 춘거 : 대부 이상이 관을 옮길 때 사용하는 수레이다. 그 규모는 士의 輁軸과 비슷한데 輴에는 四周가 있으며 특히 천자는 여기에 용을 그려 넣어 龍輴이라 부른다. 대부는 이것을 朝廟의 의절을 행할 때에만 사용한다. 제후와 천자는 빈궁을 차릴 때에 관을 이곳에 안치하고, 또 조묘 및 輇車로부터 무덤으로 관을 옮길 때에도 사용한다. 『禮記正義』에 '輴의 음은 '勅과 倫의 반절'(勅倫反) 곧 '춘'이라고

龍輴

『三禮圖』(宋 聶崇義)

하였다. 따라서 여기서는 음을 '춘'으로 표시한다.

93) 문식을 ~ 무시한다 : 이 말은 「坊記」(21)에 나온다.

94) 흉년에는 ~ 제사지낸다 : 「雜記下」(74)에 "공자가 말했다. '흉년에는 駑馬를 타고, 제사는 낮은 등급의 희생(下牲)으로 지낸다"(孔子曰: '凶年則乘駑馬, 祀以下牲')라고 하였다.

95) 以樂以食 : 閩本·監本·毛本에는 뒤의 '以'가 '侑'로 고쳐져 있으며, 衛湜의 『예기집설』도 마찬가지다. 이에 따라 번역한다.

96) 왕은 ~ 하는데 : 공영달의 소에서는 "왕이 매일 한 번 '擧'를 행한다는 것은 하루에 한 번 太牢(소·양·돼지의 세 희생물을 쓰는 것)를 행하는 것을 말한다"(王日一擧者, 謂一日一太牢)라고 하였다.

97) 정 : 정은 세 발과 두 귀가 있어 다섯 가지 맛을 조리하는 그릇을 말한다. 희생을 鑊(발이 없는 큰 솥)에서 삶고, 다 익으면 정에 넣어 맛을 조리한다. 먹을 때에는 정에서 희생의 몸체를 꺼내어 俎(희생을 진설하는 도마 모양의 제기)에 올려놓는다. 처음에 정은 고기를 삶거나 고기를 담는 그릇으로 겸용했지만 후에는 전적으로 희생을 담는 그릇이 되었다. 삼례서에서는 모두 희생을 담는 그릇의 뜻으로 쓰인다.

98) 조 : 삶은 고기를 올려놓는 도마 모양의 기물이다. 고기를 鑊(가마솥)에서 삶은 뒤 꺼내어 鼎(세발솥)에 올리고, 鼎에서 꺼내 俎 위에 올려놓는다. 梡俎·嶡俎·椇俎·房俎 등의 종류가 있다.

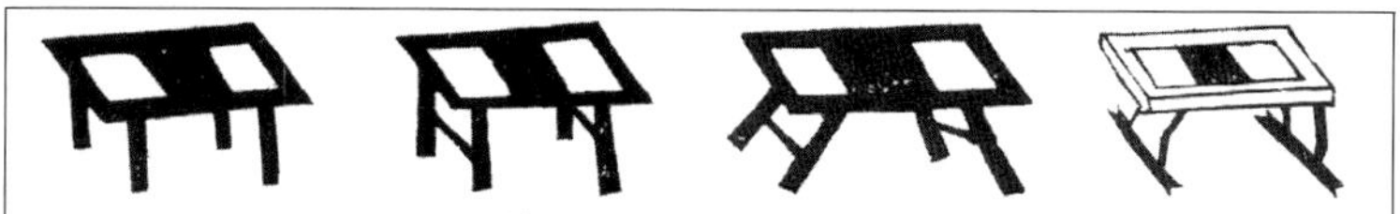

梡俎·嶡俎·椇俎·房俎

『三禮圖』(宋 聶崇義)

99) 12개이고 그 ~ 있다 : 牢鼎 9개와 陪鼎 3개를 합해 모두 12개이다. 여기서 음식물은 뢰정 안에 들어 있는 내용물이다. 俎는 뢰정의 숫자에 따르는데, 정마다 俎 한 개가 있다.

100) 왕은 ~ 북돋는다 : 이 인용문은 『주례』「天官·膳夫」에 나온다.

101) 큰 흉년이 ~ 않는다 : 이 인용문은 『주례』「天官·膳夫」에 나온다.

102) 천자는 ~ 이른다 : 이 인용문은 『춘추좌씨전』隱公 원년 조 傳에 나온다.

103) 빈 : 대렴을 마치고 입관한 뒤에 매장 때까지 관을 殯宮에 임시로 안치하는 것을 殯이라고 한다. 천자는 7일째, 제후는 5일째, 대부와 사는 3일째에 성빈을 한다. 천자는 용으로 장식한 수레인 輴車를 빈궁으로 사용하고, 제후는 용의 장식이 없는 춘거를 사용하고, 대부는 순거 없이 서쪽 담장에 나무를 쌓아 올린 뒤 흙을 바르며, 사는 땅을 파서 관을 안치한다. 『의례』「士喪禮」에 "주인이 시신을 받들어 棺에 안치하고 나서, 시신을 阼階 위로 옮길 때처럼 踊을 한다. (踊을 마치고 나서) 관의 덮개를 덮는다.(主人奉尸斂于棺, 踊如初, 乃蓋.)"라고 한 것에 대해 鄭玄은 注에서 "관은 구덩이 속에

있고 거기에 시신을 모시는데, 이것을 殯이라고 한다.(棺在肂中, 斂尸焉, 所謂殯也.)" 라고 하였다.

104) 氏 : 조선에서 간행된 『예기집설대전』에 '子'로 되어 있으나 『禮記集說』에 따라 '氏'로 바로잡는다.

105) 작위의 ~ 정한다 : 이 말은 『주례』「春官·冢人」에 나온다.

106) 졸곡 : 虞祭를 지낸 다음날 지내는 제사로, 슬픔이 줄어들어 이후로는 無時로 하던 곡을 그치고 아침과 저녁의 곡(朝夕哭)만 한다.

107) 비 : 나무로 만들어서 묘혈 모퉁이에 세워 그것을 상여줄에 묶어 관을 끌고 무덤에 넣는 것이다. 豐碑라고도 한다. 「檀弓下」(85) '[그림]' 참조.

108) 율 : 관을 무덤에 내리기 위해 관을 매단 줄이다.

109) 조묘 : 廟制에 관해서는 『주례』의 「春官·大宗伯」·「春官·守祧」, 『예기』의 「王制」·「禮器」·「喪服小記」·「祭法」·「明堂位」·「曾子問」 등에 다양한 형태로 기술되어 있으며, 이후 이를 둘러싼 치열한 논쟁이 전개되었다. 그 주요 논점은 天子의 廟數, 昭穆에 대한 해석, 祧와 廟의 관계, 각 廟의 배치방식 등이었다. '祧'의 정의에 대해서 『주례』「春官·大宗伯」에서 "守祧. 이 관직은 奄 8인으로 구성된다"(守祧. 奄八人)고 한 것에 대해 정현은 "먼 조상의 묘(遠廟)를 '祧'라고 하는데, 주나라의 경우는 文王과 武王의 廟로서, 체천한 신주를 이곳에 보관한다"(遠廟曰'祧', 周爲文王·武王廟, 遷主藏焉)고 하였고, 또 「春官·守祧」에서 "守祧는 先王과 先公의 廟祧를 관장한다"(守祧, 掌守先王·先公之廟祧)고 한 것에 대해 정현은 "체천한 신주가 보관되어 있는 곳을 '祧'라고 한다. 先公의 체천한 신주는 后稷의 묘에 보관하고, 先王의 체천한 신주는 문왕·무왕의 묘에 보관한다"(遷主所藏曰'祧'. 先公之遷主, 藏于后稷之廟, 先王之遷主, 藏于文武之廟)고 하였다. 또 「祭法」에서 "먼 조상의 묘(遠廟)는 '祧'가 되는데, 2개의 祧를 두고 사계절에 제사지내고 그친다"(遠廟爲祧, 有二祧, 享嘗乃止)고 한 것에 대해 정현은 "'祧'는 초연함을 말하는 것으로, 초연히 위로 올라간다는 뜻이다.…… 천자의 체천해야 하는 묘(遷廟)의 신주는 소목으로 구분하여 2廟 안에 함께 보관한다. 제후는 祧가 없으므로 祖考의 廟 안에 보관한다. 『의례』「빙례」에서 '누추한 先君의 祧입니다만'이라고 하였는데, 이것은 始祖의 廟를 말하는 것이다"('祧'之言超也, 超上去意也.…… 天子遷廟之主, 以昭穆合藏於二廟之中. 諸侯無祧, 藏於祖考之廟中. 「聘禮」曰: "不腆先君之祧", 是謂始祖廟也)라고 하였다. 이처럼 정현은 '祧'를 일종의 廟로 파악하고, 천자의 경우 먼 조상의 廟 2개를 설치하는 것으로, 제후의 경우에는 始祖의 廟로 해석하였다. 그러나 王肅은 高祖의 父 및 高祖의 祖를 2祧로 해석하였고, 또 文王·武王은 受命의 王으로서 그 묘는 체천하지 않으며, 7廟에 포함되지 않는다고 논박하였다. 魏了翁도 '祧'를 '廟'로 해석하였고, 胡培翬 역시 廟와 祧는 對文으로 쓰일 경우에는 다르지만, 散文인 경우에는 서로 통한다고 하였다. 또 胡培翬는 賓을 廟가 아니라 祧에서 접대하는 것은 祧는 始祖의 廟로서 3昭 3穆의 廟에 비해 존귀하기 때문에 빈객을 존귀한

곳에 모시는 것이라고 하였다. 즉 胡培翬 역시 경문의 '先君의 祧'를 정현과 마찬가지로 '始祖의 廟'를 가리키는 것으로 해석하였다. 『儀禮正義』, 990쪽 참조.

110) 2소와 2목이다 : 소·목은 종묘의 배열 순서를 말한다. 시조가 중앙에 있고 2세, 4세, 6세 등은 왼쪽에 위치하는데 이를 昭라 한다. 3세, 5세, 7세 등은 오른쪽에 위치하는데 이를 穆이라 한다.

111) 관사 : 비교적 낮은 관리다. 「祭法」(10)에 "관사는 1廟를 세운다"(官師一廟)고 하였는데 정현은 "관사는 중사·하사·庶士·府史의 등속"이라고 하였다.

112) 성대하게 지내는 제사 : '殷'은 성대하다는 뜻으로, '殷祭'는 곧 성대하게 지내는 제사를 말한다. 종묘제사에서는 3년마다 지내는 大祭와 여러 조상의 신주를 합제하여 5년마다 지내는 대제를, 군주의 상복을 벗은 뒤에 자신의 부모에 대한 練祭와 大祥祭를 은제의 형식으로 지낸다. 「王制」(58)의 "천자는, 礿은 단독으로(犆) 지내고, 禘, 嘗, 烝의 시제는 祫祭로 지낸다"(天子犆礿, 祫禘·祫嘗·祫烝)의 정현 주에 "'祫'은 '합한다'는 뜻이다. 천자와 제후가 喪을 마치고 先君의 신주를 祖廟에 합하여 제사를 지내는 것을 '祫'이라고 한다.…… 노나라의 禮에서는, 삼년상을 마치고 태조의 묘에서 협제를 지내고, 그 이듬해 봄에 群廟에서 禘를 지냈다. 이로부터 5년 동안에 은제를 두 번 지내는데, 한 번은 협제로 한 번은 체제로 지냈다"('祫', 合也. 天子·諸侯之喪畢, 合先君之主于祖廟而祭之, 謂之'祫'……魯禮, 三年喪畢而祫于大祖, 明年春禘于群廟. 自爾之後, 五年而再殷祭, 一祫一禘)라고 하였다. 「曾子問」(41)의 "군주에 대한 상복을 벗은 뒤에 성대하게 (소상과 대상의) 제사를 지내는 것이 예이다"(君之喪服除, 而後殷祭, 禮也)에 대한 공영달의 소에서 "'殷'은 성대하다는 뜻이다. 小祥과 大祥의 두 祥祭는 상복을 바꾸어 입고 벗는 성대한 제사이다. 그러므로 殷祭라고 한 것이다"('殷', 大也. 小大二祥, 變除之大祭, 故謂之殷祭也)라고 하였다. 『한서』「韋玄成傳」에 "훼묘한 신주들은 태조묘에 보관하고, 5년 두 번 성대하게 제사를 올리는데 한번은 禘祭로 한번은 祫祭로 제사하는 것을 말한다.(毁廟之主, 藏乎太祖, 五年而再殷祭, 言一禘一祫也"라고 하였다.

113) 礿 : 『詩』 원문에는 '禴'으로 되어 있다.

114) '오사'는 ~ 말한다 : 司命은 文昌宮의 네 번째 별이다. 中霤는 小土神을 말한다. 천자와 제후는 土神을 위해 社壇을 세우지만 경·대부 이하는 社를 세울 수 없으므로, 중류로써 토신의 의거처로 삼고 室中에서 제사한다. 중류의 신을 宅神이라고도 한다. 죽어서 후사를 잇지 못한 영혼을 厲라고 한다. 옛날 제왕은 후사가 없으면 이에 제사를 지내 재해를 풀었다.

115) 세 가지 신 : 門·行·厲 등 세 신을 가리킨다. 관련 내용은 「祭法」(13)에 나온다.

116) 황웅 : 鯀의 혼령이 변화하여 생겨났다는 동물이다. 이를 제사하면 흉을 바꾸어 길하게 된다고 한다. 『춘추좌씨전』 召公 7년 조 傳에 관련 내용이 나온다.

117) 옹과 희 : 다른 사람에게 살아 있는 희생을 증여하는 것을 饔라고 하고, 죽은 희생을

증여하는 것을 饔이라고 한다. 『의례』「聘禮」의 정현 주에 "희생 가운데 죽은 것을 '饔'이라고 하고, 살아 있는 것을 '餼'라고 한다"(牲, 殺曰'饔', 生曰'餼'")라고 하였다.

118) 특, 약의 문장 : 어구가 '犆礿' 또는 '礿犆'으로 구성된 것을 가리키는 것으로 보인다. 곧 이 두 어구는 '特' 곧 단독으로 제사한다는 점과, '礿' 곧 봄 제사에 그렇게 한다는 점을 서로 강조하면서 밝혀주는 것이라고 본 것이다.

119) 嘗 : 문맥으로 보아 '常'의 오자로 여겨진다.

120) 천신 : 時節에 새로 나온 곡식이나 과실(新)을 먼저 종묘에 올리는 것이다. 薦新의 禮는 祭禮보다 가볍다. 金鶚의 『求古錄禮說』「薦考」에 "薦은 제례를 본떠서 만들었지만, 제례와는 다른 것이다. 제사는 반드시 날짜를 점치지만 천은 날짜를 점치지 않는다. 제사에는 尸가 있지만 천에는 尸가 없다. 제사에는 희생이 있지만 천에는 희생이 없다. 제사에는 음악이 있지만 천에는 음악이 없다. 이것이 다른 점이다"(薦者, 倣乎祭禮而爲之, 而與祭禮異者也. 祭必卜日, 薦不卜日. 祭有尸, 薦則無尸. 祭有牲, 薦則無牲. 祭有樂, 薦則無樂. 此其異也)라고 하였다.

121) 새끼 양과 ~ 있다 : 이 말은 「禮器」(9)에 나온다.

122) 여름 ~ 제사지낸다네 : 『시경』「빈풍 · 칠월(七月)」에 나온다. '四之日'에 대하여 공영달은 소에서 "주나라의 4월로 여름의 둘째 달이다"(周之四月, 夏之二月)이라고 하였다.

123) 부 : 공영달의 소에 다음과 같이 말한다. "『춘추공양전』에서 '1膚1寸으로 모인다'라고 하였고, 정현은 「投壺禮」의 注에서 '4개의 손가락넓이가 1扶이다'라고 하였는데, 扶는 곧 膚이다."(『公羊傳』曰: "膚寸而合", 鄭注「投壺禮」云: "四指曰扶", 扶則膚也') 곧 1膚는 4개의 손가락 폭을 가리킨다.

124) 네 손가락 폭의 길이 : 손을 펴서 엄지손가락을 제외한 네 손가락을 가로지른 폭의 길이를 가리킨다.

125) 정실 : 의례에 사용하기 위해 제기인 鼎에 담는 음식을 가리킨다.

126) 서인의 ~ 않는다 : 「王制」(143)에 나온다.

127) 전록 : 卿 · 大夫 · 士에게 봉록으로 采地를 준 것에서 비롯한 말로 채지와 봉록을 겸하여 말한 것이다. 孙希旦은 『禮記集解』 이 부분 주에서 "田祿은 大夫와 士가 각기 채지를 가지고 있는데, 채지가 없는 경우에도 그 봉록은 公田의 수입에서 나온다"(田祿者, 大夫士各有采地, 無采地者, 其祿亦皆出於公田之所入)라고 하였다.

128) 하나라는 ~ 실시했다 : 인용문은 『맹자』「滕文公上」에 나온다.

129) 은나라는 ~ 뜻이다 : 인용문은 『맹자』「滕文公上」에 나온다.

130) 나라에 ~ 한다 : 이 말은 『주례』「地官 · 司關」에 나온다.

131) 규전을 경작하는 것 : 정현은 '夫'를 경작한다(治)는 뜻으로 풀이하였는데, 진호는 별다른 주석이 없다. 여기서는 정현의 설에 따라 해석한다.

132) 사전 : 고대에 卿 · 大夫 · 士 및 그 자제들이 관할하는 田地를 말한다. 『주례』「地官 · 載師」에 "宅田 · 士田 · 賈田 등은 郊에서 가까운 지역으로 맡긴다"(以宅田 · 士田 · 賈

田, 任近郊之地)라고 하였는데, 정현은 주에서 "'士'는 벼슬한다(仕)로 읽는다. 관직에 임용된 자는 또한 전지를 받는데 이른바 圭田이다"('士'讀爲仕. 仕者亦受田, 所謂圭田也)라고 하였다. 가공언은 소에서 "鄭司農은 '士田은 사대부의 자제가 얻어서 경작하는 전지이다'라고 한다"(司農云: "士田者, 士大夫之子得而耕之田也")고 밝히고 있다.

133) 사는 ~ 않는다 : 이 말은 『맹자』「滕文公下」에 나온다.

134) 풍년에는 ~ 동원한다 : 이 말은 『주례』「地官 · 均人」에 나온다.

135) 일족을 매장 : 옛날에 일족은 한 곳에 매장했고 묘지는 공가에서 분배했다.

136) 묘대부 : 관직명으로서, 백성의 族葬의 묘지를 관장한다. 下大夫이다. 司墓라고도 한다. 『주례』「春官 · 墓大夫』에는 "國의 民에게 종족별로 매장하게 하고 그 금령을 관장한다. 그 소목의 位次를 바로잡고 그 도수를 관장해서 모두가 개별적인 영역을 갖도록 한다. 무릇 묘지를 다투는 자가 있으면 그 옥송을 처리한다"(令國民族葬而掌其禁令. 正其位掌其度數, 使皆有私地域. 凡爭墓地者聽其獄訟)고 하였다.

137) 읍과 정 : 『주례』「地官 · 小司徒」에 "9부가 1정이고, 4정이 1읍이다"(九夫爲井, 四井爲邑)라고 하였다.

138) 려 · 숙 · 시 : '築邑'은 城을 조성하는 일을 말한다. 『주례』「地官 · 遺人」에 "무릇 國과 野의 길에는 10리마다 廬가 있는데 려에는 먹고 마실 것이 있다. 30리마다 宿이 있는데 숙에는 객사(路室)가 있다.…… 50리마다 市가 있는데 시에는 驛館(候館)이 있다"(凡國野之道, 十里有廬, 廬有飮食. 三十里有宿, 宿有路室.……五十里有市, 市有候館, 候館有積)라고 하였다.

139) 사공은 방토를 관장한다 : 이 말은 『書』「周書 · 周官」에 나온다.

140) 무천유무화거 : 이 말은 『書』「益稷」에 나온다. '(백성들로 하여금) 갖고 있는 물건을 없는 물건과 교역하는 데 힘쓰게 해서, 비축해두었던 두었던 재화를 변동하게 한다'는 뜻이다.

141) 천생오재 : 『춘추좌씨전』襄公 27년 조 傳에 "하늘이 五材를 내려주어서 백성이 그것을 모두 사용하니, 하나라도 폐해서는 안 된다"(天生五材, 民幷用之, 廢一不可)라고 하였다. 五材는 杜預의 주에 따르면 金 · 木 · 水 · 火 · 土를 말한다.

142) 오전 : 『書』「舜典」에 "오전을 삼가 아름답게 하라 하였는데 오전이 순하게 행해지며, 백규의 자리에 앉혔는데 백규의 일이 제때에 행해졌으며, 사방 문에서 빈객을 응접하게 하였는데 사방의 문이 화평하게 되었으며, 큰 산기슭에 들여보냈는데 거센 바람과 우레를 동반한 비에도 정신이 혼미해지지 않았다"(愼徽五典, 五典克從, 納于百揆, 百揆時敍, 賓于四門, 四門穆穆, 納于大麓, 烈風雷雨弗迷)라고 하였다. 오전을 朱子는 父子有親, 君臣有義, 夫婦有別, 長幼有序, 朋友有信의 五常으로 보았다.

143) 남는 ~ 인도한다 : 『역』泰卦에 "하늘과 땅이 교감하는 것이 泰이다. 后는 이를 보고서 천지의 도를 마름질하고 천지의 마땅함을 도와서 백성을 인도한다"(天地交, 泰. 后以財成天地之道, 輔相天地之宜, 以左右民)라고 하였다.

144) 발을 교차한다 : 공영달은 소에서 "누울 때, 머리는 밖을 향하게 하고 다리는 안쪽에 있어 서로 교차하는 것"이라고 했다. 『예기정의』 400쪽 참조.

145) 기부 : 기주 지방을 가리킨다.

146) 『주관』에서는 ~ 하였고 : 『주례』 「秋官·象胥」에 나온다.

147) 월상씨가 ~ 내조해왔다 : 越裳氏는 交趾(베트남) 남부에 있던 옛 국명이다. 서주시대 주공의 섭정 6년에 白雉를 바쳤다고 한다. 『新語』 「無爲」에 "월상의 군주가 통역을 거듭하여 내조해 왔다"고 하였다.

148) 소성 : 「學記」(6)에 자세한 내용이 나온다.

149) 국자 : 公·卿·大夫의 子弟를 가리킨다. 『주례』 「地官·師氏」의 정현 주에 보인다.

150) 『시』와 『악』은 소리니 : 공영달의 소에 다음과 같이 설명한다. "『詩』가 소리가 될 수 있는 이유는 『詩』는 樂章으로, 『詩』의 文義를 樂의 소리로 전파하기 때문에, 소리가 된다."(所以『詩』得爲聲者, 『詩』是樂章, 『詩』之文義, 以樂聲播之, 故爲聲)

151) 『서』와 『예』는 일이니 : 공영달의 소에서 다음과 같이 설명한다. "『書』는 일을 말하는 기준이고, 『禮』는 일을 행하는 법도이며, 일은 안정시키는 것을 위하므로 '『書』와 『禮』는 일이니, 일은 또한 음이다'라고 한 것이다."(『書』者言事之經, 『禮』者行事之法, 事爲安靜, 故云"『書』·『禮』者事, 事亦陰也")

152) 구주의 음양으로 풀이한 설 : 정현 주에 나온다.

153) 태학에 들어가게 한다 : 태학에 들어가서 예를 행하여 가르침을 따르지 않는 자들이 보고 본받게 한다는 뜻으로 이해된다. 정현의 주와 위 경문(82) 참조.

154) 남과 ~ 때문이다 : 『한서』 「地理志」에 "남북은 13,000리, 동서는 9,000리"라고 하였고, 『帝王世紀』에는 "남북은 13,368리, 동서는 9,302리"라고 하였다. 漢代의 땅이 이미 그러하였다면 옛날에도 마찬가지로 남북은 길고 동서는 짧았을 것이다. 『예기정의』, 410쪽 참조.

155) 대비 : 周나라 때 3년마다 鄕吏에 대하여 고적을 시행하고, 뛰어난 인재를 선발하였는데, 이를 大比라고 불렀다. 후대에 관원들을 대상으로 정기적으로 시행하는 考績과, 과거시험을 모두 대비라고 불렀다. 『주례』 「地官·鄕大夫」에 "삼 년이 되면 大比를 행하여, 德行과 道藝를 고적하고, 賢者와 能者를 선발한다"(三年則大比, 考其德行·道藝, 而興賢者·能者)라고 하였다. 정현은 주에서 鄭司农의 말을 인용하여 "현자를 선발하는 것은 지금의 孝廉을 천거하는 것과 같고, 能者를 선발하는 것은 지금의 茂才를 천거하는 것과 같다"(興賢者謂若今擧孝廉, 興能者謂若今擧茂才)라고 하였다. 大比에는 또한 3년마다 인구수와 재물을 조사하는 제도의 뜻도 있다. 『주례』 「地官·小司徒」의 "삼 년이 되면 大比를 행한다"(及三年則大比)에 대하여 정현은 주에서 "大比는 천하에 백성의 수와 재물을 다시 조사하게 함을 말한다"(大比謂使天下更簡閱民數及其財物也)라고 하였다.

156) 9년의 교육과정을 마친 : 「學記」(6)에 "9년이 되어 부류마다 분별할 줄 알고 일마다

통달하여, 일에 임해서는 굳건히 자립하여 스승의 도를 어기지 않으면, '크게 이루었다'(大成)라고 일컫는다"(九年知類通達, 強立而不反, 謂之大成)라고 하였다. 大成은 곧 9년의 전체 교육과정을 마친 것을 의미한다.

157) 사대 : 虞 · 夏 · 殷 · 周 등 4대를 말한다. 유우씨는 곧 虞舜이 세운 왕조를 말한다.

158) 유이 : 1017~1086. 자는 執中. 水利 전문가로 胡瑗에게 수학하였다. 저서로 『七經中議』, 『明善集』, 『居陽集』이 있다. 『七經中議』 안에 「禮記」 40권이 포함되어 있다. 長樂劉氏로 별칭한다.

159) 죄 없는 ~ 택한다 : 『서』 「虞書 · 大禹謨」에 나오는 말이다.

160) 민자는 ~ 않는다 : 『춘추공양전』 宣公 원년 조에 관련 기사가 다음과 같이 나온다. "옛날에 신하에게 大喪(부모의 상)이 있으면, 국군은 3년 동안 그 집안을 부르지 않았으며, 練祭를 지낸 이후로 출사할 수는 있었다. 군사의 일에 복무하는 것으로 국군이 명하는 것은 예가 아니지만, 신하가 명을 받들어 행하는 것은 예이다. 閔子騫은 腰絰을 두르고 일에 복무하였는데, 일을 마치고 나서 '이러한가, 옛날의 도가 사람의 마음에 부합하지 않음이'라고 탄식하고 물러나 致仕하였다. 공자는 그를 훌륭하게 여겼다." (古者臣有大喪, 則君三年不呼其門, 已練可以弁冕. 服金革之事, 君使之, 非也, 臣行之, 禮也. 閔子要絰而服事, 既而曰"若此乎, 古之道不卽人心", 退而致仕. 孔子蓋善之也) 閔子는 공자의 제자 閔子騫(BC 536 ~ BC 487)이다. 이름은 損, 자는 子騫으로 春秋末期, 魯나라(현재 魚臺縣 大閔村) 출신이다. 孔子의 제자로 顔淵과 더불어 덕행이 뛰어난 것으로 평가되었으며, 72賢 중의 한 사람이다. 삼년상에서 練祭를 지내면 首絰을 벗고 腰絰만 계속해서 두른다. 따라서 閔子騫은 練祭를 마친 뒤에 군사의 일로 起復한 것이다.

161) 아버지가 ~ 있다 : 이 말은 『논어』 「子路」에 나온다.

162) 어지러운 ~ 쓴다 : 이 말은 『주례』 「秋官 · 大司寇」에 나온다.

163) 향사 : 공영달은 소에서 『주례』의 鄕師는 地官에 속하는 鄕의 행정장관으로서 관할지역의 교육 · 力役 등의 사무를 관장하여 獄訟과는 관계없다고 지적하고, 여기서의 '鄕'은 鄕士, '師'는 士師를 가리킨다고 해석하는 한편, '鄕師之屬'에서 '~의 부류(之屬)'라는 말을 붙인 것은 遂士 · 縣士 · 方士 등을 포함하기 때문이라고 설명하였다. 이들 관직은 모두 秋官 小司徒 소속이다.

164) 그 옥사와 ~ 살펴본다 : 『주례』 「秋官 · 鄕士」에 나오는 내용이다. 獄은 죄를 놓고 다투는 것(爭罪), 訟은 재화를 놓고 다투는 것(爭貨)을 말한다. 死는 사형에 해당하는 죄, 刑은 四刑에 해당하는 죄를 말한다.

165) 구극 : 고대에 관료들이 외조에서 자리하는 위치를 말한다. 9그루의 대추나무를 심어 신분에 따른 자리를 구분하였기 때문에 '九棘'이라고 부른다. 후대에는 九卿을 대신 칭하는 말로 사용되었다. 『주례』 「秋官 · 朝士」에 "왼쪽의 九棘에는 孤 · 卿 · 大夫가 자리하고…… 오른쪽의 九棘에는 公 · 侯 · 伯 · 子 · 男이 자리한다"(左九棘, 孤 · 卿 · 大夫位焉……右九棘, 公 · 侯 · 伯 · 子 · 男位焉)라고 하였다. 정현은 주에서 "棘木을

심어서 자리를 표시하는 것은 속이 붉으면서 겉에 가시가 있는 것을 취한 것으로 붉은 마음으로 세 번 자문하는 것을 상징한다"(樹棘以爲立者, 取其赤心而外刺, 象以赤心三刺也)라고 하였다.

166) 삼괴 : 고대에 三公이 外朝에서 자리하는 위치를 말한다. 3그루의 회화나무를 심어서 자리를 표시하였기 때문에 '三槐'라고 부른다. 후대에는 三公을 대신 칭하는 말로 사용되었다. 『주례』「秋官 · 朝士」에 "정면의 삼괴에는 三公이 자리한다"(面三槐, 三公位焉)라고 하였다.

167) 왕이 ~ 한다 : 이 말은 『주례』「秋官 · 鄕士」, 「秋官 · 鄕士」 등에 나온다.

168) 첫 번째 ~ 경우'이다 : 이 말은 『주례』「秋官 · 司刺」에 나온다.

169) 사사 : 관직명이다. 禁令 · 獄訟을 관장한다.

170) '극목'은 ~ 자리다 : 皐門과 庫門 사이가 천자의 외조에 해당하는데, 그 좌우에 각각 九棘을 심고 여기서 재판을 행한다.

171) 첫 번째 ~ 경우'이다 : 이 말은 『주례』「秋官 · 司刺」에 나온다.

172) 詞 : 경문에는 '辭'로 되어 있다.

173) 조문을 ~ 농락한다 : 이 말은 『사기』 권129, 「貨殖列傳」에 나온다.

174) 辨 : 『예기정의』에는 '辯'으로 되어 있다.

175) 취휼관 : 『춘추좌씨전』 僖公 24년 조 傳에 의하면, 鄭子臧이 취휼관을 좋아했는데, 鄭伯이 그 소식을 듣고 미워하여 도적을 시켜 陳과 宋 사이에서 죽이게 하였다고 한다.

176) 경변 : 『춘추좌씨전』 僖公 28년 조 傳에 의하면, 楚子玉이 瓊弁玉纓을 만들었다고 한다. 경변은 말의 장식이다.

177) 공수반이 기기를 ~ 것이다 : 관련 내용은 「檀弓下」(84)에 나온다.

178) 언사가 ~ 한 것 : 周나라 穆王 때 偃師라는 工人이 나무로 인형을 만들어 춤을 추게 하였다는 고사로 『列子』「湯問」에 나온다.

179) 신기한 ~ 하였다 : 관련 내용은 『書』「周書 · 泰誓下」에 나온다.

180) 백마는 말이 아니다 : 고대 公孫龍이 주장한 궤변론으로 『公孫龍子』「白馬論」에 나온다. '백마'라는 단어는 희다는 개념과 말이라는 개념이 함께 들어 있지만 말이라는 단어에는 희다는 개념이 들어 있지 않아 개념 상 서로 일치하지 않는 점을 논리적으로 지적한 것이다.

181) 규 · 벽과 금장 : 圭와 璧과 璋은 모두 관원의 신분을 표시하는 옥으로 만든 홀 종류이다. 규는 위쪽이 뾰족하여 봄에 만물이 자라나는 것을 상징하고, 벽은 가운데는 네모지고 밖은 둥근 모양으로 하늘을 상징하고, 장은 규를 절반으로 나눈 것으로 여름에 만물이 절반은 죽는 것을 상징한다. 『주례』「春官 · 大宗伯」의 정현 주 참조.

182) 명복과 명거 : 작명을 받을 때 함께 하사받는 신분을 나타내는 의복과 수레를 말한다. 명복에 관해서는 「王制」(20) 참조.

183) 대장과 ~ 청금색이다 : 이 말은 『주례』 「考工記 · 玉人」 에 나온다. 대장과 중장은 大璋瓚과 中璋瓚을 가리키는데 降神에 사용하는 울창주를 따르는 쟁반 모양의 술잔이다. 손잡이를 圭로 만든 것을 圭瓚이라고 하고 璋으로 만든 것을 璋瓚이라고 한다. 규찬에 관해서는 「王制」(38)의 각주 참조.

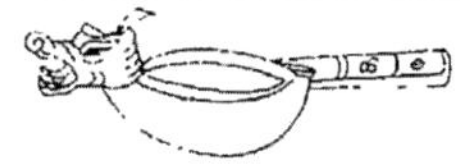

大璋瓚

『三禮圖』(宋 聶崇義)

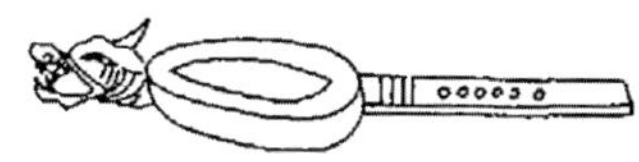

中璋瓚

『三禮圖』(宋 聶崇義)

184) 간색 : 間色이라고도 하며, 正色이 아닌 중간색을 말한다. 고대에 청색 · 황색 · 적색 · 흰색 · 흑색이 정색이고 이들을 섞어서 만든 나머지 색깔은 간색이 된다.

185) 승 : 1升은 80올이다.

186) 양의 기운을 지닌 나무 : 산의 남쪽에서 자라는 나무를 陽木이라 하고 북쪽에서 자라는 나무를 陰木이라고 한다. 『주례』 「地官 · 山虞」 의 정현 주 참조.

187) 중동에 ~ 벤다 : 이 말은 『주례』 「地官 · 山虞」 에 나온다.

188) 계동에 ~ 잡는다 : 「月令」(254)에 "이 달에 漁師에게 명령하여 고기잡이를 시작하게 하고, 천자는 직접 가서 살펴본다. 잡은 고기를 제사하는데, 먼저 종묘에 올린다"(是月也, 命漁師始漁. 天子親往, 乃嘗魚, 先薦寢廟)라고 하였다.

189) 봄에 ~ 바친다 : 이 말은 『주례』 「天官 · 鼈人」 에 나온다.

190) 책서 : 竹簡에 기록한 글을 뜻하는데, 문서, 서책, 국왕의 관료 임명사령장 등 기록 일반을 가리킨다.

191) 자묘일 : 불길한 날을 뜻한다. 殷의 紂王은 甲子일에, 夏의 桀王은 乙卯일에 죽었기 때문에 군주는 이날을 꺼린다. 일설에는 子는 卯를 형벌하고, 卯는 子를 형벌하여 서로 형벌하는 날이기 때문에 꺼린다고 한다. 「檀弓下」(70)에 "子卯일에는 음악을 연주하지 않는다"(子卯不樂)고 하였다.

192) 계요 : 『주례』 「天官 · 冢宰」 의 "사괴는 중대부 2인……"(司會, 中大夫二人……)의 疏에 "1일의 결산을 成이라고 하고, 1개월의 결산을 要라고 하고, 1년의 결산을 會라고 한다"(日計曰成, 月計曰要, 歲計曰會)라고 하였다. 計要는 재정회계와 업무성적에 대한 여러 결산을 총칭하는 말이다.

193) 質 : 衛湜의 『禮記集說』 등에는 '贊'으로 되어 있어 보좌한다는 뜻으로 해석하였다. 『禮記正義』(십삼경주소본 13책), 489쪽 주 5) 교감내용 참조.

194) 사괴 : 『주례』 「天官 · 冢宰」 의 "사괴는 중대부 2인……"(司會, 中大夫二人……)에 대한 정현 주에 "會는 총결산이다. 사괴는 천하의 총결산을 주관하며, 결산을 담당하는 관직의 우두머리로, 오늘날 尙書와 같다"(會, 大計也. 司會, 主天下之大計, 計官之長, 若今尙書)라고 하였다. 司會는 총재의 속관으로 각 관서의 재정회계에 대한 결산과

관원의 업무성적에 대한 결산을 담당한다.

195) 사시는 ~ 2인이다 : 이 말은 『주례』「地官 · 司徒」에 나온다.

196) 봄에 ~ 행한다 : 이 말은 『주례』「春官 · 大胥」에 나온다. 合舞는 춤을 合聲은 악기를 合樂(노래와 연주와 춤이 함께 동원되는 樂)의 형태로 행하는 것이다.

197) 체천 : 宴饗에 희생의 몸통 부분을 절반으로 나누어 大俎에 담아 진설하는 것이라는 설과, 몸통 전체를 올리는 것이라고 말하는 설 등 두 가지 설명이 있다. 『춘추좌씨전』 宣公 16년 조, "王의 享禮에는 體薦이 있고, 宴禮에는 折俎가 있다"(王享有體薦, 宴有折俎)에 대하여 杜预는 注에서 "享禮에서는 그 몸통을 반으로 나누어 올린다"(半解其體而薦之)라고 주석하였다. 『주례』「夏官 · 小子」의 "小子가 祭祀를 담당하는데, 羊肆를 올린다"(小子掌祭祀, 羞羊肆)에 대하여 鄭司農은 "'羊肆'는 몸통을 올리는 것과 전체를 삶아 익힌 것이다"('羊肆', 體薦全烝也)라고 하였다.

198) 「주정」에서 ~ 있다 : 『주례』「天官 · 酒正」에 "무릇 士와 庶子에게 향례를 베풀거나, 기로와 고아에게 饗禮를 베풀 때에는 모두 술을 올리는데 술잔의 수에 제한이 없다"(凡饗士庶子, 饗耆老 · 孤子, 皆共其酒, 無酌數)고 하였다.

199) 사례 때 ~ 행한다 : 「大行人」에는 동일한 형태의 문장으로 나오지 않는다. 공영달의 소에 나온 주석들을 토대로 정리한 것으로 보인다.

200) 모 :

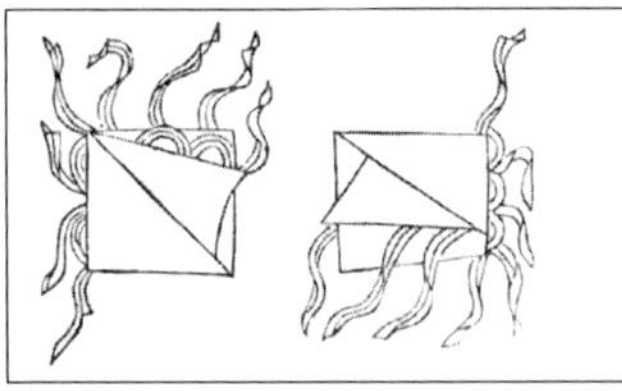

冒

『三禮圖』
(宋 聶崇義)

201) 순수할 ~ 만난다 : 「王制」(26)의 내용이다.

202) 재계해야 하는 일 : 제사를 주관하기 전에 미리 재계하는 것을 가리킨다. 곧 祭祀를 가리킨다.

203) 이는 ~ 가리킨다 : 공영달의 소에 다음과 같이 설명되고 있다. "'이것은 종자에게 아버지가 살아 계신 것을 가리킨다'라고 한 것은 아버지가 宗子로 연세가 80이 되었으면 자식이 대신해서 제사를 지내기 때문이다. 만일 아버지가 종자가 아니라면 제사를 주관할 수 없으니 대신 지낼 제사도 없다. 이제 아버지의 적자가 아버지를 대신해서 제사를 지내니, 이것은 아버지가 생존해 계신 宗子이다. 살펴보건대, 『의례』「喪服」에 '아버지가 돌아가신 종자가 상(殤)을 위해서 한다'라고 하였는데, 종자에게 아버지가 생존해 계시지 않으면 '孤'라고 자신을 칭하는 것으로 아버지가 생존해 계시면 '孤'라고 자신을 칭하지 않음을 밝힌 것이다. 그러므로 '이것은 종자에게 아버지가 살아 계신 것을 가리킨다'라고 한 것이다."(云'是謂宗子不孤'者, 以父是宗子, 年已八十, 子則代之而祭. 若父不爲宗子, 則不主祭祀, 無祭可代. 今已是父嫡子代父而祭之, 是有父之宗子. 按, 『喪服』云: "宗子孤爲殤", 以無父則稱'孤', 明有父則不'孤'. 故云: '是謂宗子不孤'也)

204) 서인 : 여기서 서인은 府·史·胥·徒 등 하급관리를 가리킨다.

205) 후 : 干이 于로 되어야 한다.

206) 夏氏 : 만구부 정리본 『예기집설』에는 '夏后氏'로 되어 있다.

207) 구설 : 공영달의 소에 보인다. 정현의 견해에 근거하여 백성이 이주하는 것으로 본다.

208) 일설 : 王肅과 庾蔚之의 견해로, 공영달의 소에 소개되었다. 이 설은 백성이 아니라 士가 이주한 경우로 본다.

209) 최저는 ~ 잃었다 : 『春秋左氏傳』 襄公 27년 조에 보인다.

210) 庶人耆老不徒食 : 『禮記正義』에는 이 경문 뒤에 "大夫祭器不假. 祭器未成, 不造燕器"로 이어지는데, 진호가 순서를 고려하여 "庶羞不踰牲, 燕衣不踰祭服, 寢不踰廟"(64) 뒤로 옮겨 놓았다.

211) 一里 : 보경본에는 一百里로 되어 있으나 오기이므로 一里로 바로잡는다.

212) 오복五服의 ~ 이르렀다 : 『書』「禹貢」에 "동쪽으로 바다에 이르고, 서쪽으로 사막에 입히고, 북쪽과 남쪽으로 이르러서, 聲敎가 사해에 미치자 禹가 玄圭를 올려 과업을 이루었음을 고하였다"(東漸于海, 西被于流沙, 朔南曁, 聲敎訖于四海, 禹錫玄圭, 告厥成功)라고 하였다.

213) 소의 뜻의 ~ 것이다 : 공영달의 소에 "1州는 方 1천 리므로, 9州는 방 3천 리가 된다. 3을 세 배하면 9가 되므로 방 1천 리가 9개 있게 된다. 방 1천 리 1개에 9만억畝가 들어간다. 9개의 방 1천 리에는 9를 9배하면 81이 되므로 81만억 묘가 있게 된다. 다만 『예기』의 경문에서는 나머지까지 갖추어놓았다. 80이라는 정수 아래에 '만억'이라고 말한 것은 80개의 만억이고, 또 '1만억'이라고 한 것이 나머지다. 앞의 경문(146)에서 '만억'으로 잘못 말하였기 때문에 여기에서도 앞의 경문의 잘못을 따라 다시 '萬億'으로 말한 것이다"(以一州方千里, 九州方三千里. 三三如九, 爲方千里者有九. 一個千里有九萬億畝. 九個千里九九八十一, 故有八十一萬億畝. 但記文詳具. 於八十整數之下, 云'萬億'是八十個萬億, 又云'一萬億'言是詳也. 以前文誤爲萬億, 此則因前文之誤, 更以'萬億'言之)라고 하였다.

214) 동전 : 秦, 漢 시기 전국시대 六國이 있었던 지역의 전지를 일컫는 말로, 商鞅이 제도를 개혁한 秦의 전지와 구별하기 위해 쓰던 말이다. 「王制」의 '東田'에 대하여 淸의 兪正燮은 『癸巳類稿』「王制東田名制解義」에서 이렇게 설명한다. "'오늘날의 東田'이라고 말한 것은 漢文帝 때 洛濱 동쪽, 河北의 燕과 趙, 그리고 南方의 井田이 있었던 옛 지역으로, 武帝 이후로 없어졌다. 『사기』「秦本紀」에 '商鞅이 阡陌을 열자, 동전은 洛으로 가서 남았다'라고 하였는데, '阡陌을 열었다'는 것은 井田을 고쳐 以二百四十步를 1畝로 삼은 것을 말한다. '동전은 洛을 건넜다'는 것은 秦의 井田을 모두 개혁하였지만, 六國에서는 여전히 步百를 1畝로 삼았기 때문에 東田이라 부르고 秦의 전지와 구별하여 말한 것이다."(謂之'今東田'者, 漢文帝時, 洛濱以東, 河北燕趙, 及南方舊井地, 武帝以後卽無之. 『史記』「秦本紀」云: "商鞅 開阡陌, 東地渡洛", 言'開阡陌'者, 改井田以

二百四十步爲畝. 言'東地渡洛', 則盡秦地井田皆改, 而六國仍以步百爲畝, 故謂之東田, 對秦田言之也) 이상 설명은 『漢語大辭典』 '東田' 항목 참조.

215) 閒 : 십삼경주소정리본에는 '間'으로 되어 있다.

216) 閒 : 십삼경주소정리본에는 '間'으로 되어 있다.

217) 삼감 : 방백을 도와서 제후를 감시하는 자이다. 1州에 3인을 둔다.

218) 조숙의 읍 : 『춘추공양전』 桓公 원년 조 傳에 나온다. '朝宿'은 제후가 천자에게 조회하러 갈 때 잠시 머물러 재계하는 곳을 말한다.

219) 주나라의 ~ 것이다 : 許愼의 말은 공영달의 소에 인용되어 있다.

220) 관직을 ~ 갖는다 : 이 말은 『춘추좌씨전』 隱公 8년 조 傳에 나온다. '관족'은 관직을 세습함으로써 그에 따라서 하사받은 姓氏를 말한다. 춘추시대 晉의 士氏, 中行氏 등이 그러한 예이다. 은공 8년 조, 조목의 注에 "옛 관직이나 옛 읍의 칭호에 의거해서 족을 삼는 것을 말하는데, 모두 당시 군주에게서 하사받는다"(謂取其舊官舊邑之稱以爲族, 皆稟之時君)라고 하였다.

예기역주 권6

월령 제6
月令

정현鄭玄의 『예기목록禮記目錄』에서 말한다. "「월령月令」이라고 제목을 붙인 것은 열두 달의 정령이 행해지는 바를 기록하였기 때문이다. 본래 『여씨춘추呂氏春秋』 열두 달 「기紀」의 첫 장들인데,[1] 예가禮家로 일을 벌이기를 좋아하는 이가 초록하여 합해놓았기 때문에, 후인이 따라서 제목을 붙여 「예기禮記」라고 하였다. 주공周公이 지었다고 하는데, 내용 중에 관직의 명칭, 절기에 따라 행하는 일 등에 주나라의 법제와 맞지 않는 경우가 많다. 이 편은 유향劉向의 『별록別錄』에서는 「명당음양기明堂陰陽記」에 속해 있다." 鄭『目錄』云: "名曰「月令」者, 以其記十二月政之所行也. 本『呂氏春秋』十二月「紀」之首章也, 以禮家好事抄合之, 後人因題之名曰「禮記」. 言周公所作, 其中官名・時事, 多不合周法. 此於『別錄』屬「明堂陰陽記」."

여불위呂不韋[2]가 여러 유사儒士를 모아 열두 달의 「기紀」를 짓게 하고 『여씨춘추呂氏春秋』라고 제목을 붙였다. 편마다 앞머리에 모두 월령月令을 두었는데, 12개월 동안 시행하는 정령政令을 설명한 것이다. 월月은 하나라 달력(夏正)을 사용하였고, 령令은 삼대와 진秦나라의 일을 뒤섞어 들었다. 예가禮家로서 관련 사항을 기록한 자가 초록하여 합해서 이 편을 만들었다.[3] 呂不韋集諸儒著十二月「紀」, 名曰『呂氏春秋』. 篇首皆有月令, 言十二月政令所行也. 月用夏正, 令則雜擧三代及秦事. 禮家記事者抄合爲此篇.

【월령 1】

맹춘孟春(1월)의 달에는 해가 영실營室[4]에 있고, 저녁에 삼參[5]이 남중南中[6]하며, 아침에 미尾[7]가 남중한다.

孟春之月, 日在營室, 昏參中, 旦尾中.

鄭注 '맹孟'은 우두머리라는 뜻이다. 해와 달의 운행은 1년에 12번 만나는데, 성왕聖王이 그 해와 달이 만나는 때를 따라서 나누어 대략의 수로 삼았다. 북두성의 자루가 가리키는 곳을 관찰하여 네 계절을 명명하였다. 여기서 '맹춘孟春'이라 한 것은 해와 달이 추자諏訾[8]에서 만나고, 북두성의 자루가 인방寅方을 가리키는 때이다. 저녁과 아침에 남중하는 별을 기록한 것은 임금이 남면을 하여 천하를 다스림에 절후를 살펴서 백성이 종사할 일을 알려주기 때문이다. '孟', 長也. 日月之行, 一歲十二會, 聖王因其會而分之, 以爲大數焉. 觀斗所建, 命其四時. 此云'孟春'者, 日月會於諏訾, 而斗建寅之辰也. 凡記昏明中星者, 爲人君南面而聽天下, 視時候以授民事.

集說 '맹춘孟春'(1월)은 하나라 달력으로 북두성의 자루가 인방寅方을 가리키는 달이다. 영실營室은 해방亥方(북서쪽)에 있으며, 추자娵訾의 위차이다. 저녁에 삼성參星이 남중南中하고, 아침에 미성尾星이 남중한다. ○ 소疏에서 말한다. "「월령」에 기록된 저녁과 아침에 남중하는 별은 모두 대략적으로 말한 것으로 역법과 동일하지 않다. 다만 한 달 안에 남중함이 있음은 곧 기록할 수 있다. 28수宿는 그 별의 형태(體)에 넓고 좁음이 있으며, 서로 간의 거리에 멀고 가까움이 있어, 혹 월절月節과 월중月中[9]의 날 저녁과 아침에 앞 별은 이미 오방午方을 지나갔는데 뒤 별은 아직 정남쪽에 이르지 못하기도 한다. 또 별에는 밝고 어두움이 있으며, 나타나는 때가 빠르고

늦음이 있다. 따라서 저녁과 아침의 남중하는 별을 역법에 정확히 의거할 수 없기 때문에 단지 대략적으로 예를 들었을 뿐이다." '孟春', 夏正建寅之月也. 營室在亥, 娵訾之次也. 昏時, 參星在南方之中, 旦則尾星在南方之中. ○ 疏曰: "「月令」昏明中星, 皆大略而言, 不與曆同. 但一月之內有中者, 卽得載之. 二十八宿星體有廣狹, 相去有遠近, 或月節·月中之日, 昏明之時, 前星已過於午, 後星未至正南. 又星有明暗, 見有早晚. 所以昏明之星, 不可正依曆法, 但擧大略耳."

【월령 2】

그날은 갑을甲乙이다.[10]

其日甲乙.

鄭注 '을乙'은 용을 쓰며 비집고 나온다(軋)는 뜻이다.[11] 해의 운행은 봄에는 동쪽으로 청도靑道를 따르면서 만물을 낳는데, 달이 해의 보좌가 된다. 이때 만물은 모두 껍질을 벗고 스스로 비집고 용을 쓰며 나온다. 이로 인해서 해의 명칭으로 삼은 것이다. '을乙'로 달의 명칭을 삼지 않는 것은 임금이 신하의 일을 통솔하기 때문이다. '乙'之言軋也. 日之行, 春東從靑道, 發生萬物, 月爲之佐. 時萬物皆解孚甲, 自抽軋而出. 因以爲日名焉. '乙'不爲月名者, 君統臣功也.

集說 봄은 네 계절 가운데 목木에 속한다. 날짜가 소속되는 바는 십간十干으로 순환하는데, 단지 갑을甲乙만 말한 것은 목에 속하기 때문이다. 네 계절이 다 그러하다. 春於四時屬木. 日之所繫, 十干循環, 獨言甲乙者, 木之屬也. 四時皆然.

【월령 3】

그 제帝는 태호大皞이고, 그 신神은 구망句芒이다.

其帝大皞, 其神句芒.

鄭注 이들은 창정蒼精의 임금과 목관木官의 신하로서, 예로부터 창정의 덕德을 드러내고 목관의 공功을 세운 자이다. '태호大皞'는 복희씨이다. '구망句芒'은 소호씨少皞氏의 아들로, 이름은 중重이라고 하며, 목관이 되었다. 此蒼精之君, 木官之臣, 自古以來, 著德立功者也. '大皞', 宓戲氏. '句芒', 少皞氏之子, 曰重, 爲木官.

集說 '태호太皞'는 복희로서 목덕木德의 임금이다. '구망句芒'은 소호씨의 아들로 이름은 중重이라고 하며 목관을 맡은 신하이다. 성스럽고 신령한 사람(聖神)이 하늘의 뜻을 이어 법칙을 세워서 살아 있을 때 백성에게 공과 덕이 있었다. 그래서 후세의 왕이 봄에 제사를 지냈다. 네 계절의 제帝와 신神이 모두 이러한 뜻이다. '太皞', 伏羲, 木德之君. '句芒', 少皞氏之子, 曰重, 木官之臣. 聖神繼天立極, 生有功德於民. 故後王於春祀之. 四時之帝與神, 皆此義.

【월령 4】

그 동물(蟲)은 비늘 달린 동물(鱗)이다. 그 음은 각角이고, 율은 태주大簇에 응한다. 그 수는 팔八이다. 그 맛은 신맛(酸)이고, 그 냄새는 비린내(羶)이다. 그 제사 대상은 문의 신(戶)이며, 희생의 비장(脾)으로 먼저 고수레한다.

其蟲鱗.① 其音角,② 律中大簇.③ 其數八.④ 其味酸, 其臭羶.⑤ 其祀戶, 祭先脾.⑥

鄭注 ① 만물의 껍질이 벗겨지려고 함을 상징한다. '비늘 달린 동물'(鱗)은 용과 뱀蛇 종류를 가리킨다. 象物孚甲將解. '鱗', 龍蛇之屬.

② 악기의 소리를 말한다. 우羽를 3분하여 하나를 더해서 각角을 낳는다. 각의 도수는 64이다.[12] 각이 목木에 속하는 것은 그 소리의 맑고 탁한 정도는 중간이고 민民의 상象이기 때문이다. 봄의 기氣가 화평하면 각角의 소리가 조화롭다. 「악기樂記」(6)에 "각角이 어지러우면 악의 소리가 근심스러우니, 그 백성이 원망하는 것이다"라고 하였다. 무릇 소리에서의 존비는 상象을 오행에서 취한다. 도수가 많은 것은 소리가 탁하고, 도수가 적은 것은 소리가 맑으며, 소리가 크더라도 궁宮을 넘지 않고, 가늘더라도 우羽를 넘지 않는다.[13] 謂樂器之聲也. 三分羽益一以生角. 角數六十四. 屬木者, 以其淸濁中, 民象也. 春氣和, 則角聲調. 「樂記」曰: "角亂則憂, 其民怨." 凡聲尊卑取象五行. 數多者濁, 數少者淸, 大不過宮, 細不過羽.

③ '율律'은 기氣를 살피는 관管(피리)으로서, 구리(銅)로 만든다. '중中'은 응한다는 뜻과 같다. 맹춘의 기가 이르면 태주大蔟[14]의 율律이 응한다. '응한다'(應)는 것은 취회吹灰(기가 재를 불어 움직임)[15]를 말한다. 태주(72)는 임종林鍾(54)에서 생겨나는 것으로서, (임종을) 3분하여 하나를 더한다. 율관의 길이는 8촌이다. 무릇 율관구멍의 둘레는 9분分이다. 「주어周語」에 "태주는 악(金奏)[16]을 행하여 양의 기운을 북돋고 겨울잠을 자던 생물을 깨어나게 하는 것이다"[17]라고 하였다. '律', 候氣之管, 以銅爲之. '中', 猶應也. 孟春氣至, 則大蔟之律應. '應', 謂吹灰也. '大蔟'者, 林鍾之所生, 三分益一. 律長八寸. 凡律空圍九分. 「周語」曰: "大簇, 所以金奏贊陽出滯."

④ '수數'는 오행이 천지를 도와 만물을 낳고(生物) 만물을 이루는(成物) 차서이다. 『역』에 "하늘은 1이고, 땅은 2요, 하늘은 3이고 땅은 4요, 하늘은 5이고 땅은 6이요, 하늘은 7이고 땅은 8이요, 하늘은 9이고 땅은 10이다"[18]라고 하였다. 그런데 오행은 수水로 시작하여 화火가 그 다음이고, 목木이 그 다음이고, 금金이 그 다음이고, 토土는 뒤가 된다. 목은 생수生數(낳는 수)가 3이고, 성수成數(이루는 수)가 8인데, 단지 8만 말한 것은 그 성수成數를 든 것이다.[19] '數'者, 五行佐天地生物成物之次也. 『易』曰: "天一地二, 天三地四, 天五地六, 天七地八, 天九地十." 而五行自水始, 火次之, 木次之, 金次之, 土爲後. 木生數三, 成數八, 但言八者, 擧其成數.

⑤ 목의 냄새와 맛이다. 신맛과 비린 냄새는 모두 여기에 속한다. 木之臭味也. 凡酸・羶者皆屬焉.

⑥ 봄에는 양기가 나오니, 호戶에서 제사하는 것은 안에 양기가 있기 때문이다. 제사지낼 때 먼저 희생의 비장으로 고수레하는 것은 봄은 양중陽中[20]이 되며 오장에 있어서는 비장脾臟에 해당하는데, 비장은 존귀하기 때문이다. 사당에서 오사五祀[21]를 제사할 때는 특생特牲을 사용하고, 신주를 두고 시尸를 두는데, 모두 먼저 사당의 서남쪽 모퉁이에 자리(席)를 설치한다. 문의 신(戶)에게 제사하는 예는 (신주를 설치하는 사람이) 남쪽을 향하면서 문안의 서쪽에 신주를 설치한 후 비장과 신장을 잘라 조俎에 담아 신주의 북쪽에 올린다. 또 조俎의 서쪽에 성盛(서직을 담는 제기)을 설치하고, 서직黍稷・고기(肉)・단술(醴)을 고수레하는데 모두 세 번씩 한다. 고기를 고수레할 때에는 비장은 한 번, 신장은 두 번 하며, 고수레가 끝나면 치운다. 다시 정鼎・조俎를 진설하고, 음식을 자리(筵)[22] 앞쪽에 진설하여 시尸를 맞이하는데 대략 종묘에서 제사할 때의 의절과 같이 한다. 春陽氣出, 祀之於戶, 內陽也. 祀之先祭脾者, 春爲陽中, 於藏直脾, 脾爲尊. 凡祭五祀於廟, 用特牲, 有主有尸, 皆先設席于奧. 祀戶之禮, 南面設主于戶內之西, 乃制脾及腎爲俎, 奠于主北. 又

設盛于俎西, 祭黍稷·祭肉·祭醴, 皆三. 祭肉, 脾一, 腎再, 旣祭, 徹之. 更陳鼎俎, 設饌于筵前, 迎尸, 略如祭宗廟之儀.

集說 비늘 달린 동물은 목木에 속한다. 오성五聲에서 각角은 목木에 배당된다. 단독으로 소리가 나오는 것을 성聲이라 하고, 뒤섞여 함께 소리가 나오는 것을 음音이라 한다. 음악을 조율할 때 봄에는 각을 위주로 삼는다. '율律'이란 기를 살피는 관管으로서 구리(銅)로 만든다. 어떤 사람은 대나무로 만든다고도 한다. '중中'은 응한다는 뜻과 같다. '태주大蔟'는 인방寅方의 율관律管으로서 길이가 8촌이다. 음양의 기는 지면과의 거리에 따라 각각 얕고 깊음이 있다. 그러므로 율의 길고 짧음은 그 도수와 같다. 율관을 땅 속에 넣어두고, 갈대의 재로 그 끝을 채워둔다. 그 달의 기가 이르면 재가 날려 관이 통하게 된다. 이것이 기의 응함이다. 천天3은 목木을 낳고, 지地8은 그것을 완성한다. 그 수 8은 성수成數(완성하는 수)이다. 코에 통하는 것을 냄새(臭)라 한다. 냄새는 곧 기氣이다. 입에 있는 것을 맛(味)이라 한다. 신맛(酸)과 비린내(羶)는 모두 목木에 속한다. 문(戶)은 사람이 출입하는 곳으로 그것을 담당하는 신이 있다. 이 신은 양기陽氣로서 문 안에 있다. 봄에는 양기가 나온다. 그러므로 그 신에게 제사한다. 희생의 비장(脾)으로 먼저 고수레하는 것은 목木이 토土를 이기기 때문이다.[23] ○ 채옹蔡邕[24]은 『독단獨斷』[25]에서 말한다. "문의 신(戶)은 봄에 소양少陽이 된다. 그 기가 (봄에) 처음 나와서 낳고 길러주므로 문(戶)에서 신에게 제사한다. 문의 신에게 제사하는 예는 남쪽을 향하면서 신주를 문 안의 서쪽에 설치한다."
鱗蟲, 木之屬. 五聲角爲木. 單出曰聲, 雜比曰音. 調樂於春, 以角爲主也. '律'者, 候氣之管, 以銅爲之. 或云竹爲之. '中', 猶應也. '大蔟', 寅律, 長八寸. 陰陽之氣, 距地面各有淺深. 故律之長短, 如其數. 律管入地, 以葭灰實其端. 其月氣至, 則灰飛而管通. 是氣之應也. 天三生木, 地八成之. 其數八, 成數也. 通於鼻者, 謂之臭. 臭卽氣也. 在口者, 謂之味.

酸·羶皆木之屬. 戶者, 人所出入, 司之有神. 此神是陽氣在戶之內. 春陽氣出. 故祀之. 祭先脾者, 木克土也. ○ 蔡邕『獨斷』曰: "戶, 春爲少陽. 其氣始出生養, 祀之於戶. 祀戶之禮, 南面設主於門內之西."

【월령 5】

동풍이 불어와 얼음을 녹이고, 겨울잠을 자던 곤충이 움직이기 시작한다. 물고기가 얼음을 깨고 올라오고, 수달은 물고기로 고수레하고, 기러기는 남쪽에서 날아와 북쪽으로 돌아간다.

東風解凍, 蟄蟲始振. 魚上冰, 獺祭魚, 鴻鴈來.

鄭注 모두 계절을 기록한 것이다. '진振'은 움직인다는 뜻이다. 『대대례기』 「하소정夏小正」에 "정월에 곤충이 겨울잠에서 일어난다", "물고기가 물 아래에서 위로 올라와 얼음을 등진다"고 하였다. 한漢나라 때에도 처음에는 경칩으로 정월중正月中을 삼았다.[26] 이때 물고기는 살지고 맛이 있다. 수달은 이 물고기를 먹을 때, 먼저 고수레한다. 기러기는 남방에서 날아와 북쪽으로 자신의 살던 곳으로 돌아가려고 한다. 금본 「월령月令」에는 '홍鴻'이 모두 '후候'로 되어 있다.[27] 皆記時候也. '振', 動也. 「夏小正」"正月啓蟄", "魚陟負冰." 漢始亦以驚蟄爲正月中. 此時魚肥美. 獺將食之, 先以祭也. 鴈自南方來, 將北反其居. 今「月令」'鴻'皆爲'候'.

集說 이는 인월寅月(정월)의 절후를 기록한 것이다. '진振'은 움직인다는 뜻이다. '래來'는 남쪽에서 날아와 북쪽으로 간다는 뜻이다. 此記寅月之候. '振', 動也. '來', 自南而北也.

【월령 6】

천자는 청양靑陽의 좌개左个[28)]에 거처하고,

天子居靑陽左个,

集說 '청양의 좌개'(靑陽左个)는 정현의 주에서는 "태침太寢[29)]의 동당東堂 북쪽 가까운 곳"이라고 하였다. 공영달의 소에서는 "이는 명당의 북편北偏인데, '태침'이라고 한 것은 명당은 태묘의 태침과 제도가 같기 때문이다"라고 하였다. '북편北偏'은 북쪽 가까운 곳이라는 뜻이다. 사면에 있는 곁방을 '개个'라고 한다. ○ 주자는 말한다. "명당의 제도를 논한 것이 한 가지가 아니다. 내가 생각건대, 마땅히 9개의 방이 있으니 정전井田의 제도와 같다. 동방의 중앙이 청양靑陽태묘太廟이고, 동방의 남측이 청양의 우개右个이고, 동방의 북측이 청양의 좌개左个이다. 남방의 중앙이 명당明堂태묘이고, 남방의 동측은 곧 동방의 남쪽이니 명당의 좌개이고, 남방의 서측은 곧 서방의 남측이니 명당의 우개이다. 서방의 중앙이 총장總章태묘이고, 서방의 남측은 남방의 서측이니 총장의 좌개이고, 서방의 북측은 곧 북방의 서측이니 총장의 우개이다. 북방의 중앙이 현당玄堂태묘이고, 북방의 동측은 곧 동방의 북측이니 현당의 우개이고, 북방의 서측은 곧 서방의 북측이니 현당의 좌개이다. 중앙은 태묘太廟태실太室이다. 무릇 사방의 태묘는 방향과 장소를 달리하여 그 좌개와 우개는 청양의 좌개가 곧 현당의 우개이고, 청양의 우개가 곧 명당의 좌개이고, 명당의 우개가 곧 총장의 좌개이고, 총장의 우개는 곧 현당玄堂의 좌개로서, 단지 그 계절의 방위에 따라 문을 열 뿐이다. 태묘태실에는 계절마다 계절의 마지막 달 18일 동안 천자가 거처하여 정사를 살핀다. 옛사람이 일을 제정할 때에는 정전제도의 정신을 이용하는 경우가 많다. 이것도 아마 그러할 것이다."[30)] '靑陽左个', 註云: "太寢

東堂北偏”也. 疏云: “是明堂北偏而云‘太寢’者, 明堂與太廟太寢制同.” ‘北偏’者, 近北也. 四面旁室, 謂之‘个’. ○ 朱子曰: “論明堂之制者非一. 竊意當有九室, 如井田之制. 東之中爲靑陽太廟, 東之南爲靑陽右个, 東之北爲靑陽左个. 南之中爲明堂太廟, 南之東卽東之南, 爲明堂左个, 南之西卽西之南, 爲明堂右个. 西之中爲總章太廟, 西之南卽南之西, 爲總章左个, 西之北卽北之西, 爲總章右个. 北之中爲玄堂太廟, 北之東卽東之北, 爲玄堂右个, 北之西卽西之北, 爲玄堂左个. 中爲太廟太室. 凡四方之太廟異方所, 其左右个, 則靑陽左个卽玄堂之右个, 靑陽右个卽明堂之左个, 明堂右个卽總章之左个, 總章之右个乃玄堂之左个也, 但隨其時之方位開門耳. 太廟太室, 則每季十八日, 天子居正歟. 古人制事, 多用井田遺意. 此恐然也.”

【월령 7】

난로鸞路를 타고 창룡倉龍에 멍에를 씌우고, 청색의 깃발(靑旂)을 싣고, 청색의 옷(靑衣)을 입고, 청색의 패옥(倉玉)을 차고, 보리와 양고기를 먹고, 그 기물은 문양을 거칠고 성기게 새겨 기가 통하게 한 것을 사용한다.

乘鸞路, 駕倉龍, 載靑旂, 衣靑衣, 服倉玉, 食麥與羊, 其器疏以達.

鄭注 모두 계절의 기에 순응하는 것이다. ‘청양의 좌개’(靑陽左个)는 태침大寢 동당의 북쪽 가까운 곳에 있다. ‘난로鸞路’는 유우씨有虞氏(순임금)가 타던 수레이다. 난鸞과 화和의 방울로 완급을 조절함이 있었고,[31] 그것을 청색으로 장식하였기 때문에 그 명칭을 취한 것이다. 봄에는 난의 방울을 말하고 겨울과 여름에는 색을 말한 것은 호문互文이다. 8척 이상 되는 말을 용龍이라고 한다. 무릇 착용하는 옥은 모두 관의 장식 및 차고 다니는 형衡과

황璜[32])을 가리킨다. 보리에는 껍질이 있으므로 목木에 속한다. 양羊은 화火에 해당하는 가축이다. 계절이 아직 차기 때문에 양고기를 먹어 성性을 안정시킨다. '기물은 문양이 거칠고 성기게 새긴 것'(器疏)은 새기는 것으로 사물이 흙을 뚫고 나와야 함을 형상하는 것이다. 무릇 이 경문의 거마와 의복은 모두 은나라 때의 경우를 취하여 변형시킨 것으로 주나라의 제도는 아니다. 『주례』에 "조회(朝)·제사(祀)·전쟁(戎)·사냥(獵)에 사용하는 수레와 복장은 각기 그 일에 따라서 하고 네 계절로 차이를 두지 않는다"라고 하였고, 또 「옥조玉藻」(2~4)에 "천자는 곤룡포(龍衮)를 입고서 종묘제사를 지내고, 현단복(玄端[33]))을 하고 (동문 밖에서 춘분에) 해에게 제사하고, 피변을 하고 날마다 조회를 본다"라고 하였으니, 이 경문과 모두 다르다. 皆所以順時氣也. '靑陽左个', 大寢東堂北偏. '鸞路', 有虞氏之車. 有鸞和之節, 而飾之以靑, 取其名耳. 春言鸞, 冬夏言色, 互文. 馬八尺以上爲'龍'. 凡所服玉, 謂冠飾及所珮者之衡璜也. 麥實有孚甲, 屬木. '羊', 火畜也. 時尙寒, 食之以安性也. '器疏'者, 刻鏤之象物當貫土而出也. 凡此車馬衣服, 皆所取於殷時而有變焉, 非周制也. 『周禮』"朝·祀·戎·獵, 車服各以其事, 不以四時爲異", 又「玉藻」曰: "天子龍衮以祭, 玄端而朝日, 皮弁以日視朝", 與此皆殊.

集說 '난로鸞路'는 유우씨有虞氏(순임금)가 타던 수레로 난새 형태의 방울이 달려 있다. 봄에 '난鸞'이라고 하였으므로 여름·가을·겨울에도 모두 난을 달고 있다. 여름에는 '주朱'라 하고 겨울에는 '현玄'이라 하였으므로 봄에는 '청靑', 가을에는 '백白'임을 알 수 있다. '창倉'은 '창蒼'(청색)과 같다. 말이 8척 이상 되는 것을 '용龍'이라고 한다. '옥을 찬다'(服玉)는 것은 관면冠冕의 장식과 패옥을 가리킨다. '보리'(麥)는 금金의 기운이 왕성할 때 자라나서 화火의 기운이 왕성할 때 죽으므로 당연히 금金에 속해야 하는데, 정현은 "목木에 속한다"고 하였고, 태兌(팔괘의 하나)는 양羊이 되어 마땅히 금金에

속해야 하는데 정현은 "화火의 가축"이라고 하였다. 모두 이해할 수가 없다. 소疏에서는 "정현이 「오행전五行傳」에 근본 하여 말했지만 음양은 상象을 취하는 방식이 여러 가지여서 일정하게 할 수 없다"라고 하였다. 그러므로 이제 네 계절에 먹는 음식 및 돼지와 함께 보리를 제사하고, 메추리와 함께 기장을 제사하는 따위에 대해서는 모두 해석을 생략하고 진상을 아는 자를 기다린다. '문양을 거칠고 성기게 새겨 기가 통하여 이르게 한다'(疏以達)는 봄이 되면 사물이 장차 흙을 뚫고 나오기 때문에, 기물의 새긴 것은 문양을 거칠고 성기게 새겨 곧바로 기가 통하게 한다는 것이다. '鸞路', 有虞氏之車, 有鸞鈴也. 春言'鸞', 則夏秋冬皆鸞也. 夏云'朱'冬云'玄', 則'春'青秋'白'可知. '倉', 與蒼同. 馬八尺以上爲'龍'. '服玉', 冠冕之飾及佩也. '麥', 以金王而生, 火王而死, 當屬金而鄭云"屬木", 兌爲羊, 當屬金而鄭云"火畜". 皆不可曉. 疏云: "鄭本「五行傳」言之, 然陰陽多塗, 不可一定." 故今於四時所食及彘嘗麥·雛嘗黍之類, 皆略之以俟知者. '疏以達'者, 春物將貫土而出, 故器之刻鏤者, 使文理麤疏直而通達也.

【월령 8】

이달의 절기는 입춘이다. 입춘 3일 전에 태사大史가 천자에게 "모일은 입춘입니다. 왕성한 덕이 목木에 있습니다"라고 보고하고, 천자는 곧 재계한다. 입춘 날에 천자는 친히 삼공三公·구경九卿·제후·대부를 이끌고서 동쪽 교郊에서 봄을 맞이하여 제사를 지낸다. 제사를 지내고 돌아와 조정에서 공경·대부에게 상을 내린다. 삼공(相)에게 명령하여 덕정을 펼치고 금령을 조화롭게 하며, 선한 사람에게는 표창을 행하고 곤궁한 사람에게는 구휼을 베풀어 아래로 일반 백성에게까지 미치게 한다. 상과 은혜를 내릴 때는 골고루 행해지게 하지만, 부당한 사람에게 돌아가는 일이 없도록 한다.

是月也以立春. 先立春三日, 太史謁之天子曰"某日立春. 盛德在木", 天子乃齊.① 立春之日, 天子親帥三公·九卿·諸侯·大夫, 以迎春於東郊. 還反, 賞公卿·諸侯·大夫於朝.② 命相布德和令, 行慶施惠, 下及兆民.③ 慶賜遂行, 毋有不當.④

鄭注 ① '태사太史'는 예관禮官 소속으로, 세년歲年[34]을 바로잡아서 일에 순서를 세우는 것을 관장한다. '알謁'은 보고한다는 뜻이다. '太史', 禮官之屬, 掌正歲年以序事. '謁', 告也.

② '봄을 맞이한다'(迎春)는 것은 창제倉帝 영위앙靈威仰을 동교東郊의 조兆[35]에서 제사지내는 것을 말한다. 『왕거명당례王居明堂禮』에 "15리를 밖을 나가서 봄을 맞이한다"고 하였는데, 이는 은나라의 예이다. 주나라에서는 근교 50리에서 제사지냈다. '상賞'은 공덕이 있는 자는 현창하고 하사하는 것을 말한다. '조朝'는 태침大寢의 문밖이다. '迎春', 祭倉帝靈威仰於東郊之兆也. 『王居明堂禮』曰: "出十五里迎歲", 蓋殷禮也. 周近郊五十里. '賞', 謂有功德者有以顯賜之也. '朝', 大寢門外.

③ '상相'은 삼공三公을 말하는 것으로 왕의 일을 돕는다. '덕德'은 선한 가르침을 말하고, '령令'은 계절에 따른 금령禁令을 말하고, '경慶'은 그 선을 아름답게 여기는 것을 말하고, '혜惠'는 부족한 자를 구휼해주는 것을 말한다. 천자에게 보고할 때는 '조민兆民'이라고 말한다. '相', 謂三公, 相王之事也. '德', 謂善教也, '令', 謂時禁也, '慶', 謂休其善也, '惠', 謂恤其不足也. 天子曰'兆民'.

④ '수遂'는 도달한다(達)는 뜻과 같다. 마땅히 얻어야 할 자로 하여금 모두 얻게 하고, 얻은 자가 걸맞지 않은 사람이 없게 하는 것을 말한다. '遂', 猶達

也. 言使當得者皆得, 得者無非其人.

集說 '알謁'은 보고한다는 뜻이다. 봄은 생生(생육)에 해당된다. 천지가 생육시키는 성대한 덕은 목의 자리에 있다. '동쪽 교외(東郊)에서 봄을 맞이한다'(迎春東郊)는 것은 태호와 구망을 제사지내는 것이다. 뒤에도 이러한 방식으로 미루어 기록하고 있다. ○ 소疏에서 말한다. "절기에는 빠르고 늦음이 있다. '이달'(是月)이라는 것은 이달의 절기를 말하는 것이지, 이달의 날을 말하는 것이 아니다."[36] '謁', 告也. 春爲生. 天地生育之盛德在於木位也. '迎春東郊', 祭太皞·句芒也. 後倣此推之. ○ 疏曰: "節氣有早晩. '是月'者, 謂是月之氣, 不謂是月之日也."

【월령 9】

태사太史에게 명령하여 육전六典과 팔법八法을 받들어 준수하고, 천문과 일월성신의 운행을 관장하여 머물고 운행하는 위차位次를 살핌에 어긋나지 않게 하고, 천문의 진퇴하는 도수(經紀)를 잃지 않게 하는데, 옛 천문의 법을 상도常道로 삼게 한다.

乃命太史, 守典奉法, 司天日月星辰之行, 宿離不貸, 毋失經紀, 以初爲常.

鄭注 '전典'은 육전六典[37]을 뜻하고, '법法'은 팔법八法[38]을 뜻한다. '리離'는 '려우儷偶'(짝)라고 할 때의 '려儷'와 같은 뜻으로 읽는다. '숙려宿儷'는 태사의 속관 풍상씨馮相氏와 보장씨保章氏 등 천문을 관장하는 자가 서로 더불어 짝이 되어 자세하게 살펴서 차이가 나지 않게 해야 한다는 뜻이다. '경기經紀'는 천문의 진퇴하는 도수를 말한다. '典', 六典, '法', 八法也. '離', 讀如

'儷偶'之'儷'. '宿儷', 謂其屬馮相氏・保章氏掌天文者, 相與宿偶, 當審候伺不得過差也. '經紀', 謂天文進退度數.

集說 '숙宿'은 머문다는 뜻과 같다. '리離'는 운행한다는 뜻과 같다. 운행하는 궤도의 위차位次를 살핌에 어긋나서는 안 됨을 말한다. '특貸'은 '특忒'(어긋나다)의 뜻과 같다. '경기經紀'는 천문에서 진퇴가 빠르고 늦은 도수이다. '초初'란 역법가가 천문의 운행을 관찰하던 옛 법도로서 이를 가지고 관찰하는 상도常道로 삼는다. '宿', 猶止也. '離', 猶行也. 言占候躔次, 不可差貸. '貸', 與'忒'同. '經紀'者, 天文進退遲速之度數也. '初'者, 曆家推步之舊法, 以此爲占候之常也.

【월령 10】

이달에 천자는 첫 번째 신일辛日(元日)에 상제上帝에게 풍년을 기원한다. 제사를 지낸 뒤 길일吉日을 택하여 천자가 친히 쟁기(耒)와 보습(耜)을 수레에 싣는데, 함께 타는 보개保介와 마부 사이에 놓는다. 삼공三公・구경九卿・제후・대부를 이끌고 몸소 적전籍田을 간다. 천자는 세 번 갈고, 삼공은 다섯 번 갈고, 경과 제후는 아홉 번 간다. 돌아오면 태침太寢에서 연회를 베푸는데, 삼공・구경・제후・대부가 모두 함께 자리하며, '노주勞酒'(위로하는 연회)라고 한다.

是月也, 天子乃以元日, 祈穀于上帝.① 乃擇元辰, 天子親載耒耜, 措之于參保介之御間. 帥三公・九卿・諸侯・大夫, 躬耕帝籍. 天子三推, 三公五推, 卿・諸侯九推.② 反, 執爵于太寢, 三公・九卿・諸侯・大夫, 皆御, 命曰'勞酒'.③

鄭注 ① 그 달의 첫 번째 신일辛日에 교郊에서 하늘에 제사지내는 것을 말한다. 『춘추좌씨전』에 "무릇 교에서 후직에게 제사지내 농사의 풍년을 기원한다. 이 때문에 경칩에 교제사를 지내고, 교제사가 끝난 뒤에 농사를 짓는다"39)라고 하였다. '상제上帝'는 태미제大微帝를 가리킨다. 謂以上辛郊祭天也. 『春秋傳』曰: "夫郊祀后稷, 以祈農事. 是故啓蟄而郊, 郊而後耕." '上帝', 大微之帝也.

② '원진元辰'은 교제사가 끝난 후 길한 날을 말한다. '쟁기'(耒)는 보습 가운데 위쪽이 구부러진 것이다. '보개保介'는 거우車右(마부 오른쪽에 타는 무사)를 말한다. 거우車右와 마부 사이에 쟁기를 두는 것은 자신이 농사를 권하는 것이지 농사짓는 자가 아님을 밝히는 것이다. 임금의 수레에 반드시 용사勇士를 무장시켜 오른쪽에 앉게 하여 함께 태우는 것은 만일의 사태에 대비하는 것이다. '보保'는 입는다는 뜻과 같다. '개介'는 갑옷이다. '제적帝藉'은 천신天神에게 제사하기 위해 백성의 힘을 빌어 경작한 토지다. '元辰', 蓋郊後吉辰也. '耒', 耜之上曲也. '保介', 車右也. 置耒於車右與御者之間, 明己勸農非農者也. 人君之車, 必使勇士衣甲居右而參乘, 備非常也. '保', 猶衣也. '介', 甲也. '帝藉', 爲天神借民力所治之田也.

③ 친경親耕의 예를 마친 뒤에 연회를 베푸는 것은 여러 신하들을 위로하기 위함이다. '태침大寢'은 노침路寢이다. '어御'는 모신다(侍)는 뜻이다. 旣耕而宴飮, 以勞群臣也. '大寢', 路寢. '御', 侍也.

集說 '원일元日'은 그 달의 첫 번째 신일을 말한다. 교郊에서 하늘에 제사를 지낼 때 후직을 배향하는 것은 풍년을 기원하기 위한 것이다. '원진元辰'은 교제사 후 길한 날이다. 일日에는 십간十干으로 말하고 진辰에는 십이지十二支로 말한 것은 호문互文이다. '참參'은 함께 모시고 타는 사람을 말한다. '보개保介'는 갑옷으로 무장한다는 뜻이다. 용맹한 무사를 거우車右로 삼아 갑옷으로 무장시키는 것이다. '마부'(御)는 수레를 모는 사람이다. 거

우車右와 마부馬夫는 모두 함께 동승하는 자(參乘)로 천자가 왼쪽에 있고, 마부가 가운데에 있고, 거우車右가 오른쪽에 있다. 세 사람이기 때문에 '삼參'이라고 한 것이다. 동승하는 자(驂乘) 보개와 마부 사이에 이 농기구를 두는 것이다. 천자는 적전藉田 천묘千畝로 그 곡식을 수확하여 제사의 자성粢盛(제수)으로 삼는다. 그래서 제적帝籍이라 한 것이다. 아홉 번 (쟁기로 땅을) 일군 뒤에, 서인이 마무리한다. 돌아와서 연례燕禮를 행할 때 여러 신하들이 모두 모시는데, 사는 신분이 낮아 친경례에 참여하지 않기 때문에 또한 술을 하사하여 위로하는 의절에도 참여하지 않는다. '元日', 上辛也. 郊祭天而配以后稷, 爲祈穀也. '元辰', 郊後吉日也. 日以干言, 辰以支言, 五文也. '參', 參乘之人也. '保介', 衣甲也. 以勇士爲車右而衣甲. '御'者, 御車之人也. 車右及御人, 皆是參乘, 天子在左, 御者居中, 車右在右. 以三人, 故曰'參'也. 置此耕器於參乘保介及御者之間. 天子藉田千畝, 收其穀, 爲祭祀之粢盛. 故曰帝籍. 九推之後, 庶人終之. 反而行燕禮, 群臣皆侍, 士賤不與耕, 故亦不與勞酒之賜也.

【월령 11】

이달에 하늘의 기는 아래로 내려오고 땅의 기는 위로 올라가 천지가 화합하고 초목은 싹이 움트며 움직인다. 왕은 명령을 내려 농사를 시작하도록 선포하고, 전준田畯에게 명령하여 동쪽 교외에 머물면서 모두 전지田地의 경계를 정비하게 시켜 전지의 길(徑)과 도랑(術)을 살피게 하고, 구릉丘陵, 비탈과 험한 지형(阪險), 평원과 습지(原隰)에 따라 토지의 적합함과 오곡의 심을 만한 것을 살펴서 백성들을 가르치고 교도하는 데 반드시 전준이 몸소 직접 가르치게 한다.

전지의 일을 이미 정비하여, 먼저 경계와 도랑과 길의 평평함과 곧음(準直)을 확정하면, 농부는 이에 의혹을 품지 않게 된다.

是月也, 天氣下降, 地氣上騰, 天地和同, 草木萌動.① 王命布農事, 命田舍東郊, 皆修封疆, 審端徑術,② 善相丘陵 · 阪險 · 原隰, 土地所宜, 五穀所殖, 以教道民, 必躬親之.③ 田事旣飭, 先定準直, 農乃不惑.

鄭注 ① 이달은 양기가 상승하여 이르니 경작할 수 있는 절후이다. 『농서農書』에 "흙이 자라나 말뚝을 덮으면 썩은 뿌리를 뽑을 수 있다. 농부는 서둘러 흙을 갈아엎는다"라고 하였다. 此陽氣蒸達, 可耕之候也. 『農書』曰: "土長冒橛, 陳根可拔. 耕者急發."

② '전田'은 전준田畯을 말하는 것으로, 농사를 주관하는 관리다. '동쪽 교외에 머문다'(舍東郊)는 것은 계절의 절기에 순응하여 머물면서 그 농사일을 명령한다는 뜻이다. '봉강封疆'은 토지 경계 가운데 나누어 맡는 부분이다. '술術'은 『주례』에 '수遂'로 되어 있다. "장정(夫)이 받는 전지田地 사이에 수遂가 있고, 수 옆에 경徑이 있다"40)고 하였다. 『금문상서』에 "나누어 희중羲仲에게 명령하여 우이嵎夷에 머물게 하였다"41)고 하였다. '수遂'는 작은 도랑이다. 1보 너비의 길을 '경徑'이라 한다. '田', 謂田畯, 主農之官也. '舍東郊', 順時氣而居, 以命其事也. '封疆', 田首之分職. '術', 『周禮』作'遂'. "夫間有遂, 遂上有徑." '遂', 小溝也. 步道曰'徑'. 『今尚書』曰"分命羲仲, 宅嵎夷"也. '遂', 小溝也. 步道曰'徑'.

③ '상相'은 살펴본다는 뜻이다. '相', 視也.

④ 전준에게 명령하여 동쪽 교외(東郊)에 거주하게 하는 뜻을 설명한 것이다. '평평하고 곧음'(準直)은 전지의 경계로서 경徑과 수遂를 가리킨다. 『대대례기』 「하소정」에 "농수農率(전준)가 경徑과 수遂를 살피고 가지런히 한다"고

하였다. 說所以命田舍東郊之意也. '準直', 謂封疆徑遂也. 「夏小正」曰: "農率均田."

集說 '전田'은 전준田畯[42)]을 가리킨다. '사舍'는 거주한다는 뜻이다. 천자가 전준에게 명령하여 동쪽 교외에 거주하면서 경작하는 자를 독려하여 그 경계를 정비하게 하는 것으로, 정전의 경계를 가리킨다. 1보 너비의 길을 '경徑'이라 한다. '술術'은 수遂와 같은 뜻으로 전지의 도랑(溝洫 수로)을 말한다. (경과 수를) 살피고 가지런히 한다는 것은 굽거나 막힘이 없게 한다는 뜻이다. 경계에는 구분하는 지점이 있고, 경과 수에는 넓고 좁음이 있고, 토지에는 높고 낮음이 있고, 오곡에는 (토질에) 적합하거나 그렇지 않은 것이 있으므로, 모두 전준이 직접 가르치고 정비하여 그 경계의 길과 도랑을 확정하면, 농민은 의혹을 가지는 바가 없다. '田', 田畯也. '舍', 居也. 天子命田畯居東郊, 以督耕者, 皆使修理其封疆, 謂井田之限域也. 步道曰'徑'. '術', 如遂同, 田之溝洫也. 審而端之, 使無迂壅. 封疆有界限, 徑術有闊狹, 土地有高下, 五種有宜否, 皆須田畯躬親敎飭之, 以定其準直, 則農民無所疑惑也.

【월령 12】

이달에 악정樂正에게 명령하여 태학太學에 들어가 춤을 익히는 것을 학생들에게 가르치게 한다.

是月也, 命樂正, 入學習舞.

鄭注 중춘에 석채釋菜[43)]의 예를 행할 것이기 때문이다. 爲仲春將釋菜.

集說 학생들에게 춤을 익히는 일을 가르치는 것이다. 敎學者以習舞之事.

【월령 13】

이어서 제사의 전례典禮를 정비시키는데, 명령을 내려 산림山林과 천택川澤을 제사지낼 때 희생으로 암컷을 사용하지 않게 한다.

乃修祭典,① 命祀山林川澤, 犧牲毋用牝.②

鄭注 ① 제사의 예를 중시하여 한 해가 시작할 때 (1년 동안 지낼 제사를) 살펴서 기록하는 것이다. 重祭禮, 歲始省錄.

② 새끼를 배고 낳는 무리를 해치기 때문이다. 爲傷妊生之類.

集說 낳고 기르는 것을 해치지 않으려는 것이다. 不欲傷其生育.

【월령 14】

벌목을 금지시킨다.

禁止伐木.

鄭注 왕성한 덕이 그곳(나무)에 있기 때문이다. 盛德所在.

集說 왕성한 덕이 나무에 있기 때문이다. 以盛德在木也.

【월령 15】

새집을 부수지 않게 하고, 어린 벌레와 뱃속에 있거나 막 태어난 들짐승, 처음 날갯짓을 배우는 새를 죽이지 않게 한다. 들짐승의 새끼를 포획하지 않게 하고, 새의 알을 건드리지 않게 한다. 많은 사람을 모으지 않게 하고, 성곽을 쌓지 않게 하고, 뼈를 가리고 썩은 고기를 묻게 한다.

毋覆巢, 毋殺孩蟲·胎·夭·飛鳥. 毋麛, 毋卵.① 毋聚大衆, 毋置城郭,② 掩骼埋胔.③

鄭注 ① 갓 세상에 나온 어린 무리를 해치기 때문이다. 爲傷萌幼之類.
② 농사의 시삭을 방해하기 때문이다. 爲妨農之始.
③ 죽음의 기운이 생명에 거스름을 말한다. 뼈가 마른 것을 '각骼'이라 하고, 고기가 썩은 것을 '자胔'라고 한다. 謂死氣逆生也. 骨枯曰'骼', 肉腐曰'胔'.

集說 '해충孩蟲'은 어린 벌레이다. '태胎'는 아직 태어나지 않은 것을 말한다. '요夭'는 막 태어난 것을 말한다. '비조飛鳥'는 처음 날갯짓을 배운 새를 말한다. '미麛'는 들짐승 새끼를 통칭하는 말이다. '자胔'는 뼈에 아직 고기가 남아 있는 것을 말한다. '孩蟲', 蟲之稚者. '胎', 未生者. '夭', 方生者. '飛鳥', 初學飛之鳥. '麛', 獸子之通稱. '胔', 骨之尙有肉者.

【월령 16】

이달에는 군대를 움직여서는 안 된다. 군대를 움직이면 반드시 하늘의 재앙이 내린다. 전쟁이 일어나지 않았을 때, 우리 쪽에서 전쟁을 시작해서는 안 된다. 하늘의 도를 바꾸지 말고, 땅의 이치를 끊지 말고, 인간의 질서를 어지럽히지 말아야 한다.

是月也, 不可以稱兵. 稱兵必天殃.① 兵戎不起, 不可從我始.② 毋變天之道,③ 毋絶地之理,④ 毋亂人之紀.⑤

鄭注 ① 생기生氣를 거스르기 때문이다. 逆生氣.

② 손님이 되면 이롭지 못하고, 주인이라면 괜찮다.[44] 爲客不利, 主人則可.

③ 음정陰政[45]으로 양기를 해치기 때문이다. 以陰政犯陽.

④ 강유剛柔의 마땅함을 뒤바꾸기 때문이다. 易剛柔之宜.

⑤ 인仁의 계절인데, 의義의 일을 거행하기 때문이다. 仁之時而擧義事.

集說 하늘과 땅의 큰 덕을 '낳는 것'(生)이라고 한다. 봄은 낳는 덕이 성대한 계절이다. 병기는 흉한 기물이고, 전쟁은 위험한 일이므로 부득이하게 외적을 막는다면 그래도 괜찮지만, 우리 쪽에서 전쟁을 일으켜서 살육의 마음으로 생육의 기를 뒤바꾸면, 이는 하늘의 낳는 도를 변역시키고, 땅의 낳는 이치를 단절시키고, 사람을 낳는 질서를 어지럽히는 것이니, 재앙이 내리는 것은 당연하다. 天地大德曰'生'. 春者, 生德之盛時也. 兵凶器, 戰危事, 不得已而禦'寇', 猶可也, 兵自我起, 以殺戮之心, 逆生育之氣, 是變易天之生道, 斷絶地之生理, 而紊亂生人之紀叙矣, 其殃也, 宜哉.

【월령 17】

맹춘에 여름의 정령政令을 시행하면 비(雨水)가 때에 맞지 않게 내리고 초목이 조락하며 나라에 때로 화재에 대한 공포가 생긴다.

孟春行夏令, 則雨水不時,① 草木蚤落,② 國時有恐.③

鄭注 ① 사巳의 기운이 그 기회를 타기 때문이다.[46] 4월은 1년 음양의 변화에서 건乾이 된다.[47] 巳之氣乘之也. 四月於消息爲乾.

② 생장하는 날이 막히기 때문이다. 生日促.

③ 화火가 온다는 거짓 소문으로 서로 동요하는 것이다.[48] 以火訛相驚.

集說 이는 사화巳火의 기에 의해 초래된 것이다. 임금이 맹춘의 달에 맹하의 정령을 시행하면 기가 감응하여 재앙으로 나타남이 이와 같다는 뜻이다. 뒤에서도 모두 이와 같은 뜻이다. ○ 소疏에서 말한다. "맹월에 정령을 잘못 시행하면, 세 계절 맹월의 기가 그 기회를 탄다. 중월仲月에 정령을 잘못 시행하면 중월의 기가 그 기회를 탄다. 계월季月에 정령을 잘못 시행하면 계월의 기가 그 기회를 탄다. 그렇게 되는 것은 똑같이 맹·중·계가 되어 기정氣情이 서로 상통하기 때문으로 기가 조화를 이루지 못하면 번갈아 서로 그 기회를 타는 것과 같다." 此巳火之氣所泄也. 言人君於孟春之月, 而行孟夏之政令, 則感召咎證如此. 後皆倣此. ○ 疏曰: "孟月失令, 則三時孟月之氣乘之. 仲月失令, 則仲月之氣乘之. 季月失令, 則季月之氣乘之. 所以然者, 以同爲孟仲季, 氣情相通, 如其不和, 則迭相乘之."

【월령 18】

가을의 정령을 시행하면,

行秋令,

集說 맹추孟秋(7월)의 정령을 말한다. 謂孟秋之令.

【월령 19】

백성들이 커다란 질병에 걸리며, 회오리바람과 폭우가 모두 이르며, 강아지풀과 쑥이 함께 번성한다.

則其民大疫,① 猋風暴雨總至,② 藜莠蓬蒿並興.③

鄭注 ① 신申의 기가 그 기회를 타기 때문이다. 7월에 음기가 죽이기 시작한다. 申之氣乘之也. 七月始殺.

② 정월에 28수는 미尾와 기箕에 해당하는데, 기箕성은 바람을 좋아하여,[49] 그 기가 어긋난 것이다. 회오리바람이 '표猋'이다. 正月宿直尾箕, 箕好風, 其氣逆也. 回風爲'猋'.

③ 생기生氣가 어긋나고 어지러워져 나쁜 사물이 무성한 것이다. 生氣亂, 惡物茂.

集說 이는 신금申金의 기에 의해서 손상된 것이다. 『이아』「석천釋天」에 "부요扶搖(회오리바람)를 표猋라고 한다"[50]고 하였으니, 바람이 소용돌이치는 것을 말한다. '강아지풀과 쑥이 함께 번성한다'(藜莠蓬蒿並興)는 것은 생기가 어긋나고 혼란하기 때문에 나쁜 사물이 그것을 타서 번성하는 것이다. 此申金之氣所傷也. 『爾雅』"扶搖謂之猋", '風'謂風之回轉也. '藜莠蓬蒿並興'者, 以生氣逆亂, 故惡物乘之而茂也.

【월령 20】

겨울의 정령을 시행하면,

行冬令,

集說 맹동孟冬(10월)의 정령을 말한다. 謂孟冬之令.

【월령 21】

홍수가 토지를 파괴하고, 눈과 서리가 식물을 크게 해쳐, 처음 심어야 할 것(기장)을 파종하지 못하게 된다.

則水潦爲敗, 雪霜大摯, 首種不入.

鄭注 해亥의 기가 그 기회를 타기 때문이다. 구설에 "'처음 심어야 할 것'(首種)은 기장(稷)을 말한다"라고 하였다. 亥之氣乘之也. 舊說, "'首種'謂稷."

集說 이는 해수亥水의 기에 의해서 어지러워진 것이다. '지摯'는 다치고 부러진다는 뜻으로, '사나운 맹수'(摯獸)51)·'지충鷙蟲'52)의 '지摯'와 뜻이 같다. 곡물 가운데 기장을 가장 먼저 심는다. 그러므로 '처음 심어야 할 것'이라고 한 것이다. 此亥水之氣所淫也. '摯', 傷折也, 與'摯獸'·'鷙蟲'之義同. 百穀惟稷先種. 故云'首種'.

【월령 22】

중춘의 달에는 태양이 규奎에 있고, 저녁에는 호弧성이 남중하며 새벽에는 건성建星이 남중한다.

仲春之月, 日在奎, 昏弧中, 旦建星中.

鄭注 '중仲'은 가운데라는 뜻이다. '중춘仲春'은 태양과 달이 강루降婁에서 만나고, 북두성이 묘방卯方을 가리키는 때이다. 호弧성은 귀鬼의 남쪽에 있고, 건建성은 두斗에 있다. '仲', 中也. '仲春'者, 日月會於降婁, 而斗建卯之辰也. 弧在輿鬼南, 建星在斗上.

集說 규奎수는 12진으로 말하면 술戌에 있고, 12차로 말하면 강루降婁에 있다. ○ 소疏에서 말한다. "나머지 달은 저녁과 새벽에 남중하는 별에 대해서는 모두 28수宿를 들었는데, 여기서 호弧성과 건建성을 말한 것은 호성은 정井에 가깝고 건성은 두斗에 가깝기 때문이다. 정井과 두斗 두 수宿는 도수가 많고 그 별의 형체가 넓어서 정확하게 지적할 수가 없다. 그래서 호성과 건성을 들어 저녁과 새벽의 남중하는 별을 정한 것이다." 奎宿, 在戌, 降婁之次. ○ 疏曰: "餘月昏旦中星, 皆擧二十八宿, 此云弧與建星者, 以弧星近井, 建星近斗. 井斗度多, 星體廣, 不可的指. 故擧弧建, 以定昏旦之中."

【월령 23】

그날은 갑을甲乙이다. 그 제帝는 태호大皞이고, 그 신神은 구망句芒이다. 그 동물(蟲)은 비늘 달린 동물(鱗)이다. 그 음은 각角이고, 율은 협종夾鐘에 응한다. 그 수는 팔八이다. 그 맛은 신맛(酸)이고, 그 냄새는 비린내(羶)이다. 그 제사 대상은 문의 신(戶)이며, 희생의 비장(脾)으로 먼저 고수레한다.

其日甲乙. 其帝大皞, 其神句芒. 其蟲鱗. 其音角, 律中夾鍾. 其數八. 其味酸, 其臭羶. 其祀戶, 祭先脾.

鄭注 '협종夾鐘'은 이칙夷則이 낳은 바로 이칙夷則을 3분하여 1을 더하는데, 율관의 길이는 7과 1075/2187촌이다. 중춘의 기가 이르면 협종의 율이 응한다. 『국어』「주어周語」에 "협종은 사계절 사이 미세한 기를 발출한다"53)고 하였다. '夾鍾'者, 夷則之所生, 三分益一, 律長七寸二千一百八十七分寸之千七十五. 仲春氣至, 則夾鍾之律應. 「周語」曰: "夾鍾出四隙之細."

集說 '협종夾鍾'은 묘율卯律로서, 길이는 7과 1075/2187촌이다. '夾鍾', 卯律, 長七寸二千一百八十七分寸之千七十五.

【월령 24】

비로소 우수雨水54)가 있고, 복숭아가 꽃을 피우기 시작하고, 꾀꼬리가 울며, 매가 변하여 비둘기가 된다.

始雨水, 桃始華, 倉庚鳴, 鷹化爲鳩.

鄭注 모두 절후를 기록한 것이다. '창경倉庚'은 꾀꼬리(驪黃)이다. '구鳩'는 뻐꾸기(搏穀)다. 한漢나라 때 처음으로 우수雨水를 2월의 절기로 삼았다. 皆記時候也. '倉庚', 驪黃也. '鳩', 搏穀也. 漢始以雨水爲二月節.

集說 이 경문은 묘월卯月(2월)의 절후를 기록한 것이다. '창경倉庚'은 꾀꼬리(鸝黃)이다. '구鳩'는 뻐꾸기(布谷)이다. 「왕제」(45)에서 "비둘기가 변화하여 매가 된다"라고 하였는데 가을이다. 이곳에서 '새매가 변화하여 비둘기가

된다'고 한 것은 생육의 기가 활발하여 맹금류가 그에 감응하여 변화하기 때문이다. 공씨孔氏(공영달孔穎達)는 말한다. "변화(化)란 본래의 형체로 되돌아가는 것을 말한다"고 하였다. 그래서 새매가 변하여 비둘기가 되고, 비둘기가 다시 변하여 새매가 된다. 들쥐(田鼠)가 변화하여 메추라기가 되고 메추라기는 또 변하여 들쥐가 되는 것이다. 썩은 풀(腐草)이 반디가 되고, 꿩이 이무기가 되고, 참새(爵)가 대합조개(蛤)가 되는 경우 모두 '변화'(化)라고 말하지 않는 것은 다시 본래의 형태로 돌아가지 않는 것이기 때문이다."
此記卯月之候. '倉鶊', 鸝黃也. '鳩', 布谷也. 「王制」言"鳩化爲鷹", 秋時也. 此言'鷹化爲鳩', 以生育氣盛, 故鷙鳥感之而變耳. 孔氏云: "化者, 反歸舊形之謂", 故鷹化爲鳩, 鳩復化爲鷹. 如田鼠化爲鴽, 則鴽又化爲田鼠. 若腐草爲螢·雉爲蜃·爵爲蛤, 皆不言'化', 是不再復本形者也."

【월령 25】

천자는 명당의 청양靑陽의 태묘大廟에 거처하고, 난로鸞路를 타고 창룡倉龍에 멍에를 씌우고, 청색의 깃발(靑旂)을 싣고, 청색의 옷(靑衣)을 입고, 청색의 패옥(倉玉)을 차고, 보리와 양고기를 먹고, 그 기물은 문양을 거칠고 성기게 새겨 기가 통하게 한 것을 사용한다.
天子居靑陽大廟, 乘鸞路, 駕倉龍, 載靑旂, 衣靑衣, 服倉玉, 食麥與羊, 其器疏以達.

鄭注 '청양靑陽의 태묘太廟'는 동당에서 태실太室에 해당한다. '靑陽大廟', 東堂當大室.

集說 '청양의 태묘'는 동당에서 태실에 해당한다. '靑陽大廟', 東堂當太室.

【월령 26】

이달에는 새싹을 꺾지 않고, 어린것을 보양하고, 뭇 외로운 것을 안정시킨다.

是月也, 安萌芽, 養幼少, 存諸孤.

鄭注 생기를 돕는 것이다. 助生氣也.

集說 생기를 볼 수 있는 것은 초목보다 앞서는 것이 없다. 그래서 가장 먼저 말한 것이다. '안安'은 부러뜨리고 꺾는 바가 없음을 뜻한다. '존存' 역시 안安의 뜻이다. 生氣之可見者, 莫先於草木. 故首言之. '安', 謂無所摧折之也. '存', 亦安也.

【월령 27】

원일元日을 택하여 백성에게 사社에 제사하게 한다.

擇元日, 命民社.

鄭注 '사社'는 토지신(后土)이다. 백성에게 제사지내게 하는 것은 농업에 대한 공로를 가지고 신으로 삼는 것이다. 사社에 제사하는 날은 갑일을 쓴다. '社', 后土也. 使民祀焉, 神其農業也. 祀社日用甲.

集說 백성에게 사社에 제사하게 하는 것이다. 「교특생郊特牲」(27)에는 "사에 제사할 때는 갑일을 쓴다"고 하였는데, 이 경문에서는 '원일元日(좋은 날)을 택한다'고 하였다. 이는 갑일 가운데서도 좋은 날을 고르는 것이다. 『서書』「소고召誥」에는 "사제社祭는 무일戊日을 쓴다"고 하였다. 令民祭社也. 「郊特牲」言"祭社用甲日", 此言'擇元日'. 是又擇甲日之善者歟. 「召誥」"社用戊日."

【월령 28】

담당자에게 명령하여 수감(囹圄)을 줄이고, 죄수들의 형틀(桎梏)을 풀어주고, 사형에 처하여 시신을 공개하는 것(肆)과 고문을 가해 심문하는 것(掠)을 행하지 않고, 송사訟事를 중단하게 한다.

命有司, 省囹圄, 去桎梏, 毋肆掠, 止獄訟.

鄭注 양의 너그러움에 순응하는 것이다. '생省'은 줄인다는 뜻이다. '영어囹圄'는 죄수를 구금하여 가두는 곳으로, 오늘날의 별옥別獄과 같다. '질곡桎梏'은 오늘날의 계械(형틀)와 같은 것으로, 손에 채우는 것을 '곡梏'이라 하고, 발에 채우는 것을 '질桎'이라 한다. '사肆'는 사형에 처하고 그 시신을 공개하는 것이다. 『주례』「추관秋官·향사鄉士」에 "시신을 삼 일 동안 공개한다"고 하였다. '략掠'은 고문을 가해 심문하는 것을 말한다. 順陽寬也. '省', 減也. '囹圄', 所以禁守繫者, 若今別獄矣. '桎梏', 今械也, 在手曰'梏', 在足曰'桎'. '肆', 謂死刑暴尸也. 『周禮』曰: "肆之三日." '掠', 謂捶治人.

集說 '영囹'은 감옥을 뜻한다. '어圄'는 구금한다는 뜻이다. 소疏에서 말한다. "주나라에서는 환토圜土라 하였고, 은나라에서는 유리羑里라 하였고, 하나라에서는 균대鈞臺라 하였다. '영어囹圄'는 진나라의 감옥 명칭이다." 손에 채우는 것을 '곡梏'이라 하고, 발에 채우는 것을 '질桎'이라 한다. 모두 나무로 만든 형틀이다. '사肆'는 사형에 처하고 그 시신을 공개하는 것이다. '략掠'은 고문으로 심문하는 것이다. '지止'는 깨우쳐주어 분쟁을 그치게 하는 것을 뜻한다. '囹', 牢也. '圄', 止也. 疏云: "周曰圜土, 殷曰羑里, 夏曰鈞臺. '囹圄'秦獄名也." 在手曰'梏', 在足曰'桎'. 皆木械. '肆', 陳尸也. '掠', 捶治也. '止', 謂諭使息爭也.

【월령 29】

이달에는 제비(玄鳥)가 날아온다. 제비가 날아오는 날 태뢰의 희생으로 매신(高禖)에게 제사하는데 천자가 직접 가서 지낸다. 후비后妃(천자의 정처)는 아홉 빈嬪을 이끌고 가서 제사의 일을 받든다. (제사를 마치면) 천자를 모신 뒤 회임한 여인을 예우하고, 활집을 차게 하고 활과 화살을 주는데, 매신(高禖) 앞에서 행한다.

是月也, 玄鳥至. 至之日, 以太牢祠于高禖, 天子親往.① 后妃帥九嬪御.② 乃禮天子所御, 帶以弓韣, 授以弓矢, 于高禖之前.③

鄭注 ① '현조玄鳥'는 제비다. 제비는 새끼를 잉태할 때 날아와서 사람의 집 처마에 둥지를 틀고 부화하여 키우니, 결혼의 상象이다. 매씨의 관직은 그것을 절후로 삼는다. 고신씨高辛氏 시절에 제비가 알을 떨어뜨렸는데 융간娀簡이 그것을 삼키고 설契을 낳았다. 후대의 왕은 매관의 기쁜 상서로 여겨서 그 사당을 세웠다. '매媒'를 '매禖'로 바꾸어 말한 것은 신으로 여기는 것이다. '玄鳥', 燕也. 燕以施生時來, 巢人堂宇而孚乳, 嫁娶之象也. 媒氏之官以爲候. 高辛氏之世, 玄鳥遺卵, 娀簡吞之而生契. 後王以爲媒官嘉祥, 而立其祠焉. 變'媒'言'禖', 神之也.

② '어御'는 따라가서 제사를 돕는 것을 뜻한다. 『주례』에 따르면 천자에게는 부인夫人이 있고, 빈嬪이 있고, 세부世婦가 있고, 여어女御가 있는데, 이 경문에서 단지 '아홉 빈을 이끌고 간다'(帥九嬪)고 한 것은 중간을 들어 말한 것이다. '御', 謂從往侍祠. 『周禮』天子有夫人, 有嬪, 有世婦, 有女御, 獨云'帥九嬪', 擧中言也.

③ '천자를 모신 이'(天子所御)는 지금 회임한 자를 뜻한다. 사당에서 태축이 술을 따라, 고매高媒의 뜰에서 마시게 하여, 신의 은혜가 있었음을 드러내게 한다. '활집을 차게 한다'(帶以弓韣, 授以弓矢)는 것은 사내아이를 구하는 상

서이다. 『왕거명당례王居明堂禮』에서 "활집을 차고서 매신(禖) 아래에서 예를 표하면 그 태어나는 아들은 반드시 하늘의 재목을 얻는다"고 하였다. '天子所御', 謂今有娠者. 於祠, 大祝酌酒, 飮於高媒之庭, 以神惠顯之也. '帶以弓韣, 授以弓矢', 求男之祥也. 『王居明堂禮』曰: "帶以弓韣, 禮之禖下, 其子必得天材."

集說 '현조玄鳥'는 제비다. 제비는 새끼를 잉태할 때 날아와서 사람의 집 처마에 둥지를 틀고 새끼를 낳아 기른다. 그래서 제비가 날아올 때를 매신(禖)에게 제사하여 후사를 기원하는 절후로 삼는다. '고매高禖'는 매씨의 선조가 되는 신이다. '고高'란 높이는 칭호이다. '매媒'를 '매禖'로 바꾸어 말한 것은 신으로 여기는 것이다. 옛날부터 매씨가 불제祓除(재앙과 흉사를 제거)하는 제사가 있어 장소가 남쪽 교외(南郊)에 있었는데, 상제에게 인사禋祀[55]를 지낼 때 또한 배향하여 지내기 때문에 교매郊禖라고도 한다. 『시詩』에 "하늘이 현조玄鳥에 명령하여 내려가서 상商을 낳게 하였다"고 하였는데, 이는 다만 제비가 날아오는 절기에 간적簡狄이 교의 매신에게 기도하여 설을 낳았기 때문에 본래 하늘로부터 명을 받아 낳은 것이 마치 하늘에서 내려온 것과 같음을 말하는 것이다. 정현의 주에 떨어진 알을 삼켜 잉태하였다는 고사가 있는데, 『시詩』 「생민生民」의 주에 강원이 거인의 발자국을 밟고서 기棄를 낳았다는 고사와 함께 모두 괴이하고 망령되어 불경스런 이야기로 삭제해도 무방하다. '후비가 구빈을 이끌고 가서 모셨다'(后妃帥九嬪御)는 것은 따라가서 예의 일을 모시고 받들었다는 뜻이다. '천자를 모신 사람을 예우한다'(禮天子所御)는 것은 제사가 끝나고 술을 따라 먼저 천자를 모신 뒤 회임한 자에게 마시게 하는 것으로, 신의 은혜로 회임하였음을 드러내는 것이다. '독韣'은 활집이다. '활과 화살'(弓矢)은 남자의 일이다. 그러므로 상서로 삼는 것이다. '玄鳥', 燕也. 燕以施生時, 巢人堂宇而生乳. 故以其至爲祠禖祈嗣之候. '高禖', 先禖之神也. '高'者, 尊之之稱. 變'媒'言'禖', 神之也. 古有禖氏祓除之祀,

位在南郊, 禋祀上帝, 則亦配祭之, 故又謂之郊禖. 『詩』“天命玄鳥, 降而生商”, 但謂簡狄以玄鳥至之時, 祈于郊禖而生契, 故本其爲天所命, 若自天而降下耳. 鄭註乃有墮卵吞孕之事, 與生民詩註所言姜嫄履巨跡而生棄之事, 皆怪妄不經, 削之可也. ‘后妃帥九嬪御’者, 從往而侍奉禮事也. ‘禮天子所御’者, 祭畢而酌酒, 以飮其先所御幸而有娠者, 顯之以神賜也. ‘韣’, 弓衣也. ‘弓矢’者, 男子之事也. 故以爲祥.

【월령 30】

이달에는 낮과 밤이 절반씩이다.

是月也, 日夜分.

集說 낮과 밤의 길이가 각각 50각이다. 晝夜各五十刻.

【월령 31】

천둥이 이에 소리를 내고 번개가 치기 시작하고, 겨울잠을 자던 곤충이 모두 움직이고 입구를 열고 나오기 시작한다.

雷乃發聲, 始電, 蟄蟲咸動, 啓戶始出.

鄭注 또 절후를 기록한 것이다. ‘발發’은 나온다는 뜻이다. 又記時候. ‘發’, 猶出也.

集說 처음으로 그 구멍을 뚫고 나오는 것을 말한다. 謂始穿其穴而出也.

【월령 32】

우레가 있기 3일 전,

先雷三日,

集說 절기로 말하면, 춘분 전 3일 동안이다. 以節氣言, 在春分前三日.

【월령 33】

목탁을 두들겨서 백성에게 명령해서 "우레가 앞으로 소리를 낼 것이다. 그 행동거지를 조심하지 않은 자는 아들을 낳아도 온전하지 못하며 반드시 부모에게 재앙이 있을 것이다"라고 말한다.

奮木鐸, 以令兆民曰: "雷將發聲. 有不戒其容止者, 生子不備, 必有凶災."

鄭注 부인 중에 회임한 이를 주로 경계시키는 것이다. '행동거지'(容止)는 동정動靜과 같다. 主戒婦人有娠者也. '容止', 猶動靜.

集說 '행동거지'(容止)는 동정動靜이라고 말하는 것과 같다. '행동거지(容止)를 조심하지 않는다'(不戒容止)는 것은 방 안의 일이 하늘의 위엄을 더럽히는 것을 말한다. '아들을 낳아도 온전하지 못한다'(生子不備)는 것은 신체에 결함이 있음을 말한다. '흉재凶災'는 부모에게 재앙이 일어남을 말한다. '容止', 猶言動靜. '不戒容止', 謂房室之事褻瀆天威也. '生子不備', 謂形體有損缺. '凶災', 謂父母.

【월령 34】

낮과 밤의 길이가 같아지면, 척도와 용량의 단위를 같게 하고, 무게의 단위를 고르게 하며, 말(斗)과 휘(甬) 등 용기를 비교 조정하고, 저울추(權)와 평미레(概) 등 도구의 사용을 바로잡는다.[56)]

日夜分, 則同度·量, 鈞衡·石, 角斗·甬, 正權·概.

鄭注 낮과 밤의 길이가 똑같은 때를 이용하여 마땅히 균평해야 할 것을 균평하게 하는 것이다. '동同'·'각角'·'정正'은 모두 균평하게 함을 뜻한다. 길이를 '도度'라 하고, 용량을 '량量'이라 하고, 30근을 '균鈞'이라 하고, 저울의 윗부분을 '형衡'이라 하고, 120근을 '석石'이라 한다. '용甬'은 오늘날의 곡斛(열 말)이다. 저울의 추 부분을 '권權'이라 한다. '평미레'(概)는 말(斗)이나 휘(斛)의 용량을 고르게 하는 기구이다. 因晝夜等, 而平當平也. '同'·'角'·'正', 皆謂平之也. 丈尺曰'度', 斗斛曰'量', 三十斤曰'鈞', 稱上曰'衡', 百二十斤曰'石'. '甬', 今斛也. 稱錘曰'權'. '概', 平斗斛者.

集說 길이를 '도度'라 하고, 용량을 '량量'이라 하고, 저울의 윗부분 저울대를 '형衡'이라 하며, 120근이 '석石'이다. '용甬'은 곡斛(열 말)이다. '권權'은 저울의 추이다. '개概'는 그것을 잡고 (밀어서) 용량을 재는 기구를 균평하게 하는 것이다. '동同'은 길이와 크기의 제도를 고르게 하는 것이다. '균鈞'은 무게가 차이나는 것을 균평하게 조정하는 것이다. '각角'은 그 같고 다름을 비교하여 조정하는 것이고, '정正'은 그 속임수를 교정하는 것이다. 丈尺曰'度', 斗斛曰'量', 稱上曰'衡', 百二十斤爲'石'. '甬', 斛也. '權', 稱錘. '概', 執以平量器者. '同'則齊其長短小大之制. '鈞'則平其輕重之差. '角'則較其同異, '正'則矯其欺枉.

【월령 35】

이달에 농부는 농사짓던 일을 잠시 멈추고 문(등 집)을 수리하고, 사당(寢廟)을 모두 완비하며, 군사에 관한 일을 일으키지 말아 농사의 일에 방해되지 않게 한다.

是月也, 耕者少舍, 乃脩闔扇, 寢廟畢備,① 毋作大事, 以妨農之事.②

鄭注 ① '사舍'는 중단한다는 뜻이다. 겨울잠을 자던 벌레가 입구를 열고 나올 때를 이용하여 농사일을 잠시 쉬고 대문(門戶)을 수리한다. 대문은 나무로 만든 것을 '합闔'이라 하고, 대나무나 갈대로 만든 것을 '선扇'이라 한다. '필畢'은 모두라는 뜻이다. 무릇 사당은 앞쪽을 '묘廟'라 하고 뒤쪽을 '침寢'이라 한다. '舍', 猶止也. 因蟄蟲啓戶, 耕事少閒, 而治門戶也. 用木曰'闔', 用竹葦曰'扇'. '畢', 猶皆也. 凡廟前曰'廟', 後曰'寢'.

② '대사大事'는 전쟁에 동원되는 부역 따위를 가리킨다. '大事', 兵役之屬.

集說 '소사少舍'는 잠시 쉬는 것이다. 대문을 설치할 때, 나무를 사용한 것을 '합闔'이라 하고, 대나무나 갈대를 사용한 것을 '선扇'이라 한다. 무릇 사당은 앞쪽을 '묘廟'라 하고, 뒤쪽을 '침寢'이라 한다. 침寢은 의관을 보관해두는 곳이다. '대사大事'는 군사에 관한 일을 가리킨다. '少舍', 暫息也. 門戶之蔽, 以木曰'闔', 以竹葦曰'扇'. 凡廟, 前曰'廟', 後曰'寢'. 寢是衣冠所藏之處. '大事', 謂軍旅之事.

【월령 36】

이달에는 천택을 고갈시키지 말고, 보(陂)와 못(池)을 메마르게 하지 말고, 산림을 태우지 말아야 한다.
是月也, 毋竭川澤, 毋漉陂池, 毋焚山林.

鄭注 양의 기에 순응하여 만물을 기르는 것이다. 물을 가두어두는 경우를 '피陂'(보)라 하고, 땅을 파서 물을 통하게 하는 경우를 '지池'(못)라고 한다. 順陽養物也. 畜水曰'陂', 穿地通水曰'池'.

集說 '록漉' 또한 고갈된다는 뜻이다. 세 가지를 금하는 것은 모두 생의生意를 해치기 때문이다. '漉', 亦竭也. 三者之禁, 皆謂傷生意.

【월령 37】

천자가 이에 새끼 양을 바쳐 얼음을 꺼내는데, 먼저 종묘(寢廟)에 올린다.
天子乃鮮羔開冰, 先薦寢廟.

鄭注 '선鮮'은 '헌獻'으로 되어야 한다. 발음으로 인한 잘못이다. '새끼 양을 바친다'(獻羔)는 것은 사한司寒(추위를 관장하는 신)에게 제사지내는 것을 말한다. 사한에게 제사를 지내고 나서 얼음을 꺼내어 종묘에 바친다. 그런 뒤에 나누어 준다. 『춘추전』에서 말한다. "옛날에 태양이 북륙北陸[57]에 위치하면 얼음을 저장했다가, 서륙西陸[58]이 아침에 나타나 뵈면 꺼낸다. 얼음을 저장하는 것은 깊은 산 궁벽한 골짜기가 계속 얼어붙어 한기가 응결되면, 이때 채취한다. 얼음을 꺼내는 것은 조정의 봉록과 지위가 높은 이가 빈객을 불러 연회를 하거나 상례와 제례를 지내면, 이때 사용한다. 얼음을

저장할 때 검은 수소(黑牡)와 찰기장(秬黍)으로 사한에게 바쳐 제사하고, 얼음을 꺼낼 때에는 복숭아나무로 만든 활과 가시나무로 만든 화살로 재앙을 제거한다. 얼음을 꺼내고 넣는 것이 때가 있어, 고기를 먹는 봉록자[59]가 얼음을 하사받는 데 모두 참여하니, 대부大夫와 명부命婦는 상사喪事를 치르거나 목욕을 할 때 얼음을 사용한다. 추위를 관장하는 신에게 제사하고 저장하였다가 새끼 양을 바치고 꺼내면 군주가 처음으로 사용하고, 대화성大火星이 나오면[60] 해당되는 모든 사람에게 하사하여, 명부命夫[61]와 명부命婦로부터 노인과 병자에 이르기까지 얼음을 받지 않는 사람이 없다."[62] '鮮', 當爲'獻'. 聲之誤也. '獻羔', 謂祭司寒也. 祭司寒而出冰, 薦於宗廟. 乃後賦之. 『春秋傳』曰: "古者日在北陸而藏冰, 西陸朝覿而出之. 其藏冰也, 深山窮谷, 固陰沍寒, 於是乎取之. 其出之也, 朝之祿位, 賓食喪祭, 於是乎用之. 其藏之也, 黑牡秬黍, 以饗司寒, 其出之也, 桃弧棘矢, 以除其災. 其出入也時, 食肉之祿, 冰皆與焉, 大夫命婦, 喪浴用冰. 祭寒而藏之, 獻羔而啓之, 公始用之, 火出而畢賦, 自命夫命婦至于老疾, 無不受冰."

集說 옛날에 태양이 허虛수에 있을 때 얼음을 저장했다가 이 중춘에 이르러 새끼 양을 바쳐 추위를 관장하는 신에게 제사지내고 얼음을 꺼내었다. 먼저 종묘(寢廟)[63]에 바치는 것은 감히 사람이 사용하고 남은 것으로 신을 받들 수 없기 때문이다. 古者日在虛則藏冰, 至此仲春, 則獻羔以祭司寒之神而開冰. 先薦寢廟者, 不敢以人之餘奉神也.

【월령 38】

이달 상순의 정일丁日에,

上丁,

集說 이달 상순의 정일丁日이다. 날짜를 반드시 정일로 하는 것은 경庚 3일 전이고 갑甲 3일 뒤이기 때문이다. 此月上旬之丁. 日必用丁者, 以先庚三日後甲三日也.

【월령 39】

악정樂正에게 명령하여 춤을 익히게 하는데 먼저 석채釋菜의 예를 행하게 한다. 천자는 삼공三公·구경九卿·제후諸侯·대부大夫를 이끌고 직접 가서 살펴본다. 중순의 정일丁日에 또 악정에게 명령하여 태학大學에 들어가 악樂을 익히게 한다.

命樂正, 習舞釋菜.① 天子乃帥三公·九卿·諸侯·大夫親往視之.② 仲丁, 又命樂正, 入學習樂.③

鄭注 ① '악정樂正'은 악관의 우두머리다. 춤을 익히도록 명령하는 것은 만물이 처음 땅에서 나오는 것에 순응하여 북을 치고 춤을 추게 하는 것이다. 춤을 출 때, 반드시 선사先師의 신위 앞에 채菜(미나리와 마름 등 채소)를 올려 예를 갖춘다. 『대대례기』「하소정夏小正」에 "정해일丁亥日에 만무萬舞를 추고 태학大學에 들어간다"고 하였다. '樂正', 樂官之長也. 命習舞者, 順萬物始出地鼓舞也. 將舞, 必釋菜於先師以禮之. 「夏小正」曰: "丁亥萬用入學."

② 시절의 변화에 순응하여 만물을 이루게 하는 것이다. 順時達物也.

③ 계춘季春(하력 3월)에 합악合樂을 할 것이기 때문이다. 악樂을 익힌다는 것은 노래와 팔음八音을 익히는 것이다. 爲季春將合樂也. 習樂者, 習歌與八音.

集說 '악정樂正'은 악관의 우두머리다. '춤을 익힐 때 채菜(미나리와 마름 등

채소)를 올린다'(習舞釋菜)는 것은 춤을 익히는 이들을 가르칠 때, 먼저 석채釋菜의 예로 선사에게 고하는 것을 말한다. '樂正', 樂官之長也. '習舞釋菜', 謂將教習舞者, 則先以釋菜之禮告先師也.

【월령 40】

이달에는 제사지낼 때 희생을 사용하지 않고 규벽圭璧을 사용하거나 피폐皮幣(모피와 비단)로 바꾸어서 지낸다.

是月也, 祀不用犧牲, 用圭璧, 更皮幣.

鄭注 계춘에 뽑아서 함께 올리기 때문이다. '경更'은 바꾼다(易)는 뜻과 같다. 마땅히 제사해야 할 경우 옛날에는 옥백을 썼을 뿐이다. 爲季春將選而合騰之也. '更', 猶易也. 當祀者, 古以玉帛而已.

集說 '희생을 사용하지 않는다'(不用牲)는 것은 복을 구하는 작은 제사임을 말한다. 태뢰太牢로 고매高禖에게 제사하는 경우는 큰 제사의 전례이므로 이 규정에 포함되지 않는다. 작은 제사라도 조금 중한 제사는 규벽圭璧을 사용하고, 조금 가벼운 것은 피폐皮幣(모피와 비단)로 바꾸어서 지낸다. '不用牲', 謂祈禱小祀耳. 如大牢祀高禖, 乃大典禮, 不在此限. 稍重者, 用圭璧, 稍輕者, 則以皮幣更易之也.

【월령 41】

중춘에 가을의 월령을 시행하면 그 나라는 큰 홍수가 일어나고, 추운 기운이 한꺼번에 닥치며, 적이 쳐들어와 침략한다.

仲春行秋令, 則其國大水, 寒氣總至,① 寇戎來征.②

鄭注 ① 유酉의 기가 그 기회를 타기 때문이다. 8월 28수宿는 묘昴와 필畢에 해당하는데, 필은 비를 좋아한다. 酉之氣乘之也. 八月宿直昴畢, 畢好雨.

② 금金의 기가 활동하는 것이다. 필畢은 또 변경에 전쟁이 있는 상象이다. 金氣動也. 畢又爲邊兵.

集說 유금酉金의 기에 의해서 손상되는 것이다. 西金之氣所傷也.

【월령 42】

겨울의 월령을 시행하면 양의 기가 이기지 못하여 보리가 익지 못하고 백성은 서로 노략질하는 경우가 많아진다.

行冬令, 則陽氣不勝, 麥乃不熟,① 民多相掠.②

鄭注 ① 자子의 기가 그 기회를 타기 때문이다. 11월은 태음大陰이 된다. 子之氣乘之也. 十一月爲大陰.

② 음험하고 간사한 사람들이 많은 것이다. 陰姦衆也.

集說 자수子水의 기에 의해서 지나치게 되는 것이다. 子水之氣所淫也.

【월령 43】

여름의 월령을 시행하면 나라에 큰 가뭄이 들고, 따뜻한 기가 일찍 찾아오고, 해충이 나타나 재해가 된다.

行夏令, 則國乃大旱, 煖氣早來,① 蟲螟爲害.②

鄭注 ① 오午의 기가 그 기회를 타기 때문이다. 午之氣乘之也.

② 더운 기에 의해 생겨나서 재해가 되는 것이다. 暑氣所生, 爲災害也.

集說 오화午火의 기에 의해서 초래된 것이다. '명螟'(명충)은 싹의 속을 파먹는 벌레이다. 午火之氣所泄也. '螟', 食苗心者.

【월령 44】

계춘의 달에는 태양이 위胃에 있고, 저녁에는 성星이 남중하고, 새벽에는 견우牽牛성이 남중한다.

季春之月, 日在胃, 昏七星中, 旦牽牛中.

鄭注 '계季'는 어리다는 뜻이다. 계춘은 태양과 달이 대량大梁에서 만나고 북두성이 진방辰方을 가리키는 때이다. '季', 少也. 季春者, 日月會於大梁, 而斗建辰之辰.

集說 위수胃宿는 12진으로 말하면 유酉의 방위에 있고, 12차로 말하면 대량大梁에 있다. '칠성七星'은 28수 가운데 성星수이다.[64] 胃宿在酉, 大梁之次也. '七星', 二十八宿之星宿也.

【월령 45】

그날은 갑을甲乙이다. 그 제帝는 태호大皞이고, 그 신神은 구망句芒이다. 그 동물(蟲)은 비늘 달린 동물(鱗)이다. 그 음은 각角이고, 율은 고선姑洗에 응한다. 그 수는 팔八이고, 그 맛은 신맛(酸)이고, 그 냄새는 비린내(羶)이다. 그 제사 대상은 문의 신(戶)이며, 희생의 비장(脾)으로 먼저 고수레한다.

其日甲乙. 其帝大皞, 其神句芒. 其蟲鱗. 其音角, 律中姑洗. 其數八, 其味酸, 其臭羶. 其祀戶, 祭先脾.

鄭注 '고선姑洗'은 남려南呂에서 생겨나는데, (남려를) 3분하여 1을 더한다. 율관律管의 길이는 7과 1/9촌이다. 계춘季春(하력 3월)의 기가 이르면 고선의 율이 응한다. 『국어』「주어周語」에 "고선은 백물을 정비하고 깨끗하게 하여 신에게 바치고 빈객을 맞아들이기 위한 것이다"라고 하였다. '姑洗'者, 南呂之所生也, 三分益一. 律長七寸九分寸之一. 季春氣至, 則姑洗之律應. 「周語」曰: "姑洗所以脩絜百物, 考神納賓."

集說 '고선姑洗'은 진율辰律로서 길이가 7과 1/9이다. '姑洗', 辰律, 長七寸九分寸之一.

【월령 46】

오동나무가 꽃을 피우기 시작하고, 들쥐가 변화하여 세가락메추라기가 된다. 무지개가 처음 나타나기 시작하고 개구리밥이 생겨나기 시작한다.

桐始華, 田鼠化爲鴽. 虹始見, 萍[65]始生.

鄭注 모두 절후를 기록한 것이다. '여鴽'는 세가락메추라기(鴾)의 어미다. 무지개(螮蝀)를 '홍虹'이라고 한다. '평蓱'은 개구리밥(萍)인데, 그 가운데 큰 것을 '빈蘋'이라 한다. 皆記時候也. '鴽', 母無.[66] 螮蝀謂之'虹'. '蓱', 萍也, 其大者曰'蘋'.

集說 이는 진월辰月의 계절을 기록한 것이다. '여鴽'는 메추라기 종류이다. 此記辰月之候. '鴽', 鶉鷂之屬.

【월령 47】

천자는 청양靑陽의 우개右个에 거처하고, 난로鸞路를 타고 창룡倉龍에 멍에를 씌우고, 청색의 깃발(靑旂)을 싣고, 청색의 옷(靑衣)을 입고, 청색의 패옥(倉玉)을 차고, 보리와 양고기를 먹고, 그 기물은 문양을 거칠고 성기게 새겨 기가 통하게 한 것을 사용한다.

天子居靑陽右个, 乘鸞路, 駕倉龍, 載靑旂, 衣靑衣, 服倉玉, 食麥與羊, 其器疏以達.

鄭注 '청양의 우개'(靑陽右个)는 동당의 남쪽 가까운 곳에 있다. '靑陽右个', 東堂南偏.

集說 '청양의 우개'(靑陽右个)는 동당의 남쪽 가까운 곳에 있다. '靑陽右个', 東堂南偏.

【월령 48】

이달에 천자는 선제先帝의 신위에 국의鞠衣를 바친다.

是月也, 天子乃薦鞠衣于先帝.

鄭注 앞으로 잠사蠶事를 행함에 복과 상서의 도움 구하기 위해서이다. 국의鞠衣[67]는 황상복黃桑服(황색 뽕잎 색깔을 본뜬 옷)이다. '선제先帝'는 태호大皞 등이다. 爲將蠶求福祥之助也. '鞠衣', 黃桑之服. '先帝', 大皞之屬.

集說 '국의鞠衣'는 옷 색깔이 국화의 황색과 같다. 정현의 주에 "황상복黃桑服이다"라고 한 것은 색깔이 누룩 빛으로 뽕잎이 처음 나오기 시작할 때의 색깔을 본떴기 때문이다. '국鞠' 자는 거去와 육六의 반절로 발음하기도 한다. '선제先帝'는 선대에 목木의 덕을 지녔던 군주이다. 이 옷을 신위神位에 바쳐서 잠사蠶事가 잘되기를 기원하는 것이다. '鞠衣', 衣色如鞠花之黃也. 註云"黃桑之服"者, 色如鞠塵, 象桑葉始生之色也. '鞠'字一音去六反. '先帝', 先代木德之君. 薦此衣于神坐, 以祈蠶事.

【월령 49】

주목舟牧에게 명령하여 배를 뒤집게 시키는데, 주목은 다섯 번 뒤집고 다섯 번 되돌린 다음 배가 완벽하게 갖추어졌음을 천자에게 보고한다. 천자는 비로소 배를 타고 종묘에 상어(鮪)를 바치고, 보리농사를 위해 잘 여물기를 기원한다.

命舟牧覆舟, 五覆五反, 乃告舟備具于天子焉.① 天子始乘舟, 薦

鮪于寢廟,② 乃爲麥祈實.③

鄭注 ① '주목舟牧'은 배를 주관하는 관리다. 배를 뒤집고 되돌리고 하는 것은 기울고 새는 것에 대비하는 것이다. '舟牧', 主舟之官也. 覆反舟者, 備傾漏也.

② 그 계절에 나는 좋은 물건을 진상하는 것이다. 進時美物.

③ 이삭이 날 때 그것이 잘 여물기를 구하는 것이다. 복을 비는 대상을 말하지 않았지만, 종묘에서 제사함을 알 수 있다. 於含秀求其成也. 不言所祈, 承寢廟可知.

集說 '주목舟牧'은 배에 타는 일을 주관하는 관리다. '다섯 번 뒤집고 다섯 번 되돌린다'(五覆五反)는 것은 배가 새거나 기우는 곳이 있는가 자세하게 살피는 것이다. 상어(鮪)를 바치는 것을 이용하여 함께 보리가 열매 맺기를 기원하는 것이다. '舟牧', 主乘舟之官. '五覆五反', 所以詳視其罅漏傾側之處也. 因薦鮪幷祈麥實.

【월령 50】

이달에는 생기生氣가 막 왕성해지기 시작해서 양기가 발산한다. 구부러지게 나오는 싹(句)이 모두 싹터 나오고, 곧게 나오는 싹(萌)이 모두 땅 위로 솟아나오니, 거두어 안에 쌓아두어서는 안 된다.

是月也, 生氣方盛, 陽氣發泄. 句者畢出, 萌者盡達, 不可以內.

鄭注 계절이 펼쳐 나오기에 적합한 때이므로 거두어들여서는 안 된다. '구句'는 싹이 구부러지게 나오는 것이다. 싹이 뾰족하게 솟아 곧은 것을

'맹萌'이라고 한다. 時可宣出, 不可收斂也. '句', 屈生者. 芒而直曰'萌'.

集說 '구句'는 싹이 구부러지게 나오는 것이다. '맹萌'은 싹이 곧게 나오는 것이다. '거두어들여서는 안 된다'(不可以內)는 것은 은혜를 베풀어 확산해서 생도生道가 펼쳐지고 분출되는 것에 순응해야지 인색하게 아끼고 닫아 쌓아두어서는 안 됨을 말한다. '句', 屈生者. '萌', 直生者. '不可以內', 言當施散恩惠, 以順生道之宣泄, 不宜吝嗇閉藏也.

【월령 51】

천자는 덕을 베풀고 은혜를 행해서, 유사에게 명령하여 창름倉廩을 열어서 오래 가난한(貧窮) 백성에게 하사하고 물자가 잠시 모자란(乏絶) 사람을 구제하게 한다. 부고府庫를 열고 폐백幣帛을 꺼내어, 천하의 부족한 사람들에게 공급하게 하고, 제후에게 권하여 벼슬하지 않은 선비(名士)를 방문하게 하고, 현자를 예우한다.

天子布德行惠, 命有司發倉廩, 賜貧窮, 振乏絶.① 開府庫, 出幣帛, 周天下, 勉諸侯聘名士, 禮賢者.②

鄭注 ① '진振'은 구제한다는 뜻과 같다. '振', 猶救也.

② '주周'는 부족한 사람에게 공급해주는 것을 말한다. '면勉'은 권한다는 뜻과 같다. '빙聘'은 방문한다는 뜻이다. '명사名士'는 아직 벼슬하지 않은 사士이다. '周', 謂給不足也. '勉', 猶勸也. '聘', 問也. '名士', 不仕者.

集說 오랫동안 없는 것을 '빈궁貧窮'이라 하고, 잠시동안 없는 것을 '핍절乏絶'이라 한다. '진振'은 구제한다는 뜻과 같다. '주周'는 부족한 사람을 구

제해주는 것이다. 안에서는 유사有司에게 명령하여 받들어 행하게 하고, 밖에서는 제후에게 권하여 받들어 행하게 함은 모두 천자의 덕과 은혜이다. 長無謂之'貧窮', 暫無謂之'乏絶'. '振', 猶救也. '周', 濟其不足也. 在內則命有司奉行, 在外則勉諸侯奉行, 皆天子之德惠也.

【월령 52】

이달에 사공司空에게 명령하여 말한다. "계절에 따른 비가 장차 내림에 수위가 낮은 물이 위로 상승할 것이다. 국國과 읍邑을 순행하고 평야를 두루 살펴, 제방을 수리하고, 수로를 소통시키고, 도로를 개통하여 막히는 곳이 없도록 하라."

是月也, 命司空曰: "時雨將降, 下水上騰. 循行國邑, 周視原野, 脩利隄防, 道達溝瀆, 開通道路, 毋有障塞."

鄭注 넓고 평평한 곳을 '원原'이라 한다. 국國이든 읍邑이든 평야이든 수로(溝瀆)와 도로가 모두 소통되지 않으면 안 되니, 홍수를 제거하여 백성의 일을 편리하게 하기 위함이다. 옛날에는 수로 위에 도로가 있었다. 廣平曰'原'. 國也邑也平野也, 溝瀆與道路, 皆不得不通, 所以除水潦, 便民事也. 古者溝上有路.

集說 '사공司空'은 국토를 관장한다. 이 경문의 내용은 모두 사공의 직무이다. '司空', 掌邦土. 此皆其職也.

【월령 53】

(이달에 사공司空에게 명령하여 말한다.) "사냥을 하더라도 들짐승을 잡는 저罝와 부罘, 날짐승을 잡는 나羅와 망罔, 필畢과 예翳, 들짐승에게 먹이는 독약을 구문九門 밖으로 내보내지 말라."

"田獵罝罘 · 羅網 · 畢翳 · 餧獸之藥, 毋出九門."

鄭注 날짐승과 들짐승이 막 새끼를 낳아 키우는데 그것을 해치는 것은 천시天時를 어기는 것이기 때문이다. 들짐승 잡는 그물을 '저부罝罘'라 하고, 날짐승 잡는 그물을 '라羅'라고 한다. 그물망이 작고 자루가 긴 것을 '필畢'이라 한다. '예翳'는 활 쏘는 자가 자신을 숨기는 도구이다. 온갖 그물과 독약을 구문 밖으로 내보내는 것을 금지한다는 것은 그것을 항상 가지고 있어도 때때로 사용할 수 없음을 밝히는 것이다. 천자의 '구문九門'은 노문路門 · 응문應門 · 치문雉門 · 고문庫門 · 고문皐門 · 성문城門 · 근교문近郊門 · 원교문遠郊門 · 관문關門이다. 금본 「월령」에는 '부罘' 자가 없고, '예翳'는 '익弋'으로 되어 있다. 爲鳥獸方孚乳, 傷之逆天時也. 獸罟曰'罝罘', 鳥罟曰'羅'. 罔小而柄長謂之'畢'. '翳', 射者所以自隱也. 凡諸罟及毒藥, 禁其出九門, 明其常有時不得用耳. 天子'九門'者, 路門也 · 應門也 · 雉門也 · 庫門也 · 皐門也 · 城門也 · 近郊門也 · 遠郊門也 · 關門也. 今「月令」無'罘', '翳'爲'弋'.

集說 '저罝'와 '부罘'는 모두 들짐승을 잡는 그물이다. '라羅'와 '망網'은 모두 날짐승을 잡는 그물이다. 그물망을 작게 하고 자루를 길게 한 것을 '필畢'이라 하는데, 그것이 필성畢星의 형태와 유사하기 때문에 이름을 붙인 것으로, 토끼를 잡는 데 사용한다. '예翳'는 활쏘는 사람이 그것을 이용하여 자신을 숨기는 것이다. '위餧'는 먹인다는 뜻이다. '약藥'은 독약이다. 일곱

가지 물건이 모두 밖에서 사용될 수 없는 것은 그것이 생도生道를 어기기 때문이다. 노문·응문·치문·고문庫門·고문皐門·성문·근교문·원교문·관문이 무릇 '구문九門'이다. '罝'·'罘', 皆捕獸之罟. '羅'·'網', 皆捕鳥之罟. 小網長柄謂之'畢', 以其似畢星之形, 故名用以掩兎也. '翳', 射者用以自隱也. '餧', 啗之也. '藥', 毒藥也. 七物皆不得施用於外, 以其逆生道也. 路門·應門·雉門·庫門·皐門·城門·近郊門·遠郊門·關門, 凡'九門'也.

【월령 54】

이달에 야우野虞에게 명령하여 뽕나무를 벌목하지 않게 한다. 산비둘기(鳴鳩[68])가 그 깃을 퍼덕이고, 오디새(戴勝)가 뽕나무로 내려와 앉는다. 잠박(曲), 치植(잠박과 광주리를 걸어두는 것), 둥근 대광주리(籧), 네모진 대광주리(筐) 등을 구비해둔다.

是月也, 命野虞, 毋伐桑柘.① 鳴鳩拂其羽, 戴勝降于桑.② 具曲·植·籧·筐.③

鄭注 ① 누에 먹이를 소중히 여기는 것이다. '야우野虞'는 전지와 산림을 주관하는 관리다. 愛蠶食也. '野虞', 謂主田及山林之官.

② 누에가 생겨나려고 하는 계절이다. 산비둘기(鳴鳩)가 날고 또 날개를 서로 치는 것은 농사가 다급함을 재촉하는 것이다. '오디새'(戴勝)는 길쌈의 새로, 이때 항상 뽕나무에 있다. '내려온다'(降)라고 말한 것은 마치 이때 하늘에서 내려온 것처럼 여기는 것으로 중시하는 것이다. 蠶將生之候也. 鳴鳩飛且翼相擊, 趍農急也. '戴勝', 織紝之鳥, 是時恒在桑. 言'降'者, 若時始自天來, 重之也.

③ 이때 누에를 치는 기구이다. '곡曲'은 잠박蠶薄이다. '치植'는 퇴槌(광주리

등을 걸어두는 것)이다. 時所以養蠶器也. '曲', 薄也. '植', 槌也.

集說 '야우野虞'는 전지田地와 산림을 주관하는 관리다. '불우拂羽'는 날면서 날개로 몸을 친다는 뜻이다. '오디새'(戴勝)는 길쌈의 새로서 일명 대임戴鵀(임鵀을 머리에 이고 있는 새)이라고 하는데, '임鵀'은 곧 (여성의) 머리 위에 장식하는 꾸미개이다. 이 새는 이때 항상 뽕나무에 있다. '내려온다'(降)라고 말한 것은 마치 하늘에서 내려온 듯이 중하게 여기기 때문이다. '곡曲'은 잠박蠶薄[69])이다. '치植'는 퇴槌로 잠박과 대광주리를 걸어두는 것이다. '거籧'(대광주리)는 둥글고 '광筐'(대광주리)은 네모지다. '野虞', 主田及山林之官. '拂羽', 飛而翼拍身也. '戴勝', 織紝之鳥, 一名戴鵀, '鵀'卽頭上勝也. 此時恒在桑. 言'降'者, 重之若自天而下也. '曲', 薄也, '植', 槌也, 所以架曲與籧筐者. '籧'圓而'筐'方.

【월령 55】

후비后妃는 재계하고 직접 동쪽을 향하여 뽕잎을 딴다. 부인婦人과 자녀子女에게 용모를 꾸미는 장식을 달지 않게 하고, 바느질하고 꿰매는 일을 줄여 누에치는 일에 힘을 다하도록 권면한다.
后妃齊戒, 親東鄉躬桑. 禁婦女毋觀, 省婦使, 以勸蠶事.

鄭注 후비가 직접 뽕나무를 따는 것은 천하에 솔선함을 보여주는 것이다. '동쪽을 향한다'(東鄉)는 것은 이 계절의 기를 향하는 것으로, 이것은 항상 머물면서 누에를 치지는 않음을 밝히는 것이다. 머물면서 치는 자는 선발된 부인夫人과 세부世婦이다. '부婦'는 세부 및 여러 신하들의 처를 뜻한다. 『주례』「천관天官 · 내재內宰」에 "중춘에 후后에게 조서를 내려 외명부와 내명부를 이끌고 북교에서 양잠의 일을 시작하게 한다"라고 하였다. '여

女'는 외내外內의 자녀이다.[70] 『대대례기』 「하소정夏小正」에 "첩자妾子[71]가 누에치기를 시작하여, 양잠의 일을 맡아 한다"고 하였다. '무관毋觀'은 장식을 없앤다는 뜻이다. '부사婦使'는 면綿 · 조組 · 순紃 등의 끈을 잇고 꿰매는 일이다.[72] 后妃親採桑, 示帥先天下也. '東鄕'者, 鄕時氣也, 是明其不常留養蠶也. 留養者, 所卜夫人與世婦. '婦', 謂世婦及諸臣之妻也. 「內宰職」曰: "仲春, 詔后帥外內命婦始蠶于北郊." '女', 外內子女也. 「夏小正」曰: "妾子始蠶, 執養宮事." '毋觀', 去容飾也. '婦使', 縫綿 · 組 · 紃之事.

集說 '동향東鄕'은 계절의 기를 맞이하는 것이다. '궁상躬桑'은 직접 뽕잎을 따는 것이다. '금부녀무관禁婦女毋觀'이란 부인과 자녀에게 용모를 꾸미는 장식을 하지 못하게 금지한다는 뜻이다. '성부사省婦使'란 그들의 바느질하고 꿰매는 일을 줄이는 것이다. 이 두 가지는 모두 그들을 권면하여 누에치는 일에 힘을 다하게 하기 위함이다. '東鄕', 迎時氣也. '躬桑', 親自采桑也. '禁婦女毋觀'者, 禁止婦女, 使不得爲容觀之飾也. '省婦使'者, 減省其箴線縫製之事也. 此二者, 皆爲勸勉之, 使盡力於蠶事也.

【월령 56】

누에치는 일이 끝나면 누에고치를 나누어주어 일한 분량에 따라 성과의 상하를 정하고, 교제郊祭와 종묘제사의 제복祭服을 만드는 데에 공급하여 감히 게으름이 없게 한다.

蠶事旣登, 分繭稱絲效功, 以共郊 · 廟之服, 毋有敢惰.

鄭注 '등登'은 완성한다는 뜻이다. 가서 잠사에 종사하는 이들에게 잠사가 끝나면 성과를 평가할 것임을 신칙하여 권면하고 경계하는 것이다. '登',

成也. 敕往蠶者蠶畢將課功, 以勸戒之.

集說 '등登'은 완성한다는 뜻이다. '분견分繭'은 중부衆婦 가운데 고치를 켜는 사람들에게 나누어주는 것이다. '칭사효공稱絲效功'은 것은 양의 차이를 가지고 그 성과의 상하를 정한다는 뜻이다. '登', 成也. '分繭', 分布於衆婦之繅者. '稱絲效功', 以多寡爲功之上下.

【월령 57】

이달에 공사工師에게 명령하여 백공에게 다섯 창고의 재료 상태를 조사하게 시켜, 금金과 철鐵 종류, 모피(皮)·가죽(革)·힘줄(筋) 종류, 뿔과 치아 종류, 깃(羽), 화살대용 대나무(箭), 기물에 사용하는 목재(幹) 등의 종류, 기름(脂)·아교(膠)·단사(丹)·옷칠(漆)의 종류에 혹시라도 불량품이 없게 한다.

是月也, 命工師, 令百工, 審五庫之量, 金鐵·皮革筋·角齒·羽箭幹·脂膠丹漆, 毋或不良.

鄭注 '공사工師'는 사공司空의 속관이다. '다섯 창고'(五庫)는 이 여러 물건을 저장하는 창고이다. '량量'은 물건의 좋고 나쁨에 대한 이전의 법규를 말한다. '간幹'은 기물에 쓰는 목재이다. 무릇 목재를 구부릴 때는 기름을 사용해야 하는 경우가 있다. '량良'은 좋다는 뜻이다. '工師', 司空之屬官也. '五庫', 藏此諸物之舍也. '量', 謂物善惡之舊法也. '幹', 器之木也. 凡輮幹有當用脂. '良', 善也.

集說 '공사工師'는 백공의 우두머리다. '다섯 창고'(五庫)는 금金(청동 종류)·철鐵 등이 한 창고가 되고, 모피(皮)·가죽(革)·힘줄(筋) 등이 한 창고가 되

고, 뿔과 치아가 한 창고가 되고, 깃 · (화살대용) 대나무(箭) · 목재(幹) 등이 한 창고가 되고, 기름 · 아교 · 단사(丹) · 칠漆 등이 한 창고가 된다. 모든 재료의 좋고 나쁨을 살펴보는 데에 모두 이전의 법규가 있는데, 그것을 '량量'이라 한다. 일설에는 분량의 수라고 한다. 살피고 조사하기 때문에 '다섯 창고의 재료 상태를 조사한다'고 한 것이다. '간幹'은 여러 기물에 사용되는 목재이다.[73] '工師', 百工之長也. '五庫'者, 金 · 鐵爲一庫, 皮 · 革 · 筋爲一庫, 角齒爲一庫, 羽箭幹爲一庫, 脂膠丹漆爲一庫. 視諸物之善惡, 皆有舊法, 謂之'量'. 一說多寡之數也. 審而察之, 故云'審五庫之量'也. '幹'者, 諸器所用之木材也.

【월령 58】

백공이 모두 각자 자신의 일을 다룰 때, 공사工師는 그들을 감독하면서 날마다 호령을 내려 "때에 어긋나게 하지 말고, 지나치게 기이하고 교묘한 것을 제작하여 군주의 마음을 동요시키지 말라"라고 경계한다.

百工咸理, 監工日號"毋悖于時, 毋或作爲淫巧, 以蕩上心."

鄭注 '함咸'은 모두(皆)라는 뜻이다. 백공이 모두 자신의 일을 다룰 때에, 공사工師는 감독하고, 날마다 명령을 내려 이 두 가지 일로 그들을 경계시킨다. '패悖'는 어긴다(逆)는 뜻과 같다. 백공이 기물을 만드는 것은 각각 때가 있어 그때를 어기면 좋지 않다. '때'(時)라는 것은 예를 들면 『주례』 「동관冬官 · 궁인弓人」에 "봄에는 뿔에 기름칠을 하고, 여름에 힘줄을 다스리고, 가을에 세 재료(三材)[74]를 합하고, 겨울에 형체를 고정시킨다"고 한 것 따위다. '음교淫巧'는 거짓으로 꾸며서 법대로 하지 않음을 말한다. '탕蕩'은 동

요시켜 사치함을 야기하는 것을 말한다. 금본 「월령」에는 '우시于時'가 없고, '작위作爲'는 '사위詐僞'로 되어 있다. '咸,' 皆也. 於百工皆理治其事之時, 工師則監之, 日號令之, 戒之以此二事也. '悖', 猶逆也. 百工作器物各有時, 逆之則不善. '時'者, 若「弓人」"春液角, 夏治筋, 秋合三材, 冬定體"之屬也. '淫巧', 謂僞飾不如法也. '蕩', 謂動之使生奢泰也. 今「月令」無'于時', '作爲'爲'詐僞'.

集說 이때 백공이 모두 각자 자신이 다루는 일을 처리하면, 공사는 감독하면서 매일 명령을 내려 다음의 두 가지로 경계를 삼게 한다. 첫째는 기물을 제작할 때 계절의 순서에 어긋나지 않도록 하는 것이다. 예를 들면 활을 만들 때, 반드시 봄에는 뿔에 기름을 칠하고, 여름에는 힘줄을 다스리고, 가을에는 세 재료(三材)를 합하고, 추울 때에 형체를 고정시키는 것 같은 일이 그것이다.[75] 둘째는 지나치게 기이하고 교묘한 기물을 만들어 군주의 마음을 동요시켜서 사치함을 야기하지 않는 것이다. 此時百工皆各理治其造作之事, 工師監臨之, 每日號令必以二事爲戒. 一是造作器物不得悖逆時序. 如爲弓, 必春液角・夏治筋・秋合三材, 寒定體之類, 是也. 二是不得爲淫過奇巧之器, 以搖動君心, 使生奢侈也.

【월령 59】

이달 말에, 길일을 택하여 합악合樂을 대규모로 행한다. 천자는 삼공三公・구경九卿・제후諸侯・대부大夫를 이끌고 직접 가서 시찰한다.

是月之末, 擇吉日, 大合樂. 天子乃率三公・九卿・諸侯・大夫, 親往視之.

鄭注 '합악을 대규모로 행한다'(大合樂)는 것은 양의 기를 도와 만물을 이루어주고 천하를 풍교風敎로 교화하기 위함이다. 그 예가 없어져서, 지금은 천자는 대사大射의 예로, 국군에서는 향사鄕射의 예로 대신하고 있다. '大合樂'者, 所以助陽達物, 風化天下也. 其禮亡, 今天子以大射, 郡國以鄕射禮代之.

集說 정씨鄭氏(정현鄭玄)는 "그 예가 없어졌다"고 하였다. 鄭氏曰: "其禮亡."

【월령 60】

이달에 발정이 나 짝을 찾는 소와 말을 합해서 (우리에 가두어둔) 암컷을 (수컷과 교배하도록) 방목장에 풀어놓는다. 희생으로 사용할 것, 망아지, 송아지 등은 모두 그 수를 기록해둔다.

是月也, 乃合累牛騰馬, 遊牝于牧.① 犧牲·駒·犢, 擧書其數.②

鄭注 ① '루累'와 '등騰'은 모두 짝에게 올라타는 것에 대한 명칭이다. 이달에 교배시키는 소와 말은 마구간에 묶여 있는 것을 가리킨다. 그 암컷들이 밖으로 나가고자 하면 방목장의 수컷에게 가서 교배하게 한다. '累'·'騰', 皆乘匹之名. 是月所合牛馬, 謂繫在廐者. 其牝欲遊, 則就牧之牡而合之.

② 방목장에 있는 것을 가지고 대조하여 헤아려 기록해두는 것은 (마구간에 있던 것들이) 나갈 때에 다른 일이 없음을 밝히고, 가을에 이르러 들어오는 것을 기록할 때 또한 번식하여 늘어난 수를 알기 위한 것이다. 以在牧而校數書之, 明出時無他故, 至秋當錄內, 且以知生息之多少也.

集說 봄의 양기가 이미 왕성해져서 만물이 모두 출산하여 양육한다. 그러므로 수컷을 찾는 묶여 있는 소와 올라타고 뛰어오르는 (발정난) 말을

합해서 풀어놓아 수컷이 방목장에서 암컷에게 나아가게 하니, 생산을 번성하게 하려는 것이다. 그 가운데 희생에 사용할 것과 망아지, 송아지 등은 모두 그 숫자를 기록해두는데, (가을에) 증감한 정도를 비교하는 것에 대비하는 것이다. 春陽旣盛, 物皆産育. 故合其累繫之牛・騰躍之馬, 而遊縱之, 使牡者就牝者于芻牧之地, 欲其孳生之蕃也. 若其中犧牲之用者及馬之駒牛之犢皆書其數者, 以備稽校多寡也.

【월령 61】

나라에 명령하여 나제難祭를 지내게 하고, 구문九門에서 희생을 찢어 음의 기를 제거하는 제사를 지내 봄의 기를 그치게 한다.

命國難, 九門磔攘, 以畢春氣.

鄭注 이 나제儺祭(역귀를 쫓는 제사)는 음기陰氣를 쫓아내는 것이다. 음의 찬 기가 이때에도 그치지 않으면 해가 사람에게 미친다. 사람에게 미치는 까닭은 음기는 동쪽으로 운행하기 때문이다. 이달 중간에 태양은 운행하여 묘昴를 지나는데, 묘수에는 대릉적시大陵積尸(대릉이 시신을 쌓음)의 기氣가 있다.[76] 그 기가 방일하게 되면 사악한 귀신이 따라 나와 다니는데, 방상씨方相氏에게 명령하여 백예百隸를 이끌고 집을 수색해서 역병을 몰아 쫓아내게 한다. 또 희생을 찢어서 사방의 신에게 화를 제거하는 제사를 지내는 것은 그 재앙을 그치게 하기 위한 것이다. 「왕거명당례」에 "계춘에 교외에서 역병을 몰아내고, 봄의 기운을 물리친다"고 하였다. 此難, 難陰氣也. 陰寒至此不止, 害將及人. 所以及人者, 陰氣右行. 此月之中, 日行歷昴, 昴有大陵積尸之氣. 氣佚則厲鬼隨而出行, 命方相氏帥百隸索室毆疫以逐之. 又磔牲以攘於四方之神, 所以畢

止其災也.「王居明堂禮」曰: "季春出疫于郊, 以攘春氣."

集說 나제를 지내는 일은 「주례」에서는 방상씨方相氏가 관장한다. 희생을 찢는 것을 '책磔'이라 하고, 화를 제거하는 것을 '양攘'이라 한다. 봄은 음기의 끝이다. 그러므로 희생을 찢어 화를 제거하는 제사를 올려 사악한 기를 그치게 하는 것이다. 구설[77]에 따르면, "대릉大陵의 8개 별이 위수胃宿에 북쪽에 있으면서 죽음을 관장한다. 묘수昴宿에는 대릉적시大陵積尸(대릉이 시신을 쌓음)의 기가 있는데, 기가 방일해지면 사악한 귀신이 뒤따라 나와 다닌다. 이달(3월) 초에 태양은 위수胃宿에 있다가 위수로부터 묘수를 지나게 된다. 그러므로 역병을 쫓아내는 일을 마땅히 이때에 행해야 한다." '구문九門'은 설명이 앞 장(53)에 보인다. 難之事, 在「周官」, 則方相氏掌之. 裂牲謂之'磔', 除禍謂之'攘'. 春者, 陰氣之終. 故磔攘以終畢厲氣也. 舊說, "大陵八星在胃北主死喪. 昴中有大陵積尸之氣, 氣佚則厲鬼隨之而行. 此月初, 日在胃, 從胃歷昴. 故毆疫之事當於此時行之也." '九門', 說見上章.

【월령 62】

계춘季春(하력 3월)에 겨울의 월령을 시행하면 찬 기가 때때로 발동하여 초목이 모두 위축되어 시들고, 나라에 커다란 공포가 생긴다.

季春行冬令, 則寒氣時發, 草木皆肅,① 國有大恐.②

鄭注 ① 축丑의 기가 그 기회를 타기 때문이다. '숙肅'은 가지와 잎새가 위축되고 시드는 것을 말한다. 丑之氣乘之也. '肅', 謂枝葉縮栗.

② 수水의 속임으로 서로 놀라 동요하는 것이다. 以水訛相驚.

集說 축토丑土의 기에 의해서 반응하는 것이다. '숙肅'은 가지와 잎새가 위축되고 급히 시드는 것이다. '커다란 공포'(大恐)은 거짓말로 서로 놀라고 동요하는 것이다. 구설[78]에 의하면, "맹춘에 화재에 대한 공포가 있게 되는 것은 화火의 기가 온다는 거짓 여론으로 인한 것이며, 여름의 월령을 시행하였기 때문이다. 이 경문은 겨울의 월령을 시행한 것이므로 응당 수水의 기가 온다는 거짓 여론을 초래한다. 한漢의 왕상王商이 일찍이 그것을 중지시킨 적이 있다." 丑土之氣所應也. '肅'者, 枝葉減縮而急栗也. '大恐', 訛言相驚動也. 舊說, "孟春有恐, 是火訛, 以其行夏令也. 此行冬令, 當致水訛. 漢王商嘗止之矣."

【월령 63】

여름의 월령을 시행하면 백성들에게 질병이 많아지고, 때에 맞는 비가 내리지 않고 산과 언덕의 나무들이 성장하지 못한다.

行夏令, 則民多疾疫, 時雨不降,① 山陵不收.②

鄭注 ① 미未의 기가 그 기회를 타기 때문이다. 6월에 28수는 귀鬼에 해당한다. 귀鬼는 천시天尸로 이때에 또 더위가 있다. 未之氣乘之也. 六月宿直鬼. 鬼爲天尸, 時又有暑也.

② 높은 곳은 나무가 더위에 더 잘 말라 시든다. 高者暵於熱也.

集說 미토未土의 기운에 의해서 반응하는 것이다. '불수不收'는 이루어지는 바가 없음을 뜻한다. 未土之氣所應也. '不收', 謂無所成遂也.

【월령 64】

가을의 월령을 시행하면 하늘에 짙은 구름이 자주 끼고, 장맛비가 일찍 내리며 전쟁이 잇달아 일어난다.

行秋令, 則天多沈陰, 淫雨蚤降,① 兵革並起.②

鄭注 ① 술戌의 기가 그 기회를 타기 때문이다. 9월에는 음의 기가 많다. '음淫'은 장마(霖)를 뜻한다. 비가 3일 이상 내리면 장마(霖)가 된다.[79] 금본 「월령」에는 '중우衆雨'로 되어 있다. 戌之氣乘之也. 九月多陰. '淫', 霖也. 雨三日以上爲霖. 今「月令」曰'衆雨'.

② 음의 기운이 강하기 때문이다. 陰氣勝也.

集說 술토戌土의 기에 의해서 반응하는 것이다. 戌土之氣所應也.

【월령 65】

맹하孟夏(하력 4월)의 달에는 태양이 필畢[80]에 있고, 저녁에 익翼[81]이 남중하고, 새벽에 무녀婺女[82]가 남중한다.

孟夏之月, 日在畢, 昏翼中, 旦婺女中.

鄭注 '맹하孟夏'(하력 4월)는 태양과 달이 실침實沈에서 만나고, 북두성이 사방巳方을 가리키는 때이다. '孟夏'者, 日月會於實沈, 而斗建巳之辰.

集說 필수畢宿는 12진으로 말하면 신申에 있고, 12차로 말하면 실침實沈[83]에 있다. 畢宿在申實沈之次.

【월령 66】

그날은 병정丙丁이다. 그 제는 염제炎帝이고,

其日丙丁.① 其帝炎帝,

鄭注 ① '병丙'이라는 말은 빛난다(炳)는 뜻이다. '정丁'이라는 말은 강하다(强)는 뜻이다. 태양의 운행은 여름에 남쪽으로 적도를 따르면서 만물을 성장시키고 길러주는데, 달이 그 보좌관이 된다. 이때 만물이 모두 빛나게 드러나서 강대해지므로, 또한 그것으로 날의 명칭을 삼은 것이다. 『역易』에 "손방巽方에서 재계하고, 이방離方에서 서로 본다"[84]고 하였다. '丙'之言炳也. '丁'之言强也. 日之行, 夏南從赤道, 長育萬物, 月爲之佐. 時萬物皆炳然著見而强大, 又因以爲日名焉. 『易』曰: "齊乎巽, 相見乎離."

集說 '염제炎帝'는 대정씨大庭氏, 즉 신농으로서 적정赤精의 군주이다. '炎帝', 大庭氏, 卽神農也, 赤精之君.

【월령 67】

그 신은 축융이다.

其神祝融.

鄭注 이는 적정赤精의 군주요, 화관火官의 신하로, 예로부터 덕을 드러내고 공을 세우는 자이다. '염제炎帝'는 대정씨大庭氏이다. '축융祝融'은 전욱씨顓頊氏의 아들 려黎로서 화관이 되었다. 此赤精之君, 火官之臣, 自古以來, 著德立功者也. '炎帝', 大庭氏也. '祝融', 顓頊氏之子曰黎, 爲火官.

集說 전욱씨의 아들을 려黎라고 하며, 화관의 신하가 되었다. 顓頊氏之子曰黎, 爲火官之臣.

【월령 68】

그 동물은 날짐승이다. 그 음은 치徵이고, 율은 중려中呂에 응한다. 그 수는 7이다. 그 맛은 쓴맛이고, 그 냄새는 타는 냄새(焦)이다. 그 제사대상은 조왕신(竈)이고, 희생의 폐肺로 먼저 고수레한다.

其蟲羽.① 其音徵,② 律中中呂.③ 其數七.④ 其味苦, 其臭焦.⑤ 其祀竈, 祭先肺.⑥

鄭注 ① 사물이 바람에 따라 날개를 고동시키는 것을 상징하는 것으로, 날짐승 종류이다. 象物從風鼓翼, 飛鳥之屬.

② 궁宮을 3분하고 1을 빼서 치徵를 낳는데, 치의 수는 54이다. 화火에 속하는 것은 그 음이 맑기 때문이며, 일事의 상象이 된다. 여름의 기가 조화로우면 치徵의 소리가 고르다. 「악기樂記」(6)에 "치徵가 어지러우면 악樂의 소리가 슬프니, 그 일이 고달픈 것이다"라고 하였다. 三分宮去一以生徵, 徵數五十四. 屬火者, 以其微淸, 事之象也. 夏氣和, 則徵聲調. 「樂記」曰: "徵亂則哀, 其事勤."

③ 맹하의 기가 이르면 중려中呂의 율이 응한다. 중려는 무역無射에서 생겨나는 것으로, (무역을) 3분하여 1을 더한다. 율관의 길이는 6과 12,974/19,683촌이다. 『국어』「주어周語」에 "중려中呂는 중기中氣를 펼친다"고 하였다. 孟夏氣至, 則中呂之律應. 中呂者, 無射之所生, 三分益一. 律長六寸萬九千六百八十三分寸之萬二千九百七十四. 「周語」曰: "中呂, 宣中氣."

④ 화火의 생수生數는 2이고, 성수成數는 7이다. 단지 7만을 말한 것은 또한

그 성수를 들어 말한 것이다. 火生數二, 成數七. 但言七者, 亦擧其成數.

⑤ 화火의 냄새와 맛이다. 무릇 쓴맛과 타는 냄새는 모두 여기에 속한다. 火之臭味也. 凡苦焦者皆屬焉.

⑥ 여름에는 양의 기운이 왕성하여 밖에서 뜨겁다. 조왕신(竈)에게 제사하는 것은 뜨거운 종류를 따르는 것이다. 제사지낼 때 먼저 폐를 고수레하는 것은 양의 자리가 위쪽에 있는데 폐 역시 위에 있어, 폐가 존귀한 것이 되기 때문이다. 부엌은 종묘문 밖의 동쪽에 있다. 조왕신에게 제사하는 예는 먼저 문의 아랫목 자리에 자리를 깔고, 동쪽을 향하여 부뚜막(竈陘)에 신주를 설치한다. 이어서 폐와 심장·간을 썰어서 조俎에 담아 신주 서쪽에 진설한다. 또 조 남쪽에 서직黍稷을 채운 궤簋를 조 남쪽에 진설한다. 또한 기장(黍)을 고수레하기를 세 번씩하고, 폐·심장·간을 고수레할 때는 각각 한 번씩 한다. 단술을 제사할 때는 세 번씩한다. 또한 고수레가 끝나고 치울 때에도 다시 정鼎과 조俎를 진설하고, 대자리 앞에 음식을 설치한다. 시尸를 맞이하는 것은 문의 신(戶)에 제사하는 예와 똑같이 한다. 夏陽氣盛, 熱於外. 祀之於竈, 從熱類也. 祀之先祭肺者, 陽位在上, 肺亦在上, 肺爲尊也. 竈在廟門外之東. 祀竈之禮, 先席於門之奧, 東面設主于竈陘. 乃制肺及心·肝爲俎, 奠于主西. 又設盛于俎南. 亦祭黍三, 祭肺·心·肝各一. 祭醴三. 亦旣祭徹之, 更陳鼎·俎, 設饌于筵前. 迎尸如祀戶之禮.

集說 '우충羽蟲'이란 날짐승의 종류를 말한다. 치徵 음은 화에 속한다. '중려中呂'는 사율巳律로서, 길이가 6과 12,974/19,683촌이다. 지이地二는 화를 낳고, 천칠天七은 그것을 이룬다. 7은 화火의 성수成數이다. 쓴맛과 타는 냄새가 모두 화에 속한다. 여름에 조왕신(竈)에게 제사하는 것은 화火가 사람을 길러주는 것이기 때문이다. 희생의 폐肺로 먼저 고수레하는 것은 화火가 금金을 이기기 때문이다. ○ 채옹蔡邕은 『독단獨斷』에서 말한다. "조왕신

은 여름에 태양太陽이 되어, 그 기가 장대하게 자란다. 조왕신에게 제사하는 예는 묘문 밖의 동쪽에서 한다. 먼저 문의 아랫목 자리에 자리를 깔고, 동쪽을 향해서 신주를 부뚜막(竈陘)에 진설한다." '羽蟲', 飛鳥之屬. 徵音屬火. '中呂', 巳律, 長六寸萬九千六百八十三分寸之萬二千九百七十四. 地二生火, 天七成之. 七者火之成數也. 苦焦皆火屬. 夏祭竈, 火之養人者也. 祭先肺, 火克金也. ○ 蔡邕『獨斷』曰: "竈夏爲太陽, 其氣長養. 祀竈之禮, 在廟門外之東. 先席于門奧, 面東設主于竈陘也."

【월령 69】

개구리가 울고, 지렁이가 나오며, 쥐참외(王瓜)가 생장하고, 씀바귀(苦菜)가 개화한다.

螻蟈鳴, 蚯蚓出, 王瓜生, 苦菜秀.

鄭注 모두 절후를 기록한 것이다. '누괵螻蟈'은 개구리다. '왕과王瓜'는 쥐참외이다. 금본 「월령」에는 "왕부王萯(하늘타리)가 생겨난다"(王萯生)라고 되어 있고, 「하소정」에는 "왕부王萯가 개화한다"(王萯秀)라고 되어 있는데, 어느 것이 옳은지 모르겠다. 皆記時候也. '螻蟈', 蛙也. '王瓜', 萆挈也. 今「月令」云: "王萯生", 「夏小正」云: "王萯秀", 未聞孰是.

集說 이는 사월巳月의 계절을 기록한 것이다. '왕과王瓜'는 정현에 주에 '비설萆挈'이라 하였고, 『본초』에는 '발계菝葜'로 되어 있는데, 음이 같다. 그것을 오이라고 한 것은 뿌리가 유사하기 때문으로, 또한 술을 빚을 수 있다. ○ 주씨朱氏는 말한다. "쥐참외(王瓜)는 색이 붉은데, 화火의 색에 감응하여 생장한다. 씀바귀(苦菜)는 맛이 쓴데, 화의 맛에 감응하여 성숙한다." 此記巳月之候. '王瓜', 注云'萆挈', 『本草』作'菝葜', 音同. 謂之瓜者, 以根之似也, 亦可釀

酒. ○ 朱氏曰: "王瓜色赤, 感火之色而生. 苦菜味苦, 感火之味而成."

【월령 70】

천자는 명당明堂의 좌개左个에 거처하고,

天子居明堂左个,

鄭注 '명당의 좌개'(明堂左个)는 태침大寢 남당南堂 동쪽 가까운 곳에 있다. '明堂左个', 大寢南堂東偏也.

集說 태침大寢의 남당南堂 동쪽 가까운 곳에 있다. 太寢南堂東偏.

【월령 71】

주로朱路를 타고, 적류赤騮에 멍에를 씌우고, 적색赤色의 기旂를 세우고, 주색朱色의 옷을 입고, 적색의 옥玉을 차고, 콩과 닭을 먹고, 그 기물은 높고 큰 것을 사용한다.

乘朱路, 駕赤騮, 載赤旂, 衣朱衣, 服赤玉, 食菽與雞, 其器高以粗.

鄭注 콩의 열매는 껍질이 단단하게 결합되어 있어 수水[85]에 속한다. 닭은 목木에 속하는 가축이다. 계절이 더워 그것을 먹음으로써 또한 생명을 편안하게 해준다. '조粗'는 크다는 뜻과 같다. 기물이 높고 큰 것은 사물이 풍성하게 자라는 것을 상징한다. 菽實孚甲堅合, 屬水. 雞, 木畜. 時熱食之, 亦以安

性也. '粗', 猶大也. 器高大者, 象物盛長.

集說 '류騮'는 말 이름이다. 붉은색 가운데 색이 옅은 것이 '적赤'이고, 짙은 것이 '주朱'이다. 용기가 높고 큰 것은 사물의 풍성함을 상징한다. '騮', 馬名. 色淺者'赤', 色深者'朱'. 用器高而粗大, 象物之盛長也.

【월령 72】

이달의 절기는 입하立夏이다. 입하 3일 전에 태사太史가 천자에게 "모일은 입하입니다. 왕성한 덕이 화火에 있습니다"라고 보고하고, 천자는 곧 재계한다. 입하의 날에 천자는 직접 삼공三公·구경九卿·대부大夫를 이끌고 남교에서 여름을 맞이하여 제사를 지낸다. 제사를 지내고 돌아와 조정에서 상을 내리고, 제후를 봉한다. 상과 은혜를 내릴 때는 골고루 행해지게 하여, 기뻐하지 않는 사람이 없게 한다.

是月也以立夏. 先立夏三日, 太史謁之天子曰: "某日立夏. 盛德在火", 天子乃齋.① 立夏之日, 天子親帥三公·九卿·大夫以迎夏於南郊. 還反, 行賞, 封諸侯. 慶賜遂行, 無不欣說.②

鄭注 ① '알謁'은 보고한다는 뜻이다. '謁', 告也.

② '여름을 맞이한다'(迎夏)는 것은 적제赤帝 적표노赤熛怒에게 남교의 조兆에서 제사지낸다는 뜻이다. '제후를 이끈다'(帥諸侯)고 말하지 않고 '제후를 봉한다'(封諸侯)고 한 것은 제후가 당시 서울에 있는 자가 없을 경우도 있어 그 말을 빼놓은 것이다. 「제통祭統」(28)에 "옛날에 체제禘祭에서 작위를 내

리고 의복을 하사한 것은 양陽의 의義에 따른 것이다. 상제嘗祭에서 전지와 읍을 내려주고 가을의 정령政令을 내린 것은 음陰의 뜻에 따른 것이다"라고 하였다. 이제 이처럼 상을 내리는 것은 가능하지만, 제후를 봉하는 것은 옛 법도에 어긋난다. 제후를 봉하고 토지를 내어주는 일은 이때에는 아직 가능하지 않다. 아마도 경문이 잘못된 듯하다. '迎夏', 祭赤帝赤熛怒於南郊之兆也. 不言'帥諸侯', 而云'封諸侯', 諸侯時或無在京師者, 空其文也. 「祭統」曰: "古者於禘也, 發爵賜服, 順陽義也. 於嘗也, 出田邑, 發秋政, 順陰義也." 今此行賞可也, 而封諸侯則違於古. 封諸侯, 出土地之事, 於時未可. 似失之.

集說 입춘에는 '제후·대부'라고 하였는데 이곳에서 제후를 발하지 않은 것은 (제후가) 있기도 하고 없기도 하여 반드시 같을 수는 없기 때문에 생략한 것이다. '남교에서 여름을 맞이하여 제사를 지낸다'(迎夏南郊)는 것은 염제炎帝와 축융祝融을 제사하는 것이다. 立春言'諸侯·大夫', 而此不言諸侯者, 或在或否, 不可必同, 故略之也. '迎夏南郊', 祭炎帝祝融也.

【월령 73】

그러고 나서 악사樂師에게 명령하여 예禮와 악樂을 함께 익히게 한다.

乃命樂師, 習合禮樂.

鄭注 장차 주주酎酒(진한 술)[86]를 마시는 예를 행하기 때문이다. 爲將飮酎.

集說 장차 주주를 마시는 예를 행하기 때문이다. 以將飮酎故也.

【월령 74】

태위太尉에게 명령하여 준걸(桀俊)은 이끌어서 승진시키고, 현량賢良은 그 뜻을 행하게 해주고, 기력이 좋은 사람은 뽑아서 등용하게 하고, 작위를 내리고 봉록을 줄 때에는 반드시 그 지위에 합당하게 행하게 시킨다.

命太尉, 贊桀俊, 遂賢良, 擧長大,① 行爵出祿, 必當其位.②

鄭注 ① 자라나는 기를 돕는 것이다. '찬贊'은 출사한다(出)는 뜻과 같다. '걸준桀俊'은 능력이 뛰어난 자이다. '수遂'는 승진한다는 뜻이다. 하·은·주 삼대의 관직에 사마司馬는 있지만 태위大尉는 없다. 진秦나라의 관직에 태위大尉가 있다. 오늘날 속인들이 모두 주공이 「월령月令」을 지었다고 하는데, 옛 제도에 아직 통하지 못한 것이다. 助長氣也. '贊', 猶出也. '桀俊', 能者也. '遂', 猶進也. 三王之官有司馬, 無大尉. 秦官則有大尉. 今俗人皆云周公作「月令」, 未通於古.

② 순응하게 하는 것이다. 使順之也

集說 '태위太尉'는 진秦나라의 관직이다. '걸준桀俊'은 기예를 가지고 말한 것이다. '찬贊'은 이끌어서 승진시키는 것을 뜻한다. '현량賢良'은 덕행을 가지고 말한 것이다. '수遂'는 그의 뜻을 행할 수 있게 해주는 것을 말한다. '장대長大'는 기력을 가지고 말한 것이다. 「왕제王制」(96)에 "무릇 기예(技)를 가진 사람에 대해서는 힘을 논한다"고 하였다. '거擧'는 선발하여 등용하는 것을 뜻한다. '그 지위에 합당하게 행한다'(當其位)는 것은 작위를 줄 때에는 반드시 덕행이 있는 지위에 합당하게 하고, 봉록을 줄 때에는 반드시 공로가 있는 지위에 합당하게 한다는 뜻이다. '太尉', 秦官也. '桀俊', 以才言. '贊',

則引而升之之謂. '賢良', 以德言. '遂', 謂使之得行其志也. '長大', 以力言. 「王制」言: "執技論力." '擧', 謂選而用之也. '當其位'者, 爵必當有德之位, 祿必當有功之位也.

【월령 75】

이달에, 자라나는 것을 계속해서 더욱 자라게 하고, 높은 것은 늘려서 더욱 높게 한다. 무너뜨리거나 떨어뜨리는 일이 없게 하고, 토목공사를 일으키지 말고, 대중을 징발하지 말고, 큰 나무를 베지 못하게 한다.

是月也, 繼長增高.① 毋有壞墮,② 毋起土功, 毋發大衆,③ 毋伐大樹.④

鄭注 ① 초목이 무성하게 번성하여 우거진 것을 말한다. 謂草木盛蕃廡.

② 또한 계절의 기에 어긋나기 때문이다. 亦爲逆時氣.

③ 누에치기와 농사짓는 일에 방해가 되기 때문이다. 爲妨蠶農之事.

④ 또한 계절의 기에 어긋나기 때문이다. 亦爲逆時氣.

集說 자라나는 것은 계속해서 더욱 자라게 해주고, 높은 것은 늘려서 더욱 높게 해주는 것이다. '무너뜨리고 떨어뜨린다'(壞墮)는 것은 이미 이루어진 기를 해친다. '토목공사를 일으키고'(起土功), '대중을 징발한다'(發大衆)는 것은 모두 양잠과 농사에 방해가 되기 때문에 금지시키는 것이다. '벌목하는 것'은 뻗어나는 기를 해친다. 그러므로 역시 금지시킨다. 일설에는 '큰 나무를 벤다'(伐大木)는 것은 궁실을 짓는 것을 뜻한다고 보았다. 長者繼之而使益長, 高者增之而使益高. '壞墮'則傷已成之氣, '起土功'·'發大衆', 皆防蠶農之事, 故禁止之. '伐樹'則傷條達之氣. 故亦在所禁. 一說, '伐大木', 謂營宮室.

【월령 76】

이달에 천자는 처음으로 갈포옷을 입는다.

是月也, 天子始絺.

鄭注 처음으로 여름옷을 입는 것이다. 初服暑服.

集說 '치絺'는 갈포옷 가운데 정세한 옷이다. '絺', 葛布之細者.

【월령 77】

야우野虞에게 명령하여 전원에 나아가서 천자를 위해 농민을 위로하고 백성을 권면하여 농사지을 시기를 놓치지 않게 한다.

命野虞, 出行田原, 爲天子勞農勸民, 毋或失時.

鄭注 거듭 경계시키는 것이다. 重敕之.

集說 '때를 놓친다'(失時)는 것은 농사지을 시기를 놓치는 것을 말한다. '失時', 謂失農時.

【월령 78】

사도에게 명령하여 현비縣鄙를 순행하면서 농부에게 명령하여 경작에 힘쓰고 도읍에서 쉬지 않게 한다.
命司徒, 循行縣鄙, 命農勉作, 毋休于都.

鄭注 서둘러 농사에 힘쓰게 하는 것이다. '현비縣鄙'는 향수鄕遂에 속하는 것으로, 백성을 위주로 말한 것이다. 「왕거명당례王居明堂禮」에 "국國에서 묵지 말라"고 하였다. 금본 「월령」에는 '휴休'가 '복伏'으로 되어 있다. 急趨於農也. '縣鄙', 鄕遂之屬, 主民者也. 「王居明堂禮」曰: "毋宿于國." 今「月令」'休'爲'伏'.

集說 전야에서 농사지을 것을 권면하고, 도읍 사이에서 쉬는 것을 금지하는 것은 모두 농사지을 시기를 놓칠까 염려하기 때문이다. 勉其興作於田野之內, 禁其休息于都邑之間, 皆恐其失農時也.

【월령 79】

이달에 (여름 사냥을 행하여) 들짐승을 쫓아내 오곡을 해치지 못하게 하되, 대규모 사냥은 못하게 한다.
是月也, 驅獸毋害五穀, 毋大田獵.

鄭注 번성하는 기를 해치기 때문이다. 爲傷蕃廡之氣.

集說 여름 사냥을 '묘苗'(모)라고 하는데, 바로 벼의 모를 해치는 들짐승을 몰아내기 위함으로, 나머지 세 계절에 행하는 큰 사냥과는 자연히 다르다. 夏獵曰'苗', 正爲驅獸之害禾苗者耳, 與三時之大獵自不同.

【월령 80】

농민이 보리를 진상하여 마당에 올려놓고, 천자는 돼지와 함께 보리를 제사지내는데, 먼저 종묘에 바친다.

農乃登麥, 天子乃以彘嘗麥, 先薦寢廟.

鄭注 '등登'은 진상한다는 뜻이다. 보리의 새로운 기는 더욱 성하여, 보리를 돼지와 곁들여 먹어 그 열을 발산한다. '돼지'(彘)는 수水의 가축이다. '登', 進也. 麥之新氣尤盛, 以彘食之, 散其熱也. '彘', 水畜.

集說 '등登'은 (보리를) 마당에 올려놓는다는 뜻이다. '登', 升之於場也.

【월령 81】

이달에 온갖 약초를 비축한다. 미초靡草[87]가 죽고, 맥추麥秋(보리가 익는 가을)가 이른다.

是月也, 聚畜百藥.① 靡草死, 麥秋至.②

鄭注 ① (보리가) 번성하고 우거질 때에는 독기가 성행한다. 蕃廡之時, 毒氣盛.

② 구설에 "미초靡草는 냅가새(薺) · 두루미냉이(亭歷)[88] 따위다"라고 하였다. 「제통祭統」(28)에 "풀이 벨 만해지면 묵형墨刑을 행한다"고 한 것은 입추 뒤를 말한다. 舊說云: "靡草, 薺 · 亭歷之屬." 「祭統」曰"草艾則墨", 謂立秋後也.

集說 '약초를 모으는 것'은 의료의 일에 공급하기 위한 것이다. '미초靡草'

는 풀의 가지와 잎이 가늘고 작은 것이다. 음의 종류는 양의 기운이 성하면 죽는다. 가을은 온갖 곡물이 익는 시기다. 이 경문의 때는 시기상 여름이지만, 보리농사로는 (보리가 여무는) 가을에 해당하므로 '맥추麥秋'라고 한 것이다. '聚藥', 爲供醫事也. '靡草', 草之枝葉靡細者. 陰類, 陽盛則死. 秋者, 百穀成熟之期. 此於時雖夏, 於麥則秋, 故云'麥秋'也.

【월령 82】

가벼운 형벌은 선고하여 집행하고, 작은 죄는 즉결처분하고, 가벼운 죄로 구금된 자는 방면한다.

斷薄刑, 決小罪,① 出輕繫.②

鄭注 ① 형벌에는 묵형墨刑보다 가벼운 것이 없다. 이제 순양純陽의 4월에 형벌을 단행하고 죄를 판결하는 것은 "무너뜨리고 떨어뜨리는 일이 없게 한다"(【월령 75】)는 말과 서로 차이가 나니, 잘못된 것인 듯하다. 刑無輕於墨者. 今以純陽之月, 斷刑決罪, 與"毋有壞墮"自相違, 似非.

② 관용을 숭상하는 것이다. 崇寬.

集說 '형刑'은 윗사람이 시행하는 것이고, '죄罪'는 아랫사람이 범하는 것이다. '단斷'은 그 경중을 정하여 형벌을 시행하는 것이다. '결決'은 물길을 튼다(決水)고 했을 때의 결決과 같은 것으로, 사람들이 조그만 죄로 고발한 경우에는 즉결처분하고 구금해두지 않는 것을 뜻한다. 그 중 가벼운 죄를 짓고서 구금된 자는 곧바로 풀어주어 방면한다. '刑'者, 上之所施, '罪'者, 下之所犯. '斷'者, 定其輕重而施刑也, '決', 如決水之決, 謂人以小罪相告者卽決遣之, 不收繫也. 其有輕罪而在繫者, 則直縱出之也.

【월령 83】

누에치는 일이 끝나면 내명부內命婦는 후비后妃에게 누에고치를 바친다. 누에고치의 세를 거둘 때는 뽕나무의 양으로 기준을 삼아서 신분과 연령에 상관없이 동일하게 (1/10을) 납부하게 하고, 그 납부한 것으로 교제郊祭와 종묘宗廟제사의 제복祭服을 공급한다.

蠶事畢, 后妃獻繭. 乃收繭稅, 以桑爲均, 貴賤長幼如一, 以給郊廟之服.

鄭注 '후비에게 누에고치를 바친다'(后妃獻繭)는 것은 내명부가 후비에게 누에고치를 바친다는 뜻이다. '누에고치의 세를 거둔다'(收繭稅)는 것은 외명부에게 거둔다는 뜻이다. 외명부는 비록 군주의 상잠실桑蠶室에 나아가서 누에를 치지만, 그 남편은 또한 마땅히 제복을 입고 제사를 도와야 하니 근교의 세를 거둔다. '신분과 연령에 상관없이 동일하다'(貴賤長幼如一)는 것은 세부담자(國服)가 똑같이 납부함을 의미한다. '后妃獻繭'者, 內命婦獻繭於后妃. '收繭稅'者, 收於外命婦. 外命婦雖就公桑蠶室而蠶, 其夫亦當有祭服以助祭, 收以近郊之稅耳. '貴賤長幼如一', 國服同.

集說 '후비에게 누에고치를 바친다'(后妃獻繭)는 것은 내명부가 바친 누에고치를 후비가 받는다는 뜻이다. '누에고치의 세를 거둔다'(收繭稅)는 것은 외명부가 누에를 칠 때 또한 도성의 북쪽 근교의 공상公桑을 사용하는데, 근교의 세는 1/10이므로 또한 그 누에고치의 1/10을 세로 바치고, 그 나머지는 자기의 수입으로 삼아 그 남편을 위해 제복祭服을 만드는 것을 말한다. 일설에는 "재명再命 이상은 제복祭服을 받는다"고 하였으므로 제복은 국가(公家)에서 지급하는 것이고, 따라서 1/10을 세로 내는 것은 그 남편의

제복을 공급하기 위한 것이라고 한다. 뽕나무를 받는 것이 많으면 누에고치의 세를 내는 것이 많고, 적으면 세 역시 적다. 모두 뽕나무의 양으로 균등함을 삼는다. '귀貴'는 경과 대부의 처를 뜻하고, '천賤'은 사의 처를 뜻한다. '장유長幼'는 부인들 사이의 노소이다. '동일하게 한다'(如一)는 것은 세부담자 모두 1/10을 세로 낸다는 뜻이다. '교제와 종묘제사의 제복'(郊廟之服)은 천자의 제복이다. '后妃獻繭', 謂后妃受內命婦之獻繭也. '收繭稅'者, 外命婦養蠶, 亦用國北近郊之公桑, 近郊之稅十一, 故亦稅其繭十之一, 其餘入己而爲其夫造祭服. 一說, "再命受服", 服者公家所給, 故稅其十一者, 爲給其夫祭服也. 受桑多則稅繭多, 少則稅亦少. 皆以桑爲均齊也. '貴', 謂卿大夫之妻, '賤', 謂士妻. '長幼', 婦之老少也. '如一', 皆稅十一也. '郊廟之服', 天子祭服也.

【월령 84】

이달에 천자는 주주酎酒를 마시면서 예악을 행한다.

是月也, 天子飮酎, 用禮樂.

鄭注 '주酎'라는 말은 진한 술이라는 뜻으로, 거듭 빚은 술을 말한다. 춘주春酒가 이때에 이르러 비로소 숙성되어, 여러 신하들과 더불어 예악을 연주하면서 조정에서 그것을 마시며, 존비를 바로잡는다. 맹동孟冬(하력 10월)에는 "크게 술을 마시고 증蒸제사를 지낸다"고 하였는데, 이곳에서는 '예악을 행한다'(用禮樂)고 한 것은 호문互文이다. '酎'之言醇也, 謂重釀之酒也. 春酒至此始成, 與群臣以禮樂飮之於朝, 正尊卑也. 孟冬云"大飮蒸", 此言'用禮樂', 互其文.

集說 거듭해서 빚은 술을 '주酎'라고 부른다. 진하게 익은 술이라는 뜻이다. 봄에 빚어서 이때 이르러 비로 숙성되는 것이다. 예악을 행하며 마시

는 것은 대개 성대한 모임이다. 重釀之酒, 名之曰'酎'. 稠醲之義也. 春而造, 至此始成. 用禮樂而飮之, 蓋盛會也.

【월령 85】

맹하孟夏(하력 4월)에 가을의 월령을 시행하면 농작물을 해치는 비(苦雨)가 자주 내리고, 오곡이 자라지 않으며, 사방 국경에 있는 읍(鄙)의 백성이 (외적을 피해) 작은 성(保)으로 들어가 몸을 숨긴다.[89)]

孟夏行秋令, 則苦雨數來, 五穀不滋,① 四鄙入保.②

鄭注 ① 신申의 기가 그 기회를 타기 때문이다. '고우苦雨'는 백로白露(찬 이슬)의 종류이다. 이 계절의 사물이 비를 맞아 손상되는 것이다. 申之氣乘之也. '苦雨', 白露之類. 時物得雨傷.

② 금金 기가 해를 입히는 것이다. '비鄙'는 국경에 있는 읍이다. 작은 성을 '보保'라고 한다. 金氣爲害也. '鄙', 界上邑. 小城曰'保'.

集說 신금申金의 기에 의해서 초래된 것이다. 申金之氣所泄也.

【월령 86】

겨울의 월령을 시행하면 초목이 일찍 마르고, 후에 커다란 홍수가 일어나서 성곽을 무너뜨린다.

行冬令, 則草木蚤枯,① 後乃大水, 敗其城郭.②

鄭注 ① 하지夏至가 다가오기 때문이다. 長日促.

② 해亥의 기가 그 기회를 타기 때문이다. 亥之氣乘之也.

集說 해수亥水의 기에 의해 손상되는 것이다. 亥水之氣所傷也.

【월령 87】

봄의 월령을 시행하면 황충蝗蟲이 재해를 일으키고, 폭풍이 닥쳐오고, 자란 초목이 열매를 맺지 못한다.

行春令, 則蝗蟲爲災, 暴風來格,① 秀草不實.②

鄭注 ① 인寅의 기가 그 기회를 타기 때문이다. 반드시 황충으로 재앙을 삼는 것은 인寅에는 계칩啓蟄(잠자는 것을 깨움)의 기가 있어서 초여름에 이 기가 유행하면 잠을 자야 할 곤충이 크게 일어나기 때문이다. '격格'은 이른다(至)는 뜻이다. 寅之氣乘之也. 必以蝗蟲爲災者, 寅有啓蟄之氣, 行於初暑, 則當蟄者大出矣. '格', 至也.

② 양기가 다시 생장시켜도 성숙하지 못하기 때문이다. 氣更生之, 不得成也.

集說 인목寅木의 기에 의해서 어지러워지는 것이다. 맹하의 달인데 맹추·맹동·맹춘의 월령을 시행하기 때문에 재이災異를 유발하여 초래하는 것이 이와 같다. '사비四鄙'는 사방 변방에 있는 읍이다. '보保'는 보堡와 같은 뜻으로 작은 성을 말한다. '입보入保'는 들어가 의지해서 안전함을 삼는 것이다. '격格'은 이른다(至)는 뜻이다. 寅木之氣所淫也. 以孟夏之月而行孟秋·

孟冬・孟春之令, 故感召災異如此. '四鄙', 四面邊鄙之邑也. '保', 與堡同, 小城也. '入保', 入而依以爲安也. '格', 至也.

【월령 88】

중하仲夏(하력 5월)의 달에는 태양이 동정東井[90]에 있고, 저녁에 항亢[91]이 남중하고, 새벽에 위危[92]가 남중한다.

仲夏之月, 日在東井, 昏亢中, 旦危中.

鄭注 '중하仲夏'는 태양과 달이 순수鶉首[93]에서 만나고, 북두성이 오방午方을 가리키는 때이다. '仲夏'者, 日月會於鶉首, 而斗建午之辰也.

集說 '동정東井'은 12진으로 말하면 미未에 있고, 12차로 말하면 순수鶉首에 있다. '東井', 在未, 鶉首之次.

【월령 89】

그날은 병정丙丁이다. 그 제는 염제炎帝이고, 그 신은 축융祝融이다. 그 동물은 날짐승이다. 그 음은 치徵이고, 율은 유빈蕤賓에 응한다. 그 수는 7이다. 그 맛은 쓴맛이고, 그 냄새는 타는 냄새이다. 그 제사 대상은 조왕신(竈)이고, 희생의 폐肺로 먼저 고수레한다.

其日丙丁. 其帝炎帝, 其神祝融. 其蟲羽. 其音徵, 律中蕤賓. 其數七. 其味苦, 其臭焦. 其祀竈, 祭先肺.

鄭注 '유빈蕤賓'은 응종應鍾에서 생겨나는 것으로, (응종을) 3분하여 1을 더한다. 율관의 길이는 6과 26/81촌이다. 중하仲夏의 기가 이르면 유빈의 율이 응한다. 『국어』 「주어周語」에 "유빈은 신과 인간을 편안하게 안정시키고, 주인과 빈객이 헌수獻酬의 예를 행하며 서로 권하는 것이다"라고 하였다. '蕤賓'者, 應鍾之所生, 三分益一. 律長六寸八十一分寸之二十六. 仲夏氣至, 則蕤賓之律應. 「周語」曰: "蕤賓所以安靜神人, 獻酬交酢."

集說 '유빈蕤賓'은 오율午律로서, 길이는 6과 26/81촌이다. '蕤賓', 午律, 長六寸八十一分寸之二十六.

【월령 90】

소서小暑가 이르면 사마귀가 생겨나고, 때까치(鵙)가 울기 시작하며, 반설反舌(지빠귀)가 울기를 멈춘다.

小暑至, 螳蜋生, 鵙始鳴, 反舌無聲.

鄭注 모두 절후를 기록한 것이다. '당랑螳蜋'은 표초螵蛸(사마귀알)의 어미다. '격鵙'은 때까치(博勞)다. 皆記時候也. '螳蜋', 螵蛸母也. '鵙', 博勞也.

集說 이는 오월午月의 절후를 기록한 것이다. '소서小暑'는 더운 기가 아직 성하지 않은 때이다. '당랑螳蜋'은 일명 기부蚚父라고도 하고, 일명 천마天馬라고도 하는데 나는 것이 말처럼 빠름을 말한다. '격鵙'은 때까치다. '반설反舌'은 백설조百舌鳥(지빠귀)이다. 만물은 모두 음양의 기를 받아서 바탕을 이룬다. 음의 종류는 음의 계절에 적합하고, 양의 종류는 양의 계절에 적합하여, 때를 얻으면 일어나고, 때에 배치되면 폐해진다. 소에서는 또 반설反

舌을 하마蝦蟆(두꺼비)라고 하였는데, 옳은지 어떤지 모르겠다. 此記午月之候. '小暑', 暑氣未盛也. '螳蜋', 一名蚚父, 一名天馬, 言其飛捷如馬也. '鵙', 博勞也. '反舌', 百舌鳥. 凡物皆稟陰陽之氣而成質. 其陰類者宜陰時, 陽類者宜陽時, 得時則興, 背時則廢. 疏又以反舌爲蝦蟆, 未知是否.

【월령 91】

천자는 명당明堂의 태묘太廟에 거처하고, 주로朱路를 타고, 적류赤騮에 멍에를 씌우고, 적색赤色의 기旂를 세우고, 주색朱色의 옷을 입고, 적색의 옥玉을 차고, 콩과 닭을 먹고, 그 기물은 높고 큰 것을 사용한다.
天子居明堂太廟, 乘朱路, 駕赤騮, 載赤旂, 衣朱衣, 服赤玉, 食菽與雞, 其器高以粗.

鄭注 '명당의 태묘'(明堂太廟)는 남당南堂에서 태실太室에 해당한다. '明堂太廟', 南堂當太室也.

集說 '명당의 태묘'(明堂太廟)는 남당에서 태실에 해당한다. '明堂太廟', 南堂當太室也.

【월령 92】

장대하고 아름다운 사람을 길러준다.
養壯佼.

鄭注 자라나는 기를 돕는 것이다. 助長氣也.

集說 '장壯'은 용모와 체격이 큰 것을 말하고, '교佼'는 형체와 얼굴이 아름다운 것을 말한다. 이러한 자를 택하여 길러주는 것은 또한 기르고 양성하는 명령에 순응하는 것이다. '壯', 謂容體碩大者, '佼', 謂形容佼好者. 擇此類而養之, 亦順長養之令.

【월령 93】

이달에 악사樂師에게 명령하여 도鞀[94] · 비鞞[95] · 고鼓를 수리하고, 금琴[96] · 슬瑟[97] · 관管[98] · 소簫[99]의 소리를 조율하고, 간干[100] · 척戚[101] · 과戈 · 우羽[102] 등 춤 도구를 잡고서 익히고, 우竽[103] · 생笙[104] · 지篪[105]의 황簧(울림판)을 조절하고, 종鍾 · 경磬[106] · 축柷[107] · 어敔[108]를 정비하게 한다.

是月也, 命樂師脩鞀 · 鞞 · 鼓, 均琴 · 瑟 · 管 · 簫, 執干 · 戚 · 戈 · 羽, 調竽 · 笙 · 篪簧, 飭鍾 · 磬 · 柷 · 敔.

鄭注 장차 제帝에게 대우제大雩祭(대규모의 기우제)를 지냄에 음악을 익히기 위한 것이다. '수脩' · '균均' · '집執' · '조調' · '칙飭'은 그 기물을 다스리고 그 일을 익힌다는 말이다. 爲將大雩帝習樂也. '脩' · '均' · '執' · '調' · '飭'者, 治其器物習其事之言.

集說 총 19가지 기물은 모두 악기다. '도鞀' · '비鞞' · '고鼓' 세 가지는 모두 혁음革音(가죽을 사용하여 제작한 타악기)이다. '도鞀'는 곧 땡땡이북(鼗)이다. '비鞞'는 북의 절주節奏를 보충하여 돕는 것이다. '금琴'과 '슬瑟'은 모두 사음絲

音(현악기)이다. '관管'과 '소簫'는 모두 죽음竹音(대나무를 사용하여 제작한 관악기)이다. '관管'은 피리(篴)와 같은데 작다. '간干'·'척戚'·'과戈'·'우羽'는 모두 춤추는 데 쓰는 기물이다. '간干'은 방패이고, '척戚'은 도끼다. '우竽'·'생笙'·'지篪'는 모두 죽음竹音(대나무를 사용하여 제작한 관악기)이다. '우竽'는 36황簧이고, '생笙'은 13황이다. '지篪'는 곧 저(篪)로서, 길이가 1척 4촌이다. '황簧'은 생황(笙)의 울림판(舌)으로서, 피리 속에 있는 금속으로 된 얇은 판이다. '우竽'·'생笙'·'지篪' 세 가지에는 모두 울림판이 있다. '종鍾'은 금음金音(금속을 사용하여 제작한 타악기)이고, '경磬'은 석음石音(돌을 사용하여 제작한 타악기)이다. '축柷'과 '어敔'는 모두 목음木音(나무를 사용하여 제작한 통으로 된 악기)이다. '축柷'은 칠통과 모양이 같고, '어敔'는 형상이 엎드린 호랑이 같다. 축柷으로 악樂의 시작을 합주하게 하고, 어敔로 음악의 끝을 절주節奏하게 한다. '수脩'는 그 낡은 것을 수리하는 것이고, '균均'은 그 소리를 조율하는 것이고, '집執'은 잡고서 익히는 것이고, '조調'는 곡조를 조절하는 것이고, '칙飭'은 정비하는 것이다. 장차 성대한 악樂을 행하여 기우제를 지내야 하기 때문에 조심스럽게 갖추는 것이다. 凡十九物, 皆樂器也. '鞀'·'鞞'·'鼓'三者, 皆革音. '鞀', 即鼗也. '鞞', 所以裨助鼓節. '琴'·'瑟', 皆絲音. '管'·'簫', 皆竹音. '管', 如篴而小. '干'·'戚'·'戈'·'羽', 皆舞器. '干', 盾. '戚', 斧也. '竽'·'笙'·'篪', 皆竹音. '竽'三十六簧, '笙'十三簧. '篪', 即篪也, 長尺四寸. '簧', 笙之舌, 蓋管中之金薄鍱也. '竽'·'笙'·'篪'三者, 皆有簧也. '鍾', 金音, '磬', 石音. '柷'·'敔', 皆木音. '柷', 如漆桶, '敔', 狀如伏虎. 柷以合樂之始, 敔以節樂之終. '脩'者, 理其弊, '均'者, 平其聲, '執'者, 操持習學, '調'者, 調和音曲, '飭'者, 整治之也. 以將用盛樂雩祀, 故謹備之.

【월령 94】

유사有司에게 명령하여 백성을 위해 산천과 온갖 발원지에 기도하고 제사하게 하고, 상제에게 대우제大雩祭(대규모의 기우제)를 지내게 하는데 성악盛樂을 사용한다.

命有司, 爲民祈祀山川百源, 大雩帝, 用盛樂.

鄭注 양기가 강성하면 항상 가뭄이 드는데, '산천과 온갖 발원지'(山川百源)는 구름과 비를 일으킬 수 있는 것이다. 뭇 물이 처음 나오는 곳이 '백원百源'이나. 반드시 먼저 그 근본이 되는 것에 제사하고, 이어서 우제(雩)를 지낸다. '우제雩帝'는 "오오하고 호소하면서 비를 구하는 제사"109)이다. '제에게 우제를 지낸다'(雩帝)는 것은 남교南郊의 곁에 제단을 쌓고, 오정五精의 제帝에게 우제를 지내면서 선제를 배향하는 것을 말한다. 도鞀·비鞞로부터 축柷·어敔에 이르기까지 모두 함께 연주하는 것을 '성대한 악'(盛樂)이라 한다. 무릇 다른 우제에서는 노래와 춤을 사용할 뿐이다. 陽氣盛而常旱, '山川百源', 能興雲雨者也. 衆水始所出爲'百源'. 必先祭其本, 乃雩. 雩, "吁嗟求雨之祭"也. '雩帝', 謂爲壇南郊之旁, 雩五精之帝, 配以先帝也. 自鞀·鞞至柷·敔皆作曰'盛樂'. 凡他雩用歌舞而已.

集說 '산山'은 물이 나오는 근원이다. 장차 비를 기원하고자 하기 때문에 먼저 그 근원에 제사하는 것이다. 하·은·주 삼대의 왕이 물에 제사할 때 강을 먼저 하고 바다를 나중에 한 것은 근본을 중하게 여김을 보여주는 것이다. '우雩'는 그 소리를 아아 하면서 비를 기원하는 제사이다. 『주례』「춘관·여무」에서 "여무女巫가 무릇 나라에 커다란 재앙이 있을 때 노래하고 곡哭을 하면서 청한다"라고 한 것 역시 그 뜻이다. '제帝'는 하늘의 주재자이다. '성악盛樂'은 도鼗·비鞞 이하 19가지 악기를 한꺼번에 연주하는 것

이다. '山'者, 水之源. 將欲禱雨, 故先祭其本源. 三王祭川, 先河後海, 示重本也. '雩'者, 吁嗟其聲, 以求雨之祭. 『周禮』"女巫, 凡邦之大烖, 歌哭而請", 亦其義也. '帝'者, 天之主宰. '盛樂', 卽韶 · 韡以下十九物並奏之也.

【월령 95】

이어서 모든 현縣에 명령하여 백벽百辟과 경사卿士 가운데 백성에게 유익함이 있는 이들에게 우제雩祭를 지내, 곡식이 잘 여물게 해주기를 기도하게 한다.

乃命百縣, 雩祀百辟 · 卿士有益於民者, 以祈穀實.

鄭注 '백벽百辟'과 '경사卿士'는 옛날의 상공上公으로서 구룡句龍이나 후직后稷 같은 부류이다. 『춘추전』에 "용이 나타나면 우제를 지낸다"110)고 하였으니 우제의 정식 제사는 4월에 지내야 한다. 주나라는 가을 3개월 동안에 가뭄이 들어도 또한 우제의 예를 갖추어 비를 기원하였기 때문에, (「월령」을 기록한 이가) 이를 이용해 정식 우제를 이달(중하 5월)에 지내는 것으로 나타냈으니, 잘못된 것이다. 천자는 상제上帝에게 우제를 지내고, 제후 이하는 상공上公에게 우제를 지낸다. 주나라는 겨울이나 봄 · 여름에는 가뭄이 들어도, 예禮에 기도하는 것은 있었지만 우제雩祭는 없었다. '百辟' · '卿士', 古者上公, 若句龍 · 后稷之類也. 『春秋傳』曰: "龍見而雩", 雩之正常以四月. 凡周之秋三月之中而旱, 亦脩雩禮以求雨, 因著正雩此月, 失之矣. 天子雩上帝, 諸侯以下雩上公. 周冬及春夏雖旱, 禮有禱無雩.

集說 '모든 현'(百縣)은 왕기王畿 안에 있는 읍邑이다. '백벽百辟'과 '경사卿士'는 옛날의 상공上公으로서 구룡句龍이나 후직后稷 같은 부류를 가리킨다.

'百縣', 畿內之邑也. '百辟'·'卿士', 謂古者上公, 句龍·后稷之類.

【월령 96】

이달에, 농민은 기장을 진상하고, 천자는 닭과 함께 기장을 제사하고, 앵두를 올리는데, 먼저 종묘에 바친다.

是月也, 農乃登黍,① 天子乃以雛嘗黍, 羞以含桃, 先薦寢廟.②

鄭注 ① '등登'은 진상한다(進)는 뜻이다. '登', 進也.

② 이는 병아리를 제사하는 것인데, '기장을 제사한다'(嘗黍)라고 한 것은 희생으로 곡식을 주관하지 않는 것이다. 반드시 기장으로 하는 것은 기장(黍)이 화火의 곡식으로 기氣의 주인이기 때문이다. '함도含桃'는 앵도櫻桃(앵두나무)이다. 此嘗雛也, 而云以'嘗黍', 不以牲主穀也. 必以黍者, 黍, 火穀氣之主也. '含桃', 櫻桃也.

集說 이제 '등맥登麥'111)·'등곡登穀'112)의 예에 따라 '농내등서農乃登黍' 네 글자를 '시월야是月也' 아래에 옮겨 놓는다. 구주舊註에 「내칙」의 '추雛'에 대해서는 작은 새라 하고, 이곳의 '추'는 닭이라 하였는데, 어느 것이 옳은지 잘 모르겠다. '함도含桃'는 앵도櫻桃(앵두나무)이다. 今用'登麥穀'例, 移'農乃登黍'四字在'是月也'之下. 舊註, 以「內則」之'雛'爲小鳥, 此'雛'爲雞, 未詳孰是. '含桃', 櫻桃也.

【월령 97】

백성에게 쪽을 베어서 염료로 사용하지 못하게 하고,

令民毋艾藍以染,

鄭注 자라나는 기를 해치기 때문이다. 이달에 쪽은 (어느 정도 자라서) 비로소 솎을 수 있다. 『대대례기』「하소정」에 "5월에 총총히 자란 쪽과 여뀌를 솎아준다"라고 하였다. 爲傷長氣也. 此月藍始可別, 「夏小正」曰: "五月啓灌藍蓼."

集說 쪽의 빛깔은 청색이다. 청색은 적색의 어머니다. 그것을 베는 것은 또한 계절의 기를 손상시키는 것이다. 藍之色青. 青者, 赤之母. 刈之, 亦是傷時氣.

【월령 98】

초목을 태워서 재(灰)[113]로 만들지 않게 하고,

毋燒灰,

鄭注 화火의 기를 해치기 때문이다. 화의 기가 이때 왕성해진다. 화火(불)가 죽은 것이 회灰(재)이다. 爲傷火氣也. 火之氣於是爲盛. 火之滅者爲灰.

集說 화火(불)가 죽은 것이 회灰(재)이다. 이를 금지하는 것은 또한 화의 기운을 해치기 때문이다. 火之滅者爲灰. 禁之, 亦爲傷火氣也.

【월령 99】

베를 햇볕에 쪼여 말리지 못하게 하고,

毋暴布,

鄭注 음陰의 일로 태양의 일에 간여하지 못하게 하는 것이다. 不以陰功干大陽之事.

集說 '폭暴'은 햇볕에 그것을 쪼여 말리는 것이다. '베'(布)는 음陰의 일로 이룬 것이다. 작은 일로 성대한 양의 일에 간여해서는 안 된다. '暴', 暴之於日也. '布'者, 陰功所成. 不可以小功干盛陽也.

【월령 100】

성문(門)과 마을 문(閭)[114]을 닫지 않게 하고,

門閭毋閉,

集說 한편으로 계절의 기가 펼쳐지고 통하는 것에 순응하고, 다른 한편으로 더운 기운이 잘 펼쳐지고 퍼지게 하는 것이다. 一則順時氣之宣通, 一則使暑氣之宣散.

【월령 101】

관문과 시장에서 물품을 수색하지 않게 하고,

關市毋索,

鄭注 양의 기가 펼쳐지는 것에 순응하여 사물을 어렵게 하지 않는 것이다. 順陽敷縱, 不難物.

集說 '수색한다'(索)는 것은 상인들이 물건을 은닉하여 세금을 회피하는 물품을 수색하는 것이다. 계절의 기가 성대해지는 때에, 인군 역시 그것을 체인하여 관대한 정치를 행하는 것이다. '索'者, 搜索商旅匿稅之物. 蓋當時氣盛

大之際, 人君亦當體之而行寬大之政也.

【월령 102】

범죄가 중한 죄수에게 관용을 베풀고, 그 음식을 늘려주고,

挺重囚, 益其食,

鄭注 '정挺'은 너그럽다는 뜻이다. '挺', 猶寬也.

集說 '정挺'은 뽑아낸다는 뜻이다. 범죄가 중한 죄수는 감금하는 것이 엄하다. 그러므로 특별히 관용을 베푸는 것이다. 가벼운 죄수는 이와 같이 하지 않는다. '그 음식을 늘려준다'(益其食)는 것은 그 양생을 더해주는 것이다. '挺'者, 拔出之義. 重囚禁繫嚴密. 故特加寬假, 輕囚則不如是. '益其食'者, 加其養也.

【월령 103】

목장에서 노닐던 암말과 암소를 무리에서 떼어내고, 날뛰는 망아지를 묶어두고, 마정馬政을 반포한다.

游牝別群,① 則縶騰駒,② 班馬政.③

鄭注 ① 새끼 배는 욕구가 멈추기 때문이다. 孕妊之欲止也.

② 수컷의 기가 넘쳐서 서로 발로 차고 물기 때문이다. 爲其牡氣有餘, 相蹄齧也.

③ '마정馬政'은 말을 기르는 것에 대한 정교政教(정령)이다. 『주례』「하관夏

官 · 수인廋人」의 직무에 "12마구간의 정교를 관장한다. 말을 장성하게 하고, 말을 혈기가 안정되게 길들이고, 3년 된 말(駣)에게 멍에 씌우는 것을 가르치고, 2년 된 말(駒)을 거세한다"고 한 것은 이를 두고 하는 말이다. '馬政', 謂養馬之政教也. 「廋人」職曰: "掌十有二閑之政教. 以阜馬, 佚特, 教駣, 攻駒", 此之謂也.

集說 계춘에 암컷을 방목장에서 노닐게 하였는데, 이때 이르러 새끼 배는 일이 이미 끝났기 때문에 무리와 함께하게 하지 않는 것이다. 뛰어오르는 망아지를 묶어두는 것은 발로 차고 물어뜯는 것을 멈추게 하는 것이다. '반班'은 반포한다는 뜻이다. '마정馬政'은 말을 기르는 정령政令이다. 『수례』에서는 어인圉人과 어사圉師가 관장하는 일이다. 季春遊牝于牧, 至此妊孕已遂, 故不使同群. 拘縶騰躍之駒者, 止其踶齧也. '班', 布也. '馬政', 養馬之政令也. 『周禮』圉人 · 圉師所掌.

【월령 104】

이달에 낮의 길이가 극에 달하여 음陰과 양陽이 다투고 죽음과 삶이 갈라진다.

是月也, 日長至, 陰陽爭, 死生分.

鄭注 '다툰다'(爭)는 것은 양의 기가 한창 강성한 가운데 음의 기가 (아래에서) 일어나려고 하는 것을 말한다. '분分'은 갈린다(半)의 뜻과 같다. '爭'者, 陽方盛, 陰欲起也. '分', 猶半也.

集說 '지至'는 지극하다(極)는 뜻과 같다. 하지는 해의 길이가 가장 긴 때로, 양기가 한낮의 기세를 다 발휘하고 있는 동안 미약한 음기가 심연에서

조금씩 나오니, 이는 음과 양이 다투어 갈리는 때이다. 만물 가운데 양기에 감응하여 한창 자라나는 것은 살고, 음기에 감응하여 이미 이루어진 것은 죽으니, 이는 죽음과 삶이 갈라지는 때이다. '至', 猶極也. 夏至日長之極, 陽盡午中, 而微陰眇重淵矣, 此陰陽爭辨之際也. 物之感陽氣而方長者生, 感陰氣而已成者死, 此死生分判之際也.

【월령 105】

군자는 재계하여 거처할 때는 반드시 몸을 가리고, 조급하게 행동함이 없게 하고, 악樂과 여색을 그쳐 혹시라도 그곳에 나아가는 일이 없게 하고, 진미를 줄여 조미를 다 발휘하는 일이 없게 하고, 욕구를 절제하여 심기心氣를 안정시킨다.

君子齊戒, 處必掩身, 毋躁,① 止聲色, 毋或進,② 薄滋味, 毋致和,③ 節耆欲, 定心氣.④

鄭注 ① '엄掩'은 감추고 가린다는(隱翳)는 뜻과 같다. '조躁'는 행동한다(動)는 뜻과 같다. 금본 「월령」에는 "조급하게 행동하지 말고, 정숙하고자 한다"라고 되어 있다. '掩', 猶隱翳也. '躁', 猶動也. 今「月令」"毋躁爲, 欲靜."

② '진進'은 직접 접한다(御見)는 뜻과 같다. '성聲'은 음악을 뜻한다. 『역易』·『악樂』·『춘추』에서는 "하지에 군주는 여러 신하와 더불어 팔능八能의 선비115)에게 나아가 5일 동안 악樂을 행한다"고 설명하고 있다. 그런데 이제 이 경문에서는 그것을 금지하니 올바른 도가 아니다. '進', 猶御見也. '聲', 謂樂也. 『易』及『樂』·『春秋』說"夏至, 人主與群臣從八能之士, 作樂五日." 今止之, 非其道也.

③ 그 기가 달라 이때에는 사람을 해치기 때문이다. 爲其氣異, 此時傷人.

④ 미약한 음의 기가 정精을 부지하니, 흩어지게 해서는 안 된다. 微陰扶精, 不可散也.

集說 재계하여 그 마음을 안정시키고, 엄폐하여 그 몸을 예방해서, 행여 거동을 경솔하고 조급하지 않게 하고, 혹시라도 음악과 여색에 나아가지 않고, 음식의 조미에 진미를 줄이고, 여러 일들에서 욕심을 절제하는 것은 무릇 심기心氣를 안정시켜 음의 질병에 대비하는 것이다. 齊戒以定其心, 掩蔽以防其身, 毋或輕躁於擧動, 毋或御進於聲色, 薄其調和之滋味, 節其諸事之愛欲, 凡以定心氣而備陰疾也.

【월령 106】

백관은 형벌의 일을 중지하고 안정해서 형벌을 시행하지 않게 하여, 편안한 음陰이 이루는 바를 안정하게 한다.

百官靜事無刑,① 以定晏陰之所成.②

鄭注 ① 죄를 주고 형을 가하는 일은 보고하게 해서는 안 된다. 금본 「월령」에는 '형刑'이 '경徑'으로 되어 있다. 罪罰之事, 不可以聞. 今「月令」'刑'爲'徑'.

② '안晏'은 편안하다(安)는 뜻이다. 음은 안정과 잘 어울린다. '晏', 安也. 陰稱安.

集說 '형벌'(刑)은 음사陰事이다. 음사를 든 것은 음기를 돕고 양기를 억제하는 것이다. 그러므로 백관의 부서에서는 형벌을 처리하는 일을 모두 중지하고 안정하여 시행하지 않는다. 무릇 천지의 기는 순응하면 조화를 이루고, 다투면 어긋나므로, 재앙을 초래할 수 있다. 이때는 음기와 양기가 서로 다투는 때이다. 그러므로 반드시 이와 같이 조심하여 대비해야 한다.

'안晏'은 편안하다(安)는 뜻이다. 음의 도는 고요하다. 그러므로 '편안한 음'(晏陰)이라고 한 것이다. 안정시켜서 완성시키는 데에 이르면 순서에 따라 발전하여 재앙이 되지 않는다. 이 때문에 아직 안정시키기 전에는 갖가지 일을 모두 소홀히 할 수 없다. '刑', 陰事也. 擧陰事則是助陰抑陽. 故百官府刑罰之事, 皆止靜而不行也. 凡天地之氣, 順則和, 競則逆, 故能致災咎. 此陰陽相爭之時. 故須如此謹備. '晏', 安也. 陰道靜. 故云'晏陰'. 及其定而至於成, 則循序而往, 不爲災矣. 是以未定之前, 諸事皆不可忽也.

【월령 107】

사슴의 뿔이 떨어져 나가고, 매미가 울기 시작하며, 반하半夏(끼무릇)가 생장하고, 무궁화(木堇)가 꽃을 피운다.

鹿角解, 蟬始鳴, 半夏生, 木堇榮.

鄭注 또 절후를 기록한 것이다. '반하半夏'(끼무릇)는 약초이다. '목근木堇'은 왕증王蒸(무궁화)이다. 又記時候也. '半夏', 藥草. '木堇', 王蒸也.

集說 이 또한 오월의 절후를 말한 것이다. '해解'는 벗는다는 뜻이다. 此又言午月之候. '解', 脫也.

【월령 108】

이달에는 남방에서 불을 쓰지 않게 한다.

是月也, 毋用火南方.

鄭注 양기가 강성하기 때문에, 또 그 방향의 지역에서 불을 사용하면 미약한 음기를 해치게 된다. 陽氣盛, 又用火於其方, 害微陰也.

集說 '남방南方'은 화火의 방위다. 그래서 그 방위를 이용하여 그 사용을 성대하게 하면 미약한 음기에 해가 된다. 그래서 경계시키는 것이다. '南方', 火位. 又因其位而盛其用, 則爲微陰之害. 故戒之.

【월령 109】

높고 밝은 곳에 거처할 수 있고, 멀리 조망할 수 있고, 산릉에 오를 수 있고, 누대(臺)와 정자(榭)에 거처할 수 있다.

可以居高明, 可以遠眺望, 可以升山陵, 可以處臺榭.

鄭注 양이 위에 있는 것에 따르는 것이다. '높고 밝다'(高明)는 것은 누관樓觀을 가리킨다. 망루가 있는 것을 '대臺'(누대)라고 하고, 나무가 있는 것을 '사榭'(정자)라고 한다. 順陽在上也. '高明', 謂樓觀也. 闍者謂之'臺', 有木者謂之'榭'.

集說 이는 모두 양기가 밝은 때에 순응하는 것이다. 凡此皆順陽明之時.

【월령 110】

중하仲夏(하력 5월)에 겨울의 월령을 시행하면, 우박과 서리가 내려

곡물을 손상시키고, 도로가 통하지 못하고, 갑작스런 도적이 쳐들어온다.

仲夏行冬令, 則雹凍傷穀,① 道路不通, 暴兵來至.②

鄭注 ① 자子의 기가 그 기회를 타기 때문이다. 양기가 비가 되었는데 음이 일어나서 위협하면 응결되어 우박이 된다. 子之氣乘之也. 陽爲雨, 陰起脅之, 凝爲雹.

② 도적이 공격하고 위협하는 것으로 또한 우박과 같은 종류이다. 盜賊功劫, 亦雹之類.

集說 자수子水의 기에 의해서 손상되는 것이다. 子水之氣所傷也.

【월령 111】

봄의 월령을 시행하면, 오곡이 늦게 익고, 온갖 병충해가 수시로 발생하고, 그 나라는 기근이 든다.

行春令, 則五穀晚熟,① 百螣時起, 其國乃饑.②

鄭注 ① 묘卯의 기가 그 기회를 타기 때문이다. 생장하는 날이 긴 것이다. 卯之氣乘之也. 生日長.

② '등螣'은 황충蝗蟲(메뚜기) 종류이다. '백百'이라고 말한 것은 여러 종류가 한꺼번에 해를 끼침을 밝힌 것이다. '螣', 蝗之屬. 言百者, 明衆類並爲害.

集說 묘목卯木의 기에 의해서 어지러워지는 것이다. 卯木之氣所淫也.

【월령 112】

가을의 월령을 시행하면 초목이 떨어지고, 과실이 일찍 익고, 백성이 돌림병으로 시달린다.

行秋令, 則草木零落,① 果實早成,② 民殃於疫.③

鄭注 ① 유酉의 기가 그 기회를 타기 때문이다. 8월 28수는 묘昴와 필畢에 해당하는데, 천옥天獄으로서 죽이는 일을 주관한다. 酉之氣乘之也. 八月宿直昴畢, 爲天獄主殺.

② 생장하는 날이 짧은 것이다. 生日短.

③ 대릉大陵의 기가 와서 해를 끼치는 것이다. 大陵之氣來爲害也.

集說 유금酉金의 기에 의해서 일어나는 것이다. '등螣'은 싹의 잎을 갉아먹는 벌레이다. '백등百螣'이라고 한 것은 곡물을 해치는 벌레가 한 가지가 아님을 말하는 것이다. 酉金之氣所泄也. '螣', 食苗葉之蟲也. '百螣'者, 言害稼之蟲, 非一類.

【월령 113】

계월의 달에는 태양이 류柳에 있고, 저녁에 화火가 남중하고 새벽에 규奎가 남중한다.

季夏之月, 日在柳, 昏火中, 旦奎中.

鄭注 '계하季夏'(하력 6월)는 태양과 달이 순화鶉火에서 만나고, 북두성이 미방未方을 가리키는 때이다. '季夏'者, 日月會於鶉火, 而斗建未之辰也.

集說 류수柳宿는 12진으로 말하면 오午에 있고, 12차로 말하면 순화鶉火[116]에 있다. '화火'는 대화심수大火心宿이다.[117] 柳宿在午, 鶉火之次也. '火', 大火心宿.

【월령 114】

그날은 병정丙丁이다. 그 제는 염제炎帝이고, 그 신은 축융祝融이다. 그 동물은 날짐승이다. 그 음은 치徵이고, 율은 임종林鍾에 응한다. 그 수는 7이다. 그 맛은 쓴맛이고, 그 냄새는 타는 냄새이다. 그 제사 대상은 조왕신(竈)이고, 희생의 폐肺로 먼저 고수레한다.
其日丙丁. 其帝炎帝, 其神祝融. 其蟲羽. 其音徵, 律中林鍾. 其數七. 其味苦, 其臭焦. 其祀竈, 祭先肺.

鄭注 '임종林鍾'은 황종黃鍾에서 생겨나는 것으로, (황종을) 3분하여 1을 더한다. 율관의 길이는 6촌이다. 계하의 기가 이르면 임종의 율이 응한다. 『국어』「주어周語」에 "임종은 온갖 사물을 조화롭게 살펴서 사람들에게 직무를 맡아 빠르게 공을 이루고 그 일을 크게 공경하지 않음이 없게 한다"[118]라고 하였다. '林鍾'者, 黃鍾之所生, 三分去一. 律長六寸. 季夏氣至, 則林鍾之律應. 「周語」曰: "林鍾和展百物, 俾莫不任肅純恪."

集說 '임종林鐘'은 미율未律로서, 길이가 6촌이다. '林鍾', 未律, 長六寸.

【월령 115】

따뜻한 바람이 비로소 극에 이르고, 귀뚜라미가 벽 속에 붙어 지내고, 매가 나는 것을 익히고, 썩은 풀이 변해 반디가 된다.

溫風始至, 蟋蟀居壁, 鷹乃學習, 腐草爲螢.

鄭注 모두 절후를 기록한 것이다. '매가 나는 것을 익힌다'(鷹學習)는 것은 다리로 물건을 움켜쥐고 날개로 휘젓는 일을 배운다는 뜻이다. 『대대례기』 「하소정夏小正」에 "6월에 매가 처음으로 새를 잡는다"고 하였다. '형螢'은 날아다니는 곤충으로, 반딧불이다. 皆記時候也. '鷹學習', 謂攫搏也. 「夏小正」曰: "六月, 鷹始摯." '螢', 飛蟲, 螢火也.

集說 이는 미월未月의 절후를 기록한 것이다. '지至'는 지극하다는 뜻이다. 귀뚜라미(蟋蟀)는 흙 속에서 생겨나는데, 이때에 아직 날개를 휘저어 멀리 날 수 없어서 단지 그 구멍의 벽에 붙어 지낸다. 7월에 이르면 멀리 날아서 들판에 있다. '학습學習'이란 새끼가 날개를 휘저어 나는 것을 배우는 것이다. 썩은 풀이 따뜻한 기를 얻기 때문에 변화하여 반디가 된다. ○ 주씨朱氏는 말한다. "온풍은 온후함이 지극한 것이고, 냉풍은 춥고 얼어붙는 것의 시작이다. '썩은 풀이 반디가 된다'(腐草爲螢)는 것은 밝음이 지극한 것이다. 그러므로 어두운 종류가 변화하여 밝은 종류가 된다." 此記未月之候. '至', 極也. 蟋蟀生於土中, 此時羽翼猶未能遠飛, 但居其穴之壁. 至七月則能遠飛而在野矣. '學習', 雛學數飛也. 腐草得暑溫之氣, 故變而爲螢. ○ 朱氏曰: "溫風溫厚之極, 凉風嚴凝之始. '腐草爲螢', 離明之極. 故幽類化爲明類也."

【월령 116】

천자는 명당明堂의 우개右个에 거처하고, 주로朱路를 타고, 적류赤騮에 멍에를 씌우고, 적색赤色의 기旂를 세우고, 주색朱色의 옷을 입고, 적색의 옥玉을 차고, 콩과 닭을 먹고, 그 기물은 높고 큰 것을 사용한다.
天子居明堂右个, 乘朱路, 駕赤騮, 載赤旂, 衣朱衣, 服赤玉, 食菽與雞, 其器高以粗.

鄭注 '명당의 우개'(明堂右个)는 남당의 서쪽 가까운 곳에 있다. '明堂右个', 南堂西偏也.

集說 '명당의 우개'(明堂右个)는 남당의 서쪽 가까운 곳에 있다. '明堂右个', 南堂西偏也.

【월령 117】

어사漁師에게 명령하여 교룡을 공격하여 잡고, 악어를 잡고, 거북을 올리고, 자라를 잡게 한다.
命漁師伐蛟, 取鼉, 登龜, 取黿.

鄭注 네 가지는 갑각류로서, 가을이 되면 완전하게 이루어진다. 『주례』에 "가을에 거북과 생선을 바친다"119)고 하였고, 또 "무릇 거북을 잡는 것은 가을철에 한다"120)고 하였는데, 이는 하력夏曆의 가을이다. 「월령」을 지은 자는 이 가을이 주나라의 계절에 근거한 것이라고 여겼다. 주력周曆의 8월은 하력夏曆의 6월이다. 그래서 여기에 쓴 것인데, 잘못인 듯하다. 교룡(蛟)

에 대해서 '친다'(伐)고 말한 것은 그것을 잡는데 병사의 호위가 있어야 하기 때문이다. 거북(龜)에 대해서 '올린다'(登)라고 말한 것은 그것을 높여주는 것이다. 악어(鼉)와 자라(黿)에 대해서 '취한다'(取)고 말한 것은 제수에서 물품이 천한 것에 속하기 때문이다. 악어의 가죽은 또 그것으로 북에 씌울 수 있다. 금본 「월령」에는 '어사漁師'가 '방인榜人'으로 되어 있다. 四者甲類, 秋乃堅成. 『周禮』曰: "秋獻龜魚", 又曰: "凡取龜用秋時", 是夏之秋也. 作「月令」者以爲此秋據周之時也. 周之八月, 夏之六月. 因書於此, 似誤也. 蛟言'伐'者, 以其有兵衛也. 龜言'登'者, 尊之也. 鼉·黿言'取', 羞物賤也. 鼉皮又可以冒鼓. 今「月令」'漁師'爲'榜人'.

集說 교룡(蛟)에 대해서 '친다'(伐)고 말한 것은 그것이 포악하여 쉽게 공격하여 잡을 수 없기 때문이다. 거북이(龜)에 대해서 '올린다'(登)라고 말한 것은 그것은 높이고 특별하게 여기는 것이다. 악어(鼉)와 자라(黿)에 대해서 '취한다'(取)고 말한 것은 쉽게 얻을 수 있어서 천하게 여기는 것이다. 蛟言'伐', 以其暴惡, 不易攻取也. 龜言'登', 尊異之也. 鼉黿言'取', 易而賤之也.

【월령 118】

택인에게 명령하여 갈대를 바치게 한다.

命澤人納材葦.

鄭注 부들과 갈대 종류는 이때에 부드럽고 질겨 취하여 기물을 제작할 수 있다. 蒲葦之屬, 此時柔刃, 可取作器物也.

集說 부들과 갈대 종류는 택지에서 자라는데 용기를 만들 수 있다. 그래서 '재료'(材)라고 한 것이다. 택인澤人이 그것을 바치는 것은 직무이다. 이는 모두 자질구레한 일로서, 전적으로 어느 특정한 달에 하는 것은 아니다.

그래서 '이달에'(是月)라는 말로 시작하지 않은 것이다. 蒲葦之屬, 生於澤中而可爲用器. 故曰'材'. 澤人納之, 職也. 此皆煩細之事, 非專一月所爲. 故不以'是月'起之.

【월령 119】

이달에 사감四監에게 명령하여 백현百縣에서 올리는 할당된 꼴(芻)을 크게 합하여 희생을 기르게 하고, 백성에게는 모두 노동력을 제공하여 꼴을 베지 않음이 없게 해서, 황천皇天상제上帝, 명산名山대천大川, 사방의 신神에게 올리는 제사에 이바지하게 하고, 종묘와 사직의 신령에게 제사하여, 백성을 위해 복을 빈다.

是月也, 命四監大合百縣之秩芻, 以養犧牲, 令民無不咸出其力,① 以共皇天上帝 · 名山大川 · 四方之神, 以祠宗廟 · 社稷之靈, 以爲民祈福.②

鄭注 ① '사감四監'은 산림과 천택을 주관하는 관리다. '백현百縣'은 향鄕과 수遂 지역에 속하는 것으로, 그 땅에는 산림山林과 천택川澤이 있다. '질秩'은 일정하다는 뜻이다. 백현은 나라에서 희생을 기르는 꼴을 공급하는데, 공급량이 일정하게 정해져 있어, 백성은 모두 마땅히 노동력을 제공하여 그것을 위해서 꼴을 베어야 한다. 금본 「월령」에는 '사四'가 '전田'으로 되어 있다. '四監', 主山林川澤之官. '百縣', 鄕遂之屬, 地有山林川澤者也. '秩', 常也. 百縣給國養犧牲之芻, 多少有常, 民皆當出力爲艾之. 今「月令」'四'爲'田'.

② 희생은 신령에게 제사지내는데 제공하여 백성을 위해 복을 구한다는 것은 백성에게 꼴을 베게 하는 것이 헛되이 꼴을 취하는 것이 아님을 밝히는 것이다. '황천皇天'은 북신北辰 요백보曜魄寶[121]로서, 동지에 원구圜丘에서 제

사지내는 대상이다. '상제上帝'는 태미大微의 오제五帝다. 牲以供祠神靈, 爲民求福, 明使民艾芻, 是不虛取也. '皇天', 北辰耀魄寶, 冬至所祭於圜丘也. '上帝', 大微五帝.

集說 '사감四監'은 곧 「주관周官」에 보이는 산우山虞 · 택우澤虞 · 임형林衡 · 천형川衡의 관리다. 앞에서 '백현百縣'이라고 한 것은 기내畿內와 기외畿外를 겸하여 말한 것이고, 이곳의 '백현'은 향鄕과 수遂 지역을 가리킨다. '질秩'은 일정하다는 뜻이다. 이 꼴을 거두는 것은 희생을 기르기 위한 용도인데 각각 일정하게 정해진 수가 있다. 그래서 '일정한 꼴'(秩芻)이라고 한 것이다. '四監', 卽「周官」山虞 · 澤虞 · 林衡 · 川衡之官也. 前言'百縣', 兼內外而言, 此百縣, 鄕遂之地也. 秩, 常也. 斂此芻爲養犧牲之用, 各有常數. 故云'秩芻'也.

【월령 120】

이달에 부관婦官에게 명령하여 오색으로 염색하게 하는데, 보黼 · 불黻 · 문文 · 장章의 제작을 반드시 옛 법도와 전례에 따라 하여 그와 어긋남이 없게 하고, 흑색 · 황색 · 청색(倉) · 적색의 염색은 바르고 좋은 색채로 되지 않음이 없게 하여 함부로 거짓으로 만들지 않게 한다. 그것으로 교제와 종묘제사의 제복을 마련하는 데 공급하고, 그것으로 깃발과 휘장을 구별하고, 귀천과 등급의 차이를 구별하게 한다.

是月也, 命婦官染采, 黼 · 黻 · 文 · 章, 必以法故, 無或差貸,① 黑 · 黃 · 倉 · 赤, 莫不質良, 毋敢詐僞.② 以給郊廟祭祀之服, 以爲旗章, 以別貴賤等給之度.③

鄭注 ① '부관婦官'은 염인染人이다. '채采'는 다섯 가지 색이다. '婦官', 染人也. '采', 五色.

② '질質'은 바르다는 뜻이고, '량良'은 좋다는 뜻이다. 염색에 사용되는 것은 마땅히 참된 색깔과 바르고 좋은 것을 사용해야 한다. '質', 正也, '良', 善也. 所用染者, 當得眞采正善也.

③ '기장旗章'은 깃발과 휘장이다. '旗章', 旌旗及章識也.

集說 『주례』에 보이는 전부공典婦功·전시典枲·염인染人 등이 모두 부관婦官으로, 이곳에서는 염인을 가리킨다. 흰색과 검은색으로 염색한 것을 '보黼', 검은색과 푸른색으로 염색한 것을 '불黻'이라 하고, 푸른색과 붉은색으로 염색한 것을 '문文'이라 하고, 붉은색과 흰색으로 염색한 것을 '장章'이라 한다. 염색하여 제작하는 공정에 반드시 옛 법도와 전례를 이용하여 그와 어긋나거나 달리 변화시킴이 있지 않게 하는 것은 바르고 좋은 것을 만들려는 것이다. '기旗'는 내려오는 용과 올라가는 용을 그린 붉은 깃발(旌旂)이다. '장章'은 그 상을 그려 명칭과 지위를 구별하는 것이다. 자세한 것은 『주례』「춘관春官·사상司常」에 보인다. ○ 석량왕씨는 말한다. "'급給'은 '급級'으로 되어야 옳다." 『周禮』典婦功·典枲·染人等皆婦官, 此指染人也. 白與黑謂之'黼', 黑與靑謂之'黻', 靑與赤謂之'文', 赤與白謂之'章'. 染造必用舊法故事, 毋得有參差僨變, 皆欲質正良善也. '旗', 旌旂也. '章'者, 畫其象以別名位也. 詳見「春官·司常」. ○ 石梁王氏曰: "給當爲級."

【월령 121】

이달에 수목이 한창 무성해진다. 우인虞人에게 명령하여 산림에 들어가 돌아다니며 살펴서 벌목하는 일이 없게 한다.

是月也, 樹木方盛. 命虞人入山行木, 毋有斬伐.

鄭注 아직 단단하고 질기지 않기 때문이다. 爲其未堅刃也.

集說 한창 무성해지기 때문이다. 以其方盛故也.

【월령 122】

토목공사를 일으켜서는 안 되며, 제후를 회합시켜서는 안 되며, 전쟁을 일으키고 백성들을 동원시켜서는 안 된다. 큰일을 일으켜서 만물을 양육하는 기를 동요시키지 않게 하고, 미리 요역의 명령을 발하여 대기시키면서 신농神農의 일을 방해하지 않게 한다. 물이 성대해져 신농이 농사의 일을 주관하려 할 때 큰일을 일으키면 하늘의 재앙이 있게 된다.

不可以興土功, 不可以合諸侯, 不可以起兵動衆.① 毋擧大事, 以搖養氣,② 毋發令而待, 以妨神農之事也.③ 水潦盛昌, 神農將持功, 擧大事則有天殃.④

鄭注 ① 토土의 기氣가 장차 힘을 쓰려고 함에, 기는 고요하기를 바란다. 土將用事, 氣欲靜.

② '대사大事'는 요역을 일으켜 일을 하는 것이다. '大事', 興徭役以有爲.

③ '명령을 발하여 대기시킨다'(發令而待)는 것은 요역의 명령을 내어 미리

백성을 놀라게 하는 것을 뜻한다. 백성은 놀라면 마음이 동요한다. 이는 토신의 기를 해치는 것이다. 토신을 '신농神農'이라 칭하는 것은 신농이 농사를 주관하기 때문이다. '發令而待', 謂出繇役之令, 以預驚民也. 民驚則心動. 是害土神之氣. 土神稱曰'神農'者, 以其主於稼穡.

④ 땅(土)은 하늘에서 비를 내려 윤택하게 함을 받아서 편안하고 고요하게 만물을 길러주는 것으로 공을 삼기 때문에 동요시키면 해를 초래함을 말한 것이다. 『효경설』에 "땅은 순응하여 윤택하게 함을 받아 겸허하게 열어놓고, 샘을 머금고 싹을 틔우게 하며 만물을 번성시키고 중中으로 돌아간다"고 하였다. 言土以受天雨澤安靜養物爲功, 動之則致害也. 『孝經說』曰: "地順受澤, 謙虛開張, 含泉任萌, 滋物歸中."

集說 '대사大事'는 토목공사를 일으키고, 제후를 회합시키고, 전쟁을 일으켜서 뭇 사람들을 동원하는 일이다. '양육하는 기를 동요시킨다'(搖養氣)는 것은 만물을 양육하는 기를 동요시켜 흩어지게 하는 것을 말한다. '명령을 발하여 대기시킨다'(發令而待)는 것은 아직 요역의 시기에 미치지 않았는데 미리 요역에 징발하는 명령을 발동하여 백성들로 하여금 자기 일을 폐하고 위에서 모이게 하는 시기를 기다리게 하는 것을 말한다. '신농神農'은 농사의 신이다. 계하季夏(하력 6월)는 중앙 토에 속한다. 토의 신이 지위를 얻어 힘을 쓸 때인데, 신농神農이라 한 것은 토의 신이 농사를 성취시키는 것을 주관하기 때문이다. 동정東井[122]은 수水를 주관하며, 미방未方에 있다. 그러므로 미월未月은 물이 성대해지는 달이다. 이때 신농이 농사의 일을 주관하려 하는데, 큰일을 일으켜 그 공을 손상시키면, 이것은 천지의 조화가 만물을 생육하는 도에 간여하는 것이어서 하늘의 재앙이 있게 된다. '大事', 卽興土功·合諸侯·起兵動衆之事. '搖養氣', 謂動散長養之氣也. '發令而待', 謂未及徭役之期而豫發召役之令, 使民廢己事而待上之會期也. '神農', 農之神也. 季夏屬中央土.

土神得位用事之時, 謂之神農者, 土神主成就農事也. 東井主水在未, 故未月爲水潦盛昌之月. 此時神農將主持稼穡之功, 擧大事而傷其功, 則是干造化施生之道矣, 故有天殃也.

【월령 123】

이달에 토양은 습하고 덥고, 큰비가 때때로 내려, 베어낸 잡초를 불태우고 물을 대면 잡초를 제거하기에 유리하다. 물이 뜨거운 물과 같아, (태우고 썩힌 잡초로) 전지(田疇)[123]에 거름으로 삼을 수 있고, 메마른 땅을 비옥하게 할 수 있다.

是月也, 土潤溽暑,① 大雨時行, 燒薙行水, 利以殺草. 如以熱湯,② 可以糞田疇, 可以美土疆.③

鄭注 ① '윤욕潤溽'은 질고 축축한 것을 말한다. '潤溽', 謂塗溼也.

② '체薙'는 땅에 바짝 대고 풀을 베는 것을 말한다. 이는 묵은 땅에 곡식을 심으려는 것을 말한다. 먼저 그 잡초를 베고, 베어낸 풀이 마르면 불태운다. 이달에 이르러 큰비가 내려 그 가운데 물이 고이면 풀이 죽어서 다시 살아나지 못하고 땅이 기름져서 곡식을 심을 수 있다. 체인薙人은 "잡초를 제거하는 일을 관장하는데" 그 직무에 "하지에 잡초를 벤다"고 하였고, 또 "만약 제초한 토질을 비옥하게 하고자 한다면, 물을 가두고 불로 태우고 하여 변화시킨다"[124]고 하였다. '薙', 謂迫地芟草也. 此謂欲稼萊地. 先薙其草, 草乾燒之. 至此月大雨流, 水潦畜於其中, 則草死不復生, 而地美可稼也. 薙人"掌殺草"職, 曰"夏日至而薙之", 又曰"如欲其化也, 則以水火變之."

③ 땅이 습하면 기름져 경작하기 쉬워진다. '분糞'과 '미美'는 호문이다. '토강土疆'은 토질이 단단한 땅이다. 土潤溽, 膏澤易行也. '糞'·'美', 互文耳.

'土疆', 强檗之地.

集說 '욕溽'은 습하다(濕)는 뜻이다. 토土의 기가 습하기 때문에 그러므로 찌고 쌓여 막혀서 습한 더위가 되고, 큰 비 또한 그로 인해 때때로 내리니, 모두 동정東井이 주관하는 것이다. 잡초를 제거하는 법은 먼저 잡초를 바짝 베고, 마르기를 기다렸다가 불태운다. '소체燒薙'란 베었던 풀을 불태우는 것이다. 큰비가 이미 불태운 땅에 내리면 풀은 다시 살아나지 못한다. 그러므로 '잡초를 제거하기에 유리하다'(利以殺草)라고 한 것이다. 계절이 더워지고 해가 뜨거워지면 그 물의 열이 뜨거운 물과 같아진다. 불타고 썩은 풀은 그것으로 밭의 거름으로 쓸 수 있으며, 메마른 전지를 기름지게 할 수 있다. 땅이 돌무더기에 덮여 경작하기 어려운 곳을 '강疆'이라고 한다. '溽', 濕也. 土之氣潤, 故蒸鬱而爲濕暑, 大雨亦以之而時行, 皆東井之所主也. 除草之法, 先芟薙之, 俟乾則燒之. '燒薙'者, 燒所薙之草也. 大雨旣行於所燒之地, 則草不復生矣, 故云'利以殺草'. 時暑日烈, 其水之熱如湯. 草之燒爛者, 可以爲田疇之糞, 可以使土疆之美. 凡土之磊硊難耕者, 謂之'疆'.

【월령 124】

계하季夏(하력 6월)에 봄의 월령을 행하면 곡물의 열매가 깨끗한 상태에서 떨어지고,

季夏行春令, 則穀實鮮落,

集說 깨끗한 상태에서 떨어지는 것이다. 鮮潔而墮落也.

【월령 125】

나라에 바람으로 인해 기침하는 사람이 많아지고,

國多風欬,

鄭注 진辰의 기가 그 기회를 타기 때문이다. 미未는 손巽에 속하고, 진辰 또한 손巽의 방위에 있다. 두 기가 서로 어지럽혀 해가 되는 것이다. 辰之氣乘之也. 未屬巽, 辰又在巽位. 二氣相亂爲害.

集說 '풍해風欬'는 바람으로 인해 기침하는 병을 초래한 것이다. '風欬', 因風而致欬疾也.

【월령 126】

백성이 이에 이사를 한다.

民乃遷徙.

鄭注 바람이 물건을 옮기는 것을 본뜨는 것이다. 象風轉移物也.

集說 진토辰土의 기에 의해서 반응하는 것이다. 辰土之氣所應也.

【월령 127】

가을의 월령을 시행하면 언덕과 습지에 물이 불어나고, 곡물이 익지 않으며, 여성의 (회임에) 재앙이 많이 발생한다.

行秋令, 則丘隰水潦,① 禾稼不熟,② 乃多女災.③

鄭注 ① 술戌의 기가 그 기회를 타기 때문이다. 9월 28수는 규奎에 해당한다. 규는 수로(溝瀆)이다. 수로가 이달의 큰비(大雨)와 함께하여 높고 낮은 곳이 모두 물로 가득하다. 戌之氣乘之也. 九月宿直奎. 奎爲溝瀆. 溝瀆與此月大雨幷, 而高下皆水.

② 수水에 손상당하는 것이다. 傷於水也.

③ 회임한 부류가 망가지는 것이다. 含任之類敗也.

集說 회임한 부류에 망가지는 경우가 많은 것은 술토戌土의 기에 의해서 반응한 것이다. 妊孕多敗, 戌土之氣所應也.

【월령 128】

겨울의 월령을 시행하면 바람과 추위가 때에 맞지 않고, 매와 송골매 등 맹금류가 일찍 흉포해지고, 사방 국경에 있는 읍(鄙)의 백성이 작은 성(保)으로 들어가 몸을 숨긴다.125)

行冬令, 則風寒不時,① 鷹·隼蚤鷙,② 四鄙入保.③

鄭注 ① 축丑의 기가 기회를 타기 때문이다. 丑之氣乘之也.

② 빠르고 사나운 기를 만나는 것이다. 得疾厲之氣也.

③ 새가 도망쳐 숨는 것을 본뜨는 것이다. 도읍都邑의 성을 '보保'라고 한다. 象鳥雀之走竄也. 都邑之城曰'保'.

集說 축토丑土의 기에 의해서 반응하는 것이다. 丑土之氣所應也.

【월령 129】

중앙은 토이다.

中央土.

鄭注 화의 기가 휴식을 취하고 왕성한 덕이 토에 있는 것이다. 火休而盛德在土也.

集說 토가 네 계절에 붙어서 왕성한 날이 각각 18일이므로, 모두 72일이다. 이를 제외하면, 목 · 화 · 금 · 수가 또한 각각 72일이다. 토는 네 계절에 활동하지 않는 때가 없다. 그러므로 정해진 방위가 없고 독자적인 기로 활동하는 때도 없지만 진辰 · 술戌 · 축丑 · 미未의 끝 시기에 붙어서 왕성하게 활동한다. 미未월은 화와 금 사이에 있어서 또 일년의 가운데에 거처한다. 그러므로 특별히 이곳에 중앙中央의 토土 한 월령을 들어서 오행의 순서를 이루는 것이다. 土寄旺四時各十八日, 共七十二日. 除此則木火金水亦各七十二日矣. 土於四時, 無乎不在. 故無定位無專氣, 而寄旺於辰戌丑未之末. 未月在火金之間, 又居一歲之中. 故特揭中央土一令於此, 以成五行之序焉.

【월령 130】

그날은 무기戊己이다.

其日戊己.

鄭注 '무戊'라는 말은 무성하다는 뜻이다. '기己'라는 말은 일어난다는 뜻이다. 태양의 운행은 네 계절 사이에 황도黃道를 따르고 달이 그 보좌가 된다. 이때에 이르러 만물은 모두 가지와 잎새가 무성해지고, 그 꽃을 머금고 있던 것들은 억눌렸다가 일어난다. 그러므로 이를 인하여 태양의 이름을 삼은 것이다. '戊'之言茂也. '己'之言起也. 日之行四時之間從黃道, 月爲之佐. 至此萬物皆枝葉茂盛, 其含秀者抑屈而起. 故因以爲日名焉.

集說 '무기戊己'는 십간의 가운데이다. '戊己', 十干之中.

【월령 131】

그 제帝는 황제黃帝이고,

其帝黃帝,

鄭注 이는 황정黃精의 군주로, 토관土官의 신이다. 예로부터 덕을 드러내고 공을 세운 자이다. '황제黃帝'는 헌원씨軒轅氏이다. 此黃精之君, 土官之神. 自古以來, 著德立功者也. '黃帝', 軒轅氏也.

集說 황정黃精의 군주로, 헌원씨軒轅氏이다. 黃精之君, 軒轅氏也.

【월령 132】

그 신은 후토后土이다.

其神后土.

鄭注 '후토后土' 역시 전욱씨顓頊氏의 아들 려黎이다. 토관을 겸하였다. '后土', 亦顓頊氏之子曰黎. 兼爲土官.

集說 토관土官의 신하인 전욱씨의 아들 려黎이다. 구룡句龍이 처음 후토가 되었는데, 뒤에 사람들이 제사를 올려 사신社臣으로 삼아 후토의 관지이 비게 되었다. 려黎는 비록 화관火官이지만 실제 후토를 겸하였다. 구설이 이와 같다. 土官之臣, 顓頊氏之子曰黎也. 句龍初爲后土, 後祀以爲社, 后土官闕. 黎雖火官, 實兼后土也. 舊說如此.

【월령 133】

그 동물은 나충倮蟲[126]이다.

其蟲倮.

鄭注 사물이 드러내어 숨기거나 감추지 않음을 상징한다. 호랑이나 표범 등은 항상 털이 가늘다. 象物露見不隱藏. 虎豹之屬, 恒淺毛.

集說 인간은 나충倮蟲의 우두머리다. 정현은 호랑이나 표범 따위라고 하였다. 人爲倮蟲之長. 鄭氏以爲虎豹之屬.

【월령 134】

그 음은 궁宮이고, 율은 황종黃鐘의 궁宮에 응한다.

其音宮,① 律中黃鍾之宮.②

鄭注 ① 소리는 궁宮에서 시작된다. 궁의 수는 81이다. 토에 속하는 것은 가장 탁하기 때문에 임금의 상이다. 계하季夏의 기가 조화로우면 궁의 소리가 고르다. 「악기樂記」(6)에 "궁宮이 어지러우면 악樂의 소리가 흩어지니, 그 임금이 교만한 것이다"라고 하였다. 聲始於宮. 宮數八十一. 屬土者, 以其最濁, 君之象也. 季夏之氣和, 則宮聲調. 「樂記」曰: "宮亂則荒, 其君驕."

② 황종黃鐘의 궁이 가장 길다. 12율은 바뀌어 옮기면서 서로 낳는다. 오성이 갖추어지는 것은 60성聲으로 끝난다.127) 계하의 기가 이르면 황종의 궁이 응한다. 「예운」(35)에 "오성·육률·십이관에서 (각각의 단위가) 번갈아 서로 궁성宮聲이 된다"라고 하였다. 黃鍾之宮最長也. 十二律轉相生. 五聲具終於六十焉. 季夏之氣至, 則黃鍾之宮應. 「禮運」曰: "五聲·六律·十二管, 還相爲宮."

集說 궁음은 토에 속하고, 또 임금이 된다. 그러므로 중앙에 배치하는 것이다. 황종黃鐘은 본래 11월의 율이다. 여러 율이 모두 궁음을 가지고 있지만, 황종의 궁은 곧 84가락의 우두머리고, 그 소리가 가장 높고 크며, 나머지 음은 모두 이로부터 일어난다. 마치 토가 목·화·금·수의 근본이기 때문에 그것을 중앙의 토에 배치하는 것과 같다. 토土는 네 계절에 붙어서 왕성한데, 궁음 역시 십이율에서 으뜸으로, 1년 열두 달에서 절후를 가지고 말하는 것과 같은 것이 아니다. 宮音屬土, 又爲君. 故配之中央. 黃鍾本十一月律. 諸律皆有宮音, 而黃鍾之宮乃八十四調之首, 其聲最尊而大, 餘音皆自此起. 如土爲木火金水之根本, 故以配中央之土. 土寄旺於四時, 宮音亦冠於十二律, 非如十二月以候氣言也.

【월령 135】

그 수는 5이다.

其數五.

鄭注 토는 생수生數가 5이고 성수成數가 10이다. 단지 5만을 말한 것은 토는 낳는 것을 근본으로 삼기 때문이다. 土生數五, 成數十. 但言五者, 土以生爲本.

集說 천수 5는 토를 낳고, 지수 10은 그것을 완성시킨다. 네 계절에는 모두 성수成數를 들었는데, 여기서만 생수生數를 든 것은 네 계절의 사물은 토가 없으면 완성되지 않지만, 토의 성수成數는 또 수1, 화2, 목3, 금4를 쌓아서 10을 이루기 때문이다. 네 가지가 완성되면 토는 완성되지 않음이 없다. 天五生土, 地十成之. 四時皆擧成數, 此獨擧生數者, 四時之物無土不成, 而土之成數又積水一火二木三金四以成十也. 四者成則土無不成矣.

【월령 136】

그 맛은 단맛이고, 그 냄새는 향기로운 냄새(香)이다.

其味甘, 其臭香.

鄭注 토의 냄새는 맛난 냄새이다. 무릇 달고 향기로운 것이 모두 토에 속한다. 土之臭, 味也. 凡甘香者, 皆屬之.

集說 달고 향기 나는 것은 모두 토에 속한다. 甘香皆屬土.

【월령 137】

그 제사 대상은 중류中霤의 신이고, 희생의 심장으로 먼저 고수레한다.

其祀中霤, 祭先心.

鄭注 '중류中霤'는 중실中室(중앙의 방)과 같다. 토土는 중앙을 주관하는데, 신은 방에 있다. 옛날에는 굴을 파고 거처하였다. 이 때문에 방을 이름하여 류霤라고 하였다고 한다. 중류의 신에게 제사할 때 희생의 심장으로 먼저 고수레하는 것은 오장의 순서로는 심장이 폐 다음이지만, 이때에 이르러 심장을 높게 여기는 것이다. 중류의 신에게 제사하는 예는 신주를 (남쪽) 창문 아래 놓은 뒤 심장과 폐·간을 썰어 조俎에 올린다. 고기를 고수레할 때에는 심장·폐·간을 각각 한 번씩 한다. 나머지는 모두 문의 신(戶)에게 제사하는 예와 같이 한다. '中霤'猶中室也. 土主中央, 而神在室. 古者復穴. 是以名室爲霤云. 祀之先祭心者, 五藏之次, 心次肺, 至此心爲尊也. 祀中霤之禮, 設主於牖下, 乃制心及肺肝爲俎, 其祭肉, 心肺肝各一, 他皆如祀戶之禮.

集說 옛날에는 굴을 파고 살아서, 모두 그 위를 열어놓아 빛을 스며들게 하였기 때문에 빗물이 그리로 흘렀다. 후대에 이로 인하여 방의 가운데를 이름하여 중류中霤라고 하였다. 또한 토신이다. 희생의 심장으로 먼저 고수레하는 것은 심장이 가운데 있고, 임금의 상이며, 또 화火가 토土를 낳기 때문이다. ○ 채옹蔡邕은 『독단獨斷』에서 말한다. "계하季夏에 토의 기가 강성해지기 시작한다. 중류에 제사를 지낸다. 중류의 신은 방에 있다. 중류를 제사할 때는 (남쪽) 창문 아래 신주를 놓는다." 古者陶復陶穴, 皆開其上以漏光明, 故雨霤之. 後因名室中爲中霤. 亦土神也. 祭先心者, 心居中, 君之象, 又火生土也. ○ 蔡邕『獨斷』曰: "季夏土氣始盛. 其祀中霤. 霤神在室. 祀中霤設主于牖下."

【월령 138】

천자는 태묘太廟의 태실太室에 거처한다.

天子居大廟太室.

鄭注 '태묘의 태실'(大廟大室)은 명당에서 중앙의 방이다. '大廟大室', 中央室也.

集說 중앙의 방이다. 中央之室也.

【월령 139】

대로大路를 타고, 황류黃騮에 멍에를 씌우고, 황색 기를 세우고, 황색 옷을 입고, 황색 옥을 차고, 기장(稷)과 소를 먹으며, 그 기물은 둥글고 가운데가 넓은 것으로 한다.

乘大路, 駕黃騮, 載黃旂, 衣黃衣, 服黃玉, 食稷與牛, 其器圜以閎.

鄭注 '대로大路'는 은殷나라의 수레이다. 수레는 은나라 수레의 제도와 같은데 황색으로 장식한다. '기장'(稷)은 오곡의 우두머리다. '소'(牛)는 토의 가축이다. '기물이 둥근 것'(器圜)은 토의 기가 네 계절에 두루 도는 것을 본받은 것이다. '굉閎'은 '굉紘'의 뜻으로 읽는다. '현弦'은 가운데가 넓음을 가리키는데 토가 만물을 포용하는 것을 본뜬 것이다. '大路', 殷路也. 車如殷路之制, 而飾之以黃. '稷', 五穀之長. '牛', 土畜也. '器圜'者, 象土周帀於四時. '閎'讀如'紘'. '弦'謂中寬, 象土含物.

集說 '둥근 것'(圜)은 토의 기운이 네 계절에 두루 도는 것을 상징한다. '넓다'(閎)는 것은 관대하고 넓다는 뜻으로, 토가 만물을 포용하는 것을 본뜬 것이다. '圜'者, 象土之周匝四時. '閎'者, 寬廣之義, 象土之容物也.

【월령 140】

맹추孟秋(하력 7월)의 달에 태양은 익翼[128]에 있고, 저녁에 건建성[129]이 남중하고, 새벽에 필畢[130]이 남중한다.

孟秋之月, 日在翼, 昏建星中, 旦畢中.

鄭注 '맹추孟秋'는 태양과 달이 순미鶉尾에서 만나고, 북두성이 신방申方을 가리키는 때이다. '孟秋'者, 日月會於鶉尾, 而斗建申之辰也.

集說 '익翼'수는 12진으로 말하면 사巳에 있고, 12차로 말하면 순미鶉尾[131]에 있다. '건성建星'은 설명이 중춘仲春([월령 22])에 보인다. '翼'宿在巳, 鶉尾之次. '建星', 說見仲春.

【월령 141】

그날은 경신庚申이다. 그 제帝는 소호少皞이고, 그 신은 욕수蓐收이다. 그 동물은 털이 있는 짐승이다. 그 음은 상商이고, 율은 이칙夷則에 응한다. 그 수는 9이다. 그 맛은 매운맛이고, 그 냄새는 비린내(腥)이다. 그 제사 대상은 문의 신(門)이고, 희생의 간으로 먼저 고수레한다.

其日庚辛.① 其帝少皞, 其神蓐收.② 其蟲毛.③ 其音商,④ 律中夷則.⑤ 其數九.⑥ 其味辛, 其臭腥.⑦ 其祀門, 祭先肝.⑧

鄭注 ① '경庚'이라는 말은 바꾼다(更)라는 뜻이다. '신辛'이라는 말은 새롭다(新)라는 뜻이다. 태양의 운행은 가을에 서쪽으로 백도를 따라서 만물을 성숙시키는데 달이 그의 보좌가 된다. 만물은 모두 엄숙하게 바뀌어서 꽃과 열매가 새롭게 완성된다. 또 이로 인해서 날의 이름을 삼는 것이다. '庚'之言更也, '辛'之言新也. 日之行, 秋西從白道, 成熟萬物, 月爲之佐. 萬物皆肅然改更, 秀實新成. 又因以爲日名焉.

② 이는 백정白精의 임금으로, 금관金官의 신하인데, 예로부터 덕을 드러내고 공을 세운 자이다. '소호少皞'는 금천씨金天氏이다. '욕수蓐收'는 소호씨의 아들 해該로서 금관金官이 되었다. 此白精之君, 金官之臣, 自古以來, 著德立功者也. '少皞', 金天氏. '蓐收', 少皞氏之子曰該, 爲金官.

③ 사물이 차가운 기에 대응하여 추위에 대비하는 것을 상징한다. 여우나 담비 따위는 깃발의 털을 생산한다. 象物應凉氣而備寒. 狐・貉之屬, 生旃毛也.

④ 치徵를 3분하여 1을 더해서 상商을 낳는다. 상의 수는 72이다. 금에 속하는 것은 그 탁함이 궁宮 다음이며, 신하의 상象이다. 가을의 기가 조화로우면 상商의 소리가 고르다. 「악기樂記」(6)에 "상商이 어지러우면 악樂의 소리가 기울어지니, 그 관리들이 부정부패한 것이다"라고 하였다. 三分徵益一以生商. 商數七十二. 屬金者, 以其濁次宮, 臣之象也. 秋氣和則商聲調. 「樂記」曰: "商亂則陂, 其官壞."

⑤ 맹추孟秋의 기가 이르면 이칙夷則의 율이 응한다. '이칙夷則'은 태려大呂에서 나오는 것으로, (이칙을) 3분하여 1을 뺀다. 율관의 길이는 5와

729/451촌이다. 『국어』「주어周語」에 "이칙은 구칙九則[132]의 법을 읊고 칭송하여 백성의 마음을 안정시키고 두 마음을 갖지 않게 하기 위함이다"라고 하였다. 孟秋氣至, 則夷則之律應. '夷則'者, 大呂之所生也, 三分去一. 律長五寸七百二十九分寸之四百五十一. 「周語」曰: "夷則, 所以詠歌九則, 平民無貳."

⑥ 금의 생수生數는 4이고, 성수成數는 9이다. 단지 9만을 말한 것은 또한 그 성수成數를 든 것이다. 金生數四, 成數九. 但言九者, 亦擧其成數.

⑦ 금의 냄새와 맛이다. '매운맛'(辛)과 '비린내'(腥)는 모두 금에 속한다. 金之臭味也. 凡'辛'·'腥'者皆屬焉.

⑧ 가을에는 음기가 나온다. 그것을 문밖 음에서 제사지내는 것이다. 제사를 지낼 때 희생의 간으로 먼저 고수레를 하는 것은 가을은 음의 가운데이고, 오장에 있어서는 간에 해당하여, 간을 높이는 것이다. 문의 신(門)에게 제사하는 예는 북쪽을 향하여 문 왼쪽 지도리에 신주를 설치한 뒤에 간과 폐·심장을 썰어서 조俎에 진설하여, 신주 남쪽에 올린다. 또 조俎 동쪽에 성盛(곡물을 담은 제수)을 진설한다. 그 밖에는 모두 조왕신(竈)에게 제사하는 예와 같이 한다. 秋陰氣出. 祀之於門外陰也. 祀之先祭肝者, 秋爲陰中, 於藏直肝, 肝爲尊也. 祀門之禮, 北面設主於門左樞, 乃制肝及肺心爲俎, 奠于主南. 又設盛于俎東. 其他皆如祭竈之禮.

集說 '소호少皞'는 백정의 임금으로, 금천씨이다. '욕수蓐收'는 금관의 신하로서, 소호씨의 아들 해이다. '이칙夷則'은 신율申律로서, 길이가 5와 451/729촌이다. '9'는 금의 완성하는 수이다. '매운맛'(辛)과 '비린내'(腥)는 모두 금에 속한다. 가을에 음기가 나오기 때문에 문의 신(門)에 제사한다. 희생의 간으로 먼저 고수레하는 것은 금金이 목木을 이기기 때문이다. ○ 채옹은 『독단獨斷』에서 말한다. "문門은 가을에 소음이 된다. 그 기가 거두어 이루므로 문의 신(門)에게 지낸다. 문의 신(門)에게 제사지내는 예는 북

쪽을 향하여 신주를 문 왼쪽 지도리에 놓는다." '少皞', 白精之君, 金天氏也. '蓐收', 金官之臣, 少皞氏之子該也. '夷則', 申律, 長五寸七百二十九分寸之四百五十一. '九', 金之成數也. '辛'·'腥', 皆屬金. 秋陰氣出, 故祀門. 祭先肝, 金克木也. ○ 蔡邕『獨斷』曰: "門秋爲少陰. 其氣收成, 祀之於門. 祀門之禮, 北面設主于門左樞."

【월령 142】

차가운 바람이 불어오고, 흰 이슬이 내리고, 쓰르라미가 울고, 매가 새를 고수레하고, 처음으로 형벌을 행한다.

涼風至, 白露降, 寒蟬鳴, 鷹乃祭鳥, 用始行戮.

鄭注 모두 절후를 기록한 것이다. '한선寒蟬'은 한조寒蜩로서 쓰르라미(蜺)를 말한다. '매가 새를 고수레한다'(鷹祭鳥)는 것은 새를 먹으려고 할 때 선조가 있음을 보이는 것이다. 고수레한 뒤에 반드시 다 먹지는 않는 것은 임금이 형벌을 시행함에 형벌을 가하기만 할 뿐임과 같다. 皆記時候也. '寒蟬', 寒蜩, 謂蜺也. '鷹祭鳥'者, 將食之, 示有先也. 既祭之後, 不必盡食, 若人君行刑, 戮之而已.

集說 이는 신申월의 절후를 기록한 것이다. 매가 새를 먹으려고 할 때, 먼저 새를 죽이고 먹지 않는 것이 사람이 음식을 먹을 때 선대에 음식을 만든 사람에게 고수레하는 것과 유사하다. 처음으로 형벌을 시행하는 것은 시령時令에 순응하는 것이다. 此記申月之候. 鷹欲食鳥之時, 先殺鳥而不食, 似人之食而祭先代爲食之人也. 用始行戮, 順時令也.

【월령 143】

천자는 총장總章의 좌개左个에 거처하고,

天子居總章左个,

鄭注 '총장의 좌개'(總章左个)는 태침大寢 서당西堂 남쪽 가까운 곳에 있다. '總章左个', 大寢西堂南偏.

集說 태침 서당 남쪽 가까운 곳에 있다. 大寢西堂南偏.

【월령 144】

융로를 타고,

乘戎路,

鄭注 '융로戎路'는 병거이다. 제도는 주나라의 혁로革路와 같지만 흰색으로 장식을 한다. '戎路', 兵車也. 制如周革路而飾之以白.

集說 병거이다. 兵車也.

【월령 145】

백락白駱에 멍에를 씌우고,

駕白駱,

鄭注 흑색 갈기가 있는 흰말을 '락駱'이라 한다. 白馬黑鬣曰'駱'.

集說 흑색 갈기가 있는 흰말을 '락駱'이라 한다. 白馬黑鬣曰'駱'.

【월령 146】

흰색 기를 세우고, 흰색 옷을 입고, 흰색 옥을 차고, 마麻와 개를 먹고, 그 기물은 모가 나고 깊은 것을 사용한다.

載白旂, 衣白衣, 服白玉, 食麻與犬, 其器廉以深.

鄭注 '마麻'의 열매에는 문양과 결이 있다. 금金에 속한다. '개'(犬)는 금金의 가축이다. '기물을 모가 나고 깊은 것으로 한다'(器廉以深)는 것은 금이 상해를 입고 사물이 들어가 숨는 것을 상징한다. '麻'實有文理. 屬金. '犬', 金畜也. '器廉以深', 象金傷害物入藏.

集說 '렴廉'은 모가 난다는 것으로, 또한 곱자의 뜻이다. '깊다'(深)는 것은 거두어 저장한다는 뜻이다. '廉', 稜角也, 亦矩之義. '深', 則收藏之意.

【월령 147】

이달의 절기는 입추立秋이다. 입추 3일 전에 태사大史는 천자에게 "모일은 입추입니다. 왕성한 덕이 금에 있습니다"라고 보고하고, 천자는 곧 재계한다. 입추의 날에 천자는 직접 삼공三公·구경九

卿·제후諸侯·대부大夫를 이끌고 서교西郊에서 가을을 맞이하여 제사를 지낸다. 제사를 지내고 돌아와 조정에서 군수軍帥와 무인武人에게 상을 내린다. 이어서 천자는 장수에게 명령하여 병사를 선발하고 병기를 정비하게 하며, 준걸을 뽑아서 훈련시키고, 공 있는 이(장수)에게 전적으로 맡겨 의롭지 못한 자를 정벌하게 한다. 포악하고 교만한 자를 심문하고 주벌하여 좋아하고 싫어하는 것을 분명히 밝혀서 저 먼 곳 사람들을 복종시킨다.

是月也, 以立秋. 先立秋三日, 太史謁之天子曰: "某日立秋. 盛德在金",① 天子乃齊. 立秋之日, 天子親帥三公·九卿·諸侯·大夫以迎秋於西郊. 還反, 賞軍帥·武人於朝.② 天子乃命將帥, 選士厲兵, 簡練桀俊, 專任有功, 以征不義.③ 詰誅暴慢, 以明好惡, 順彼遠方.④

鄭注 ① '알謁'은 보고한다는 뜻이다. '謁', 告.

② '가을을 맞이한다'(迎秋)는 것은 백제白帝·백초거白招拒에게 서교의 조兆에서 제사지낸다는 뜻이다. '군수軍帥'는 여러 장군을 말한다. '무인武人'은 환인環人 등으로, 용기와 힘이 있는 자를 가리킨다. '迎秋'者, 祭白帝白招拒於西郊之兆也. '軍帥', 諸將也. '武人', 謂環人之屬, 有勇力者.

③ '정征'이라는 말은 바르게 한다는 것으로 정벌을 뜻한다. '征'之言正也, 伐也.

④ '힐詰'은 그 죄를 심문함을 뜻하니 철저히 조사하는 것이다. '순順'은 복종한다는 뜻과 같다. '詰', 謂問其罪, 窮治之也. '順', 猶服也.

集說 '간련簡練'은 뽑아서 익히게 한다는 뜻이다. '공 있는 이에게 전적으로 맡긴다'(專任有功)는 것은 대장大將이 이미 시험해본 공로가 있으므로 곧 그에게 그 일을 전적으로 주관하게 시키는 것을 말한다. '힐詰'은 그 죄를

심문하는 것이다. '주誅'는 그 사람을 주벌하는 것이다. 아랫사람에게 잔혹하게 하는 것을 '폭暴'이라 하고, 윗사람에게 함부로 하는 것을 '만慢'이라고 한다. '순順'은 복종한다는 뜻이다. 좋아하고 미워하는 것이 분명하면 먼 곳 사람들이 순종하고 복종한다. '簡練', 簡擇而練習之也. '專任有功', 謂大將有已試之功, 乃使之專主其事也. '詰'者, 問其罪. '誅'者, 戮其人. 殘下謂之'暴', 慢上謂之'慢'. '順', 服也. 好惡明則遠方順服.

【월령 148】

이달에 담당자에게 명령하여 법제를 정비하여 감옥을 정비하고, 형벌 기구를 갖추어 간사한 생각을 금지시키고, 신중히 살펴 사악한 행위를 처벌하고, 처벌하고 구속하는 일에 종사한다.

是月也, 命有司脩法制, 繕囹圄, 具桎梏, 禁止姦, 愼罪邪, 務搏執.

鄭注 가을의 기운에 순응하여, 정령이 엄격함을 숭상하는 것이다. 順秋氣, 政尙嚴.

集說 '선繕'은 정비한다는 뜻이다. '간사함'(姦)은 사람 마음에 있기 때문에 마땅히 그것을 금지시킬 수 있고, '사악함'(邪)은 행동에 나타나기 때문에 신중히 살펴 처벌한다. '무務'는 종사한다는 뜻이다. '박搏'은 처벌한다는 뜻이다. '집執'은 구속한다는 뜻이다. '繕', 治也. '姦'在人心, 故當有以禁止之, '邪'見於行, 故愼以罪之. '務', 事也. '搏', 戮也. '執', 拘也.

【월령 149】

리理(옥관)에게 명령하여 가볍게 찰과상을 입은 자(傷)는 살피고 혈관과 살에 손상을 입은 자(創)는 주시하고 골절 등 뼈에 손상을 입은 자(折)는 시찰하게 하고, 옥사를 자세히 살펴 판결하고 송사를 반드시 바르고 공평하게 하고, 죄가 있는 자를 처벌하고 엄격하게 형벌을 단행하게 한다.

命理瞻傷察創視折,① 審斷決獄, 訟必端平,② 戮有罪, 嚴斷刑.

鄭注 ① '리理'는 감옥을 다스리는 관리(治獄官)다. 유우씨有虞氏(순임금)에서는 '사士'라고 하였고, 하夏나라에서는 '대리大理'라고 하였고, 주周나라에서는 '대사구大司寇'라고 하였다. 상처가 얕은 것을 '상傷'이라고 한다. '理', 治獄官也. 有虞氏曰'士', 夏曰'大理', 周曰'大司寇'. 創之淺者曰'傷'.

② '단端'은 바르다(正)는 뜻과 같다. '端', 猶正也.

集說 '리理'는 옥을 다스리는 관리다. '상傷'은 피부가 떨어져 나간 것이고, '창創'은 혈육이 떨어져 나간 것이고, '절折'은 근골이 떨어져 나간 것이다. '엄嚴'은 삼가고 신중히 한다는 뜻으로 강력하고 다급하게 함을 말하는 것이 아니다. '理', 治獄之官也. '傷'者, 損皮膚, '創'者, 損血肉. '折'者, 損筋骨也. '嚴'者, 謹重之意, 非峻急之謂也.

【월령 150】

천지가 처음으로 엄숙해지므로 해이해서는 안 된다.

天地始肅, 不可以贏.

鄭注 '숙肅'은 엄하고 급하다는 말이다. '영贏'은 해이하다(解)는 뜻과 같다. '肅', 嚴急之言也. '贏', 猶解也.

集說 주씨朱氏는 말한다. "양의 도는 항상 풍요하고, 음의 도는 항상 부족하다. 그러므로 변화를 돕는 자는 음기의 해이함을 시켜서는 안 된다." 朱氏曰: "陽道常饒, 陰道常乏. 故贊化者, 不可使陰氣之贏也."

【월령 151】

이달에 농민은 곡식을 진상하고, 천자는 햇곡식을 제사하는데, 먼저 종묘에 바친다. 백관에게 명령하여 비로소 거두어들이게 한다. 제방을 완성하고, 물을 막기를 신중히 하여 홍수에 대비하고, 궁실을 정비하고, 담장을 수리하고, 성곽을 보수한다.

是月也, 農乃登穀, 天子嘗新, 先薦寢廟.① 命百官始收斂.② 完隄坊, 謹壅塞, 以備水潦,③ 脩宮室, 坏垣牆, 補城郭.④

鄭注 ① 서직黍稷 종류가 이때에 처음으로 익는다. 黍稷之屬, 於是始孰.

② 가을의 기에 순응하여 만물을 거두어들이는 것이다. 順秋氣收斂物.

③ '대비한다'(備)는 것은 8월에 대비한다는 뜻이다. 8월의 별자리는 필畢에 해당하는데 필은 비를 좋아한다. '備'者, 備八月也. 八月宿直畢, 畢好雨.

④ 가을이 거두어들임에 사물이 그때를 맞아 저장함을 본뜨는 것이다. 象秋收斂物當藏也.

集說 물이 불어나는 데에 대비하는 것은 이달 북두성이 유방酉方을 가리키는데, 유방에는 필성이 있어 비를 좋아하기 때문이다. 所以爲水潦之備者, 以月建在酉, 酉中有畢星好雨也.

【월령 152】

이달에 제후를 봉하거나 대관大官을 세우지 않게 하고,

是月也, 毋以封諸侯, 立大官,

集說 기록자는 단지 봄과 여름에 상을 내리고 가을과 겨울에 형벌을 내린다는 의리만 알고 옛날 상제嘗祭(가을 제사)를 지낼 때에는 토지와 읍을 내려주는 제도가 있었음을 알지 못하였다. 그래서 정현의 주에서 제후를 봉하거나 땅을 떼어주는 것을 금하는 것은 그 의리를 잃은 것이라고 하였다. 記者但知賞以春夏・刑以秋冬之義, 不知古者嘗祭之時, 則有出田邑之制. 故注謂禁封諸侯及割地爲失其義也.

【월령 153】

땅을 떼어주고, 대사大使를 보내고, 대폐大幣를 지출하는 것을 하지 않게 한다.

毋以割地, 行大使, 出大幣.

鄭注 옛날에 상제嘗祭(가을 제사)를 지낼 때에는 토지와 읍을 내어주었는데,

바로 이달이다. 그런데 제후로 봉하거나 땅을 떼어주는 것을 금지한 것은 그 의리를 잃은 것이다. 古者於嘗出田邑, 此其月也. 而禁封諸侯・割地, 失其義.

集說 거두어들이는 정령과 어긋나기 때문이다. 以其違收斂之令也.

【월령 154】

맹추孟秋(하력 7월)에 겨울의 월령을 시행하면 음의 기가 크게 일어나고, 갑각류의 곤충(介蟲)[133]이 곡물을 망가뜨리고, 전쟁이 일어난다.
孟秋行冬令, 則陰氣大勝,① 介蟲敗穀,② 戎兵乃來.③

鄭注 ① 해亥의 기가 그 기회를 타기 때문이다. 亥之氣乘之也.
② '개介'는 껍질이다. 갑각류의 곤충은 겨울에 속한다. '곡물을 망가뜨린다'(敗穀)는 것은 도해稻蟹 종류를 말한다. '介', 甲也. 甲蟲屬冬. '敗穀'者, 稻蟹之屬.
③ 10월, 28수는 영실營室에 해당한다. 영실의 기가 피해를 입히는 것이다. 영실은 무사武事를 주관한다. 十月宿直營室. 營室之氣爲害也. 營室主武事.

集說 이는 해수亥水의 기에 의해서 초래된 것이다. 此亥水之氣所泄也.

【월령 155】

봄의 월령을 시행하면 그 나라에 가뭄이 들고,
行春令, 則其國乃旱,

鄭注 인寅의 기가 그 기회를 타기 때문이다. 구름과 비가 바람으로 제거되기 때문이다. 寅之氣乘之也. 雲雨以風除也.

集說 게 중에 곡물을 먹는 것이 있는데, '도해稻蟹'라고 한다. 또한 갑각류의 곤충으로 곡물을 망가뜨리는 종류이다. 인방寅方 가운데 기성箕星은 바람을 좋아하여 구름과 비를 흐트러뜨릴 수 있다. 그래서 가뭄을 초래하는 것이다. 蟹有食稻者, 謂之'稻蟹'. 亦介蟲敗穀之類. 寅中箕星好風, 能散雲雨. 故致旱.

【월령 156】

양의 기운이 다시 돌아와 오곡이 여물지 못한다.

陽氣復還, 五穀無實.

鄭注 양의 기운은 낳을 수는 있지만 성숙시키지 못한다. 陽氣能生而不能成.

集說 인목寅木의 기에 의해서 손상되는 것이다. 寅木之氣所損也

【월령 157】

여름의 월령을 시행하면 나라에 화재가 많고, 추위와 더위가 불규칙하여 백성들 가운데 학질瘧疾에 걸리는 사람이 많다.

行夏令, 則國多火災,① 寒熱不節, 民多瘧疾.②

鄭注 ① 사巳의 기가 그 기회를 타기 때문이다. 巳之氣乘之也.

② 학질瘧疾은 추위와 더위에 의해서 일어난다. 금본 「월령」에는 '학질瘧疾'이 '질역疾疫'으로 되어 있다. 瘧疾, 寒熱所爲也. 今「月令」'瘧疾'爲'疾疫'.

集說 사화巳火의 기에 의해서 손상되는 것이다. 巳火之氣所傷也.

【월령 158】

중추仲秋(하력 9월)의 달에는 태양이 각角에 있고, 저녁에 견우牽牛가 남중하고, 새벽에 자휴觜觿[134]가 남중한다.

仲[135]秋之月, 日在角, 昏牽牛中, 旦觜觿中.

鄭注 '중추仲秋'는 태양과 달이 수성壽星에서 만나고, 북두성이 유방酉方을 가리키는 때이다. '仲秋'者, 日月會于壽星, 而斗建酉之辰也.

集說 '각角'[136]은 12진으로 말하면 진辰에 있고, 12차로 말하면 수성壽星[137]에 있다. 角在辰, 壽星之次也.

【월령 159】

그날은 경신庚申이다. 그 제帝는 소호이고, 그 신神은 욕수蓐收이다. 그 동물은 털 있는 동물이다. 그 음은 상商이고, 율律은 남려南呂에 응한다. 그 수는 9이다. 그 맛은 매운맛이고, 그 냄새는 비린내(腥)이다. 그 제사 대상은 문의 신(門)이고, 희생의 간으로 먼저 고수레한다.

其日庚辛. 其帝少皞, 其神蓐收. 其蟲毛. 其音商, 律中南呂. 其數九. 其味辛, 其臭腥. 其祀門, 祭先肝.

鄭注 '남려南呂'는 태주大蔟에서 생겨나는 것으로, (태주를) 3분하여 1을 뺀다. 율관의 길이는 5와 1/3촌이다. 중추仲秋의 기가 이르면 남려南呂의 율이 응한다. 『국어』「주어周語」에 "남려南呂는 양의 기를 도와 만물을 개화시킨다"고 하였다. '南呂'者, 大蔟之所生, 三分去一. 律長五寸三分寸之一. 仲秋氣至, 則南呂之律應. 「周語」曰: "南呂者, 贊陽秀物."

集說 '남려南呂'는 유율酉律로서, 길이가 5와 1/3촌이다. '南呂', 酉律, 長五寸三分寸之一.

【월령 160】

빠른 바람이 불어오고, 기러기가 날아오며, 제비가 돌아가고, 여러 새들이 (맛좋게 여기는) 먹을 것을 저장한다.

盲風至, 鴻鴈來, 玄鳥歸, 群鳥養羞.

鄭注 모두 절후를 기록한 것이다. '맹풍盲風'은 빠른 바람이다. '현조玄鳥'는 제비다. '귀歸'는 겨울을 지내러 간다는 뜻이다. 무릇 새 가운데 음양을 따르는 것은 중국을 거처로 삼지 않는다. '수羞'는 먹잇감을 말한다. 『대대례기』「하소정夏小正」에 "9월에 단조丹鳥는 백조白鳥를 먹을 것으로 삼는다"고 하였다. 이에 대해서 해설에 "단조라는 것은 단량丹良을 가리킨다. 백조라는 것은 민예閩蚋를 가리킨다. 그것을 새(鳥)라고 말한 것은 그 기르

는 것을 중히 여기는 것이다. 날개가 있는 것을 새라고 한다. 기른다는 것은 다 먹지 않는다는 뜻이다"라고 하였다. 두 가지(「월령」과 「하소정」)가 문장이 달라, 군조群鳥와 단량 어느 것이 옳은지 모르겠다. 皆記時候也. '盲風', 疾風也. '玄鳥', 燕也. '歸', 謂去蟄也. 凡鳥隨陰陽者, 不以中國爲居. '羞', 謂所食也. 「夏小正」曰: "九[138]月, 丹鳥羞白鳥." 說曰: "丹鳥也者, 謂丹良也. 白鳥也者, 謂閩蚋也. 其謂之鳥者, 重其養者也. 有翼爲鳥. 養也者, 不盡食也." 二者文異, 群鳥・丹良, 未聞孰是.

集說 이는 유월酉月의 절후를 기록한 것이다. '맹풍盲風'은 빠른 바람이다. 맹춘孟春에서 '기러기가 날아온다'(鴻鴈來)고 한 것은 남쪽에서 북쪽으로 날아오는 것이고, 여기에서 '날아온다'(來)고 한 것은 북쪽에서 남쪽으로 날아오는 것이다. 중춘仲春에서는 '제비가 온다'고 하였고 이곳에서는 '돌아간다'(歸)고 한 것은 봄에 날아와서 가을에 떠나감을 밝힌 것이다. '수羞'는 맛좋게 여기는 먹을 것이다. '(맛좋게 여기는) 먹을 것을 저장한다'(養羞)는 것은 그것을 저장하여 겨울철의 양육에 대비한다는 것이다. 此記酉月之候. '盲風', 疾風也. 孟春言'鴻鴈來', 自南而來北也, 此言'來', 自北而來南也. 仲春言'玄鳥至', 此言'歸', 明春來而秋去也. '羞'者, 所美之食. '養羞'者, 藏之以備冬月之養也.

【월령 161】

천자는 총장總章의 태묘太廟에 거처하고, 융로戎路를 타고, 백락白駱에 멍에를 씌우고, 흰색 기를 세우고, 흰색 옷을 입고, 흰색 옥을 차고, 마麻와 개를 먹고, 그 기물은 모나고 깊은 것을 사용한다. 天子居總章太廟, 乘戎路, 駕白駱, 載白旂, 衣白衣, 服白玉, 食

麻與犬, 其器廉以深.

鄭注 '총장의 태묘'(總章大廟)는 명당의 서당西堂에서 태실大室에 해당하는 곳이다. '總章大廟', 西堂當大室也.

集說 '총장의 태묘'(總章太廟)는 명당의 서당에서 태실에 해당하는 곳이다. '總章太廟', 西堂當太室也.

【월령 162】

이달에 노쇠한 사람을 봉양하는데, 안석과 지팡이를 주고, 죽과 음식을 하사한다.

是月也, 養衰老, 授几杖, 行麋粥飮食.

鄭注 노쇠한 기운을 도와주는 것이다. '행行'은 하사한다는 뜻과 같다. 助老氣也. '行', 猶賜也.

集說 달이 네 음에 이르니, 음의 기운이 이미 왕성하다. 계절은 양기가 쇠하고 음기가 왕성한 것을 가을로 삼고, 인간은 양기가 쇠퇴하고 음기가 왕성한 것을 노년으로 삼는다. '노쇠한 사람을 한다'(養衰老)는 것은 시령時令에 순응하는 것이다. '안석'(几)과 '지팡이'(杖)는 그 몸을 편하게 하기 위한 것이고, '음식飮食'은 그 몸을 봉양하기 위한 것이다. '행行'은 하사한다는 뜻과 같다. '미麋'는 곧 죽粥이다. 月至四陰, 陰已盛矣. 時以陽衰陰盛爲秋, 人以陽衰陰盛爲老. '養衰老', 順時令也. '几''杖', 所以安其身, '飮食', 所以養其體. '行', 猶賜也. '麋', 卽粥也.

【월령 163】

이에 사복司服에게 명령하여 제복의 상의와 하의를 제작함에 부분부분 자세히 갖추어 삼가 바르게 짓게 하는데, 그림을 넣고 수를 놓는 것에 정해진 제도가 있고 크기에 작은 것과 큰 것이 있고 길이에 긴 것과 짧은 것이 있게 하고, 상의와 하의에 조절하고 헤아리는 것이 있으니 반드시 옛 법도에 따라서 하게 하고, 관冠과 대帶에도 정해진 제도가 있게 한다.

乃命司服, 具飭衣裳, 文繡有恒, 制有小大, 度有長短,① 衣服有量, 必循其故,② 冠帶有常.③

鄭注 ① 이는 제복祭服을 말한다. '문文'은 그림을 그려 넣는 것을 말한다. 제복을 만들 때 웃옷에는 그림을 넣고 아래옷에 수를 놓는다. 此謂祭服也. '文', 謂畫也. 祭服之制, 畫衣而繡裳.

② 이는 조복朝服·연복燕服 및 그 밖의 옷을 말한다. 무릇 이는 추위가 더욱 심해지기 때문이다. 『시詩』에 "7월에 대화성이 흐르니, 9월에 옷을 만들어준다네"[139]라고 하였다. 이때 옷을 만드는 것이 좋다. 此謂朝燕及他服. 凡此爲寒益至也. 『詩』云: "七月流火, 九月授衣." 於是作之可也.

③ 의복을 만드는 것을 이용하여 제작한다. 因制衣服而作之也.

集說 '사복司服'은 관직명이다. '구칙具飭'은 자세하게 갖추고 삼가 바르게 하는 것이다. 상의를 '의衣'라고 하고, 하의를 '상裳'이라 한다. 상의에 그림을 그려 넣고 하의에 수를 놓는 것은 제복祭服을 만드는 제도이다. '유항有恒'은 정해진 제도가 있다는 뜻이다. '작은 것과 큰 것이 있다'(小大)는 것은 작은 경우는 현면玄冕 1장이고, 큰 경우는 곤면袞冕 9장이다. '긴 것과 짧은 것이

있다'(長短)는 것은 웃옷은 길고 아래옷은 짧은 것을 가리킨다. '의복衣服'은 조복 · 연복 및 그 밖의 옷으로 추위에 대비할 수 있는 것을 말한다. 각기 조정하고 헤아리는 방식이 있어 반드시 옛 법도에 따라야 하고, 변경하여 새롭고 달리 제작해서는 안 된다. 관冠과 대帶 역시 각기 일정한 제도가 있는데, 옷을 지을 때를 이용해 함께 제작한다. '司服', 官名. '具飭', 條具而飭正之也. 上曰'衣', 下曰'裳'. 衣繪而裳繡, 祭服之制也. '有恒', 有定制也. '小大', 小則玄冕之一章, 大則袞冕之九章也. '長短', 謂衣長而裳短也. '衣服', 謂朝服燕服及他服之當爲寒備者也. 各有劑量, 必率循故法, 不得更爲新異也. 冠與帶, 亦各有常制, 因造衣幷作之.

【월령 164】

그러고 나서 유사有司에게 명령하여 거듭 모든 형벌을 엄정히 하여 참형과 사형은 반드시 그 죄에 걸맞게 시행하고, 혹시라도 왜곡됨이 없게 시킨다. 왜곡되어 합당하지 않으면 도리어 재앙을 입는다.
乃命有司, 申嚴百刑, 斬殺必當, 毋或枉橈. 枉橈不當, 反受其殃.

鄭注 '신申'은 거듭한다는 뜻이다. '당當'은 그 죄에 걸맞게 한다는 뜻이다. '申', 重也. '當', 謂値其罪.

集說 형벌의 정령은 지난달에 이미 행하였는데, 이달에 또 거듭 경계하는 것이다. '왕枉'과 '요橈'는 모두 굽고 휜다는 뜻으로, 거듭 바르게 다스리지 못하고 법을 어겨서 판단하는 것을 뜻한다. 이치를 거스르기 때문에 도리어 반드시 재앙과 화를 받는 것이다. 刑罰之令, 前月已行, 此月又申戒之也. '枉''橈', 皆屈曲之義, 謂不申正理, 而違法斷之. 以逆理, 故必反受殃禍也.

【월령 165】

이달에 재宰와 축祝에게 명령하여 희생을 순행하게 하고, 색깔과 체격이 완전히 갖추어졌는가를 살펴보고 희생의 먹이를 조사하고 살이 쪘는가 말랐는가를 보고 색깔을 살펴보게 하는 데 반드시 음양의 종류별로 부합하게 하고, 체격의 크기를 헤아리고 뿔의 길이를 살펴보게 하는 데 모두 법도에 맞게 한다. 다섯 가지가 갖추어져 합당하면 상제上帝가 흠향한다.

是月也, 乃命宰祝循行犧牲, 視全具, 按芻豢, 瞻肥瘠, 察物色, 必比類, 量小大, 視長短, 皆中度. 五者備當, 上帝其饗.

鄭注 날짐승과 들짐승이 살찔 때에 여러 희생을 살펴야 한다. '재宰'와 '축祝'은 태재太宰와 태축大祝으로 제사를 주관하는 관리다. 소와 양을 기르는 것을 '추芻'라고 하고, 개와 돼지를 기르는 것을 '환豢'이라 한다. '다섯 가지'는 보는 것(所視), 조사하는 것(所案), 쳐다보는 것(所瞻), 관찰하는 것(所察), 헤아리는 것(所量)이다. 이들이 모두 바르면 상제가 흠향하고 상제가 흠향하면 흠향하지 않을 신이 없다. 於鳥獸肥充之時, 宜省群牲也. '宰'·'祝', 太宰·大祝, 主祭祀之官也. 養牛羊曰'芻', 犬豕曰'豢'. '五者'謂所視也, 所案也, 所瞻也, 所察也, 所量也. 此皆得其正, 則上帝饗之, 上帝饗之而無神不饗也.

集說 '재宰'는 희생을 주관하는 자이다. '축祝'은 신에게 고하는 자이다. '전全'은 색깔이 섞이지 않음을 말한다. '구具'는 형체에 손상됨이 없음을 말한다. 소와 양을 기르는 것을 '추芻'라고 하고, 개와 돼지를 기르는 것을 '환豢'이라 한다. 그 사육을 받으면 '살지고'(肥), 그 사육을 받지 못하면 '마른다'(瘠). '색깔'(物色)은 붉기도 하고 검기도 하여, 양의 제사에는 붉은색 희생

(騂牲)을 사용하고, 음의 제사에는 검은색 희생(黝牲)을 사용한다. '비류比類'라는 것은 음양의 종류에 부합하게 해서 사용한다는 뜻이다. '소대小大'는 몸체를 가지고 말한 것이고, '장단'은 뿔을 가지고 말한 것으로, 모두 법도에 맞고자 하는 것이다. 보는 것(所視), 조사하는 것(所案), 쳐다보는 것(所瞻), 관찰하는 것(所察), 헤아리는 것(所量) 다섯 가지가 모두 갖추어져 일에 합당하면, 상제上帝도 그것을 흠향하는데, 뭇 신들이야 어떻겠는가? '宰', 主牲者. '祝', 告神者. '全', 謂色不雜. '具', 謂體無損也. 養牛羊曰'芻', 養犬豕曰'豢'. 得其養則'肥', 失其養則'瘠'. '物色', 或騂或黝, 陽祀用騂牲, 陰祀用黝牲. '比類'者, 比附陰陽之類而用之也. '小大'以體言, '長短'以角言, 皆欲中法度也. 所視・所案・所瞻・所察・所量五者, 悉備而當於事, 上帝且歆饗之矣, 況群神乎?

【월령 166】

천자는 나제難祭를 지내서 가을의 기가 통하게 하고, 개와 함께 마麻를 제사하는데, 먼저 종묘에 바친다.

天子乃難, 以達秋氣,① 以犬嘗麻, 先薦寢廟.②

鄭注 ① 이 '나제'(難)는 양기를 쫓아내는 것이다. 양기의 더위가 이때에 이르러도 쇠하지 않으면 해가 또한 사람에게까지 미친다. 사람에게까지 미치는 까닭은 양기는 왼쪽으로 운행하는데, 이달 28수는 묘昴와 필畢에 해당하고, 묘와 필은 또한 대릉적시大陵積尸(대릉이 시신을 쌓음)의 기氣가 있어, 기가 방일해지면 사악한 귀신이 뒤따라 나와 다닌다. 이에 또한 방상씨方相氏에게 명령하여 백예百隸를 이끌고 그것을 쫓아내게 한다. 「왕거명당례王居明堂禮」에 "중추仲秋의 달에 구문九門에서 희생을 찢어 제사지내서 묵은

기를 일으켜 질병을 막아 그치게 한다"고 하였다. 此'難', 難陽氣也. 陽暑至此不衰, 害亦將及人. 所以及人者, 陽氣左行, 此月宿直昴畢, 昴畢亦得大陵積尸之氣, 氣佚則厲鬼亦隨而出行. 於是亦命方相氏帥百隷而難之. 「王居明堂禮」曰: "仲秋, 九門磔禳, 以發陳氣, 禦止疾疫."

② 마麻가 처음으로 익기 시작하는 것이다. 麻始熟也.

集說 계춘季春에 나라에 명령하여 나제를 지내서 봄의 기운을 그치게 하였는데, 이곳에서만 유독 '천자가 나제를 지낸다'(天子難)고 하였다. 이는 시기가 지난 양의 더위를 제거하기 위한 것이다. 양은 임금의 상이다. 그러므로 제후 이하는 나제를 지낼 수 없다. 더운 기가 물러가면 가을의 차가운 기가 통하여 이른다. 그러므로 '가을의 기를 통하게 한다'고 한 것이다. 季春命國難, 以畢春氣, 此獨言'天子難'者. 此爲除過時之陽暑. 陽者君象. 故諸侯以下不得難也. 暑氣退則秋之凉氣通達. 故云'以達秋氣'也.

【월령 167】

이달에 성곽을 쌓고, 도읍을 건설하고, 동굴과 움집을 파고, 창고를 수리할 수 있다.

是月也, 可以築城郭, 建都邑, 穿竇窖, 脩囷倉.

鄭注 백성이 장차 (동굴집에) 들어가고 사물은 저장하기 때문이다. '구멍과 움을 판다'(穿竇窖)는 것은 지하로 파서 들어가는데 둥글게 파서 들어가는 것을 '두竇'라고 하고, 네모지게 파서 들어가는 것을 '교窖'라고 한다. 「왕거명당례」에 "중추仲秋에 서민庶民에게 명령하여 모두 집에 들어가게 하면서 '계절의 살기가 장차 이를 것이니 그 재앙에 걸리지 않게 하라'라고 한

다"라고 하였다. 爲民將入物當藏也. '穿竇窖'者, 入地隋曰'竇', 方曰'窖'. 「王居明堂禮」曰: "仲秋, 命庶民畢入于室, 曰'時殺將至, 毋罹其災.'"

集說 네 가지는 모두 거두고 저장하는 데 대비하기 위한 것이다. 땅을 파는데, 둥글게 파는 것을 '두竇'라고 하고, 네모지게 파는 것을 '교窖'라고 한다. 四者皆爲斂藏之備. 穿地圓曰'竇', 方曰'窖'.

【월령 168】

유사有司에게 명령하여 백성을 재촉하여 거두어들이게 하고, 채소를 비축하는 데에 힘쓰고, 비축하고 모으는 것을 많이 하게 한다.
乃命有司, 趨民收斂, 務畜菜, 多積聚.

鄭注 처음으로 겨울을 감당하기 위한 대비를 하는 것이다. 始爲禦冬之備.

集說 맹추孟秋에 이미 거두어들이는 명령을 내렸는데, 이달에 또 재촉하는 것은 시기상 늦추어서는 안 되기 때문이다. 채소는 곡물의 부족을 보조하기 위한 것이다. 그러므로 비축하여 대비하는 것이다. '비축하고 모으는 것을 많이 한다'(多積聚)는 것은 무릇 한해의 대비가 되는 것은 저축하지 않음이 없게 한다는 뜻이다. 孟秋已有收斂之命矣, 此又趨之, 以時不可緩故也. 菜所以助穀之不足. 故蓄之爲備. '多積聚'者, 凡可爲歲備者, 無不貯儲也.

【월령 169】

보리 파종을 권하여 때를 잃지 않게 하고, 때를 잃는 자가 있으면 지체 없이 처벌 조치를 행한다.
乃勸種麥, 毋或失時, 其有失時, 行罪無疑.

鄭注 '보리'(麥)는 끊어지는 것을 잇고 부족한 것을 이어주는 곡물이므로 특히 중시한다. '麥'者, 接絶續乏之穀, 尤重之.

集說 '보리'(麥)는 묵은 곡식이 다 떨어지는 것을 이어서 햇곡식이 익을 때까지 미치게 하는 것으로 특히 백성에게 이롭다. 그러므로 특별히 씨 뿌릴 것을 권하고 그것을 게을리하는 자를 처벌한다. '麥', 所以續舊穀之盡, 而及新穀之登, 尤利於民. 故特勸種而罰其惰者.

【월령 170】

이달에 낮과 밤의 길이가 같아지고, 천둥이 소리를 거두기 시작하고, 겨울잠 자는 곤충이 문을 더 막고, 살기殺氣가 점차 왕성해지고, 양기陽氣가 날로 쇠퇴하여 물이 마르기 시작한다.
是月也, 日夜分, 雷始收聲, 蟄蟲坏戶, 殺氣浸盛, 陽氣日衰, 水始涸.

鄭注 이 경문 또한 절후를 기록한 것이다. '천둥이 소리를 거두기 시작한다'(雷始收聲)는 것은 땅속에서 움직여 사물을 들여보낸다는 뜻이다. '배坏'는 더 막는다는 뜻이다. 겨울잠 자는 곤충이 출입문을 더 막는다는 것은 (출입구를) 조금 더 작게 함을 말한다. '고涸'는 마른다는 뜻이다. 이는 겨우

8월 중으로 비의 기가 그치지 않았는데, '물이 마른다'고 하는 것은 잘못이다. 『국어』 「주어周語」에 "진각辰角[140]이 아침에 나타나면 비가 그친다. 천근天根[141]이 아침에 나타나면 물이 마른다"고 하였고, 또 "비가 다 오면 길을 수리하고, 물이 마르면 다리를 완성한다"고 하였다. 진각辰角이 나타나는 것은 9월 초이고, 천근이 나타나는 것은 9월 말이다. 「왕거명당례王居明堂禮」에 "계추季秋(하력 9월)에 길을 수리하고 다리를 완성하여 농사에 이롭게 한다"고 하였다. 又記時候也. '雷始收聲', 在地中動內物也. '坏', 益也. 蟄蟲益戶, 謂稍小之也. '涸', 竭也. 此甫八月中, 雨氣未止, 而云'水竭', 非也. 「周語」曰: "辰角見而雨畢. 天根見而水涸", 又曰: "雨畢而除道, 水涸而成梁." 辰角見, 九月本也, 天根見, 九月末也. 「王居明堂禮」曰: "季秋除道致梁, 以利農也."

集說 '배坏'는 겨울잠 자는 동굴의 출입문을 더 막아서 햇빛이 통하는 곳을 조금 더 작게 하였다가 추위가 심하게 되면 그곳을 완전히 막는 것이다. 물은 기氣가 하는 바에 근본 한다. 봄과 여름은 기가 이르기 때문에 불어나고, 가을과 겨울은 기가 돌아가기 때문에 마른다. '坏', 益其蟄穴之戶, 使通明處稍小, 至寒甚, 乃墐塞之也. 水本氣之所爲. 春夏氣至故長, 秋冬氣返故涸也.

【월령 171】

낮과 밤의 길이가 같아지면, 도량度量[142]을 같게 하고, 권형權衡[143]을 공평하게 하며, 균석鈞石[144]을 바르게 하고, 두용斗甬[145]을 동일하게 한다.

日夜分, 則同度量, 平權衡, 正鈞石, 角斗甬.

集說 이는 중춘과 동일하다. 此與仲春同.

【월령 172】

이달에 관문과 시장의 세를 가볍게 하여 상인을 오게 하고 재화와 선물을 들이게 하여 백성의 일에 편리하게 한다. 사방에서 와 모이고 먼 곳에서 모두 이르면, 재화가 부족하지 않고 정부에 재용이 부족하지 않아, 모든 사업이 이루어진다.

是月也, 易關市, 來商旅, 納貨賄, 以便民事. 四方來集, 遠鄕皆至, 則財不匱, 上無乏用, 百事乃遂.

鄭注 '이관시易關市'는 그 세를 가볍게 하여 백성을 이롭게 해준다는 뜻이다. '상려商旅'는 상인이다. '궤匱' 또한 부족하다는 뜻이다. '수遂'는 이룬다는 뜻이다. '易關市', 謂輕其稅, 使民利之. '商旅', 賈客也. '匱', 亦乏也. '遂', 猶成也.

集說 주씨朱氏는 말한다. "'관문'(關)은 재화가 들어오는 곳이고, '시장'(市)은 재화가 모이는 곳이다. '이易'는 것은 세를 무겁게 부과하여 그 어려움을 초래하게 하지 않음을 뜻한다. '이관시易關市'는 상인들을 오게 하기 위한 것이다. '재화'(貨)는 그것을 교환하여 이익을 삼는 것을 말하고, '선물'(賄)은 그것을 소유하여 이익을 삼는 것을 말한다. '상인을 오게 한다'(來商旅)는 것은 재화와 선물을 들여놓게 하기 위한 것이다. 무릇 이것은 모두 백성의 재용을 편리하게 하는 것이다. 사방은 흩어져 있어 동일하지 않기 때문에 '와서 모인다'(來集)고 하였고, 원향遠鄕은 아득히 밖에 있기 때문에 '모두 이른다'(皆至)고 한 것이다. 이것은 토공土貢과 부세賦稅의 직무가 정비된 것을 말한다. '재화'(財)는 재용에 대비하기 위한 것이다. 재화가 부족하지 않으면 재용이 부족하지 않게 된다. '재용'(用)은 사업을 일으키기 위한 것이다. 재용이 부족하지 않으면 사업이 모두 이루어진다." 朱氏曰: "'關'者, 貨之所入,

'市'者, 貨之所聚. '易', 謂無重征以致其難也. '易關市', 所以來商旅. '貨', 謂化之以爲利, '賄', 謂有之以爲利. '來商旅', 所以納貨賄也. 凡此皆以便民用也. 四方散而不一, 故言'來集', 遠鄕邈而在外, 故言'皆至'. 此言貢賦職脩也. '財', 所以待用. 財不匱則無乏用也. '用', 所以作事. 無乏用則事皆遂也."

【월령 173】

무릇 큰일(大事)을 일으킬 때에는, 음양의 대수大數(근본 질서)를 어기지 않고, 반드시 그 시령時令(시기에 따른 정령)에 순응하면서, 신중히 그에 맞는 부류에 의지하여 행해야 한다.

凡擧大事, 毋逆大數, 必順其時, 愼因其類.

鄭注 '일'(事)은 토목공사를 일으키고, 제후를 회합시키고, 병사를 징발하는 것을 말한다. 계하季夏에는 이러한 것들을 금지시켰다가, 맹추孟秋에 처음 정벌을 시작하고, 이달 중추仲秋에 성곽을 쌓고, 계추季秋에 전렵田獵을 가르친다. 이 때문에 중추에 그것을 위해 경계시키는 것이다. '事', 謂興土功·合諸侯·擧兵衆也. 季夏禁之, 孟秋始征伐, 此月築城郭, 季秋敎田獵. 是以於中爲之戒焉.

集說 '큰일'(大事)은 토목공사를 일으키고, 요역에 징발하고, 제후를 회합시키고, 병사를 징발하는 일 등으로 모두 음양의 대수大數(근본 질서)를 어겨서는 안 된다. '인因'은 의지한다(依)는 뜻과 같다. 이를 테면, 상을 주는 것은 곧 일으키고 생장시키는 부류가 되고, 형벌을 행하는 것은 위축시키고 죽이는 부류이니, 반드시 시령時令에 순응하면서 삼가 그에 맞는 부류에 의지하여 행해야 한다. '大事', 如土功·徭役·合諸侯·擧兵衆之事, 皆不可悖陰陽之大數. '因', 猶依也. 如慶賞者乃發生之類, 刑罰者乃肅殺之類, 必順時令而謹依其類以行之也.

【월령 174】

중추仲秋에 봄의 월령을 시행하면 가을비가 내리지 않고, 초목이 꽃을 피우고, 나라에는 화재가 있을 것이라는 잘못된 소문으로 놀라고 두려워하는 일이 발생한다.

仲秋行春令, 則秋雨不降,① 草木生榮,② 國乃有恐.③

鄭注 ① 묘卯의 기가 그 기회를 타기 때문이다. 묘卯는 28수로는 방房과 심心에 해당한다. 심心은 12차로 말하면 대화大火에 배당된다. 卯之氣乘之也. 卯宿直房心. 心爲大火.

② 양의 움직임에 응하는 것이다. 應陽動也.

③ 화재가 있을 것이라는 잘못된 소문으로 서로 놀라는 것이다. 以火訛相驚.

集說 묘목卯木의 기운에 의해서 반응하는 것이다. 묘방卯方 가운데에 방房과 심心이 있다. 심은 12차로 말하면 대화大火이다. 그러므로 비가 내리지 않고, 화재가 있을 것이라는 잘못된 소문으로 놀라고 두려워하는 일이 생기는 것이다. 卯木之氣所應也. 卯中有房心. 心爲大火. 故不雨, 且有火訛之驚恐也.

【월령 175】

중추仲秋에 여름의 월령을 시행하면, 그 나라에 가뭄이 들고, 겨울잠 자는 곤충이 동면장소에 들어가지 못하고, 오곡이 다시 자라난다.

行夏令, 則其國乃旱, 蟄蟲不藏, 五穀復生.

鄭注 오午의 기가 그 기회를 타기 때문이다. 午之氣乘之也.

集說 오화午火의 기에 의해서 손상되는 것이다. 午火之氣所傷也.

【월령 176】

중추仲秋에 겨울의 월령을 시행하면, 바람으로 인한 재앙이 자주 일어나고, 소리를 거두어들이는 천둥이 일찍 나타나고, 초목이 일찍 시든다.

行冬令, 則風災數起,① 收雷先行,② 草木蚤死.③

鄭注 ① 자子의 기가 그 기회를 타기 때문이다. 북풍北風이 사물을 죽이기 때문이다. 子之氣乘之也. 北風殺物.

② '선先'은 일찍(蚤)이라는 뜻과 같다. 겨울은 닫고 저장하는 것을 주관한다. '先', 猶蚤也. 冬主閉藏.

③ 추운 기가 왕성해지기 때문이다. 寒氣盛也.

集說 자수子水의 기운에 의해서 초래되는 것이다. '거두어들이는 천둥'(收雷)이란 소리를 거두어들인 천둥을 뜻한다. '먼저 행한다'(先行)는 것은 시기에 앞서 움직인다는 뜻이다. 子水之氣所泄也. '收雷', 收聲之雷也. '先行', 先期而動也.

【월령 177】

계추季秋(하력 9월)의 달에 태양은 방房[146]에 있고, 저녁에 허虛[147])

가 남중하고, 새벽에 유柳[148]가 남중한다.

季秋之月, 日在房, 昏虛中, 旦柳中.

鄭注 '계추季秋'는 태양과 달이 대화大火에서 만나고, 북두성이 술방戌方을 가리키는 때이다. '季秋'者, 日月會於大火, 而斗建戌之辰也.

集說 방房의 별자리는 12진으로 말하면 묘卯에 있고, 12차로 말하면 대화大火에 있다. 房在卯大火之次也.

【월령 178】

그날은 경신庚申이다. 그 제帝는 소호少皞이고, 그 신은 욕수蓐收이다. 그 동물은 털이 있는 짐승이다. 그 음은 상商이고, 율은 무역無射에 응한다. 그 수는 9이다. 그 맛은 매운맛이고, 그 냄새는 비린내(腥)이다. 그 제사 대상은 문의 신(門)이고, 희생의 간을 먼저 고수레한다.

其日庚辛. 其帝少皞, 其神蓐收. 其蟲毛. 其音商, 律中無射. 其數九. 其味辛, 其臭腥. 其祀門, 祭先肝.

鄭注 '무역無射'은 협종夾鍾에서 나오는 것으로, (협종을) 3분하여 1을 뺀다. 율관의 길이는 4와 6,524/6,561촌이다. 가을의 기가 이르면 무역無射의 율이 응한다. 『국어』「주어周語」에 "무역無射은 현인의 아름다운 덕을 선양하여 백성에게 준칙을 보여주는 것이다"라고 하였다. '無射'者, 夾鍾之所生, 三分去一. 律長四寸六千五百六十一分寸之六千五百二十四. 季秋氣至, 則無射之律應. 「周語」曰: "無射所以宣布哲人之令德, 示民軌儀."

集說 '무역無射'은 술戌의 율律로서, 길이가 4와 6,524/6,561촌이다. '無射', 戌律, 長四寸六千五百六十一分寸之六千五百二十四.

【월령 179】

기러기가 날아와서 손님이 되고, 까치가 바다에 들어가 대합조개가 되고, 국화꽃은 황색 꽃을 피우고, 승냥이는 들짐승을 고수레하고 짐승(禽)을 잡아먹는다.

鴻鴈來賓, 爵入大水爲蛤, 鞠有黃華, 豺乃祭獸戮禽.

鄭注 모두 절후를 기록한 것이다. '날아와서 손님이 된다'(來賓)는 것은 그 손님이 머무르고 떠나지 않음을 말한다. '대수大水'는 바다를 뜻한다. '육戮'은 죽인다는 뜻과 같다. 皆記時候也. '來賓', 言其客止未去也. '大水', 海也. '戮'猶殺也.

集說 이는 술월戌月의 절후를 기록한 것이다. 기러기(鴈)는 중추에 먼저 날아온 것을 주인으로 삼고, 계추에 늦게 날아온 것을 손님으로 삼는 것은 먼저 오른 자를 주인으로 삼고 그를 따라 뒤에 오른 자를 손님으로 삼는 것과 같다. '까치가 대합조개가 된다'는 것은 나는 생물이 물속에 사는 생물이 되는 것이다. 국화 색깔은 한 가지가 아닌데, '황색'만 말한 것은 가을의 정령政令은 금金에 있는데, 금은 스스로 오색을 가지고 있지만 황색이 귀하기 때문에 국화는 황색을 정색正色으로 삼는다. '들짐승을 고수레한다'(祭獸)는 것은 그것을 하늘에 제사지낸다는 뜻이고, '륙금戮禽'은 그것을 죽여서 먹는다는 뜻이다. '짐승'(禽)은 조류와 들짐승의 총칭이다. 새를 들짐승이라 할 수 없고, 들짐승 또한 날짐승이라 할 수 없다. 그래서 앵무새를

'수獸'라 하지 않고, 성성이를 통용해서 '금禽'이라 한다. 此記戌月之候. 鴈以仲秋先至者爲主, 季秋後至者爲賓, 如先登者爲主人, 從之以登者爲客也. '爵爲蛤', 飛物化爲潛物也. 鞠色不一而專言黃者, 秋令在金, 金自有五色而黃爲貴, 故鞠色以黃爲正也. '祭獸'者, 祭之於天, '戮禽'者, 殺之以食也. '禽'者, 鳥獸之總名. 鳥不可曰獸, 獸亦可曰禽. 故鸚鵡不曰'獸', 而猩猩通曰'禽'也.

【월령 180】

천자는 총장總章의 우개右个에 거처하고, 융로戎路를 타고, 백락白駱에 멍에를 씌우고, 흰색 기를 세우고, 흰색 의를 입고, 흰색 옥을 차고, 마와 개를 먹고, 그 기물은 모나고 깊은 것으로 한다.
天子居總章右个, 乘戎路, 駕白駱, 載白旂, 衣白衣, 服白玉, 食麻與犬, 其器廉以深.

鄭注 '총장의 우개'(總章右个)는 서당西堂의 북쪽 가까운 곳에 있다. '總章右个', 西堂北偏.

集說 '총장의 우개'(總章右个)는 서당 북쪽 가까운 곳에 있다. '總章右个', 西堂北偏也

【월령 181】

이달에 호령號令을 거듭 엄하게 신칙하고, 백관들에게 명령하여 신분에 상관없이 모두 안으로 거두어들이는 데 힘쓰지 않음이 없게 해서 천지天地의 저장하는 시령에 부합하게 하고, 드러내 발산하는 일이 없게 한다.

是月也, 申嚴號令,① 命百官貴賤, 無不務內, 以會天地之藏, 無有宣出.②

鄭注 ① '신申'은 거듭한다는 뜻이다. '申', 重.

② '납內'은 거두어 들여놓게 한다는 뜻이다. '회會'는 모은다는 뜻이다. '內', 謂收斂入之也. '會', 猶聚也.

集說 '안에 힘쓴다'(務內)는 것은 여러 물건을 안으로 거두어들이는 데 전적으로 힘쓰는 것을 말한다. '회會'는 부합한다는 뜻이다. 천지의 닫고 저장하는 시령時令에 부합하는 것이다. 드러내어 꺼내는 것은 시령에 어긋나는 것이다. '務內', 謂專務收斂諸物於內. '會', 合也. 合天地閉藏之令也. 宣出則悖時令.

【월령 182】

총재에게 명령하여 백곡을 모두 거두어들이고, 오곡의 세수를 산정하고, 적전에서 추수한 것을 신창에 거두어 저장하게 하는데, 일을 삼가 행하고 마음을 공경히 하여 반드시 그 힘을 다하게 한다.

乃命冢宰, 農事備收,① 擧五穀之要,② 藏帝藉之收於神倉, 祗敬必飭.③

鄭注 ① '비備'는 모두(盡)라는 뜻과 같다. '備', 猶盡也.

② 조세 장부를 산정하는 것이다. 定其租稅之簿.

③ 제사 곡물을 맡겨 저장하는 것을 중히 여기는 것이다. '제적帝藉'은 천자가 경작하는 천묘千畝이다. 제사에 쓰일 곡물을 저장하는 곳을 '신창神倉'이라 한다. '지祗' 또한 공경한다는 뜻이다. 重粢盛之委也. '帝藉', 所耕千畝也. 藏祭祀之穀爲'神倉'. '祗', 亦敬也.

集說 '농사비수農事備收'는 백곡을 모두 거두어들임을 뜻한다. '요要'는 조세와 부세로 들어오는 세수이다. 적전에서 추수해 거둔 것을 신창神倉에 돌리는 것은 제사 곡물에 공급하려는 것이다. '지祗'는 그 일을 삼가는 것을 말하고, '경敬'은 그 마음을 전일하게 하는 것을 말하고, '칙飭'은 그 힘을 다하는 것을 말한다. '農事備收', 百穀皆斂也. '要'者, 租賦所入之數. 籍田所收, 歸之神倉, 將以供粢盛也. '祗', 謂謹其事, '敬', 謂一其心, '飭', 謂致其力也.

【월령 183】

이달에 서리가 처음 내리면 백공百工이 일을 쉰다. 이에 유사有司에게 명령하여 "차가운 기가 몰려와 이르니 백성의 힘이 감당하지 못할 것이다. 모두 집으로 들어가게 하라"라고 한다.

是月也, 霜始降, 則百工休.① 乃命有司曰: "寒氣總至, 民力不堪. 其皆入室."②

鄭注 ① 추워서 아교와 칠의 작업이 견고하고 좋게 되지 않는다. 寒而膠漆之作, 不堅好也.

② '총總'은 갑자기라는 뜻과 같다. '總', 猶猥卒.

集說 '총지總至'는 몰려와 이른다는 것이다. '總至', 凝聚而至也.

【월령 184】

상순上旬 정일丁日에 악정樂正에게 명령하여 태학大學에 들어가 취주吹奏하는 것을 익히게 한다.

上丁, 命樂正, 入學習吹.

鄭注 장차 제帝에게 제사지내기 위한 것이다. 봄과 여름에는 춤을 중요하게 여기고, 가을과 겨울에는 취주吹奏를 중요하게 여긴다. 爲將饗帝也. 春夏重舞, 秋冬重吹也.

集說 '취吹'는 악기 소리를 위주로 하여 말한 것이다. '吹', 主樂聲而言.

【월령 185】

이달에 오제五帝에게 대향제大饗祭를 지내고, 여러 신들에게 (유사를 시켜) 상제嘗祭를 지내게 하는데, 희생犧牲은 천자에게 갖추어졌음을 보고하고 사용한다.

是月也, 大饗帝,① 嘗, 犧牲告備于天子.②

鄭注 ① '대향大饗'이라 말한 것은 오제를 두루 제사지낸다는 뜻이다. 「곡례하曲禮下」(117)에 "대향大饗에는 점을 치지 않는다"라고 한 것은 이 제사를 가리킨다. 言'大饗'者, 遍祭五帝也. 「曲禮」曰: "大饗, 不問卜", 謂此也.

② '상嘗'은 뭇 신들에게 상제嘗祭를 올리는 것이다. 천자는 직접 오제에게 상제를 지내고, 담당자들로 하여금 뭇 신들에게 상제를 지내게 하는데, 예가 끝나면 보고하게 한다. '嘗'者, 謂嘗群神也. 天子親嘗帝, 使有司祭于群神, 禮畢而告焉.

集說 중하仲夏에 대우제大雩祭를 지내는 것은 기원하는 것이고, 이달에 대향제사를 지내는 것은 보답(報)하는 것이다. 향제饗祭와 상제嘗祭에는 모두 희생을 쓴다. 중추仲秋에 이미 "희생의 체격과 색깔이 완전히 갖추어졌는가를 살폈기"([월령 165], "視全具") 때문에, 이달에 이르러 갖추어졌음을 보고 한 뒤에 사용하는 것이다. 仲夏大雩, 祈也, 此月大饗, 報也. 饗·嘗皆用犧牲. 仲秋已"視全具", 至此則告備而後用焉.

【월령 186】

제후에게 포괄적으로 명령하고 모든 현(百縣)에게 조칙을 내려, 다음해를 위해 책력(朔日), 제후가 백성에게 부과하는 세법과 공물貢物의 수량에 대한 명령을 받게 하는데, 거리의 원근과 그 토지에 적합한 것을 고려하여 기준을 세워서, 교제와 종묘제사에 공급하게 하고, 사사로이 소유하는 것이 없게 한다.

合諸侯, 制百縣, 爲來歲, 受朔日與諸侯所稅於民, 輕重之法, 貢職之數, 以遠近土地所宜爲度, 以給郊廟之事, 無有所私.

鄭注 진秦나라는 북두성이 해亥를 가리키는 달(10월)로 정월正月을 삼았기 때문에, 이달(9월)에 한 해가 끝나고, 제후와 향수鄕遂의 관리들로 하여금 이 법을 받게 하였다. '제후의 제도를 정한다'(合諸侯制)는 것은 그 국가의 궁실宮室·거기車旗·의복衣服·예의禮儀를 확정한다는 뜻이다. 제후諸侯에 대해서는 '제도를 정한다'(合制)고 말하고 모든 현縣에 대해서는 '삭일을 받는다'(受朔日)고 말한 것은 호문互文이다. '공직貢職'은 천자에게 들어오는 것을 말한다. 주나라의 법은 정월로서 조절하여, 정월 초하루 상象과 위魏[149]

에 걸어 제시하였다. 秦以建亥之月爲歲首, 於是歲終, 使諸侯及鄕遂之官受此法焉. '合諸侯制'者, 定其國家·宮室·車旗·衣服·禮儀也. 諸侯言'合制', 百縣言'受朔日', 互文也. '貢職', 謂所入天子. 凡周之法, 以正月和之, 正歲而縣於象魏.

集說 석량왕씨石梁王氏는 말한다. "'합제후제백현合諸侯制百縣'에 대해서 정현의 주에서는 '합제후제合諸侯制'에서 구를 끊었지만, 따를 수 없다." ○ 유씨劉氏는 말한다. "'제후를 회합한다'(合諸侯)는 것은 제후국에 포괄적으로 명령한다는 뜻이다. '제制'는 조칙을 내린다(敕)는 뜻과 같다. '모든 현'(百縣)은 제후가 통괄하는 현이다. 천자는 제후에게 포괄적으로 명령하여, 제후들 각기 모든 현에 조칙을 내려 다음 해를 위해 삭일朔日과 세법稅法, 공수貢數를 받게 하는데, 각각 도로의 원근과 그 토지에 맞는 물건을 내게 하는 것으로 법도를 삼아 상부의 일에 공급하고 사사로움이 있어서는 안 되게 하였다. '교묘郊廟'라고 말한 것은 그 가운데 중요한 것을 든 것이다. 삭일朔日과 세공歲貢 등의 일은 모두 천자가 제후에게 포괄적으로 명하고, 제후는 그것을 모든 현에 반포하여 받들어 행하게 한다. 구설舊說에 진나라는 북두성이 저녁에 해亥를 가리키는 달(10월)로 정월을 삼아 이달(9월)이 한 해의 마지막 달이 되기 때문에 이 몇 가지 일을 행하였다고 하였는데, 합당하다. 어떤 이는 의심하여, 이때 진나라는 아직 천하를 병합하지 않은 때여서 제후와 모든 현을 두지 않았으니 이 경문은 여전히 옛 제도라고 여긴다. 내가 생각건대, 여불위呂不韋가 진秦나라에서 재상을 한 것은 10여 년, 이때에 이미 반드시 천하를 얻을 형세를 갖고 있었기 때문에 여러 유자儒者를 크게 모아서 선왕의 예를 손질하여 이 책을 짓고 『춘추』라고 명명하였으니, 한 시대 개국하는 군주의 전례를 만들고자 하였던 것이다. 그러므로 그 사이에 예경과 합치되지 못하는 것이 많이 있다. 또 살펴보건대, 진나라 소왕昭王과 양왕襄王 때에 위염魏冉을 양후穰侯에, 공자 시市를 완후宛

侯에, 회悝를 등후鄧侯에 봉하였으니, 진나라가 제후를 분봉하여 왕자의 일을 행한 것이 오래된 것이다. 여불위가 재상이었을 때, 이미 동주東周의 군주를 멸하였고, 6국은 영토가 깎인 것이 심하여, 진나라는 이미 천하의 태반太半(2/3)을 얻고 있었다. 그러므로 제도를 세워 이와 같이 하고자 하였던 것이다. 그 후 쫓겨나 죽고, 시황始皇이 천하를 병합하였을 때, 이사李斯가 재상이 되어 선왕의 제도를 모두 폐기하고, 여불위의 『춘추』도 쓸모없게 되었다. 그러나 그 책은 또한 당시 유생儒生과 학사學士들 가운데 왕도에 뜻을 두었던 자들이 저술한 것이어서 오히려 고제古制에 비슷할 수 있었다. 그러므로 예禮를 기록한 자가 그것을 취하였던 것이다. 石梁王氏曰: "合諸侯, 制百縣, 注, 云合諸侯制絶句, 不可從."○ 劉氏曰: "'合諸侯'者, 總命諸侯之國也. '制', 猶敕也. '百縣', 諸侯所統之縣也. 天子總命諸侯, 各敕百縣, 爲來歲受朔日與稅法貢數, 各以道路遠近土地所宜爲度, 以給上之事而不可有私也. 言'郊廟'者, 擧其重也. 蓋朔日與稅貢等事, 皆天子總命之諸侯, 而諸侯頒之百縣, 使奉行也. 舊說, 秦建亥, 此月爲歲終, 故行此數事者, 得之. 或疑是時秦未幷天下, 未有諸侯百縣, 此仍是古制. 愚按, 呂不韋相秦十餘年, 此時已有必得天下之勢, 故大集群儒損益先王之禮, 而作此書, 名曰『春秋』, 將欲爲一代興王之典禮也. 故其間亦多有未見與禮經合者. 又按昭·襄王之時, 封魏冉穰侯·公子市宛侯·悝鄧侯, 則分封諸侯, 行王者事久矣. 不韋作相時, 已滅東周君, 六國削甚, 秦已得天下太半. 故其立制, 欲如此也. 其後徙死, 始皇幷天下, 李斯作相, 盡廢先王之制, 而呂氏『春秋』亦無用矣. 然其書也, 亦當時儒生學士有志者所爲, 猶能彷彿古制. 故記禮者有取焉.

【월령 187】

이달에 천자는 전렵田獵을 행할 때에 백성에게 전법戰法을 가르쳐서 다섯 가지 병기(五戎)의 사용을 익히게 하고 말의 사용에 대한 정령(馬政)을 반포한다.

是月也, 天子乃教於田獵, 以習五戎, 班馬政.

鄭注 '전렵을 행할 때 가르친다'(教於田獵)는 것은 전렵田獵(사냥)의 예를 이용하여 백성에게 전법戰法을 가르치는 것이다. '오융五戎'은 다섯 가지 병기를 말하는 것으로, 궁시弓矢(활과 화살)·수殳[150]·모矛·과戈·극戟이다. '마정馬政'은 말의 털빛을 가지런히 하고 그 능력을 헤아려 함께 타게 하는 것을 말한다. 「교인직校人職」에 "군사가 있으면 말의 털빛을 가지런히 한 뒤에 발급한다"[151]고 하였다. '教於田獵', 因田獵之禮教民以戰法也. '五戎', 謂五兵, 弓矢·殳·矛·戈·戟也. '馬政', 謂齊其色度其力, 使同乘也. 「校人職」曰: "凡軍事, 物馬而頒之."

集說 '전렵을 행할 때 가르친다'(教於田獵)는 전렵할 때를 이용하여 전투와 진법을 가르쳐서 궁시弓矢·수殳·모矛·과戈·극戟의 다섯 가지 병기 사용을 익히게 하고, 수레에 매는 말(乘馬)의 정령을 반포하여 그 털빛의 같고 다름과 힘의 강약에 따라 각각 종류별로 서로 따르게 하는 것을 말한다. '教於田獵', 謂因獵而教之以戰陳之事, 習用弓矢殳矛戈戟之五兵, 班布乘馬之政令, 其毛色之同異·力之强弱, 各以類相從也.

【월령 188】

복僕과 7추騶에게 명령하여 모두 수레에 멍에를 매게 하고, 정旌과 조旐의 깃발을 세우고, 등급에 따라 수레를 나누어주어 대오를 바르게 하고 군문의 차폐물 밖에 진열하게 시킨다. 사도司徒는 회초리(扑)를 꽂고 북쪽을 향해 훈시하고 경계시킨다.

命僕及七騶咸駕, 載旌旐, 授車以級, 整設于屛外.① 司徒搢扑, 北面誓之.②

鄭注 ① '복僕'은 융복戎僕(병거 마부) 및 어부御夫(마부)이다. '칠추七騶'는 취마趣馬(말을 관리하는 관리)를 말하는 것으로, 제관을 위해 멍에 씌우고 벗기는 일을 주관하는 자이다. 멍에를 씌운 다음에 또 거기에 깃발을 세운다. 사마司馬의 직무에 "중추에 군사훈련을 가르치는데, 진법은 (계춘의) 군사를 조련하는 진법陳法과 같이 한다. 깃발의 용법을 분별하는데, 왕은 태상大常[152]을 세우고, 제후는 기旂를 세우고, 군리軍吏[153]는 기旗를 세우고, 사도師都[154]는 전旜을 세우고, 사수師遂는 물物을 세우고, 교야郊野[155]는 조旐를 세우고, 백관은 여旟를 세운다"고 한 것이 이것이다. '급級'은 등급이다. '정整'은 열을 바르게 한다는 뜻이다. '설設'은 진설한다는 뜻이다. '병屛'은 전렵하는 장소에서 문밖에 설치한 차폐물이다. '僕', 戎僕及御夫也. '七騶', 謂趣馬, 主爲諸官駕說者也. 旣駕之, 又爲之載旌旗. 司馬職曰: "仲秋敎治兵, 如振旅之陳. 辨旗物之用: 王載大常, 諸侯載旂, 軍吏載旗, 師都載旜, 師遂載物, 郊野載旐, 百官載旟", 是也. '級', 等次也. '整', 正列也. '設', 陳也. '屛', 所田之地, 門外之蔽.

② 병사들에게 군법軍法으로 훈시하고 경계시키는 것이다. 誓衆以軍法也.

集說 '복僕'은 융복戎僕이다. 천자의 말에는 여섯 가지 종류가 있는데, 각 말마다 한 명의 추騶(말을 먹이는 관리)가 관장하여, 여섯 추를 총괄하는 자와 함께 7추騶가 된다. 모두 말을 수레에 메고, 또 갈라진 깃털을 그려 넣은 정旌, 거북이와 용을 그려 넣은 조旐[156]를 세운다. 일이 끝나면 타는 자에게

수레를 주어 존비로서 등급을 삼고, 각각 그 행렬과 향배를 바르게 하고 군문軍門의 차폐물 밖에 진열하게 한다. 이때 사도司徒는 허리띠에 회초리를 꽂고, 대열 앞에서 북쪽을 향하여 훈시하고 경계시킨다. 이때 6군軍이 모두 남쪽을 향하여 정렬한다. '복扑'은 곧 하夏와 초楚[157] 두 물건이다. 『주례』에 융복戎僕은 중대부中大夫 2인으로 되어 있다. '僕', 戎僕也. 天子馬有六種, 各一騶主之, 幷總主六騶者爲七騶也. 皆以馬駕車, 又載析羽之旌, 龜蛇之旐. 旣畢而授車于乘者, 以尊卑爲等級, 各使正其行列向背, 而設于軍門之屛外. 於是司徒搢扑于帶, 於陳前, 北面誓戒之. 此時六軍皆向南而陳也. '扑', 卽夏楚二物也. 『周禮』戎僕中大夫二人.

【월령 189】

천자는 이에 갑옷을 입어 위무威武의 문식을 위엄 있게 갖추고, 활을 잡고 화살을 끼고서 직접 사냥하여, 제사를 주관하는 자에게 명령하여 사방의 신에게 포획한 짐승(禽)을 올려 제사하게 한다.

天子乃厲飾, 執弓挾矢以獵,① 命主祀祭禽于四方.

鄭注 ① '려식厲飾'은 융복戎服(갑옷)을 말한다. 위무威武를 숭상하는 것이다. 금본 「월령」에는 '렵獵'이 '사射'로 되어 있다. '厲飾', 謂戎服. 尙威武也. 今「月令」'獵'爲'射'.

② 포획한 짐승으로 사방의 신에게 제사지내는 것이다. 「사마직」에 "사냥이 끝나면 짐승을 올려 역제(祊)를 지낸다"라고 하였다. 以所獲禽祀四方之神也. 司馬職曰: "羅弊, 致禽以祀祊."

集說 천자는 융복을 입고 그 위무의 문식을 위엄 있게 갖추고, 직접 활을 사용하여 금수를 죽인다. 대개 제사에 바칠 물건은 왕이 직접 죽여야 하기

때문이다. 사냥이 끝나면 제사를 관장하는 관리에게 명령하여 사냥터에서 잡은 금수를 취하여 교외에서 제사를 지내 사방의 신에게 보답하게 한다. '금禽'은 (날짐승과 들짐승을 포함하여) 짐승에 대한 통칭이다. 天子戎服而嚴厲其威武之飾, 親用弓矢, 以殺禽獸. 蓋奉祭祀之物, 當親殺也. 獵竟則命典祀之官, 取獵地所獲之獸, 祭於郊, 以報四方之神. '禽'者, 獸之通名也.

【월령 190】

이달에 초목은 누렇게 되고 낙엽진다. 이에 땔감 나무를 베어서 숯을 만든다.

是月也, 草木黃落. 乃伐薪爲炭.

鄭注 나무를 베는 것은 반드시 살기殺氣가 있을 때를 이용한다. 伐木必因殺氣.

集說 추위를 막기 위해 대비하는 것이다. 備禦寒也.

【월령 191】

동면하는 동물은 머리를 내려뜨리고 동굴 깊은 곳에 있으면서 모두 그 출입구를 막는다.

蟄蟲咸俯在內, 皆墐其戶.

鄭注 '근墐'은 흙 등을 발라서 닫는 것으로, 살기殺氣를 피하는 것이다.

'墐', 爲塗閉之, 辟殺氣.

集說 '부俯'는 머리를 내려뜨리는 것이다. '내內'는 동굴의 깊은 곳이다. '근墐'은 막는다는 뜻이다. '俯', 垂頭也. '內', 穴之深處也. '墐', 塞也.

【월령 192】

옥사의 형사 집행을 재촉하여 죄를 짓고 형을 집행하지 않은 자를 남겨두지 않게 한다.

乃趣獄刑, 毋留有罪.

鄭注 살기가 이미 이르렀으므로 죄를 지은 자는 곧바로 처결한다. 殺氣已至, 有罪者卽決也.

集說 죄에 대한 형벌이 서로 맞으면 곧바로 처결한다. 남겨두고 처결하지 않으면, 또한 시령時令을 어기게 된다. 刑於罪相得, 卽決之. 留而不決, 亦悖時令也.

【월령 193】

녹질祿秩[158]이 합당하지 않은 것과 공양供養이 마땅하지 않은 것은 회수한다.

收祿秩之不當·供養之不宜者.

鄭注 하늘의 기가 죽이고 만물은 모두 저장되기 때문에, 없앨 수 있는 것이다. '녹질이 합당하지 않다'(祿秩之不當)는 것은 은혜로 증가시켜 준 것이

다. '공양이 마땅하지 않다'(供養之不宜)는 것은 욕구가 탐하고 즐기는 바로, 곰 발바닥 등은 항상 먹는 음식이 아니다. 天氣殺而萬物咸藏, 可以去之也. '祿秩之不當', 恩所增加也. '供養之不宜', 欲所貪者, 熊蹯之屬, 非常食.

集說 '회수한다'(收)는 것은 한漢나라 법에서 '인수印綬를 회수한다'고 할 때의 '회수한다'와 같은 뜻으로, 찾아서 반환시키고 각각 본래의 등급에 따른 녹질에 의거하게 함을 말한다. '합당하지 않다'(不當)는 것은 응당 얻어서는 안 되는데 은혜로운 명령으로 지나치게 하사하는 것을 말한다. '공양供養'은 음식과 의복 등과 같이 수단이 되는 물품이다. 귀한 사람과 천한 사람 사이에는 각각 마땅히 사용해야 할 것이 있다. '마땅하지 않다'(不宜)는 것은 사치하고 참람하여 제도의 한계를 넘어서는 것을 말한다. 이 또한 가을 월령의 엄숙함에 순응하는 것이다. '收', 如漢法'收印綬'之'收', 謂索之使還, 各依本等祿秩. '不當', 謂不應得而恩命濫賜之者也. '供養', 膳服之具也. 貴賤各有宜用. '不宜', 謂侈僭踰制者. 此亦順秋令之嚴肅也.

【월령 194】

이달에 천자는 개와 함께 벼(稻)를 제사하는데, 먼저 종묘에 바친다. 계추季秋에 여름의 월령을 시행하면 그 나라에 홍수가 일어나고,

是月也, 天子乃以犬嘗稻, 先薦寢廟.① 季秋行夏令, 則其國大水,

鄭注 ① 벼가 처음 익기 시작하기 때문이다. 稻始孰也.

集說 미방未方 가운데 동정東井[159]이 주관하기 때문이다. 未中東井主之.

【월령 195】

겨울 저장물이 재앙으로 망가지고,

冬藏殃敗,

集說 지하에 저장되었던 것들이 물에 의해 침수되는 것이다. 竇窖之藏, 爲水所侵.

【월령 196】

백성들 가운데 코가 막히고 재채기하는 폐질환이 많이 발생한다.

民多鼽嚏.

鄭注 미未의 기가 그 기회를 타기 때문이다. 6월 28수는 동정東井에 해당하는데, 그 기에 더위와 비가 많다. 未之氣乘之也. 六月宿直東井, 氣多暑雨.

集說 미토未土의 기에 의해 반응하는 것이다. '구鼽'는 기가 코에서 막히는 것이고, '체嚏'는 소리가 입에서 발하는 것으로, 모두 폐질환이다. 여름의 화火가 금金을 이기기 때문에 이 질병이 생기는 것이다. 未土之氣所應也. '鼽'者, 氣窒於鼻, '嚏'者, 聲發於口, 皆肺疾. 以夏火克金, 故病此也.

【월령 197】

겨울의 월령을 시행하면, 나라에 도적이 많고, 변경이 편안하지 못하고, 토지가 갈라진다.

行冬令, 則國多盜賊, 邊竟不寧, 土地分裂.

鄭注 축丑의 기가 그 기회를 타기 때문이다. 극음極陰은 외外가 되는데, 변경의 상象이다.[160] 대한大寒 때에 땅은 높고 갈라진다. 丑之氣乘之也. 極陰爲外, 邊竟之象也. 大寒之時, 地隆坼也.

集說 축토丑土의 기에 의해서 반응하는 것이다. '렬裂'은 갈라진다는 뜻이다. 丑土之氣所應也. '裂', 坼也.

【월령 198】

봄의 월령을 시행하면, 따뜻한 바람이 불어오고, 백성의 기풍이 해이해지고, 병란이 발생하여 멈추지 않는다.

行春令, 則煖風來至, 民氣解惰,① 師興不居.②

鄭注 ① 진辰의 기가 그 기회를 타기 때문이다. 「손巽」괘는 바람이다. 辰之氣乘之也. 「巽」爲風.

② 진방辰方의 28수는 각角에 해당하는데, 각角은 병사를 주관한다. '멈추지 않는다'(不居)는 것은 바람이 불어 쉬지 않음을 상징한다. 辰宿直角, 角主兵. '不居'象風行不休止也.

集說 진토辰土의 기에 의해서 반응하는 것이다. '멈추지 않는다'(不居)는 그치지 못한다는 뜻이다. 辰土之氣所應也. '不居', 不得止息也

【월령 199】

맹동孟冬(하력 10월)의 달에 태양은 미尾에 있고, 저녁에 위危가 남중하며, 새벽에 칠성七星이 남중한다.

孟冬之月, 日在尾, 昏危中, 旦七星中.

鄭注 '맹동孟冬'은 태양과 달이 석목析木의 은하수[161]에서 만나고, 북두성이 저녁에 해亥를 가리키는 때이다. '孟冬'者, 日月會於析木之津, 而斗建亥之辰也.

集說 미尾는 12진으로 말하면 인寅, 12차로 말하면 석목析木에 있다. '칠성七星'은 계춘([월령 44])에 설명이 보인다. 尾在寅析木之次也. '七星'見季春.

【월령 200】

그날은 임계壬癸이다. 그 제는 전욱顓頊이고, 그 신은 현명玄冥이다. 그 동물은 갑각류이다. 그 음은 우羽이고, 율은 응종應鍾에 응한다. 그 수는 6이다. 그 맛은 짠맛이고, 그 냄새는 썩은 냄새이다. 그 제사 대상은 길신(行)이고, 희생의 콩팥으로 먼저 고수레한다.

其日壬癸.① 其帝顓頊, 其神玄冥.② 其蟲介.③ 其音羽,④ 律中應鍾.⑤ 其數六.⑥ 其味鹹, 其臭朽.⑦ 其祀行, 祭先腎.⑧

鄭注 ① '임壬'이라는 말은 맡는다(任)는 뜻이다. '계癸'라는 말은 헤아린다(揆)는 뜻이다. 태양의 운행은 동북쪽으로 흑도黑道를 따르며 만물을 닫고 저장하는데, 달이 그 보좌가 된다. 이때 만물은 아래에서 회임懷任하여 시기에 맞추어 싹을 틔우니, 또한 이로 인해서 날의 명칭을 삼은 것이다. '壬'

之言任也. '癸'之言揆也. 日之行, 東北從黑道, 閉藏萬物, 月爲之佐. 時萬物懷任於下, 揆然萌牙, 又因以爲日名焉.

② 이는 흑정黑精의 임금이며, 수관水官의 신하로서 예로부터 덕을 드러내고 공을 세운 자이다. '전욱顓頊'은 고양씨高陽氏이다. '현명玄冥'은 소호씨의 아들 수脩와 희熙로서, 수관水官이 되었다. 此黑精之君, 水官之臣, 自古以來, 著德立功者也. '顓頊', 高陽氏也. '玄冥', 少皞氏之子曰脩, 曰熙, 爲水官.

③ '개介'는 껍질(甲)이다. 사물이 땅속에서 닫고 감추는 것을 본뜬 것으로, 거북이나 자라 따위다. '介', 甲也. 象物閉藏地中, 龜鼈之屬.

④ 상商을 3분하여 1을 빼면 우羽를 낳는다. 우羽의 수는 48이다. 수水에 속한 것은 그로써 가장 맑은 것이 되니, 사물(物)의 상이다.162) 겨울의 기가 조화로우면 우羽의 소리가 고르다. 「악기樂記」(6)에 "우羽가 어지러우면 악樂의 소리가 위태로우니, 그 재화가 궁핍한 것이다"라고 하였다. 三分商去一以生羽. 羽數四十八. 屬水者, 以爲最淸, 物之象也. 冬氣和, 則羽聲調. 「樂記」曰: "羽亂則危, 其財匱."

⑤ 맹동의 기가 이르면 응종應鍾의 율이 응한다. 응종은 고선姑洗에서 생겨나는 것으로, (고선을) 3분하여 1을 뺀다. 율관의 길이는 4와 20/27촌이다. 『국어』「주어周語」에 "응종은 기용器用을 고르고 이롭게 하고, 응하여 다시 시작하게 한다"라고 하였다. 孟冬氣至, 則應鍾之律應. 應鍾者, 姑洗之所生, 三分去一. 律長四寸二十七分寸之二十. 「周語」曰: "應鍾均利器用, 俾應復."

⑥ 수水의 생수生數는 1이고, 성수成數는 6이다. 단지 6이라고만 말한 것은 또한 그 성수成數를 든 것이다. 水生數一, 成數六. 但言六者, 亦擧其成數.

⑦ 수水의 냄새와 맛이다. 무릇 짠맛과 썩은 냄새가 모두 여기에 속한다. 기가 있는 듯하고 없는 듯한 것이 후朽이다. 水之臭味也. 凡鹹朽者, 皆屬焉. 氣若有若無爲朽.

⑧ 겨울에는 음의 기운이 물보다 차갑다. 길신(行)에게 제사하는 것은 벽제

辟除(길제사) 등의 경우와 같이 한다. 제사할 때 콩팥(腎)을 먼저 고수레하는 것은 음의 위치는 아래에 있는데 콩팥 역시 아래에 있어, 콩팥이 존귀한 것이 되기 때문이다. 길(行)은 종묘 문 밖 서쪽에 있는데, 발제軷祭를 지내는 단을 쌓는다. 두께 2촌, 가로 너비 5척, 세로 너비 4척이다. 길을 제사하는 예는 북쪽을 향해서 제단 위에 신주를 설치한 뒤에 콩팥과 폐를 썰어서 조俎에 진설하여 신주 남쪽에 올린다. 또 조俎 동쪽에 제수를 놓는다. 고기와 콩팥은 한 번, 비장은 두 번 고수레하고, 그 밖의 절차는 모두 문을 제사하는 예와 같이 한다. 冬陰盛, 寒於水. 祀之於行, 從辟除之類也. 祀之先祭腎者, 陰位在下, 腎亦在下, 腎爲尊也. 行在廟門外之西爲軷壤. 厚二寸, 廣五尺, 輪四尺. 祀行之禮, 北面設主于軷上, 乃制腎及脾爲俎, 奠于主南. 又設盛于俎東. 祭肉·腎一·脾再, 其他皆如祀門之禮.

集說 '전욱顓頊'은 흑정黑精의 임금이다. '현명玄冥'은 수관水官의 신하로서, 소호씨의 아들 수脩와 희熙가 서로 번갈아 수관이 되었다. 『좌전』에 "수와 희가 현명이 되었다"고 한 것이 이것이다. '개介'는 껍질이라는 뜻이다. 껍질이 있는 동물(介蟲) 가운데 거북이 우두머리로서, 수물水物이다. 우음羽音은 수水에 속한다. '응종應鐘'은 해율亥律로서 길이가 4와 20/27촌이다. 수의 성수成數는 6이다. 짠맛과 썩은 냄새가 모두 수에 속한다. 수는 나쁘고 더러운 것을 받아들인다. 그러므로 썩고 부패하는 기가 있는 것이다. '행行'은 도로로서, 왕래하는 곳이다. 겨울은 음이 가고 양이 온다. 그러므로 길(行)을 제사하는 것이다. 봄·여름·가을에는 모두 고수레할 때 뛰어난 것을 먼저 고수레하였기 때문에, 겨울에도 마땅히 심장을 먼저 고수레해야 하는데, 중앙의 제사에 심장을 고수레하였기 때문에 단지 속해 있는 것으로 고수레한다. 또 겨울은 고요함(靜)을 위주로 하여, 이기고 제어하는 것을 숭상하지 않기 때문이다. ○ 채옹蔡邕은 『독단獨斷』에서 말한다. "길(行)은 겨

울에 태음이 된다. 왕성한 추위가 수가 된다. 길신에게 제사하는 것은 종묘 문 밖의 서쪽에서 한다. 발제를 지내는 제단(軷壤)은 두께가 2척이고, 가로 너비가 5척, 세로 너비가 4척으로, 북쪽을 향하고, 제단 위에 신주를 놓는다." '顓頊', 黑精之君. '玄冥', 水官之臣, 少皞氏之子曰脩曰熙, 相代爲水官. 『左傳』云: "脩及熙爲玄冥", 是也. '介', 甲也. 介蟲, 龜爲長, 水物也. 羽音屬水. '應鍾', 亥律, 長四寸二十七分寸之二十. 水成數六. 鹹朽, 皆水屬. 水受惡穢. 故有朽腐之氣也. '行'者, 道路往來之處. 冬陰往而陽來. 故祀行也. 春夏秋皆祭先所勝, 冬當先心, 以中央祭心, 故但祭所屬. 又以冬主靜, 不尙克制故也. ○ 蔡邕『獨斷』曰: "行, 冬爲太陰. 盛寒爲水. 祀之於行, 在廟門外之西. 軷壤厚二尺廣五尺輪四尺, 北面, 設主於軷上."

【월령 201】

물이 얼기 시작하고, 땅이 얼기 시작하고, 꿩이 큰 물(大水) 속으로 들어가서 이무기가 되고, 무지개가 잠복하여 나타나지 않는다.
水始冰, 地始凍, 雉入大水爲蜃, 虹藏不見.

鄭注 모두 절후를 기록한 것이다. '큰 물'(大水)은 회수淮水이다. 대합大蛤을 '신蜃'이라고 한다. 皆記時候也. '大水', 淮也. 大蛤曰'蜃'.

集說 이는 해월亥月(10월)의 계절을 기록한 것이다. '신蜃'은 교룡 종류이다. 이것 또한 조류가 변화하여 수중생물이 된 것이다. 진晉나라 때 무기고 안에서 홀연히 꿩(雉)이 울고 있었다. 장화張華[163]는 "이는 반드시 뱀이 변화하여 꿩이 된 것이다"라고 말하고, 문을 열어 꿩 옆을 보았더니, 과연 뱀의 허물이 있었다. 유서類書에 꿩과 뱀이 교배하여 새끼를 낳으면, 새끼는 반드시 교달벌레(蟂)가 된다고 하였지만, 모두 그렇게 되는 것은 아닐

것이다. 그렇다면 꿩이 이무기가 되는 것은 이치상 있을 수도 있다. 음과 양의 기가 교합하여 무지개(虹)가 되는 것이다. 이때 음과 양은 지극히 분별된다. 그러므로 무지개가 잠복한다. 무지개는 바탕이 있는 것이 아닌데 '숨는다'(藏)라고 말한 것은 또한 그 기가 아래로 잠복함을 말하는 것이다. 此記亥月之候. '蜃', 蛟屬. 此亦飛物, 化潛物也. 晉武庫中, 忽有雉雊. 張華曰: "此必蛇化爲雉也", 開視雉側, 果有蛇蛻. 類書有言雉與蛇交而生子, 子必爲蜃, 不皆然也. 然則雉之爲蜃, 理或有之. 陰陽氣交而爲虹. 此時陰陽, 極乎辨. 故虹伏. 虹非有質而曰'藏', 亦言其氣之下伏耳.

【월령 202】

천자는 현당玄堂의 좌개左个에 거처하고,

天子居玄堂左个,

鄭注 '현당玄堂의 좌개左个'는 명당에서 북당 서쪽 가까운 곳이다. '玄堂左个', 北堂西偏也.

集說 북당北堂 서쪽 가까운 곳에 있다. 北堂之西偏也.

【월령 203】

현로玄路를 타고 철려鐵驪에 멍에를 씌우고,

乘玄路, 駕鐵驪,

鄭注 '철려鐵驪'는 색이 철과 같다. '鐵驪', 色如鐵.

集說 철색의 말이다. 鐵色之馬.

【월령 204】

현기玄旂를 세우고, 흑색 옷을 입고,

載玄旂, 衣黑衣,

集說 흑색은 짙고 현색은 옅은 것으로, 주색은 짙고 적색은 옅은 것과 같다. 黑深而玄淺, 如朱深而赤淺也.

【월령 205】

현옥玄玉을 차고, 기장과 돼지고기를 먹으며, 기물은 가운데가 넓고 위가 좁은 것을 사용한다.

服玄玉, 食黍與彘, 其器閎以奄.

鄭注 기장의 꽃은 퍼지고 흩어지며, 화火에 속한다. 추운 계절에 먹으면 또한 성정을 안정시켜준다. '돼지'(彘)는 수水의 가축이다. 기물을 크고 가리게 하는 것은 사물이 닫고 저장하는 것을 본뜨는 것이다. 금본 「월령」에는 "진로軫路를 탄다"고 되어 있는데, 응당 '진袗' 자의 오자인 듯하다. 黍秀舒散, 屬火. 寒時食之, 亦以安性也. '彘', 水畜也. 器閎而奄, 象物閉藏也. 今「月令」曰: "乘軫

路", 似當爲'袗'字之誤也.

集說 '굉閎'은 가운데가 넓은 것이고, '엄奄'은 위가 좁은 것이다. '閎'者, 中寬, '奄'者, 上窄.

【월령 206】

이달의 절기는 입동立冬이다. 입동 3일 전에 태사太史가 천자에게 "모일은 입동입니다. 왕성한 덕이 수水에 있습니다"라고 보고하고, 천자는 곧 재계한다. 입동의 날에 천자는 직접 삼공三公·구경九卿·대부大夫를 이끌고 북쪽 교외에서 겨울을 맞이하여 제사를 지낸다. 제사를 지내고 돌아와 나랏일을 위해 죽은 자에게 상을 내리고, 그의 처와 자식을 구휼해준다.

是月也, 以立冬. 先立冬三日, 太史謁之天子曰: "某日立冬. 盛德在水", 天子乃齊.① 立冬之日, 天子親帥三公·九卿·大夫以迎冬於北郊. 還反, 賞死事, 恤孤寡.②

鄭注 ① '게謁'는 보고한다는 뜻이다. '謁', 告.

② '겨울을 맞이한다'(迎冬)는 것은 흑제黑帝 협광기叶光紀에게 북쪽 교외의 조兆에서 제사지낸다는 뜻이다. '일을 위해 죽는다'(死事)는 것은 나랏일로 죽는 것을 말한다. 공숙우인公叔禺人·안탁취顔涿聚 같은 사람이다. '고과孤寡'는 죽은 자의 처와 자식이다. 은혜로 하사하고, 큰 공을 세운 사람에게는 상을 더해줌이 있다. '迎冬'者, 祭黑帝叶光紀於北郊之兆也. '死事', 謂以國事死者, 若公叔禺人·顔涿聚者也. '孤寡', 其妻子也. 有以惠賜之, 大功加賞.

集說 '일을 위해 죽는다'(死事)는 것은 나랏일을 위해 죽는다는 뜻이다. '고과孤寡'는 곧 나랏일을 위해 죽은 자의 처와 자식이다. 제후를 말하지 않은 것은 여름의 경우와 같은 이유이다. '死事', 爲國事而死也. '孤寡', 卽死事者之妻子. 不言諸侯, 與夏同.

【월령 207】

이달에 태사太史에게 명령하여 거북과 시초에 피를 바르고, 요문繇文의 길흉을 판단하고, 괘의 길흉을 살피게 한다.

是月也, 命太史, 釁龜筴, 占兆, 審卦吉凶.

鄭注 '책筴'은 시초(蓍)이다. '점조占兆'는 거북의 요문繇文[164]이다. 『주례』「춘관春官·귀인龜人」에 "상춘上春에 거북에게 피를 바른다"고 한 것은 북두성이 저녁에 인방寅方을 가리키는 달(하력 1월)을 뜻한다. 진秦나라는 정월(10월)에 태사로 하여금 거북과 시초에 피를 바르게 하였으니, 주나라와 다르다. '괘의 길흉'(卦吉凶)은 『역易』을 말한다. '심審'은 살펴서 기록하는 것으로 시초에 피를 바르지 않는 것은 시초는 짧아서 조兆보다 천하기 때문이다. 금본 「월령」에는 "흔사釁祠"라고 되어 있는데, '사祠'는 필요 없는 글자이다. '筴', 蓍也. '占兆', 龜之繇文也. 『周禮』「龜人」"上春釁龜", 謂建寅之月也. 秦以其歲首, 使大史釁龜筴, 與周異矣. '卦吉凶', 謂『易』也. '審', 省錄之, 而不釁筮, 筮短, 賤於兆也. 今「月令」曰: "釁祠", '祠'衍字.

集說 풍씨馮氏는 말한다. "'거북과 시초에 피를 바른다'(釁龜筴)는 것은 희생을 죽여 피를 취해서 거북과 시초에 바르는 것이다. 옛날에 기물이 완성

되면 피를 발랐는데, 상서롭지 못한 것을 물리치기 위한 것이다. '점조占兆'는 귀서龜書의 요문繇文을 살펴 분석하는 것이고, '괘를 살핀다'(審卦)는 것은 『역易』의 휴休(길함)와 구咎(흉함)를 살피는 것이다. 모두 그 이치를 미리 밝혀서 쓰임에 대비하는 것이다. 거북에 피를 발라 요문의 길흉을 판단하고 시초에 피를 발라 괘의 길흉을 살피는 것은 태사太史의 직무이다." 馮氏曰: "'釁龜筴'者, 殺牲取血, 而塗龜與蓍筴也. 古者器成而釁以血, 所以攘卻不祥也. '占兆'者玩龜書之繇文, '審卦'者審『易』書之休咎. 皆所以豫明其理而待用也. 釁龜而占兆, 釁筴而審卦吉凶, 太史之職也."

【월령 208】

편을 들어 사사로이 하는 자들을 살핀다면, 죄지은 자가 시비곡직을 엄폐하는 일이 없다.

是察阿黨, 則罪無有掩蔽.

鄭注 '편을 들어 사사로이 한다'(阿黨)는 것은 옥을 다스리는 관리가 사사로운 은혜로 왜곡하여 서로 도모하는 것을 말한다. '阿黨', 謂治獄吏以私恩曲橈相爲也.

集說 옥리가 옥을 다스릴 때 어찌 편을 들어 사사로이 함이 없겠는가? 반드시 그것을 바로잡고 살핀다면, 죄를 범한 자가 그 시비곡직을 엄폐하는 데에 거의 이르지 못할 것이다. 獄吏治獄, 寧無阿私? 必是正而省察之, 庶幾犯罪者, 不至掩蔽其曲直也.

【월령 209】

이달에 천자는 비로소 갖옷을 입는다.

是月也, 天子始裘.

鄭注 "9월에 옷을 만들어주고",[165] 이달에 이르러 갖옷을 입을 수 있다. "九月授衣", 至此可以加裘.

集說 『주례』「천관天官·사구司裘」에 "계추에 공구功裘[166]를 바친다"고 하였는데, 이달에 이르러 마침내 그것을 입는 것이다. 『周禮』"季秋獻功裘", 至此月乃衣之也.

【월령 210】

담당자에게 명령하여, "하늘의 기는 상승하고, 땅의 기는 하강하여, 하늘과 땅이 통하지 않으니 닫고 막아서 겨울을 이루라"라고 한다.

命有司曰: "天氣上騰, 地氣下降, 天地不通, 閉塞而成冬."

鄭注 유사에게 닫고 저장하는 기를 도와서 문은 닫을 수 있는 것은 닫고 창도 막을 수 있는 것은 막게 시키는 것이다. 使有司助閉藏之氣, 門戶可閉閉之, 窓牖可塞塞之.

集說 교제하지 않으면 통하지 못하고, 통하지 못하면 막히게 된다. 不交則不通, 不通則閉塞.

【월령 211】

모든 관리에게 명령하여 덮고 저장한 물건을 삼가 살피게 하고, 사도司徒에게 명령하여 비축하고 모은 것을 순행하여 거두어들이지 않은 것이 없게 한다.

命百官謹蓋藏,① 命司徒167)循行積聚, 無有不斂.②

鄭注 ① 부고府庫(재화 창고)와 균창囷倉(양식 창고)에 저장물이 있음을 말한다. 謂府庫囷倉有藏物.

② 추화芻禾168)와 신증薪蒸169) 따위다. 謂芻禾薪蒸之屬.

集說 중추仲秋에 비축하고 모으라고 내린 정령을 거듭 확인하여 시행을 엄격히 하는 것이다. 申嚴仲秋積聚之令.

【월령 212】

성곽을 보수하고 문려門閭를 경계시키고, 빗장으로 잠그는 것(鍵閉)을 수리하고, 열쇠로 잠그는 것(管籥)을 삼가 아무나 열지 못하게 하며,

坏城郭, 戒門閭, 脩鍵閉, 愼管籥,

鄭注 '배坏'는 배가한다는 뜻이다. '건鍵'은 숫열쇠(빗장)이고, '폐閉'는 암열쇠(구멍)이다. '관약管籥'은 잠그는 열쇠이다. '坏', 益也. '鍵', 牡, '閉', 牝也. '管籥', 搏鍵器也.

集說 '보강한다'(坏)는 것은 훼손되고 취약해진 곳을 보강하는 것이다. 성곽은 두텁고 튼실하게 하고자 하기 때문에 '보강한다'(坏)라고 말하고, 문려는 비상사태에 대비하는 것이기 때문에 '경계한다'(戒)라고 말한 것이다. '건鍵'은 빗장이고, '폐閉'는 빗장을 넣는 구멍이다. '관약管籥'은 열쇠다. 빗장으로 잠그는 것은 혹 파괴될 수 있기 때문에 '수리한다'(脩)고 하였고, 열쇠로 잠그는 것은 아무나 열어서는 안 되기 때문에 '삼가한다'(愼)고 말한 것이다. '坏', 補其缺薄處也. 城郭欲其厚實, 故言'坏', 門閭備禦非常, 故言'戒'. '鍵', 鎖須也, '閉', 鎖筒也. '管籥', 鎖匙也. 鍵閉, 或有破壞, 故云'脩', 管籥不可妄開, 故云'愼'.

【월령 213】

봉강封疆(지역별 경계)을 견고히 하고, 변경을 방비하고, 요충지를 완벽히 수리하고, 관문과 교량을 삼가 경계하고, 짐승이 다니는 길을 막는다.170)

固封疆, 備邊竟, 完要塞, 謹關梁, 塞徯徑.

鄭注 '봉강을 견고히 한다'(固封疆)는 것은 유사에게 그 (지역 경계 표지가 되는) 수로와 나무, 그리고 백성들이 법을 준수하는 것에 대하여 순찰하게 하는 것을 말한다. '요새要塞'는 변경 성의 요충지다. '량梁'은 다리다. '혜경徯徑'은 짐승이 다니는 길이다. 금본 「월령」에는 '강疆'이 '새壐'로 되어 있기도 하다. '固封疆', 謂使有司循其溝樹及其衆庶之守法也. '要塞', 邊城要害處也. '梁', 橋橫也. '徯徑', 禽獸之道也. 今「月令」'疆'或爲'壐'.

集說 '요새要塞'는 변경 성의 요충지다. '관關'은 국경에 있는 문이다. '량

梁'은 다리다. '혜경徯徑'은 야생동물이 다니는 길이다. '要塞', 邊城要害處也. '關', 境上門. '梁', 橋也. '徯徑', 野獸往來之路也.

【월령 214】

상사喪事의 기율紀律을 바로잡아서, 의복을 변별하고, 관곽의 두께, 무덤과 봉분의 크기와 높이, 사용하는 예의 정도, 신분에 따른 차이를 세밀하게 살핀다.

飭喪紀, 辨衣裳, 審棺槨之厚薄·塋丘壟之大小高卑·厚薄之度·貴賤之等級.

鄭注 이 또한 닫고 저장하는 도구로, 계절에 순응하여 정비하고 바르게 하는 것이다. '의상을 변별한다'(辨衣裳)는 것은 염습할 때 각각의 신분이 사용하는 것을 말한다. 사용하는 것에 또한 많고 적음의 차이가 있다. 此亦閉藏之具, 順時飭正之也. '辨衣裳', 謂襲斂尊卑所用也. 所用又有多少.

集說 '상기喪紀를 정비한다'(飭喪紀)는 것은 상사의 기율紀律을 바르게 한다는 뜻으로, 곧 의상을 변별하는 것 이하 여러 일이 그것이다. 상복에서 위의 최복과 아래 치마는 포의 곱고 거친 정도로 친소親疎의 차이를 삼는다. 그래서 '변별한다'(辨)고 말한 것이며, 또한 염습할 때 입히는 옷 수의 차이를 말한다. 관곽의 두께는 귀천의 차이가 있다. 무덤 규모에 차이가 있고, 봉분의 높이에 차이가 있어서 모두 규정의 한도를 초과할 수 없다. '후하고 박하게 하는 규정의 한도'는 사용하는 예禮를 위주로 하여 말한 것이고, '귀하고 천한 신분의 차이'는 상례를 행하는 사람을 위주로 하여 말한 것이다. 그래서 총괄하여 '살핀다'(審)라고 말한 것이다. ○ 주씨朱氏는 말한다. "상은 사

람이 일생을 마치는 것이고, 겨울은 한 해를 마치는 것이다. 그러므로 이때에 상사의 기율을 정비하는 것이다.” ‘飭喪紀’者, 飭正喪事之紀律也, 卽辨衣裳以下諸事是已. 上衰下裳以布之精麤爲親疎. 故曰‘辨’, 亦謂襲斂之衣數多寡也. 棺槨厚薄, 有貴賤之等. 塋有大小, 丘壟有高卑, 皆不可踰越. ‘厚薄之度’, 主禮而言, ‘貴賤之等級’, 主人而言. 故總曰‘審’. ○ 朱氏曰: “喪者, 人之終, 冬者, 歲之終. 故於此時而飭喪紀焉.”

【월령 215】

이달에 공사에게 명령하여 백공이 제작한 기물을 보고하게 하는데, 제기를 진열하게 하고 법식을 살펴서, 사치스런 기물을 만들어 윗사람의 마음을 동요시키는 일이 없게 하고, 반드시 작업이 치밀한 것을 상등으로 삼는다. 기물에 공인의 이름을 새겨 넣어 그 일치 여부를 살피고, 작업에 합당하지 못함이 있으면 반드시 그 죄를 다스려서 그 실정을 철저히 추궁하게 한다.

是月也, 命工師效功, 陳祭器, 按度程, 毋或作爲淫巧, 以蕩上心, 必功致爲上.① 物勒工名, 以考其誠,② 功有不當, 必行其罪, 以窮其情.③

鄭注 ① 서리가 내리면 모든 공인工人이 쉬는데, 이때에 이르러 물품이 모두 완성되는 것이다. ‘공사工師’는 공관工官의 우두머리다. ‘효공效功’은 것은 모든 공인이 제작한 기물을 기록하여 보이는 것이다. 제기를 위주로 하는 것은 제기가 존귀하기 때문이다. ‘도度’는 규모의 크고 작음을 말하고, ‘정程’은 기물의 용량을 말한다. ‘음교淫巧’는 사치스럽고 기묘한 것을 말한다. ‘탕蕩’은 마음을 선동하여 사치하고 음탕함을 유발하는 것을 뜻한다. 霜

降而百工休, 至此物皆成也. '工師', 工官之長也. '效功', 錄見百工所作器物也. 主於祭器, 祭器尊也. '度', 謂制大小也, '程', 謂器所容也. '淫巧', 謂奢僞怪好也. '蕩', 謂搖動生其奢淫.

② '륵勒'은 새긴다는 뜻이다. 그 기물에 제작한 공인의 성명을 새겨서 그 일치 여부를 살펴 작업이 치밀하게 수행되었는지 아닌지를 안다. '勒', 刻也. 刻工姓名於其器, 以察其信, 知其不功致.

③ '작업에 합당하지 못하다'(功不當)는 것은 재목의 아름다움만 취하고 기물이 견고하지 못하다는 뜻이다. '功不當'者, 取材美而器不堅也.

集說 '공사工師'는 모든 공인의 우두머리다. '효效'는 바친다는 뜻이다. 여러 기물이 모두 완성되었는데, 홀로 제기만을 위주로 말한 것은 제기가 존귀하기 때문이다. '도度'는 법法이고, '정程'은 식式이다. '음교淫巧'는 여러 기물을 가리켜 말한 것이다. '치致'는 치緻로 읽는다. 작업의 치밀함을 뜻한다. 일설에는 '치致'를 ('다한다'라는) 글자 그대로 읽는데, 역시 통한다. '륵勒'은 새긴다는 뜻이다. 기물에 이름을 새겨서 공인의 성실 여부를 살피는 것이다. '행行'은 다스린다는 뜻과 같다. '그 실정을 추궁한다'(窮其情)는 것은 그 조작의 실정을 끝까지 따지는 것이다. '工師', 百工之長. '效', 呈也. 諸器皆成, 獨主祭器, 祭器尊也. '度', 法也, '程', 式也. '淫巧', 指諸器而言. '致', 讀爲緻. 謂功力密緻也. 一讀如字, 亦通. '勒', 刻也. 刻名於器, 以考工人之誠僞也. '行', 猶治也. '窮其情'者, 究詰其詐僞之情也.

【월령 216】

이달에 증제烝祭를 지내고 이어서 군신과 더불어 연향燕饗을 베풀어 술을 마시는 예를 대규모로 행한다.

是月也, 大飮烝.

鄭注 10월에 농사일이 끝나면, 천자와 제후는 여러 신하와 더불어 태학太學에서 술을 마시면서 연령에 따른 지위를 바로잡는데, 이를 '대음大飮'이라 하여 다른 음주와 구별한다. 그 예가 망실되어 오늘날 천자는 연례燕禮로, 군국郡國에서는 향음주례鄕飮酒禮로 대신하고 있다. '증烝'은 희생의 몸체를 조俎에 올려 넣는 것을 말한다. 당정黨正의 직무에 "나라에서 귀신을 찾아 제사지내면, 예로써 백성을 모아 학교(序)에서 술을 마시면서 연령에 따른 지위(齒位)를 바로잡는다"[171]라고 하였는데, 또한 이때를 말한다. 『시詩』에서 "10월에 마당을 깨끗이 치우고, 두 동이 술 마련하여 향례饗禮를 행하네. 염소와 양을 잡아, 저 공당公堂에 올리네. 저 들소 뿔잔을 들어올려, 만수무강하길 비네"[172]라고 하였는데, 이는 대음大飮을 노래하는 시다. 十月農功畢, 天子諸侯與其群臣飮酒於太學, 以正齒位, 謂之'大飮', 別之於他. 其禮亡, 今天子以燕禮, 郡國以鄕飮酒禮代之. '烝', 謂有牲體爲俎也. 黨正職曰"國索鬼神而祭祀, 則以禮屬民, 而飮酒于序, 以正齒位", 亦謂此時也. 『詩』云: "十月滌場, 朋酒斯饗. 曰殺羔羊, 躋彼公堂. 稱彼兕觥, 受福無疆", 是頌大飮之詩.

集說 증제烝祭를 인해서 여러 신하들과 더불어 연향燕饗을 베풀어 함께 마시는 예를 대규모로 행하는 것이다. 구설에 "'증烝'은 오른다는 뜻이다. 이는 곧 향례饗禮이다. 희생의 몸체를 조俎 위에 올려놓으며, 이를 '방증房烝'이라 한다"라고 하였는데 옳은지 어떤지 모르겠다. 因烝祭而與群臣大爲燕飮也. 舊說, "烝, 升也. 此乃饗禮. 升牲體於俎上, 謂之房烝", 未知是否.

【월령 217】

천자는 천종天宗에게 다음 해의 복을 기원하고, 대규모로 희생을 바쳐 공사公社 및 문려門閭(성문과 여문)의 신에게 제사지내고, 선조와 오사五祀의 신에게 납제臘祭를 지내고, 농민을 위로하여 휴식을 취하게 한다.

天子乃祈來年于天宗, 大割祠于公社及門閭, 臘先祖五祀,① 勞農以休息之.②

鄭注 ① 이는 『주례』에서 말한 사제蜡祭(납향제)이다. '천종天宗'은 해와 달, 별을 말한다. '대할大割'은 것은 크게 뭇 희생을 잡아 그것을 갈라 자르는 것이다. '납臘'은 사냥에서 잡은 금수로 제사하는 것을 말한다. '오사五祀'는 문門(문의 신)·호戶(출입문의 신)·중류中霤(중류의 신)·조竈(조왕신)·행行(길신)이다. '한 해의 복을 기원한다'(祈年)라고도 하고, '대규모로 희생을 잡는다'(大割)라고도 하고, '납제를 지낸다'(臘)라고도 한 말은 호문互文이다. 此『周禮』所謂蜡祭也. '天宗', 謂日月星辰也. '大割', 大殺群牲割之也. '臘', 謂以田獵所得禽祭也. '五祀', 門·戶·中霤·竈·行也. 或言'祈年', 或言'大割', 或言'臘', 互文.

② "당정이 백성을 모아놓고 술을 마시는 예를 행하며 연령에 따른 지위를 바로잡는다"173)는 것이 이것이다. "黨正屬民, 飮酒正齒位", 是也.

集說 '천종天宗'은 해와 달, 별이다. '할사割祠'는 희생을 잘라 제사하는 것이다. 사제社祭는 상공上公을 배향하여 제사하기 때문에 '공사公社'라고 한 것이다. 또 제사를 지내는 것이 문려의 신에게까지 미친다. '납臘'이라는 말은 사냥의 뜻으로 사냥에서 잡은 물건으로 선조와 오사五祀의 신에게 제사지내는 것이다. 그래서 '납臘'이라고 한 것이다. 또 채옹蔡邕은 "하나라에서

는 청사淸祀라 하고, 은나라에서는 가평嘉平이라 하고, 주나라에서는 사蜡라 하고, 진나라에서는 납臘이라 하였다"고 말한다. 그러나 『좌전』에서, "우임금 때에는 납제臘祭를 지내지 않았다"고 하였다. 이는 주나라에서도 납臘이라고 불렀던 것이다. '농민을 위로한다'(勞農)는 것은 곧 『주례』의 당정黨正이 백성을 모아놓고 술을 마시는 예이다.[174] '天宗', 日月星辰也. '割祠', 割牲以祭也. 社以上公配祭, 故云'公社'. 又祭及門閭之神也. '臘'之言獵, 以田獵所獲之物而祭先祖及五祀之神. 故曰'臘'也. 又蔡邕云: "夏曰淸祀, 殷曰嘉平, 周曰蜡, 秦曰臘." 然『左傳』言"虞不臘." 是周亦名臘也. '勞農', 卽『周禮』黨正屬民飮酒之禮也.

【월령 218】

천자는 장수에게 명령하여 무사武事를 훈련하고, 활쏘기와 말 몰기를 익히고, 힘을 겨루게 한다.

天子乃命將帥講武, 習射御, 角力.

鄭注 중동仲冬(하력 11월)에 크게 열병閱兵을 할 것이기 때문에 뽑아서 익히게 하는 것이다. 또한 영실營室이 무사를 주관하는 것에 따른 것이다. 무릇 사냥의 예에서 겨울사냥(狩)이 가장 갖추어져 있다. 『대대례기』「하소정夏小正」에 "11월에 왕은 겨울사냥(狩)을 행한다"라고 하였다. 爲仲冬將大閱, 簡習之. 亦因營室主武士也. 凡田之禮, 唯狩最備. 「夏小正」"十一月王狩."

集說 중동에 크게 열병閱兵을 하기 때문이다. 以仲冬大閱也.

【월령 219】

이달에 수우水虞·어사漁師에게 명령하여 하천(水泉)과 택량(池澤)에서 나오는 부세를 거두어들이는데, 함부로 백성들을 침탈하여 천자가 아랫사람들에게 원망을 사는 일이 없게 한다. 만약 그러한 자가 나오면, 처벌하고 용서하지 않는다.

是月也, 乃命水虞·漁師, 收水泉·池澤之賦, 毋或敢侵削衆庶兆民, 以爲天子取怨于下. 其有若此者, 行罪無赦.

鄭注 왕성한 덕이 수水에 있는 것에 따라 그 세를 거두어들이는 것이다. 因盛德在水, 收其稅.

集說 '수우水虞'는 택우澤虞이고, '어사漁師'는 어인漁人으로서, 『주례』에 보인다. 물은 겨울이 되면 마르기 때문에 겨울철에 부세를 거두어들이는 것이다. '水虞', 澤虞也, '漁師', 漁人也, 見『周禮』. 水冬涸, 故以冬時收賦.

【월령 220】

맹동에 봄의 월령을 시행하면, 얼어서 저장하는 것이 치밀하지 못하고, 땅의 기운이 위로 흘러나오고, 백성 가운데 떠도는(流亡) 자가 많다.

孟冬行春令, 則凍閉不密, 地氣上泄,① 民多流亡.②

鄭注 ① 인寅의 기가 그 기회를 타기 때문이다. 寅之氣乘之也.
② 동면하는 생물이 활동하는 것을 본뜬 것이다. 象蟄蟲動.

集說 인목寅木의 기에 의해서 초래되는 것이다. 寅木之氣所泄也.

【월령 221】

여름의 월령을 시행하면, 나라에 폭풍이 많이 불고, 겨울이 되어도 차갑지 않고, 동면하는 생물들이 다시 나온다.

行夏令, 則國多暴風, 方冬不寒, 蟄蟲復出.

鄭注 사巳의 기가 그 기회를 타기 때문이다. 입하立夏에는 손巽이 주도하는데, 손巽은 바람이다. 巳之氣乘之也. 立夏巽用事, 巽爲風.

集說 사화巳火의 기에 의해서 손상되는 것이다. 巳火之氣所損也.

【월령 222】

가을의 월령을 시행하면 눈과 서리가 때에 맞지 않게 내리고, 작은 병란이 때때로 일어나며, 토지가 침탈당하고 깎인다.

行秋令, 則雪霜不時,① 小兵時起, 土地侵削.②

鄭注 ① 신申의 기가 그 기회를 타기 때문이다. 申之氣乘之也.

② 신申의 음기가 아직 미약한 것이다. 신방申方은 28수로는 삼벌參伐[175]에 해당하는데, 삼벌은 전쟁의 일이다. 申陰氣, 尙微. 申宿直參伐, 參伐爲兵.

集說 신금申金의 기운에 의해서 어지러워지는 것이다. 申金之氣所淫也.

【월령 223】

중동仲冬(11월)의 달에 해는 두斗176)에 있고, 저녁에 동벽東壁177)이 남중하고, 새벽에 진軫178)이 남중한다.

仲冬之月, 日在斗, 昏東壁中, 旦軫中.

鄭注 중동仲冬(11월)은 해와 달이 성기星紀179)에서 만나고, 북두성이 저녁에 자방子方을 가리키는 때이다. 仲冬者, 日月會於星紀, 而斗建子之辰也.

集說 두斗는 축방丑方에 있는데, 12차로 말하면 성기星紀의 자리다. 斗在丑, 星紀之次也.

【월령 224】

그날은 임계壬癸이다. 그 상제는 전욱顓頊이고, 그 신은 현명玄冥이다. 그 동물은 갑각류(介)이다. 그 음은 우羽이고, 율은 황종黃鍾에 응한다. 그 수는 6이다. 그 맛은 짠맛이고, 그 냄새는 썩은 냄새이다. 그 제사는 길신(行)에게 하는데, 희생의 콩팥을 먼저 고수레한다.

其日壬癸. 其帝顓頊, 其神玄冥. 其蟲介. 其音羽, 律中黃鍾. 其數六. 其味鹹, 其臭朽. 其祀行, 祭先腎.

鄭注 '황종黃鍾'은 율의 시작으로, 율관律管의 길이는 9촌이다. 중동의 기가 이르면 황종의 율이 응한다. 『국어』「주어周語」에 "황종은 육기六氣와 구덕九德180)을 베풀어 기르는 것이다"라고 하였다. '黃鍾'者, 律之始也, 九寸. 仲冬氣至, 則黃鍾之律應. 「周語」曰: "黃鍾所以宣養六氣九德."

集說 황종은 자율子律로서, 율관律管의 길이는 9촌이다. 黃鍾子律, 長九寸.

【월령 225】

얼음이 더욱 단단해지고, 땅이 터지기 시작하며, 갈단鶡旦이 울지 않고, 호랑이가 비로소 교배한다.

冰益壯, 地始坼, 鶡旦不鳴, 虎始交.

鄭注 모두 절후를 기록한 것이다. '갈단鶡旦'은 아침을 알리는 새이다. '교交'는 교배한다(合)는 뜻과 같다. 皆記時候也. '鶡旦', 求旦之鳥也. '交', 猶合也.

集說 이는 자월子月(11월)의 절후를 기록한 것이다. '갈단鶡旦'은 밤에 울면서 아침을 알리는 새이다. 此記子月之候. '鶡旦', 夜鳴求旦之鳥也.

【월령 226】

천자는 현당玄堂의 태묘太廟에 거처하고, 현로玄路를 타고, 철려鐵驪에 멍에를 메우고, 현색玄色 기旂를 세우고, 흑색 옷을 입고, 현색 옥玉을 차고, 기장과 돼지고기를 먹고, 그 기물은 가운데가 넓고 위가 좁은 것을 사용한다.

天子居玄堂太廟, 乘玄路, 駕鐵驪, 載玄旂, 衣黑衣, 服玄玉, 食黍與彘, 其器閎以奄.

鄭注 '현당의 태묘'(玄堂大廟)는 명당의 북당北堂에서 태실大室에 해당한다. '玄堂大廟', 北堂當大室.

集說 '현당의 태묘'(玄堂大廟)는 명당의 북당에서 태실에 해당한다. '玄堂太廟', 北堂當太室.

【월령 227】

전쟁에서 죽을 각오를 하도록 경계시킨다.

飭死事.

鄭注 군사軍士에게 전쟁에서 반드시 죽을 뜻을 가지도록 경계시키는 것이다. 飭軍士戰必有死志.

集說 육군六軍의 병사는 전쟁에서 마땅히 반드시 죽을 각오를 가다듬어야 함을 훈계하고 경계시키는 것이다. 誓戒六軍之士, 以戰陳當厲必死之志也.

【월령 228】

유사에게 명령하여 다음과 같이 말한다. "토목공사를 일으키지 말고, 삼가 가리고 덮은 물건을 열지 말고, 집을 열거나 대중을 동원하지 않게 하여 그 닫는 시령時令을 견고하게 행하라."

命有司曰: "土事毋作, 愼毋發蓋, 毋發室屋, 及起大衆, 以固而閉.

鄭注 '이而'는 여女(너)의 뜻과 같다. '而', 猶女也.

集說 닫고 저장하는 시령時令에 순응하여 잠복하여 동면하는 성정을 편안하게 해주는 것이다. '고固'는 견고하게 한다는 뜻이다. '이而'는 '기其'(그)의 뜻과 같다. 『주례』「하관 · 대사마」에서는 "중동仲冬에 대규모 열병을 훈련시켜 행한다"고 하였는데, 이곳에서는 "대중을 동원하지 않게 한다"고 하였으니, 이 부분은 참으로 여불위呂不韋의 글이다. 順閉藏之令, 以安伏蟄之性也. '固', 堅也. '而', 猶其也. 『周禮』"仲冬教大閱", 此言"毋起大衆", 是誠呂氏之書矣.

【월령 229】

지기地氣가 파괴되어 유출되는 것 이것을 천지의 방房을 발산하는 것이라고 한다. 그렇게 되면 여러 동면하는 생물이 죽고, 백성은 반드시 질병에 걸리고, 또 상사喪事가 뒤따르게 된다. 이를 '창월暢月(안에서 충실히 하는 달)이라고 한다."

地氣沮泄, 是謂發天地之房. 諸蟄則死, 民必疾疫, 又隨以喪. 命之曰暢月."

鄭注 '창暢'은 충실히 한다는 뜻이다. 태음大陰이 세력을 얻었기 때문에 닫고 저장하는 일을 더욱 중시하는 것이다. '暢', 猶充也. 大陰用事, 尤重閉藏.

集說 '저沮'는 파괴되어 흩어진다는 뜻으로, 파괴로 인하여 유출되는 것이다. 그러므로 '저설沮泄'이라고 한 것이다. 천지가 기류氣類를 닫고 견고하게 하는 것은 방과 집이 사람을 편안하게 품는 것과 같다. 만약 천지가 저장한 것을 발산시키면, 여러 동면하는 생물이 모두 죽게 된다. 이는 음양의 명령을 범하는 것으로, 질병은 반드시 백성의 재앙이 되고, 상사喪事의 화가 뒤따라 나타난다. 일설에 '상喪'은 거성去聲으로 읽는다고 하였다. 이는

백성이 질병을 피하기 위해 도망한다는 뜻이다. '창월暢月'은 그 뜻이 자세하지 않다. 구설에 "창暢은 충실히 한다는 뜻이다"라고 하였다. 이 해석은 발설해서는 안 되는 이유가 이달에 만물이 모두 안에서 충실하기 때문임을 말하는 것이다. 주씨朱氏는 양이 오래 굽혀 있은 뒤에 펼치기 때문에 '창월暢月'이라고 한 것이다라고 하였다. 어느 것이 옳은지 모르겠다. '沮'者, 壞散之義, 因破壞而宣泄. 故云'沮泄'也. 天地之閉固氣類, 猶房室之安藏人也. 若發散天地之所藏, 則諸蟄皆死. 是干犯陰陽之令, 疾疫必爲民災, 喪禍隨之而見. 一說, '喪'讀去聲. 謂民因避疾疫而逃亡也. '暢月', 未詳. 舊說, "暢, 充也." 言所以不可發泄者, 以此月萬物皆充實於內故也. 朱氏謂陽久屈而後伸, 故云'暢月'也. 未知孰是.

【월령 230】

이달에 엄윤奄尹에게 명령하여 왕실의 정령을 경계시키고, 문려門閭를 살피고, 방실房室을 삼가 지켜 반드시 안과 밖으로 모두 닫게 한다(必重閉).181) 부인의 일을 살펴서 기묘한 것을 지나치게 하지 못하게 하고, 비록 왕의 친인척이나 총애 받는 자가 있어도 금지시키지 않음이 없게 한다.

是月也, 命奄尹, 申宮令, 審門閭, 謹房室, 必重閉.① 省婦事, 毋得淫, 雖有貴戚·近習, 毋有不禁.②

鄭注 ① '엄윤奄尹'은 환관을 통솔하고 주관하는 관리로 주나라에서는 내재內宰라 하였다. 왕실의 정사를 관장하여 다스린다. '왕실의 명령'(宮令)은 사람의 출입과 문의 개폐 등을 기찰하는 것이다. '중폐重閉'는 안과 밖으로 닫는 것이다. '奄尹', 主領奄豎之官也, 於周則爲內宰. 掌治王之內政. '宮令', 幾出入

及開閉之屬. '重閉', 外內閉也.

② '부인의 일을 살핀다'는 것은 음陰의 부류를 진정시키는 것이다. '음淫'은 여자가 사치스럽고 작위적이고 괴이하고 아름다운 물건에 힘쓰는 것을 말한다. '귀척貴戚'은 고모와 자매 등을 말한다. '근습近習'은 왕의 총애를 받는 자이다. '省婦事', 所以靜陰類也. '淫', 謂女功奢僞怪好物也. '貴戚', 謂姑·姊妹之屬. '近習', 天子所親幸者.

集說 '엄윤奄尹'은 여러 엄인의 우두머리다. 그 정기精氣가 가리고 닫혔기 때문에 엄인奄人이라고 이름하였다. '궁령宮令'은 궁중의 정령이다. '중폐重閉'는 안과 밖으로 모두 닫는 것이다. '부인의 일을 살핀다'는 것은 음의 고요함에 순응하기에 힘쓰는 것이다. '음淫'은 여자의 일이 기묘함을 지나치게 함을 말한다. '귀척貴戚'은 천자의 친족과 인척을 말한다. '근습近習'은 천자의 총애를 받는 자이다. '奄尹', 群奄之長也. 以其精氣奄閉, 故名閹人. '宮令', 宮中之政令也. '重閉', 內外皆閉也. 減省婦人之事, 務順陰靜也. '淫', 謂女功之過巧者. '貴戚', 天子之族姻. '近習', 其嬖幸者.

【월령 231】

대추大酋에게 명령하여, 찰기장과 벼는 반드시 양을 알맞게 하고, 누룩은 반드시 때에 맞추어 조리하고, 누룩을 담그고 찔 때에는 반드시 깨끗하게 하고, 물은 반드시 향기로운 물을 사용하고, 용기는 반드시 새지 않게 하고, 불로 조리할 때 반드시 적절하게 익혀서, 이 여섯 가지 일을 겸하여 행하게 한다. 대추는 이를 감독하여 잘못되는 일이 없게 한다.

乃命大酋, 秫稻必齊, 麴蘖必時, 湛熾必潔, 水泉必香, 陶器必良, 火齊必得, 兼用六物. 大酋監之, 毋有差貸.

鄭注 술이 익은 것을 '추酋'라고 한다. '대추大酋'는 주관酒官의 우두머리로, 주나라에서는 주인酒人이라고 하였다. '찰기장과 벼를 반드시 양을 알맞게 한다'(秫稻必齊)는 것은 숙성시키는 것을 말한다. '담湛'은 담근다(漬)는 뜻이다. '치熾'는 불을 땐다는 뜻이다. '불로 조리한다'(火齊)는 것은 익은 정도를 조절하는 것이다. '물物'은 일(事)과 같은 뜻이다. '차대差貸'는 잘못이라는 뜻으로, 잘되고 잘못됨이 있는 것이다. 옛날에 벼를 수확하여 쌀과 누룩을 담가놓았다가, 봄에 이르러 술을 빚었다. 『시詩』에 "10월에 벼를 수확하고, 이 봄 술을 빚어서 장수하도록 도우리"182)라고 하였다. 酒孰曰'酋'. '大酋'者, 酒官之長也, 於周則爲酒人. '秫稻必齊', 謂孰成也. '湛', 漬也. '熾', 炊也. '火齊', 腥孰之調也. '物', 猶事也. '差貸', 謂失誤, 有善有惡也. 古者穫稻而漬米麴, 至春而爲酒. 『詩』云: "十月穫稻, 爲此春酒, 以介眉壽."

集說 '대추大酋'는 주관酒官의 우두머리다. '찰기장과 벼'(秫稻)는 술을 빚는 재료이다. '반드시 양을 알맞게 한다'(必齊)는 것은 양을 법도에 맞게 한다는 뜻이다. '반드시 때에 맞게 한다'(必時)는 것은 제조하는 것을 때에 맞게 한다는 뜻이다. '담湛'은 담가서 씻는다는 뜻이다. '치熾'는 찌고 불을 땐다는 뜻이다. '반드시 깨끗하게 한다'(必潔)는 더러운 바가 없게 한다는 뜻이다. '반드시 향기롭게 한다'(必香)는 더럽고 나쁜 기가 없게 한다는 뜻이다. '반드시 새지 않게 한다'(必良)는 것은 틈이 생겨 새는 잘못이 없게 한다는 뜻이다. '반드시 적절하게 익힌다'(必得)는 것은 익은 정도를 적절하게 한다는 뜻이다. '물物'은 일(事)이라는 뜻으로, '육물六物'은 '반드시 양을 알맞게 한다'(必齊) 이하 여섯 가지 일을 말한다. '차대差貸'는 법식에 맞지 않는다는

뜻이다. '大酋', 酒官之長也. '秫稻', 酒材也. '必齊', 多寡中度也. '必時', 制造及時也. '湛', 漬而滌之也. '熾', 蒸炊也. '必潔', 無所汚也. '必香', 無穢惡之氣也. '必良', 無罅漏之失也. '必得', 適生熟之宜也. '物', 事也, '六物', 謂'必齊'以下六事. '差貸', 不中法式也.

【월령 232】

천자는 유사有司에게 명령하여 백성을 위해 기원하여 사해四海, 큰 하천(大川), 이름난 발원지(名源), 연못(淵澤), 우물(井泉)에 제사지내게 한다.

天子命有司, 祈祀四海 · 大川 · 名源 · 淵澤 · 井泉.

鄭注 그 덕이 왕성해지는 때에 순응하여 제사지내는 것이다. 금본 「월령」에는 '연淵'이 '심深'으로 되어 있다. 順其德盛之時, 祭之也. 今「月令」'淵'爲'深'.

集說 겨울의 정령이 바야흐로 중간이 되어서, 수의 덕이 지극히 왕성해진다. 그러므로 백성을 위하여 기원하여 제사지내는 것이다. 冬令方中, 水德至盛. 故爲民祈而祀之也.

【월령 233】

이달에 거두어 저장하지 않은 농작물이 있거나, 방목해놓고 묶어두지 않은 말과 소 등 가축이 있다면, 주인이 아닌 다른 사람이 그것을 취하더라도 추궁하지 않는다.

是月也, 農有不收藏積聚者, 馬牛畜獸有放佚者, 取之不詰.

鄭注 이는 거두어들이는 것이 더욱 다급한 때이기 때문이다. 다른 사람이 그것을 취하더라도 죄를 주지 않는 것은 그 주인을 경계하고 두려워하게 하는 것이다. 「왕거명당례王居明堂禮」에 "맹동孟冬(하력 10월)의 달에, 농사가 끝나면 거두어 쌓아두고, 소와 말을 묶어 가두게 한다"고 하였다. 此收斂尤急之時. 人有取者不罪, 所以警懼其主也. 「王居明堂禮」曰: "孟冬之月, 命農畢積聚, 繫收牛馬."

集說 취하는데도 힐문하지 않는 것은 죄가 거두어들이지 않은 사람에게 있기 때문이다. 取之不詰, 罪在不收斂也.

【월령 234】

산림과 연못에서 초목의 열매를 취하거나 짐승을 사냥하는 자가 있으면 야우野虞가 그를 가르치고 인도한다. 서로 침입하여 약탈하는 자가 있다면 처벌하고 용서하지 않는다.

山林藪澤, 有能取蔬食田獵禽獸者, 野虞教道之. 其有相侵奪者, 罪之不赦.

鄭注 들판에서 나오는 사물을 거두어들이는 데에 힘쓰는 것이다. 큰 연못을 '수藪'라고 한다. 초목의 열매를 '소식蔬食'이라고 한다. 務收斂野物也. 大澤曰'藪'. 草木之實爲'蔬食'.

集 '처벌하고 용서하지 않다'(罪之不赦)는 것은 이익을 서로 공유하지 않

說 음을 미워하는 것이다. '罪之不赦', 惡其不相共利也.

【월령 235】

이달에는 낮이 가장 짧고 음과 양이 다투고, 만물의 생동하는 기미가 움직인다.

是月也, 日短至, 陰陽爭, 諸生蕩.

鄭注 '쟁爭'은 음이 한창 왕성한데 양이 일어나고자 하는 것을 말한다. '탕蕩'은 사물이 움직여 싹을 틔우는 것을 말한다. '爭'者, 陰方盛陽欲起也. '蕩', 謂物動萌牙也.

集說 '단지短至'는 짧음이 지극한 것이다. 음양의 다툼은 하지 때와 동일하다. '제생諸生'은 만물이 생동하는 기미(生機)다. '탕蕩'은 움직인다는 뜻이다. '短至', 短之極也. 陰陽之爭, 與夏至同. '諸生'者, 萬物之生機也. '蕩'者, 動也.

【월령 236】

군자는 재계하고, 거처할 때 반드시 몸을 가려서 몸이 편안하게 하고, 악樂과 여색을 치우고, 욕구를 금지하여 형체와 성정을 편하게 하고, 일할 때에는 고요히 하고자 하여 음과 양이 안정해질 때를 기다린다.

君子齊戒, 處必掩身, 身欲寧, 去聲色, 禁耆欲, 安形性, 事欲靜,以待陰陽之所定.

鄭注 '녕寧'은 편안하다는 뜻이다. '성聲'은 악樂을 말한다. 『역易』과 『악樂』·『춘추』에서는 "동지에 임금은 여러 신하와 더불어 팔능八能의 선비에게 나아가서 5일 동안 음악을 연주한다"고 설명하여 말했는데, 이곳에서는 '악樂과 여색을 치운다'고 하였으니 또한 상반된다. '寧', 安也. '聲', 謂樂也. 『易』及『樂』·『春秋』說云: "冬至, 人主與群臣從八能之士, 作樂五日", 此言'去聲色', 又相反.

集說 이는 모두 하지 때와 동일한데, 삼가는 것을 더 지극하게 함이 있다. 하지 때([월령 105])에는 '악과 여색을 그친다'(止聲色)고 하였는데 이곳에서는 '치운다'(去)고 하였고, 하지 때에는 '욕구를 절제한다'(節耆欲)고 하였는데 이곳에서는 '금지한다'(禁)고 하였다. 대개 중하仲夏(하력 5월)의 음陰은 아직 미약하지만 이때(중동)의 음陰은 오히려 왕성하여, 음이 미약하면 왕성한 양이 심하게 다치는 데에는 이르지 않지만, 음이 왕성하면 미약한 양은 마땅히 잘 보호하는 데 힘써야 하기 때문이다. 此皆與夏至同, 而有謹之至者. 彼言'止聲色', 而此言'去', 彼言'節耆欲'而此言'禁'. 蓋仲夏之陰猶微, 而此時之陰猶盛, 陰微則盛陽未至於甚傷, 陰盛則微陽當在於善保故也.

【월령 237】

운芸(향초)이 생기기 시작하고, 여정荔挺(향초)이 자라나고, 지렁이(蚯蚓)가 땅속으로 몸을 구부리고, 사슴이 뿔을 벗고, 샘물이 움직인다.

芸始生, 荔挺出, 蚯蚓結, 麋角解, 水泉動.

鄭注 또 절후를 기록한 것이다. '운芸'은 향초香草이다. '여정荔挺'은 마해馬䪣(꽃창포)이다. '샘이 움직인다'(水泉動)는 것은 샘물이 젖어 위로 흐르는 것을 말한다. 又記時候也. '芸', 香草也. '荔挺', 馬䪣也. '水泉動', 潤上行.

集說 이는 또 자월子月(11월)의 절후를 기록한 것이다. '운芸'과 '여정荔挺'은 모두 향초香草이다. '결結'은 굽힌다(屈)는 뜻과 같다. '해解'는 벗는다(脫)는 뜻이다. 수水는 천일天一의 양이 생겨나오는 바이다. 양이 생겨나서 움직이는 것은 고갈되었던 것이 점차 불어나서 발산한다는 말이다. 열두 달 가운데, 오직 자월子月(11월)과 오월午月에 모두 두 번 그 절후를 말한 것은 음과 양이 싹트는 계절에 대해 상세히 밝히는 것이다. 此又言子月之候. '芸'與'荔挺', 皆香草. '結', 猶屈也. '解', 脫也. 水者, 天一之陽所生. 陽生而動, 言枯涸者漸滋發也. 十二月, 惟子午之月, 皆再記其候者, 詳於陰陽之萌也.

【월령 238】

낮의 길이가 가장 짧아지면 나무를 베고 작은 대나무를 취한다.
日短至, 則伐木, 取竹箭.

鄭注 이는 견고하고 완성됨이 지극한 때이기 때문이다. 此其堅成之極時.

集說 음의 기운이 왕성하면 재목이 이루어진다. 그러므로 그것을 베어서 취하는 것이다. 큰 것을 '죽竹'이라 하고, 작은 것을 '전箭'이라 한다. 陰盛則材成. 故伐而取之. 大曰'竹', 小曰'箭'.

【월령 239】

이달에 일이 없는 관직을 혁파하고 쓸모없는 기물을 없애도 된다.

是月也, 可以罷官之無事, 去器之無用者.

鄭注 이전에 임시로 설치하였던 것을 가리킨다. 천지의 기운이 닫고 저장하여서 만물이 쉬기 때문에 없앨 수 있는 것이다. 謂先時權所建作者也. 天地閉藏而萬物休, 可以去之.

集說 관직을 임시로 설치하고 기물을 임시로 제작한 것은 모두 잠정적인 일이다. 이달은 닫고 저장하고 휴식하는 때이므로 혁파하고 없앨 수 있다. 官以權宜而設, 器以權宜而造, 皆暫焉之事. 此閉藏休息之時, 故可罷去.

【월령 240】

궁궐과 문려門閭를 수리하고, 감옥(囹圄)을 수축한다. 이는 천지가 닫고 저장하는 일을 돕는 것이다. 중동仲冬에 여름의 월령을 시행하면 그 나라에 가뭄이 들고,

塗闕廷門閭, 築囹圄. 此以助天地之閉藏也.① 仲冬行夏令, 則其國乃旱,②

鄭注 ① 계절의 기에 순응하는 것이다. 順時氣也.

② 오午의 기가 그 기회를 타기 때문이다. 午之氣乘之也.

集說 화火의 기가 그 기회를 타서 다음해에 응하는 것이다. 火氣乘之應於來年.

【월령 241】

안개가 짙게 덮고,

氛霧冥冥,

鄭注 서리와 이슬의 기가 흩어져 서로 어지러운 것이다. 霜露之氣, 散相亂也.

集說 또한 화火의 기에 의해서 더워지는 것이다. 亦火氣所蒸.

【월령 242】

천둥이 소리를 발산한다.

雷乃發聲.

鄭注 진震의 기가 움직이는 것이다. 오午는 진震에 속한다. 震氣動也. 午屬震.

集說 음이 양을 굳건히 막지 못하는 것이다. 오화午火의 기가 이기는 것이다. 陰不能固陽也. 午火之氣所克也.

【월령 243】

가을의 월령을 시행하면 하늘에서 때때로 진눈깨비가 내리고, 오이와 박이 성숙하지 못하고,

行秋令, 則天時雨汁, 瓜瓠不成,

鄭注 유酉의 기가 그 기회를 타기 때문이다. 유방酉方은 28수로 묘昴와 필畢에 해당하는데, 필畢은 비를 좋아한다. '우즙雨汁'은 비와 눈이 뒤섞여 내리는 것을 말한다. 자방子方은 28수로 허虛와 위危에 해당하는데, 허虛와 위危 안에는 과호瓜瓠 별자리[183]가 있다. 酉之氣乘之也. 酉宿直昴畢, 畢好雨. '雨汁'者, 水雪雜下也. 子宿直虛危, 虛危內有瓜瓠.

集說 비와 눈이 뒤섞여 내리는 것을 '즙汁'이라고 한다. 雨雪雜下曰'汁'.

【월령 244】

나라에 큰 병란이 일어난다.

國有大兵.

鄭注 병兵은 또한 금金의 기다. 兵亦金之氣.

集說 유금酉金의 기에 의해서 잘못되는 것이다. 酉金之氣所淫也.

【월령 245】

봄의 월령을 시행하면 황충이 피해를 주고, 샘이 모두 마르게 되며,

行春令, 則蝗蟲爲敗,① 水泉咸竭,

鄭注 ① 동면해야 할 것이 나오는 것은 묘卯의 기가 그 기회를 타기 때문이다. 當蟄者出, 卯之氣乘之也.

② 대화성大火星의 출현으로 가뭄이 드는 것이다. 大火爲旱.

集說 묘방卯方 가운데 대화大火가 주관하는 것이다. 卯中大火之所主也.

【월령 246】

백성에게 피부병이 많이 생긴다.

民多疥癘.

鄭注 자려疥癘(피부병)의 병은 껍질(孚甲)의 상象이다. 疥癘之病, 孚甲之象.

集說 묘목卯木의 기에 의해서 초래되는 것이다. 卯木之氣所泄也.

【월령 247】

계동季冬의 달(12월)에는 태양이 무녀婺女에 있으며, 저녁에 루婁가 남중하고, 새벽에 저氐가 남중한다.

季冬之月, 日在婺女, 昏婁中, 旦氐中.

鄭注 계동(12월)은 해와 달이 현효玄枵에서 만나고, 북두성이 저녁에 축방丑方을 가리키는 때이다. 季冬者, 日月會於玄枵, 而斗建丑之辰也.

集說 여女는 자방子方에 있는데, 12차로 말하면 현효玄枵의 자리다. 女在子, 玄枵之次也.

【월령 248】

그날은 임계壬癸이다. 그 상제는 전욱顓頊이고, 그 신은 현명玄冥이다. 그 동물은 갑각류(介)이다. 그 음은 우羽이고, 율律은 태려大呂에 응한다. 그 수는 6이다. 그 맛은 짠맛이고 그 냄새는 썩은 냄새이다. 그 제사는 길신(行)에게 하는데, 희생의 콩팥으로 먼저 고수레한다.
其日壬癸. 其帝顓頊, 其神玄冥. 其蟲介. 其音羽, 律中大呂. 其數六. 其味鹹, 其臭朽. 其祀行, 祭先腎.

鄭注 '태려大呂'는 유빈蕤賓에서 생겨나는 것으로, (유빈을) 3분하여 1을 더한다. 율관律管의 길이는 8과 104/243촌이다. 계동의 기가 이르면 태려의 율이 응한다. 『국어』「주어周語」에 "태려는 양의 기를 도와 만물을 선양한다"고 하였다. '大呂'者, 蕤賓之所生也, 三分益一. 律長八寸二百四十三分寸之百四. 季冬氣至, 則大呂之律應. 「周語」曰: "大呂助陽宣物."

集說 '태려大呂'는 축률丑律로서, 율관律管의 길이는 8과 104/243촌이다. '大呂'丑律, 長八寸二百四十三分寸之百四.

【월령 249】

기러기가 북쪽으로 향해 날아가고, 까치가 둥치를 틀기 시작하고, 꿩이 울고 닭이 새끼를 친다.
鴈北鄕, 鵲始巢, 雉雊雞乳.

鄭 모두 절후를 기록한 것이다. '구雊'는 꿩이 운다는 뜻이다. 『시詩』에

注 "꿩이 아침에 우니, 그 짝을 찾는 것이라네"184)라고 하였다. 皆記時候也. '雊', 雉鳴也. 『詩』云: "雉之朝雊, 尙求其雌."

集說 이는 축월丑月(12월)의 절후를 기록한 것이다. 此記丑月之候.

【월령 250】

천자는 현당玄堂의 우개右个에 거처하고, 현로玄路를 타고, 철려鐵驪에 멍에를 메우고, 현색(玄) 기旂를 세우고, 흑색 옷을 입고, 현색 옥玉을 차고, 기장과 돼지고기를 먹고, 그 기물은 가운데가 넓고 위가 좁은 것을 사용한다.

天子居玄堂右个, 乘玄路, 駕鐵驪, 載玄旂, 衣黑衣, 服玄玉, 食黍與彘, 其器閎以奄.

鄭注 '현당의 우개'(玄堂右个)는 명당에서 북당北堂의 동쪽 가까운 곳에 있다. '玄堂右个', 北堂東偏.

集說 '현당의 우개'(玄堂右个)는 명당에서 북당의 동쪽 가까운 곳에 있다. '玄堂右个', 北堂東偏也.

【월령 251】

유사有司에게 명령하여 대규모로 나제難祭를 지내고, 사방의 문에 희생을 찢어 바쳐 제사지내고, 토우土牛를 만들어 차가운 기를 끝

마치게 한다.

命有司大難, 旁磔, 出土牛, 以送寒氣.

鄭注 이 나제(難)는 음기를 쫓아내는 것이다. 음기를 쫓아내는 것을 이달에 하는 것은 음기는 동쪽으로 운행하고, 이달 중에 해가 허虛와 위危의 별자리를 지나는데, 허와 위의 별자리에는 분묘墳墓와 사사四司의 기운이 있어 사나운 귀신이 되어 장차 강한 음을 따라 나와서 사람을 해칠 것이기 때문이다. 방책旁磔은 사방의 문에서 한다. '책磔'은 푸닥거리(禳)다. '출出'은 만든다(作)는 뜻과 같다. 토우土牛를 만드는 것은 축丑은 소牛인데, 소는 당겨서 멈추게 할 수 있기 때문이다. '송送'은 끝낸다(畢)는 뜻과 같다. 此難, 難陰氣也. 難陰始於此者, 陰氣右行, 此月之中, 日歷虛危, 虛危有墳墓・四司之氣, 爲厲鬼將隨强陰出害人也. 旁磔於四方之門. '磔', 攘也. '出', 猶作也. 作土牛者, 丑爲牛, 牛可牽止也. '送', 猶畢也.

集說 계춘에는 단지 국가의 나제를 지내고, 중춘에는 단지 천자의 나제를 지낸다. 이달에는 아래로 서인까지 미치고, 또 음기가 극성할 때에 하기 때문에 '대규모로 나제를 지낸다'(大難)라고 한 것이다. '방책旁磔'은 사방의 문에 모두 희생을 찢어서 올려 음기를 제거하는 것으로, 계춘季春에 구문九門에서 희생을 찢어 올려 제사하여 음기陰氣를 쫓아냈던 정도가 아니다. 구설에 "이달에 해가 허虛와 위危의 별자리를 지나는데, 사명司命의 두 별은 허虛의 북쪽에 있고, 사록司祿의 두 별은 사명의 북쪽에 있고, 사위司危의 두 별은 사록司祿의 북쪽에 있고, 사중司中의 두 별은 사위司危의 북쪽에 있다. 이 네 사司는 귀관鬼官의 우두머리다. 또 분墳의 네 별이 위危수의 동남에 있는데, 분묘墳墓와 사사四司의 기는 사나운 귀신이 되어 장래에 재앙이 될 수 있기 때문에 나제를 지내고 희생을 잡아 제사지내서 제거하는 것이

다"라고 하였다. 사리가 그럴 듯하다. '출出'은 만든다(作)는 뜻과 같다. 이 달은 북두성이 저녁에 축방丑方을 가리키는데, 축丑은 우牛(소)이고, 토土는 수水를 제어할 수 있기 때문에, 특별히 토우土牛를 만들어 차가운 기를 끝내서 보내는 것이다. 季春惟國家之難, 仲秋惟天子之難. 此則下及庶人, 又以陰氣極盛, 故云'大難'也. '旁磔', 謂四方之門, 皆披磔其牲, 以攘除陰氣, 不但如季春之九門磔攘而已. 舊說, "此月日經虛危, 司命二星在虛北, 司祿二星在司命北, 司危二星在司祿北, 司中二星在司危北. 此四司者, 鬼官之長. 又墳四星在危東南, 墳墓·四司之氣能爲厲鬼, 將來或爲災厲, 故難磔以攘除之." 事或然也. '出'猶作也. 月建丑, 丑爲牛, 土能制水, 故特作土牛, 以畢送寒氣也.

【월령 252】

새매가 사납고 빠르게 난다.

征鳥厲疾.

鄭注 살기殺氣가 극에 달한 것이다. '정조征鳥'는 제견題肩(새매)이다. 제齊나라 사람은 그것을 격정擊征이라고 부르고, 혹은 그것을 응鷹(매)이라고 하는데 중춘에 변화하여 구鳩(비둘기)가 된다. 殺氣當極也. '征鳥', 題肩也. 齊人謂之擊征, 或名曰鷹, 仲春化爲鳩.

集說 '정조征鳥'는 새매 종류이다. 그것이 공격을 잘하기 때문에 '정征'(공격한다)이라고 한 것이다. '려질厲疾'은 사납고 빠르다는 뜻이다. '征鳥', 鷹隼之屬. 以其善擊, 故曰'征'. '厲疾'者, 猛厲而迅疾也.

【월령 253】

산천의 제사를 마치고, 오제五帝의 보좌관과 하늘의 신들까지 제사 지낸다.

乃畢山川之祀, 及帝之大臣·天之神祇.

鄭注 네 계절의 일은 겨울에 완성된다. 맹동孟冬(하력 10월)의 달에는 그 종주에게 제사하고, 이때에 이르러 그 보좌관에게 제사하는 것이다. '제帝의 대신'(帝之大臣)은 구망句芒 등을 가리킨다. '하늘의 신들'(天之神祇)은 사중司中·사명司命·풍사風師·우사雨師를 가리킨다. 四時之功成於冬, 孟月祭其宗, 至此可以祭其佐也. '帝之大臣', 句芒之屬. '天之神祇', 司中·司命·風師·雨師.

集說 '제帝의 대신'(帝之大臣)은 오제의 보좌관을 가리키는 것으로, 구망句芒·축융祝融 등이다. 맹동孟冬(하력 10월)에 '천종天宗에게 빈다'고 하였으니, 여기에서는 사중司中·사명司命·풍사風師·우사雨師 등을 가리키는 듯하다. '帝之大臣', 謂五帝之佐, 句芒·祝融之屬也. 孟冬言'祈天宗', 此或司中·司命·風師·雨師之屬歟.

【월령 254】

이달에 어사漁師에게 명령하여 고기잡이를 시작하게 하고, 천자는 직접 가서 살펴본다. 잡은 고기를 제사하는데, 먼저 종묘에 올린다.

是月也, 命漁師始漁, 天子親往. 乃嘗魚, 先薦寢廟.

鄭 천자가 반드시 직접 가서 고기잡이를 살펴보는 것은 고기잡이가 평

注 범한 일이 아님을 밝히는 것으로, 중히 여기는 것이다. 이때의 생선은 깨끗하고 맛있다. 天子必親往視漁, 明漁非常事, 重之也. 此時魚絜美.

集說 사냥할 때에 직접 죽이는 것은 제사에 받들기 위해서이다. 그렇다면 고기잡이에 직접 가서 살피는 것 또한 선조에게 바치기 위한 것이다. 獵而親殺, 爲奉祭也. 則漁而親往, 亦爲薦先歟.

【월령 255】

얼음이 한창 왕성하여 물과 연못이 속까지 견고하게 언다. 명령하여 얼음을 취하게 한다. 얼음이 들어와 저장된다.

冰方盛, 水澤腹堅. 命取冰, 冰以入.

鄭注 '복腹'은 두텁다는 뜻이다. 이달에 해가 북륙北陸에 있으니, 얼음이 견고하고 두꺼운 때이다. 북륙北陸은 허虛수를 뜻한다. 금본 「월령」에는 '견堅'이 없다. '腹', 厚也. 此月日在北陸, 冰堅厚之時也. 北陸謂虛也. 今「月令」無'堅'.

集說 얼음이 처음 얼 때에는 단지 수면만 얼 뿐이다. 이때 이르러 위와 아래를 관통하여 모두 얼게 된다. 그래서 '속까지 견고하다'(腹堅)라고 한 것이다. '복腹'은 속(內)이라는 뜻과 같다. 얼음을 저장하는 것은 바로 이때이다. 그러므로 얼음을 취하도록 명령하는 것이다. 얼음이 들어오면, 음陰의 일이 끝난다. 冰之初凝, 惟水面而已. 至此則徹上下皆凝. 故云'腹堅'. '腹', 猶內也. 藏冰正在此時. 故命取冰. 冰入, 則陰事之終也.

【월령 256】

(농사를 담당하는 관리에게) 명령하여 백성에게 포고하여 오곡의 씨를 꺼내게 한다. 농사를 담당하는 관리에게 명령하여 농사일을 요량하여 계획하고, 쟁기(耒耜)를 정비하고, 괭이 등 농기구를 갖추게 한다.

令告民出五種.① 命農計耦耕事, 脩耒耜, 具田器.②

鄭注 ① 얼음이 들어오고 나면 전관田官(농사를 담당하는 관리)에게 시켜 백성에게 포고하여 오곡의 씨를 꺼내게 하는 것은 대한大寒의 기가 지나가 농사가 장차 시작됨을 밝히는 것이다. 冰既入而令田官告民, 出五種, 明大寒氣過, 農事將起也.

② '사耜'는 쟁기에 붙은 쇠 부분으로 넓이는 5촌이다. '전기田器'는 괭이 등 기구를 말한다. '耜'者, 耒之金也, 廣五寸. '田器', 鎡錤之屬.

集說 얼음이 들어온 뒤에 대한大寒이 장차 물러가므로 농사를 관장하는 관리에게 명령하여 백성에게 포고하여 저장해두었던 오곡의 씨를 꺼내 밭갈 일을 요량하여 계획하게 한다. '우耦'는 두 사람이 서로 짝이 되는 것을 가리킨다. 나무를 휘어서 만든 것이 '뢰耒(쟁기)'고, 나무를 깎아서 만든 것이 '사耜(보습)'이다. 오늘날의 사耜는 철로 만든다. '전기田器'는 괭이 등을 가리킨다. 모두 밭을 갈 때 사용하는 것들이다. 이는 모두 봄에 농사짓는 일을 미리 준비하는 것으로 양陽의 일이 시작되는 것이다. 冰入之後, 大寒將退, 令典農之官告民, 出其所藏五穀之種, 計度耦耕之事. '耦', 謂二人相偶也. 揉木爲'耒', 斲木爲'耜'. 今之耜以鐵爲之. '田器', 鎡基之屬. 凡治田所用者也. 此皆豫備東作之事, 陽事之始也.

【월령 257】

악사樂師에게 명령하여 크게 합주하는 악樂을 행한 뒤에 (악樂의 일을) 쉰다.

命樂師大合吹而罷.

鄭注 한 해가 끝나려고 할 때, 족인과 더불어 크게 연향燕饗을 벌여 술을 마시고 태침大寢(정사를 행하는 곳)에서 악樂을 행하면서 족인 사이의 은혜로운 정을 결속시키는 것이다. '쉰다'(罷)라고 말한 것은 이때 족인에게 예와 악을 사용하는 것이 가장 성대한데, 후년에 때가 되면 곧 다시 그렇게 할 것이기 때문이다. 무릇 악을 사용할 때에는 반드시 예가 있지만, 예를 사용할 때는 악을 사용하지 않는 때도 있다. 「왕거명당례王居明堂禮」에 "계동季冬에 나라에 명령하여 술을 빚고 삼족을 결속시키면, 군자는 기뻐하고 소인은 즐거워한다"고 하였다. 歲將終, 與族人大飮, 作樂於大寢, 以綴恩也. 言'罷'者, 此用禮樂於族人最盛, 後年若時乃復然也. 凡用樂必有禮, 用禮則有不用樂者. 「王居明堂禮」"季冬命國爲酒, 以合三族, 君子說, 小人樂."

集說 정씨鄭氏(정현鄭玄)는 말한다. "한 해가 끝나려고 할 때, 족인과 더불어 크게 연향燕饗을 벌여 술을 마시고 태침大寢(정사를 행하는 곳)에서 악을 행하면서 족인 사이의 은혜로운 정을 결속시키는 것이다. 「왕거명당례王居明堂禮」에 '계동季冬에 나라에 명령하여 술을 빚고 삼족을 결속시킨다'고 하였다." ○ 소疏에서 말한다. "이때는 족인에게 예와 악을 사용하는 것이 가장 성대하여, 내년 계동季冬에 다시 이와 같이 악樂을 행하고, 1년 동안 중단하기 때문에 '쉰다'(罷)라고 한 것이다." 鄭氏曰: "歲將終, 與族人大飮, 作樂於太寢, 以綴恩也. 「王居明堂禮」'季冬命國爲酒, 以合三族.'" ○ 疏曰: "此用禮樂於族人最盛, 後年季冬乃復如此作樂, 以一年頓停, 故云'罷'."

【월령 258】

사감四監에게 명령하여 일정한 땔감나무를 거두어서 교제郊祭와 종묘 제사, 그리고 백사百祀의 땔감나무와 횃불의 용도에 충당하게 한다.

乃命四監收秩薪柴, 以共郊廟及百祀之薪燎.

鄭注 '사감四監'은 산림과 천택을 주관하는 관리다. 커서 쪼갤 수 있는 것을 '신薪'(땔감나무)이라 하고, 작아서 합쳐 묶는 것을 '시柴'(섶)라고 한다. 신薪은 불을 때는 데에 사용하고, 시柴는 횃불용으로 공급한다. 『춘추전』에 "그 아버지가 땔감나무를 쪼갰다"185)고 하였다. 금본 「월령」에는 '급백사지신료及百祀之薪燎' 부분이 없다. '四監', 主山林川澤之官也. 大者可析謂之'薪', 小者合束謂之'柴'. 薪施炊爨, 柴以給燎. 『春秋傳』曰: "其父析薪." 今「月令」無'及百祀之薪燎'.

集說 '사감四監'은 설명이 계하季夏(119)에 보인다. '질秩'은 일정하다(常)는 뜻으로 정해진 분량이 있음을 가리킨다. 커서 쪼갤 수 있는 것을 '신薪'이라 하고, 작아서 묶는 것을 '시柴'라고 한다. '신료薪燎'는 불을 때고 밤에 횃불을 만들 때 사용한다. '四監', 說見季夏. '秩', 常也, 謂有常數也. 大而可析者謂之'薪', 小而束者謂之'柴'. '薪燎', 炊爨及夜燎之用也.

【월령 259】

이달에 해는 운행을 다하여 현효玄枵에 머물고, 달은 운행을 다하여 현효에서 해와 만나고, 별은 옛 곳으로 되돌아오고, 1년 날짜의 수는 거의 끝마침에 가깝고, 한 해가 또다시 새로 시작된다.

是月也, 日窮于次, 月窮于紀, 星回于天, 數將幾終, 歲且更始.

鄭注 해와 달, 별이 운행하여 이달에 모두 한 바퀴 돌아 이전의 위치로 오는 것을 말한다. '차次'는 머문다(舍)는 뜻이고, '기紀'는 만난다(會)는 뜻이다. 言日月星辰運行, 于此月皆周匝於故處也. '次', 舍也, '紀', 會也.

集說 '일궁우차日窮于次'는 지난해 계동季冬에 현효玄枵에 머물렀다가 이때 이르러 운행을 다하고 도로 현호에 머무는 것이다. '기紀'는 만난다(會)는 뜻이다. 지난해 계동에 달과 해는 현효玄枵에서 서로 만났는데, 이때에 이르러 운행을 다하고 도로 다시 현호에서 만나는 것이다. 28수는 하늘을 따라 운행하는데, 매일 비록 하늘을 한 바퀴 돌지만 빠르고 늦음이 같지 않다가 이달에 이르러 옛 자리로 되돌아와 지난해 계동과 서로 비슷하게 된다. 그러므로 '하늘을 돈다'(回于天)고 한 것이다. '기幾'는 가깝다(近)는 뜻이다. 지난해 계동에서 금년 계동에 이르기까지는 354일로서 365일을 채우지 못하기 때문에 정확한 끝마침(正終)이 되지 못한다. 그러므로 '끝마침에 가깝다'(幾於終)고 한 것이다. '한 해가 또다시 새로 시작된다'(歲且更始)는 것은 이른바 '끝나면 시작함이 있다'(終則有始)는 것이다. '日窮于次'者, 去年季冬次玄枵, 至此窮盡, 還次玄枵也. '紀', 會也. 去年季冬, 月與日相會於玄枵, 至此窮盡, 還復會於玄枵也. 二十八宿隨天而行, 每日雖周天一匝, 而早晚不同, 至此月而復其故處, 與去年季冬早晚相似. 故云'回于天'也. '幾', 近也. 以去年季冬至今年季冬, 三百五十四日, 未滿三百六十五日, 不爲正終. 故云'幾於終'也. '歲且更始'者, 所謂終則有始也.

【월령 260】

너희 농민에 대한 업무에 전념하여 농민을 요역에 동원하는 바가 없게 해야 한다.

專而農民, 毋有所使.

鄭注 '이而'는 너(女)라는 뜻과 같다. 너희 농민에 대한 마음을 전일하게 하여, 그들에게 농사짓는 일에 미리미리 뜻을 두게 하고, 요역을 시켜서는 안 됨을 말한다. 요역을 시키면 뜻이 분산되어 본업의 때를 놓치게 된다. '而', 猶女也. 言專一女農民之心, 令之豫有志於耕稼之事, 不可徭役. 徭役之, 則志散失業也.

集說 '이而'는 너(汝)라는 뜻이다. 위에 있는 사람은 마땅히 너희 농사의 업무에 전념하여, 요역으로 일을 시키지 말아야 한다. '而', 汝也. 在上者當專壹汝農之事, 毋得徭役使之也.

【월령 261】

천자는 공公·경卿·대부大夫와 더불어 함께 국전國典을 정비하고, 시령時令을 논하여 다음 해의 합당한 조처에 대비한다.

天子乃與公·卿·大夫共飭國典, 論時令, 以待來歲之宜.

鄭注 '국전을 바르게 한다'(飭國典)는 것은 육전六典[186]의 법을 조정한다는 뜻이다. 『주례』에서는 정월에 그것을 하고, 인방寅方을 가리키는 달에 그것을 게시하였다.[187] 이제 이 12월에 하고 있으니, 하나라와 은나라의 제도를 계승한 것이다. '飭國典'者, 和六典之法也. 『周禮』以正月爲之, 建寅而縣之. 今用

此月, 則所因於夏殷也.

集說 주씨朱氏는 말한다. "국전國典에는 정해진 것이 있으므로 그것을 정비하여 다음 해의 변화에 대응하고, 시령時令에는 정해진 순서가 있으므로 그것을 논하여 다음 해의 차이를 방비한다. 한 해가 이미 새로 시작되었기 때문에 일 또한 합당한 조처를 달리해야 함이 있다." 朱氏曰: "國典有常, 飭之以應來歲之變, 時令有序, 論之以防來歲之差. 歲旣更始, 故事亦有異宜者."

【월령 262】

태사太史에게 명령하여 제후의 서열을 차례지어서 희생을 내게 하고, 그것으로 황천皇天·상제上帝·사직社稷의 제사에 충당하게 한다.
乃命太史次諸侯之列, 賦之犧牲, 以共皇天·上帝·社稷之饗.

鄭注 이것이 제후와 더불어 함께하는 것이다. 제후의 나라 사이에는 크고 작은 규모의 차이가 있다. '희생을 내게 한다'(賦之犧牲)는 것은 큰 나라는 많이 내고, 작은 나라는 적게 낸다는 것이다. '향饗'은 바친다는 뜻이다. 此所與諸侯共者也. 列國有大小也. '賦之犧牲', 大者出多, 小者出少. '饗', 獻也.

集說 '열列'은 크고 작음의 차이를 뜻한다. '列', 謂大小之等差也.

【월령 263】

동성의 나라에 명령하여 종묘에 바치는 희생(芻豢)을 공급하게 한다.

乃命同姓之邦, 共寢廟之芻豢.

鄭注 이는 동성과 더불어 함께하는 것이다. '추환芻豢'은 희생이라는 뜻과 같다. 此所以與同姓共也. '芻豢', 猶犧牲.

集說 사람은 조상에 근본을 둔다. 그러므로 조묘祖廟에 쓰이는 희생을 동성제후가 공급하게 한다. 人本乎祖. 故祖廟之牲, 使同姓諸侯供之.

【월령 264】

소재小宰에게 명령하여 경卿·대부大夫에서 서민에 이르기까지 차례지어서 그 전지의 규모에 따라 희생을 내게 하고, 그것으로 산림山林, 이름난 하천(名川)의 제사에 충당하게 한다.

命宰, 歷卿大夫至于庶民, 土田之數, 而賦犧牲, 以共山林名川之祀.

鄭注 이는 경卿·대부大夫·서민庶民과 더불어 함께하는 것이다. '력歷'은 차례짓는다(次)는 뜻과 같다. 경·대부의 채지 역시 크고 작음이 있다. 채지가 없으면, 그 읍邑의 백성 수에 따라 내게 한다. 此所與卿·大夫·庶民共者也. '歷', 猶次也. 卿·大夫采地亦有大小. 其非采地, 以其邑之民多少賦之.

集說 '력歷'은 그 많고 적음의 수에 대하여 차례짓는 것이다. '歷'者, 序次其多寡之數也.

【월령 265】

무릇 천하 구주九州에 사는 백성은 모두 그 힘을 바치지 않음이 없으니, 그것으로 황천皇天, 상제上帝, 사직社稷, 종묘宗廟, 산림山林, 이름난 하천(名川)의 제사에 공급한다.

凡在天下九州之民者, 無不咸獻其力, 以共皇天·上帝·社稷·寢廟·山林·名川之祀.

鄭注 백성은 신神의 복이 아니면 살지 못한다. 비록 방국邦國의 채지가 있더라도, 이 부세는 백성으로부터 나와야 한다. 民非神之福不生. 雖有其邦國采地, 此賦要由民出.

集說 "예에는 오경五經이 있는데"188), 제사보다 더 중요한 것이 없다. "禮有五經", 莫重於祭故也.

【월령 266】

계동季冬(12월)에 가을의 월령을 시행하면, 찬 이슬(白露)이 일찍 내리고, 갑각류가 요물이 되어 재앙이 발생하고, 사방 비鄙의 백성들이 성性으로 들어가 숨는다.

季冬行秋令, 則白露蚤降, 介蟲爲妖,① 四鄙入保.②

鄭注 ① 술戌의 기가 그 기회를 타기 때문이다. 9월 초에는 여전히 백로白露(찬 이슬)가 내리는 일이 있지만, 그 달 중간에는 서리가 된다. 축丑은 자라나 게의 종류에 해당한다. 戌之氣乘之也. 九月初尙有白露, 月中乃爲霜. 丑爲鼈蟹.

② 병란을 두려워하고, 추위를 피하는 상象이다. 畏兵辟寒象

集說 갑각류가 병란을 일으키는 것을 두려워하는 상象이다. 술토戌土의 기에 의해서 반응하는 것이다. 畏介蟲爲兵之象也. 戌土之氣所應.

【월령 267】

봄의 월령을 시행하면 태胎중에 있는 것과 갓 나온 것에 손상이 많으며,

行春令, 則胎夭多傷,

鄭注 진辰의 기가 그 기회를 타기 때문이다. '요夭'는 조금 자란 것이다. 이달에 만물이 처음 싹을 틔우고, 계춘季春이 되면 "구부러지게 나오는 싹(句)이 모두 싹터 나오고, 곧게 나오는 싹(萌)이 모두 땅 위로 솟아나온다."(【월령 50】) '태중에 있는 것과 갓 나온 것에 손상이 많다'(胎夭多傷)는 것은 생기生氣가 너무 일찍 이르러 그 성정을 충실히 하지 못하기 때문이다. 辰之氣乘之也. '夭', 少長也. 此月物甫萌牙, 季春乃"句者畢出, 萌者盡達". '胎夭多傷'者, 生氣早至, 不充其性.

集說 '태胎'는 아직 나오지 않은 것이고, '요夭'는 갓 나온 것이다. 胎未生者, 夭方生者.

【월령 268】

나라에 고질병에 걸린 사람이 많으니,

國多固疾,

鄭注 태어나면서 성정을 충실히 하지 못하면, 고질병이 생긴다. 生不充性, 有久疾也.

集說 '고固'는 오래되어도 차도가 없는 것을 가리킨다. 진상辰上의 기에 의해서 반응하는 것이다. '固', 謂久而不差. 辰上之氣所應.

【월령 269】

그것을 명령하여 '거스르는 것'(逆)이라고 한다.

命之曰'逆'.

鄭注 여러 재해 가운데 이보다 큰 것이 없다. 衆害莫大於此.

集說 한 해가 끝날 때 한 해가 시작할 때의 월령을 시행하였기 때문이다. 以歲終而行歲始之令也.

【월령 270】

여름의 월령을 시행하면, 홍수가 발생하여 나라를 망가뜨리고, 시기에 맞는 눈이 내리지 않고, 얼어붙은 물이 녹는다.

行夏令, 則水潦敗國, 時雪不降, 水凍消釋.

鄭注 미未(6월)의 기가 그 기회를 타기 때문이다. 계하季夏(하력 6월)의 큰 비가 때로 내리는 것이다. 未之氣乘之也. 季夏大雨時行.

集說 화火가 수水의 정령을 빼앗았기 때문이다. 미토未土의 기에 의해서 반응하는 것이다. 火奪水之令也. 未土之氣所應.

역주

1) 『여씨춘추』 열두 달 「기」의 첫 장들인데 : 『여씨춘추』에는 월령의 내용이 맹춘기에서 계동기까지 열두 달의 기로 편성되어 있다.

2) 여불위(?~기원전 235) : 전국시대 조나라 陽翟의 큰 상인으로 진나라의 재상이 된 사람이다. 趙나라에 볼모로 와 천대받고 있던 秦나라 공자 子楚를 도와 왕이 되게 함으로써 시황 대에 이르기까지 승상을 지냈다. 『呂氏春秋』를 지었다. 『사기』 권85, 「呂不韋列傳」 참조.

3) 여불위가 여러 ~ 만들었다 : 이 말은 공영달의 소에 나온다.

4) 영실 : 28수의 하나로, 북방의 별자리 室을 가리킨다.

5) 삼 : 28수의 하나로, 오리온 별자리의 남쪽 세 별과 그 부근의 별들을 가리킨다.

6) 남중 : 계절마다 일정한 별자리가 정남방에 나타나는 것을 말한다.

7) 미 : 28수의 하나로, 동방의 별자리다. 心宿와 箕宿 사이에 있다.

8) 추자 : 娵訾는 12次의 하나로 28수 가운데 室과 壁을 가리킨다. 12차는 해 · 달 · 五星의 위치와 운행에 대하여 黃道와 赤道를 서쪽에서 동쪽 방향으로 12등분을 하여 표시한 것을 가리킨다. 12차의 명칭은 星紀 · 玄枵 · 娵訾 · 降婁 · 大梁 · 實沈 · 鶉首 · 鶉火 · 鶉尾 · 壽星 · 大火 · 析木 등이다. 서양의 黃道十二宮과 유사하다. 『춘추좌씨전』과 『國語』 등에 이들 명칭을 가지고 歲星(木星을 가리킴)의 위치를 기술한 것이 있다. 고대에 목성의 항성 주기가 12년으로 고정되어 있음을 알고 있었다. 12次가 성립한 것은 이 목성의 운행을 관측하여 기록한 것에서 비롯한다. 하늘을 12차로 구분한 것처럼 지상도 12개 지역으로 구분하였는데 그것을 12分野라고 한다. 곧 地上의 州와 諸侯의 나라를 12개 지역으로 구분하여 하늘의 12차와 서로 대응시켜 하늘에는 12分星, 땅에는 12分野가 있게 하였다.

9) 월절과 월중 : 고대 역법에서 태양력 24절기를 태음력 12개월에 배합하였는데, 음력으로 달마다 2개의 氣候가 배합되어, 달의 초기에 있는 것을 節氣라 하고 달의 중간 이후에 있는 것을 中氣라고 한다. 예컨대 立春은 정월의 절기가 되고 雨水는 정월의 中氣가 된다. 驚蟄은 2월절, 春分은 2월중이 된다.

10) 그날은 갑을이다 : 10干을 오행에 배당하면 甲乙은 木에 해당한다. 봄은 木이므로, 甲乙을 봄에 배당한 것이다.

11) '을'은 ~ 뜻이다 : '乙'은 象形字로 씨앗에서 싹이 나올 때 寒氣로 인해 곧바로 나오지 못하고 주춤거리며 나오는 모양에서 비롯한다. 곧 발아하여 처음 싹이 튼다는 뜻을 함축하고 있다. '軋'은 '삐걱거린다'는 뜻으로 수레가 갈 때 바퀴가 마찰하는 모양과 그 소리에서 그 의미가 유래하는데, 힘겹게 일을 진전시킨다는 뜻을 함축하고 있다. 여기서는 싹이 처음 나올 때 발아하여 꿈틀거리며 어렵게 땅을 뚫고 나오는 모습을 형용한다.

12) 우를 ~ 64이다 : 삼분손익법으로 律의 도수를 계산하는데, 宮의 도수는 81, 徵은 54, 商은 72, 羽는 48, 角은 64이다. 『사기』「律書」에 "율의 도수는 9를 아홉 배 하여 81로서 宮을 삼는다. 이를 3등분하여 1/3(27)을 덜어내면 54로 徵을 삼는다. 이를 3등분하여 1/3(18)을 더하면 72로 商을 삼는다. 이를 3등분하여 1/3(24)을 덜어내면 48로 羽를 삼는다. 이를 3등분하여 1/3(16)을 더하면 64로 角을 삼는다"(九九八十一以爲宮. 三分去一, 五十四以爲徵. 三分益一, 七十二以爲商. 三分去一, 四十八以爲羽. 三分益一, 六十四以爲角)라고 하였다. (『사기』 권25, 「律書」 3)

13) 소리에서의 ~ 않는다 : 공영달의 소에 따르면, 宮은 土를 주관하는데, 토의 소리는 탁하고 그 도수(81)는 많다. 그러므로 임금을 주관한다. 商은 金을 주관하는데, 금의 소리는 조금 무겁고 그 도수(72)는 조금 많다. 그러므로 臣이 된다. 角은 木을 주관하는데, 목의 소리는 맑고 탁한 정도가 중간이며, 그 도수(64)는 중간이다. 그러므로 民이 된다. 徵은 火를 주관하는데, 화의 소리는 조금 가볍고 그 도수(54)는 조금 적다. 그러므로 事가 된다. 羽는 水인데, 수의 소리는 매우 가볍고 그 도수(48)는 가장 적다. 그러므로 物이 된다. '事'는 사람이 경영하는 사무를 말하고, '物'은 사람이 사용하는 재물을 말한다.

	數	五行	清濁	象
宮	81	土	濁	君
商	72	金	稍重	臣
角	64	木	清濁中	民
徵	54	火	稍輕	事
羽	48	水	極輕	物

14) 태수 : 12율 가운데 하나로, 태주는 12支의 寅에 해당한다. 하나라는 인을 세수로 삼는다. 월령은 하나라 달력에 의거하여 세우기 때문에 태주를 맹춘에 배당하였다.

15) 취회 : 고대인들이 절기를 알아맞히던 방법으로, 갈대의 재로 율관을 막아놓는데, 어떤 달이 되면 그 달과 상응하는 율관 속의 갈대 재가 날아 움직인다. 12律管을 만들어 집안의 네 계절의 위치에 묻어두고, 갈대를 태워 재를 만든 다음 율관 속에 넣고 비단으로 덮어두었다가 기가 이르면 재를 불어서 비단을 움직이게 한다. 조금 움직이면 기가 조화로운 것이고, 크게 움직이는 것은 군주가 허약하고 신하가 강성하여 정치를 전횡하는 것에 대응되고, 비단이 움직이지 않는 것은 임금이 엄하고 맹렬한 것에 대응된다. 공영달, 『예기정의』「월령」 451쪽 참조.

16) 악 : 金은 鍾과 鎛 등의 악기를 가리킨다. 樂에서 이들 악기를 연주하여 절도를 삼는다. 이로 인하여 樂을 대신 칭하는 말로 사용된다. 大蔟는 商聲에 속하는데 맑고 탁한 정도로 보면 金을 연주하여 내는 맑은 소리(金)가 이에 해당한다.

17) 태주는 ~ 것이다 : 이 말은 『國語』「周語下」에 나온다.

18) 하늘은 ~ 10이다 : 이 말은 『역』「繫辭上」에 나온다.

19) 목은 ~ 것이다 : 『역』「繫辭上」, "天一地二, 天三地四, 天五地六, 天七地八, 天九地十"의 정현의 주에서 "天1은 北에서 水를 낳고, 地2는 南에서 火를 낳고, 天3은 東에서 木을

낳고, 地4는 西에서 金을 낳고, 天5는 中에서 土를 낳는다. 地6은 北에서 水를 완성하여 天1과 더불어 병행하고, 天7은 南에서 火를 완성하여 地2와 더불어 병행하고, 地8은 東에서 木을 완성하여 天3과 더불어 병행하고, 天9는 西에서 金을 완성하여 地4와 더불어 병행하고, 地10은 中에서 土를 완성하여 天5와 더불어 병행한다. 大衍의 수는 55인데, 오행은 각 기가 병행한다. 기가 병행함으로 5를 빼면 50이 된다. 그런데 50의 수로 7896 卜筮의 점으로 삼아 사용할 수 없기 때문에 다시 1을 줄이기 때문에 49가 된다"고 하였다. 공영달의 소 참조.

20) 양중 : 陽의 中正한 氣를 뜻한다. 『한서』 권21상, 「律曆志」에 "대저 『춘추』를 관통해 있는 것은 天時로, 人事를 열거하면서 天時로서 따랐다. 傳에 '백성은 천지의 中을 받아서 태어나니 이른바 命이다. 그러므로 禮誼動作과 威儀의 準則을 두어 命을 정립하였으니, 잘한 이는 명을 길러서 복을 받았고 잘하지 못한 이는 명을 그르쳐 화를 취하였다'라고 하였다. 그러므로 12공 242년의 일을 열거함에 陰陽의 中으로서 그 禮를 제정하였다. 그러므로 봄은 陽의 中이 되어 만물이 소생하고 가을은 陰의 中이 되어 만물이 성숙한다. 따라서 일에서는 그 中을 들고, 禮에서는 그 和를 취하고, 책력의 수로 윤월과 정월을 두고, 천지의 中으로 일을 일으켜 생을 넉넉하게 하는 것이 모두 命을 정하는 것이다. 『易』의 金과 火가 서로 바뀌는 革卦에 '湯王과 武王은 천명을 바꿈에 하늘에 따르고 사람들에 응하였다'라고 하였고 또 '曆法을 다스리고 天時를 밝혔다'라고 하였으니 人道를 조화시킨 것이다"(夫歷『春秋』者, 天時也, 列人事而因以天時. 傳曰: "民受天地之中以生, 所謂命也. 是故有禮誼動作威儀之則, 以定命也, 能者養以之福, 不能者敗以取禍." 故列十二公二百四十二年之事, 以陰陽之中制其禮. 故春爲陽中, 萬物以生, 秋爲陰中, 萬物以成. 是以事擧其中, 禮取其和, 歷數以閏正, 天地之中以作事厚生, 皆所以定命也. 『易』金火相革之卦曰"湯武革命, 順乎天而應乎人", 又曰"治歷明時", 所以和人道也)라고 하였다.

21) 오사 : 戶·中霤·竈·門·行의 신에게 제사하는 것이다.

22) 자리 : 사람이 앉거나 무릎 꿇을 때 사용하는 도구이다. 대나무나 부들을 엮어서 만든다. 筵을 땅에 깔고 筵 위에 席을 편다. 筵은 크고 석은 작다.

23) 희생의 ~ 때문이다 : 『금문상서』에서는 간장(肝)을 木, 심장(心)을 火, 비장(脾)을 土, 폐장(肺)을 金, 신장(腎)을 水라고 하였고, 『고문상서』에서는 비장(脾)을 木, 폐장(肺)을 火, 심장(心)을 土, 간장(肝)을 金, 신장(腎)을 水라고 하였다. 『예기정의』 「월령」, 453쪽 참조.

24) 채옹 : 132~192. 字는 伯喈이다. 陳나라 留圉(현재 河南省 杞縣 남쪽) 출신이다. 東漢 말기의 名士이다. 漢 獻帝 때 左中郎將이 되어, '蔡中郎'이라고도 불린다. 東漢 靈帝 熹平 4年에 蔡邕 등 신료들이 상주하여 六經의 본문을 碑에 간각할 것을 건의하여 승인되는데 이것이 후대에 '熹平石經'으로 불리는 것이다. 저서에 『獨斷』과 『蔡中郎集』이 전한다.

25) 『독단』 : 蔡邕 저서이다. 王應麟의 『玉海』에 嘉祐년간에 余擇中이 다시 편차를 정돈하여 『新定獨斷』를 만들었다고 하는데 현재 전하지 않는다. 현존하는 『獨斷』에는 채옹

이후의 일에 대한 기록도 있어 본래의 저작상태로 여겨지지 않는다. 내용 중 禮制는 『예기』를 많이 따르고 『주례』를 따르지 않았다. 또한 정현의 주에 의거한 바가 많다. 劉昭의 『輿服誌註』, 建華冠註, 『初學記』 등에 인용된 『獨斷』은 현존하는 『독단』의 본문과 다른데, 어느 본이 맞는지는 불분명하다.

26) 한나라 때에도 ~ 삼았다 : 한나라 초기에는 立春을 正月節, 驚蟄을 正月中, 雨水를 2月節, 春分을 2月中으로 삼았는데, 전한 말기 유흠이 『三統曆』을 지어 우수를 정월중, 경칩을 2월절로 바꾸었다.

劉歆 『三統曆』의 月中과 月節

	月節	月中
정월	立春	雨水
2월	驚蟄	春分
3월	穀雨	淸明
4월	立夏	小滿
5월	芒種	夏至
6월	小暑	大暑
7월	立秋	處暑
8월	白露	秋分
9월	寒露	霜降
10월	立冬	小雪
11월	大雪	冬至
12월	小寒	大寒

27) 금본 「월령」에는 ~ 있다 : 공영달의 소에 "「月令」 판본이 세상에 나옴에 선후가 있다. 『예기』에 편입된 것이 고본이고, 『예기』에 편입되지 않은 것이 금본으로 『呂氏春秋』가 그것이다. 『여씨춘추』에는 '鴻'이 모두 '候'로 되어 있다"(「月令」出有先後. 入『禮記』者爲古, 不入『禮記』者爲今, 則『呂氏春秋』是也. '鴻'字皆爲'候'也)라고 하였다. 현행본 『여씨춘추』 「孟春紀」에는 '候雁北'으로 되어 있다.

28) 청양의 좌개 : 楊天宇의 설명에 따르면, 靑陽은 明堂의 일부분이다. 명당의 제도는 밖은 원형이고 안은 정방형이다. 사방과 중앙에 堂을 세우는데, 동쪽의 당을 靑陽, 남쪽의 당을 明堂,(이것은 건물들 전체를 가리키는 명칭인 明堂과 같은 명칭이다) 서쪽의 당을 總章, 북쪽의 당을 玄堂이라고 한다. 각 방향의 堂에서 正堂을 太廟라고 부르고, 太廟마다 좌우로 室이 있는데 이것을 个라고 부른다. 靑陽의 북쪽에 있는 室을 곧 靑陽左个라고 한다. 각 당마다 문이 있는데, 문은 당이 놓인 방향을 향한다. 명당의 중앙에 있는 당은 太廟라고 부르는데 좌우에 室이 없고 堂만 있어 太室이라고 부르며, 그 문은 남쪽을 향해 있다. 明堂은 고대에 정교를 선포하고 주요한 제사를 지내던 장소로 설명되지만 그 형식과 제도에 대해서는 정설이 없다. 顧頡剛은 「月令」 형식의 明堂은 陰陽家의 상상에서 나온 말로 실제 사실로 여길 필요는 없다고 본다.(『史林雜誌』 '明堂' 조목)

29) 태침 : 帝王의 祖廟, 곧 宗廟를 가리킨다. 『呂氏春秋』「孟春」에 "太寢에서 잔(爵)을 잡는다"(執爵於太寢)고 하였고, 高誘의 注에 "太寢은 祖廟이다"(太寢, 祖廟也)라고 하였다.

30) 명당의 제도를 ~ 것이다 : 주자의 말은 『朱子語類』 권87, 「小戴禮」에 나온다.

31) 난과 ~ 있었고 : 『주례』「夏官 · 大馭」에 "난과 화를 가지고 절도를 삼는다"(以鸞和爲節)라고 하였다. 鸞과 和는 청동(金)으로 만든 방울이다. 멍에(衡)에 달려 있는 것을 난이라 하고, 수레 앞턱의 가름대(式)에 달려 있는 것을 화라고 한다. 수레가 다닐 때 말이 움직이면 난 방울이 울리고, 화 방울이 이에 호응하여 완급을 조절하는 절도로 삼는다.

32) 형과 황 : 혁대에 매다는 옥은 상중하 세 가닥으로 이루어져 있는데, 상에는 衡이 있고, 중에는 琚瑀가 있고, 하에는 衝牙가 있는데 충아의 양쪽 곁에 璜이 있다. 걸을 때 충아가 황을 두들겨 소리를 낸다. 『三禮辭典』 442쪽 참조.

33) 玄端 : 「玉藻」(3) 정현의 주에는 玄冕의 잘못이라고 하였다.

34) 세년 : 大史職의 "掌正歲年以序事" 정현의 주에 "中數를 歲라 하고, 朔數를 年이라 한다"(中數曰歲, 朔數曰年)라고 하1/4 걸리는데 이를 歲라고 한다. 朔數는 月令 12개월의 삭으로 일주하는 데 354일 걸린다. 이를 年이라 한다. 『예기정의』, 459쪽 참조.

35) 조 : 제사를 지내는 장소로 제단을 설치한 곳이다. 「表記」(47)의 "后稷兆祀"의 '兆'에 대하여 정현은 주에서 "兆는 네 郊의 제사지내는 장소이다"(兆, 四郊之祭處也)라고 하였고, 『주례』「春官 · 小宗伯」의 "兆五帝於四郊"에 대하여 정현은 주에서 "兆는 壇을 설치한 營域"(兆, 爲壇之營域)이라고 하였다.

36) 절기에는 ~ 아니다 : 月令 12달의 절기에는 빠르고 늦음이 있다. 만약 절기가 늦으면 달의 절기가 그 달의 안에 있지만 절기가 빠르면 달의 절기는 지난달의 가운데에 있다. 그래서 입춘을 정월의 절기로 삼는 것은 月令 12월의 때에 있게 된다. 다만 입춘의 때에 이르면 비록 月令 12월에 있더라도 곧바로 입춘의 일을 행하는 것이다. 공영달, 『예기정의』, 458쪽 참조.

37) 육전 : 治典 · 敎典 · 禮典 · 政典 · 刑典 · 事典을 말한다. 『三禮辭典』, 186쪽 참조.

38) 팔법 : 官屬 · 官職 · 官聯 · 官常 · 官成 · 官法 · 官刑 · 官計 등 8가지 백관 관리 방법을 말한다. 『三禮辭典』, 30쪽 참조.

39) 무릇 ~ 짓는다 : 『춘추좌씨전』 襄公 7년 조에 나온다.

40) 장정이 ~ 있다 : 『주례』「地官 · 遂人」에 나온다. 一夫는 토지 百畝를 분급받는데, 그 전지 백무와 백무 사이의 설치된 조그마한 도랑(小溝)을 '遂'라고 한다. '徑'은 전지와 전지 사이의 조그마한 길(小路)을 말한다.

41) 나누어 ~ 하였다 : 이 말은 『書』「堯典」에 나온다.

42) 전준 : 고대에 백성에게 농사를 가르치던 자, 곧 司嗇을 가리킨다. 『三禮辭典』, 312쪽 참조.

43) 석채 : 봄에 태학에 입학하여 미나리와 마름 등 채소를 올려 先師에게 지내는 제사를 가리킨다. 舍菜, 祭菜라고도 한다. 『주례』「春官 · 大胥」의 "봄에 학교에 들어갈 때, 釋

菜의 예를 올리면서 合舞의 樂을 행한다"(春入學, 舍菜, 合舞)에 대한 정현의 주 참조. 이와 함께 凶邪를 제거하기 위하여 나물을 올려 大門의 신령에게 예를 표하는 것을 가리키기도 한다. 舍萌이라고도 한다. 『의례』「士喪禮」의 "喪祝이 國君을 대신해서 대문의 신령에게 예를 표(釋采)한 뒤에, 국군이 묘문으로 들어간다"(君釋采, 入門, 主人辟)에 대한 정현의 주 참조.

44) 손님이 ~ 괜찮다 : 공영달의 소에 따르면, 군사를 일으켜 공격하는 쪽이 '손님'(客)이고, 적의 공격을 방어하는 쪽을 '주인'(主)이다. 곧 전쟁을 일으키는 것은 안 되지만, 상대가 공격해오면 방어하는 전쟁은 가능하다는 뜻이다.

45) 음정 : 여기서는 군사를 동원하여 전쟁을 일으키는 일을 가리킨다.

46) 사의 ~ 때문이다 : 공영달의 소에 "맹춘에 하령을 시행하면, 寅(1월)의 기가 부족하기 때문에 바람이 적고 巳(4월)의 기가 와서 그 기회를 탄다. 4월은 純陽이 용사하니, 순양이 와서 그 기회를 타기 때문에 비가 적다"(孟春行夏令, 寅氣不足, 故風少, 巳來乘之. 四月純陽用事, 純陽來乘, 故雨少)라고 하였다.

47) 4월은 ~ 된다 : 공영달의 소에 따르면, 陽이 자라고 陰이 쇠퇴하는 것이 息이고, 음이 자라고 양이 쇠퇴하는 것이 消이다. 1년의 변화에서 11월에서 4월까지가 '息'의 과정으로 만물이 양의 기를 얻어 번식하고, 5월에서 10월까지가 '消'의 과정으로, 만물이 음의 기운을 얻어 쇠퇴한다.

48) 화가 ~ 것이다 : 공영달의 소에 "巳(4월)의 기가 와서 寅(1월)이 주춤하는 기회를 타면, 사는 火이기 때문에 火가 오는데, 寅은 은하수(天漢)의 다리로 火는 水를 두려워하여 끝내 오지 못한다. 다만 火가 온다는 거짓소문으로 서로 두려워하고 동요한다"(巳來乘寅, 巳爲火故火來, 寅爲天漢之津, 火畏水終不來. 但訛言以火, 相恐動耳)라고 하였다.

49) 정월이 ~ 좋아하여 : 중앙 土의 기가 바람(風)이 되고, 동방 木의 기가 비(雨)가 된다. 箕星은 동방 목에 속하는데 목은 토를 이기니, 토는 아내가 된다. 아내가 좋아하는 것을 숭상하기 때문에 기성은 바람을 좋아한다. 서방 金의 기는 음이 되어 동방 목을 이기니, 목은 아내가 된다. 모두 서방에 속하는데, 아내가 좋아하는 것을 숭상하기 때문에 비를 좋아한다. 이제 申의 기가 寅을 타서 둘이 서로 충돌한다. 신이 와서 인을 거스른다. 인은 바람이다. 바람이 거스름을 당하기 때문에 회오리바람이 된다. 인이 가서 신을 깬다. 신은 비가 되는데, 비가 거스름을 당하기 때문에 폭우가 된다. 공영달, 『예기정의』, 469쪽 참조.

50) 부요를 ~ 한다 : '扶'와 '搖' 두 글자를 반절하면 '飆' 즉 暴風이 된다. 『爾雅』「釋天」의 주에서는 "폭풍이 아래에서 올라오는 것을 '猋'라고 한다"고 하였다.

51) 사나운 맹수 : 「曲禮上」(189)에 보인다. 공영달은 "사납고 공격을 잘하는데, 호랑이와 이리 종류를 가리킨다"(猛而能擊, 謂虎狼之屬也)라고 하였다.

52) 지충 : 이 말은 「儒行」(6)에 보인다. 사나운 짐승이라는 뜻이다.

53) 협종은 ~ 발출한다 : 『國語』 주에서 韋昭는 "'四隙'은 四時 사이에 기의 미세한 것을 가리

킨다. 봄은 陽中이 되어 만물이 비로소 태어나고, 사시의 기는 모두 봄에서 시작한다. 봄이 일으켜 내니 세 계절이 받들어 이룬다"('四隙', 四時之間氣微細者. 春爲陽中, 萬物始生, 四時之氣皆始於春. 春發而出之, 三時奉而成之)라고 하였다. 「月令」의 공영달의 소에 "黃鍾·大呂·大簇·夾鍾이 사시 사이의 미세한 기를 도와 내서 아래에서 응체되어 잠복하지 않게 한다"(黃鍾·大呂·大簇·夾鍾助出四隙之微氣, 令不滯伏於下)라고 하였다.

54) 우수 : 24절기의 하나로 비가 내리기 시작하고 얼음이 녹는 시기를 가리킨다.

55) 인사 : 天神에 대한 제사의 명칭으로 玉帛과 희생을 섶 위에 올려놓고 불태워 연기를 피어오르게 하여 천신에게 제사하는 것이다. 昊天上帝에게 제사하는 것을 禋祀라고 하는데 일월성신 등의 천신에게 제사하는 것으로 확대되었다. 『주례』 「春官·大宗伯」의 "禋祀로 호천상제에게 제사한다"(以禋祀祀昊天上帝)에 대한 정현의 주 참조.

56) 낮과 ~ 바로잡는다 : 정현의 주석에 따르면 이 경문은 "낮과 밤의 길이가 같아지면, 척도와 용량의 단위, 鈞(30근), 저울, 石(120근) 등을 동일하게 조정하고, 무게의 단위, 말(斗)과 휘(甬) 등 용기를 균평하도록 조정하고, 저울추(權)와 평미레(槪) 등 도구를 균평하도록 조정한다"(日夜分, 則同度·量·鈞·衡·石, 角斗·甬, 正權·槪)라는 뜻이 된다.

57) 북륙 : 28宿 가운데 북방에 위치하는 斗·牛·女·虛·危·室·壁 등 7宿를 말한다. 특히 태양이 虛·危에 위치하는 하력 12월이 가장 추운데, 이때에 얼음을 저장한다고 한다.

58) 서륙 : 28宿 가운데 서방에 위치하는 奎·婁·胃·昴·畢·觜·參 등 7宿를 말한다. 杜預의 주에 따르면, 夏曆 3월(周歷 5월)에 해가 昴와 畢에 있을 때 동물들이 겨울잠에서 깨고, 春分 무렵에 奎가 아침 무렵 동쪽에 보인다고 한다. 이때 얼음을 꺼내는 것이다.

59) 고기를 먹는 봉록자 : 두예의 주에 따르면 조정에서 祿을 받는 관원을 가리킨다.

60) 대화성이 나오면 : 대화성이 저녁에 동쪽 하늘에 보이는 때로 夏曆 3~4월 중에 있다.

61) 명부 : 策命을 받은 경·대부·사를 말한다. 命男이라고도 한다. 조정에 있는 자는 內命夫가 되고, 鄕遂에 있는 자는 外命夫가 된다. 『三禮辭典』, 455쪽 참조.

62) 옛날에 태양이 ~ 없다 : 이 말은 『춘추좌씨전』 昭公 4년 조 傳에 나온다.

63) 종묘 : 宗廟의 正殿을 廟라고 하고, 後殿을 寢이라고 한다. 정전에는 신주를 모시고 후전에는 의복 등 기물을 보관해둔다. 후대에는 祠堂의 대칭으로 사용되었다. 「月令」(35) 정현 주와 진호 집설 참조.

64) '칠성'은 ~ 성수이다 : 28宿 가운데 남방의 네 번째인 星은 모두 7개의 별로 이루어져 있어 七星이라고 불리기도 한다.

65) 萍 : 『예기정의』에는 '蓱'으로 되어 있다.

66) 毋無 : 『예기주소』에는 '鴾毋'로 되어 있다.

67) 국의 : 古代 王后가 입는 六服 중의 한 가지로 九嬪과 卿의 정처도 또한 입는다. 그 색깔은 뽕나무 잎이 처음 나올 때의 색깔(황색)과 같다. 『주례』 「天官·內司服」에 "王后의 六服을 관장하는데, 褘衣·揄狄·闕狄·鞠衣·展衣·緣衣 등이다"(掌王后之六服, 褘衣·揄狄·闕狄·鞠衣·展衣·緣衣)라고 하였고, 정현 주에 "鄭司農은 '鞠衣는 황색

웃옷이다'라고 하였다. 鞠衣는 黃桑服인데, 색깔이 누룩빛으로 뽕잎이 처음 나오는 것을 본뜬 것이다"(鄭司農云: '鞠衣, 黃衣也.' 鞠衣, 黃桑服也, 色如鞠塵, 象桑葉始生)라고 하였다. 『주례』「天官·內司服」에 "外命婦와 內命婦가 입는 옷을 구별하는데, 鞠衣·展衣·緣衣 등이다"(辨外·內命婦之服, 鞠衣·展衣·緣衣)라고 하였고, 정현은 주에서 "內命婦之服에 鞠衣는 九嬪이 입는다.…… 外命婦 가운데 그 남편이 三孤인 경우 鞠衣를 입는다"(內命婦之服, 鞠衣, 九嬪也.……外命婦者, 其夫孤也, 則服鞠衣)라고 하였다.

68) 명구 : 「釋鳥」에 "鵙鳩는 鶻鵃이다"라고 한다. 鶻鵃는 산까치(山鵲)와 비슷한데 조금 작다. 청흑색으로 꼬리가 짧고 울음이 많다. 이 골주를 '명구'라고도 한다. 『예기정의』, 486쪽 참조.

69) 잠박 : 누에를 넣어서 고치를 만들게 하는 발로 보통 갈대로 만든다.

70) 여는 ~ 자녀이다 : 공영달은 소에서 "外子女는 王의 여자형제의 딸을 內子女는 王의 남자형제의 딸을 가리킨다. 『주례』의 外宗와 內宗은 모두 작명을 받은 이에게 시집간 이들이기 때문에 『주례』「天官·內宰」에 '내명부와 외명부를 이끌고'라고 하였다. '내명부'라고 말하였으니 아직 시집가지 않은 경우는 포함되지 않는다. 정현은 『주례』의 주에서 '士의 妻도 命婦가 된다'라고 하였으니, 士의 妻도 또한 포함된다"(外子女謂王外姓甥之女者, 內子女者王之同姓子女. 則『周禮』之外宗內宗, 皆以嫁有爵者, 故「內宰」云"帥外內命婦." 言'內命婦', 則未出嫁者不在焉. 鄭注『周禮』"士妻亦爲命婦", 則士妻亦在)라고 하였다.

71) 첩자 : 공영달에 의하면, '첩'은 외명부와 내명부를, '자'는 생질녀와 조카딸을 가리킨다.

72) 면·조·순 ~ 일이다 : '縫綫'은 『주례』「天官·縫人」에 보인다. "봉인은 왕궁에서 봉선하는 일을 관장한다"(縫人, 掌王宮之縫線之事)라고 하였고 정현은 주에서 鄭司農의 말을 인용하여 "線은 실이다"(線, 縷也)라고 하였다. 組와 紃은 모두 끈의 일종으로 「內則」(113)에 설명이 보인다.

73) 간은 ~ 목재이다 : 楊天宇는 孫希旦의 설을 근거로 '幹'을 활의 몸체에 사용하는 재료로 해석하였다. 『禮記譯注』(上), 250쪽.

74) 세 재료 : 『주례』 해당 부분 정현의 주에 따르면, 三材는 아교(膠)·끈(絲)·옻칠재료(漆)를 가리킨다.

75) 활을 만들 때, ~ 그것이다 : 이 내용은 『주례』「冬官·弓人」에 나온다. 三材는 정현의 주에 따르면 아교(膠)·끈(絲)·옻칠재료(漆)를 가리킨다.

76) 이달 ~ 있다 : 공영달의 소에 "天氣는 왼쪽으로 돌기 때문에 북두성은 왼쪽으로 운행하며, 양기라고 부른다. 해와 달은 오른쪽으로 운행하는데, 天氣에 비하여 陰이 되기 때문에 '음기는 오른쪽으로 운행한다'라고 한 것이다. 이달 초순에 해가 胃宿에 있다가 중순에 위수로부터 昴宿를 지난다. '大陵이 시를 주관하는 것이 있다'는 것은 『元命包』에 '大陵은 尸를 주관한다'고 하였고, 熊氏는 石氏의 『星經』을 인용하여 '大陵의 8개 星이 胃宿의 북쪽에 있으면서 死喪을 주관한다"(天氣左轉, 故斗建左行, 謂之陽氣. 日月右行, 日月比天爲陰, 故云"陰氣右行." 以此月之初, 日在於胃, 此月之中, 從胃歷昴. 云"有大陵積

尸"者,『元命包』云: "大陵主尸", 熊氏引石氏星經, "大陵八星在胃北, 主死喪")라고 하였다.

77) 구설 : 공영달의 소에 관련 내용이 나온다.

78) 구설 : 공영달의 소에 관련 내용이 나온다. 王商이 중지시켰다는 고사는 진호의 설명으로『한서』「王商傳」에 관련 내용이 나온다. 당시 한의 수도인 장안에 큰 홍수가 있을 것이라는 소문이 돌아 궁중과 백성들이 모두 동요하자 王商이 나서서 큰 홍수가 난다는 것은 訛言으로 정치가 안정된 시기에 큰 홍수가 나는 법은 없다고 설득하여 안정시켰다고 한다.

79) 비가 ~ 된다 :『춘추좌씨전』隱公 9년 조에 "무릇 비는 삼 일 이후로부터는 장마(霖)가 된다"(凡雨, 自三日以往爲霖)라고 하였다.

80) 필 : 畢은 28수 가운데 서방 7수 중 하나이다.

81) 익 : 翼은 28수 가운데 남방 7수 중 하나이다.

82) 무녀 : 婺女는 28수 중 女를 가리키며 須女라고도 부른다. 북방 7수 중 하나이다.

83) 실침 : 별자리의 명칭이다. 28수 가운데 觜, 參, 畢, 井의 일부에 걸쳐 있다. 12궁도 중 쌍둥이자리에 해당하고 12辰으로 申에 해당하고, 晉의 분야에 해당한다.

84) 손방에서 ~ 본다 : 이 말은『역』「說卦傳」에 나온다.

85) 수 : 衛湜의『禮記集說』에 인용된 것에는 '水'가 '木'으로 되어 있다. 木의 誤記로 여겨진다.

86) 주주 : 酎는 진한 술(醇)이라는 말로 거듭 빚은 술을 가리킨다.「月令」(84) 정현 주 참조.

87) 미초 : 공영달의 소에 "가지와 잎새가 가늘고 작기 때문에 靡草라고 한다"(以其枝葉靡細, 故云'靡草')라고 하였다.

88) 두루미냉이 : 葶藶이라고도 한다. 맵고 성질이 차고 독이 없어 利尿·通經·祛痰의 효능이 있어, 浮腫·咳嗽·喘促·積聚 등에 약재로 사용한다고 한다.

89) 사방 국경에 ~ 숨긴다 : 楊天宇는 鄙의 백성이 保에 들어가는 이유가 외적이 쳐들어오는 人災가 발생하여 성안으로 들어가 숨는 것이라고 해석하였다. 본 경문에 대한 진호의 분명한 설명이 없어 양천우의 설에 따라 번역하였다.『禮記譯注』(上), 256쪽 참조.

90) 동정 : 28수의 하나로, 남방의 별자리인 井을 가리킨다.

91) 항 : 28수의 하나로, 동방의 별자리다.

92) 위 : 28수의 하나로, 북방의 별자리다.

93) 순수 : 28수 가운데 남방의 井과 鬼에 걸쳐 있는 별자리다.

94) 도 : 자루가 있는 작은 북(小鼓 땡땡이북)으로 도를 흔들면 늘어진 귀가 북을 치면서 소리를 낸다. 鼗라고도 한다.『주례』에 따르면 雷鼗·靈鼗·路鼗의 구분이 있다.

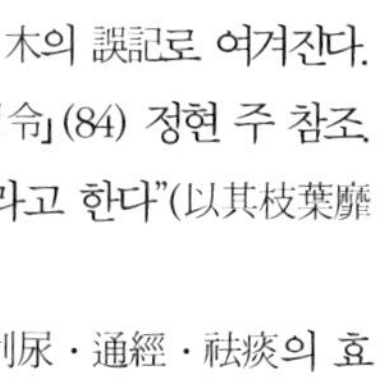

『欽定禮記義疏』(淸)

95) 비 : 큰 북(大鼓)의 곁에 있는 작은 북으로 '鼙'로도 쓴다.

북의 절주를 보충하여 돕는 것이다.

鼙鼓

『欽定禮記義疏』(淸)

96) 금 : 길이는 3척 6촌 6분이고 너비는 6촌이며 5줄로 된 현악기다. 뒤에는 7줄로 바뀌었다. 陳暘의 『樂書』에 "길이가 3척 6촌 6분인 것은 1년의 날수를 상징하고, 너비가 6촌인 것은 六合을 상징하고, 絃이 다섯인 것은 五行을 상징하고, 허리 너비 4촌은 4계절을 상징하고, 앞이 넓고 뒤가 좁은 것은 尊卑를 상징하고, 위가 둥글고 아래가 네모난 것은 天地를 상징하고, 暉(음의 위치를 나타내는 표식) 13에서 (12는) 12律을 상징하며 나머지 1은 윤달을 상징한다. 그 형태는 봉황을 본떴는데 朱鳥는 남방을 상징하는 새로서 樂을 주관한다. 文王과 武王이 각각 1현을 추가하면서 文絃과 武絃이라고 하였고, 이 때문에 七絃이 되었다"라고 하였다.

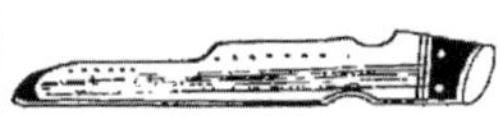

琴

『三禮圖』(宋 聶崇義)

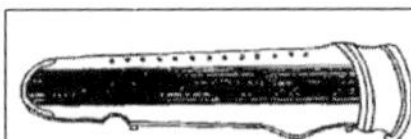

大琴

『樂書』(宋 陳暘)

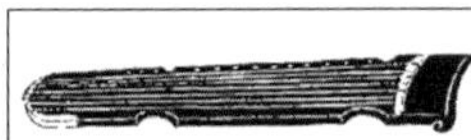

琴

『欽定禮記義疏』(淸)

97) 슬 : 현악기로서 길이가 8척 1촌이고 너비가 1척 8촌이며 33줄로 된 것을 雅瑟이라 하고 길이가 7척 2척이고 너비가 1척 8촌이며 25개의 현으로 된 것을 頌瑟이라고 한다. 陳祥道의 『禮書』에 "「樂記」에 '「淸廟」를 연주하는 瑟은 朱色의 누인 실로 현을 매고 바닥의 구멍(越)으로 소리가 통하게 한다'라고 하였다. 실은 누이지 않으면 빳빳해서 소리가 맑고 누이면 부드러워서 소리가 탁해진다. 구멍이 작으면 소리가 급하고 크면 소리가 느리다. 때문에 구멍으로 소리가 통하게 하여 소리를 느리게 한 다음에야 너무 급하지 않게 되고, 누인 실로 소리를 탁하게 한 다음에야 지나치게 맑은 잘못이 없게 된다. 옛 그림에는 雅瑟(大瑟)은 길이가 8척 1촌이고 너비가 1척 8촌이며 33개의 絃으로 되어 있다. 頌瑟은 길이가 7척 2척이고 너비가 1척 8촌이며 25개의 현으로 되어 있다"라고 하였다.

瑟

『三禮圖』(宋 聶崇義)

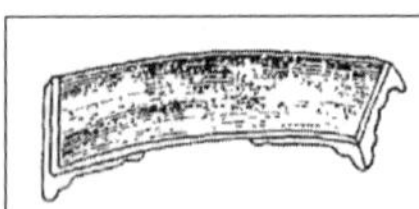

瑟

『禮書』(宋 陳祥道)

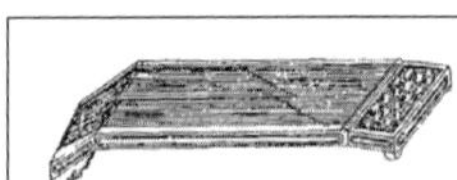

瑟

『欽定禮記義疏』(淸)

98) 관 : 길이 1척, 원주 1촌, 6개의 구멍이 있는 관악기다. 『주례』「春官·小師」의 정현 주에 "鄭司農은 '관은 篪와 같은데 구멍이 6개이다'라고 하였다. 내가 생각건대, 관은 篴(피리)과 형태가 같지만 작고 2개를 아울러 분다"라고 하였다.

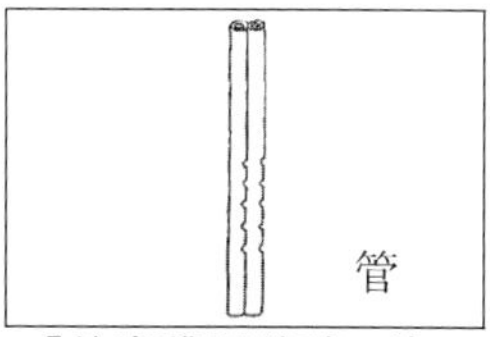

『欽定禮記義疏』(淸)

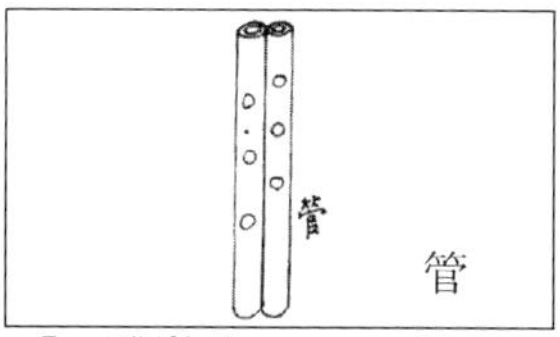

『三禮辭典』(1993, 錢玄)

99) 소 : 작은 대나무를 엮어 만든 관악기다. 「周禮圖」에 "『博雅』에 '큰 것은 管이 2개이고 바닥이 없으며 漢나라 때는 洞簫라 하였고, 작은 것은 管이 16개로 바닥이 있다'라고 하였다. 모양은 봉황의 날개와 같고 소리는 봉황의 소리를 낸다"라고 하였다. 元『大成樂譜』에 "鳳簫는 대나무로 만들며 몸체의 길이는 1척 4촌이고 16개의 管이 있고 너비는 1척 6분이다. 밀랍으로 밑바닥을 채운다. 架는 1척 2촌이며 나무로 만든다. 첫 번째 管은 길이가 1척 2척 5분이고, 두 번째 관은 길이가 1척 2촌 1분이고, 세 번째 관은 길이가 1척 1촌 3분이고, 네 번째 관은 길이가 1척 4분이고, 다섯 번째 관은 길이가 9촌 8분이고, 여섯 번째 관은 길이가 9촌이고, 일곱 번째 관은 길이가 7촌 6분이고, 여덟 번째 관은 길이가 6촌 7분이다. 열여섯 번째 관부터 아홉 번째 관까지는 다시 첫 번째 관부터 여덟 번째 관까지의 치수와 같다. 오른손부터 머리로 삼아 차례대로 불어 왼쪽에 이르러 곡을 마친다. 관의 길이인 分과 寸으로 음률을 맞추어 소리를 낸다"라고 하였다.

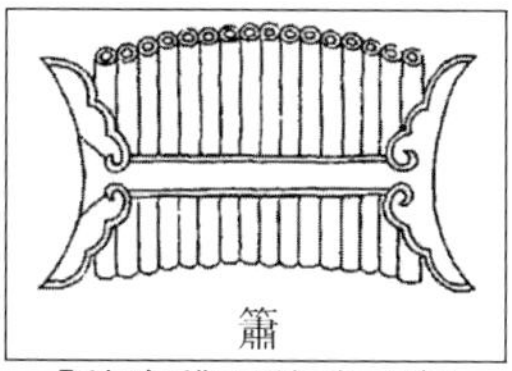

『欽定禮記義疏』(淸)

100) 간 : 武舞에 사용하는 의장인 방패이다.

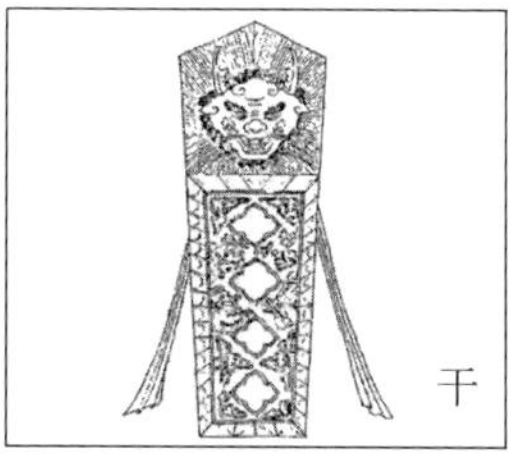

『欽定禮記義疏』(淸)

101) 척 : 武舞에 사용하는 의장인 도끼다.

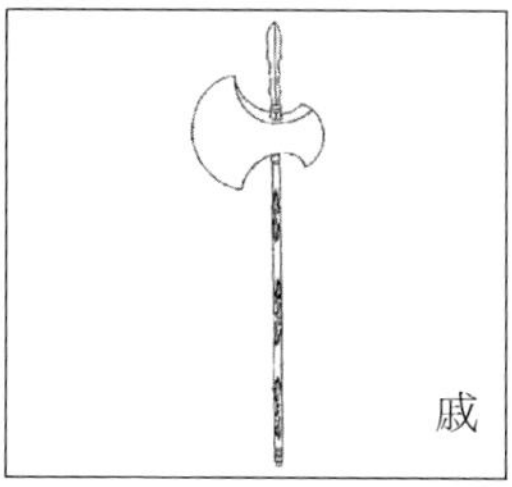

『欽定禮記義疏』(淸)

102) 우 : 文舞인 羽舞를 출 때 잡는 의장으로 꿩의 깃털로 만든다. 「樂記」(1)에 대한 정현 주 참조.

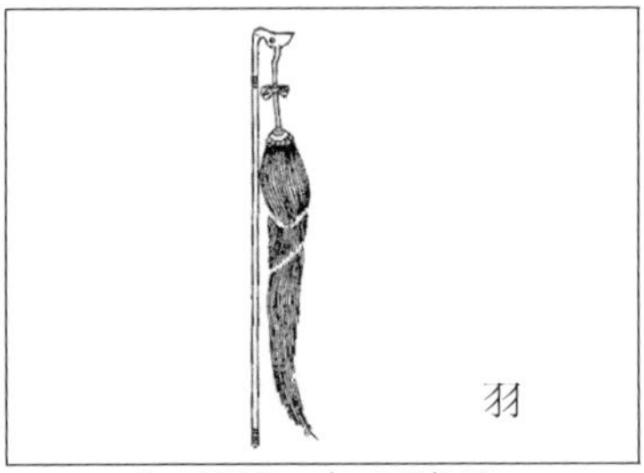

『三禮圖』(宋 聶崇義)

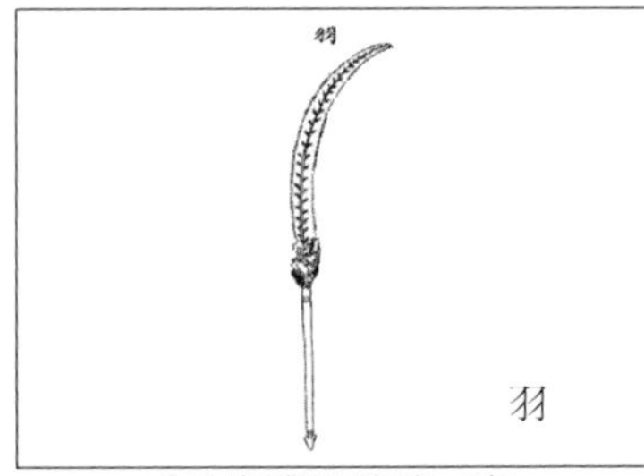

『欽定禮記義疏』(清)

103) 우 : 대나무로 만든 관악기로 36개의 簧이 있다.

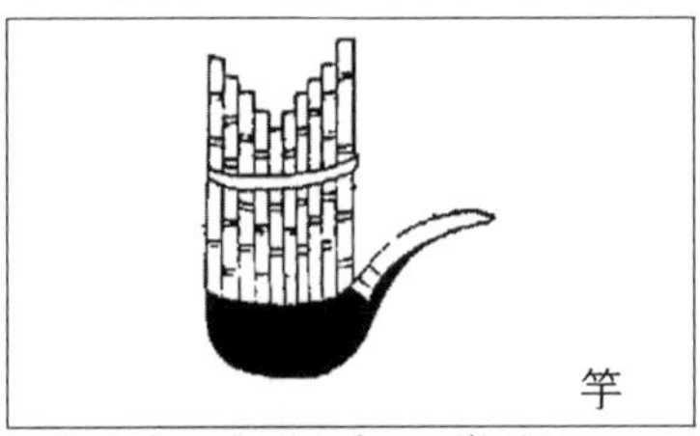

『三禮圖』(宋 聶崇義)

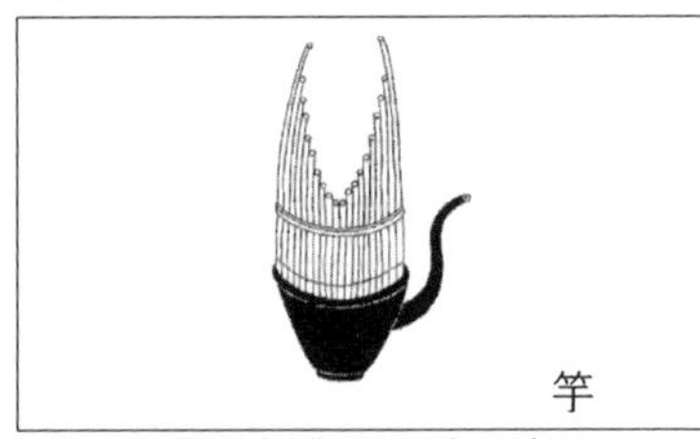

『欽定禮記義疏』(清)

104) 생 : 대나무로 만든 관악기로 13개의 황이 있다.

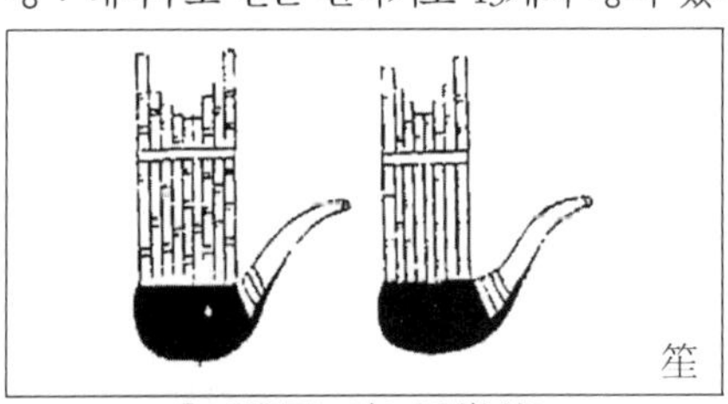

『三禮圖』(宋 聶崇義)

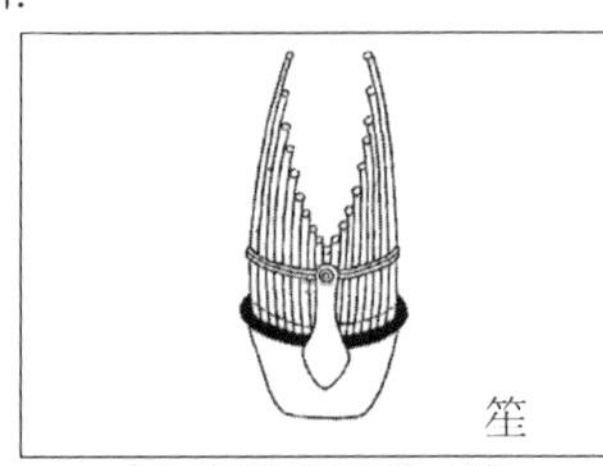

『欽定禮記義疏』(清)

105) 지 : 대나무로 만든 관악기로 篪라고도 한다. 구멍의 수는 7개, 8개, 9개 등의 異說이 있다.

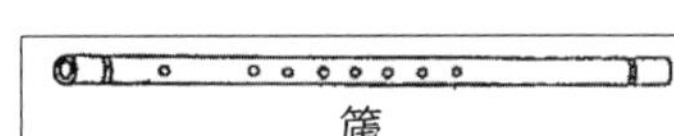

『欽定禮記義疏』(清)

106) 경 : 돌을 사용하여 만든 타악기다.

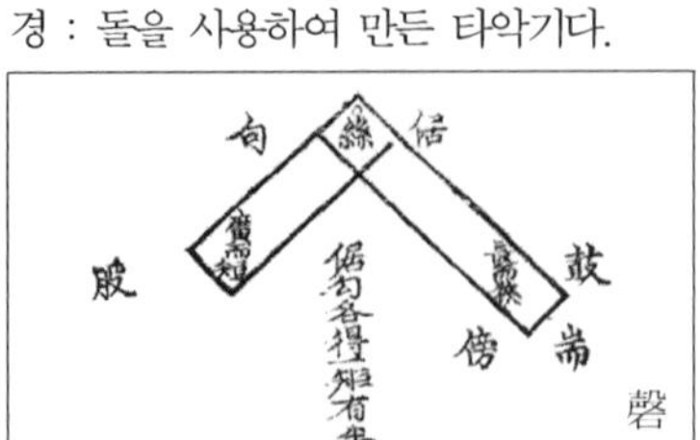

『周禮圖』

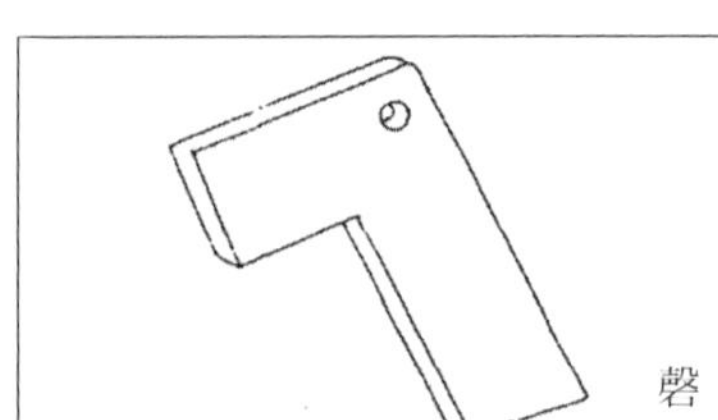

『欽定禮記義疏』(清)

107) 축 : 나무로 만든 통으로 된 악기다. 陳暘의 『樂書』에 "柷이라는 악기는 사방이 2척 4촌이고 깊이는 1척 8촌이다. 가운데에 椎柄(몽치 자루)이 있어서 바닥까지 닿는데 이것을 두드려 좌우로 치도록 한다. 陰은 2와 4에서 시작해서 8과 10에서 끝난다. 陰의 수인 4와 8을 陽의 수인 1로 주관하므로 柷으로 樂을 시작하게 하는 것이니, 그렇게 하면 여러 악기에 앞서서 연주할 뿐 樂을 끝마칠 수 있는 것은 아니어서 兄의 도리를 지닌다. 이것이 柷이 宮縣의 동쪽에 있으면서 봄에 만물이 시작되는 것을 상징하는 까닭이다"라고 하였다.

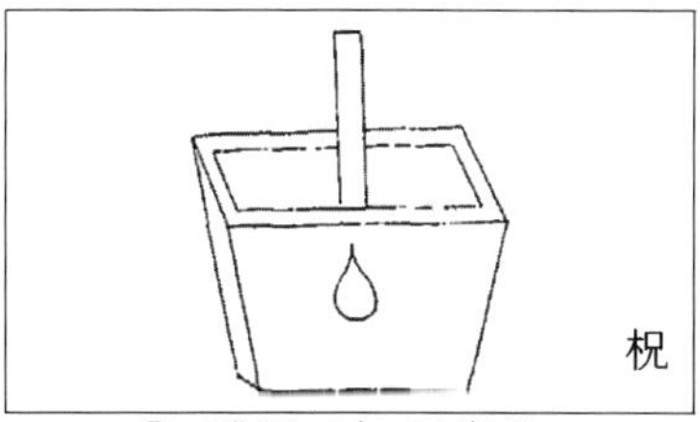

『三禮圖』(宋 聶崇義)

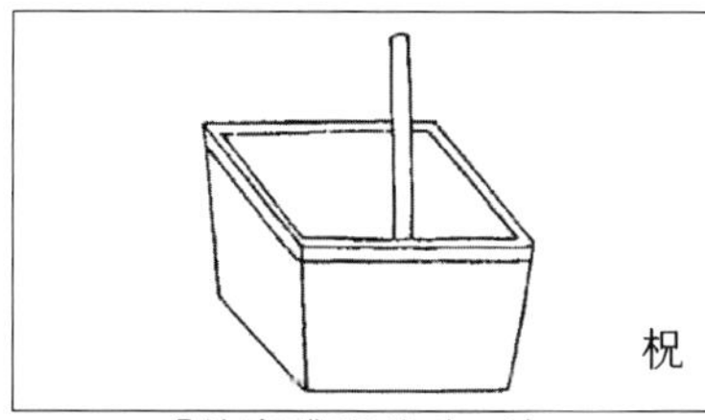

『欽定禮記義疏』(淸)

108) 어 : 나무로 만든 통으로 된 악기다. 陳暘의 『樂書』에 "敔라는 악기는 모양이 엎드린 호랑이와 비슷한데 西方의 음을 상징하는 동물이다. 등에는 27개의 鉏鋙(톱니)가 있는데 이것은 3과 9를 곱한 수이고, 채(櫟)의 길이는 1척이니 이는 10의 수이다. 陽은 3에서 이루어지고 9에서 변하는데, 陰인 10으로 이를 이기므로 敔로 樂을 그치게 하는 것이니, 그렇게 하면 처음으로 되돌아가는 것으로 꾸밀 수 있어 단지 빠져서 잘못되는 데 이르지 않을 뿐 아니라 지나침을 금지시키기에도 충분하다. 이것이 敔가 宮懸의 서쪽에 있으면서 가을에 만물이 풍성하게 됨을 상징하는 까닭이다"라고 하였다.

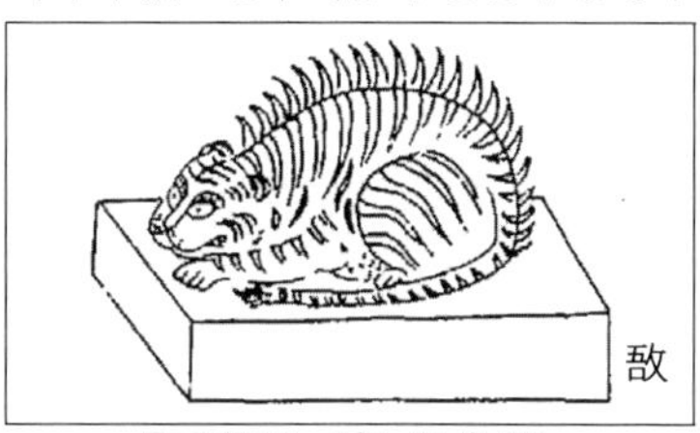

『三禮圖』(宋 聶崇義)

『欽定禮記義疏』(淸)

109) 오오하고 ~ 제사 : 가공언은 이 말이 『春秋緯』에 나온다고 하였다. 『주례』 「春官 · 司巫」의 疏 참조.

110) 용이 ~ 지낸다 : 이 말은 『춘추좌씨전』 桓公 5년 조에 나온다.

111) 등맥 : '孟夏'조(79)에 "是月也, 驅獸毋害五穀, 毋大田獵. 農乃登麥"이라 하여 '農乃登麥'이 '是月也' 아래에 있다.

112) 등곡 : '孟秋'조(151)에 "是月也, 農乃登穀, 天子嘗新, 先薦寢廟"라 하여 '是月也'가 앞에 있다.

113) 재 : 楊天宇는 '灰'는 '炭'의 오자로, 나무를 태워 숯을 만드는 것으로 해석하였다. 「月令」(190)에 따르면, 季秋에 "땔감을 벌목해서 숯을 만든다"(乃伐薪爲炭)고 하였기 때문이다.

114) 성문과 마을 문 : 문은 성문을 말하고, 25家를 閭라고 하는데, 려의 입구에 있는 문을 가리킨다. 공영달의 소 참조.

115) 팔능의 선비 : 樂과 律曆에 뛰어난 선비를 지칭하는 것이다. 宋 王應麟의 『小學紺珠』「律曆·八能」에 "황종을 고르게 하고, 육률을 고르게 하고 오음을 고르게 하고, 오성을 고르게 하고, 오행을 고르게 하고 율력을 고르게 하고 음양을 고르게 하고, 정덕에 따른 행동을 고르게 하는 것이다"(調黃鍾, 調六律, 調五音, 調五聲, 調五行, 調律曆, 調陰陽, 調正德所行)라고 하였다.

116) 순화 : 28宿의 남방 7수 井·鬼·柳·星·張·翼·軫 가운데 중간에 위치한 柳·星·張을 鶉火 또는 鶉心이라고 부른다.

117) '화'는 대화심수이다 : 『晉書』「天文志」에 따르면, 火는 28수 가운데 心宿에 해당하고, 12次로 말하면 大火, 12辰으로 말하면 柳에, 12분야로 말하면 宋에 배당된다.

118) 임종은 ~ 한다 : 공영달의 소에 따르면, 원문의 '肅'는 일을 속히 이룬다는 뜻이고, '純'은 크다는 뜻이고, '恪'은 공경한다는 뜻이다. 곧 時務에 조화롭게 잘 살펴서 속이는 일이 발생하지 않고 누구나 직무를 맡아 공을 속히 이루고 일을 크게 공경하게 한다는 뜻이 된다.

119) 가을에 ~ 바친다 : 이 말은 『주례』「天官·鼈人」에 나온다.

120) 무릇 ~ 한다 : 이 말은 『주례』「春官·龜人」에 나온다.

121) 요백보 : 天帝星의 이름으로 北極五星 가운데 가장 지위가 높은 별이다.

122) 동정 : 28수의 하나로 남방 7수 중 井을 가리킨다.

123) 전지 : 곡물을 심는 밭을 '전'이라 하고, 삼을 심는 밭을 '주'라고 한다.

124) 만약 ~ 변화시킨다 : 이 말은 『주례』「秋官·薙氏」에 나온다.

125) 사방 국경에 ~ 숨긴다 : 이 부분은 「月令」(87)의 주석을 참고하여 해석하였다.

126) 나충 : 裸蟲이라고도 한다. '裸'는 굽·뿔·비늘·껍질·깃·털 등이 없는 것을 가리킨다. 사람이 그 한 종류이다.

127) 오성이 ~ 끝난다 : 1律에 5聲이 있으므로 12율을 합하면 60聲이 된다.

128) 익 : 28수의 하나로, 남방의 별자리다.

129) 건성 : 28수의 하나로 북방의 별자리다.

130) 필 : 28수의 하나로, 서방의 별자리다.

131) 순미 : 28수의 남방 7수 중 翼·軫 두 수를 가리킨다.

132) 구칙 : 「주어」 해당 부분에 대한 韋昭의 주에 九則은 九功이라고 하였다. 『춘추좌씨전』 文公 7년 조에 "六府와 三事를 九功이라고 한다. 水·火·金·木·土·穀을 六府라고 하고, 正德·利用·厚生을 三事라고 한다"(六府·三事, 謂之九功. 水·火·金·木·土·

穀, 謂之六府. 正德・利用・厚生, 謂之三事)라고 하였다.

133) 갑각류의 곤충 : 딱정벌레목에 속한 곤충들, 이를 테면 풍뎅이・하늘소・딱정벌레 등 몸이 단단한 껍데기로 싸여 있고, 앞날개가 단단한 곤충을 가리킨다.

134) 자휴 : 28수의 서방 7수 중 觜를 가리킨다.

135) 仲 : 『예기집설대전』에는 '神'으로 되어 있으나 오기이므로 바로 잡는다.

136) 각 : 28수의 하나로, 동방의 별자리다.

137) 수성 : 12차 중 한 별자리로, 12支로는 辰에 위치하고, 28수로는 軫12도에서 시작하여 角과 亢을 지나 氐4도에 이른다. 하력 8월에 대한 별칭으로 사용된다.

138) 九 : 『大戴禮記』「夏小正」 본문에는 '八'로 되어 있다.

139) 7월에 ~ 만들어준다네 : 이 말은 『詩』「豳風・七月」에 나온다.

140) 진각 : 28수 중 角을 가리킨다.

141) 천근 : 28수 중 氐를 가리킨다.

142) 도량 : 度는 길이를, 量은 부피를 측정하는 표준단위를 말한다.

143) 권형 : 權은 저울추를, 衡은 저울대를 뜻하며 무게를 측정하는 단위와 기구를 말한다.

144) 균석 : 鈞은 30근, 石은 120근을 나타내는 무게 단위다.

145) 두용 : 斗는 1말, 甬은 1휘(10말, 1斛)의 용적 단위 또는 그 기구를 말한다.

146) 방 : 28수의 하나로, 동방의 별자리다.

147) 허 : 28수의 하나로, 북방의 별자리다.

148) 유 : 28수의 하나로, 남방의 별자리다.

149) 상과 위 : 고대 천자와 제후의 궁궐문 밖에 마주하여 있는 건축으로 闕・觀이라고도 한다. 敎令을 게시해두는 곳으로 이용하였다. 『주례』「天官・小宰」에 "정월 초하루에 처음으로 법제를 조정하여 邦國과 都鄙에 반포하고, 책력을 다루는 법을 象과 魏에 걸어놓아 만민이 책력을 다루는 법을 보게 하고 열흘 뒤에 거둔다"(正月之吉, 始和, 布治于邦國都鄙, 乃縣治象之法于象魏, 使萬民觀治象, 挾日而斂之)라고 하였다.

150) 수 : 날이 없고 형태는 지팡이와 같다. 길이 1장 2척으로, 대나무나 나무로 만든다. 『三禮辭典』, 234쪽 참조.

151) 군사가 ~ 발급한다 : 이 말은 『주례』「夏官・校人」에 나온다.

152) 태상 : 용마가 끄는 천자가 타는 수레에 꽂는 깃발로, 해와 달 그리고 승천하는 용과 하강하는 용의 형상을 교차하여 그린다. 『주례』「春官・司常」에 "해와 달을 그려 넣은 것이 '常'이고, 交龍을 그려 넣은 것이 '旂'이고, 通帛으로 만든 것이 '旜'이고, 雜帛으로 만든 것이 '物'이고, 곰과 호랑이를 그려 넣은 것이 '旗'이고, 새매를 그려 넣은 것이 '旟'이고, 거북과 뱀을 그려 넣은 것이 '旐'이다. 다섯 색깔의 깃털을 장식한 것이 '旞'이다. 다른 색깔의 깃털을 장식한 것이 '旌'이다"(日月爲'常', 交龍爲'旂', 通帛爲'旜', 雜帛爲'物', 熊虎爲'旗', 鳥隼爲'旟', 龜蛇爲'旐'. 全羽爲'旞', 析羽爲'旌')라고 하였다.

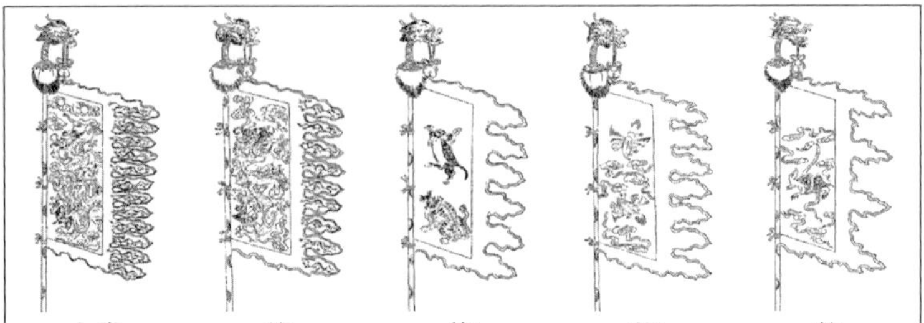

『欽定禮記義疏』(淸)

153) 군리 : 六軍의 長吏를 말한다.

154) 사도 : 命卿으로서 軍帥가 된 자이다. 都는 대소 都의 우두머리로 곧 采邑의 장관이다.

155) 교야 : 교는 四郊, 야는 六遂 및 公邑이다. 여기서는 鄕遂의 州長과 공읍의 大夫를 가리킨다.

156) 조 : 거북이와 뱀을 그려 넣고, 붉은 깃발 수를 길게 늘어뜨린 검은 기다.

157) 하와 초 : 사람을 때릴 때 사용하는 회초리다. 하는 개오동나무로 만들고, 초는 가시나무로 만든다.

158) 녹질 : 祿은 俸祿을, 秩은 品級을 의미한다.

159) 동정 : 28宿 중 남방 7수에 속하는 井의 다른 이름이다.

160) 극음은 ~ 상이다 : 공영달의 소에 의하면, 괘상으로 볼 때 11월에 1양이, 12월에 2음이 생긴다. 이때 양은 안(內)에 있어서 지하에 잠복해 있고, 4음은 지상에 있어 極陰이 外가 되는 象이 된다.

161) 석목의 은하수 : 원문은 '析木之津'이다. 析木은 12次 중 하나이고, 12辰으로는 寅, 28宿로는 尾·箕 두 수에 해당한다. 津은 은하수를 말한다.

162) 수에 ~ 상이다 : 공영달의 소에 "그 (羽의) 수가 적기 때문에 가장 맑은 것이 된다. 맑은 것이 가장 천한데, 사물은 사람보다 또한 천한 것이 되기 때문에 '사물의 상이다'라고 한 것이다"(其數旣少, 故爲最淸. 淸者最賤, 物比於人亦爲賤, 故云'物之象也')라고 하였다.

163) 장화 : 232~300. 자는 茂先, 范陽 方城 출생으로 晉나라 학자이다. 저서로 『博物誌』 10권이 전한다.

164) 요문 : 거북이나 동물의 뼈에 점을 칠 때 점친 결과로 나타나는 文辭를 뜻한다. 이 文辭를 살펴서 점의 길흉을 예측한다.

165) 9월에 옷을 만들어주고 : 이 말은 『詩』「豳風·七月」에 나온다.

166) 공구 : 良裘 다음가는 가죽옷으로, 그 제작이 비교적 조잡하기 때문에 공구라고 한다. 경·대부가 입는 옷이다. 『三禮辭典』, 255쪽 참조.

167) 司徒 : 진호의 『집설』본에는 '有司'로 되어 있는데, 閩, 監, 毛本 및 岳本, 嘉靖本, 衛湜의 『集說』에는 모두 '司徒'로 되어 있다. 이학근, 『예기정의』, 546쪽 참조.

168) 추화 : 꼴과 볏짚을 말한다.

169) 신중 : 땔감나무를 뜻한다.

170) 짐승이 ~ 막는다 : 범죄 등 위법의 통로로 이용되는 것을 막기 위한 것이다. 『禮記譯注』(上), 286쪽 참조.

171) 나라에서 ~ 바로잡는다 : 이 말은 『주례』 「地官·黨正」에 나온다.

172) 10월에 ~ 비네 : 이 말은 『詩』 「豳風·七月」에 나온다.

173) 당정이 ~ 바로잡는다 : 이 말은 『주례』 「地官·黨正」에 나온다.

174) 『주례』의 당정이 ~ 예이다 : 관련 내용은 『주례』 「地官·黨正」에 나온다.

175) 삼벌 : 參과 伐은 모두 星名으로 28수 가운데 서방 7수의 하나인 參을 가리킨다. 斬伐의 일을 주관한다고 믿어 伐星이라고 부른다.

176) 두 : 28수의 하나로, 북방의 별자리다.

177) 동벽 : 28수의 하나로, 북방의 별자리다.

178) 진 : 28수의 하나로, 남방의 별자리다.

179) 성기 : 12次 중 하나로 12辰의 丑에 대응하며, 28수로는 斗·牛 두 수에 속한다.

180) 육기와 구덕 : 육기는 陰·陽·風·雨·晦·明이고, 구덕은 金·木·水·火·土·穀·正德·利用·厚生이다.

181) 문려를 ~ 한다 : 공영달의 소에 "門閭와 房室은 반드시 바깥쪽과 안쪽 이중으로 문을 닫는다. 먼 쪽의 것을 門閭라고 하고 가까운 쪽의 것을 房室이라고 하는데 모두 바깥쪽과 안쪽으로 門戶가 있어 반드시 이중으로 닫는다"(門閭房室必外內重閉. 遠者謂之門閭, 近者謂之房室, 皆有外內門戶, 必重疊閉之)라고 하였다.

182) 10월에 ~ 도우리 : 이 말은 『詩』 「豳風·七月」에 나온다.

183) 과호 별자리 : 네 개의 별로 이루어져 있으며, 危 별자리 동쪽에 있다.

184) 꿩이 ~ 것이라네 : 이 말은 『詩』 「小雅·小弁」에 나온다.

185) 그 아버지가 ~ 쪼갠다 : 이 말은 『춘추좌씨전』 昭公 7년 조 傳에 나온다.

186) 육전 : 治典·教典·禮典·政典·刑典·事典을 말한다.

187) 『주례』에서는 ~ 게시하였다 : 관련 내용은 『주례』 「天官·大宰」, 「天官·小宰」에 나온다.

188) 예에는 오경이 있는데 : 五經은 吉禮·凶禮·軍禮·賓禮·嘉禮 등 五禮를 가리킨다. 「祭統」(1)에 이 말이 나온다.

예기역주 권7

증자문 제7
曾子問

정현鄭玄의 『예기목록禮記目錄』에서 말한다. "「증자문曾子問」이라고 제목을 붙인 것은 묻는 내용이 대부분 예를 밝히는 것을 기록하였기 때문이다. 그러므로 이름을 제목으로 써서 드러내었다. 증자曾子는 공자의 제자 증삼曾參이다. 이 편은 유향劉向의 『별록別錄』에서는 「상복喪服」에 속해 있다." 鄭『目錄』云: "名爲「曾子問」者, 以其記所問多明於禮. 故著姓名以顯之. 曾子, 孔子弟子曾參. 此於『別錄』屬「喪服」."

【증자문 1】

증자曾子가 물었다. "군주가 죽었는데 세자가 태어나면 어떻게 합니까?" 공자가 대답하였다. "경卿·대부大夫·사士가 섭주攝主를 따라서 서쪽 계단의 남쪽에서 북쪽을 향한다. 태축大祝[1])이 비면裨冕을 하고, 속백束帛[2])을 들고, 서쪽 계단으로부터 올라간다. 계단을 다 오르고 당에 올라가지 않는다. 태축이 명령하여 곡하지 않게 한다."
曾子問曰: "君薨而世子生, 如之何?" 孔子曰: "卿·大夫·士從攝主, 北面於西階南.① 大祝裨冕, 執束帛, 升自西階. 盡等, 不升堂. 命毋哭."②

鄭注 ① 조석곡朝夕哭의 위차位次와 달리한 것이다. '섭주攝主'는 상경上卿으로 군주를 대신해 국정을 주관한다. 變於朝夕哭位也. '攝主', 上卿代君聽國政. ② 일이 있을 것이므로 깨끗하고 정숙하게 해야 한다. '비면裨冕'을 하는 것은 귀신과 접할 땐 제복祭服을 입기 때문이다. 제후의 경·대부가 입는 비면裨冕은 치면絺冕과 현면玄冕이다. 사는 작변복爵弁服을 한다. 태축이 비면을 하였다면 대부이다. 將有事, 宜清靜也. '裨冕'者, 接神則祭服也. 諸侯之卿·大夫所服裨冕, 絺冕也, 玄冕也. 士服爵弁服. 大祝裨冕, 則大夫.

集說 '섭주攝主'[3]는 상경 가운데 국사國事를 대신하여 주관하는 사람이다. '비면裨冕'은 천자와 제후가 입는 육복六服[4] 가운데 대구大裘가 으뜸이고 그 나머지는 비裨가 된다. 비의裨衣를 입고 면류관을 쓰기 때문에 '비면裨冕'이라고 한 것이다. '등等'은 곧 계단이다. '攝主', 上卿之代主國事者也. '裨冕'者, 天子諸侯六服, 大裘爲上, 其餘爲裨. 服裨衣而著冕, 故云'裨冕'也. '等', 卽階也.

【증자문 2】

(공자가 대답하였다.) "태축이 소리를 세 번 내고, 고하기를 '모씨 부인의 아들이 태어나 삼가 고합니다'라고 한다. 당에 올라 빈궁의 동쪽 궤연 위에 폐백을 올리고, 곡한 뒤에 내려온다. 여러 상주들(衆主人 군주의 여러 친족들)과 경卿·대부大夫·사士·부인婦人들이 모두 곡만 하고 발을 구르며 뛰지는 않는다. 한 차례 애도의 의절을

마친 뒤에 곡위哭位(조석곡을 하는 자리)로 돌아와 이어 조전朝奠을 올린다. 소재小宰[5])가 당에 올라가 폐백을 들고 내려와 양쪽 계단 사이에 묻는다."

"祝聲三, 告曰: '某之子生, 敢告.'① 升, 奠幣于殯東几上, 哭降.② 衆主人·卿·大夫·士·房中皆哭, 不踊.③ 盡一哀, 反位, 遂朝奠.④ 小宰升, 擧幣."⑤

鄭注 ① '성聲'은 희흠噫歆이라고 소리를 내어 신령을 경각시키는 것이다. '모某'는 부인夫人의 성씨이다. '聲', 噫歆警神也. '某', 夫人之氏也.

② 빈궁의 동쪽에 궤연几筵을 두는 것은 계체繼體(父子관계)임을 밝히는 것이다. 几筵於殯東, 明繼體也.

③ '중주인衆主人'은 군주의 친족이다. '방중房中'은 부인이다. '衆主人', 君之親也. '房中', 婦人.

④ 조석곡朝夕哭을 하는 위차位次로 돌아오는 것이다. 反朝夕哭位.

⑤ 소재小宰가 담당하는 일로, 폐백을 들고 내려와 계단 사이에 묻는다. 所主也, 擧而下, 埋之階間.

集說 태축大祝이 희흠噫歆하는 소리를 세 번 내서 신령이 듣도록 경각시킨 뒤에 고하는 것이다. 희噫는 탄식하는 소리고, 흠歆은 흠향하기를 바란다는 뜻이다. '모某'는 돌아간 임금 부인夫人의 성씨이고, '방중房中'은 부인婦人들이다. '승거폐升擧幣'는 폐백을 들고 내려와 두 계단 사이에 묻는 것이다. 祝爲噫歆之聲者三, 以警動神聽, 乃告之也. 噫是歎恨之聲, 歆者欲其歆饗之義也. '某', 夫人之氏也, '房中', 婦人也. '升擧幣', 擧而埋之兩階之間也.

【증자문 3】

(공자가 대답하였다.) "세자가 태어난 지 삼 일째에 여러 상주들(衆主人)과 경卿 · 대부大夫 · 사士는 처음에 태어났음을 고하던 자리에 서서 북쪽을 향한다. 태재大宰 · 태종大宗 · 태축大祝은 모두 비면裨冕을 하고, 소사少師는 최복衰服(상복喪服)으로 세자를 받쳐 든다. 태축이 앞서고 세자는 뒤따르며, 재宰와 종인宗人이 따른다. 문에 들어가면 곡하는 이들이 곡을 멈춘다. 세자는 서쪽 계단으로 올라가 빈궁의 앞에서 북쪽을 향하고, 태축은 빈궁의 동남쪽 모서리에 선다. 태축이 (희흠噫歆하는) 소리를 세 번 내고, '모씨 부인의 아들인 아무개가 집사를 따라와 삼가 뵈옵니다'라고 한다. 세자는 배례를 하는데 이마를 지면에 대고 곡哭을 한다. 태축, 태재, 종인, 여러 상주, 경, 대부, 사가 곡하면서 발을 구르는데, 세 번 구르는 일을 세 차례 한다. 내려와 동쪽으로 가서 자리로 돌아가 모두 단문袒免을 한다. 세자가 발을 구르면 부인들도 발을 구르는데 세 번씩 세 차례 한다. 단袒을 하고, 최복을 입고, 상장(杖喪)을 짚는다. 조전朝奠을 올리고 나온다. 태재가 태축과 태사太史에게 세자의 이름을 오사五祀[6]와 산천山川에 두루 고하도록 명한다."

"三日, 衆主人 · 卿 · 大夫 · 士如初位, 北面.① 大宰 · 大宗 · 大祝皆裨冕, 少師奉子以衰. 祝先, 子從, 宰 · 宗人從. 入門, 哭者止.② 子升自西階, 殯前北面, 祝立于殯東南隅. 祝聲三, 曰'某之子某, 從執事敢見.' 子拜稽顙, 哭.③ 祝 · 宰 · 宗人 · 衆主人 · 卿 · 大夫 · 士哭踊, 三者三. 降東反位, 皆袒. 子踊, 房中亦踊, 三者三.

襲衰杖.④ 奠出.⑤ 大宰命祝史, 以名徧告于五祀·山川."⑥

鄭注 ① '삼 일째 되는 날'(三日)은 세자를 등에 업는 날이다. '초初'는 태어났음을 고하던 때이다. '三日', 負子日也. '初', 告生時.

② '재宰'와 '종인宗人'은 군주의 일을 돕도록 명령받은 사람이다. '宰'·'宗人', 詔贊君事者.

③ 세자를 받든 이가 배례하고 곡하는 것이다. 奉子者拜哭.

④ '용踊·습襲·최衰·장杖'은 자식의 예를 이루는 것이다. '踊·襲·衰·杖', 成子禮也.

⑤ '역亦'은 조전朝奠을 가리킨다. '亦'謂朝奠.

⑥ 세자를 업는 것을 기회로 이름을 붙이는 것은 상중에는 예를 소략하게 하기 때문이다. 因負子名之, 喪於禮略也.

集說 '여초위如初位'는 처음에 세자가 태어났음을 고하던 때의 위차와 같이 한다는 뜻이다. '소사少師'는 세자의 양육을 주관하는 관직이다. '최복으로 세자를 받쳐 든다'(奉子以衰)는 것은 최복을 깔고 받쳐 든다는 것이다. 고하기를 "부인 모씨의 아들 아무개가 집사執事·재宰·종인宗人 등을 따라서 삼가 뵈옵니다"라고 한다. 세자의 이름은 태재大宰가 짓는다. 고하기를 마치면 세자를 받쳐 든 사람이 배례를 하는데 이마를 지면에 대며 곡哭을 한다. 용踊을 할 때는 세 번 뛰는 것이 한 의절로 이와 같이 하기를 세 번 하기 때문에 '세 번씩 구르는 일을 세 차례 한다'고 하였다. '강동반위降東反位'는 당 위에 있던 사람들은 모두 서쪽 계단을 따라 내려와 동쪽으로 돌아가고, 당 아래 있던 사람들도 모두 동쪽으로 가서 조석곡을 하던 자리로 돌아간다는 뜻이다. '발을 구르고 단을 하고 최복을 입고 상장을 짚는다'(踊而襲衰杖)는 것은 자식으로서의 예를 이루는 것이다. '전출奠出'은 조전朝奠을

마치고 나간다는 뜻이다. '如初位'者, 如初告子生之位次也. '少師', 主養子之官. '奉子以衰', 以衰服承藉而捧之也. 告曰"夫人某氏之子某, 從執事宰宗人等, 敢見." 子名則大宰所立也. 告訖, 捧子之人, 拜而稽顙且哭. 凡踊三度爲一節, 如此者三, 故云'三者三.' '降東反位'者, 堂上人皆從西階降而反東, 在下者亦皆東而反其朝夕之哭位也. '踊而襲衰杖', 成其爲子之禮也. '奠出', 朝奠畢而出也.

【증자문 4】

증자가 물었다. "이미 매장을 마쳤는데 세자가 태어나면 어떻게 합니까?" 공자가 대답하였다. "태재大宰와 태종太宗이 태축大祝을 따라가 빈궁殯宮에 있는 아버지의 신주神主에 세자가 태어났음을 고한다. 세 달이 되면 선친의 신주神主를 뵙고 이름을 짓는다. 그 이름을 사직社稷과 종묘宗廟, 산천山川의 신에게 두루 알린다."

曾子問曰: "如已葬而世子生, 則如之何?" 孔子曰: "大宰·大宗從大祝而告于禰.① 三月乃名于禰. 以名徧告及社稷·宗廟·山川."

鄭注 ① 세자가 태어났음을 고하는 것이다. 告生也.

集說 '고우녜告于禰'는 선친의 신주에 고하는 것이다. 이때 신주는 빈궁殯宮에 있는데, 선친의 신주를 뵙는 것을 인하여 이름을 지으므로 '내명우녜乃名于禰'라고 하였다. '告于禰', 告其主也. 此時神主在殯宮, 因見禰而立其名, 故云'乃名于禰'也.

【증자문 5】

공자가 말하였다. "제후가 천자에게 조회하러 갈 때는 반드시 선조와 아버지의 사당에 폐백幣帛을 올리는 예를 행하고, 비면裨冕을 하고 나아가 조회를 보고, 축관祝官과 사관史官에게 명령하여 사직社稷과 종묘宗廟 그리고 산천山川의 신에게 보고하게 한다. 국가의 다섯 관직을 맡은 대부에게 명령한 뒤에 떠나는데, 길신에게 제사를 지내고 출발한다. 고하는 일은 5일 동안에 다 마치며, 이 기한을 넘기면 예가 아니다. 무릇 고할 때 희생과 폐백을 사용하고, 돌아와서도 또한 똑같이 하여 고한다."

孔子曰: "諸侯適天子, 必告于祖, 奠于禰,① 冕而出視朝,② 命祝史告于社稷·宗廟·山川.③ 乃命國家五官而后行,④ 道而出.⑤ 告者五日而徧, 過是非禮也.⑥ 凡告用牲幣, 反亦如之."⑦

鄭注 ① 아버지와 선조의 사당 모두에 폐백幣帛을 올리는 예를 행하는 것으로, 호문互文이다. 皆奠幣以告之, 互文也.

② 나랏일을 처리하는 것이다. 제후가 천자에게 조회할 때는 반드시 비면裨冕을 입는데 천자가 태묘太廟에서 제후 자신의 예를 받을 것이기 때문이다. '비면裨冕'은 공公의 경우는 곤면袞冕, 후백侯伯은 별면鷩冕, 자子와 남男은 취면毳冕이다. 聽國事也. 諸侯朝天子, 必裨冕, 爲將廟受也. '裨冕'者, 公袞, 侯伯鷩, 子男毳.

③ 떠날 즈음에 다시 묘에 두루 고하는 것은 효도하고 공경하는 마음이다. 臨行又徧告宗廟, 孝敬之心也.

④ '오관五官'은 일을 관장하는 다섯 대부이다. '명命'은 각자의 직분을 주지시키는 것이다. '五官', 五大夫典事者. '命'者, 勑之以其職.

⑤ 길신에게 제사를 지내는 것이다. 『의례』 「빙례聘禮」에 "출발할 때 발제를 지내는데, 술과 포로 제사를 지낸다"라고 하였다. 祖道也. 「聘禮」曰: "出祖, 釋軷, 祭酒脯也."

⑥ 고하고 난 뒤에는 감히 오래 지체하지 않는다. 旣告, 不敢久留.

⑦ '생牲'은 '제制'가 되어야 한다. 글자의 잘못이다. 제폐制幣는 길이가 1장 8척이다. '牲', 當爲'制'. 字之誤也. 制幣一丈八尺.

集說 선조에게 고하면 역시 아버지의 사당에도 고하는 것이며, 아버지의 사당에 전奠을 올리면 선조에게도 전을 올리는 것이다. '전奠'이란 폐백을 올리는 것으로 예를 행하여 고하는 것이다. 조회를 보고 일을 처리한 뒤에는 바로 여러 제사 대상에게 두루 고하고, 경계시켜 명령하여 다섯 대부가 맡은 일이 그르치거나 해이해지지 않게 한다. 제후는 삼경三卿과 다섯 대부를 둔다. '도이출道而出'이란 길신에게 제사를 지낸 뒤에 출발하는 것이다. 오사五祀 가운데 길신은 집안에 있는데, 「월령月令」(200)의 "맹동孟冬의 제사 대상은 길신이다"고 한 것이 이것이다. 상례의 경우는 사당의 담을 헐고 넘어 가므로[7] 길신 위치는 사당 문밖 서쪽에 있다. 길신에게 제사지내는 것을 '발軷'이라고 하는데, 성 밖에 산 모양처럼 흙을 쌓고 그 위에 희생을 엎어놓으며 제사를 드리고 고하는 예가 끝나면 수레에 올라 그것을 밟고 간다. 그 신神은 루纍이다. 사용하는 희생은 천자의 경우는 개이고, 제후는 양이며 경·대부는 술과 포이다. 길이가 1장 8척인 것이 제폐制幣이다. 告于祖, 亦告于禰, 奠于禰, 亦奠于祖也. '奠'者奠幣爲禮而告之也. 視朝聽事之後, 卽徧告群祀, 戒命五大夫之職事, 使無廢弛也. 諸侯有三卿五大夫. '道而出'者, 祖祭道神而后出行也. 五祀之行神則在宮內, 「月令」"冬祀行", 是也. 喪禮毁宗躐行, 則行神之位在廟門外西方. 若祭道路之行神謂之軷, 於城外, 委土爲山之形, 伏牲其上, 祭告禮畢, 乘車轢之, 而遂行也. 其神曰纍. 其牲, 天子犬, 諸侯羊, 卿·大夫酒脯而已. 長一丈八尺爲制幣.

【증자문 6】

제후가 다른 제후와 서로 만나기 위해 출국할 때에는 반드시 (선조와) 아버지의 사당에 고하고, 조복朝服을 하고 나아가 조회를 보고, 축관祝官과 사관史官에게 오묘五廟와 지나가는 곳의 산천山川 신에게 고하게 한다. 그러고 나서 국가의 다섯 관직을 맡은 대부에게 명령하여 경계시키고, 길신에게 제사를 지내고 출발한다. 돌아와서는 반드시 직접 선조와 아버지의 사당에 고하고, 이어 축관과 사관에게 명령하여 앞서 고한 신들에게 돌아왔음을 보고하게 한 뒤, 조회를 받고 들어간다.

諸侯相見, 必告于禰,① 朝服而出視朝,② 命祝史告于五廟, 所過山川.③ 亦命國家五官, 道而出. 反必親告于祖禰, 乃命祝史告至于前所告者, 而後聽朝而入.④

鄭注 ① 상견하는 곳의 거리가 가까우면, 자신이 직접 가서 선조의 사당에 고하지 않을 수도 있다. 道近, 或可以不親告祖.

② 조복朝服을 하는 것은 (회합이나 조문 등의) 일 때문이다. 朝服爲事故也.

③ 산천山川의 신의 경우 지나가는 곳이 아니면 고하지 않는 것은, 천자에게 가는 경우보다 낮추는 것이다. 山川所不過則不告, 貶於適天子也.

④ '돌아와서는 반드시 직접 선조와 아버지의 사당에 고한다'(反必親告祖禰)는 것은 나갈 때와 들어올 때의 예를 동일하게 하는 것이다. '反必親告祖禰', 同出入禮.

集說 위 장에서는 '비면裨冕을 하고 나가 조회를 본다'고 말하고, 여기에서는 '조복朝服을 하고 나가 조회를 본다'고 하였다. 살피건대, 『의례』「근

례覲禮」에 "제후는 비면裨冕을 한다"고 하였고, 이제 군주를 공경하는 마음에 그 예를 미리 익히고자 하므로 비면裨冕을 하고 조회를 보는 것이다. 제후끼리 조회하는 것은 군신관계로 만나는 것이 아니므로 조복朝服을 하기만 한다. 제후의 조복은 현관玄冠을 쓰고 검은 상의에 흰 하의를 입는다. 『의례』「빙례聘禮」에 "제후가 서로 빙문을 할 때는 피변복皮弁服을 한다"고 하였으므로 서로 조회할 때도 피변복을 한다. 천자는 피변복을 하고 조회를 보므로 조복이라고 한 것이다. 上章言'冕而出視朝', 此言'朝服而出視朝'者, 按「覲禮」"侯氏裨冕", 今敬君欲豫習其禮, 故冕服以視朝, 諸侯相朝, 非君臣也, 故但朝服而已. 諸侯朝服, 玄冠緇衣素裳, 而「聘禮」云"諸侯相聘, 皮弁服," 則相朝亦皮弁服矣. 天子以皮弁服視朝, 故謂之朝服也.

【증자문 7】

증자가 물었다. "동시에 상喪을 당하면 어떻게 합니까? 어느 쪽을 먼저 하고 어느 쪽을 뒤에 합니까?" 공자가 대답하였다. "장례葬禮는 가벼운 상을 먼저 행하고 무거운 상을 뒤에 행한다. 전奠[8]은 무거운 상에 먼저 올리고 가벼운 상은 뒤에 올리는 것이 예이다. (가벼운 상의) 빈궁殯宮을 열 때부터 장례를 행할 할 때까지는 (무거운 상에) 전奠을 올리지 않는다. (가벼운 상의) 상여가 나갈 때 문 밖의 오른쪽 평소 빈객을 접대하던 장소에서 머물러 애도의 정을 펴는 의절을 행하지 않는다. 장례를 마치고 돌아와서 (무거운 상의 빈궁에) 전을 올린 뒤 (장례 일정을) 고하고, 이어서 장례에 관련된 일을 준비한다. 우제虞祭[9]는 무거운 상에 먼저 지내고 가벼운 상은 뒤에 지내는 것이 예이다."

曾子問曰: "並有喪, 如之何? 何先何後?"① 孔子曰: "葬, 先輕而後重. 其奠也, 先重而後輕, 禮也. 自啓及葬不奠.② 行葬不哀次.③ 反葬, 奠而後辭於殯, 遂脩葬事.④ 其虞也, 先重而後輕, 禮也."

鄭注 ① '병並'은 부와 모 또는 친소관계가 같은 사람[10]이 같은 달에 죽었을 경우를 말한다. '並', 謂父母若親同者同月死.

② '전을 올리지 않는다'(不奠)는 것은 매장할 상에 힘쓰기 위해서이다. '不奠', 務於當葬者.

③ '(대문 밖의 자리에 멈추어서) 곡을 하지 않는다'(不哀次)는 것은 아직 빈궁에 있는 이보다 상복이 가볍기 때문이다. '不哀次', 輕於在殯者.

④ '빈殯'은 '빈賓'으로 되어야 옳다. 발음 때문에 잘못된 것이다. '빈객들에게 고한다'(辭於賓)는 것은 매장을 하기 위해 빈궁을 열 시기를 고하는 것을 가리킨다. '殯', 當爲'賓'. 聲之誤也. '辭於賓', 謂告將葬啓期也.

集說 동시에 부와 모 혹은 조부와 조모의 상이 났을 경우 의절 진행의 순서를 어떻게 할 것인지 증자가 묻자, 공자는 장례葬禮 의절은 어머니의 상을 먼저 하고 아버지의 상을 뒤에 진행하며, 전奠을 올리는 의절은 아버지의 상에 먼저 하고 어머니의 상을 뒤에 한다고 답하였다. '자自'는 '부터'라는 뜻이다. 어머니 상의 빈궁을 연 뒤로부터 장례의 발인 전까지 오직 어머니의 빈궁을 열 때 올리는 전과 사당을 알현할 때 올리는 전 그리고 조전朝奠과 견전遣奠을 올릴 뿐, 빈궁에서 아버지를 위해 전을 올리지 않기 때문에 '빈궁을 연 뒤로부터 상여가 나가기 전까지는 전을 올리지 않는다'(自啓及葬不奠)고 말한 것이다. 이는 아버지를 위해 전을 올리지 않음을 가리킨다. '차次'(哀次)는 대문 밖의 오른쪽 평소 빈객을 맞이하던 곳이다. 널이

이곳에 이르면 상주는 슬프고 애통하므로 상여가 잠시 멈춘다. 이제 아버지의 상이 빈궁에 있으므로 어머니를 장례지낼 때 상주喪主는 어머니에 대해 평소 빈객을 접대하기 위해 머무르던 곳에서 애도하는 슬픔을 드러내지 못한다. 따라서 상여도 잠시 멈추지 않는다. 어머니를 장례지내고 돌아와 즉시 아버지의 빈궁에 전을 올리고, 빈객들에게 내일이 아버지의 빈궁을 여는 시기임을 고하며, 빈객이 나간 뒤에 상주는 아버지의 장례를 위한 일을 준비한다. 장례는 정情을 빼앗는 일이므로 상복이 가벼운 상을 먼저 진행하고, 전奠은 봉양하는 일이므로 상복이 무거운 상에 먼저 올린다. 우제虞祭도 전奠의 종류이므로 역시 무거운 상에 먼저 지낸다. 曾子問同時有父母或祖父母之喪, 先後之次如何, 孔子言葬則先母而後父, 奠則先父而後母. '自', 從也. 從啓母殯之後及至葬柩欲出之前, 惟設母啓殯之奠·朝廟之奠及祖奠·遣奠而已, 不於殯宮爲父設奠, 故云'自啓及葬不奠'. 謂不奠父也. '次'者, 大門外之右平生待賓客之處. 柩至此, 則孝子悲哀, 柩車暫停. 今爲父喪在殯, 故行葬母之時, 孝子不得爲母伸哀於所次之處. 故柩車不暫停也. 及葬母而反, 卽於父殯設奠, 告語於賓, 以明日啓父殯之期, 賓出之後, 孝子遂脩營葬父之事也. 葬是奪情之事故先輕, 奠是奉養之事故先重也. 虞祭亦奠之類, 故亦先重.

【증자문 8】

공자가 말하였다. "종자宗子는 칠십이 되었더라도 주부主婦가 없어서는 안 된다. 종자가 아니라면, 주부가 없더라도 괜찮다."

孔子曰: "宗子雖七十, 無無主婦.① 非宗子, 雖無主婦, 可也."

鄭 ① 족인族人의 부인들에게 기강이 없어서는 안 되기 때문이다. 族人

注 之婦, 不可無統.

集說 종자宗子가 동종의 남자들을 밖에서 통솔하고, 종부宗婦가 동종의 여자들을 안에서 통솔하는 것은 예에서 없어서는 안 된다. 따라서 칠십의 나이에도 오히려 반드시 재취再娶를 한다. 그러나 이것은 대종大宗에 자식이 없거나 자식이 어린 경우를 말한다. 만일 자식이 있고 며느리가 있어 집안일을 전해서 이을 수 있다면, 칠십에 재취하지 않아도 된다. 宗子領宗男於外, 宗婦領宗女於內, 禮不可缺. 故雖七十之年, 猶必再娶. 然此謂大宗之無子或子幼者. 若有子有婦可傳繼者, 則七十可不娶矣.

【증자문 9】

증자가 물었다. "아들의 관례冠禮를 치르려고 빈賓(관례를 주관하는 사람)과 찬贊(관례를 돕는 사람)이 도착하여 주인과 인사를 주고받고 들어왔을 때, 자최齊衰나 대공大功의 상복에 해당하는 부음을 들으면 어떻게 합니까?" 공자가 말하였다. "(사당이 같은) 집안 친족의 상이면 관례를 폐한다. (사당이 다른) 집 밖 사람의 상이라면 세 번 관을 씌우는 삼가三加의 관례는 행하고 새로 관례를 치른 이에게 예주醴酒를 따라주는 의절은 행하지 않는다. (빈과 찬을 맞을 때 진설하였던) 음식을 치우고 깨끗이 청소한 뒤 위차位次에 나가 곡을 한다. 빈과 찬이 아직 도착하지 않았다면, 관례를 행하지 않는다."
曾子問曰: "將冠子, 冠者至, 揖讓而入, 聞齊衰, 大功之喪, 如之何?"① 孔子曰: "內喪則廢. 外喪則冠而不醴. 徹饌而埽, 卽位而哭. 如冠者未至, 則廢."②

鄭注 ① '관자冠者'는 빈賓과 찬贊이다. '冠者', 賓及贊者.

② '내상內喪'은 같은 집에 사는 사람의 상이다. '불예不醴'는 새로 관례를 치른 사람에게 예주醴酒를 따라주지 않는 것이다. 관례를 폐하는 것은 상에 성복成服을 하면 상복을 입음에 따라 상관喪冠을 쓰기 때문이다. '內喪', 同門也. '不醴', 不醴子也. 其廢者, 喪成服, 因喪而冠.

集說 '관자冠者'는 빈賓과 찬贊이다. 이 사람들이 이미 도착하여 주인과 인사를 하고 들어왔는데, 주인이 갑자기 자최齊衰와 대공大功의 상복에 해당하는 부음을 들으면 어떻게 처리하는가? 공자가 다음과 같이 말하였다. 만일 (사당이 같은) 집안 친족의 상이라면 관례를 중지하고 행하지 않는다. 관례는 사당에서 행하는데, 사당은 대문 안에 있어 길한 일과 흉한 일을 같은 곳에서 동시에 행할 수 없기 때문이다. 만일 (사당이 다른) 집 밖 사람의 상이라면 상례가 다른 곳에서 행해지기 때문에 관례를 치를 수 있다. 그렇지만 관례에서 세 번 관을 씌우는 삼가三加의 절차 뒤에 예주醴酒를 진설하여 새로 관례를 치른 사람을 예우하는 법인데, 이제 흉사를 당하여 삼가三加의 예만 행하는 것에 그치고 예주를 진설하여 예우하는 의절은 하지 않는다. 처음 빈을 맞이하려 할 때 예주와 여러 음식을 모두 진설하였는데 이제 모두 철거하고 또 관례를 행한 자리를 청소하여 청결하고 새롭게 한 뒤에 위차에 나아가 곡을 한다. 만일 빈과 찬이 도착하지 않았다면 폐한다. '冠者', 賓與贊禮之人也. 此人已及門, 而與主人揖讓以入矣, 主人忽聞齊衰·大功之喪, 何以處之? 夫子言若是大門內之喪, 則廢而不行. 以冠禮行之於廟, 廟在大門之內, 吉凶不可同處也. 若是大門外之喪, 喪在他處, 可以加冠. 但冠禮三加之後, 設醴以禮新冠之人, 今值凶事, 止三加而止, 不醴之也. 初欲迎賓之時, 醴及饌具皆陳設, 今悉徹去, 又埽

除冠之舊位, 使淨潔更新, 乃卽位而哭. 如賓與贊者未至, 則廢也.

【증자문 10】

(공자가 말하였다.) "만일 아들에게 관례를 행하려고 하다가 기일이 되기 전에 자최齊衰·대공大功·소공小功에 해당하는 상이 있으면 상복喪服을 입으면서 상관喪冠을 쓴다." (증자가 물었다.) "상복을 벗으면 관을 길관吉冠으로 바꾸어 쓰는 예를 거행하지 않습니까?" 공자가 대답하였다. "천자가 제후와 대부의 아들에게 각각 면복冕服과 변복弁服을 태묘太廟에서 하사하면 돌아와 전奠을 진설하고 사당에 아뢰는데, 하사받은 옷을 입고 행한다. 이때 관례의 초례醮禮는 하지만 관례의 예례醴禮는 하지 않는다. 아버지가 돌아가시고 관례를 할 때는 관례를 마친 뒤 청소를 하고 아버지의 사당에 제사를 지낸다. 제사를 마치면 백부와 숙부를 뵈는 의절을 행한 뒤에, 빈賓과 찬贊에게 대접을 한다."

"如將冠子, 而未及期日, 而有齊衰·大功·小功之喪, 則因喪服而冠."① "除喪不改冠乎?" 孔子曰: "天子賜諸侯·大夫冕·弁服於大廟, 歸設奠, 服賜服. 於斯乎有冠醮, 無冠醴.② 父沒而冠, 則已冠, 埽地而祭於禰. 已祭而見伯父·叔父, 而後饗冠者."③

鄭注 ① 길례인 관례冠禮를 폐하고 상으로 인해 상관喪冠을 쓰는 것은 성인成人의 복식을 함께하는 것이다. '급及'은 이르다의 뜻이다. 廢吉禮而因喪冠, 俱成人之服. '及', 至也.

② 술로 초례를 한다. 관례의 경우 예醴가 무거운 것이고 초醮는 가벼운 것이다. 이때 천자가 내려준 복을 입고 헌작獻酌할 때 술을 사용하는 것은 하사받은 물건을 높이기 때문이다. '예주를 따라주는 의절을 하지 않는다'(不醴)는 것은 길관으로 고쳐 쓰는 예를 하지 않음을 분명히 한 것으로, 길관으로 고쳐 쓰면 예주를 따라주는 의절을 행해야 한다. 酒爲醮. 冠禮醴重而醮輕. 此服賜服, 酌用酒, 尊賜也. '不醴', 明不爲改冠, 改冠當醴之.

③ '향饗'(접대함)은 빈과 찬에게 예우함을 말한다. '饗', 謂禮之.

集說 '미급기일未及期日'은 기일 전이라는 뜻이다. '인상복이관因喪服而冠'은 상례에 성복시 상복을 입는 것을 기회로 상관喪冠을 쓰는 것이다. 이것은 공자의 말이다. 증자가 "다른 날 상복을 벗고 난 뒤에 다시 관을 바꾸어 길관을 쓰는 예를 행하지 않습니까?"라고 다시 물었다. 공자가 "제후와 대부에게 아직 관례를 행하지 않은 어린 아들이 있어 머리를 땋고 일을 하다가, 관례를 행할 나이가 되어 기회가 있어 천자를 조회하면 천자는 태묘太廟에서 면복冕服과 변복弁服을 하사한다. 하사품을 받은 자는 천자의 명령을 영광스럽게 생각하여 돌아온 즉시 전奠을 진설하여 사당에 고하는데 하사받은 의복을 입고 행한다. 이때 관례의 초례醮禮를 행하고 예례醴禮[11]는 행하지 않는다. 초례는 술로 연회를 베풀어 대접하는 것이고, 예례는 옷을 하사받은 사람에게만 예를 행하는 것이다. 그 예가 이와 같으니, 어떻게 상을 마치면서 관을 길관으로 바꾸어 쓰는 예가 있을 수 있겠는가?"라고 대답하였다. '아버지가 돌아가시고 관례를 행한다'(父沒而冠)는 것은 상복을 벗은 뒤에 관례를 행하여 관자冠者를 예우하는 것을 가리킨다. 대개 자최 이하의 상복에는 상복을 입을 때 상관을 쓸 수 있지만, 참최복에는 그렇게 할 수 없기 때문이다. ○ 소疏에서 말한다. "길관吉冠은 길한 때 성인成人이 하는 복식이고, 상관喪冠은 상례 때 성인이 하는 복식이다. '초醮'라고 한

것은 술을 따라 주고 잔을 주고받지 않는 것을 초醮라 하기 때문이다. '예醴가 중하고 초醮가 가볍다'는 것은 예醴는 옛날의 술이므로 중하게 여긴다. 초醮가 예醴와 다른 것은 삼가三加를 행한 뒤에 전체적으로 한 번 예醴를 하는 데 비해, 초는 관을 씌우는 의절을 행할 때마다 초례를 한 번씩 행한다는 점이다." '未及期日', 在期日之前也. '因喪服而冠'者, 因著喪之成服, 而加喪冠也. 此是孔子之言. 曾子又問"他日除喪之後, 不更改易而行吉冠之禮乎?" 孔子答云"諸侯及大夫有幼弱未冠, 總角從事, 至當冠之年, 因朝天子, 天子於大廟中賜冕服弁服. 其受賜者, 榮君之命, 歸卽設奠告廟, 服所賜之服矣. 於此之時, 惟有冠之醮, 無冠之醴. 醮是以酒爲燕飮, 醴則獨禮受服之人也. 其禮如此, 安得有除喪改冠之禮乎?" '父沒而冠', 謂除喪之後以吉禮禮冠者. 蓋齊衰以下, 可因喪服而冠, 斬衰不可. ○ 疏曰: "吉冠是吉時成人之服, 喪冠是喪時成人之服. 謂之'醮'者, 酌而無酬酢曰醮. '醴重而醮輕'者, 醴是古之酒, 故爲重. 醮之所以異於醴者, 三加之後, 總一醴之, 醮則每一加而行一醮也."

【증자문 11】

증자가 물었다. "제사에서 어떤 경우에 여러 사람에게 잔 돌리는 예(旅酬)를 하지 않습니까?" 공자가 말하였다. "듣건대, 소상小祥 때에는 상주가 연제練祭를 지내고 여러 사람에게 잔을 돌리지 않는다. 상주는 빈賓에게 잔을 드리지만 빈은 잔을 여러 사람에게 돌리지 않는 것이 예이다. 예전에 노나라 소공이 연제練祭를 지냈을 때 잔을 들고 여럿이 돌려마셨는데 예가 아니다. 효공孝公은 대상大祥 때에 빈에게 잔을 드렸는데 빈은 잔을 돌리지 않았다. 이 또한 예가 아니다."

曾子問曰: “祭如之何則不行旅酬之事矣?” 孔子曰: “聞之小祥者, 主人練祭而不旅. 奠酬於賓, 賓弗擧, 禮也.① 昔者魯昭公練而擧酬行旅, 非禮也. 孝公大祥, 奠酬弗擧. 亦非禮也.”②

鄭注 ① 전奠을 올릴 때는 시尸를 두지 않고, 우제虞祭 때는 잔을 올리지 않고, 소상小祥 때는 여러 사람에게 잔을 돌리지 않고, 대상大祥 때는 (잔을 돌려 마시기는 하지만) 취하도록 마시지는 않는 것은, 점점 길吉로 나아가는 것이다. 奠無尸, 虞不致爵, 小祥不旅酬, 大祥無無算爵, 彌吉.

② 효공孝公은 은공隱公의 할아버지다. 孝公, 隱公之祖父.

集說 증자가 “제사를 지내면서 여러 사람에게 잔을 돌리는 예를 행하지 않는 것은 어떤 제사가 그렇습니까?” 하고 묻자, 공자가 “소상小祥의 연제練祭에서만 그렇게 한다”고 말하였다. ‘여러 사람에게 하지 않는다’(不旅)는 여러 사람에게 잔을 돌리지 않는다는 뜻이다. ‘전수어빈奠酬於賓’는 빈 앞에 돌린 술잔을 올린다는 말이다. ‘빈불거賓弗擧’는 것은 빈이 술잔을 들어서 여러 사람에게 돌리지 않는다는 것이다. 연제練祭 때 상주가 빈에게 잔을 줄 수 있지만, 빈이 이 잔을 들어 여러 사람에게 돌려서는 안 되는 것, 이것이 예임을 말한다. 그러나 대상大祥 때는 여러 사람에게 술잔을 돌릴 수 있다. ‘효공孝公’은 은공隱公의 할아버지다. ○ 주자朱子는 말한다. “‘여旅’는 여러 사람이다. ‘수酬’는 마시게 권하는 것이다. 여럿이 잔을 돌리는 예란 빈賓의 자제와 형제의 자제들이 각각 윗사람에게 잔을 올리고 나서 여럿이 잔을 돌리는 것이다. 종묘宗廟에서는 일을 맡는 것이 영예로우므로 지위가 낮은 사람에게까지 자신의 공경하는 마음을 펴게 해주는 것이다.” 또 말한다. “주인이 잔을 채워 빈에게 올리면, 빈이 마시고 주인에게 잔을 돌리는 것을 작酢이라 한다. 주인이 또 마신 뒤에 다시 빈에게 마시게 하는 것을

酬라 한다. 주인이 스스로 마시는 것은 빈을 이끌어 마시게 하는 것이다. 다만 빈은 그것을 받아서 마시지는 않고 자리 앞에다 놓는다. 여러 사람에게 잔을 돌릴 때도 또한 그 잔을 들지 않고, 스스로 별도로 잔을 든다."12)

曾子問"祭而不行旅酬之禮, 何祭爲然?" 孔子言"惟小祥練祭爲然." '不旅'者, 不旅酬也. '奠酬於賓', 奠其酬爵於賓前也. '賓弗擧'者, 賓不擧以旅也. 言此祭主人得致爵於賓, 賓不可擧此爵而行旅酬, 此禮也. 大祥則可旅酬矣. '孝公', 隱公之祖. ○ 朱子曰: "'旅', 衆也. '酬', 導飮也. 旅酬之禮, 賓弟子・兄弟之子, 各擧觶於其長而衆相酬. 蓋宗廟之中, 以有事爲榮, 故逮及賤者, 使亦得以伸其敬也." 又曰: "主人酌以獻賓, 賓酢主人曰酢. 主人又自飮而復飮賓曰酬. 主人自飮者, 是導賓使飮也. 但賓受之却不飮, 奠於席前. 至旅時亦不擧, 又自別擧爵."

【증자문 12】

증자가 물었다. "대공의 상복을 하면서 (다른 사람의 상에) 전奠을 올리는 일에 참여할 수 있습니까?" 공자가 "어찌 대공뿐이겠는가! 참최 이하 모든 복을 하는 사람이 그렇게 할 수 있다. 그것이 예이다"라고 대답하였다. 증자가 "자신의 상복은 가볍게 여기면서 (남의 상을) 도와 행하는 것을 중하게 여기는 것이 아닙니까?"라고 물었다. 공자가 대답하였다. "그것을 말하는 것이 아니다. 천자와 제후의 상에는 참최복을 하는 신하들이 전奠을 차린다. 대부의 상에는 자최복을 하는 형제가 전을 차린다. 사의 상에는 친구가 전을 차린다. 인원이 부족하면 대공 이하의 복을 하는 사람 가운데서 취하고 그래도 부족하면 대공 이상의 복을 하는 사람까지 거슬러 올라가 취한다."

曾子問曰: "大功之喪, 可以與於饋奠之事乎?"① 孔子曰: "豈大功耳! 自斬衰以下皆可. 禮也." 曾子曰: "不以輕服而重相爲乎?"② 孔子曰: "非此之謂也.③ 天子諸侯之喪, 斬衰者奠.④ 大夫, 齊衰者奠.⑤ 士則朋友奠. 不足則取於大功以下者, 不足則反之."⑥

鄭注 ① '전을 올린다'(饋奠)는 것은 빈궁殯宮에 있을 때이다. '饋奠', 在殯時也.

② 무거운 상복을 하고 있는데 다른 사람의 일을 돕는 것을 괴이하게 생각한 것이다. 怪以重服而爲人執事.

③ 다른 사람을 위해서 하는 경우를 말하는 것이 아니고, 자신이 상복을 하고 있는 대상을 위해서 하는 경우를 가리킨다. 非謂爲人, 謂於其所爲服也.

④ 군주를 위해 상복하는 사람은 모두 참최복를 하는데, 주인主人(상주)만은 몸소 전을 차리지 않는다. 爲君服者皆斬衰, 唯主人不奠.

⑤ 참최복을 하는 사람이 전을 올리지 않는 것은 정통의 군주를 위해 전을 올린다는 혐의를 피하기 위해서이다. '자최복을 하는 사람'(齊衰者)은 죽은 사람의 형제들이다. 服斬衰者不奠, 辟正君也. '齊衰者', 其兄弟.

⑥ 자최복을 하는 사람이 전을 올리지 않는 것은 대부에게 한다는 혐의를 피하기 위해서이다. '부족하다'(不足)고 한 것은 성대하게 전을 올릴 때를 말한다. 服齊衰者不奠, 辟大夫也. 言'不足'者, 謂殷奠時.

集說 '전을 올린다'(饋奠)는 것은 빈궁殯宮에 전을 올리는 것이다. 대부는 초하루와 보름에 모두 성대하게 전을 올리는데, 사는 오직 초하루에만 그 예가 성대하므로 일을 하는 사람이 많다. 증자曾子는 "자신이 대공大功의 상복을 하고 있는데 타인의 상을 위해 전을 올리는 일에 참여할 수 있는가" 하고 물었다. 공자는 증자가 "자기가 대공의 상복이 있으면 대공의 상복을

하는 사람을 위해 전을 올릴 수 있는가"를 묻는다고 생각하여 "어찌 대공뿐이겠는가? 참최로부터 모든 복을 하는 사람이 그렇게 할 수 있으니, 그것이 예이다"라고 대답하였다. 이는 자신에게 참최복이 있다면 죽은 이를 위해서 복을 하는 것이 참최이고, 자신에게 자최복이 있다면 죽은 이를 위해서 복을 하는 것이 자최이니, 모두 전을 올리는 일에 참여할 수 있다는 말이다. 공자는 상복을 하고 있는 사람에 의거해서 말하였는데, 증자는 이 뜻을 이해하지 못하고 다른 사람을 말하는 것이라고 생각하여, 그러면 "자기가 하는 상복을 지나치게 경시하면서 남의 상사를 도와 행하는 것을 중시하는 것 아닙니까?"라고 말하였다. 공자가 다시 "이것은 다른 사람을 위하는 경우를 말하는 것이 아니라, 상복을 하는 이를 말하는 것이다"라고 대답하였다. 무릇 상喪의 전奠은 상주는 슬픔과 애통함 때문에 일을 할 겨를이 없으므로 몸소 전을 올리지 않는다. 천자와 제후의 상喪에 신하들은 모두 참최복을 하므로 '참최복을 하는 신하들이 전을 올린다'(斬衰者奠)고 하였다. 대부의 경우는 자최복을 하는 형제가 전을 올리는데, 사의 경우 자최복을 하는 사람이 전을 올리지 않는 것은 대부에게 한다는 혐의를 피하기 위해서이다. 그러므로 친구가 전을 올린다. 사람 수가 모자라면 대공 이하의 복을 하는 사람 가운데서 취하고, 그래도 부족하면 대공 이상의 복을 하는 사람에게서까지 취한다. ○ 소疏에서 말한다. "'돌이킨다'(反之)는 것은 돌이켜 사망한 이의 집사자 가운데 취하여 채운다는 뜻이다." '饋奠', 奠於殯也. 大夫朔望皆有殷奠, 士惟月朔, 其禮盛, 故執事者衆. 曾子問"己有大功之喪, 可與他人饋奠之事乎?" 孔子將謂曾子問"己有大功之喪得爲大功者饋奠否", 故答云"豈但大功? 自斬衰以下皆可, 禮也." 言身有斬衰, 所爲者斬衰, 身有齊衰, 所爲者齊衰, 皆可與其饋奠. 孔子是據所服者言之, 曾子又不悟此旨, 將謂言他人, 乃曰"不太輕己之服, 而重於相爲乎?" 孔子乃答云"非此爲他人之謂也, 謂於所爲服者也." 凡喪奠, 主人以悲哀不暇執事, 故不親奠. 天子諸侯之喪, 諸臣皆斬衰, 故云'斬衰者奠'. 大夫則兄弟之服齊衰者奠, 士不

以齊衰者奠, 避大夫也. 故朋友奠. 人不充數, 則取大功以下, 又不足則及取大功以上也. ○ 疏曰: "'反之'者, 反取前人執事者充之."

【증자문 13】

증자가 물었다. "소공의 상복을 하면서 (남의 상의) 제사에 참여할 수 있습니까?" 공자가 대답하였다. "어찌 소공뿐이겠는가! 참최복 이하 모든 사람이 제사에 참여한다. 이것이 예이다." 증자가 말하였다. "(자신의) 상복은 경시하고 (남의 상의) 제사를 중시하는 것이 아니겠습니까?" 공자가 말하였다. "천자와 제후의 상제喪祭에 참최를 하지 않는 사람은 제사에 참여하지 못한다. 대부의 상제에는 자최를 하는 사람이 제사에 참여한다. 사의 제사는 (일을 맡을 사람이) 부족하면 대공 이하의 복을 하는 형제 가운데서 취한다."

曾子問曰: "小功可以與於祭乎?"① 孔子曰: "何必小功耳! 自斬衰以下與祭, 禮也." 曾子曰: "不以輕喪而重祭乎?"② 孔子曰: "天子諸侯之喪祭也, 不斬衰者不與祭. 大夫齊衰者與祭. 士祭不足, 則取於兄弟大功以下者."

鄭注 ① '제祭'는 우제虞祭와 졸곡제卒哭祭 때를 말한다. '祭', 謂虞·卒哭時. ② 상복을 하는 중한 일을 하는 사람에게 일을 하게 시킴을 괴이하게 여긴 것이다. 怪使重者執事.

集說 큰 뜻은 앞 장과 동일하다. 다만 여기에서는 제사에 참여하는 것을 물었으므로 이것은 우제虞祭와 졸곡제卒哭祭이다. 大旨與上章同. 但此問與於祭, 則是虞與卒哭之祭.

【증자문 14】

증자가 물었다. "서로 알고 지내는 사이에 상복을 하고 있으면서 제사[13]에 참여하여 도울 수 있습니까?" 공자가 말하였다. "시마복緦麻服만 하고 있어도 (자신의 사당에) 제사를 지내지 못하는데, 어떻게 다른 사람의 제사를 돕겠는가?"

曾子問曰: "相識有喪服, 可以與於祭乎?"① 孔子曰: "緦不祭, 又何助於人?"

鄭注 ① 자기가 상복을 하면서 알고 지내는 사람의 제사 일을 도울 수 있는가? 라고 물은 것이다. 問己有喪服, 可以助所識者祭否.

集說 알고 지내는 사람에게 제사 일이 있는데, 자신이 상복을 하고 있으면서 도와서 그를 위해 일을 할 수 있는가? 공자는 "자기가 시마복을 하고 있으면, 복이 가벼운데도 자기의 사당에서 스스로 제사지낼 수 없는데, 어떻게 다른 사람의 제사 일을 도울 수 있겠는가?" 하고 말하였다. 所知識之人有祭事, 而己有喪服, 可以助爲之執事否? 夫子言"己有緦麻之服, 服之輕者也, 尙不得自祭己之宗廟, 何得助他人之祭乎?"

【증자문 15】

증자가 물었다. "상복을 벗자마자 전을 올리는 일에 참여할 수 있습니까?" 공자가 말하였다. "최복을 벗자마자 (다른 사람의) 전奠을 올리는 일에 참여하는 것은 예가 아니다. 손님을 인도하고 의례를 돕는 것(擯相)이라면 괜찮다."

曾子問曰: "廢喪服, 可以與於饋奠之事乎?"① 孔子曰: "說衰與奠, 非禮也.② 以擯相可也."

鄭注 ① 막 상복을 벗은 경우를 가리킨다. 謂新除喪服也.

② 다른 사람의 귀신에 관련된 일을 맡는 것은 자신의 슬픔을 너무 빨리 잊는 것이 된다. 執事於人之神, 爲其忘哀疾也.

集說 '폐廢'는 벗는다는 뜻과 같다. '전을 올린다'(饋奠)는 것은 빈궁殯宮에서의 전이다. 길제를 묻지 않고 상례의 전을 물은 것은, 증자의 생각에는 막 상복을 벗었다면 길례에는 절대로 참여할 수 없지만 전을 올리는 일에는 참여할 수 있다고 생각했기 때문이다. 공자는 '최복을 벗자마자 전을 올리는 일에 참여하는 것은 슬픔을 너무 빨리 잊는 것'이라고 하였고, 그러므로 '예가 아니다'(非禮)라고 하였다. 손님을 인도하고 의례를 돕는 것(擯相)은 일이 가벼우므로 혹 해도 괜찮다. '廢', 猶除也. '饋奠', 在殯之奠也. 不問吉祭而問喪奠, 曾子之意謂, 方除喪服, 決不可與吉禮, 疑可與饋奠也. 夫子言方說衰卽與奠, 是忘哀太速, 故言'非禮'也. 擯相事輕, 亦或可耳.

【증자문 16】

증자가 물었다. "혼례에, 납폐納幣[14]를 마치고 혼인날을 정했는데 며느리 될 여자의 부모가 죽으면 어떻게 합니까?" 공자가 대답하였다. "사위 될 남자 쪽에서 사람을 보내 조문한다. 만일 사위 될 사람의 부모가 죽었다면 여자 쪽에서도 사람을 보내 조문한다. 아버지의 상이면 아버지의 명의로, 어머니의 상이면 어머니의 명의로 조문한다. 부모가 안 계시면 백부伯父(큰아버지)와 세모世母(큰어머니)의 명의로 조문한다. 사위 될 사람이 매장을 마치면, 사위 될 사람의 백부가 며느리 될 여자 쪽에 혼인을 허락했던 명을 되돌리면서 '아무개의 아들이 부모의 상을 당해 이어받아서 형제가 될 수 없으므로 아무개를 시켜 혼인의 약속을 되돌리고자 합니다'라고 한다. 여자 쪽에서 허락은 하되 감히 다른 곳으로 시집보내지 않는 것이 예이다. 사위 될 사람이 상복을 벗으면 여자의 부모가 사람을 보내 혼례를 성사시킬 것을 요청하고, 사위 될 쪽이 받아들이지 않은 뒤에야 다른 곳으로 시집을 보내는 것이 예이다."

曾子問曰: "昏禮旣納幣, 有吉日, 女之父母死, 則如之何?"① 孔子曰: "壻使人吊. 如壻之父母死, 則女之家亦使人吊.② 父喪稱父, 母喪稱母.③ 父母不在, 則稱伯父世母.④ 婿已葬, 壻之伯父致命女氏曰: '某之子有父母之喪, 不得嗣爲兄弟, 使某致命.' 女氏許諾而弗敢嫁, 禮也.⑤ 壻免喪, 女之父母使人請, 壻弗取而后嫁之, 禮也."⑥

鄭注 ① '길일吉日'은 혼인하는 길한 날이다. '吉日', 取女之吉日.

② 반드시 (자신이 직접 가지 않고) 사람을 보내 조문하는 것은 아직 형제가 되지 않았기 때문이다. 必使人弔者, 未成兄弟.

③ 예는 각각 대등한 것으로써 해야 한다. 아버지가 사람을 시켜 조문하면서 그 조문하는 말에 "아무개가 아무개의 상이 있다는 말을 듣고 아무개를 보내 조문드리니 이 불행을 어찌합니까?" 어머니의 경우에는 "송나라 탕공의 처 백희가 강씨의 상이 있다는 말을 듣고 백희가 아무개를 보내니 이

불행을 어찌합니까?"라고 말하는 것처럼 한다. 모두 조문하는 말이다. 禮宜各以其敵者也. 父使人弔之, 辭云: "某子聞某之喪, 某子使某如何不淑?" 母則若云, "宋蕩伯姬, 聞姜氏之喪, 伯姬使某如何不淑?" 凡弔辭耳.

④ 조문하는 예는 폐할 수 없다. 백부모가 또 안 계시면 숙부모의 이름으로 한다. 弔禮不可廢也. 伯父母又不在, 則稱叔父母.

⑤ 반드시 '혼인 허락의 명령을 되돌리는 것'은 몇 년간의 상 때문에 혼인의 시기를 잃지 않게 하려는 것이다. 必致命者, 不敢以累年之喪, 使人失嘉會之時.

⑥ '청한다'(請)는 것은 혼인을 성사시키를 요청하는 것이다. '請', 請成昏.

集說 '유길일有吉日'은 것은 혼인 날짜가 이미 정해졌다는 뜻이다. 상대측에 아버지의 상이 났다면 이쪽에서는 아버지의 명의로 조문을 하고, 어머니의 상이라면 어머니의 명의로 조문을 한다. 부모가 다른 곳에 계시면 백부와 백모의 명의로 하고, 백부모가 안 계시면 숙부모의 명의로 해도 괜찮다. 사위 될 사람이 자기 부모의 장례를 치르고 상기가 아직 많이 남아 있어 여자에게 혼인의 시기를 놓치게 하고 싶지 않기 때문에 사람을 보내 혼인 허락의 명을 되돌려 다른 사람에게 시집보내게 한다. '아무개의 아들'(某之子)에서 아무개는 백부의 이름이고, '이어받아서 형제가 될 수 없다'(不得嗣爲兄弟)란 납폐納幣를 이어받아서 부부가 될 수 없음을 말한다. 부부는 동등하여 형제의 의리가 있으니, (형제란) 친애하는 말이다. 부부라고 하지 않는 것은 아직 성혼하지 않아 혐의를 피하는 것이다. '아무개를 시켜 혼인의 약속을 되돌리고자 한다'(使某致命)에서 아무개는 사자使者의 이름이다. '치致'는 벼슬을 되돌린다(致仕)고 할 때의 되돌린다(致)의 뜻으로, 혼인을 허락한 명을 되돌려줌을 의미한다. 여자 쪽에서 허락은 하되 딸을 다른 사람에게 시집보내지 않는 것이 예이다. 사위 될 사람이 대상大祥과 담제禫祭를 마친 뒤에 여자의 부모가 사위에게 혼인을 성사시킬 것을 요청하고,

사위 될 쪽에서 끝내 앞서의 입장을 고수하고 장가들지 않은 뒤에야 이 여자가 다른 집안에 시집가는 것이 예이다. '有吉日'者, 期日已定也. 彼是父喪, 則此稱父之名吊之, 彼是母喪, 則此稱母之名吊之. 父母或在他所, 則稱伯父伯母名. 如無伯父母, 則用叔父母名可. 而壻雖已葬其親, 而喪期尙遠, 不欲使彼女失嘉禮之時, 故使人致命, 使之別嫁他人. '某之子', 此某字是伯父之名, '不得嗣爲兄弟'者, 言繼此不得爲夫婦也. 夫婦同等, 有兄弟之義, 亦親之之辭. 不曰夫婦者, 未成昏嫌也. '使某致命', 此某字是使者之名. '致', 如致仕之致, 謂致還其許昏之命也. 女氏雖許諾, 而不敢以女嫁於他人, 禮也. 及壻祥禫之後, 女之父母使人請壻成昏, 壻終守前說而不取而后, 此女嫁於他族, 禮也.

【증자문 17】

"여자의 부모가 돌아가시면 사위 될 사람도 이와 같이 한다."

"女之父母死, 壻亦如之."

鄭注 여자가 상복을 벗으면 사위의 부모도 사람을 시켜 혼인을 성사시킬 것을 요청한다. 여자 쪽에서 매장을 마쳤을 때 또한 혼인을 허락하는 명을 되돌렸기 때문이다. 女免喪, 壻之父母亦使人請. 其已葬時亦致命.

集說 며느리 될 여자의 부모가 죽으면 여자의 백부가 남자 쪽에 혼인 허락의 명을 되돌리면서 "아무개의 여식이 부모의 상을 당해 이어받아서 형제가 될 수 없어 아무개를 통해 혼인을 허락한 명을 되돌립니다"라고 한다. 남자 쪽에서 허락은 하되 다른 곳으로 장가를 들이지는 않는다. 여자가 상복을 벗으면 사위 될 쪽의 부모가 사람을 보내 여자 쪽에 혼인을 성사시킬 것을 요청하고, 여자 쪽에서 허락하지 않은 뒤에야 다른 곳으로 장가를 든

다. 女之父母死, 女之伯父致命於男氏曰"某之子有父母之喪, 不得嗣爲兄弟, 使某致命." 男氏許諾, 而不敢娶. 女免喪, 壻之父母使人請女家, 不許壻然後別娶也.

【증자문 18】

증자가 물었다. "친영親迎[15]을 하여 아내 될 사람이 오는 도중에 사위의 부모가 죽으면 어떻게 합니까?" 공자가 대답하였다. "여자는 복장을 바꿔 베로 만든 심의深衣를 입고 생명주로 만든 머리끈(縞總)을 하고 분상한다. 여자가 친영을 하여 오던 도중에 여자의 부모가 죽으면 여자는 되돌아가 분상奔喪한다."

曾子問曰: "親迎女在塗, 而壻之父母死, 如之何?" 孔子曰: "女改服, 布深衣, 縞總以趨喪.① 女在塗, 而女之父母死, 則女反."②

鄭注 ① '베로 만든 심의를 입고 생명주로 만든 머리끈을 하고 분상한다'(布深衣縞總)는 것은 부인이 상을 당한 초기 성복成服을 하기 전에 입는 복장이다. '布深衣·縞總', 婦人始喪, 未成服之服.

② 분상奔喪하여 기년복을 한다. 奔喪服期.

集說 결혼할 때의 복식은 사의 처는 단의褖衣를 하고, 대부의 처는 전의展衣를 하며, 경의 처는 국의鞠衣를 한다. '복장을 바꾼다'(改服)는 것은 결혼 예복을 상복으로 바꾸는 것이다. 상의와 하의가 연결되고 앞뒤가 깊으므로 '심의深衣'라고 한다. '호縞'는 생명주이다. '총總'은 머리를 묶는 끈인데, 길이가 8촌이다. 베로 심의를 하고 생명주로 머리끈을 하는 것은 부인이 상을 당한 초기부터 성복하기 전까지 입는 복장이다. 그 때문에 이러한 복장을 하고 시부모의 상에 분상한다. 딸은 시집가기 전에는 아버지를 위해 삼

년복을 하고, 아버지가 돌아가신 상태에서 어머니가 돌아가시면 또한 삼년복을 하며 시집을 간 뒤에는 기년복을 한다. 이제 이미 길에 있고 집에 있지 않으니 분상奔喪의 예를 쓰고 기년복을 하는 데 그친다. 바꾸어 입는 복장 또한 베로 된 심의를 입고 생명주로 만든 머리끈을 한다. 嫁服, 士妻褖衣, 大夫妻展衣, 卿妻鞠衣. '改服', 更其嫁服也. 衣與裳相連, 而前後深邃, 故曰'深衣'. '縞', 生白絹也. '總', 束髮也, 長八寸. 布爲深衣縞爲總, 婦人始喪未成服之服也. 故服此以奔舅姑之喪. 女子在室爲父三年, 父卒亦爲母三年, 已嫁則期. 今旣在塗非在室矣, 則止用奔喪之禮而服期. 改服亦布深衣・縞總也.

【증자문 19】

(증자가 물었다.) "신랑이 친영親迎을 하여 신부가 아직 신랑 집에 도착하지 않았는데 신랑 쪽에 자최와 대공의 상이 발생하면 어떻게 합니까?" 공자가 말하였다. "남자는 집에 들어가지 않고 외차外次[16]에서 옷을 갈아입는다. 여자는 들어가 내차內次에서 옷을 갈아입는다. 그렇게 한 뒤 자리에 나아가 곡한다." 증자가 물었다. "상복을 벗으면 다시 혼례를 치르지 않습니까?" 공자가 말하였다. "제사는 시기를 넘기면 올리지 않는 것이 예이다. 어찌 처음으로 되돌리겠는가?"

"如壻親迎, 女未至, 而有齊衰・大功之喪, 則如之何?" 孔子曰: "男不入, 改服於外次. 女入, 改服於內次. 然後卽位而哭."① 曾子問曰: "除喪則不復昏禮乎?"② 孔子曰: "祭過時不祭, 禮也. 又何反於初?"③

鄭注 ① 부음을 듣고 곧 옷을 바꾸어 입지 않는 것은 혼례는 자최 이하의 상보다 중하기 때문이다. 不聞喪卽改服者, 昏禮重於齊衰以下.

② '복復'은 갚아준다는 뜻과 같다. '復', 猶償也.

③ 무거운 경우를 통해 가벼운 경우를 밝힌 것이다. 동뢰同牢[17]와 궤향饋饗(음식을 차려 대접하는 것)에서 서로 마시고 먹게 하는 도리다. 重喩輕也. 同牢及饋饗相飮食之道.

集說 여기에서 '자최와 대공의 상'(齊衰大功之喪)이란 사위 될 사람의 집안을 가리킨다. '개복改服'은 친영을 할 때의 복장을 바꾸어 문밖의 임시거처에서 심의深衣를 입는 것이다. '여자'(女)는 신부이다. 문안의 임시거처로 들어가 혼례복을 심의로 바꾸어 입는다. 여기에서 특별히 자최와 대공의 상에 대해서만 질문한 것은 소공과 시마는 상복이 가벼워 혼례를 폐하지 않고 혼례를 마친 뒤에 곡하기 때문이다. 신부 쪽에 자최와 대공의 상이 생기면 신부는 또한 친정으로 돌아가지 않는다. 증자가 다시 "상복을 벗은 뒤에 어찌해서 다시 혼례를 치르지 않습니까?"라고 물었다. 공자가 "제사가 중하고 혼례는 가볍다. 무거운 것도 시기를 넘기면 오히려 폐하는데 가벼운 것을 어찌 다시 행할 수 있겠는가?"라고 대답하였다. 그러나 이 또한 사계절의 정기적인 시제를 말하는 것에 지나지 않는다. 체협禘祫[18]의 큰 제사는 시기를 넘기면 소급하여 지낸다. 此'齊衰・大功之喪', 謂壻家也. '改服', 改其親迎之服, 而服深衣於門外之次也. '女', 謂婦也. 入門內之次, 而以深衣更其嫁服也. 此特問齊衰・大功之喪者, 以小功及緦輕, 不廢昏禮, 禮畢乃哭耳. 若女家有齊衰・大功之喪, 女亦不反歸也. 曾子又問"除喪之後, 豈不復更爲昏禮乎?" 孔子言"祭重而昏輕. 重者過時尙廢, 輕者豈可復行乎?" 然此亦止謂四時常祭耳. 禘祫大祭, 過時猶追也.

【증자문 20】

공자가 말하였다. "딸을 시집보내는 집안에서는 삼 일 밤 동안 등불을 끄지 않는데 골육과 서로 떨어져 지냄을 생각하기 때문이다. 며느리를 맞는 집안에서는 삼일 동안 음악을 연주하지 않는데 부모의 대를 잇는 것을 생각하기 때문이다. (시부모가 돌아가신 경우) 세 달이 지난 뒤에 사당을 알현하는데, 축사祝辭에 '(모씨가) 며느리로 왔습니다'(來婦)라고 고한다. 길일을 택하여 시부모의 사당에 제사를 지내는 것은 며느리가 되는 의리를 이루는 것이다."

孔子曰: "嫁女之家, 三夜不息燭, 思相離也.① 取婦之家, 三日不擧樂, 思嗣親也.② 三月而廟見, 稱'來婦'也. 擇日而祭於禰, 成婦之義也."③

鄭注 ① 골육骨肉을 친애하는 것이다. 親骨肉也.

② 세대가 바뀜을 중시하는 것이다. 重世變也.

③ 시부모가 돌아가신 경우를 가리킨다. 반드시 제사를 드려 며느리의 의리를 이루는 것은 며느리에게 시부모를 공양하는 예가 있기 때문으로, 시부모가 살아 계실 때 세숫물과 특돈特豚을 방에 올리는 것과 같은 의미다. 謂舅姑沒者也. 必祭成婦義者, 婦有供養之禮, 猶舅姑存時, 盥饋特豚於室.

集說 '골육과 서로 떨어져 지냄을 생각하면'(思相離) 잠들 수 없으므로 등불을 끄지 않는다. '부모의 대를 잇는 것을 생각하면'(思嗣親) 느끼어 서글픈 마음이 들지 않을 수 없으므로 음악을 연주하지 않는다. 이것이 혼례에서 축하하지 않는 이유이다. 혼례를 마친 뒤 시부모가 생존해 계신 경우에는 다음날 며느리가 시부모를 뵙는다. 시부모가 이미 돌아가신 경우라면 혼례

를 마친 뒤 3개월이 지난 뒤에 사당을 알현한다. 축사에 혼령에게 고하기를 "모씨가 며느리로 왔습니다"라고 한다. '며느리로 왔다'(來婦)는 것은 와서 며느리가 되었다는 것이다. 길일을 선택해서 이 예를 행한다. 사당에 알현하는 것과 부모의 사당에 제사를 지내는 것은 같은 일로서 사당에 알현한 뒤에 다시 택일을 해서 제사를 지내는 것이 아니다. '며느리가 되는 의리를 이룬다'(成婦之義)는 것은 시부모에게 세숫물과 음식을 올리는 예를 이루는 의리다. '思相離', 則不能寢寐, 故不滅燭. '思嗣親', 則不無感傷, 故不擧樂. 此昏禮所以不賀也. 成昏而舅姑存者, 明日婦見舅姑. 若舅姑已歿, 則成昏三月, 乃見於廟. 祝辭告神曰: "某氏來婦." '來婦', 言來爲婦也. 蓋選擇吉日, 而行此禮. 廟見・祭禰, 卽是一事, 非見廟之後, 更擇日而祭也. '成婦之義'者, 成盥饋之禮之義也.

【증자문 21】

증자가 물었다. "며느리가 사당에 알현하기 전에 죽었다면 어떻게 합니까?" 공자가 대답하였다. "상여를 옮겨 남편 측의 사당에 알현하지 않고, 시할머니에게 부祔하지도 않는다. 사위는 (자최기년복을 하는데) 상장喪杖을 하지 않고 짚신을 신지 않고 애차哀次에 거처하지 않으며, 여자의 친정으로 돌아가 장례를 치른다. 아직 며느리가 되지 않았음을 보이는 것이다."

曾子問曰: "女未廟見而死, 則如之何?" 孔子曰: "不遷於祖, 不祔於皇姑. 壻不杖・不菲・不次, 歸葬于女氏之黨. 示未成婦也."

鄭注 '천遷'은 사당에 알현하는 것이다. 사위가 상례喪禮의 격식을 완전하게 갖추지는 않지만 그래도 신부를 위해 자최복을 한다. '遷', 朝廟也. 壻雖不

備喪禮, 猶爲之服齊衰也.

集說 '불천어조不遷於祖'는 상여를 옮겨 사위 측의 사당에 알현시키지 않는다는 뜻이다. '불부어황고不祔於皇姑'는 사당에 알현하지 않았기 때문에 신주를 시할머니에게 부祔하지 못한다는 것이다. 사위는 자최기년복을 하지만 상장喪杖을 하지 않고, 짚신을 신지 않고, 달리 애차에 거처하지도 않는다. 친정 부모는 스스로 강복하여 대공복을 한다. '不遷於祖', 不遷柩而朝於壻之祖廟也. '不祔於皇姑', 以未廟見, 故主不得祔姑之廟也. 壻齊衰期, 但不杖, 不草屨, 不別處哀次耳. 女之父母自降服大功.

【증자문 22】

증자가 물었다. "며느리를 맞이하기 위해 혼례 날짜를 정하였는데, 며느리 될 사람이 죽으면 어떻게 합니까?" 공자가 대답하였다. "사위 될 사람은 자최복으로 조문을 하고 장례가 끝나면 상복을 벗는다. 남편 될 사람이 죽어도 마찬가지로 한다."

曾子問曰: "取女有吉日而女死, 如之何?" 孔子曰: "壻齊衰而吊, 旣葬而除之. 夫死亦如之."

鄭注 아직 기년복이나 삼년복을 할 은의恩誼는 없기 때문이다. 여자는 참최복으로 한다. 未有期·三年之恩也. 女服斬衰.

集說 남편 될 사람이 죽으면 아내 될 사람은 참최복으로 가서 조문을 하며 장례를 마치면 상복을 벗는다. 若夫死, 女以斬衰往吊, 旣葬而除也.

【증자문 23】

증자가 물었다. "상喪에 두 상주가 있고 사당에 두 신주가 있는 것은 예입니까?" 공자가 대답하였다. "하늘에는 두 해가 없고 땅에는 두 왕이 없으며 상嘗·체禘·교郊·사社 등의 제사에서 가장 높이 받드는 대상이 둘인 경우는 없다. 네가 말한 것이 예가 되는지 나는 모르겠다."

曾子問曰: "喪有二孤, 廟有二主, 禮與?"① 孔子曰: "天無二日, 土無二王, 嘗·禘·郊·社, 尊無二上. 未知其爲禮也."②

鄭注 ① 당시에 그러한 일이 있음을 괴이하게 여긴 것이다. 怪時有之

② 신분이 높은 경우를 들어 낮은 경우를 밝힌 것이다. 신神이 많더라도 일일이 제사를 지낸다. 尊喻卑也. 神雖多, 猶一一祭之.

集說 두 상주와 두 신주를 둔 경우가 당시에 있어 증자가 예에 맞지 않는 것이라고 의심하여 물은 것이다. 공자는 "하늘에는 두개의 태양이 있을 수 없고 땅에는 두 왕이 있을 수 없다. 상嘗·체禘·교郊·사社는 제사 가운데 중요한 것으로 각각 높이는 대상이 있어 뒤섞어 함께 제사를 드려서는 안 된다. 그렇다면 상례에 두 상주를 두고 사당에 두 신주를 둘 수 있겠는가? 예가 아님이 분명하다"라고 말한 것이다. 二孤·二主當時有之, 曾子疑其非禮, 故問. 夫子言"天猶不得有二日, 土猶不得有二王. 嘗·禘·郊·社, 祭之重者, 各有所尊, 不可混幷而祭之. 喪可得有二孤, 廟可得有二主乎? 非禮明矣."

【증자문 24】

“예전에 제나라 환공桓公은 군대를 자주 일으키면서 거짓 신주神主를 만들어 출정하였다가 돌아와서는 그 신주를 사당에 보관하였다. 사당에 두 신주를 둔 것은 환공으로부터 시작되었다.”

“昔者齊桓公亟擧兵, 作僞主以行, 及反藏諸祖廟. 廟有二主, 自桓公始也.”

鄭注 ‘위僞’는 가짜라는 뜻과 같다. 군대를 일으킬 때는 체천遞遷한 신주를 모시고 출동한다. 체천한 신주가 아직 없으면 선조의 명령[19]으로 한다. 거짓 신주를 만드는 것은 잘못이다. ‘僞’猶假也. 擧兵以遷廟主行. 無則主命. 爲假主, 非也.

集說 군대를 출동할 때는 체천된 신주를 제거齊車[20]에 싣는데, 이는 높이 받드는 것이 있음을 표시하는 것이다. 이미 거짓 신주를 만들고 또 그것을 사당에 보관하였으니 이것은 두 신주를 두는 것이다. 師行而載遷廟之主于齊車, 示有所尊奉也. 旣作僞主, 又藏於廟, 是二失矣.

【증자문 25】

“상례에 두 상주를 두었던 경우는, 예전에 위나라 영공靈公이 노나라에 갔을 때 계환자季桓子의 상을 당하자, 위나라 군주가 조문하겠다고 요청하였다. 애공哀公이 사양하였으나 위나라 군주가 듣지를 않았다. 애공이 상주가 되고 객客(영공을 가리킴)이 들어와 조문을 하였다. 계강자季康子는 문의 오른쪽에 서서 북쪽을 향하였다. 애공은 읍하고 사양하면서 동쪽 계단으로 올라 서쪽을 향하였다. 객이 서쪽 계단으로 올라 조문을 하자, 애공이 배례를 하고 일어나 곡하였는데, 강자가 곡위哭位에서 배례를 한 뒤 이마를 지면에 댔지만, 유사有司가 이를 바로잡지 않았다. 지금 상에 두 상주를 두게 된 것은 계강자의 잘못에서 비롯된 것이다."

"喪之二孤, 則昔者衛靈公適魯, 遭季桓子之喪, 衛君請吊, 哀公辭, 不得命. 公爲主, 客入吊. 康子立於門右, 北面. 公揖讓, 升自東階, 西鄉. 客升自西階吊, 公拜興哭, 康子拜稽顙於位, 有司弗辯也. 今之二孤, 自季康子之過也."

鄭注 '변辨'은 바로잡는다는 뜻과 같다. 계강자季康子의 행위는 군주가 자기 신하를 조문할 때의 예이다. 이웃나라의 군주가 조문할 때는 군주가 상주가 되므로 주인이 배례한 뒤에 이마를 지면에 대는 것은 잘못이며, 곡하면서 발을 구르기만 해야 한다. 영공靈公은 계환자季桓子보다 앞서 노나라 애공哀公 2년 여름에 죽었고, 계환자는 애공 3년 가을에 죽었다. 이때 조문한 위나라 군주는 (영공이 아니라) 출공出公(輒)이다. '辨', 猶正也. 若康子者, 君弔其臣之禮也. 鄰國之君弔, 君爲之主, 主人拜稽顙, 非也, 當哭踊而已. 靈公先桓子以魯哀公二年夏卒, 桓子以三年秋卒. 是出公也.

集說 국군이 이웃나라의 신하를 조문할 때는 존비의 등급이 다르므로 위나라 군주가 조문을 하면 (군주인) 애공이 상주가 되는 것이 예이다. 예에 따르면, 대부가 빈殯[21]을 마치고 군주가 조문을 오면 상주는 문 오른쪽에서 북쪽을 향해 곡하고 배례를 한 뒤 이마를 지면에 댄다. 이제 애공이 상주가 되었으니, 상주는 빈에게 배례를 하고 계강자는 곡하면서 발을 구르기만 해야 하는데, 곡위哭位에서 배례하면서 이마를 지면에 댔으니, 이는

상주가 둘이 된 것이다. 당시에 유사가 논란하여 바로잡지 못하였고 드디어는 답습하여 상례常禮가 되기에 이르렀다. 변례의 잘못이 강자로부터 비롯되었다. 앞 장에서는 "환공으로부터 시작되었다"고 하고, 이 장에서는 시작되었다고 말하지 않고 '잘못'이라고 말한 것은 공자가 강자와 동시대 사람이기 때문이다. 영공은 계환자보다 먼저 죽었는데, 경문에 영공으로 잘못 기록되었다. 실제로는 출공出公(輒)이다. 國君吊鄰國之臣, 尊卑不等, 衛君吊而哀公爲主, 禮也. 禮大夫旣殯而君來吊, 主人門右北面, 哭拜稽顙. 今旣哀公爲主, 主則拜賓, 康子但當哭踊而已, 乃拜而稽顙於位, 是二孤矣. 當時有司不能論而正之, 遂至循襲爲常. 變禮之失, 由於康子. 上章言"自桓公始", 此不言始而言'過'者, 孔子康子同時也. 靈公先桓子卒, 經訛爲靈公. 實出公也.

【증자문 26】

증자가 물었다. "옛날 군사를 출행할 때는 반드시 새로 체천遞遷한 신주를 모시고 출행하였습니까?" 공자가 대답하였다. "천자가 순수를 할 때는 새로 체천한 신주를 모시고 행차하였는데 신주는 금로金路에 실었다. 이는 높이 받드는 대상이 반드시 있음을 의미한다. 지금은 7묘의 신주를 모시고 행차하는데 잘못된 것이다."
曾子問曰: "古者師行, 必以遷廟主行乎?" 孔子曰: "天子巡守, 以遷廟主行, 載于齊車. 言必有尊也. 今也取七廟之主以行, 則失之矣."

鄭注 '제거齊車'는 금로金路[22]이다. '齊車', 金路.

集說 '천묘주遷廟主'는 새로 체천한 신주를 가리킨다. '제거齊車'는 금로인

데 공네公禰라고도 부른다. '遷廟主', 謂新祧廟之主也. '齊車', 金路也, 又名曰公禰.

【증자문 27】

(공자가 말하였다.) "7묘廟와 5묘廟에 해당하는 경우는 사당에서 신주를 비워두는 일이 없다. 신주를 비우는 경우는 오직 천자와 제후가 죽거나, 그 나라를 떠나거나, 태조의 묘에 협제祫祭를 지내는 경우로 그때만 사당에 신주가 없게 된다. 내가 노담老聃(연세 많은 노인)에게 들으니 '천자가 죽거나 국군이 죽으면, 축관祝官이 여러 묘의 신주를 모셔다가 태조의 묘에 모아놓는 것이 예이다. 졸곡제卒哭祭를 지내 일을 이룬[23] 뒤에 신주를 각각 자기의 묘로 되돌려놓는다'고 하였다."

"當七廟・五廟, 無虛主. 虛主者, 惟天子崩・諸侯薨與去其國與祫祭於祖, 爲無主耳. 吾聞諸老聃曰: '天子崩・國君薨, 則祝取群廟之主, 而藏諸祖廟, 禮也. 卒哭成事而后, 主各反其廟.'"

鄭注 '노담老聃'은 옛날에 장수한 사람을 부르는 호칭으로, 공자와 동시대 사람이다. 여러 신주를 조묘祖廟(태조의 묘)에 모아놓는 것은 흉사가 있으면 모이는 것을 본뜬 것이다. '졸곡성사卒哭成事'는 부祔하기 전에 지내는 제사의 이름이다. '老聃', 古壽考者之號也, 與孔子同時. 藏諸主於祖廟, 象有凶事者聚也. '卒哭成事', 先祔之祭名也.

集說 천자와 제후가 죽으면 여러 신주를 모두 태조太祖의 묘에 모아놓는 것은 상을 치르는 삼 년 동안에는 제사를 지내지 않기 때문이요, 또한 살아

있는 사람이 흉사가 생기면 함께 모이는 것을 본뜬 것이다. ○ 풍씨馮氏는 말한다. "정현의 주에서 노담은 옛날 장수했던 노인을 부르는 호칭이라고 하였다." 석량石梁 선생은 말한다. "이 노담老聃은 오천언의 『도덕경』을 지은 사람이 아니다." 崩薨而群主皆聚祖廟, 以喪三年不祭, 且象生者爲凶事而聚集也. ○ 馮氏曰: "鄭注, 老聃古壽考者之稱." 石梁先生曰: "此老聃非作五千言者."

【증자문 28】

"군주가 자기 나라를 떠나면 태재大宰가 여러 묘의 신주를 모시고 따르는 것이 예이다."

"君去其國, 大宰取群廟之主以從, 禮也."

鄭注 귀신은 사람에게 의지하는 존재이다. 鬼神依人者也.

集說 나라를 떠나면서 여러 묘의 신주를 모두 모시고 가는 것은 그의 선조를 감히 버릴 수 없기 때문이다. 去國而群廟之主皆行, 不敢棄其先祖也.

【증자문 29】

(공자가 말하였다.) "태조의 묘廟에 협제祫祭를 지낼 때는 축祝이 4묘의 신주를 맞이한다. 신주가 사당을 나가거나 들어올 때 반드시 길가는 사람들을 멈추게 한다. 노담老聃이 말한 것이다."

"祫祭於祖, 則祝迎四廟之主.① 主出廟·入廟, 必蹕.② 老聃云."

鄭注 ① '축祝'은 신과 접촉하는 사람이다. '祝', 接神者也.

② '필蹕'은 다니는 것을 멈추게 하는 것이다. '蹕', 止行也.

集說 제후는 5묘廟이므로 협제祫祭를 할 때는 고조高祖 · 증조曾祖 · 조祖 · 녜禰의 신주를 모시고 태조의 묘로 들어간다. 신주가 나가거나 들어올 때 다니는 사람을 멈추게 하는 것은 더럽히지 않게 하려는 것이다. 諸侯五廟, 祫祭則迎高 · 曾 · 祖 · 禰, 入太祖之廟. 主出入而蹕止行人, 不欲其瀆也.

【증자문 30】

증자가 물었다. "옛날에 군대가 출행할 때 새로 체천遞遷한 신주가 없다면 무엇을 신주로 하였습니까?" 공자가 대답하였다. "선조의 명령(主命)으로 하였다." 증자가 "무슨 말씀입니까?"하고 묻자 공자가 대답하였다. "천자와 제후가 출행을 할 때, 폐백幣帛(비단) · 피皮(짐승의 가죽) · 규圭(제사에 사용하는 옥기)로 조묘祖廟와 녜묘禰廟에 고하고 이어 그것을 받들고 나와 금로金路에 싣고 간다. 머무는 곳마다 먼저 전奠을 올린 뒤에 숙소에 들어간다. 돌아와서 반드시 사당에 고하는데, 전奠을 진설하였고, 끝나면 폐백과 옥을 모아 사당 두 계단 사이에 묻고 나간다. 선조의 명령을 귀하게 여기는 것이다."
曾子問曰: "古者師行無遷主, 則何主?" 孔子曰: "主命." 問曰: "何謂也?" 孔子曰: "天子 · 諸侯將出, 必以幣帛 · 皮 · 圭告于祖禰, 遂奉以出, 載于齊車以行. 每舍奠焉, 而後就舍.① 反必告, 設奠, 卒, 斂幣玉藏諸兩階之間, 乃出. 蓋貴命也."

鄭注 ① 포와 젓갈로 신에게 예를 올린 뒤에야 감히 편안히 쉰다. 고한 것을 가지고 나가지 않으면 곧바로 묻는다. 以脯醢禮神, 乃敢卽安也. 所告而不以出, 卽埋之.

集說 폐백과 옥으로 사당에 고한 뒤에는 이 폐백과 옥을 조종祖宗(선조)의 명령처럼 받들므로 '선조의 명령'(主命)이라고 말한다. 머무는 곳마다 전奠을 올리는 것은 신령으로 대하는 것이다. 돌아오면 전을 마련하여 고하고 매장하는데 감히 더럽히지 않으려는 것이다. 旣以幣玉告于祖廟, 則奉此幣玉猶奉祖宗之命也, 故曰'主命'. 每舍必奠, 神之也. 反則設奠以告而埋藏之, 不敢褻也.

【증자문 31】

자유가 물었다. "자모慈母에게 친모親母와 동일하게 상복을 하는 것이 예입니까?" 공자가 대답하였다. "예가 아니다. 옛날 남자의 경우, 밖에는 사부師傅가 있고 안에는 자모가 있었는데, 군주가 자식을 교육시키도록 임명한 사람이다. 어찌 상복을 하겠는가?"

子游問曰: "喪慈母如母, 禮與?"① 孔子曰: "非禮也. 古者男子外有傅, 內有慈母, 君命所使教子也. 何服之有?"②

鄭注 ① '친모와 동일하게 한다'(如母)는 것은 아버지가 돌아가셨다면 (친모와 마찬가지로) 삼년상을 한다는 것이다. 자유子游는 군주 역시 마땅히 그러하리라고 생각하였다. 『의례』에서 말한 것[24]은 바로 대부 이하의 경우로 아버지가 첩에게 다른 첩의 자식을 기르도록 한 것이다. '如母', 謂父卒三年也. 子游意以爲國君亦當然. 『禮』所云者, 乃大夫以下, 父所使妾養妾子.

② 복이 없음을 말한다. 이는 국군의 자식을 가리켜 말하는 것이다. 대부와

사의 자식은 자기를 길러준 서모庶母에 대해서 소공小功복을 하고 아버지가 돌아가시면 상복을 하지 않는다. 言無服也. 此指謂國君之子也. 大夫·士之子, 爲庶母慈己者服小功, 父卒乃不服.

集說 자식이 없는 첩이 어머니가 없는 첩자妾子를 기르는 경우를 '자모慈母'라고 한다. 그러나 천자와 제후는 서모를 위해 상복을 하지 않는다. 대부의 첩자는 아버지가 살아 계시면 자모를 위해 대공복을 한다. 사의 첩자는 아버지가 살아 계시면 자모를 위해 기년복을 하는데 이는 친모와 동일하게 하는 것이다. '어찌 상복을 하겠는가'(何服之有)라는 말은 천자와 제후의 경우를 가리킨다. 그러므로 다음 경문에서 국군의 일을 들어 증명한 것이다. 妾之無子者養妾子之無母者, 謂之'慈母'. 然天子諸侯不爲庶母服. 大夫妾子, 父在爲其母大功. 士之妾子, 父在爲其母期, 是與己母同也. '何服之有', 謂天子諸侯也. 故下文擧國君之事證之.

【증자문 32】

옛날 노魯나라 소공昭公은 어려서 어머니를 잃었고, 자모慈母가 있어 선량하였는데, 자모가 죽자 소공은 차마 그냥 넘길 수 없어서 상복을 하고자 하였다. 유사有司가 소공에게 다음과 같이 말하였다. "고례古禮에 따르면 자모에 대해서는 상복이 없습니다. 이제 임금께서 복을 한다면 이는 고례를 어기고 국법을 어지럽히는 것입니다. 끝내 복을 입으신다면 유사는 그것을 기록하여 후세에 남길 것입니다. 상복을 해서는 안 되는 것이 아니겠습니까?" 소공이 말하였다. “옛날 천자는 연관練冠[25)]을 하고 사실私室에 거처하였다.” 공이 차마 그냥 넘기지 못하고 연관을 하는 것으로 자모에 대한 상복을 하였다. 자모를 위해 상복을 한 것은 노나라 소공으로부터 시작되었다.

昔者魯昭公, 少喪其母, 有慈母良, 及其死也, 公弗忍也, 欲喪之. 有司以聞曰: “古之禮, 慈母無服.① 今也君爲之服, 是逆古之禮, 而亂國法也. 若終行之, 則有司將書之, 以遺後世. 無乃不可乎?” 公曰: “古者天子練冠以燕居.” 公弗忍也, 遂練冠以喪慈母. 喪慈母自魯昭公始也.②

鄭注 ① 국군國君에 근거한 것이다. ‘량良’은 선하다는 뜻이다. 자모라고 부르는 것은 본래 그가 선량하기 때문이다. 국군의 첩자妾子는 예에 따르면 자모에게 상복을 하지 않는다. 소공昭公이 나이 삼십에 생모인 제귀齊歸의 상을 당하였으나 오히려 슬퍼하는 기색이 없었다.[26)] 당시 소공은 적지 않은 나이였다. (그런 소공이) 어떻게 자모에 대해서만 차마 그냥 넘기지 못할 수 있었겠는가? 이는 소공이 아닌 것이 분명하지만 누구인지는 모르겠다. 據國君也. ‘良’, 善也. 謂之慈母, 固爲其善. 國君之妾子於禮不服也. 昭公年三十, 乃喪齊歸, 猶無戚容. 是不少. 又安能不忍於慈母? 此非昭公明矣, 未知何公也.

② 공의 말은 또 잘못이다. ‘천자는 연관練冠을 하고 사실私室에 거처한다’(天子練冠以燕居)는 것은 대개 서자庶子로서 왕이 된 자가 생모를 위해 하는 경우를 가리킨다. 公之言又非也. ‘天子練冠以燕居’, 蓋謂庶子王爲其母.

集說 ‘양良’은 선하다는 뜻이다. ‘옛날’(古)은 주나라 이전이다. 천자와 제후의 서자로 천자와 제후가 된 사람은 생모를 위하여 시마복을 한다. 『춘추』에는 소군小君의 예로 상복을 한 경우가 있는데, 아들이 귀한 신분이

되어 은의恩誼를 펼 수 있기 때문이다. 그러나 반드시 정실의 소군이 죽은 경우이어야 한다. 정실의 소군이 살아 있다면 그의 생모는 존尊에 눌리어 굽히기 때문에 왕이 된 아들은 연관練冠을 한다. 여기에서 '연관을 하고 사실에 거처한다'(練冠以燕居)고 한 것은 서자로 왕이 된 사람이 자기의 생모를 위해서 하는 경우를 가리킨다. '良', 善也. '古者', 周以前也. 天子·諸侯之庶子爲天子·諸侯者, 爲其母緦. 『春秋』有以小君之禮服之者, 以子貴而伸也. 然必適小君沒. 若適小君在, 則其母厭屈, 故練冠也. 此言'練冠以燕居', 謂庶子之爲王者爲其母耳.

【증자문 33】

증자가 물었다. "제후가 여럿이 천자를 뵈러 문에 들어갔다가 예를 다 마치지 못하고 중지하는 경우는 몇 가지입니까?" 공자가 "네 가지다"라고 대답하였다. "그에 관해 묻고자 합니다" 하니 다음과 같이 대답하였다. "태묘太廟에 화재가 난 경우, 일식, 왕후의 상喪, 비에 옷이 젖어 용모가 흐트러진 경우에는 중지한다. 만일 제후들이 모두 있는데 일식이 일어나면 천자를 따라서 해를 구하는데, 각자 (자기 나라의) 방위에 맞는 색과 병기를 사용한다. 태묘에 화재가 나면 천자를 따라서 불을 끄는데, 방위에 따른 색깔과 병기를 따지지 않는다."

曾子問曰: "諸侯旅見天子, 入門, 不得終禮, 廢者幾?"① 孔子曰: "四." "請問之." 曰: "大廟火, 日食, 后之喪, 雨霑服失容, 則廢.② 如諸侯皆在而日食, 則從天子救日, 各以其方色與其兵.③ 大廟火, 則從天子救火, 不以方色與兵."

鄭注 ① '여旅'는 여럿이라는 뜻이다. '旅', 衆.

② '태묘太廟'는 시조묘始祖廟이다. 종묘宗廟의 경우도 모두 그렇게 하지만, 시조를 위주로 삼은 것이다. '大廟', 始祖廟. 宗廟皆然, 主於始祖耳.

③ 당시의 현안을 받들어 토벌하는 바가 있음을 보이는 것이다. '방색方色'이란 동방의 제후는 푸른 옷을 입고, 남방의 제후는 빨간 옷을 입으며, 서방의 제후는 흰 옷을 하고, 북방의 제후는 검은 옷을 입는 것이다. '병기'(兵)에 대해서는 듣지 못하였다. 示奉時事, 有所討也. '方色'者, 東方衣青, 南方衣赤, 西方衣白, 北方衣黑. '兵'未聞也.

集說 '여旅'는 여럿이라는 뜻이다. '색色'은 옷의 색깔이다. 동방 제후는 푸른 옷을 입고 남방 제후는 빨간 옷을 입으며, 나머지 방위도 이에 따른다. (병장기의 경우) 동방 제후는 창을 쓰고, 남방 제후는 긴 창을, 서방 제후는 쇠뇌를, 북방 제후는 방패를, 중앙 제후는 북을 사용한다. 일식은 음이 양을 침탈한 것이므로 오행의 방위에 따른 색깔을 바로잡아 그로써 제압하여 이기는 것이다. '불을 끈다'(救火)는 것은 이러한 의리와 상관이 없다. '旅', 衆也. '色', 衣之色也. 東方諸侯衣青, 南方諸侯衣赤, 餘倣此. 東方用戟, 南方矛, 西方弩, 北方楯, 中央鼓. 日食是陰侵陽, 故正五行之方色, 以厭勝之. '救火'不關此義也.

【증자문 34】

증자가 물었다. "제후가 서로 만나 인사를 하고 문에 들어갔다가 예를 다 마치지 못하고 중지하는 경우는 몇 가지입니까?" 공자가 대답하였다. "여섯 가지 경우이다." "그에 관해 묻습니다." 공자가 말하였다. "천자가 죽었을 때, 태묘太廟에 불이 났을 때, 일식이 일어났을 때, 후부인后夫人의 상, 비에 옷이 젖어 용모가 흐트러졌을 때는 중지한다."

曾子問曰: "諸侯相見, 揖讓入門, 不得終禮, 廢者幾?" 孔子曰: "六." "請問之." 曰: "天子崩, 大廟火, 日食, 后夫人之喪, 雨霑服失容, 則廢."

鄭注 '부인夫人'은 군주의 부인이다. '夫人', 君之夫人.

集說 '태묘太廟'는 본국의 태묘이다. '부인夫人'은 군주의 부인이다. '大廟', 本國之大廟也. '夫人', 小君也.

【증자문 35】

증자가 물었다. "천자가 상嘗·체禘·교郊·사社·오사五祀의 제사를 지내면서 보簠·궤簋 등의 제기祭器를 진설한 뒤에 천자가 죽거나 왕후의 상喪이 나면 어떻게 합니까?" 공자가 "(제사를) 중지한다"고 대답하였다.

曾子問曰: "天子嘗·禘·郊·社·五祀之祭, 簠簋旣陳, 天子崩, 后之喪, 如之何?" 孔子曰: "廢."

鄭注 '기진旣陳'이란 일찍 일어나 제수와 희생을 담은 그릇을 진설하는 때이다. 천자는 7사인데 5사를 말한 것은 중간인 5사를 대표로 말한 것이다. '旣陳', 謂夙興陳饌牲器時也. 天子七祀, 言五者, 關中言之.

集說 ‘상嘗’과 ‘체禘’는 종묘제사이다. ‘교郊’와 ‘사社’는 천지天地에 대한 제사이다. 여기서는 ‘오사五祀’라고 말하고 「제법祭法」(13)에서는 ‘칠사七祀’라고 하였는데, 선유가 이미 「제법」은 근거로 삼기에 부족하다고 하였다. ‘嘗’·‘禘’, 宗廟之祭. ‘郊’·‘社’, 天地之祭. 此言‘五祀’, 而「祭法」言‘七祀’, 先儒已言「祭法」不足據矣.

【증자문 36】

증자가 물었다. “제사 일이 되어 일식이 일어나거나 태묘太廟에 화재가 나면 그 제사는 어떻게 합니까?” 공자가 대답하였다. “제사를 신속하게 진행하여 마친다. 만일 희생을 잡기 이전이면 제사를 중지한다.”

曾子問曰: “當祭而日食, 大廟火, 其祭也如之何?” 孔子曰: “接祭而已矣. 如牲至未殺, 則廢.”

鄭注 속히 제사를 지낼 뿐 시尸를 맞이하는 의절은 행하지 않는다. 接祭而已, 不迎尸也.

集說 ‘접接’은 빠르다(捷)의 뜻으로 신속하게 진행한다는 뜻이다. 이는 종묘의 제사에서 이와 같은 이변을 만나면 의절과 문식을 줄이거나 생략하여 신속하게 마치도록 힘써야 하고, 오奧에서 시尸를 맞이하고, 시尸를 맞아 모시고 들어와 앉는 등의 의절은 행하지 않는다. ‘接’, 捷也, 速疾之義. 此言宗廟之祭, 遇此變異, 則減略節文, 務在速畢, 無迎尸於奧及迎尸入坐等禮矣.

【증자문 37】

"천자가 죽고 빈殯을 하기 전이라면 오사五祀에 대한 제사를 거행하지 않고, 빈殯을 마친 뒤에 제사를 한다. 그 제사에서는 시尸를 모시고 들어와 앉히고, 세 번 음식을 먹지만 권하지는 않으며, 술로 입가심은 하지만 술잔을 돌리지는 않는다. 빈궁을 열어 매장하러 갈 때부터 반곡反哭할 때까지는 오사에 대한 제사를 거행하지 않으며, 매장을 마치고 제사를 하는데, 축祝이 올린 술잔을 다 마시면 그친다."

"天子崩, 未殯, 五祀之祭不行, 旣殯而祭. 其祭也, 尸入, 三飯不侑, 酳不酢而已矣. 自啓至于反哭, 五祀之祭不行, 已葬而祭, 祝畢獻而已."

鄭注 매장을 마치면 길吉에 더 가까워지므로 축祝이 술잔 올리기를 마친 뒤에 그친다. 교제郊祭와 사제社祭 또한 그렇게 한다. 오직 상嘗·체禘 등 종묘宗廟제사의 경우는 길한 때를 기다린다. 旣葬彌吉, 畢獻祝而後止. 郊·社亦然. 惟嘗·禘宗廟俟吉也.

集說 천자와 제후의 제례祭禮가 없어져 그 상세한 내용을 알 수 없어, 선유先儒는 대부와 사의 제례를 근거로 추론하였다. 사士의 제사에서 시尸가 아홉 번 음식을 먹고, 대부의 제사에서 시尸가 열한 번 음식을 먹으므로 제후는 열세 번 천자는 열다섯 번임을 안다. 오사五祀 이외의 신은 자신의 개인적인 상사喪事 때문에 그 제사를 오래도록 폐할 수 없다. 만일 제사를 지내야 할 때가 되어 천자가 죽으면 중지하고 시행하지 않다가 빈殯을 마치고 난 뒤에 제사를 지내는데 예를 줄인다. '유侑'는 권하다의 뜻이다. '시

입尸入'은 시尸를 모시고 들어와 앉힌다는 것이다. '세 번 음식을 먹지만 권하지는 않는다'(三飯不侑)는 것은 시尸가 세 번 음식을 먹고 배부르다고 하면 그치고 축이 다시 음식을 권하여 먹어야 할 횟수를 채우게 하지 않는 것이다. '윤酳'은 식사를 마치고 술로 입가심하는 것인데, 「곡례曲禮」(116)에 설명이 보인다. 살피건대, 「특생례特牲禮」[27]에 따르면, 시尸가 아홉 번 먹기를 마치면 주인이 술을 따라 시尸에게 입가심하도록 한다. 시尸가 마지막 잔을 다 마시고는 주인에게 잔을 돌린다. 주인이 돌린 잔을 받아 마시기를 마치고는 축祝에게 술을 올린다. 축이 다 마시면 주인은 좌식佐食에게 잔을 올린다. 이제 '술로 입가심을 하지만 술잔을 돌리지는 않는다'(酳不酢)는 것은 시尸가 주인에게 술잔을 돌리는 이하의 일이 없다는 것이다. 여기서는 빈殯을 마친 뒤에 오사에 대한 제사를 지낸다고 말하고, 또 빈궁을 열어 매장을 하러 갈 때부터 매장을 마치고 반곡할 때까지도 오사에 제사를 지내지 않다가 곧바로 매장이 끝나기를 기다렸다가 제사를 지낸다고 하는데, 그 의례儀禮가 또 다르다. 매장한 뒤에는 슬픔이 조금씩 줄어들고 점점 길吉로 향하기 때문에 축이 시尸에게 음식 권하기를 열다섯 번까지 한다. 섭주攝主는 시尸에게 술로 입가심하기를 권하고, 시尸는 마지막 잔을 다 마시고는 섭주에게 술잔을 돌린다. 섭주는 다 마시고 나서 술을 따라 축에게 올리고, 축이 받아서 다 마시면 중지하고 좌식佐食에게 올리는 이하의 일은 없다. 그 때문에 '축이 올린 술잔을 다 마시면 그친다'(祝畢獻而已)고 하였다. '이已'는 그친다는 뜻이다. 天子·諸侯之祭禮亡, 不可聞其詳矣, 先儒以大夫·士祭禮推之. 士祭, 尸九飯, 大夫祭, 尸十一飯, 則知諸侯十三飯, 天子十五飯也. 五祀外神, 不可以己私喪, 久廢其祭. 若當祭之時而天子崩, 則止而不行, 俟殯訖乃祭, 然其禮則殺矣. '侑', 勸也. '尸入', 迎尸而入坐也. '三飯不侑'者, 尸三飯告飽則止, 祝更不勸侑其食, 使滿足當飯之數也. '酳', 食畢而以酒漱口也, 說見「曲禮」. 按, 「特牲禮」尸九飯畢, 主人酌酒酳尸. 尸飮卒爵, 酢主人. 主人受酢飮畢, 酌獻祝. 祝飮畢, 主人又酌獻佐食. 今云'酳不酢'

者, 無酢主人以下等事也. 此是言殯後祭五祀之禮, 又言自啓殯往葬及葬畢反哭, 其間亦不祭五祀, 直待葬後乃祭, 其禮又不同. 蓋葬後哀稍殺漸向吉, 故祝侑尸食至十五飯. 攝主酳尸, 尸飮卒爵而酢攝主. 攝主飮畢, 酌而獻祝, 祝受而飮畢則止, 無獻佐食以下之事. 故云'祝畢獻而已'. '已', 止也.

【증자문 38】

증자가 물었다. "제후가 사직社稷에 제사를 할 때, 제기祭器를 이미 진설하였는데 천자가 죽거나 왕후의 상이 났거나, 제후가 죽거나 부인의 상喪이 났다는 부음을 듣는다면 어떻게 합니까?" 공자가 말하였다. "중지한다. 사망하였을 때부터 빈殯을 할 때까지, 빈궁을 열 때부터 반곡反哭을 할 때까지, 제후의 사직社稷과 오사五祀 제사는 천자가 같은 기간 오사五祀를 지낼 때의 원칙에 따른다."

曾子問曰: "諸侯之祭社稷, 俎豆旣陳, 聞天子崩·后之喪·君薨·夫人之喪, 如之何?" 孔子曰: "廢.① 自薨比至于殯, 自啓至于反哭, 奉帥天子."②

鄭注 ① 또한 일찍 일어나 제수와 희생을 담은 제기를 진설하는 때를 가리킨다. 亦謂夙興陳饌牲器時也.

② '수帥'는 따른다는 뜻이다. 받들고 따르기를 천자와 같이 한다는 것은 오사五祀의 제사를 가리킨다. 사직社稷도 마찬가지다. '帥', 循也. 所奉循如天子者, 謂五祀之祭也. 社稷亦然.

集說 '비比'는 미치다의 뜻이다. ○ 증자의 질문이 이와 같자, 공자는 '중지한다'(廢)고 하고, 다시 '사망하였을 때부터 빈殯을 할 때까지, 빈궁을 열

때부터 반곡反哭할 때까지 모두 천자의 예에 따른다'고 하였는데, 이는 제후가 빈을 마친 뒤에 사직社稷 또는 오사五祀에 제사하는 것이 또한 천자가 빈을 한 뒤 오사에 제사하는 예와 같고, 제후가 매장을 마친 뒤 사직과 오사에 제사를 하는 것도 천자가 매장을 한 뒤 오사에 제사를 지내는 예와 같이 함을 뜻한다. '比', 及也. ○ 曾子所問如此, 孔子曰'廢', 又言'自薨至殯, 自啓至反哭, 皆帥循天子之禮'者, 謂諸侯旣殯而祭社稷或五祀者, 亦如天子殯後, 祭五祀之禮也, 其葬後而祭社稷・五祀者, 亦如天子葬後祭五祀之禮也.

【증자문 39】

증자가 물었다. "대부의 제사에서 정鼎과 조俎 그리고 제기祭器를 진설하였는데 예를 끝까지 거행할 수 없어 중지하는 경우는 몇 가지입니까?" 공자가 대답하였다. "아홉 가지 경우이다." "그에 대해 묻습니다." 공자가 말하였다. "천자가 죽거나 왕후의 상, 국군이 죽거나 군부인의 상, 국군의 태묘太廟에 화재가 일어났을 때, 일식이 있을 때, 삼년상, 자최상, 대공상에 모두 폐한다. 외상外喪은 자최 이하의 경우라면 거행한다. 자최齊衰의 상이 생겼을 때의 제사는, 시尸를 모시고 들어가 앉히고, 세 번 음식을 올리지만, 더 먹도록 권하지 않고, 술로 입가심은 하되 술잔을 주인에게 돌리지는 않는다. 대공大功의 상이 생겼을 때의 제사는, 술잔을 주인에게 돌리기까지는 한다. 소공小功과 시마緦麻의 경우는, 방 안에서의 일까지는 한다. 사士의 경우 다른 것은, 시마복일 경우 제사하지 않는다는 것이다. 제사를 지내는 대상이 죽은 이와 상복이 없는 관계라면 제사를 거행한다."

曾子問曰: "大夫之祭, 鼎俎旣陳, 籩豆旣設, 不得成禮, 廢者幾?" 孔子曰: "九." "請問之." 曰: "天子崩, 后之喪, 君薨, 夫人之喪, 君之大廟火, 日食, 三年之喪·齊衰·大功, 皆廢. 外喪自齊衰以下, 行也.① 其齊衰之祭也, 尸入, 三飯, 不侑, 酳不酢而已矣. 大功, 酢而已矣. 小功·緦, 室中之事而已矣.② 士之所以異者, 緦不祭.③ 所祭, 於死者無服則祭."④

鄭注 ① 자최복이 외상外喪인 경우라면 제사를 (폐하지 않고) 지낸다. 齊衰異門則祭.

② '방 안에서의 일'(室中之事)는 빈장賓長(나이가 가장 많은 빈)이 술잔을 올리는 것을 가리킨다. '室中之事', 謂賓長獻.

③ 그렇다면 사士의 경우는 예를 끝까지 거행할 수 없는 것이 11가지다. 然則士不得成禮者十一.

④ 외삼촌과 외사촌형제 그리고 이종사촌과 같은 경우를 말한다. 謂若舅·舅之子·從母昆弟.

集說 이는 대부의 종묘宗廟제사를 말한다. '외상外喪'은 대문 밖 (사당이 다른 사람)의 상이다. '세 번 음식을 올리지만, 더 먹도록 권하지 않고, 술로 입가심을 하되 술잔을 주인에게 돌리지는 않는다'는 설은 위 장에 보인다. '대공의 상이 생겼을 때의 제사는, 술잔을 주인에게 돌리기까지는 한다'라는 것은 대공복은 가벼워 제례가 조금은 완비되므로 11번 음식을 먹도록 한 뒤 주인이 술을 따라 시尸에게 입가심을 하도록 하면 시尸가 주인에게 술잔을 돌리고는 그친다. '방 안에서의 일'(室中之事)이란 시尸는 방의 동

남쪽에 있고, 축祝은 방 안 북쪽 간살에 남쪽을 향해 있으며, 좌식佐食은 방 안 문 서쪽에 북쪽을 향해 있다. 다만 주인主人과 주부主婦 그리고 빈賓이 시尸와 축 그리고 좌식 등 세 사람에게 술잔을 올리고 다 마시면 그친다. 평상적인 제사의 경우, 11번 음식을 올리는 것이 끝나면 주인이 시尸에게 술로 입가심하도록 하며, 시尸가 술을 다 마시고는 주인에게 잔을 돌린다. 주인이 축과 좌식에게 술잔을 올리는 일이 끝나면, 다음으로 주부가 시尸에게 올린다. 시尸가 주부에게 술잔을 돌리고 주부는 다시 축과 좌식에게 술잔을 드리는데, 이것이 끝나면 빈장賓長이 시尸에게 올린다. 시尸가 빈장賓長이 올린 술잔을 받으면 멈추고 들지 않는다. 올리는 곳의 왼쪽에 술잔을 놓는다. 잔이 되돌아오기를 기다려 시尸가 잔을 든다. 이제 상복을 하고 있어 예를 감쇄하였으므로 빈장이 술잔을 올리는 것으로 그친다. 사士는 대부보다 낮으므로 시마복이라도 제사하지 않는다. '제사를 지내는 대상이 죽은 이와 상복이 없다'는 것은 예를 들어 아내의 부모, 어머니의 형제자매에 대해서 자신은 복이 있지만, 자기가 제사를 지내는 대상이 그들과 복이 없다면 제사를 지낼 수 있다. ○ 이제 살피건대, 잔을 올리는 예에서 빈賓은 시尸에게 세 번 잔을 올리는데 그친다. 시尸가 잔을 멈춘 뒤에 집사가 주인을 위해 문 안에 자리를 마련한다. 주부가 잔에 술을 따라 주인에게 보내고, 주인은 배례하고 잔을 받는다. 주부는 배례하고 술잔을 보내며, 주인은 잔을 다 마신다. 주부가 답배하고 잔을 받아 술을 따른 뒤에 입가심 할 술잔을 잡는다. 주인이 답배한다. 주인이 내려와 잔을 씻어 술을 따르고 주부에게 보낸다. 주부의 자리는 방 가운데 남쪽을 향한다. 주부가 배례하고 잔을 받으면 주인은 서쪽을 향해 답배하고 다시 술잔에 술을 담아 권한다. 이것이 이른바 '치작致爵'이다. 「제통祭統」(22)에 "술잔을 되돌릴 때에 반드시 술잔을 바꾼다"고 하였다. 이에 관해서는 「특생궤사례特牲饋食禮」에 자세하게 보인다. 此言大夫宗廟之祭. '外喪', 在大門之外也. '三飯,

不侑, 酳不酢', 說見上章. '大功, 酢而已'者, 大功服輕, 祭禮稍備, 十一飯之後, 主人酌酒酳尸, 尸酢主人卽止也. '室中之事'者, 凡尸在室之奧, 祝在室中北廂南面, 佐食在室中戶西北面. 但主人·主婦及賓, 獻尸及祝·佐食等三人畢則止也. 若平常之祭, 十一飯畢, 主人酳尸, 尸卒爵, 酢主人. 主人獻祝及佐食畢, 次主婦獻尸. 尸酢主婦, 主婦又獻祝及佐食畢, 次賓長獻尸. 尸得賓長獻爵, 則止不擧. 蓋奠其爵于薦之左也. 待致爵之後, 尸乃擧爵. 今以喪服殺禮, 故止於賓之獻也. 士卑於大夫, 雖緦服亦不祭. '所祭於死者無服', 謂如妻之父母·母之兄弟姊妹, 己雖有服而已, 所祭者與之無服, 則可祭也. ○ 今按, 致爵之禮, 賓獻尸三爵而止. 尸止爵之後, 執事者爲主人設席于戶內. 主婦酌爵而致于主人,[28] 主人拜受爵. 主婦拜送爵, 主人卒爵拜. 主婦答拜, 受爵以酌而酢執爵拜. 主人答拜. 主人降洗爵以酌而致于主婦. 主婦之席在房中南面. 主婦拜受爵, 主人西面答拜, 而更爵自酌以酢. 此所謂'致爵'也. 「祭統」曰"酢必易爵." 詳見「特牲饋食禮」.

【증사문 40】

증자가 물었다. "삼년상을 하면서도 조문을 합니까?" 공자가 대답하였다. "삼년상에서 연관을 쓴 뒤로는[29] 여러 사람과 함께 서지 않고 무리지어 다니지 않는다. 군자는 예를 통해 인정人情을 문식文飾하는데, 삼년상을 치르면서 조문하고 곡하면 허식이 아니겠는가?"

曾子問曰: "三年之喪, 弔乎?" 孔子曰: "三年之喪, 練不群立, 不旅行.① 君子禮以飾情, 三年之喪而弔哭, 不亦虛乎?"②

鄭注 ① 구차하게 말하여 슬픔을 잊기 때문이다. 爲其苟語忘哀也.

② 그를 위해 슬퍼하면 부모에게 전일하지 못하고, 부모를 위해 슬퍼하면 망령되이 조문하는 것이 되기 때문이다. 爲彼哀, 則不專於親也, 爲親哀, 則是妄弔.

集說 '연練'은 소상小祥이다. '여旅'는 무리다. 여럿이 서거나 무리지어 다니면서 말이 다른 일에 미치게 되면 슬픔을 잊게 되니, 하물며 조문을 하겠는가? 선왕先王이 인정人情에 따라 예를 제정하면서 슬퍼하고 즐거운 정에 따라 모두 문식하는 것이 있었다. 삼베로 만든 최복衰服과 요질腰絰, 수질首絰 그리고 상장喪杖은 지극한 아픔을 문식하기 위한 것이다. 무거운 상복을 하면서 다른 사람의 슬픔에 조문하고 곡하는 경우, 그를 슬퍼하면 나의 부모를 잊는 것이고 슬픔이 나의 부모에게 있다면 조문은 거짓 꾸밈이 되니 허위가 아니고 무엇이겠는가? 증자가 이미 공자의 이 말을 들었는데, 「단궁하檀弓下」(13)에서는 그가 어머니를 위해 자최복을 하면서 자장子張에게 소분하러 가 비난을 받은 것을 기록하고 있다. 이는 호사가가 만든 말일 것이다. '練', 小祥也. '旅', 衆也. 群立旅行言及他事, 則爲忘哀, 況於吊乎? 先王因人情而制禮, 隨其哀樂之情, 皆有以飾之. 苴衰・絰・杖爲至痛飾也. 居重喪而吊哭於人, 哀彼則忘吾親, 哀在親則吊爲矯僞矣, 非虛而何? 曾子旣聞夫子此言矣, 而「檀弓」篇乃記其以喪母之齊衰, 而往哭於子張得非. 好事者爲之辭歟.

【증자문 41】

증자가 물었다. "대부와 사士가 자신의 부모 상喪을 치르다가 상복을 벗을 때가 되었는데 군주의 상복을 하게 되면, 상복 벗는 일을 어떻게 해야 합니까?" 공자가 대답하였다. "군주에 대한 상복을 입고 있다면 감히 사가의 상복을 할 수 없는데 또 어떻게 벗는 것이 있겠는가? 이때는 시기가 지났더라도 상복을 벗지 않는다. 군주에 대한 상복을 벗은 뒤에 성대하게 (소상과 대상의) 제사를 지내는 것이 예이다."

曾子問曰: "大夫·士有私喪, 可以除之矣, 而有君服焉, 其除之也如之何?" 孔子曰: "有君喪服於身, 不敢私服, 又何除焉?① 於是乎有過時而弗除也. 君之喪服除, 而后殷祭, 禮也."②

鄭注 ① 무거운 것으로 가벼운 것을 밝힌 것이다. '사상私喪'은 집안의 상이다. 「상복사제」(3)에 "집 밖(門外)의 상사를 처리할 때는 의義로 은恩을 끊는다"고 하였다. 重牽輕也. '私喪', 家之喪也. 「喪服四制」曰: "門外之治, 義斷恩."

② 주인을 가리킨다. 지자支子라면 그렇게 하지 않는다. 謂主人也. 支子則否.

集說 군주가 중하고 부모가 가벼운 것은 의義로 은恩을 끊은 것이다. 군주에 대한 복을 하고 있다가 갑작스레 부모의 상을 당하면 감히 부모를 위해 상복을 하지 못한다. 돌아가신 초기에도 성복成服할 수 없는데 끝날 때가 되어 상복을 벗는 예를 행할 수 있겠는가? 이 때문에 기간이 지난 뒤에도 상복을 벗지 못하는 것이다. '은제殷際'는 성대한 제사이다. 군주에 대한 복을 벗고서야 부모를 위해 소상小祥과 대상大祥의 제사를 지내 효심을 펼 수 있다. 그 예가 성대하기 때문에 '은殷'이라고 한다. 가령 이달에 군주에 대한 복을 벗었다면 다음 달에 소상제小祥祭를 지내고, 다시 그 다음 달에 대상제大祥祭를 지낸다. 부모의 상에 소상을 지낸 뒤에 군주의 상을 만나면 다른 때 군주에 대한 복을 벗은 뒤에 대상제만을 지낸다. 그러나 이것은 모두 적자適子가 제사를 주관하면서 관직에 있을 경우를 가리킨다. 만일 서자는 관직에 있으면서 군주의 복을 하고 적자는 벼슬을 하지 않는 상태라면 시기에 따라 부모의 상례를 거행한다. 다른 날 서자가 군주의 복을 벗더라도 소급하여 제사를 지내지 않는다. 君重親輕, 以義斷恩也. 若君服在身, 忽遭親喪, 則不敢爲親制服. 初死尙不得成服, 終可行除服之禮乎? 此所以雖

過時而不除也. '殷祭', 盛祭也. 君服除, 乃得爲親行二祥之祭, 以伸孝心. 以其禮大, 故曰'殷'也. 假如此月除君服, 卽次月行小祥之祭, 又次月行大祥之祭. 若親喪小祥後方遭君喪, 則他時君服除後, 惟行大祥祭也. 然此皆謂適子主祭而居官者. 若庶子居官而行君服, 適子在家, 自依時行親喪之禮. 他日庶子雖除君服, 無追祭矣.

【증자문 42】

증자가 물었다. "부모의 상에 상복을 벗지 않아도 됩니까?" 공자가 말하였다. "선왕께서 제정한 예는 시기가 지나면 거행하지 않는 것이 예이다. 벗을 수 없어서가 아니라, 예제禮制에 어긋날까 근심하기 때문이다. 그러므로 군자는 시기를 넘기면 제사를 지내지 않는데, 이것이 예이다."

曾子問曰: "父母之喪, 弗除可乎?"① 孔子曰: "先王制禮, 過時弗擧, 禮也. 非弗能勿除也, 患其過於制也. 故君子過時不祭, 禮也."②

鄭注 ① 종신토록 근심함이 있기 때문이다. 以其有終身之憂.

② 예를 제정하여 백성들의 중도中道를 삼으니 시기를 넘기면 예를 이루지 못함을 말한다. 言制禮以爲民中, 過其時則不成禮.

集說 증자의 생각은 "적자適子로서 벼슬을 하는 사람은 군주에 대한 복을 벗은 뒤에 여전히 소상과 대상 제사를 지낼 수 있지만, 서자로서 벼슬을 하는 사람은 군주에 대한 복을 벗더라도 소급하여 제사지낼 수 없다면, 이는 종신토록 부모의 상복을 벗지 않는 것이니, 옳은 것인가?"라고 여긴 것이다. 공자는 선왕께서 예를 제정하면서 각각 시기를 설정하였으니, 시기를 넘기면 다시 소급하여 거행하지 않는 것이 예라고 말하였다. 이제 소급

하여 상복을 벗지 않는 것은 상복을 벗을 수 없어서가 아니라, 성인의 예제를 넘어설까 염려하기 때문이다. 게다가 가령 사시제의 경우 봄 제사를 지낼 때 사정이 있어 지내지 못하였더라도, 여름이 되면 여름 제사를 지낼 뿐 봄 제사를 다시 소급하여 지내지는 않는다. 그러므로 시기가 지나면 제사지내지 않는 것이 예의 상도常道이다. 체제禘祭와 협제祫祭의 큰 제사는 그렇게 하지 않는다. 曾子之意以爲"適子仕者, 除君服後, 猶得追祭二祥, 庶子仕者, 雖除君服, 不復追祭, 是終身不除父母之喪矣, 可乎?" 孔子言先王制禮, 各有時節, 過時不復追擧, 禮也. 今不追除服者, 不是不能除也, 患其踰越聖人之禮制也. 且如四時之祭, 當春祭時, 或以事故阻廢, 至夏則惟行夏時之祭, 不復追補春祭矣. 故過時不祭, 禮之常也. 惟禘祫大事則不然.

【증자문 43】

증자가 물었다. "군주가 죽고 빈殯을 마친 뒤에 신하에게 부모의 상이 생기면 어떻게 합니까?" 공자가 말하였다. "돌아가 집에 머물면서 성대한 일이 있을 때 군주의 빈궁으로 가고 조석전에는 가지 않는다."

曾子問曰: "君薨旣殯, 而臣有父母之喪, 則如之何?" 孔子曰: "歸居于家, 有殷事則之君所, 朝夕否."

鄭注 '집에 머문다'(居家)는 것은 애통함으로 인하여 뒤에 부모에게 융숭하게 하는 것이다. '성대한 일'(殷事)이란 그믐과 보름, 그리고 새로 나온 곡식이나 과일을 올리는 전奠 등이다. '居家'者, 因其哀後隆於父母. '殷事', 朔月·月半·薦新之奠也.

集說 '성대한 일'(殷盛之事)이란 그믐과 보름 그리고 새로 나온 곡식이나 과일을 올리는 전奠을 말한다. 군주에게 이러한 일이 있다면 군주의 빈궁으로 가지만, 조석전의 경우는 가서 곡하지 않는다. '殷盛之事', 謂朔望及薦新之奠也. 君有此事, 則往適君所, 朝夕則不往哭.

【증자문 44】

(증자가) 말하였다. "군주의 상에 빈궁殯宮을 연 뒤 신하에게 부모의 상이 생기면 어떻게 합니까?" 공자가 말하였다. "(집으로) 돌아가 곡을 하고 돌아와 군주를 전송한다."

曰: "君旣啓, 而臣有父母之喪, 則如之何?" 孔子曰: "歸哭而反送君."

鄭注 '군주를 전송한다'(送君)고 말하였으니 매장을 마치고는 집에 돌아간다. '돌아가 곡을 한다'(歸哭)는 것은 군주에 대한 상복을 한 채로 돌아간다는 것으로 감히 사가私家의 복을 하지 않는 것이다. 言'送君', 則旣葬而歸也. '歸哭'者, 服君服而歸, 不敢私服也.

集說 '계啓'는 빈궁殯宮을 여는 것이다. '돌아가 곡을 한다'(歸哭)는 것은 부모의 상에 곡한다는 것이다. '돌아가 군주를 전송한다'(反送君)는 것은 다시 가서 군주의 장례를 전송한다는 것이다. 이 두 구절은 군주와 부모의 상을 대비하여 말한 것이다. 신하가 부모의 상을 치르다 빈殯을 한 뒤에 군주의 상을 당하면 군주의 빈궁으로 돌아간다. 부모의 상에 성대한 일이 있으면 집으로 돌아가지만, 부모의 상에 올리는 조석전과 같은 경우는 항상 군주의 빈궁에 머문다. 부모의 상에 빈궁을 연 뒤에 군주의 상을 당하면 역시

군주의 빈궁에 가서 곡하고 돌아와 부모의 장례를 전송한다. 군주의 상에 빈을 하기 전에 신하가 부모의 상을 당하는 아래 경문의 경우는 역시 부모의 상에 빈을 하기 전에 군주의 상을 만난 경우와 서로 유추하여 처리한다. '啓', 啓殯也. '歸哭', 哭親喪也. '反送君', 復往送君之葬也. 此二節皆對言君親之喪. 若臣有父母之喪, 旣殯而後有君喪, 則歸君所. 父母喪有殷事, 則來歸家, 朝夕亦恒在君所也. 若父母之喪, 旣啓而有君之喪, 則亦往哭於君所, 而反送父母之葬也. 下文君未殯而臣有父母之喪, 亦與父母之喪未殯而有君喪, 互推之.

【증자문 45】

(증자가) 말하였다. "군주의 상에 아직 빈殯을 하지 않았는데 신하에게 부모의 상喪이 생기면 어떻게 합니까?" 공자가 말하였다. "집으로 돌아가 빈殯을 하고 군주의 빈궁으로 돌아온다. 성대한 일이 있으면 집으로 돌아가 행하고, 조석전朝夕奠에는 집으로 가지 않는다. 대부는 실로室老가 조석전을 섭행攝行하고, 사士는 자손이 섭행한다. 대부의 내자內子는 군주의 상에 성대한 일이 있을 때 또한 군주의 빈궁으로 가고, 조석전에는 가지 않는다."

曰: "君未殯, 而臣有父母之喪, 則如之何?" 孔子曰: "歸殯, 反于君所. 有殷事則歸, 朝夕否.① 大夫室老行事, 士則子孫行事.② 大夫內子, 有殷事, 亦之君所, 朝夕否."③

鄭注 ① 그 슬픔이 뒤섞여 있으나 군주를 위주로 하는 것이다. 其哀雜, 主於君.
② 대부와 사가 군주의 빈궁에 있을 때 그 일을 섭행한다. 大夫·士其在君所之時, 則攝其事.

③ 남편의 군주가 빈殯을 한 뒤에 시부모의 상이 발생한 경우를 가리킨다. '내자內子'는 대부의 정처(妻正)이다. 아내는 남편의 군주를 위해 며느리가 시부모를 위해 자최복을 하는 것과 동일하게 상복을 한다. 謂夫之君旣殯, 而有舅姑之喪者. '內子', 大夫適妻也. 妻爲夫之君, 如婦爲舅姑服齊衰.

集說 '실로室老'는 집안일을 돌보는 사람 가운데 우두머리다. 실로나 자손이 상사를 거행한다는 것은 대부와 사가 군주의 빈궁에서 성대한 일에 참여할 때 더러 아침저녁으로 항상 군주의 빈궁에 있게 되는데, 부모상의 조석전朝夕奠을 결행缺行하게 된다. 그러나 상喪의 전奠은 폐할 수 없다. 대부는 신분이 존귀하므로 실로에게 그 일을 섭행하게 하고, 사는 신분이 낮으므로 자손이 섭행한다. '내자內子'는 경·대부의 정처이다. 경·대부의 정처는 남편의 군주를 위해 시부모를 위해 자최복을 하는 것과 똑같이 상복을 하므로 성대한 일이 있을 때에는 역시 군주의 빈궁으로 간다. '室老', 家相之長也. 室老·子孫行事者, 以大夫士在君所殷事之時, 或朝夕恒在君所, 則親喪朝夕之奠有缺. 然奠不可廢也. 大夫尊, 故使室老攝行其事, 士卑則子孫攝也. '內子', 卿·大夫之適妻也. 爲夫之君, 如爲舅姑服齊衰, 故殷事亦之君所.

【증자문 46】

신분이 낮은 사람은 신분이 높은 사람의 뇌문誄文을 짓지 않고, 나이가 어린 사람은 나이 많은 사람의 뇌문을 짓지 않는 것이 예이다. 오직 천자의 경우에만 하늘을 칭하여 뇌문을 짓는다. 제후끼리 서로 뇌문을 짓는 것은 예禮가 아니다.

賤不誄貴, 幼不誄長, 禮也.① 唯天子稱天以誄之.② 諸侯相誄,

非禮也.③

鄭注 ① '뇌誄'는 쌓는다는 뜻이다. 살았을 때의 행적을 모아 열거하여 뇌문을 지어 읽고 시호를 정한다. 시호는 신분이 높거나 나이가 많은 사람을 통해서 이루어진다. '誄', 累也. 累列生時行迹, 讀[30]之以作謚. 謚當由尊者成.

② 천자보다 존귀한 이는 없기 때문이다. 『춘추공양전』의 설에서는 남교南郊에서 뇌문誄文을 읽고 시호를 제정하는데 마치 하늘에서 받았다고 말하는 것처럼 한다고 하였다. 以其無尊焉. 『春秋公羊』說以爲讀誄制謚於南郊, 若云受之於天然.

③ 예에 따르면 천자에게 뇌문을 요청해야 한다. 그러면 천자는 태사太史에게 시호를 내리게 한다. 禮當請[31]誄於天子也. 天子乃使大史賜之謚.

集說 '뇌誄'는 쌓는다는 말이다. 그가 평생 실행한 것을 모아 열거하여 뇌誄를 짓고 시호를 정하여 일컫는다. '하늘에 칭하여 뇌문을 짓는다'(稱天以誄之)는 것은 천자의 존귀함은 대적할 자가 없고 오직 하늘만이 천자의 위에 있으므로 하늘을 빌어 칭한다는 것이다. 군주의 일은 하늘을 칭탁하는 경우가 많으니 뇌문만 그렇게 하는 것이 아니다. '誄'之爲言累也. 累擧其平生實行爲誄, 而定其謚以稱之也. '稱天以誄之'者, 天子之尊無二, 惟天在其上, 故假天以稱之也. 人君之事多稱天, 不獨誄也.

【증자문 47】

증자가 물었다. "군주가 국경을 넘어 외국으로 갈 때는 삼년상이 날 것에 대한 대비를 하게 하고, 내관(椑)을 가지고 따르게 합니다.

군주가 (외국에서) 죽으면 귀국할 때는 어떻게 합니까?" 공자가 말하였다. "(외국에서 대렴大斂을 한 뒤 군주의 시신과 상주 등 일행이 입국한 때에는) 빈殯을 할 때 사용하는 복식을 상주에게 제공하는데, 상주는 삼으로 된 변에 수질과 요질을 하고, 소최疏衰와 상장喪杖을 하고, 종묘의 담장을 헐어낸 곳으로 들어와 서쪽 계단을 통해 오른다. 만일 (외국에서 이미) 소렴小斂을 하였다면 상주는 문免을 하고 널을 따르며, 문으로 들어와 동쪽 계단을 통해 오른다. 군주와 대부 그리고 사 모두 의절이 동일하다."

曾子問曰: "君出疆, 以三年之戒, 以椑從. 君薨, 其入如之何?"① 孔子曰: "共殯服,② 則子麻弁絰·疏衰·菲杖,③ 入自闕, 升自西階.④ 如小斂, 則子免而從柩,⑤ 入自門, 升自阼階.⑥ 君·大夫·士一節也."

鄭注 ① 군주가 출국할 때 상례에 대한 대비를 하고 나가므로, 외국에서 상이 나서 들어올 때는 반드시 다를 것이라고 생각한 것이다. '계戒'는 대비한다는 뜻과 같으며, 수의壽衣와 이불을 가리킨다. 신체에 직접 접하는 관을 '비椑'라 한다. 비椑 이외의 것은 죽은 다음 준비해도 된다. 其出有喪備, 疑喪入必異也. '戒', 猶備也, 謂衣衾也. 親身棺曰'椑'. 其餘可死乃具也.

② 이는 군주의 상喪이 이미 대렴大斂을 마친 상태임을 가리킨다. '빈복殯服'이란 베로 만든 심의, 삼으로 만든 수질首絰과 요질, 산대수散帶垂 등 빈殯을 할 때 상주가 입는 상복이다. 그것을 미리 상주에게 제공하고 군주의 주검이 오기를 기다린다. 그 나머지 빈殯과 관련된 일도 모두 준비해놓는다. 此謂君已大斂. '殯服', 謂布深衣·苴絰·散帶垂殯時主人所服. 共之以待其來也. 其餘殯事, 亦皆具焉.

③ 관과 널이 안정되지 않아 밖에서는 차마 성복成服하지 못하는 것이다. '삼으로 만든 변에 수질과 요질을 한다'(麻弁絰)는 것은 베로 변弁을 만들고 환질環絰을 덧댄 것이다. '포변布弁'은 작변爵弁과 같은데 베를 사용한다. (성복을 하지 않았는데도) 상장喪杖을 하는 것은 이미 병이 들었기 때문이다. 棺柩未安, 不忍成服於外也. '麻弁絰'者, 布弁而加環絰也. '布弁', 如爵弁而用布. 杖者爲已病.

④ '궐闕'은 종묘의 담장을 헐어내는 것을 말한다. 널이 종묘의 담장을 헐고 들어오는 것은 살아 있을 때와는 달리하는 것이다. '서쪽 계단을 통해 오른다'(升自西階)는 것 역시 살아 있을 때와 달리하는 것이다. 종묘를 허는 위치는 빈궁殯宮의 문 서쪽이다. 여기에서 널을 바로 하고 빈복殯服을 입으며 빈殯의 흙칠하는 의절을 마친 뒤에 성복成服한다. 은殷나라에서는 널이 나갈 때 종묘의 담장을 헐고, 주나라에서는 널이 들어올 때 허는데, 예가 서로 변한 것이다. '闕'謂毁宗也. 柩毁宗而入, 異於生也. '升自西階', 亦異生也. 所毁宗, 殯宮門西也. 於此正棺, 而服殯服, 旣塗而成服. 殷柩出毁宗, 周柩入毁宗, 禮相變也.

⑤ 군주가 이미 소렴小斂을 한 상태임을 가리킨다. 상주가 베로 만든 심의深衣를 하고 머리를 묶지 않는 것은 먼 곳으로 가기 위해서는 문식을 하지 않을 수 없기 때문이다. 謂君已小斂也. 主人布深衣, 不括髮者, 行遠不可無飾.

⑥ 부모가 아직 입관한 상태가 아니므로 들어오는 것을 차마 다르게 하지 않고 살아서 올 때와 같이 하는 것이다. 親未在棺, 不忍異入, 使如生來反.

集說 증자가 "국군이 일로 국경을 넘을 때는 반드시 삼년상에 대한 대비를 하고 가는데 이는 곧바로 돌아올 수 없을까 염려해서입니다. 그 때문에 몸에 직접 닿는 내관을 준비하여 수행하게 하는데 외지에서 죽게 될 경우를 고려해서입니다. 만일 외지에서 죽게 되면 돌아올 때의 예는 어떠합니까?"라고 물었다. 공자의 대답은 다음과 같다. 당시 외국에서 이미 대렴을

마친 뒤 상주가 상여를 따라 돌아오면, 그 나라의 유사有司는 상주에게 빈殯을 할 때 착용하는 복을 제공하는데, 베로 된 심의와 삼으로 된 수질과 요질, 그리고 산대수散帶垂[32]등이다. 이때 상주는 상여를 따라 귀로歸路에 있어 성복成服을 하지 못하고, 삼으로 된 변질 그리고 소최疏衰(거친 베로 만든 상복)를 착용하고 표구藨屨와 상장喪杖을 한다. '마변麻弁'은 베로 된 변弁이다. 베로 된 변弁 위에 환질環絰을 덧댄 것이다. 상여가 들어올 때는 빈궁殯宮의 문 서쪽 담장을 헐고 들어와 그곳이 비게 되므로 궐闕이라고 한다. 문궐門闕[33]의 궐闕이 아니다. 서쪽 계단으로 오르는 것은 상여가 외부로부터 온 것이 빈객이 방문한 것과 유사하므로 객이 오르는 계단으로 나아가 오르는 것이다. 만일 소렴小斂을 하고 돌아온다면 자식은 머리에 삼으로 된 변弁을 하지 않고 몸에는 소최疏衰를 하지도 않으며, 머리에는 문포免布를, 몸에는 베로 된 심의深衣를 착용할 뿐이다. 문으로 들어오고 동쪽 계단으로 오르는 것은, 부친이 아직 입관을 하지 않은 상태여서 여전히 살아있을 때 섬기는 예로 섬기려는 것이다. 군주와 대부 및 사가 외지에서 사망한 경우는 그 예가 모두 한 가지고 다른 방식이 없으므로 '의절이 동일하다'(一節)라고 한 것이다. 曾子問"國君以事出疆, 必爲三年之戒備, 恐未得卽返也. 於是以親身之棺隨行, 慮或死於外也. 若死於外, 則入之禮如何?" 孔子言於時大斂之後, 主人從柩而歸, 則其國有司供主人殯時所著之服, 謂布深衣·苴絰·散帶垂也. 此時主人從柩在路未成服, 惟著麻弁絰·疏衰, 而藨屨且杖也. '麻弁', 布弁也. 布弁之上, 加環絰也. 柩入之時, 毁殯宮門西邊墻而入, 其處空缺, 故謂之闕. 非門闕之闕也. 升自西階者, 以柩從外來, 有似賓客, 故就客階而升也. 如小斂而歸, 則子首不麻弁, 身不疏衰, 惟首著免布, 身著布深衣也. 入自門, 升自阼階者, 以親未在棺, 猶以事生之禮事之也. 凡君與大夫及士之卒於外者, 其禮皆一等無異制, 故云'一節'也.

【증자문 48】

증자가 물었다. "군주의 상에 발인이 끝나고 장지葬地로 가던 중에 부모의 부음訃音을 들었다면 어떻게 합니까?" 공자가 말하였다. "군주를 전송하는 의절을 완수하고 하관을 마친 뒤 집으로 돌아가고, 상주喪主인 사군嗣君이 돌아가기를 기다리지 않는다."

曾子問曰: "君之喪旣引, 聞父母之喪, 如之何?" 孔子曰: "遂旣封而歸, 不俟子."

鄭注 '수遂'는 군주를 전송하는 의절을 완수한다는 뜻이다. '봉封'은 '폄窆'이 되어야 한다. '아들'(子)은 사군嗣君이다. '遂', 遂送君也. '封', 當爲'窆'. '子', 嗣君也.

集說 '수遂'는 군주의 상여를 전송하기를 다 마친다는 것이다. '기폄이귀旣窆而歸'는 하관을 하고 곧바로 돌아온다는 것이다. '불사자不俟子'는 상주가 돌아가기를 기다리지 않고 자기가 먼저 돌아간다는 것이다. '遂', 遂送君柩也. '旣窆而歸', 下棺卽歸也. '不俟子', 不待孝子返, 而己先返也.

【증자문 49】

증자가 물었다. "부모의 상에 발인을 하고 장지葬地로 가던 길에 군주의 부음訃音을 들으면 어떻게 합니까?" 공자가 말하였다. "전송하는 의절을 끝마치고 하관을 한 뒤에 옷을 바꿔 입고 군주의 상에 간다."

曾子問曰: “父母之喪旣引及塗, 聞君薨, 如之何?” 孔子曰: “遂旣封, 改服而往.”

鄭注 ‘봉封’ 역시 ‘폄窆’이 되어야 한다. ‘옷을 바꿔 입는다’(改服)는 것은 머리를 묶고, 맨발로 걷고, 베로 된 심의深衣를 하며, 상의의 옷섶을 걷는 것 등으로, 사가私家의 상복 차림으로 지존한 군주에 대한 상을 포괄하지 않는 것이다. ‘封’, 亦當爲窆. ‘改服’, 括髮・徒跣・布深衣・扱上衽, 不以私喪包至尊.

集說 ‘수遂’는 부모의 널을 전송하는 절차를 마친다는 것이다. 하관을 한 뒤에 옷을 바꿔 입고 간다는 것은 「잡기하雜記下」(47)에 “상여를 따라 장지로 가거나 반곡할 때가 아니면 길(堩)에서 문免을 착용하지 않는다”라고 하였으니, 이때 상주는 머리에 문免을 착용하고 있으므로 문을 제거하고 머리를 묶고 맨발에 베로 된 심의를 입고 가는 것이니, 사가私家의 상복 차림으로 군주의 상을 감히 행하지 않는 것이다. ‘遂’, 遂送親柩也. 旣窆之後, 改服而往者, 「雜記」云: “非從柩與反哭, 無免於堩”, 此時孝子首著免, 乃去免, 而括髮・徒跣・布深衣而往, 不敢以私喪之服喪君也.

【증자문 50】

증자가 물었다. “종자宗子가 사이고 서자庶子가 대부이면 그 제사는 어떻게 지냅니까?” 공자가 말하였다. “상생上牲(위 등급의 희생)으로 종자의 집에서 지낸다. 축문에는 ‘효자孝子(종자) 모는 개자介子(서자)인 모를 대신하여 그 정기 제사를 올립니다’라고 한다.”

曾子問曰: “宗子爲士, 庶子爲大夫, 其祭也如之何?” 孔子曰: “以上牲祭於宗子之家.① 祝曰: '孝子某, 爲介子某, 薦其常事.'"②

鄭注 ① 신분을 귀하게 여기고 아울러 종통을 중시하는 것이다. '상생上牲'은 대부의 경우는 소뢰小牢이다. 貴祿重宗也. '上牲', 大夫少牢.

② '개介'는 부副(다음)의 뜻이다. 서庶라고 하지 않는 것은 제사를 올릴 수 있는 것처럼 하는 것이다. '介', 副也. 不言庶, 使若可以祭然.

集說 제사에서 사士는 특생特牲(한 마리 희생)을 사용하고 대부는 소뢰小牢[34]를 사용한다. '상생上牲'은 소뢰이다. 서자庶子가 대부이므로 상생上牲을 써야 한다. 그러나 종자宗子의 집에 반드시 가서 제사를 드리는 것은 사당이 종자의 집에 있기 때문이다. '효자孝子'는 종자宗子이다. '개자介子'는 서자庶子이다. 서庶라고 하지 않고 개介라고 한 것은 서자는 비천한 이에 대한 호칭이고 개介는 다음이라는 의미가 있기 때문이니, 귀한 이를 귀하게 대우하는 방법이다. '천기상사薦其常事'란 그해의 정기적인 제사를 올린다는 뜻이다. 士特牲, 大夫少牢. '上牲', 少牢也. 庶子旣爲大夫, 當用上牲. 然必往就宗子家而祭者, 以廟在宗子家也. '孝子', 宗子也. '介子', 庶子也. 不曰庶而曰介者, 庶子卑賤之稱, 介則副貳之義, 亦貴貴之道也. '薦其常事'者, 薦其歲之常事也.

【증자문 51】

"종자宗子가 죄를 지어 다른 나라에 살고 있고 서자庶子가 대부일 때, (서자가 제사를 지내는데) 그 제사에서 축문에 '효자孝子 아무개가 개자介子 아무개에게 정기적인 제사의 일을 집행하게 하였습니다'라고 한다. 섭주攝主는 염제厭祭의 의절을 행하지 않고, 여수旅酬

의 의절을 행하지 않고, 축복하는 의절을 행하지 않고, 휴제綏祭(음식을 덜어서 고수레하는 것)의 의절을 행하지 않고, 배향配享하는 의절을 행하지 않는다."

"若宗子有罪, 居於他國, 庶子爲大夫, 其祭也, 祝曰: '孝子某, 使介子某執其常事.'① 攝主不厭祭, 不旅, 不假, 不綏祭, 不配."②

鄭注 ① 이것을 종자宗子가 대부의 일을 섭행攝行한다고 한다. 此之謂宗子攝大夫.

② 이는 모두 정통의 종자라는 혐의를 피하려는 것이다. '염厭'은 신에게 충분히 음식을 들게 하는 것이다. 염厭에는 음염陰厭이 있고 양염陽厭이 있다. 시尸를 맞이하기 전에 축祝이 술을 따라 올리는데, (형鉶의 남쪽에) 올리고 또 흠향하게 하는 것이 음염이다. 시尸가 일어난 뒤에 (좌식이) 시尸에게 올린 천薦·조俎·대敦를 거두어서 실室의 서북쪽 모퉁이에 진설하는데, 이것이 양염이다. 여기서 '불염不厭'은 양염을 하지 않는다는 뜻이다. '불려不旅'는 여수旅酬를 하지 않는 것이다. '가假'는 하嘏로 읽는다. '불하不嘏'는 주인에게 축복하지 않는다는 것이다. '불휴제不綏祭'는 지금의 주인을 가리킨다. '휴綏'는 『주례』에는 휴墮로 되어 있다. '불배不配'는 축사에 "아무개의 비를 아무개에게 배향한다"고 말하지 않는 것이다. 皆辟正主. '厭', 厭飫神也. 厭有陰有陽. 迎尸35)之前, 祝酌奠, 奠之且饗, 是陰厭也. 尸謖之後, 徹薦·俎·敦, 設於西北隅, 是陽厭也. 此'不厭'者, 不陽厭也. '不旅', 不旅酬也. '假', 讀爲'嘏'. '不嘏', 不嘏主人也. '不綏祭', 謂今主人也. '綏', 『周禮』作'墮'. '不配'者, 祝辭不言"以某妃配某氏."

集說 '개자介子'는 제사를 주관해야 하는 사람이 아니므로 '섭주攝主'라고 부른 것이다. 종자宗子가 주관할 때에 비하여 생략되는 의절이 다섯 가지다. 제례祭禮의 순서에 따라 말하면 불배不配·불수제不綏祭·불하不假·불

려不旅·불염제不厭祭라고 해야 하는데, 이제 거꾸로 말한 것에 대하여, 구설舊說에서는 섭주는 정통이 아니기 때문에 거꾸로 진술하여 의리를 보인 것이라고 하였는데, 어쩌면 또한 기록자의 잘못일 것이다. 이제 제례의 순서에 따라 풀이하면, '배향하는 의절을 행하지 않는다'(不配)는 제례를 처음 시작하는 단계에서 시尸가 아직 들어오지 않았을 때 축祝이 신령에게 "효손 아무개가 다가오는 정해丁亥일에 황조백皇祖伯 아무개에게 정기 제사를 올리고 아무개의 비 모씨를 배향합니다"라고 하기를 강씨姜氏, 자씨子氏 등의 경우와 같이 해야 하는데, 이제 섭주攝主는 감히 의절을 다 갖추지 못하여 다만 "황조백皇祖伯 아무개에게 정기 제사를 올린다"만 말하고, "아무개의 비 모씨를 배향한다"는 것은 말하지 않는 것이다. '불휴제不綏祭'는, '휴綏'는 『주례』를 따라 '휴墮'로 되어야 하는데, 덜어서 헌다는 뜻이다. 시尸와 주인이 함께 휴제隋祭를 행한다. 주인은 서직黍稷과 희생의 고기를 덜어서 두豆 사이에 고수레를 하고, 시尸는 저菹(채소절임)·서직黍稷·폐肺 등을 취해서 두豆 사이에 고수레를 하는 것이 이른바 휴제이다. 이제 시尸가 스스로 휴제隋祭를 하지만 주인은 섭주攝主이기 때문에 휴제를 하지 않는다. '불가不假'는 '가假'가 '하嘏'로 되어야 하고, 축복하는 말이다. 시尸가 열한 번 음식 먹기를 마치면 주인이 시尸에게 입가심하는 술을 올리고, 시尸는 마시고 주인에게 술잔을 되돌리며, 마치면 공축工祝(축관)에게 명령하여 주인에게 축복하기를 "황시皇尸께서 공축工祝에게 명하여 많은 복을 무궁하게 그대 효손孝孫(주인)에게 전해주게 하셨다. 그대 효손에게 내려주시어 그대가 하늘에서 복록을 받게 하셨으니, 농사를 잘 짓고 오래도록 장수를 누리게 될 것이다. 폐하지 말고 길이 보전하라"라고 하며, 주인은 머리가 지면에 닿도록 하여 두 번 배례를 한다. 이제 역시 정통의 주인이라는 혐의를 피하기 위해 축복하는 의절을 행하지 않는다. '불려不旅'는 여수旅酬의 의절을 행하지 않는다는 것으로, 앞 장에 설명이 자세하게 보인다. '불염제不厭祭'

에서 '염厭'은 음식을 충분히 먹는다는 뜻으로, 신이 흠향함을 가리킨다. 염에는 음염과 양염이 있다. 음염은 시尸를 맞이하기 전에 축이 술을 따라 올리기를 마치고 주인을 위해 신에게 말을 풀이하면서 흠향할 것을 권면하는 것이다. 이때 방의 아랫목 어둡고 고요한 곳에 있으므로 음염이라고 한다. 양염이란 시尸가 내려온 뒤에 좌식佐食이 시尸에게 올렸던 천薦·조俎를 거두어 서북쪽 모퉁이에 진설하는데 출입문 쪽의 밝은 곳이므로 양염이라고 한다. 염厭의 의절을 제정한 의도는 신이 저기에 계신지 여기에 계신지 알지 못하므로 모두 흠향하여 충분하게 드시기를 바라는 것이다. 여기에서 '염제厭祭를 하지 않는다'(不厭祭)고 한 것은 양염을 하지 않는다는 것으로, 선후의 차례에 근거하여 알 수 있다. '介子'非當主祭者, 故謂之'攝主'. 其禮略於宗子者有五焉. 若以祭禮先後之次言之, 當云不配·不綏祭·不假·不旅·不厭祭, 今倒言之者, 舊說攝主非正, 故逆陳以見義, 亦或記者之誤與. 今依次釋之, '不配'者, 祭禮初行, 尸未入之時, 祝告神曰"孝孫某來日丁亥用, 薦歲事于皇祖伯某, 以某妃配某氏", 如姜氏·子氏之類, 今攝主不敢備禮, 但言"薦歲事于皇祖伯某", 不言以"某妃配"也. '不綏祭'者, '綏'字當從『周禮』作'隋', 減毁之名也. 尸與主人, 俱有隋祭. 主人減黍稷牢肉而祭之於豆間, 尸則取菹及黍稷肺而祭於豆間, 所謂隋祭也. 今尸自隋祭, 主人是攝主, 故不隋祭也. '不假'者, '假'字當作'嘏', 福慶之辭也. 尸十一飯訖, 主人酳尸, 尸酢主人, 畢, 命祝嘏于主人曰"皇尸命工祝, 承致多福無疆于女孝孫. 來女孝孫使女受祿于天, 宜稼于田, 眉壽萬年. 勿替引之", 主人再拜稽首. 今亦以避正主, 故不嘏也. '不旅', 不旅酬也, 詳見前章. '不厭祭'者, '厭'是饜飫之義, 謂神之歆享也. 厭有陰有陽. 陰厭者, 迎尸之前, 祝酌奠訖, 爲主人釋辭於神, 勉其歆享. 此時在室奥陰靜之處, 故云陰厭也. 陽厭者, 尸謖之後, 佐食徹尸之薦俎, 設於西北隅, 得戶明白之處, 故曰陽厭. 制禮之意, 不知神之所在於彼乎於此乎, 皆庶幾其享之而厭飫也. 此言'不厭祭', 不爲陽厭也, 以先後之次, 知之.

【증자문 52】

"(섭주가 제사를 대신 지낼 때) 빈賓에게 잔을 올리면 빈은 놓아두고 들어서 여수旅酬의 의절을 행하지 않고, (제사가 끝난 뒤) 제육祭肉을 나누어 보내지 않는다. (제사 하루 전 찾아가) 빈賓에게 말할 때는 '종형宗兄 또는 종제宗弟 혹은 종자宗子가 다른 나라에 있어, (아무개에게 제사를 집행하게 하고), 아무개를 시켜 말로 알리게 하였습니다'라고 한다."

"布奠於賓, 賓奠而不擧,① 不歸肉.② 其辭于賓曰: '宗兄·宗弟·宗子在他國, 使某辭.'"③

鄭注 ① '포전布奠'은 주인이 빈賓에게 잔을 돌리기 위해 잔을 빈의 천薦(채소절임과 젓갈) 북쪽에 놓는 것을 말한다. '빈전賓奠'은 잔을 들어 천薦의 남쪽에 놓는 것을 가리킨다. 이것이 잔을 돌리는 의절(酬)의 시작이다. 잔을 놓고 들지 않는다는 것은 여수旅酬의 의절을 중지하는 것이다. '布奠', 謂主人酬賓, 奠觶於薦北. '賓奠', 謂取觶, 奠於薦南也. 此酬之始也. 奠之不擧, 止旅.

② '육肉'은 조俎(희생을 담은 제기)이다. 제사에 참여한 모든 사람들을 머물게 하여 함께 연회를 하는 것이다. '肉', 俎也. 謂[36]與祭者留之共燕.

③ '사辭'는 고한다는 뜻과 같다. 제사 하루 전에 빈에게 찾아가 하는 말에서 종자와 같은 항렬이라면 '종형宗兄' 또는 '종제宗弟'라고 하고, 소목昭穆이 다르면 '종자宗子'라고만 한다. 그 말은 "종형인 아무개가 타국에 있어 아무개에게 정기 제사를 집행하게 하고, 아무개를 시켜 알리게 하였습니다"라는 식으로 한다. '辭', 猶告也. 宿賓之辭, 與宗子爲列, 則曰'宗兄'若'宗弟', 昭穆異者曰'宗子'而已. 其辭若云"宗兄某在他國, 使某執其常事, 使某告."

集說 주인主人이 빈에게 잔을 돌릴 때, 빈은 서쪽 행랑에서 동쪽을 향해 있다. 주인이 이 술잔을 빈賓의 조俎의 북쪽에 놓으면, 빈은 앉아서 이 잔을 가져다 조俎의 남쪽에 놓고, 잔을 들어 형제들에게 돌리지 않는데, 이것이 바로 여수旅酬의 의절을 행하지 않는다는 내용이다. 종자宗子가 제사를 주관한다면 제사를 돕는 빈賓들 모두에게 조俎에 올린 희생고기를 보낸다. 지금은 주인을 대신하여 섭행하는 것이므로 빈에게 조육俎肉을 돌리지 않는다. 제사에서만 예를 완전하게 갖추지 않는 것이 아니라, 제사를 지내는 초기에 (하루 전 찾아가) 빈에게 고하는 말에서도 차이가 있어, "종형宗兄·종제宗弟·종자宗子가 다른 나라에 있어 친히 제사를 지낼 수 없으므로 아무개에게 정기 제사를 집행하게 하고, 아무개를 시켜 알리게 하였습니다"라고 한다. 따라서 "아무개에게 말로 알리게 하였습니다"라고 말한 것이다. '종형'·'종제'는 이 섭주에게 형이 되거나 아우가 되는 것이다. 항렬이 달라 조부의 항렬이거나 자손의 항렬이라면 '종자宗子'라고만 한다. 主人酬賓之時, 賓在西廂東面. 主人布此奠爵於賓俎之北, 賓坐取此爵而奠於俎之南, 不擧之以酬兄弟, 此卽不旅之事. 若宗子主祭, 則凡助祭之賓各歸之以俎肉. 今攝主, 故不歸俎肉於賓也. 非但祭不備禮, 其將祭之初, 告賓之辭亦異, 曰"宗兄·宗弟·宗子在他國, 不得親祭, 故使某執其常事, 使某告也." 故云"使某辭." '宗兄'·'宗弟'者, 於此攝主爲兄或爲弟也. 若尊卑不等, 或是祖父之列, 或是子孫之列, 則但謂之'宗子'矣.

【증자문 53】

증자가 물었다. "종자宗子가 자기 나라를 떠나 다른 나라에 머물고 있고, 서자庶子는 작록이 없이 사는 경우 제사를 지낼 수 있습니까?"

공자가 말하였다. "제사지낸다." "청컨대 그 제사는 어떻게 지내는지요?" 공자가 말하였다. "묘소를 바라보고 단壇을 만들어 때마다 제사를 지낸다. 종자宗子가 죽으면 묘소에 고한 뒤에 집에서 제사를 지낸다. 종자가 죽어도 서자는 자신의 이름을 칭하고 '효孝'(종자)라고 말하지 않으며 자신이 죽으면 그만둔다. 자유子游의 문도 가운데 서자로 제사를 지낸 이가 있는데, 이러한 예로 지냈으니, 의리義理를 따른 것이다. 지금 제사를 지내는 서자들은 먼저 그 의리를 찾지 않으니, 제사를 지냄에 있어 속이는 것이다."

曾子問曰: "宗子去在他國, 庶子無爵而居者, 可以祭乎?" 孔子曰: "祭哉!"① "請問其祭如之何?" 孔子曰: "望墓而爲壇, 以時祭.② 若宗子死, 告於墓, 而後祭於家.③ 宗子死, 稱名不言'孝',④ 身沒而已.⑤ 子游之徒有庶子祭者, 以此,⑥ 若義也.⑦ 今之祭者, 不首其義, 故誣於祭也."⑧

鄭注 ① 자손이 남아 있다면 선조의 제사를 결행缺行해서는 안 된다. 有子孫存, 不可以乏先祖之祀.

② 사당에서 제사를 지내지 않는 것은 작록이 없는 사람은 신분이 낮아서 정통의 제에 대한 혐의를 멀리 피하는 것이다. 不祭于廟, 無爵者賤, 遠辟正主.

③ '집에서 제사지낸다'(祭於家)고 한 것은 사당이 없는 것을 용인하는 것이다. 言'祭於家', 容無廟也.

④ '효孝'는 종자의 호칭이어서 감히 그 말을 함께 쓰지 못하고, '자식인 아무개가 정기 제사를 올립니다'(子某薦其常事)라고만 한다. '孝', 宗子之稱, 不敢與之同其辭, 但言子某薦其常事.

⑤ 자식 대에 이르러서야 '효'라고 칭할 수 있다. 至子可以稱'孝'.

⑥ '이以'는 사용한다는 뜻이다. 이러한 예를 이용하여 제사하였다는 것이다. '以', 用也. 用此禮祭也.

⑦ '약若'은 따른다는 뜻이다. '若', 順.

⑧ '수首'는 근본이라는 뜻이다. '무誣'는 망령되다의 뜻이다. '首', 本也. '誣', 猶妄也.

集說 종자宗子가 죄 없이 나라를 떠나면 사당의 신주도 따라서 간다. 종자가 죄를 짓고 나라를 떠나면, 사당은 남아 있지만, 서자庶子가 비천하여 작록이 없을 경우 사당에서 제례를 거행할 수 없다. 다만 제사를 지낼 때 묘소를 바라보고 단을 만들어 제사를 지낸다. 종자가 죽으면 서자는 묘소에 고한 뒤 자기의 집에서 제사를 지내지만, 또한 감히 '효자인 아무개'라고 칭하지 못하고 '아들 아무개'라고만 칭하니, 작록이 있는 사람이 '개자 아무개'라고 칭하는 것에 비할 것이 또한 못된다. '자신이 죽으면 그만둔다'라는 것은 서자인 자신이 죽으면 그의 아들은 서자의 적자로서 자신의 아버지를 제사지낼 때 '효'라고 칭할 수 있다는 말이다. 자유子游의 문인 가운데 서자로 제사를 지내는 사람은 모두 이러한 예를 원용하였는데, 이것은 고의古義를 따른 것이다. 지금 시속에 행해지는 서자의 제사는 고인이 예를 제정한 의미를 우선해서 탐구하지도 않고 자기 마음대로 거행하고 있으니, 그 거짓되고 속임을 볼 뿐이다. 宗子無罪而去國, 則廟主隨行矣. 若有罪去國, 廟雖存, 庶子卑賤無爵, 不得於廟行祭禮. 但當祭之時, 卽望墓爲壇, 以祭也. 若宗子死, 則庶子告於墓而後, 祭於其家, 亦不敢稱'孝子某', 但稱'子某'而已, 又非有爵者稱'介子某'之比也. '身沒而已'者, 庶子身死, 其子則庶子之適子, 祭禰之時, 可稱'孝'也. 子游之門人, 有庶子祭者, 皆用此禮, 是順古義也. 今世俗庶子之祭者, 不能先求古人制禮之義, 而率意行之, 秖見其誣罔而已.

【증자문 54】

증자가 물었다. "제사에 반드시 시尸를 둡니까? 염제厭祭를 행하는 것처럼 해도 괜찮습니까?" 공자가 말하였다. "성인成人이 되어 죽은 사람을 제사할 때는 반드시 시尸를 두는데, 시尸는 반드시 손자로 한다. 손자가 어리면 사람을 시켜 안고 있게 한다. 손자가 없으면 동성同姓 가운데서 취해도 된다. 상殤(성인이 되기 전에 죽은 사람)을 제사지낼 때는 반드시 염제厭祭를 행하는데, 성인이 되지 못했기 때문이다. 성인이 되어 죽은 사람을 제사를 지내면서 시尸를 두지 않는 것은 그를 성인이 안 되어 죽은 사람으로 대하는 것이다."

曾子問曰: "祭必有尸乎?① 若厭祭, 亦可乎?"② 孔子曰: "祭成喪者必有尸, 尸必以孫. 孫幼則使人抱之. 無孫則取於同姓可也.③ 祭殤必厭, 蓋弗成也.④ 祭成喪而無尸, 是殤之也."⑤

鄭注 ① 무익하고 쓸모가 없다는 말이다. 言無益無用爲.

② 염제厭祭를 행할 때는 시尸가 없다. 厭時無尸.

③ 사람들은 자손이 있는 것을 성인成人으로 본다. 자식이 아버지를 상殤으로 장례지내지 않는 것은 의리가 여기에서 나온 것이다. 人以有子孫爲成人. 子不殤父, 義由此也.

④ 배부르게 먹일 뿐이니, 성인이 됨을 이루지 못하였기 때문이다. 厭飫而已, 不成其爲人.

⑤ 성인이 안 된 사람과 같다. 與不成人同.

集說 증자의 생각에는 시尸를 세우고 제사를 드리는 것이 죽은 이에게 아무런 도움이 되지 않는다고 여겨져 "제사를 지낼 때 반드시 원래부터 시

尸가 있습니까? 염제厭祭를 행하는 것과 같이 해도 또한 괜찮습니까? 생각건대 제사를 지내는 초기에 음염陰厭을 할 때는 시尸가 아직 들어오지 않은 상태이고, 제사가 끝나고 양염陽厭을 할 때는 시尸가 이미 일어난 뒤인데, 이것은 염제에 시尸가 없는 것입니다"라고 질문한 것이다. 공자는 다음과 같이 말하였다. "성인成人은 위엄스런 몸가짐을 갖추고 있으므로 반드시 시尸를 두어 신령의 위엄스런 몸가짐을 본뜬다. 그 때문에 성인으로 사망한 경우에는 제사를 지낼 때는 반드시 시尸를 둔다. 시尸는 반드시 손자로 하는데 소목昭穆의 자리가 동일하기 때문이다. 동성同姓 가운데서 취한다는 것도 손자의 항렬임을 가리킨다." 상殤(성인이 되기 전에 죽은 사람)을 제사 지낼 때는 시尸를 세우지 않고 염제를 행하는데, 나이가 어려서 성인으로서의 위의를 갖추지 못하여 본뜨기에 부족하므로 시尸를 세우지 않는 것이다. 성인이 되어 죽은 이에게 제사를 지내면서 시尸를 두지 않는다면 이는 성인이 안 되어 죽은 이로 대하는 것이다.' 曾子之意, 疑立尸而祭, 無益死者, 故問"祭時必合有尸乎? 若厭祭亦可乎? 蓋祭初陰厭, 尸猶未入, 祭終而陽厭, 在尸旣起之後, 是厭祭無尸也." 孔子言"成人威儀具備, 必有尸以象神之威儀. 所以祭成人之喪者必有尸也. 尸必以孫, 以昭穆之位同也. 取於同姓亦謂孫之等列也. 祭殤者不立尸而厭祭, 以其年幼少, 未能有成人之威儀, 不足可象, 故不立尸也. 若祭成人而無尸, 是以殤待之矣."

【증자문 55】

공자가 말하였다. "음염陰厭이 있고 양염陽厭이 있다." 증자가 물었다. "상殤의 경우는 모든 절차를 갖추어 제사지내지 않는데, 음염과 양염은 무엇을 말하는 것입니까?" 공자가 말하였다. "종자宗子가 성인이 안 되어 죽으면 서자庶子는 후사가 되지 못한다. 그 길제吉祭 때에는 특생特牲을 사용한다. 상殤에게 제사할 때는 희생의 폐를 올리지 않고, 기조肵俎(시尸가 먹고 남은 음식을 올려놓는 희생제기)도 진설하지 않고, 현주玄酒도 없고, 시尸에게 공양하는 예가 이루어졌음을 고하지도 않는데, 이러한 의절들은 음염을 뜻한다."

孔子曰: "有陰厭, 有陽厭."① 曾子問曰: "殤不祔祭, 何謂陰厭·陽厭?"② 孔子曰: "宗子爲殤而死, 庶子弗爲後也.③ 其吉祭特牲.④ 祭殤不擧, 無肵俎, 無玄酒, 不告利成,⑤ 是謂陰厭."⑥

鄭注 ① 성인이 안 되어 죽은 사람(殤)을 제사지내는 예에는 음陰(방의 아랫목 어두운 곳)에서 염厭(음식대접)을 하는 경우가 있고, 양陽(방의 출입문 쪽 밝은 곳)에서 염厭을 하는 경우가 있다. 言祭殤之禮, 有於陰厭之者, 有於陽厭之者.

② '부祔'는 '비備'로 되어야 하는데 발음 때문에 잘못된 것이다. "상殤은 성인이 아니기 때문에 제사를 할 때 예를 다 갖추어 시내지 않는데, 음염陰厭·양염陽厭을 말하는가?"라고 한 것이다. 이는 공자의 취지를 잘못 파악한 것이다. 성인成人을 제사할 때, 처음 오奧(방의 아랫목 어두운 곳)에 전奠을 진설하고 그 앞에서 시尸를 맞이하는데 그것을 음염陰厭이라고 한다. 시尸가 일어난 뒤 서북쪽 모서리에 음식을 고쳐 차리는 것을 양염陽厭이라고 한다. 성인이 안 되어 죽은 사람에게 제사할 때에는 이러한 절차를 다 갖추지 않는다. '祔', 當爲'備', 聲之誤也. 言"殤乃不成人, 祭之不備禮, 而云陰厭·陽厭乎?" 此失孔子指也. 祭成人, 始設奠於奧, 迎尸之前, 謂之陰厭. 尸謖之後, 改饌於西北隅, 謂之陽厭. 殤則不備.

③ 족인이 종자와 소목昭穆이 같은 사람으로 제사를 대신 주관하게 하는 것이다. 소목의 순서에 맞추어 사당에 세우지 않음을 분명히 한 것이다.

그를 제사할 때는 그의 할아버지에게 나아가 지낼 뿐이다. 대신해서 종자의 역할을 하는 사람이 그 예를 주관한다. 族人以其倫代之. 明不序昭穆立之廟, 其祭之就其祖而已. 代之者, 主其禮.

④ 종자를 높이어 성인의 예에 따라 하는 것이다. 무릇 상殤에 대한 제사는 특돈特豚을 사용한다. 졸곡卒哭으로 상사喪事를 이룬 뒤부터는 길제吉祭가 된다. 尊宗子從成人也. 凡殤則特豚. 自卒哭成事之後爲吉祭.

⑤ 이는 시尸가 없어서 행하지 않는 것과 낮추어 행하는 것이다. 그 밖에는 성인의 경우와 같이 한다. 허파와 등뼈를 올리고, 기조肵俎를 올리며, 이성利成을 고하는 것은 시尸에게 행하는 예이다. 此其無尸及所降也. 其他如成人. 擧肺脊・肵俎・利成, 禮之施於尸者.

⑥ 이는 종자가 성인이 안 되어 죽은 경우 오奧에서 제사할 때의 예이다. 소종小宗의 종자가 성인이 안 되어 죽은 경우에도 그 제사의 예는 또한 같다. 是宗子而殤, 祭之於奧之禮. 小宗爲殤, 其祭禮亦如之.

集說 공자는 성인이 안 되어 죽은 사람(殤)에게 제사하는 예에 유음幽陰(방 안의 아랫목 어두운 곳)에서 염厭(음식대접)을 하는 경우가 있고 양명陽明(방 안의 출입문 쪽 밝은 곳)에서 염厭을 하는 경우가 있다고 말하였는데, 대개 적자適子가 성인이 안 되어 죽은 경우 제사를 시작 때에 음염陰厭을 하고, 서자庶子가 성인이 안 되어 죽은 경우 제사가 끝날 때에 양염陽厭을 하는 것으로, 두 가지를 함께 거행하는 것이 아니다. 증자가 이 뜻을 이해하지 못하고 "상殤에 제사하는 예는 생략하고 다 갖추지 않는데, 어떻게 제사지내는 시작과 끝에 이 두 가지 염을 할 수 있습니까?"라고 물었다. 공자는 다음과 같이 말하였다. 종자라도 상殤에 해당하는 나이에 죽으면 아버지가 되는 도리가 없고, 서자가 그를 대신하여 후사가 되지 못하고, 그 족인 가운데 종자와 형제 항렬인 사람이 대신하여 그 제사의 예를 주관한다. 졸곡

卒哭으로 상사喪事를 이룬 뒤에는 길제吉祭가 된다. 상殤에 제사지낼 때는 본래 특돈特豚(한 마리 새끼 돼지)을 사용하는데, 이제 성인成人의 예에 따라 특생特牲(한 가지 희생)을 사용하는 것은 그가 종자宗子이기 때문이다. 제사에 시尸가 있으면 좌식佐食이 폐와 등뼈를 시尸에게 주어 고수레를 하고 먹게 한다. 이제 시尸가 없으므로 폐와 등뼈를 올리지 않는다. 시尸가 먹고 남은 것은 기조肵俎에 담는다. '기肵'는 공경하다는 뜻이다. 주인이 시尸를 공경하여 이 조俎를 진설한다. 이제 기조肵俎가 없는 것은 시尸가 없기 때문이다. 현주玄酒는 물이다. 태고적 술이 없었을 때는 물을 사용하여 예를 시행하였다. 후대의 왕들이 제사에 이를 진설하는 것은 옛날의 도를 중시하기 때문이다. 이제 상殤에게 제사할 때는 예를 간략하게 하므로 현주가 없는 것이다. '불고리성不告利成'에서 '리利'는 공양한다는 뜻과 같으니, 공양하는 예가 이미 이루어졌음을 말한다. 일상적인 제사에서 주인이 시尸를 모시는데 예를 마치고 주인이 문밖에 나가서면 축이 동쪽을 향하여 시尸에게 공양하는 예가 이루어졌음(利成)[37]을 고한 뒤 시尸를 인도하여 나간다. 이제 시尸가 없으므로 이 예를 폐한 것이다. 이것을 음염陰厭이라고 하는 것은 조묘祖廟의 서남쪽 모서리 어두운 곳에서 음식을 올리기 때문이다.

孔子言祭殤之禮有厭於幽陰者, 有厭於陽明者, 蓋適殤則陰厭於祭之始, 庶殤則陽厭於祭之終, 非兼之也. 曾子不悟其指, 乃問云: "祭殤之禮, 略而不備, 何以始末一祭之閒, 有此兩厭也." 孔子言"雖是宗子, 死在殤之年, 無爲人父之道, 庶子不得代爲之後, 其族人中有與之爲兄弟者, 代之而主其祭之之禮. 其卒哭成事以後爲吉祭. 祭殤本用特豚, 今亦從成人之禮, 用特牲者, 以其爲宗子故也. 祭有尸, 則佐食擧肺脊以授尸, 祭而食之. 今無尸, 故不擧肺脊也. 凡尸食之餘, 歸之肵俎. '肵', 敬也. 主人敬尸而設此俎. 今無肵俎, 以無尸故也. '玄酒', 水也. 太古無酒之時, 以水行禮. 後王祭則設之, 重古道也. 今祭殤禮略, 故無玄酒也. '不告利成'者, '利'猶養也, 謂共養之禮已成也. 常祭主人事尸, 禮畢, 出立戶外, 則祝東面告利成, 遂導尸以出. 今亦以無尸, 廢此禮. 是謂'陰厭'云者, 以其在祖廟之奧, 陰暗之處, 厭之也.

【증자문 56】

"모든 상殤(성년이 안 되어 죽은 사람)과 후사가 없는 사람은 종자宗子의 집에서 제사지낸다. 방의 밝은 곳에 음식을 진설하고, 동쪽 방에 전奠을 진설하는데, 이러한 의절은 양염陽厭을 뜻한다."

"凡殤與無後者, 祭於宗子之家. 當室之白, 尊于東房, 是謂陽厭."

鄭注 '모든 상'(凡殤)은 서자庶子의 적適[38]을 말하며, 형제의 아들이거나 사촌 형제이다. '후사가 없는 사람'(無後者)은 형제나 제부諸父(백부, 숙부)가 있는 경우이다. 이들의 경우 이제 죽은 사람은 모두 종자宗子와 대공 이내의 친족으로 조묘祖廟 또는 녜묘禰廟를 함께하는 경우이다. '종자의 집에서 제사지낸다'(祭於宗子之家)고 말한 것은 거처를 달리하는 도리가 있기 때문이다. 사당이 없는 경우에는 선墠(쓸어내어 조성한 제터)을 설치하여 제사한다. 친족들은 희생을 제공하고 종자가 모두 그 예를 주관한다. '방의 밝은 곳에 음식을 진설하고, 동쪽 방에 전奠을 진설한다'(當室之白, 尊於東房)는 것은 종자가 성인이 안 되어 죽었을 때와 차이를 두는 것이다. '방의 밝은 곳'(當室之白)이란 서북쪽 모퉁이로 출입문의 밝은 빛을 받는 곳이다. 밝은 것을 '양陽'이라고 한다. 무릇 조묘가 소종小宗의 집에 있는 경우 소종이 제사할 때에도 마찬가지 방식으로 한다. 종자의 적適 역시 '모든 상'(凡殤)이 되며, 그 밖에는 제사하지 않는다. 적適에게 제사하는 경우, 천자가 아래로 제사지내는(下祭)[39] 경우는 다섯이고, 제후가 아래로 제사지내는 경우는 셋이고, 대부가 아래로 제사지내는 경우는 둘이며, 사士 이하는 자식을 제사하는데 그친다. '凡

殤', 謂庶子之適也, 或昆弟之子, 或從父昆弟. '無後者', 如有昆弟及諸父. 此則今死者皆宗子大功之內親, 共祖禰者. 言'祭於宗子之家'者, 爲有異居之道也. 無廟者, 爲墠祭之. 親者共其牲物, 宗子皆主其禮. '當室之白, 尊於東房', 異於宗子之爲殤. '當室之白', 謂西北隅得戶明者也. 明者曰'陽'. 凡祖廟在小宗之家, 小宗祭之亦然. 宗子之適, 亦爲'凡殤', 過此以往, 則不祭也. 祭適者, 天子下祭五, 諸侯下祭三, 大夫下祭二, 士以下祭子而止.

集說 '범상凡殤'은 종자宗子의 상殤이 아니다. '후사가 없는 사람'(無後者)은 서자 가운데 자손이 없는 경우이다. 이 두 사람이 종자의 대공大功 이내의 친족이라면 종자 집의 조묘祖廟에서 제사를 지낸다. 반드시 방 안 서북쪽 모퉁이의 출입문으로 들어오는 빛을 받는 곳에 음식을 진설하고, 전은 방의 동쪽에 진설하는데, 이러한 의절은 양염陽厭을 뜻한다. '凡殤', 非宗子之殤也. '無後者', 謂庶子之無子孫者也. 此二者, 若是宗子大功內親, 則於宗子家祖廟祭之, 必當室中西北隅, 得戶之明白處, 其尊則設于東房, 是謂陽厭也.

【증자문 57】

증자가 물었다. "발인을 하고 장지로 향하는 길에 일식日食이 있으면 정상적인 의절을 변경합니까, 아닙니까?" 공자가 말하였다. "예전에 내가 노담老聃을 따라서 항당巷黨에서 장례를 돕던 중, 길에서 일식이 있었다. 노담이 '구丘여! 상여를 멈추고 길 오른쪽으로 나아가, 곡을 멈추고 일식의 변화를 살피라'고 하였다. 햇빛이 회복된 뒤에 상여를 움직이면서 '(이렇게 하는 것이) 예이다'라고 하였다. 매장을 마치고 돌아오다가 내가 물었다. '상여는 한번 움직이면 되돌릴 수 없는 것입니다. 일식이 일어나 언제 끝날지 모르는데, (멈추는 것이) 어찌 계속 가는 것만 하겠습니까?' 노담이 말하였다. '제후가 천자에게 조회할 때는 해를 보고 가서 해가 지기 전에 숙소에 들어가 길신에게 전奠을 올린다. 대부가 사신으로 갈 때는 해를 보고 가서 해가 지기 전에 숙소에 머문다. 상여는 해가 뜨기 전 일찍 출발하지도 않고, 해가 진 저녁 늦게 숙소에 들지도 않는다. 별을 보고 가는 자는 오직 죄인과 부모의 상에 분상奔喪하는 사람뿐이다. 일식이 일어나더라도 별이 보이지 않을 것이라고 어떻게 단정하겠는가? 게다가 군자는 예를 행하면서 다른 사람의 부모가 우환 중에 걱정하는 일을 행하지 않는다.' 내가 노담에게서 들은 것이다."

曾子問曰: "葬引至于堩, 日有食之, 則有變乎? 且不乎?"① 孔子曰: "昔者吾從老聃助葬於巷黨, 及堩, 日有食之. 老聃曰: '丘! 止柩就道右, 止哭以聽變.' 既明反, 而後行曰: '禮也.'② 反葬而丘問之曰: '夫柩不可以反者也. 日有食之, 不知其已之遲數, 則豈如行哉?'③ 老聃曰: '諸侯朝天子, 見日而行, 逮日而舍奠. 大夫使, 見日而行, 逮日而舍.④ 夫柩不蚤出, 不莫宿.⑤ 見星而行者, 唯罪人與奔父母之喪者乎. 日有食之, 安知其不見星也?⑥ 且君子行禮, 不以人之親痁患.'⑦ 吾聞諸老聃云."

鄭注 ① '긍堩'은 길이다. '변變'은 예를 달리하는 것을 가리킨다. '堩', 道也. '變', 謂異禮.

② '항당巷黨'은 마을(黨) 이름이다. '길 오른쪽으로 나아간다'(就道右)는 것은 길을 갈 때에는 왼손으로 서로 접하기 때문이다. '변變'은 일식이다. '반反'은 회복하다의 뜻이다. '巷黨', 黨名也. '就道右'者, 行相左也. '變', 日食也. '反', 復也.

③ '이已'는 그치다의 뜻이다. '수數'는 '속速(빠르다)'으로 읽는다. '已', 止也. '數', 讀爲'速'.

④ '사전舍奠'은 머물 때마다 길신에게 전을 올리는 것이다. '舍奠', 每將舍奠行主.

⑤ 새벽이나 밤으로 들어가면 간사한 도적에 가까워지기 때문이다. 侵晨夜, 則近姦寇.

⑥ 해가 없으면 사특한 일이 일어날 것이기 때문에 미리 멈추는 것이다. 爲無日而慝作, 豫止也.

⑦ '점痁'은 걱정한다는 뜻이다. 다른 사람의 부모가 장례를 행하면서 환난과 위해가 있을까 두려워하는 일은 행하지 않는 것이다. '痁', 病也. 以人之父母行禮, 而恐懼其有患害, 不爲也.

集說 '긍堩'은 길이다. '유변有變'은 상례常禮를 변경하는가?의 뜻이고, '차불호且不乎'는 상례를 변경하지 않는가?의 뜻이다. 상여가 북쪽을 향하여 출발하였으므로 길의 오른쪽은 길의 동쪽이다. '청변聽變'은 일식의 변동을 살핀다는 뜻이다. '명반明反'은 햇빛이 평상을 회복한 것이다. '사전舍奠'은 저녁에 숙소에 머물러 길신에게 전奠을 올리는 것이다. '별이 보이지 않을 것이라고 어떻게 단정하겠는가?(安知其不見星)'라는 말은 일식이 끝나고 별이 보임을 말한다. 곧 어두운 가운데에서는 간특한 일이 일어날까 염려스럽기 때문이다. '점痁'은 근심하다의 뜻이다. '다른 사람의 부모가 우환을 걱정하는 일을 행하지 않는다'(不以人之親痁患)는 것은 다른 사람의 부모에게 위급한 우환 중에 걱정하게 해서는 안 됨을 말한다. '堩', 道也. '有變', 變常禮乎. '且不乎', 不變常禮乎. 柩北向而出, 道右則道之東也. '聽變', 聽日食之變動也. '明反', 日光復常也. '舍奠', 晩止舍而設奠於行主也. '安知其不見星', 謂日食旣而星見. 則昏暗中恐有姦慝也. '痁', 病也. '不以人之親痁患', 謂不可使人之親病於危亡之患也.

【증자문 58】

증자가 물었다. "군주를 위해 사신으로 갔다가 상대국의 숙소에서 죽었을 경우, 예에서는 '공관公館에서 죽은 경우 복復(초혼의식)을 하고 사관私館에서 죽은 경우 복復을 하지 않는다'고 하였습니다. 사신으로 간 나라에서 유사有司가 제공한 숙소는 공관公館인데, '사관私館에서 죽은 경우 복을 하지 않는다'는 것은 무슨 말입니까?" 공자가 말하였다. "질문이 훌륭하다. 스스로 머무는 경·대부와 사의 집을 사관이라 하고, 공가에 마련된 숙소와 공이 손님에게 머물도록 한 곳은 공관이라고 부른다. '공관에서 죽은 경우 복을 한다'는 것을 이것을 가리키는 것이다."

曾子問曰: "爲君使而卒於舍, 禮曰'公館復, 私館不復.' 凡所使之國, 有司所授舍, 則公館已, 何謂'私館不復'也?"① 孔子曰: "善乎問之也.② 自卿·大夫·士之家曰私館, 公館與公所爲曰公館. '公館復', 此之謂也."③

鄭注 ① '복復'은 막 사망하였을 때 혼을 부르는 의절이다. '復', 始死招魂.

② 분명하게 밝히기 어려운 점에 대하여 질문한 것을 좋게 여긴 것이다. 善其問難明也.

③ '공관公館'은 지금의 현縣의 관사와 같은 것이다. '공소위公所爲'는 군주가 명령하여 자기에게 머물도록 한 곳이다. '公館', 若今縣官宮也. '公所爲', 君所命使舍己者.

集說 '복復'은 사람이 죽어 혼魂을 불러 백魄으로 되돌아오게 하는 의절이다. '공관公館'은 공가公家에서 지은 숙소이다. '여與'는 '및'이라는 뜻이다.

'공소위公所爲'는 공이 명령하여 손님에게 머물게 한 곳으로 경・대부의 숙소이다. 다만 공의 명령이 있으므로 공관이라고 한다. 일설에는 '공소위公所爲'는 군주가 지은 이궁離宮[40]・별관別館을 가리킨다고 한다. '復', 死而招魂復魄也. '公館', 公家所造之館也. '與', 及也. '公所爲', 謂公所命停客之處, 卽是卿・大夫之館. 但有公命, 故謂之公館也. 一說, '公所爲'謂君所作離宮別館也.

【증자문 59】

증자가 물었다. "하상下殤에 토주土周의 방식으로 동산에 장례지낼 때는 기機(시신을 들고 가는 평상)에 시신을 받쳐 들고 가는데 길이 가깝기 때문입니다. 이제 묘소가 멀다면 매장하러 갈 때 어떻게 합니까?"
曾子問曰: "下殤土周, 葬于園, 遂輿機而往, 塗邇故也.① 今墓遠, 則其葬也如之何?"②

鄭注 ① '토주土周'는 흙벽돌을 구워서 관 주위를 두르는 것(堲周)이다. 주周나라 사람은 하후씨夏后氏가 흙벽돌로 관 주위를 두르던 방식으로 하상下殤을 동산에서 장례지냈는데, 성인이 되기에는 아직 멀었기 때문에 묘소에 가지 않은 것이다. '기機'는 시신을 들고 가는 평상이다. 새끼줄로 그 중앙을 묶고 다시 새끼줄로 평상의 양쪽 곁에다 고리를 만든다. 예에 따르면 기로 시신을 들고 동산으로 가서 장례를 지냈는데, 거리가 가까웠기 때문이다. '여기輿機'는 '여기餘機'로도 되어 있다. '土周', 堲周也. 周人以夏后氏之堲周, 葬下殤於園中, 以其去成人遠, 不就墓也. '機', 輿尸之牀也. 以繩緪其中央, 又以繩從兩旁鉤之. 禮, 以機擧尸, 輿之以就園, 而斂葬焉, 塗近故耳. '輿機'或爲'餘機'.

② 지금 사람들은 하상下殤을 궁중에서 염하고 묘지에 장례지내는데, 성인

과 동일하게 하는 것이다. 묘소까지의 거리가 멀다면 매장을 할 때 관을 들고 가는가? 상여에 싣고 가는가? 변례變禮를 물은 것이다. 今人斂下殤於宮中, 而葬於墓, 與成人同. 墓塗乃遠, 其葬當輿其棺乎? 載之也? 問禮之變也.

集說 8세에서 11세에 죽은 경우를 하상下殤이라 한다. '토주土周'는 흙벽돌로 관의 주위를 막는 것(堲周)이다. 「단궁상檀弓上」(15)에 설명이 보인다. 성인成人의 경우는 묘소에 매장하고, 이 경우는 동산이나 밭 가운데에 매장한다. '여輿'는 들어 올린다는 뜻과 같다. '기機'는 시신을 운반하는 도구로 나무로 만드는데 침상과 같은 형태지만 다리가 없다. 새끼줄로 가로와 세로로 묶고 들어서 흙벽돌로 주위를 에워싼 곳으로 가 그곳에서 시신을 수습하여 매장하는 것이니 거리가 가깝기 때문이다. 증자는 "지금 시속의 예가 바뀌어 모두 하상下殤이라도 집에서 관에 염하고 묘소에 가서 매장합니다. 그렇다면 매장지까지의 거리가 멀 것인데 그 장례는 어떻게 합니까?" 하고 말하여, "(장지로 갈 때) 기機에 시신을 받쳐 들고 가지 않는다면, 사람을 써서 관을 들고 가야 하는가? 수레에 관을 싣고 가야 하는가?"를 물었다. 그러나 이것은 대부의 하상下殤, 사士와 서인庶人의 중상中殤과 하상下殤을 가리킨다. 대부의 적자適子의 장상長殤과 중상中殤에 견거遣車[41]가 있으니, 또한 기機에 시신을 받쳐 들고 가서 장례지내지 않는 것이다. 八歲至十一爲下殤. '土周', 堲周也. 說見「檀弓」. 成人則葬於墓, 此葬于園圃之中. '輿', 猶抗也. '機'者, 輿尸之具, 木爲之, 狀如牀而無脚. 以繩横直維繫之, 抗擧而往堲周之所, 棺斂而葬之, 塗近故也. 曾子言"今世禮變, 皆棺斂下殤於家而葬之於墓, 則塗遠矣, 其葬也如之何?" 問"旣不用輿機, 則當用人擧棺以往乎? 爲當用車載棺而往乎?" 然此謂大夫之下殤及士庶人之中下殤耳. 若大夫之適長殤·中殤有遣車者, 亦不輿機而葬也.

【증자문 60】

공자가 말하였다. "내가 노담老聃에게 이렇게 들었다. '옛날 사일史佚이 자식이 죽었는데 하상下殤이었고 묘지가 멀었다. 소공召公이 사일에게 '어찌하여 집에서 관棺에 염하지 않는가?'라고 물으니, 사일은 '내가 어찌 감히 그렇게 하겠습니까!'라고 말하였다. 소공이 주공周公에게 이에 관해 묻자, 주공周公은 '어찌 안 되겠는가?'라고 하였다. 사일은 그대로 시행하였다.' 하상下殤에 관棺과 염의殮衣를 사용하여 (집에서) 관에 염을 하는 것은 사일로부터 시작되었다."

孔子曰: "吾聞諸老聃曰, '昔者史佚有子而死, 下殤也, 墓遠.① 召公謂之曰, 何以不棺斂於宮中?② 史佚曰, 吾敢乎哉!③ 召公言於周公,④ 周公曰: "豈不可?"⑤ 史佚行之.'⑥ 下殤用棺衣棺, 自史佚始也."⑦

鄭注 ① 대개 장상長殤의 경우 성인을 장례지내는 예에 따르는 것처럼 묘지에 매장하고자 한 것이다. 장상의 경우는 매장하러 보내는 수레가 있으니 관을 거기에 싣는다. '사일史佚'은 성왕成王 때의 뛰어난 현명한 사관史官이다. 현명하였지만 그래도 모르는 것이 있었다. 蓋欲葬墓如長殤從成人也. 長殤有送葬車者, 則棺載之矣. '史佚', 成王時賢史也. 賢猶有所不知.

② 성인成人의 상喪처럼 집에서 관에 염을 하고자 한 것이다. 집에서 관에 염을 한다면 매장을 할 때는 당연히 관을 싣고 가야 한다. 欲其斂於宮中如成人也. 斂於宮中, 則葬當載之.

③ 예를 아는 사람들을 두려워한 것이다. 畏知禮也.

④ 사일史佚을 위해 물은 것이다. 爲史佚問.

⑤ '이것이 어떻게?'(是豈)라고 한 것은 예에 불가하다는 뜻으로 허락하지 않

은 것이다. 言'是豈', 於禮不可, 不許也.

⑥ 뜻을 오해하여 허가하는 것으로 여겼다. 드디어 소공의 말대로 하였다. 失指以爲許也. 遂用召公之言.

⑦ '관棺'은 관에 염을 하는 것을 말한다. '棺', 謂斂於棺.

集說 '사일史佚'은 주나라 초기의 훌륭한 사관이다. '묘지가 멀다'(墓遠)는 것은 동산에 매장하지 않는 것이다. '주공周公에게 말하였다'(言於周公)에서 '말하였다'(言)는 묻는다는 뜻과 같다. '주공周公은 어찌 안 되겠는가?라고 하였다'(周公曰豈不可者)는 것은 '무엇 때문에 불가하겠는가?'라는 뜻이다. 소공召公이 주공의 말을 조술하여 사일에게 진하자, 사일이 이에 관棺과 염의斂衣를 사용하여 집안에서 관에 염을 하였다. 이것이 이 예의 변화가 사일로부터 시작된 연유이다. 구주舊註에 '기豈'에서 구를 나눈 것은 잘못이다. '史佚', 周初良史也. '墓遠', 不葬於園也. '言於周公', '言', 猶問也. '周公曰豈不可者', 謂何爲不可也. 召公述周公之言告佚, 佚於是用棺衣而棺斂於宮中. 是此禮之變始於史佚也. 舊註以'豈'爲句者非.

【증자문 61】

증자가 물었다. "경과 대부가 장차 공公의 제사에 시尸가 되어 군주의 명을 받고 제사 3일 전 재계齋戒를 하고 있는데, 자최에 해당하는 내상內喪(사당이 같은 친족의 상喪)이 발생하면 어떻게 합니까?" 공자가 말하였다. "공관公館으로 나가 머물면서 제사가 끝나기를 기다리는 것이 예이다."

曾子問曰: "卿·大夫將爲尸於公, 受宿矣, 而有齊衰內喪, 則如之何?" 孔子曰: "出舍於公館以待事, 禮也."

鄭注 길사吉事와 흉사凶事는 함께 처할 수 없다. 吉凶不可以同處.

集說 '수숙受宿'은 군명을 받아 제사 3일 전에 재계하는 것이다. '자최내상齊衰內喪'은 사당이 같은 친족 내부의 자최복에 해당하는 상이다. '대사待事'는 제사가 끝나기를 기다리는 것으로 그런 뒤에 돌아가 집에 돌아가 곡한다. '受宿', 受君命而宿齊戒也. '齊衰內喪', 大門內齊衰服之喪也. '待事', 待祭事畢, 然後歸哭也.

【증자문 62】

공자가 말하였다. "시尸가 변弁 또는 면冕을 하고 나가면, 경·대부와 사는 모두 수레에서 내리고 시尸가 반드시 인사(式)[42]를 하며, 반드시 전구前驅를 둔다."

孔子曰: "尸弁·冕而出,① 卿·大夫·士皆下之,② 尸必式,③ 必有前驅."④

鄭注 ① 군주의 시尸가 되어 혹 변弁을 쓰는 것은 선조 가운데 대부나 사인 사람이 있기 때문이다. 爲君尸或弁者, 先祖或有爲大夫·士者.

② 시尸를 보면 수레에서 내린다. 見而下車.

③ 조금 고개를 숙여 예를 표시한다. 小俛禮之.

④ 거리의 사람을 물러나게 하기 위해서이다. 爲辟道.

集 시尸는 죽은 이의 상복上服을 입는다. 이제 군주의 시尸가 되었는데

說 도 변弁 또는 면冕을 한 것은, 변弁은 사士의 작변爵弁으로 군주의 선대에 대부와 사였던 사람이 있으므로 시尸도 변弁 또는 면冕을 해야 하는 것이다. 시尸가 나갔는데 경·대부와 사가 시尸와 마주치면 수레에서 내리고, 시尸는 고개를 숙여 답례한다. '반드시 전구를 둔다'(必有前驅)는 것은 시尸가 나가면 선구가 길거리의 사람을 물러나게 하기 때문이다. 尸服死者之上服. 今爲君尸而弁冕者, 弁, 士之爵弁也, 以君之先世, 或有爲大夫士者, 故尸亦當弁或冕也. 出而卿·大夫·士遇之, 則下車, 尸式以答之. '必有前驅'者, 尸出則先驅辟開行人也.

【증자문 63】

자하子夏가 물었다. "삼년상에 졸곡卒哭을 하였다면, 전쟁의 일에 참여하는 것을 피하지 않는 것이 예입니까? 애초 유사有司가 그렇게 하도록 한 것입니까?" 공자가 말하였다. "하후씨는 삼년상을 당하여 빈殯을 한 뒤에 치사致事(직위를 반납함)하였고, 은나라 사람은 매장을 한 뒤에 치사하였다. 『기記』에 '군주는 남의 부모를 (잃은 마음을) 빼앗지 않으며, 또한 부모를 (잃은 마음은) 빼앗을 수 없다'고 하였는데 이것을 말하는 것이로구나!"

子夏問曰: "三年之喪卒哭, 金革之事無辟也者, 禮與? 初有司與?"① 孔子曰: "夏后氏三年之喪, 旣殯而致事, 殷人旣葬而致事.② 『記』曰: '君子不奪人之親, 亦不可奪親也', 此之謂乎!"③

鄭注 ① 유사가 애초에 그렇게 하도록 한 것이 아닌가 의심한 것이다. 疑有司初使之然.

② '치사致事'는 직위를 군주에게 돌려주는 것이다. 주나라에서는 졸곡을 하고는 치사하였다. '致事', 還其職位於君. 周卒哭而致事.

③ 두 가지는 서恕이고 효孝이다. 二者, 恕也, 孝也.

集說 '피하지 않는다'(無辟)는 것은 군주가 시키면 행하고 감히 사양하여 피하지 않는다는 말이다. 이것이 예에 따른 당연한 것인가 아니면 당초 유사가 억지로 보낸 것인가? 하夏나라의 예는 부모의 상에 빈殯을 하면 직위를 군주에게 반납하고, 은나라의 예는 매장을 한 뒤에 그 직위를 반납하였다. '군자君子'는 군주를 가리킨다. 신하가 부모의 상을 당하여 군주가 신하의 치사致事를 허락하는 것은 부모를 잃은 사람의 마음을 빼앗지 않는 것이다. 군주의 명령이 있더라도 상차喪次를 차마 떠나지 않으니 이것은 부모를 잃은 효심을 빼앗을 수 없기 때문이다. '無辟', 謂君使則行, 無敢辭辟也. 此禮當然歟, 抑當初有司逼遣之歟? 夏之禮親喪旣殯卽致還其事於君, 殷禮則葬後乃致其事. '君子', 指人君也. 臣遭父母之喪, 而君許其致事, 是不奪人喪親之心也. 雖君有命, 而不忍違離喪次, 是不可奪其喪親之孝也.

【증자문 64】

자하子夏가 말하였다. "전쟁하는 일을 피하지 않는 것은 잘못입니까?" 공자가 말하였다. "내가 노담老聃에게 들었다. '옛날 노魯나라 군주 백금伯禽은 큰 목적을 가지고 그렇게 하였다. 지금 삼년상을 치르면서 이익을 좇는 사람들의 경우는, (무슨 예에 근거한 것인지) 나는 모르겠다'라고 하였다."

子夏曰: "金革之事無辟也者, 非與?"① 孔子曰: "吾聞諸老聃曰: '昔者魯公伯禽有爲爲之也.② 今以三年之喪從其利者, 吾弗知也."③

鄭注 ① 예에 당연히 있을 것이라고 의심한 것이다. 疑禮當有然.

② '백금伯禽'은 주공의 아들로 노나라에 봉해졌다. 서융西戎이 난을 일으키자 부모의 상에 졸곡을 하고는 정벌을 하였는데, 왕사王事를 급하게 여겼던 것이다. 서융을 정벌한 뒤에 「비서費誓」를 지었다. '伯禽,' 周公子, 封於魯. 有徐戎作難, 喪卒哭而征之, 急王事也. 征之, 作「費誓」.

③ 당시에 남의 것을 공격하여 빼앗으려는 전쟁이 많아, 예가 아님을 말한 것이다. 時多攻取之兵, 言非禮也.

集說 노공魯公(주공의 아들 백금)은 졸곡을 하고는 전쟁에 참여하였는데, 서융西戎의 난 때문에 동교가 열리지 않아 부득이하게 정벌한 것이다. 이는 큰 목적을 가지고 그렇게 한 것이다. '지금 사람들이 삼년상을 지내면서 군사를 동원해서 공격하여 빼앗는 이익을 추구하는 것을 나는 그것이 어떤 예에 따른 것인지 모르겠다'라고 한 것은 대개 매우 비난하는 말이다. 일설은 '리利'를 '례例'(사례)로 본다. 아무 이유 없이 삼년상에 백금伯禽의 사례에 따라 전쟁을 하는 것은 매우 잘못된 것임을 말한다. 魯公卒哭而從金革之事, 以徐戎之難, 東郊不開, 不得已而征之. 是有爲爲之也. '今人居三年之喪而用兵, 以逐攻取之利者, 吾不知其爲何禮也', 蓋甚非之之辭. 一說'利'爲'例'. 言無故而以三年之喪, 從伯禽之例, 以用兵者甚非也.

역주

1) 태축 : 관직명으로 제사할 때 귀신에게 고하는 말을 관장하는 祝官의 우두머리로 下大夫가 한다. 春官·宗伯에 속한다. 泰祝·史祝이라고도 칭하며, 줄여서 祝이라고도 한다. 『주례』「春官·大祝」에 자세한 내용이 보인다. 『三禮辭典』, 101쪽, '大祝' 참조.

2) 속백 : 비단 10단을 束帛이라고 하는데, 매 단의 길이는 2丈으로 한다. 2端이 1兩이므로 10단은 5량인데 그것을 1束이라 한다. 옛날 베나 비단을 접을 때에는 양 끝을 서로 향하게 하여 말았기 때문에 2단이 1량이 된다. 1단의 길이가 2장이므로 1량은 4장이 된다. 1량은 곧 1필이다. 일반적으로 玄色과 纁色의 비단을 3:2의 비율로 사용하므로 현색 6단과 훈색 4단으로 구성된다. 『주례』「춘관·大宗伯」에 "孤는 皮帛을 잡는다"(孤執皮帛)라고 한 것에 대해 鄭玄은 注에서 "皮帛이란 束帛을 만들고 겉을 가죽으로 한 것이다"(皮帛者, 束帛而表以皮爲之)라고 하였고, 賈公彦은 疏에서 "束이라는 것은 10端이다. 단마다 길이가 1장 8자인데, 모두 양 끝을 합해서 말면 총 5匹이 된다. 그러므로 속백이라고 한다"(束者十端, 每端丈八尺, 皆兩端合卷, 總爲五匹, 故云束帛也)라고 하였다.

3) 섭주 : 다른 사람을 대신하여 喪事나 祭祀를 주관하는 사람이다. 喪事에는 반드시 주관하는 사람이 있어야 하는데, 상을 당한 사람에게 後嗣가 될 아들이 없는 경우에는 다른 사람으로 대신하게 하고 섭주라고 부른다. 『三禮辭典』, 1268쪽, '攝主' 참조.

4) 육복 : 大裘·袞冕·鷩冕·毳冕·絺冕·玄冕이다.

5) 소재 : 관직의 명칭이다. 왕궁의 政令을 관장하고, 아울러 大宰가 邦國을 다스리는 것을 돕는다. 中大夫로 天官 大宰에 속한다. 『三禮辭典』, 125쪽, '小宰' 참조.

6) 오사 : 戶(출입문의 신)·竈(부엌신)·中霤(중류의 신)·門(문의 신)·行(길의 신)에게 지내는 제사를 가리킨다. 「曲禮下」(82) 정현 주와 「檀弓下」(22) 진호 집설 참조.

7) 사당의 담을 헐고 넘어 가므로 : 「檀弓上」(77)에 "장례를 치를 때가 되면 사당(廟) 문 서쪽을 헐고 行壇을 넘어 대문으로 나가는데 이는 은나라의 도이다"라고 하였다.

8) 전 : 虞祭 이전의 喪祭이다. 이때는 尸가 없이 祭饌을 땅에 내려놓기 때문에 붙여진 이름이다. 「檀弓下」(27)의 "奠을 올릴 때 素器(문식을 가하지 않고 평소 쓰던 기물)를 사용하는 것은 살아 있는 자가 꾸밀 겨를이 없이 애통해하는 마음을 가지고 있기 때문이다"(奠以素器, 以生者有哀素之心也)에 대해 孔穎達의 疏에는 "'奠'은 始死로부터 매장 때까지의 제사 이름이다. 그때는 尸가 없이 땅에 祭饌을 내려놓기 때문에 奠이라고 한다"('奠', 謂始死至葬之時祭名. 以其時無尸奠置於地, 故謂之奠也)라고 하였다.

9) 우제 : 매장을 한 뒤 혼령이 방황하지 않도록 안정시키기 위하여 지내는 제사로, 신분에 따라 3번, 5번, 7번 지내기도 한다. 士의 경우 3개월 만에 장례를 치르고, 장례를 치른 후 4일 안에 殯宮에서 세 차례 虞祭를 지내는데, 이를 '三虞'라고 칭한다. 첫 번째 우제를 '祫事', 두 번째 우제를 '虞事', 세 번째 우제를 '成事'라고 한다. 『儀禮』「旣夕禮」의 '三虞'에 대해 鄭玄은 "'虞'는 상제의 명칭이다. '虞'는 안정시킨다는 뜻이다. 骨肉은 흙으

로 돌아갔지만, 精氣는 돌아다니지 않는 곳이 없다. 효자는 그 精氣가 방황하고 있기 때문에 세 차례 제사를 지내서 안정시켜 주는 것이다. 아침에 매장을 하였는데, 한낮에 우제를 지내는 것은 차마 하루라도 떨어지지 못하기 때문이다"('虞', 安也. 骨肉歸於土, 精氣無所不之. 孝子爲其彷徨, 三祭以安之. 朝葬, 日中而虞, 不忍一日離)라고 하였다.

10) 친소관계가 같은 사람 : 공영달은 "'並'은 부모를 가리키고, '親同'은 조부모와 世叔兄弟이다"라고 하였다.

11) 초례를 행하고 예례 : 초례와 예례 모두 尊者가 卑者에게 행하는 간단한 예절로, 술을 따르기만 하고 술잔을 주고받는 酬와 酌을 하지 않는 것이다. 淸酒를 사용하면 醮라 하고 醴酒를 사용하면 醴라고 한다. 『三禮辭典』(錢玄), 1262쪽 참조. 張爾岐는 관례에서 초례와 예례의 차이를 다음과 같이 설명한다. 『儀禮正義』(胡培翬), 100쪽 참조.

醴禮	醮禮
예주(醴)를 넣은 한 통의 질그릇 술동이(甒)만을 東房에 진설한다.	물(玄酒)과 청주(酒)를 넣은 두 통의 질그릇 술동이(甒)를 東房과 室戶 사이에 진설한다.
술잔으로 觶(3승의 용량)를 사용한다.	술잔으로 爵(1승의 용량)을 사용한다.
대광주리(篚)는 東房에 진설한다.	대광주리(篚)는 庭에 진설한다.
세 차례의 관을 씌워주는 절차(三加冠)가 모두 끝났을 때 한 차례 醴禮를 거행한다.	관을 씌워줄 때마다(加冠) 각각 한 차례의 醮禮를 거행한다.
술과 함께 올리는 안주는 말린 고기(脯)와 고기젓갈(醢)이다.	초례를 행할 때마다 모두 말린 고기(脯)와 고기젓갈(醢)을 올리고, 세 번째의 초례에는 말린 고기를 올려놓은 俎를 진설한다.
빈의 찬자가 술잔(觶)에 예주를 따라 빈에게 건네준다.	빈이 직접 당 아래로 내려가서 술잔(爵)을 취하고, 다시 당 위로 올라와서 술잔에 청주(酒)를 따른다.
관례를 치르는 사람은 관을 쓸 때마다 東房 안으로 들어가 옷을 갈아입고, 다시 방을 나와서 빈의 명을 기다린다.	관례를 치르는 사람은 醮禮가 끝날 때마다 자리의 서쪽에 서서 빈의 명을 기다린다.
빈은 관을 씌워줄 때마다 반드시 祝辭를 하고, 醴禮를 행할 때에도 醴辭를 한다.	빈은 관을 씌워줄 때에는 祝辭를 하지 않고, 醮禮를 행할 때에만 醮辭를 한다.

12) '여'는 ~ 든다 : 인용문은 『주자어류』 卷六十三, 「中庸」에 나온다.

13) 제사 : 정현 · 공영달 · 진호 등은 경문의 '祭'를 吉祭의 뜻으로 해석하였다. 양천우는 喪祭로 해석하여, 내가 상복을 하고 있는 동안 친구가 죽었을 때 친구를 위한 喪祭에 참여할 수 있는가 하는 문제로 경문의 맥락을 설명하였다. 『禮記譯注』(上), 311쪽.

14) 납폐 : 혼례의 六禮 가운데 하나로, 신부의 집에 예물을 보내 혼인의 징표로 삼고 혼례를 성사시키는 절차이다. 『의례』「士昏禮」에 "納徵의 예를 행할 때에는 束帛과 儷皮를 예물로 사용하는데, 納吉의 예를 행할 때와 동일한 절차로 한다"(納徵, 玄纁束帛、儷皮, 如納吉禮)라고 한 것에 대해 鄭玄은 注에서 "徵은 성사시킨다는 뜻이다. 사자를 시켜 예물을 드리게 함으로써 혼례를 성사시키는 것을 말한다"(徵, 成也. 使使者納幣以成昏禮)라고 하였다.

15) 친영 : 昏禮의 六禮 가운데 여섯 번째 의식으로, 신랑이 직접 신부 집에 가서 신부를 맞아 오는 것이다. 「교특생」(71)의 경문 참조.

16) 외차 : 대문 밖에 임시로 머무는 곳으로 장막을 쳐서 만든다. 관례와 혼례 · 빙례에는 외차만이 있고, 상례에는 외차와 내차가 모두 있다. 內次는 대문 안쪽에 있는데 부녀자들이 머무는 곳이다. 『三禮辭典』, 286쪽, '外次' 참조.

17) 동뢰 : 혼례에서 신혼부부가 같은 俎에 담긴 희생을 함께 나눠 먹는 의식을 가리킨다. 자세한 내용은 「昏義」(2) 참조.

18) 체협 : 사계절의 제사인 사시제 이외에 여러 묘에 제사지내는 것을 禘라고 한다. 祫은 천묘된 신주를 태조묘에 펼치고 천묘되지 않은 신주도 함께 올려 태조에게 합사하는 것이다. 체와 협은 모두 성대한 제사로서 사시제보다 큰 제사이다. 상례를 마치고 길제로 행할 경우는 3년째에 협제를 5년째에 체제를 지낸다. 이후에는 모두 5년에 한 번 지낸다. 『三禮辭典』, 926쪽, '禘' 참조.

19) 선조의 명령 : 관련 내용은 「曾子問」(30)에 자세하다. 전쟁을 나가기 전에 종묘의 신주에 출정을 고하는 禮을 말한다. 『孔叢子』「問軍禮」에 "遷廟한 신주가 없으면 幣帛과 皮圭로 祖禰에 출정을 고하는데, 이를 선조의 명령이라고 한다"(無遷廟主, 則以幣帛皮圭告於祖禰, 謂之主命)라고 하였다.

20) 제거 : 몸가짐을 가다듬을 때 또는 천자나 제후가 出師할 때 遞遷된 신주를 싣는 수레이다. 『주례』「夏官 · 齊右」에 "제사, 회동, 빈객의 접대하는 일에서 제거의 앞에 서서……"(掌祭祀, 會同, 賓客, 前齊車……)고 한 것에 대해 정현은 "제거는 금로이다. 왕이 몸가짐을 가다듬을 때 타는 수레이다"(齊車, 金路. 王自整齊之車也)라고 하였다.

21) 빈 : 관에 넣은 시신을 葬禮를 치르기 전까지 구덩이(肂)에 임시로 안치하는 것을 말한다. 대렴에 이어서 시행한다. 구덩이는 堂의 서쪽 계단 위에 마련한다. 『三禮辭典』, 113쪽, '大斂' 항목; 1199쪽, '殯' 항목 참조.

22) 금로 : 왕이 사용하는 다섯 가지 수레인 玉路 · 金路 · 象路 · 革路 · 木路 가운데 하나이다. 옥로는 옥으로 장식한 수레로 왕이 이용하는 다섯 가지 수레 가운데 가장 존귀한 것이다. 옥로는 제사가 있을 때 사용한다. 금로는 금으로 장식한 수레로 왕이 빈객과 만나거나 제후와 연회가 있을 때 사용한다. 천자가 제후에게 하사할 수도 있다. 상로는 상아로 장식한 수레로 왕이 아침에 조정에 나가고 저녁에 돌아올 때 사용하고, 평상시 사적인 외출이 있을 때 사용한다. 목로는 나무에 검은 칠을 한 수레로 사냥할 때 사용

한다. 이들 왕이 이용하는 수레에 관한 규정은 『주례』 「春官·巾車」에 상세하다.

23) 졸곡제를 ~ 이룬 : 원문 '卒哭成事'는 卒哭祭를 지낼 때 축문에 "상주 아무개는 일이 이루어졌음을 아룁니다"(哀薦成事)라고 고하는 것에서 비롯한다. 곧 졸곡제를 통해 喪事의 일을 일단 이루는 것으로 여기는 것이다. 「檀弓下」(39) 참조.

24) 『의례』에서 말한 것 : 이는 『의례』 「喪服」 '齊衰三年'의 '자모는 친어머니와 동일하게 한다'는 조항을 가리킨다.

25) 연관 : 잿물에 삶아서 부드럽게 한 베로 만든 관이다. 喪禮에서 만 1년이 되는 小祥 때 착용하는 관이다.

26) 소공이 ~ 없었다 : 이에 관해서는 『춘추좌씨전』 襄公 31년 조, 조목을 참조.

27) 「특생례」 : 『의례』 「少牢饋食禮」를 가리킨다.

28) 主婦酌爵而致于主人 : 『의례』에는 "主婦洗爵, 酌, 致爵于主人"으로 되어 있다.

29) 연관을 쓴 뒤로는 : 小祥을 지낸 뒤 상복을 벗기 전까지를 말한다.

30) 讀 : '誄'로 된 곳도 있다.

31) 請 : 『예기집설대전』에 '言'으로 되어 있으나 『예기정의』에 따라 '請'으로 고친다.

32) 산대수 : 喪服의 腰帶로 허리에 두르고 난 뒤 남는 부분을 묶지 않고 드리운 것을 산대라고 한다. 大功 이상의 상복에서는 산대를 하고, 소공 이하는 아래로 드리운 부분을 요대 안에 끼어 넣는데, 이것을 絞라고 한다. 『三禮辭典』, 812쪽, '散帶' 조항 참조.

33) 문궐 : 대문의 양쪽에 쌓은 臺를 闕이라고 한다.

34) 소뢰 : 『주례』 「天官·宰夫」의 정현 주에서 "소·양·돼지 세 희생이 갖추어진 것이 一牢이다"(三牲牛羊豚具爲一牢)라고 하였고, 『춘추공양전』 桓公 8년 조의 何休 注에서는 "소·양·돼지 세 희생이 갖추어진 것을 太牢라고 하고, 양과 돼지가 갖추어진 것을 少牢라고 한다"(牛羊豕凡三牲曰太牢, 羊豕曰少牢)고 하였다.

35) 尸 : '主' 자로 되어 있는 판본이 있다.

36) 謂 : 『예기정의』의 교감기에 따르면 '諸'의 오자이다.

37) 시에게 ~ 이루어졌음 : 『의례』 「士虞禮」의 "祝이 방문을 나가 서쪽을 향해서 시에게 공양하는 예가 이루어졌음을 고한다"(祝出戶, 西面告利成)에 대한 정현 주에 "'利'는 공양한다는 뜻과 같다. '成'은 마친다는 뜻이다. 공양하는 예가 끝났음을 말한다"('利', 猶養也. '成', 畢也. 言養禮畢也)라고 하였다. 공양한다는 것은 곧 제사의 陰厭과 陽厭 의절에서 尸에게 음식을 대접하는 것을 말한다.

38) 적 : 적자·적손·적증손 등 適 계통의 자손을 의미한다.

39) 아래로 제사지내는 : 「祭法」(14)의 "왕은 성년이 되기 전에 죽은 자에게 아래로 제사를 지내는 대상이 다섯이다"(王下祭殤五)에 대한 陳澔의 集說에 "높은 자가 낮은 자에게 제사를 지내므로 '아래로 제사지낸다'(下祭)고 한다"(以尊祭卑, 故曰'下祭')라고 하였다.

40) 이궁 : 군주가 출행할 때 거처하는 正宮 이외의 별궁이다.

41) 견거 : 遣奠 때 진설한 희생의 몸체를 싣고 묘지로 가 壙中에 함께 부장하는 의장용 수레이다. 관련 내용은 「檀弓下」(1)에 자세하다.

42) 인사 : 수레에 탄 사람이 가름대(軾)를 잡고 몸을 약간 굽혀 경의를 표하는 인사방식이다. 가름대(軾)는 수레 앞쪽에 잡거나 의지할 수 있도록 만든 나무를 가리킨다. 대부는 수레 위에서 式을 하여 경의를 표하고, 士는 수레에서 내려와 경의를 표한다. 「曲禮上」(180)에 관련 내용이 나온다. 『三禮辭典』, 354쪽, '式' 항목 참조.

문왕세자 제8
文王世子

정현鄭玄의 『예기목록禮記目錄』에서 말한다. "「문왕세자文王世子」라고 제목을 붙인 것은 이 편이 문왕文王이 세자였을 때의 법도를 기록하고 있기 때문이다. 이 편은 유향劉向의 『별록別錄』에서는 「세자법世子法」에 속해 있다." 鄭『目錄』云: "名曰「文王世子」者, 以其記文王爲世子時之法. 此於『別錄』屬「世子法」."

【문왕세자 1】

문왕文王이 세자가 되어서 왕계王季에게 문안인사(朝)를 드리는데 날마다 세 번씩 하였다. 닭이 처음 울면 의복을 차려입고 침문寢門 밖에 이르러 당직을 서는 내수內竪[1])에게 "오늘 안부가 어떠하신가?"라고 물었다. 내수가 "편안하십니다"라고 하면 문왕은 비로소 기뻐하였다. 한 낮이 되면 또한 이르러서 아침과 같이 하였다. 저녁이 되면 또한 이르러서 똑같이 하였다.

文王之爲世子, 朝於王季, 日三.① 雞初鳴而衣服至於寢門外, 問內豎之御者曰: "今日安否何如?"② 內豎曰: "安", 文王乃喜.③ 及日中, 又至, 亦如之.④ 及莫, 又至, 亦如之.⑤

鄭注 ① 세 번 모두 '조朝'라고 한 것은 그 예법이 같기 때문이다. 三皆曰'朝', 以其禮同.

② '내수內豎'는 소신小臣의 무리로 궁중 안팎으로 명령을 전달하는 것을 담당하는 관리다. '어御'는 오늘날 소사小史가 당직을 서는 것과 같다. '內豎', 小臣之屬, 掌外內之通命者. '御', 如今小史直日矣.

③ 효자는 항상 염려한다. 孝子恒兢兢.

④ '우又'는 다시라는 의미다. '又', 復也.

⑤ '모莫'는 저녁을 뜻한다. '莫', 夕也.

集說 '내수內豎'는 궁중 안의 소신小臣이다. '어御'는 당직을 서는 자이다. 세자가 부모에게 문안 인사를 드리는 것은 오직 아침과 저녁 두 번 하는 것이 예이다. 이제 문왕이 날마다 세 번씩 하였으니 이는 성인이 보통 사람보다 뛰어난 행실인 것이다. '內豎', 內庭之小臣. '御', 是直日者. 世子朝父母, 惟朝夕二, 禮. 今文王日三, 聖人過人之行也.

【문왕세자 2】

기거(節)에 편치 못함이 있어 내수內豎가 문왕에게 알리면, 문왕의 안색에 근심하는 기색이 들었고 다닐 때 발걸음을 제대로 디디지(履) 못하였다. 왕계王季가 식사하는 것을 평상시처럼 회복하고 나서야 문왕도 평상시로 돌아왔다. 음식을 올릴 때에는 음식의 차고 더운 정도를 반드시 살펴보았고, 음식을 치울 때는 많이 드셨는지 여쭈었다. 조리사(膳宰)[2]를 불러 "남은 음식을 다음에 또 올리지 말라"고 이르고, 조리사가 "그러겠습니다"라고 한 뒤에 물러나왔다.

其有不安節, 則內豎以告文王, 文王色憂, 行不能正履.① 王季復膳,② 然後亦復初.③ 食上, 必在視寒煖之節,④ 食下, 問所膳.⑤ 命膳宰曰: "末有原", 應曰: "諾", 然後退.⑥

鄭注 ① '기거'(節)는 거처하던 종전의 방식을 가리킨다. '디딘다'(履)는 땅을 밟는다는 것이다. '節', 謂居處故事. '履', 蹈地也.

② 식사하는 것이 편안해진 것이다. 飮食安也.

③ 염려가 풀린 것이다. 憂解.

④ '재在'는 자세히 살핀다는 것이다. '在', 察也.

⑤ 드신 음식에 대해 묻는 것이다. 問所食者.

⑥ '말末'은 하지 말라는 뜻과 같다. '원原'은 재차의 뜻이다. 재차 올리지 말라는 것은 익힌 것의 알맞은 정도를 잃어서 냄새와 맛이 나쁘기 때문이다. '물러나왔다'(退)는 자신의 처소로 돌아왔다는 것이다. '末', 猶勿也. '原', 再也. 勿有所再進, 爲其失飪, 臭味惡也. '退', 反其寢.

集說 '기거에 편치 못하다'(不安節)는 것은 병이 있어 평상시 기거하고 식사하던 대로 하지 못함을 가리킨다. '음식을 올린다'(食上)는 것은 어버이에게 음식을 올리는 것이다. '재在'는 자세히 살핀다는 뜻이다. '음식을 치운다'(食下)는 것은 식사가 끝나서 치우는 것이다. '문소선問所膳'은 음식을 얼마나 드셨는지 (시중을 든 사람에게) 묻는다는 뜻이다. '말末'은 하지 말라는 뜻과 같다. '원原'은 재차의 뜻으로, 드시고 남은 음식을 재차 올려서는 안 됨을 말하는 것이다. '不安節', 謂有疾不能循其起居飮食之常時也. '食上', 進膳

於親也. '在', 察也. '食下', 食畢而徹也. '問所膳', 問所食之多寡也. '末', 猶勿也. '原', 再也, 謂所食之餘不可再進也.

【문왕세자 3】

무왕武王이 아버지 문왕을 따라서 행할 때, 감히 문왕이 행한 바를 넘지 않았다. 문왕에게 병이 나면, 무왕은 관과 띠를 벗지 않고 간호하였다. 문왕이 밥을 한 숟가락 들면 자신도 한 숟가락 들었고, 문왕이 밥을 두 숟가락 들면 자신도 두 숟가락 들었다. 그렇게 12일이 지나면 문왕의 병세가 나아졌다(間).

武王帥而行之, 不敢有加焉.① 文王有疾, 武王不說冠帶而養.② 文王一飯亦一飯, 文王再飯亦再飯.③ 旬有二日乃間.④

鄭注 ① 문왕을 모범으로 삼고자 한 것이다. '솔帥'은 따라간다는 뜻이다. 庶幾程式之. '帥', 循也.

② 항상 곁에 있음을 말한다. 言常在側.

③ 기력 및 침과 약 등이 감당하는 정도를 알고 싶어서다. 欲知氣力箴藥所勝.

④ '간間'은 낫다는 뜻과 같다. '間', 猶瘳也.

集說 '감히 넘지 않았다'(不敢有加)는 것은 아버지가 행한 바를 넘을 수 없다는 것이다. ○ 소疏에서는 말한다. "병이 위중할 때는 병이 항상 몸에 붙어 있어 잠시도 아프지 않은 때가 없지만, 병세가 이제 완화되면 더러더러 아프지 않은 때가 있게 된다. 그러므로 병세가 나아지는 것을 '간間'(차도가 있다)이라고 말한 것이다." '不敢有加', 不可踰越父之所行也. ○ 疏曰: "病重之時, 病恒在身, 無少間空隙, 病今旣損, 不恒在身, 其間有空隙. 故謂病瘳爲'間'也."

【문왕세자 4】

문왕이 무왕에게 말하였다. "너는 무슨 꿈을 꾸었느냐?" 무왕이 대답하였다. "제帝가 저에게 아홉 령齡을 주는 꿈을 꾸었습니다." 문왕이 말하였다. "너는 무엇이라고 생각하느냐?" 무왕이 말하였다. "서쪽에 아홉 나라가 있습니다. 군왕께서 결국 그들을 차지할 것입니다." 문왕이 말하였다. "아니다. 옛날에 년年(해)을 령齡이라고 불렀다. 치아(齒) 또한 령齡이다. 내가 (받은 수명이) 100년이요 너는 90년이니, 내가 너에게 3년을 주겠다." 문왕은 97세에 생을 마쳤고, 무왕은 93세에 생을 마쳤다.

文王謂武王曰: "女何夢矣?"① 武王對曰: "夢帝與我九齡."② 文王曰: "女以爲何也?" 武王曰: "西方有九國焉. 君王其終撫諸."③ 文王曰: "非也. 古者謂年齡. 齒亦齡也. 我百, 爾九十, 吾與爾三焉."④ 文王九十七乃終, 武王九十三而終.⑤

鄭注 ① (문왕의) 병세가 나아진 뒤에 (무왕이) 누울 수 있었던 것이다. 間後容臥.

② '제帝'는 하늘이다. '帝', 天也.

③ '무撫'는 차지한다는 뜻과 같다. '군왕君王'이라고 말하였으니 이는 천명을 받은 이후의 일이다. '撫', 猶有也. 言'君王', 則此受命之後也.

④ '년年'은 천기天氣다.3) '치齒'는 사람 수명의 수數이다. '아홉령'(九齡)은 90년의 상서로운 조짐이다. 문왕은 수고하고 근심하는 것으로 인해 수명을 줄였고, 무왕은 편안하고 즐거운 것으로 인해 수명을 더 살았다. '너에게 3년을 주겠다'(與爾三)라고 말한 것은 너에게 유업을 전하니 네가 받아서 완수하라는 뜻을 밝힌 것이다. '年', 天氣也. '齒', 人壽之數也. '九齡', 九十年之祥也.

文王以勤憂損壽, 武王以安樂延年. 言'與爾三'者, 明傳業於女, 女受而成之.

⑤ 군자가 죽을 경우 '종終'(마친다)이라고 한다. 공업功業을 이루는 것을 다 마친다는 것이다. 君子曰'終'. 終其成功.

集說 문왕의 병이 나은 뒤에 무왕이 편안히 잠을 들 수 있었다. 그래서 무슨 꿈을 꾸었는지 물은 것이다. 무왕은 "천제天帝께서 저에게 아홉령(九齡)을 주겠다고 말하는 꿈을 꾸었습니다"라고 대답하였다. '령齡'은 '치齒'를 따라서 이루어진 글자로, 치아(齒)의 또 다른 명칭이다. 그러므로 '년年은 령齡이다'라고 말하고 또 년年이 치齒라고 말한 것이니, 그 의미가 같다. 『대대례기』에 "남자는 태어난 지 8개월이 되면 치아가 생기고, 8세가 되면 젖니가 빠지고 영구치가 난다"[4]고 하였다. 이것은 사람의 수명을 가리키는 수數이다. 그러나 수명의 길고 짧은 것은 태어날 때 타고나는 것이니 문왕이 자식을 아무리 사랑하더라도 어떻게 자신의 수명을 덜어서 자식에게 보태줄 수 있겠는가? 일 만들기를 좋아하는 자들이 말을 붙여 놓고 이치는 궁구하지 않았는데, 『예기』를 읽는 사람들은 그 설을 믿고 아무도 감히 따지지 않는다. 文王疾瘳之後, 武王乃得安寢. 故問其何夢. 武王對云: "夢天帝言與我九齡." '齡'字從齒, 齒之異名也. 故言'年齡', 又言年齒, 其義一也. 『大戴禮』云: "男八月生齒, 八歲而齓齒." 是人壽之數也. 然數之脩短, 稟氣於有生之初, 文王雖愛其子, 豈能減己之年而益之哉? 好事者爲之辭而不究其理, 讀『記』者信其說而莫之敢議也.

【문왕세자 5】

성왕成王이 어려 조정에 임하여 다스릴 수 없자, 주공周公이 도와 정사를 돌보고 다스렸다. 세자의 규범을 백금伯禽에게 시행하여 성왕이 부자父子와 군신君臣과 장유長幼의 도리를 알게 하고자 하였다. 성왕이 잘못을 하면 백금을 매질하였는데, 성왕에게 세자의 법도를 보이기 위함이었다. 문왕이 세자였을 때 행하던 법도였다.

成王幼, 不能涖阼,① 周公相, 踐阼而治.② 抗世子法於伯禽, 欲令成王之知父子君臣長幼之道也.③ 成王有過, 則撻伯禽, 所以示成王世子之道也.④ 文王之爲世子也.⑤

鄭注 ① '리涖'는 임해서 다스린다는 뜻이다. 조정에 임해서 군주의 일을 행할 수 없었다는 것이다. '涖', 視也. 不能視阼階行人君之事.

② '천踐'은 밟는다는 뜻이다. 성왕을 대신해서 군주가 오르는 계단을 밟으며 천자의 지위를 대신해서 천하를 다스린 것이다. '踐', 履也. 代成王履阼階, 攝王位治天下也.

③ '항抗'은 시행한다는 뜻이다. 세자의 법도를 가지고 시행하여 성왕과 함께 지내면서 배우게 한 것이다. '抗', 猶擧也. 謂擧以世子之法, 使與成王居而學之.

④ 성왕의 잘못에 대하여 백금을 매질하면, 성왕이 느끼고 깨닫기에 충분하였다. 以成王之過, 擊伯禽, 則足以感喩焉.

⑤ 위의 일을 드러낸 것이다. 顯上事.

集說 석량왕씨石梁王氏는 말한다. "'문왕이 세자였을 때 행하던 법도였다'(文王之爲世子也)라는 구절은 쓸데없이 덧붙여진 문장이다." ○ 유씨劉氏는 말한다. "성왕이 어리고 약하여 비록 왕위에 올라 천자가 되었지만 아직 조정에 임해서 다스리는 일을 할 수 없었다. 『서書』에 '소자小子(성왕을 가리킴)는 아직 천자의 자리에 오르지 않은 것과 마찬가지다'[5]라고 하였으니 이것 또한 천자의 지위에 오르기는 하였지만 아직 오르지 않은 것과 마찬가지라고 말한 것이다. 그러므로 주공이 총재冢宰로서 정사를 대신 주관하면서,

성왕을 도와 조정에 임해 다스리는 일을 행하여 천하를 다스렸던 것이다. 어린 나이로 높은 지위에 올랐으나 부자와 군신과 장유長幼의 도리를 모르니 어떻게 천하를 다스리겠는가? 그러므로 세자가 군주, 어버이, 그리고 어른을 섬기는 법도를 가지고 백금伯禽에게 가르치고 날마다 성왕과 함께 지내게 하면서 성왕이 보고 본받는 바가 있게 하였다. 더러 성왕이 안팎으로 거처하고 행동하는 동안에 예법에 어긋나는 일이 있으면, 백금을 매질하여 군주를 섬기는 도리를 다하지 못하였음을 책망하였으니, 성왕을 경계시키고 가르쳐 세자로 지내는 도리를 보이기 위함이었다. 그러나 백금이 행한 것은 곧 문왕이 행하였던 세자의 도리였고, 문왕이 행한 바는 곧 제후의 세자가 행하는 예법이었기 때문에 '문왕이 세자였을 때 행하던 법도였다'라고 말한 것이다. 이는 백금이 행한 바가 왕세자王世子의 예법이 아니었음을 말하는 것이다." 石梁王氏曰: "'文王之爲世子也一句', 衍文." ○ 劉氏曰: "成王幼弱, 雖已涖阼爲天子, 而未能行涖阼之事. 『書』曰, '小子同未在位', 亦言其雖已在位, 與未在位同也. 故周公以冢宰攝政, 相助成王, 踐履其臨阼之事而治天下. 以幼年卽尊位, 而不知父子君臣長幼之道, 何以治天下哉? 故周公擧世子事君親長上之法, 以敎伯禽, 使日夕與成王遊處, 俾其有所視效也. 其或成王出入起居之間, 有愆于禮法者, 則撻伯禽以責其不能盡事君之道, 所以警敎成王, 而示之以爲世子之道也. 然伯禽所行卽文王所行世子之道, 文王所行乃諸侯世子之禮, 故曰'文王之爲世子也'. 言伯禽所行非王世子之禮也."

【문왕세자 6】

무릇 세자를 가르치고 사士를 가르치는 것은 반드시 시기에 맞추어 한다. 봄과 여름에는 간과干戈(무무武舞)를 가르치고, 가을과 겨울에는 우약羽籥(문무文舞)을 가르치는데, 모두 동서東序에서 가르친다.

凡學世子及學士, 必時.① 春夏學干戈, 秋冬學羽籥, 皆於東序.②

鄭注 ① 네 계절 각 시기마다 가르쳐야 할 것이 있다. '학사學士'는 사도司徒가 준사俊士와 선사選士 가운데 평가하여 국학國學에 올려놓은 자이다.[6)]
四時各有所宜. '學士', 謂司徒論俊·選所升於學者.

② '간干'은 방패이다. '과戈'는 구혈극句孑戟(갈고리가 있는 창)이다. '간과干戈'는 만무萬舞[7)]로 무武를 상징한다. 움직이고 활동하는 때에 가르친다. '우약羽籥'은 약무籥舞[8)]로 문文을 상징한다. 편안하고 조용한 때에 가르친다. 『시詩』에 "왼손엔 피리(籥)를 들고, 오른손엔 꿩 깃(翟)을 들었네"[9)]라고 하였다.
'干', 盾也. '戈', 句孑戟也. '干戈', 萬舞, 象武也. 用動作之時學之. '羽籥', 籥舞, 象文也. 用安靜之時學之. 『詩』云: "左手執籥, 右手秉翟."

集說 '효學'는 가르친다는 뜻이다. '사士'는 곧 「왕제王制」(86)에서 이른 바 사도司徒가 준사俊士와 선사選士[10)]를 평가하고 이를 통해 국학國學에 오른 사士를 말한다.[11)] '반드시 시기에 맞추어 한다'(必時)는 것은 네 계절 각 시기마다 가르치는 바가 있음을 뜻한다. '간干'은 방패로서 전쟁의 재앙을 막는 도구이다. '과戈'는 구혈극句孑戟(갈고리가 있는 창)이다. '우羽'는 꿩의 깃이다. '약籥'은 피리 종류이다. 네 가지는 모두 춤추는 사람이 드는 것이다. '간과干戈'는 무武의 춤이다. 그러므로 양의 기운이 발동하는 시기에 가르친다. 일이 있음을 보이는 것이다. '우약羽籥'은 문文의 춤이다. 그러므로 음의 기운이 응축하는 시기에 가르친다. 편안하고 조용함을 보이는 것이다. '동서東序'는 태학太學이다. '學', 敎也. '士'卽「王制」所謂司徒論俊選, 而升於學之士也. '必時', 四時各有所敎也. '干', 盾也, 捍兵難之器. '戈', 句孑戟也. '羽', 翟雉之羽也. '籥', 笛之屬也. 四物皆舞者所執. '干戈'爲武舞. 故於陽氣發動之時敎之. 示有事也. '羽籥'爲文舞. 故於陰氣凝寂之時敎之. 示安靜也. '東序', 大學也.

【문왕세자 7】

소악정小樂正이 간무干舞를 가르치고, 태서大胥가 돕는다. 약시籥師가 과무戈舞를 가르치고, 약시승籥師丞이 돕는다. 태서는 북을 쳐서 남南(남쪽 오랑캐의 음악)의 박자를 조절한다.

小樂正學干, 大胥贊之. 籥師學戈, 籥師丞贊之.① 胥鼓南.②

鄭注 ① 네 사람은 모두 악관樂官에 속한 관리다. 직무를 통괄해서 담당하므로 가을과 겨울이 되면 또한 우약羽籥을 가르친다. '소악정小樂正'은 악사樂師이다. 『주례』에 다음과 같은 말들이 있다. "악사樂師는 국학國學의 정사를 관장하고 국자國子에게 소무小舞[12]를 가르친다."[13] "태서大胥는 학사學士의 기록을 관장하며 그 기록을 가지고 경·대부의 자식들을 소집하는 것에 대비한다. 봄에 태학에 입학하면 채소류의 예물(菜)로 선대의 스승들에게 예를 표시하고 육무六舞의 춤동작을 음률에 맞도록 가르친다. 가을이 되면 기예의 수준을 평가하고 악기의 소리를 음률에 맞게 가르친다."[14] "약사籥師는 국자國子에게 우羽(꿩의 깃)를 들고 춤을 추며 약籥(피리)을 부는 것을 가르치는 일을 관장한다."[15] 四人皆樂官之屬也. 通職, 秋冬亦學以羽籥. '小樂正', 樂師也. 『周禮』"樂師掌國學之政, 教國子小舞." "大胥掌學士之版, 以待致諸子. 春入學, 舍菜, 合舞. 秋頒學, 合聲." "籥師掌教國子舞羽吹籥."

② 남南은 남쪽 오랑캐의 음악이다. 태서大胥는 육악六樂[16]의 연주가 잘 조화되도록 하고, 춤추는 자리를 바로잡는 일을 관장한다.[17] 모인旄人[18]이 오랑캐의 음악을 가르치면 태서가 북을 쳐서 박자를 조절한다. 『시詩』에 "아雅를 연주하고 남南을 연주하네, 약무籥舞를 춤추니 어긋나지 않네"[19]라고 하였다. 南, 南夷之樂也. 胥掌以六樂之會, 正舞位. 旄人教夷樂, 則以鼓節之. 『詩』云: "以雅以南, 以籥不僭."

集說 네 사람은 모두 악관樂官에 속한 관리다. '찬贊'은 보조한다는 뜻이다. '서胥'는 곧 태서大胥를 가리킨다. '남南'은 남쪽 오랑캐의 음악이다. 동쪽 오랑캐의 음악을 '매昧'라고 하고, 남쪽 오랑캐의 음악을 '남南'이라고 부르고, 서쪽 오랑캐의 음악을 '주리朱離'라고 부르고, 북쪽 오랑캐의 음악을 '금禁'이라고 부른다.20) 「명당위明堂位」(11)에서는 또 이렇게 말한다. "임任은 남만南蠻(남쪽 오랑캐)의 음악이다." 『주례』에는 모인旄人이 국자國子에게 남쪽 오랑캐의 음악을 가르칠 때, 태서大胥가 북을 쳐서 그 음곡音曲(박자)을 조절한다. 그러므로 '태서는 북을 쳐서 남南(남쪽 오랑캐의 음악)의 박자를 조절한다'고 한 것이다. 선왕께서 음악을 제작한 것이 완벽하고 성대하지만, 그럼에도 먼 변방 오랑캐의 음악을 가르치는 것은 천하에 있는 한 내치는 법이 없고 오랑캐도 모두 복종해옴을 보이기 위함이다. 종묘에서 연주하니 그 성대함이 넓기도 한 것이다. 남쪽 오랑캐의 음악만을 거론하였지만, 나머지 세 지역의 음악도 모두 가르치고 익힘을 알 수 있다. 四人皆樂官之屬. '贊', 相助之也. '胥'卽大胥也. '南', 南夷之樂也. 東夷之樂曰'昧', 南夷之樂曰'南', 西夷之樂曰'朱離', 北夷之樂曰'禁'. 「明堂位」又云: "任, 南蠻之樂也." 『周禮』旄人敎國子南夷樂之時, 大胥則擊鼓以, 節其音曲. 故云: '胥鼓南也.' 先王作樂, 至矣盛矣, 而猶以遠方蠻夷之樂敎人者, 所以示輿圖之無外異類之咸賓. 奏之宗廟之中, 侈其盛也. 獨擧南樂, 則餘三方皆敎習可知.

【문왕세자 8】

봄에 악장을 입으로 외우고, 여름에 악곡을 연주하는데 태사大師가 가르친다. 고종瞽宗에서는 가을에 『예禮』를 가르치는데 예를 집행하는 자가 가르친다. 겨울에 『서書』를 읽는데, 『서』를 담당한 자(典書)가 가르친다. 『예』는 고종에서 가르치고, 『서』는 상상上庠에서 가르친다.

春誦, 夏弦, 大師詔之. 瞽宗, 秋學『禮』, 執禮者詔之. 冬讀『書』, 典『書』者詔之. 『禮』在瞽宗, 『書』在上庠.

鄭注 '송誦'은 악樂의 편장篇章(가사)을 노래로 하는 것이다. '현弦'은 악기로 『시詩』를 실어 연주하는 것이다. 양이 주도할 때에는 소리로서 가르치고, 음이 주도할 때에는 일로 가르친다. 시기에 따르고 기운의 변화에 순응하므로 사업을 완수하기가 쉽다. 주周나라에서 삼대三代의 교육을 제도로 세웠다. 우虞대의 교육에 기초하여 『서書』을 가르쳤는데, 「전典」과 「모謨」의 교육에서 홍기하였던 것이다. 하夏대의 교육에 기초하여 악무를 가르쳤는데, 문무文武와 무무武舞의 사이였다. 은殷대의 교육에 기초하여 『예禮』와 『악樂』을 가르쳤는데, 개국의 사업이 성취되고 정치가 안정됨이 주나라 자신과 같았던 것이다. '誦', 謂歌樂也. '弦', 謂以絲播『詩』. 陽用事則學之以聲, 陰用事則學之以事. 因時順氣, 於功易成也. 周立三代之學. 學『書』於有虞氏之學, 「典」·「謨」之教所興也. 學舞於夏后氏之學, 文武中也. 學『禮』·『樂』於殷之學, 功成治定, 與己同也.

集說 '송誦'은 입으로 악곡의 편장을 외워 노래하는 것이다. '현弦'은 금슬琴瑟로 『시詩』 편장의 음절을 실어 연주하는 것이다. 모두 태사大師가 가르친다. '고종瞽宗'은 은殷대 학교의 명칭이다. '상상上庠'은 우虞대 학교의 명칭이다. 주나라가 천하를 차지하고 나서 우·하·은·주 등의 학교를 함께 포괄하여 제도로 세웠다. '誦', 口誦歌樂之篇章也. '弦', 以琴瑟播被『詩』章之音節也. 皆太師詔敎之. '瞽宗', 殷學名. '上庠', 虞學名. 周有天下, 兼立虞·夏·殷·周之學也.

【문왕세자 9】

무릇 제사, 양노養老의 연회에서 좋은 말씀을 요청하는 것(養老乞言), 선왕의 법도에서 합당한 뜻들을 모아 서로 말해주는 것(合語) 등의 예에 대해서는 모두 소악정小樂正이 동서東序에서 가르친다.

凡祭與養老乞言·合語之禮, 皆小樂正詔之於東序.

鄭注 세 가지 의례를 가르치는 것이다. '양노걸언養老乞言'은 현자인 노인을 접대하면서 실행할 만한 좋은 말씀을 요청하는 것이다. '합어合語'는 향사鄕射·향음주鄕飮酒·대사大射·연사燕射 등의 예를 가리킨다. 『의례』「향사례鄕射禮」의 「기記」에 "옛날에 여수旅酬의 예를 행할 때 선왕의 법도에 대하여 이야기를 하였다"라고 하였다. 學以三者之威儀也. '養老乞言', 養老人之賢者, 因從乞善言可行者也. '合語', 謂鄕射·鄕飮酒·大射·燕射之屬也. 「鄕射記」曰: "古者於旅也語."

集說 제사가 한 가지 일이요, 양노걸언養老乞言이 한 가지 일이요, 합어가 한 가지 일이다. 그러므로 '무릇'(凡)이라고 말한 것이다. '양노걸언養老乞言'은 노인을 접대하는 예를 행할 때 그 노인에게 실행할 만한 좋은 말씀을 해줄 것을 요청하는 것이다. '합어合語'는 제사와 양노, 그리고 향사·향음주·대사·연사 등의 예에서 여수旅酬의 절차를 행할 때에 이르면 누구나 선왕의 법도를 말할 수 있어, 의리義理(합당한 뜻)를 모아 서로 말해주는 것을 가리킨다. 그 사이에 각각 몸가짐과 절도가 있는데, 모두 소악정小樂正이 동서東序(태학)에서 가르치는 것에 의거한다. 祭是一事, 養老乞言是一事, 合語是一事. 故以'凡'言之. '養老乞言', 謂行養老之禮之時, 因乞善言之可行者於此老人也. '合語', 謂祭及養老與鄕射·鄕飮·大射·燕射之禮, 至旅酬之時, 皆得言說先王之法, 合會義理而相告語也. 其間各有威儀容節, 皆須小樂正詔敎之於東序之中.

【문왕세자 10】

대악정大樂正이 방패(干)와 도끼(戚)를 들고 춤을 추는 동작, 선왕의 법도에 대하여 말하는 것(語說), 말씀을 요청하도록 명령하는 것 등에 대하여 가르치는데, 모두 대악정이 편장篇章의 수數로 가르친다. 대사성大司成이 평가하는 것은 동서東序에서 한다.

大樂正學舞干戚·語說·命乞言, 皆大樂正授數.① 大司成論說在東序.②

鄭注 ① 세 가지의 춤으로 가르치는 것이다. '척戚'은 도끼다. '어설語說'은 합어合語의 설이다. '수數'는 편수이다. 學以三者之舞[21]也. '戚', 斧也. '語說', 合語之說也. '數', 篇數.

② '논설論說'은 의리를 이해하는 것의 깊고 낮음, 재능의 우열을 평가하는 것이다. 이것은 "악정樂正은 학업을 주관하고 부사父師는 덕행의 성취를 주관한다"[22]는 것을 말함이니, 곧 대사성과 사도司徒에 속한 관리인 사씨師氏이다. 사씨師氏는 왕에게 선도善道를 고하는 일과, 국자國子에게 삼덕三德과 삼행三行[23] 그리고 국가에서 행한 예의 맞고 틀림 등을 가르치는 일을 담당한다. '論說', 課其義之深淺·才能優劣. 此云"樂正司業, 父師司成", 卽大司成·司徒之屬師氏也. 師氏掌以美[24]詔王·敎國子以三德三行及國中失之事也.

集說 '척戚'은 도끼다. 대악정은 세자世子와 사士에게 방패와 도끼를 들고 춤추는 동작, 선왕의 법도에서 의리를 들어 말해주는 내용, 말씀을 요청하는 예 등을 가르치는데, 이 세 가지는 모두 대악정이 편장篇章의 수數로 가르친다. 이때 대사성은 교육받는 자들이 배우는 내용을 이해하는 정도와 재능의 우열을 동서東序에서 평가한다. '戚', 斧也. 大樂正敎世子及士, 以舞干戚

之容節, 及合語之說, 與乞言之禮, 此三者皆大樂正授之以篇章之數. 於是, 大司成之官於東序, 而論說此受教者義理之淺深・才能之優劣也.

【문왕세자 11】

무릇 대사성大司成을 모시고 앉을 때, 자리 세 장 정도의 사이를 두어 질문하는 데 편하도록 한다. 질문이 끝나면 뒷자리로 물러나 벽을 등지고 앉는다. 일을 열거하는 것이 끝나지 않았으면 질문하지 않는다.

凡侍坐於大司成者, 遠近間三席, 可以問.① 終則負牆.② 列事未盡, 不問.③

鄭注 ① '간間'은 여지를 둔다는 뜻과 같다. 세 개의 자리만큼 여지를 두면, 손으로 가리키면서 서로 분별할 수 있다. 자리의 제도는 한쪽 넓이가 3척 3촌 3푼이다. 이것이 이른바 함장函丈이다. '間', 猶容也. 容三席, 則得指畫相分別也. 席之制, 廣三尺三寸三分. 則是所謂函丈也.

② 물러나 뒷자리로 나아가 서로 피해주는 것이다. 卻就後席相辟.

③ 높은 분의 말씀을 착란시키는 것은 공경스럽지 않은 것이다. 錯尊者之語, 不敬也.

集說 '자리'(席)는 한쪽 넓이가 3척 3촌과 1/3촌이다. '자리 세 장 정도의 사이를 둔다'(三席)는 것은 이른바 함장函丈[25]이다. 서로 마주 대하는 거리를 이와 같이 하는 것은 질문하기 편하도록 하는 것이다. 질문이 끝나면, 뒷자리로 물러나 벽을 등지고 앉아서 뒤에 질문하러 나오는 사람을 피해준

다. 질문하고 답하는 시간에, 높은 분이 가르치는데 자신이 미처 이해하지 못하였으면 반드시 높은 분의 말씀이 다 끝난 뒤에 다시 질문한다. 열거하는 것이 끝나지 않았으면 함부로 먼저 질문해서 높은 분의 말씀을 착란시키지 않는다. '席', 廣三尺三寸三分寸之一. '三席', 所謂函丈也. 相對遠近如此, 取其便於咨問. 問終則却就後席, 背負牆壁而坐, 以避後來問事之人. 其問事之時, 尊者有敎, 而己猶未達, 則必待其言盡, 然後更問. 若陳列未竟, 則不敢先問, 以參錯尊者之言也.

【문왕세자 12】

무릇 교육에서 봄에 담당 관리는 선대의 스승(先師)에게 석전釋奠을 올린다. 가을과 겨울에도 마찬가지로 행한다.

凡學, 春, 官釋奠于其先師. 秋冬亦如之.

鄭注 '관官'은 『예禮』·『악樂』·『시詩』·『서書』를 담당하는 관리다. 『주례』에 "도를 알고 있는 사람이나 덕이 있는 사람에게 가르치게 하고 그가 죽으면 악樂의 시조로 삼아 고종瞽宗에서 제사드린다"[26]라고 하였다. 이것이 선대 스승(先師)에 해당하는 이들을 말하는 것이다. 한漢나라의 경우, 『예』에는 고당생高堂生이 있고, 『악』에는 제씨制氏가 있고 『시』에는 모공毛公이 있고, 『서』에는 복생伏生이 있으니 아마도 이들을 선사先師로 삼을 수 있는 것이다. 여름을 말하지 않았으니, 여름도 봄의 경우를 따름을 알 수 있다. '석전釋奠'은 음식을 올리고 술을 따라 바치는 의절만 행할 뿐 시尸를 맞이하는 것 이하의 절차는 없다. '官', 謂『禮』·『樂』·『詩』·『書』之官. 『周禮』曰: "凡有道者有德者使敎焉, 死則以爲樂祖, 祭於瞽宗." 此之謂先師之類也. 若漢, 『禮』有高堂生, 『樂』有制氏, 『詩』有毛公, 『書』有伏生, 億可以爲之也. 不言夏, 夏從春可知也. '釋

奠'者, 設薦饌酌奠而已, 無迎尸以下之事.

集說 '관官'은 『시詩』·『서書』·『예禮』·『악樂』의 교육을 관장하는 관리다. 가령 봄에 입으로 외우고, 여름에 음률을 악기로 연주하는 등의 경우에는 태사太師가 석전釋奠을 행하고, 간과干戈의 춤을 가르칠 때에는 소악정小樂正과 악사樂師가 석전을 행한다. 가을에 『예』를 가르치고, 겨울에 『서』를 읽는 경우에도 그 관장하는 관리가 마찬가지로 석전을 행한다. 석전釋奠에는 다만 제사 올리는 제물만 올려 진설할 뿐, 시尸를 맞이하고 음식을 먹으면서 술을 따라 주고받는 등의 일은 없다. 그렇게 하는 것은 예를 행하는 것에 주안점을 둘 뿐 공로에 보답하는 것이 아니기 때문이다. '선사先師'는 그 일에 밝고 능숙하였던 선대의 스승을 가리킨다. '官', 掌教『詩』·『書』·『禮』·『樂』之官也. 若春誦夏弦, 則太師釋奠, 教干戈, 則小樂正及樂師釋奠也. 秋學『禮』, 冬讀『書』, 則其官亦如之. '釋奠'者, 但奠置所祭之物而已, 無尸無食飮酬酢等事. 所以若此者, 以其主於行禮, 非報功也. '先師', 謂前代明習此事之師也.

【문왕세자 13】

무릇 처음 학교를 세우면, 반드시 선성先聖과 선사先師에게 석전釋奠을 올린다. 석전을 올릴 때는 반드시 폐백을 사용한다.

凡始立學者, 必釋奠于先聖·先師. 及行事, 必以幣.

鄭注 천자가 교육시킬 것을 명령하여 제후가 처음 학교를 세운 경우를 가리킨다. '선성先聖'은 주공周公과 공자 등을 가리킨다. 謂天子命之教, 始立學官者也. '先聖', 周公若孔子.

集說 제후가 처음 분봉分封을 받았을 때 천자는 교육시킬 것을 명령하는데 이때 학교를 세운다. 이것이 이른바 '처음 학교를 세운다'(始立學)는 것이다. 학교를 세우는 일은 중요하므로 선성先聖과 선사先師에게 석전釋奠을 올린다. 사계절에 따른 교육은 평상적인 일이므로 선사에게만 석전을 올리고 선성에게는 올리지 않는다. '행사行事'는 석전의 예를 행하는 것이다. '반드시 폐백을 사용한다'(必以幣)는 것은 반드시 폐백을 바쳐 예禮를 행하는 것이다. 처음 학교를 세우면서 석전의 예를 행할 때에는 폐백을 사용하지만, 사계절에 평상적으로 올리는 석전에서는 폐백을 사용하지 않는다. 諸侯初受封, 天子命之敎, 於是立學. 所謂'始立學'也. 立學事重, 故釋奠于先聖・先師. 四時之敎常事耳, 故惟釋奠于先師, 而不及先聖也. '行事', 謂行釋奠之事. '必以幣', 必奠幣爲禮也. 始立學而行釋奠之禮, 則用幣, 四時常奠, 不用幣也.

【문왕세자 14】

무릇 석전釋奠의 예를 행하는 경우에 반드시 합악合樂의 의절이 있다. 나라에 변고가 있으면 합악合樂의 절차를 넣지 않는다. 무릇 대합악大合樂의 경우에는 반드시 이어 양노養老의 예를 행한다.

凡釋奠者, 必有合也.① 有國故則否.② 凡大合樂, 必遂養老.③

鄭注 ① 나라에 선성先聖과 선사先師가 없으면, 석전을 올리는 대상을 이웃나라와 함께해야 한다. 國無先聖先師, 則所釋奠者, 當與鄰國合也.

② 당唐과 우虞나라에는 기夔와 백이伯夷가 있고, 주周나라에는 주공周公이 있고, 노魯나라에는 공자孔子가 있어 이들 나라는 각자 석전을 올리고, 이웃나라와 올리는 대상을 함께하지 않는다. 若唐虞有夔[27]・伯夷, 周有周公, 魯

有孔子, 則各自奠之, 不合也.

③ '대합악大合樂'은 봄에 태학에 입학하여 채소류의 예물(菜)을 선대의 스승들에게 올리고, 육무六舞[28]의 춤동작을 음률에 맞도록 교육하고, 가을에 기예의 수준을 평가하고, 악기의 소리를 음률에 맞게 교육하는 것을 가리킨다. 이때 천자가 국학國學을 시찰한다. '이어 양노의 예를 거행한다'(遂養老)는 것은 그 다음 날 행하는 것이다. 향음주鄕飮酒와 향사鄕射 등의 예에서는 다음 날에 사정司正[29] 등을 위로한다. 다음 날 초청하는 사람들은 주인이 마음대로 정하는데, 선생과 군자에게 알려서 초청해도 된다.[30] 이것은 양노의 유형이다. '大合樂', 謂春入學舍菜合舞, 秋頒學合聲. 於是時也, 天子則視學焉. '遂養老'者, 謂用其明日也. 鄕飮酒・鄕射之禮, 明日乃息司正. 徵唯所欲, 以告於先生君子可也. 是養老之象類.

集說 무릇 석전釋奠의 예를 행하면, 반드시 합악合樂[31]의 의절이 있다. 만일 나라에 흉사凶事나 상사喪事의 변고가 있으면, 석전釋奠예를 행하더라도 합악合樂을 행하지 않는다. 평상적 행사로 합악을 행할 때에는 양노의 예를 행하지 않는다. 오직 대합악의 경우에 군주는 국학을 시찰하고 반드시 양노의 예를 행한다. 구설[32]에서는 '합合'이 자기 나라에 선성先聖과 선사先師가 없는 경우 이웃나라의 선성과 선사를 함께하여 제사하는 것을 가리킨다고 하고, 가령 노나라에 공자와 안자가 있는 경우처럼 자기 나라에 옛날부터 선성과 선사가 있으면 이웃나라의 선성과 선사를 함께하여 제사하지 않는다고 하는데, 맞는지 틀리는지 잘 모르겠다. 凡行釋奠之禮, 必有合樂之事. 若國有凶喪之故, 則雖釋奠, 不合樂也. 常事合樂, 不行養老之禮. 惟大合樂之時, 人君視學, 必養老也. 舊說, '合'者, 謂若本國無先聖先師, 則合祭隣國之先聖先師, 本國故有先聖先師, 如魯有孔顔之類, 則不合祭隣國之先聖先師也, 未知是否.

【문왕세자 15】

무릇 교학郊學에서 학사學士들을 평가할 때에는, 반드시 뛰어난 덕과 기예를 취한다. 덕을 가지고 등용하기도 하고, 사공事功을 가지고 천거하기도 하고, 언어를 가지고 선발하기도 한다. 세 가지 가운데 한 가지 자잘한 기예를 가지고 있는 사람들은 모두 삼가 익히게 하고, 뒤에 다시 평가할 때를 기다리게 한다. 세 가지 가운데 한 가지라도 뛰어난 바가 있으면 선발하여 승진시키는데, 그 기예의 높고 낮음으로 서열을 둔다. 그들을 교인郊人이라고 부르니 멀리하는 것이다. 이들 교인은 천자가 성균成均에서 술을 마실 때, 당堂 위의 술동이(上尊)에서 술을 따라 여수旅酬의 예로 서로 권할 수 있다.

凡語于郊者,① 必取賢斂才焉. 或以德進, 或以事擧, 或以言揚.② 曲藝皆誓之,③ 以待又語.④ 三而一有焉,⑤ 乃進其等,⑥ 以其序.⑦ 謂之郊人, 遠之.⑧ 於成均, 以及取爵於上尊也.⑨

鄭注 ① '어語'는 서교西郊의 교육에 대하여 평가하는 것을 가리킨다. '語', 謂論說於郊學.

② "대악정은 조사造士 가운데 빼어난 자를 논論하여 (왕에게 보고하고) 그 명단을 사마司馬에게 올리는데, 이들을 진사進士라고 한다"33)는 말이 이것을 가리킨다. "大樂正論造士之秀者, 升諸司馬曰進士", 謂此矣.

③ '곡예曲藝'는 자잘한 기예를 가리킨다. '서誓'는 삼간다는 뜻이다. 모두 자신의 일을 삼가 익히게 하는 것이다. '曲藝', 爲34)小技能也. '誓', 謹也. 皆使謹習其事.

④ '우어又語'(또 평가한다)는 나중에 다시 평가, 선발하는 것이다. '又語', 爲後復論說也.

⑤ 세 가지 평가 중 한 가지만 잘하는 것이 있어도 선발한다. 자잘한 기예를 갖고 있는 사람은 반드시 세 가지 다 잘하지는 않기 때문이다. 三說之中, 有一善則取之. 以有曲藝, 不必盡善.

⑥ 여러 학생(衆學)의 무리에 올리는 것이다. 進於衆學者.

⑦ 또한 그 기예를 가지고 서열을 세우는 것이다. 又以其藝爲次.

⑧ 담당관 중에 결원이 생길 때를 기다려 그들로 대치한다. '멀리하는 것이다'(遠之)라는 말은 준선俊選이라고 부르지 않고 교인郊人이라고 부르는 것으로 기예를 천시하는 것이다. 俟事官之缺者, 以代之. '遠之'者, 不曰俊選, 曰郊人, 賤技藝.

⑨ 동중서董仲舒는 "오제五帝 때 대학을 '성균成均'이라고 불렀다"고 말하였으니, 우상虞庠이 이와 유사한 것이다. 천자가 우상에서 술을 마시면, 교인郊人도 상준上尊(당 위의 술동이)에서 술을 따라서 서로 여수旅酬의 예를 행할 수 있다. 董仲舒曰: "五帝名大學曰成均", 則虞庠近是也. 天子飮酒于虞庠, 則郊人亦得酌于上尊以相旅.

集說 '어우교語于郊'는 학사學士들의 재능을 교학郊學에서 평가하는 것이다. 뛰어난 덕이 있으면 기록하여 선발하고, 뛰어난 기술이 있으면 거두어 선발한다. 선발할 때 도덕이 먼저이고, 사공事功이 그 다음이고, 언어가 그 다음이다. '곡예曲藝'는 한 분야의 기예로 의술이나 점술 등과 같은 작은 기술이다. '서誓'는 삼간다는 뜻이다. 학사學士 가운데, 취할 만한 덕, 사공事功, 언어의 뛰어남이 없어도 이런 자잘한 기예를 소유한 자들이 평가에 응시하고 싶어 하면 모두 물리치고, 물러가서 자신의 재능을 삼가 닦게 한 다음, 뒤에 다시 평가할 때를 기다려 그들을 평가한다. '삼이일유三而一有'

는 이들 자잘한 기예를 갖고 있는 사람들은 세 가지 분야에 대해 평가하는데, 한 가지에서라도 잘하는 것이 있는 경우를 가리킨다. '내진기등乃進其等'은 곧 같은 부류 가운데에서 발탁하여 승진시키는 것이다. 그러나 (승진시켜) 같은 부류에 배치하는데도 수준의 높고 낮음으로 서열을 두어 우열을 뒤섞이지 않게 한다. 이와 같은 사람들을 지목하여 '교인郊人'이라고 부를 뿐이니 준선에 비할 바가 아니다. 사士의 무리가 아니기 때문에 멀리하는 것이다. '성균成均'은 오제五帝 때 태학의 명칭이다. 천자는 사대四代의 학교를 설치한다. '상준上尊'은 당堂 위에 있는 술동이다. 천자가 성균의 학궁에서 술을 마시면, 이 교인郊人들은 비록 천한 신분이지만 당 위의 술동이에서 술을 따라 서로 여수旅酬의 예로 권할 수 있으니 그들을 영예롭게 해주는 것이다. '인人'·'지之'·'균均' 다음에서 모두 어구가 끊어진다. '語于郊'者, 論辨學士才能於郊學之中也. 有賢德者, 則錄取之, 有才能者, 則收斂之. 道德爲先, 事功次之, 言語又次之. '曲藝', 一曲之藝, 小小技能, 若醫卜之屬. '誓', 戒謹也. 學士中, 或無德無事無言之可取, 而有此曲藝之人, 欲投試考課者, 皆卻之, 使退而謹習所能, 以待後次再語之時, 乃考評之也. '三而一有'者, 謂此曲藝之人, 舉說三事而一事有可善者. '乃進其等', 卽於其同等之中, 拔而升進之也. 然猶必使之於同輩中, 以所能高下爲次序, 使不混其優劣也. 如此之人, 但止目之曰'郊人', 非俊選之比也. 以非士類, 故疏遠之. '成均', 五帝大學之名. 天子設四代之學. '上尊', 堂上之酒尊也. 若天子飮酒於成均之學宮, 此郊人雖賤, 亦得取爵於堂上之尊, 以相旅勸焉, 所以榮之也. '人'字·'之'字·'均'字, 皆句絕.

【문왕세자 16】

처음에 학교를 세우는 자는 예악에 사용하는 기물들에 동물의 피를 바르는 의식(釁)을 행한 다음 선성先聖과 선사先師에게 폐백을 바친다. 그런 뒤에 석채釋菜의 예를 행하는데 춤을 추지 않고 (춤추는데 사용하는) 기물들을 주지도 않는다. 이어 물러나와 동서東序에서 손님을 접대하는데, 한번 술을 올리는 것(一獻)만 하고, 손님 접대를 돕는 사람(介)을 두거나 선왕의 법도에 대하여 말씀을 요청하고 듣는 의식(語)을 하지 않아도 예에 어긋나지 않는다. 세자를 교육하는 일이다.

始立學者, 旣興器用幣.① 然後釋菜,② 不舞不授器.③ 乃退, 儐于東序, 一獻, 無介語, 可也.④ 敎世子.⑤

鄭注 ① '흥興'은 '흔釁'의 오자임에 틀림없다. 예악에 사용하는 기물이 제작되면 그 기물에 동물의 피를 바르는 의식(釁)을 행하고, 또 폐백을 바쳐 기물이 완성되었음을 선성先聖과 선사先師에게 고한다. '興', 當爲'釁'字之誤也. 禮樂之器成, 則釁之, 又用幣告先聖・先師以器成.

② 선성과 선사에게 기물이 완성되어 때가 되면 장차 사용할 것임을 고하는 것이다. 告先聖・先師以器成, 有時將用也.

③ 석채釋菜는 예禮가 가볍다. 석전釋奠의 예를 행할 경우는 춤을 추며, 춤을 추면 기물을 준다. 사마司馬에 속한 관원인 사병司兵・사과司戈 그리고 사순司盾이 제사에서 춤추는 자에게 주는 것은 무기다. 釋菜禮輕也. 釋奠則舞, 舞則授器. 司馬之屬司兵・司戈・司盾祭祀授舞者, 兵也.

④ '이어 물러나온다'(乃退)고 한 것은 삼대三代의 학교를 세울 수 있었던 자가 우상虞庠에서 석채의 예를 행할 때 동서東序에서 손님들에게 접대하는 것을 가리킨다. 노魯의 학교제도에 미름米廩・동서 그리고 고종瞽宗이 있었다. 言'乃退'者, 謂得立三代之學者, 釋菜于虞庠, 則儐賓于東序. 魯之學有米廩・東

序・瞽宗也.

⑤ 또한 위의 일에 대하여 총괄하여 제목을 붙인 것이다. 亦題上事.

集說 학교를 세운 처음에는 예악에 사용하는 기물들이 아직 마련되어 있지 않다. 기물들의 제작이 완성되고 동물의 피를 바르는 의식이 끝나면, 곧 폐백을 선성과 선사에게 바쳐 이 기물들이 완성되었음을 고하고, 이어서 또 석채釋菜의 예를 행하여 이 기물들이 장차 사용될 것임을 고한다. 무릇 제사에서 음악과 춤을 사용하는 경우엔, 춤을 추는 사람들에게 그들이 드는 기물, 가령 방패(干)・창(戈)・깃털(羽)・피리(籥) 등을 준다. 지금 이 석채의 예는 가벼운 예로 춤을 추지 않기 때문에 춤을 추는 데 사용하는 기물들을 주지 않는다. 제후 가운데 특별한 공로와 덕이 있는 자는 다른 왕조의 학교를 세울 수 있다. '동서東序'는 하夏나라 제도로 우상虞庠과 서로 짝이 되어, 동서는 동쪽에 있고, 우상은 서쪽에 있다. '이어 물러나와 동서에서 손님을 접대한다'(乃退, 儐于東序)는 것은 우상에서 석채의 예를 행하고 예식이 끝나면 우상에서 물러나와 동서에서 손님들에게 대접한다는 것이다. 그 예가 (가벼워서) 줄인 형태이기 때문에 오직 한 차례 술을 따라 올리는 것(一獻)만 하고, 손님 접대를 돕는 사람(介)을 따로 두지 않고 선왕의 법도에 대하여 말씀을 요청하고 듣는 의식(語)도 하지 않아도, 예에 어긋나지 않는다. 이 구절 이상은 비록 세자를 교육하는 일만은 아니지만 세자 교육이 중심이기 때문에 이 구절로 위 글을 총결하여 끝맺은 것이다. ○ 석량왕씨石梁王氏는 말한다. "'교세자敎世子' 세 글자는 연문衍文이다." 立學之初, 未有禮樂之器. 及其制作之成, 塗釁旣畢, 卽用幣于先聖・先師, 以告此器之成, 繼又釋菜, 以告此器之將用也. 凡祭祀用樂舞者, 則授舞者以所執之器, 如干戈羽籥之類. 今此釋菜禮輕, 旣不用舞, 故不授舞器也. 諸侯有功德者, 亦得立異代之學. '東序', 夏制也, 與虞庠相對, 東序在東, 虞庠在西. '乃退, 儐于東序'者, 謂釋菜在虞庠之中, 禮畢乃從虞

庠而退, 儐禮其賓於東序之中. 其禮旣殺, 惟行一獻, 無介無語, 於禮亦可也. 此以上, 雖不專是敎世子之事, 然以敎世子爲主, 故以此句摠結上文. ○ 石梁王氏曰: "三字亦衍文."

【문왕세자 17】

무릇 삼대의 선왕先王께서 세자를 교육할 때는 반드시 예禮와 악樂으로 가르쳤다. 악은 안을 수양하는 것이요, 예는 밖을 수양하는 것이다. 예와 악이 안에서 서로 섞이면 밖으로 나타난다. 그러므로 수양이 이루어지면 즐겁고, 공경하는 덕을 갖추면서도 온화하고 운치가 있는 기상을 보인다.

凡三王敎世子, 必以禮樂. 樂所以脩內也, 禮所以脩外也. 禮樂交錯於中, 發形於外. 是故其成也懌, 恭敬而溫文.

鄭注 '중中'은 마음속이다. '역懌'은 기뻐한다는 뜻이다. '中', 心中也. '懌', 說懌.

集說 '안을 수양한다'(脩內)는 것은 사특한 속마음을 씻어 없애는 것이요, '밖을 수양한다'(脩外)는 것은 공손하고 엄숙한 태도를 길러 갖추는 것이다. 예禮를 연마하여 갖춘 것이 마음속까지 이르고, 악樂을 연마하여 갖춘 것이 밖의 용모에까지 나타남이 이른바 '안에서 서로 섞인다'(交錯於中)는 말의 뜻이다. 마음속에 갖추고 있으면 반드시 밖으로 나타난다. 따라서 '수양이 이루어지면 즐겁다'(其成也懌)에서 이 '즐겁다'(懌)는 말은 『논어』의 "또한 기쁘지 않은가?"(不亦說乎)의 '기뻐함'(說)과 유사하다. 공경하는 참된 덕을 갖추면서 또한 온화하고 운치 있는 기상을 갖추게 되니, 예와 악의 가르침은 위대하다. '脩內'者, 消融其邪慝之蘊, '脩外'者, 陶成其恭肅之儀. 禮之脩達於中, 樂之脩達

於外, 所謂'交錯於中'也. 有諸中, 必形諸外. 故'其成也懌', 此'懌'[35]字與『魯論』"不亦說乎"之'說'相似. 旣有恭敬之實德, 又有溫潤文雅之氣象, 禮樂之教大矣.

【문왕세자 18】

태부太傅와 소부少傅를 세워 세자를 기르는데 부자父子와 군신君臣의 도리를 알게 하려는 것이다. 태부는 부자와 군신의 도리를 자세히 살펴서 보여주고, 소부는 세자를 받들어 태부의 덕행을 보게 하고 자세히 말해주어서 세자가 깨닫게 한다. (다닐 때) 태부는 앞에 있고 소부는 뒤에 있는다. (한가히 지낼 때) 집안에 들어오면 보保가 있고, 외출하면 사師가 있다. 그러므로 가르쳐 깨우쳐줌이 있고 덕이 이루어진다. 사師는 구체적 사안을 가지고 가르치면서 덕을 깨닫게 하는 사람이다. 보保는 세자에게 자기 몸을 신중히 하게 함으로써 도와 도道에 돌아가게 하는 사람이다. 『기記』에 "우虞·하夏·상商·주周에 사와 보가 있고 의疑와 승丞이 있다. 사보四輔와 삼공三公을 둘 때 모두 다 갖출 필요는 없다. 오직 합당한 사람이 있으면 임용한다"라고 하였다. 이는 감당할 능력이 있는 사람에게 시킨다는 말이다.

立太[36]傅·少傅以養之, 欲其知父子君臣之道也.① 太傅審父子君臣之道以示之,② 少傅奉世子以觀太傅之德行而審喩之.③ 太傅在前, 少傅在後.④ 入則有保, 出則有師.⑤ 是以教喩而德成也.⑥ 師也者, 教之以事而喩諸德者也. 保也者, 愼其身以輔翼之而歸

諸道者也.⑦『記』曰: “虞·夏·商·周有師保, 有疑丞.⑧ 設四輔及三公, 不必備, 唯其人.” 語使能也.⑨

鄭注 ① ‘양養’은 가르친다는 뜻과 같다. ‘양養’이라고 말한 것은 점차 축적하여 성장하게 하는 것이다. ‘養’, 猶敎也. 言‘養’者, 積浸成長之.

② 세자를 위해 그 예禮를 행하는 것이다. 謂爲之行其禮.

③ 세자를 위해 그 내용을 설명해주는 것이다. 爲說其義.

④ 학교에 있을 때를 가리킨다. 謂其在學時.

⑤ 한가하게 지내면서 집에 있거나 외출할 때를 가리킨다. 謂燕居出入時.

⑥ 네 사람이 그를 도와주기 때문이다. 以有四人維持之.

⑦ 자기 몸을 신중히 하게 한다는 것은 삼가면서 편안히 보호하게 하는 것이다. 愼其身者, 謹安護之.

⑧『기記』에서 말한 것은 천자의 경우를 가리킨다. 그것을 인용하여 세자 교육의 설을 갖춘 것이다.『記』所云謂天子也. 取以成說.

⑨ ‘어語’는 말한다는 뜻이다. 잘하는 사람이 있으면 그를 등용하지만, 없으면 그만두어 그 관리를 꼭 갖추는 것은 아니다. 소인小人이 그 자리에 있으면 또한 없는 것만 못하다. ‘語’, 言也. 得能則用之, 無則已, 不必備其官也. 小人處其位, 不如且闕.

集說 ‘양養’은 길러서 완성시키는 것을 가리킨다. ‘심유審喩’는 자세히 말해주어서 이해하고 깨닫게 하는 것이다. ‘앞과 뒤’(前後)는 다닐 때를 말한 것이고, ‘나가고 들어온다’(出入)는 것은 거처할 때를 말한 것이다. ‘자기 몸을 신중히 하게 한다’(愼其身)는 것은 세자에게 자신의 몸을 삼가 지키게 하는 것이다. 사師·보保·의疑·승丞은 사보四輔[37]이다. 일설에 따르면, 앞쪽에 의疑가 뒤쪽에 승丞이 있고, 왼쪽에 보輔가 오른쪽에 필弼이 있어 사

보가 된다. 사보와 삼공三公은 모두 갖출 필요는 없고, 오직 직책에 걸맞은 사람이 있으면 택하여 임명한다. '유기인惟其人' 이상은 모두 『기記』의 글이다. '어語'는 말한다는 뜻이다. '어사능야語使能也' 구절은 기록한 이가 풀이한 말이다. ○ 주자朱子는 말한다. "사師 · 보保 · 의疑 · 승丞에서 의疑는 이해할 수 없다. 생각건대 의문이 생기면 그에게 묻는다는 뜻일 것이다."[38)]

'養'者, 長而成之之謂. '審喩', 詳審言之, 使通曉也. '前後', 以行步言, '出入', 以居處言. '愼其身', 使之謹守其身也. 師保疑丞, 四輔也. 一說, 前疑後丞, 左輔右弼, 爲四輔. 四輔與三公, 不必其全備, 惟擇其可稱職者. 惟其人以上, 皆『記』文. '語', 言也. 語使能也一句, 是記者釋之之辭. ○ 朱子曰: "師保疑丞, 疑字曉不得. 想止是有疑卽問他之意."

【문왕세자 19】

군자(의 본질이)란 덕을 말한다. 덕이 이루어지고서 가르침이 존엄해지며, 가르침이 존엄해지고서 관원이 바로잡힌다. 관원이 바로잡히고서 국가가 다스려지니, 군주를 가리키는 것이다.

君子曰德. 德成而敎尊, 敎尊而官正. 官正而國治, 君之謂也.

集說 '군자(의 본질이)란 덕을 한다'(君子曰德)는 것에서 그 덕은 세자의 덕을 가리킨다. 세자의 덕이 이루어진 바가 있으면 도리에 대한 가르침이 존엄해져 함부로 소홀히 하는 법이 없게 된다. 그러므로 관직에 있는 자들이 자신의 처신을 바로잡는다. '관원이 바로잡히고서 국가가 다스려진다'(官正而國治)는 것은 세자가 군주가 됨을 말하는 것이다. '君子曰德', 此德是指世子之德. 世子之德有成, 則敎道尊嚴, 而無敢慢易者. 故凡居官守者, 皆以正自處. '官正而國治', 世子爲君之謂也.

【문왕세자 20】

공자는 말한다. "옛날에 주공周公께서 정사를 대신 관리하여 돌보고 다스렸으며, 세자의 법도를 백금에게 시행하였으니 성왕을 선善으로 이끌기 위한 것이다. 옛사람으로부터 들었는데, '신하가 된 사람은 자기 목숨을 바쳐 군주에게 도움이 되면 오히려 그것을 행한다'라고 하였다. 하물며 자신이 행하는 것을 간접적으로 보여 군주를 선으로 이끄는 정도의 일을 마다하겠는가? 주공께서는 여유 있게 행하였던 것이다."

仲尼曰: "昔者周公攝政, 踐阼而治, 抗世子法於伯禽, 所以善成王也. 聞之曰: '爲人臣者, 殺其身有益於君, 則爲之.' 況于其身以善其君乎? 周公優爲之."

鄭注 '들었다'(聞之)는 것은 옛 시대로부터 들은 것이다. '우于'는 '우迂'로 읽는데, '우迂'는 넓다, 크다는 뜻과 같다. '聞之'者, 聞之於古也. '于', 讀爲'迂', '迂', 猶廣也大也.

集說 앞([문왕세자 5])에서 "주공周公이 (성왕을) 도와 조정을 돌보고 다스렸다"(周公相, 踐阼而治)고 말하였는데, 여기서는 '도와'(相)라는 말이 빠지고 아래 문장에 또 '주공이 조정을 돌보고 다스렸다'(周公踐阼)는 말이 있으니, 이는 모두 기록자의 잘못이다. 세자의 법도로 세자를 가르치는 것이 곧은 도리다. 이제 세자법을 백금伯禽에게 시행하여 성왕成王을 가르치니, 이것은 그 일을 우회하여 간접적으로 행하는 것이다. 신하란 자신의 목숨을 바쳐 나라를 위하는 것도 오히려 행하는 법이다. 이제 주공은 그 자신이 행하는 것을 우회하여 간접적으로 보임으로써 군주의 선善을 이루어준 것에

불과하다. 그러니 주공이 여유 있게 해낸 것은 당연한 것이다. ○ 유씨劉氏는 말한다. "『서書』「채중지명蔡仲之命」에 '주공이 총재冢宰의 자리에 올라 백공百工을 바로잡았다'라고 하였다. 이것은 정사를 대신 관리하여 돌보고 다스린 것을 말하고 있다. 그러므로 총재로서 정사를 대신 관리하여 돌보고 다스린 것은 천자의 지위에 대신 오른 것을 말하는 것이 아니다. 공자의 말은 이런 것이다. '주공이 세자의 법도를 백금에게 시행한 것은 스스로 자기 자식을 가르친 것이 아니요, 대개 세자의 법도를 보여서 성왕을 선으로 이끈 것이다. 내가 옛사람으로부터 들었는데, 신하가 된 자는 목숨을 바쳐 군주에게 도움이 되면 그것도 오히려 행한다. 하물며 몸소 행하는 것을 간접적으로 보여 군주를 선으로 이끄는 정도의 일을 마다하겠는가? 이것은 대인大人이 자신을 바르게 함으로써 타자가 바로잡히는 것의 일이다. 주공은 큰 성인聖人이다. 그러므로 여유 있게 행한 것이다.'" 前言"周公相, 踐阼而治", 此缺'相'字, 而下文又有'周公踐阼'之言, 皆記者之失也. 以世子之法敎世子, 直道也. 今擧世子法於伯禽而敎成王, 是迂曲其事也. 人臣殺身爲國, 猶尙爲之. 今周公不過迂曲其身之所行, 以成君之善. 宜乎優爲之也. ○ 劉氏曰: "『書』「蔡仲之命」曰: '惟周公位冢宰, 正百工.' 此言攝政踐阼而治. 是以冢宰攝行踐阼之政, 非謂攝居天子之位也. 孔子言: '周公擧世子法於伯禽者, 非自敎其子, 蓋示法以善成王也. 吾聞古人言爲人臣者, 殺身而有益於君, 猶且爲之. 況止迂其身以善其君乎? 此大人正己而物正之事. 周公大聖人也. 故優爲之.'"

【문왕세자 21】

그러므로 자식 노릇을 할 줄 안 뒤에 아버지 노릇을 할 수 있고,

신하의 일을 할 줄 안 뒤에 군주의 일을 할 수 있고, 남을 섬길 줄 안 뒤에 남을 잘 부릴 수 있다. 성왕은 어려 조정을 돌볼 수 없었으며, 성왕을 세자가 되게 하더라도 세자 노릇을 할 수 없었다. 그래서 세자의 법도를 백금에게 시행하고, 백금에게 성왕과 함께 거처하게 하였으니, 성왕이 부자父子·군신君臣·장유長幼의 도리를 알게 하기 위함이었다. 군주는 세자에 대하여 혈연의 가까움으로는 아버지가 되는 것이요, 신분의 높음으로는 군주가 된다. 아버지로서의 친애함과 군주로서의 존귀함을 가신 뒤에야 천하를 누루 보유할 것이다. 그러므로 세자를 교육하는 일에 신중하지 않을 수 없다.

是故知爲人子, 然後可以爲人父, 知爲人臣, 然後可以爲人君, 知事人, 然後能使人. 成王幼, 不能涖阼, 以爲世子, 則無爲也.① 是故抗世子法於伯禽, 使之與成王居,② 欲令成王之知父子君臣長幼之義也. 君之於世子也, 親則父也, 尊則君也. 有父之親, 有君之尊, 然後兼天下而有之. 是故養世子不可不愼也.③

鄭注 ① '이위세자以爲世子'는 세자 시절이었다고 해도라는 뜻이다. '以爲世子', 若爲世子時.

② 또한 성왕의 곁에서 이 예를 배운 것이다. 亦學此禮於成王側.

③ 군주이자 아버지인 지위에 처해 천하의 사士들을 두루 살핀다고 해도 가까이 자신의 자식조차 가르치지 못한다면, 더 이상 볼 것이 없다. 處君父之位, 覽海內之士, 而近不能敎其子, 則其餘不足觀矣.

集說 무왕이 이미 별세하였으니 성왕에겐 아버지가 없다. 나이가 어려

아직 군주의 도리를 알지 못하므로 그를 세자로 삼고자 해도 자식 노릇할 곳이 없다. 그러므로 '세자가 되게 하더라도 세자 노릇을 할 수 없었다'(以爲世子則無爲也)라고 말한 것이다. 군주는 세자에게 혈연의 가까움으로 말하면 아버지요, 신분의 높음으로 말하면 군주이다. 군주와 아버지의 도리를 다 할 수 있는 것으로 자식을 가르친 뒤에야 광대한 천하를 보유할 수 있다. 그렇지 않으면 뒷날 자식이 된 이가 감당하지 못할 것이다. 신중하지 않을 수 있겠는가? 武王旣崩, 則成王無父. 雖年幼未知君道, 若以之爲世子, 則無爲子之處矣. 故云'以爲世子則無爲也'. 君於世子, 以親言則是父, 以尊言則是君. 能盡君父之道, 以敎其子, 然後可以保有天下之大. 不然則他日爲子者不克負荷矣. 可不愼乎?

【문왕세자 22】

한 가지 일을 행하여 세 가지 선善을 모두 얻는 이는 오직 세자뿐이니, 같이 공부하는 사람들과 나이의 많고 적음을 가지고 양보하는 것을 가리킨다. 그러므로 세자가 같이 공부하는 사람과 나이를 가지고 양보를 하면, 국인이 보고 "군주가 되어 나를 다스릴 것인데 나에게 나이로 양보하는 것은 왜인가?"라고 의문을 갖는다. (그러면 예를 아는 사람이) "어버이께서 계시니 예법이 그러한 것이다"라고 한다. 그런 뒤에 일반 사람들이 부자父子 사이의 도道(도리)에 대하여 알게 된다. 두 번째 사람도 "군주가 되어 나를 다스릴 것인데 나에게 나이로 양보하는 것은 왜인가?"라고 의문을 갖는다. (그러면 예를 아는 사람이) "군주께서 계시니 예법이 그러한 것이다"

라고 한다. 그런 뒤에 일반 사람들도 군신君臣 사이의 의義(의리)에 대하여 밝게 된다. 세 번째 사람도 "군주가 되어 나를 다스릴 것인데 나에게 나이로 양보하는 것은 왜인가?"라고 의문을 갖는다. (그러면 예를 아는 사람이) "어른을 어른으로 대우하는 것이다"라고 한다. 그런 뒤에 일반 사람들도 장유長幼(연장자와 연소자) 사이의 절節(절도)에 대하여 알게 된다. 그러므로 어버이가 살아 계시면 자식이 되고 군주가 살아 계시면 신하라고 부른다. 자식과 신하로서의 예법을 지키는 것이 군주를 높이고 어버이를 친애하는 것이다. 그러므로 그에게 부자 사이의 도리를 행하는 것을 가르치고, 군신 사이의 도리를 행하는 것을 가르치고, 장유 사이의 도리를 행하는 것을 가르친다. 부자, 군신, 장유 사이의 도리가 갖추어지고서 나라가 다스려진다. 옛 시대의 말에 "악정樂正은 학업을 주관하고 사부(父師)는 덕행의 성취를 주관한다. 한 사람이 크게 선행을 행하면 온 나라가 모두 바로잡힌다"라고 하였으니, 세자를 가리키는 것이다.

行一物而三善皆得者, 唯世子而已, 其齒於學之謂也.① 故世子齒於學, 國人觀之曰: "將君我而與我齒讓, 何也?" 曰: "有父在, 則禮然." 然而衆知父子之道矣. 其二曰: "將君我而與我齒讓, 何也?" 曰: "有君在, 則禮然." 然而衆著於君臣之義也. 其三曰: "將君我而與我齒讓, 何也?" 曰: "長長也." 然而衆知長幼之節矣. 故父在斯爲子, 君在斯謂之臣. 居子與臣之節, 所以尊君親親也. 故學之爲父子焉, 學之爲君臣焉, 學之爲長幼焉.② 父子·君臣·長幼之道得而國治. 語曰: "樂正司業, 父師司成, 一有元良, 萬國以貞", 世子之謂也.③

鄭注 ① '물物'은 일과 같은 의미다. '物', 猶事也.

② '학學'은 가르친다는 뜻이다. '學', 敎.

③ '사司'는 주관한다는 뜻이다. '일一'은 한 사람이다. '원元'은 크다는 뜻이다. '양良'은 착하다는 뜻이다. '정貞'은 바르다는 뜻이다. '司', 主也. '一', 一人也. '元', 大也. '良', 善也. '貞', 正也.

集說 '일물一物'은 한 가지 일로 국인國人과 나이의 많고 적음으로 양보하는 한 가지 일을 가리킨다. '세 가지 선'(三善)은 일반 사람들이 부자父子·군신君臣·장유長幼의 도리를 알게 됨을 가리킨다. '군아君我'는 군주가 되어 나를 다스린다는 것이다. 세자가 같이 공부하는 사람과 나이의 많고 적음을 가지고 양보하면, 예를 모르는 사람은 보고 의아해하는데, 예를 아는 사람이 그것을 보고 깨우쳐주면서 "어버이가 살아 계실 때에는 항상 겸손하고 낮추는 태도를 견지하여 함부로 남의 앞에 자리하지 않는 법이니, 그 예가 이와 같이 해야 옳다. 이와 같이 하니 일반 사람들도 부자父子의 도리를 아는 것이다"라고 말한다. 두 번째 세 번째도 모두 그런 뜻이다. '학지學之'는 가르친다는 뜻이다. '어語'는 옛 시대의 말이다. '악정樂正'은 『시詩』와 『서書』에 대한 세자의 학업을 주관하고, '부사父師'는 세자가 덕행을 성취하는 일을 주관한다. '일유一有'는 『서書』에 '일인一人'으로 되어 있는데, 세자를 가리킨다. 세자가 크게 선행을 행하면 온 나라가 모두 바로잡힌다. '一物', 一事也, 與國人齒讓之一事也. '三善', 謂衆人知父子·君臣·長幼之道也. '君我', 君臨乎我也. 世子與同學之人讓齒, 其不知禮者見之而疑, 其知禮者從而曉之曰: "父在之時, 常執謙卑, 不敢居人之前, 其禮當如此也. 如此而衆知父子之道矣." 其二其三, 皆此意. '學之', 敎之也. '語', 古語也. '樂正'主世子『詩』·『書』之業, '父師'主於成就其德行. '一有', 『書』作'一人', 謂世子也. 世子有大善, 則萬邦皆正矣.

【문왕세자 23】

주공周公이 조정을 돌보고 다스렸다.

周公踐阼39).

鄭注 또한 위의 일에 대하여 특징지은 것이다. 亦題上事.

集說 석량왕씨石梁王氏는 말한다. "이 구절은 잘못 들어간 구절임에 틀림없다." ○ 유씨劉氏는 말한다. "이 네 글자는 설명하는 자가 아래 문장에서 주제가 바뀌기 때문에 여기에 두어 주공이 성왕을 도와 조정을 돌보고 다스렸던 일에 대하여 결론을 맺은 것이다. 그러나 '도와'(相) 한 글자를 빠뜨림으로 인하여 드디어 「명당위明堂位」(6)의 '주공이 천자의 자리에 올랐다'는 설을 열어놓았다. 그 이후 신新의 왕망王莽이 섭정하면서 한漢을 찬탈하는 화를 초래하였으니 실로 이 말이 바탕이 된 것이다." 石梁王氏曰: "此當爲衍文." ○ 劉氏曰: "此四字, 說者以下文更端, 故著此以結上文周公相踐阼之事. 然因其缺一'相'字, 遂啓「明堂位」'周公踐天子位'之說. 其後馴致新莽居攝簒漢之禍, 實此語基之."

【문왕세자 24】

서자庶子 가운데 군주의 친족과 관련한 정사政事를 담당하는 자는 효제孝弟와 목우睦友(붕우와 화목하게 지내는 것), 그리고 자애子愛(자식 등 아랫사람을 소중히 여기는 것) 등의 도리를 가르치고, 부자父子의 의리와 장유長幼의 서열을 밝힌다.

庶子之正於公族者, 敎之以孝弟·睦友·子愛, 明父子之義·長幼之序.

鄭注 '정正'은 정사政事를 담당한다는 뜻이다. '서자庶子'는 사마司馬에 속한 관리다. 국자國子로서 보좌관에 있는 이들을 관장하며, 군주의 친족과 관련한 정사를 담당하는 자이다. '正'者, 政也. '庶子', 司馬之屬. 掌國子之倅, 爲政於公族者.

集說 '서자庶子'는 사마에 속한 관리다. '정어공족正於公族'은 군주의 친족에 관련된 정사를 담당한다는 뜻이다. 『주례』에 "서자庶子는 국자로서 보좌관에 있는 이(倅)들을 관장한다"[40]고 되어 있는데, '수倅'는 보좌의 뜻이요, 국자는 공公·경卿·대부大夫의 자식으로 자신의 아버지를 보좌하는 이들이다. '庶子', 司馬之屬官. '正於公族', 爲政於公族也. 『周禮』"庶子掌國子之倅", '倅', 副貳也, 國子是公·卿·大夫·士之子副貳其父者也.

【문왕세자 25】

군주의 친족이 군주를 조현(朝)[41]할 때, 내조內朝에서 만나면 동쪽을 향하여 서고 북쪽이 높은 쪽이 된다. 동성同姓의 신하로서 신분이 높은 사람들이 있으면, 연령으로 서열을 정한다.

其朝于公, 內朝則東面北上. 臣有貴者以齒.

鄭注 '내조內朝'는 정침에 있는 조정이다. '內朝', 路寢庭.

集 '내조內朝'는 정침에 있는 조정이다. 군주의 친족이 군주의 내조에서

說 군주를 조현朝見할 경우, 서쪽에서 서서 동쪽을 향하는데 신분이 높은 사람이 북쪽에 위치하고 서열에 따라 남쪽으로 위치한다. 그러나 동성同姓의 신하일 때에는 소목昭穆의 연배를 가지고 서열을 삼아, 부형父兄으로서 신분이 낮더라도 높은 자리에 위치하고, 자제로서 신분이 높더라도 반드시 낮은 자리에 위치한다. '內朝', 路寢之庭也. 言公族之人若朝見於公之內朝, 則立於西方而面向東, 尊者在北以次而南. 然旣均爲同姓之臣, 則一以昭穆之長幼爲序, 父兄雖賤必居上, 子弟雖貴必處下也.

【문왕세자 26】

외조外朝에서 군주를 조현할 경우, 관직으로 서열을 삼으며, 사사司士가 그 일을 담당한다.

其在外朝, 則以官, 司士爲之.

鄭注 '외조外朝'는 정침의 문 밖에 있는 조정이다. '사사司士' 또한 사마司馬에 속한 관리로 관료들의 서열을 관장하여 조정 의례에서 위치하는 자리를 바로잡는다. '外朝', 路寢門之外庭. '司士', 亦司馬之屬也, 掌群臣之班, 正朝儀之位也.

集說 '외조外朝'는 정침 문 밖에 있는 조정이다. 군주의 친족이 외조에서 군주를 조현하여 이성異姓의 관료들과 섞여서 위치하는 경우 관직의 높고 낮음으로 서열을 정하고, 연령으로 서열을 정하지 않는다. '사사司士'는 또한 사마에 속한 관리로 관료들이 조현에 참여할 때의 자리를 배치하는 일을 주관한다. '外朝', 路寢門外之朝也. 若公族朝見於外朝, 與異姓之臣雜列, 則以官之高卑爲次序, 不序年齒也. '司士', 亦司馬之屬, 主爲朝見之位次者.

【문왕세자 27】

종묘宗廟에서 군주를 조현할 때에는 외조外朝에서의 자리와 같이 하고, 종인宗人은 일을 맡길 때 작위의 높고 낮음에 따라 자리를 배치하고 담당하는 일에 따라 각자 자기 일을 받들게 한다.

其在宗廟之中, 則如外朝之位, 宗人授事, 以爵以官.

鄭注 '종인宗人'은 예와 종묘를 관장한다. '이작以爵'은 신분의 귀천에 따라 자리를 달리하는 것이다. '이관以官'은 관원이 각자 담당하는 일을 갖게 하는 것이다. 이를 테면, 사도司徒는 소를, 사마司馬는 양을, 사공司空은 돼지를 담당하는 것과 같다. '宗人', 掌禮及宗廟也. '以爵', 貴賤異位也. '以官', 官各有所掌也. 若司徒奉牛, 司馬奉羊, 司空奉豕.

集說 '종인宗人'의 관직은 예와 종묘에서 여러 관원들에게 일을 담당시키는 것을 관장한다. '이작以爵'은 작위의 존비에 따라 높은 사람이 앞쪽에 낮은 사람이 뒤쪽에 자리하는 것이다. '이관以官'은 관직의 담당하는 일에 따라 각자 자기 일을 받들게 하는 것이다. '宗人'之官, 掌禮及宗廟中授百官以職事者. '以爵', 隨其爵之尊卑, 貴者在前賤者在後也. '以官', 隨其官之職掌, 使各供其事也.

【문왕세자 28】

당堂에 올라가 행하는 준餕(시尸가 남긴 음식을 먹는 의절)·헌獻(사자嗣子가 시尸에게 술을 따라 올리는 의절)·수작受爵(시尸가 준 술잔을 사자嗣子가 받아 마시는 의절) 등의 절차는 상사上嗣가 행하게 한다.

其登餕·獻·受爵, 則以上嗣.

鄭注 '상사上嗣'는 군주의 적장자이다. 「특생궤사례特牲饋食禮」로 말하면, '수작受爵'은 상사가 술잔의 술을 마시는 절차(擧奠)요, '헌獻'은 사자(擧奠)[42]가 술잔을 씻고 술을 따른 다음 들어가 시尸에게 올리는 것이요, '준餕'은 종인宗人이 사자에게 손을 씻게 하고 축祝이 음식을 들도록 명령하면 시尸가 남긴 음식을 드는 절차로서의 준餕이다. 대부大夫의 사자嗣子에게는 이런 예禮가 없는데, 그것은 군주에 대한 혐의를 피하기 위함이다. '上嗣', 君之適長子. 以「特牲饋食禮」言之, '受爵'謂上嗣擧奠也, '獻'謂擧奠洗爵酌入也, '餕'謂宗人遣擧奠盥, 祝命之餕也. 大夫之嗣無此禮, 辟君也.

集說 '등登'은 당堂 아래에서 당 위로 올라가는 것이다. '준餕'은 시尸가 먹고 남은 음식을 먹는 것이다. 시尸가 나가면, 종인宗人이 사자嗣子와 장형제長兄弟에게 당에 올라가 서로 마주 대하면서 시尸가 먹고 남은 음식을 먹게 한다. 「특생궤사례」의 순서로 말하면, 의례가 시작되기 전에 축祝이 술잔에 술을 따라 형鉶(국솥)의 남쪽에 놓는다. 주인이 내형제內兄弟에게 술을 따르는 것이 끝나고, 장형제와 중빈장衆賓長(여러 손님들의 우두머리)이 가작加爵[43]을 행한 뒤에, 종인宗人은 사자嗣子에게 형鉶의 남쪽에 축祝이 놓아두었던 술을 마시게 한다. 사자가 손을 씻고 들어가 배례拜禮를 하고, 시尸는 이 술잔을 들고 사자에게 준다. 사자는 나아가서 술잔을 받아 자리로 돌아와서 배례를 하고, 시尸는 답배를 한다. 사자嗣子가 술잔을 다 마신 뒤 시尸에게 배례를 하고, 시尸는 또다시 답배를 한다. 이것이 이른바 '수작受爵'이다. 사자는 또다시 술잔을 들어 씻고 술을 따른 다음 들어가 시尸에게 올린다. 시尸는 배례를 하고 받고, 사자가 답배를 한다. 이것이 이른바 '헌獻'이다. 잔 수를 계산하지 않고 순서에 따라 술을 서로 따라 준 뒤에 예가 모두

끝난다. 시尸가 나가면 시尸가 남긴 음식을 먹는다(餕). 이 세 가지 절차에서 수작受爵이 먼저고 헌獻이 다음이며 준餕이 가장 뒤이다. 그런데 이제 경문에서 준餕 · 헌獻 · 수작受爵의 순서로 말한 것은 중요한 절차가 준餕에 있기 때문에 역순으로 말한 것일 것이다. '상사上嗣'는 적장자로 가장 위가 된다. 이것은 사례士禮를 말한 것이다. 대부의 사자는 이런 예가 없는데, 그것은 군주에 대한 혐의를 피하기 위함이다. 그러므로 『의례』 「소뢰궤사례少牢饋食禮」 에서는 "사자嗣子가 술잔의 술을 마신다"(擧奠)는 문장이 없다.

'登', 自堂下而升堂上也. '餕', 食尸之餘也. 尸出, 宗人使嗣子及長兄弟升堂相對而餕也. 以「特牲禮」次序言之, 先時祝酌爵觶, 奠于鉶南侯. 主人獻內兄弟畢, 長兄弟及衆賓長爲加爵之後, 宗人使嗣子飮鉶南之奠爵. 嗣子盥而入拜, 尸執此奠爵. 嗣子進受復位而拜, 尸答拜. 嗣子飮畢拜尸, 尸又答拜. 所謂'受爵'也. 嗣子又擧所奠爵, 洗而酌之, 以入獻尸. 尸拜而受, 嗣子答拜. 所謂'獻'也. 無筭爵之後, 禮畢. 尸出, 乃餕. 此三事者, 受爵在先, 獻次之, 餕最在後. 今言餕獻受爵, 以重在餕, 故逆言之歟. '上嗣', 適子之長者, 爲最上也. 此謂士禮. 大夫之嗣無此禮者, 避君也. 故「少牢禮」無"嗣子擧奠"之文.

【문왕세자 29】

서자庶子가 군주의 친족이 내조內朝에서 조현하는 예禮를 담당할 경우, 비록 삼명三命의 신분이더라도 부형을 넘어서 윗자리에 자리하지 못한다.

庶子治之, 雖有三命, 不踰父兄.

鄭注 '담당한다'(治之)는 것은 군주의 친족에 관한 예를 담당한다는 것이다. 오직 내조內朝에서만 그렇게 한다. 그 이외의 회동에서는 서성庶姓과

동일하게 하여, 일명一命인 경우 향리의 모임에서 나이를 기준으로 삼고, 이명(再命)인 경우 부계 친족의 모임에서 나이를 기준으로 삼으며, 삼명三命인 경우 나이를 기준으로 삼지 않는다. '나이를 기준으로 삼지 않는다'는 것은 혼자 따로 위치하고, 부모 형제가 자리한 줄에 있지 않는 것이다. '治之', 治公族之禮也. 唯於內朝則然. 其餘會聚之事, 則與庶姓同, 一命齒于鄉里, 再命齒于父族, 三命不齒. '不齒'者, 特爲位, 不在父兄行列中.

集說 서자庶子가 군주의 친족이 내조內朝에서 조현하는 예를 담당할 경우, 비록 삼명三命의 높은 신분을 가졌더라도, 그의 자리는 벼슬이 없는 부형을 넘어서 그 위에 자리하지 못한다. 이는 곧 위 장(25)에서 "동성同姓의 신하로서 신분이 높은 사람들이 있으면, 연령으로 서열을 정한다"고 한 것을 가리킨다. ○ 소疏에서는 말한다. "'내조內朝가 아닌 그 이외의 회동일 경우 일명은 향리에서 나이를 기준으로 삼는다'고 한 것은 일명一命이 아직 신분이 낮기 때문에 향리의 어른과 연회에서 식사를 할 경우 여전히 나이를 따짐을 의미한다. '이명(再命)인 경우 부계 친족의 모임에서 나이를 기준으로 삼는다'고 한 것은 다음을 뜻한다. 이명이면 좀 더 높은 신분이므로 향리의 사람들과는 나이를 더 이상 따지지 않고 높은 신분이 윗자리에 위치하지만, 부계의 친족은 더 중대하기 때문에 여전히 나이를 따져서 자리를 정한다. '삼명三命인 경우 나이를 기준으로 삼지 않는다'는 것은 삼명은 매우 높은 신분이므로 부계의 친족과도 더 이상 나이를 따지지 않고, 연회에 모이면 별도로 자리를 마련하여 혼자 빈賓의 동쪽에 자리함을 뜻한다." 庶子治公族朝內朝之禮, 雖有三命之貴, 而其位次不敢踰越無爵之父兄而居其上. 卽上章所言"臣有貴者以齒"也. ○ 疏曰: "'若非內朝, 其餘會聚, 則一命齒于鄉里', 謂一命尙卑, 若與鄉里長宿燕食, 則猶計年也. '再命齒于父族.' 謂再命漸尊, 不復與鄉里計年, 唯官高在上, 但父族爲重, 猶計年爲列也. '三命不齒', 謂三命大貴, 則亦不復與父族計年, 燕會

則別席獨坐, 在賓之東矣."

【문왕세자 30】

군주의 상(大事)인 경우, 상복喪服의 곱고 거친 정도를 가지고 서열을 삼으며, 군주의 친족의 상喪일 때에도 또한 그와 같이 하고, 주인主人(상주)의 아래에 자리한다.

其公大事, 則以其喪服之精麤爲序, 雖於公族之喪亦如之, 以次主人.

鄭注 '대사大事'는 상사喪事를 뜻한다. 군주에 대해서 모두 참최복을 하지만, 서열을 정할 때는 반드시 군주에 대한 본래의 친족관계에 따라서 정한다. '주인主人'은 상喪을 주관하는 상주喪主를 가리킨다. '주인의 아래에 자리한다'(次主人)는 것은 주인이 항상 윗자리에 있음을 말하는 것이다. 주인에게 비록 부모와 형이 있더라도 연령을 가지고 낮출 수 없다. '大事', 謂死喪也. 其爲君雖皆斬衰, 序之必以本親也. '主人', 主喪者. '次主人'者, 主人恒在上. 主人雖有父兄, 猶不得下齒.

集說 이것은 군주의 상을 당해서 서자庶子가 그 상례를 담당한 경우를 가리킨다. '대사大事'는 상사喪事를 뜻한다. 신하는 군주에 대하여 모두 참최복을 한다. 그러나 상복의 규정이 비록 동일하다고 해도, 상복의 승수升數가 많고 적음은 군주에 대한 본래 친족관계에 따라 정한다. 서자의 서열과 자리는 그 본래 친족관계에 따른 상복의 승수를 구분하여 상복이 거친(승수가 적은) 쪽이 앞에 자리하게 하고 상복이 고운(승수가 많은) 쪽이 뒤에 자리하게 한다. 군주의 친족만 그와 같이 하는 것이 아니라, 군주의 친족 내부

에 서로 상복을 하는 경우에도 또한 그와 같이 한다. 대개 또한 서자가 상복의 거칠고 고운 정도와 자리의 선후에서의 서열을 정하는 것이기도 한다. '주인의 아래에 자리한다'(以次主人)는 것은 비록 서자로서 나이가 위인 부형父兄이 있어 주인보다 높다고 해도 또한 반드시 주인의 아래에 자리하고, 주인이 위에 있어 상주喪主가 되게 함을 가리킨다. 此謂君喪, 而庶子治其禮事. '大事', 喪事也. 臣爲君皆斬衰. 然衰制雖同, 而升數之多寡, 則各依本親. 庶子序列位次, 則辨其本服之精麤, 使衰麤者在前, 衰精者在後. 非但公喪如此, 公族之內有相爲服者亦然. 蓋亦是庶子序其精麤先後之次也. '以次主人'者, 謂雖有庶長父兄尊於主人, 亦必次於主人之下, 使主人在上爲喪主也.

【문왕세자 31】

군주가 친족과 연회를 행하면, 친족이 아닌 사람이 빈賓이 되고 선재膳宰가 주인이 된다. 군주와 부형父兄은 나이로 서열을 삼는다. 친족과 연회를 갖고 식사하는 것(族食)은 세대가 멀어짐에 따라 한 등급씩 줄어든다.

若公與族燕, 則異姓爲賓,① 膳宰爲主人.② 公與父兄齒.③ 族食世降一等.④

鄭注 ① 동종同宗 간에는 서로 빈객이 되는 도리가 없다. 同宗無相賓客之道.

② 군주는 신분이 높으므로 (빈객에게) 술을 따라 바치지 않는다. 君尊, 不獻酒.

③ 친족을 친애하는 것이다. 親親也.

④ 혈연적으로 가까우면 자주 있고, 혈연적으로 먼 사이면 적게 있다. 親者

稠, 疏者希.

集說 군주가 친족과 연회를 열어 식사를 할 때에도 서자庶子가 그 예禮를 담당한다. 친족이 많아도 그 시초에는 한 사람의 몸이었다. 어떻게 빈객의 도리로 대하여 멀리할 수 있겠는가? 그러므로 친족이 아닌 한 사람을 빈賓으로 삼고, 선재膳宰에게 주인主人이 되어 빈과 대등한 예로 술을 주고받게 한다. 군주는 신분이 높기 때문에 빈賓이 감히 대등한 예로 상대하지 못한다. 군주가 비록 높은 지위이기는 하지만, 부형父兄과 함께 자리에 있을 때 나이로 높고 낮은 서열을 삼는 것은 친친親親(친족을 친애함)의 도리를 돈독히 하는 것이다. '족식族食'은 친족과 함께 연회를 행하여 식사를 하는 것이다. '세대가 멀어짐에 따라 (모여서 식사하는 것도) 한 등급씩 줄어든다'(世降一等)고 함은 친족에는 친소親疎의 차이가 있으므로 연회를 갖고 식사하는 것도 세대가 멀어짐에 따라 줄어드는 것을 의미한다. ○ 소疏에서는 말한다. "가령 본래 자최복을 하는 사이이면 1년에 네 번 모여 식사를 하고, 대공복을 하는 사이이면 1년에 세 번 모여 식사를 하고, 소공복을 하는 사이면 1년에 두 번 모여 식사를 하고, 시마복을 하는 사이이면 1년에 한 번 모여 식사를 한다. 이것이 '세대가 멀어짐에 따라 한 등급씩 줄어든다'는 것이다." 公與族人燕食, 亦庶子掌其禮. 族人雖衆, 其初一人之身也. 豈可以賓客之道外之? 故以異姓一人爲賓, 而使膳宰爲主, 與之抗禮酬酢. 君尊而賓不敢敵也. 君雖尊, 而與父兄列位, 序尊卑之齒者, 篤親親之道也. '族食', 與族人燕食也. '世降一等', 謂族人旣有親疎, 則燕食亦隨世降殺也. ○ 疏曰: "假令本是齊衰, 一年四會食, 若大功則一年三會食, 小功則一年再會食, 緦麻則一年一會食. 是'世降一等'也."

【문왕세자 32】

서자가 군대를 따를 경우 군주가 모시고 다니는 신주(公禰)를 지킨다.

其在軍, 則守於公禰.

鄭注 군대를 따라가는 경우를 가리킨다. '군주의 네'(公禰)는 행주行主(모시고 다니는 신주)이다. 천주遷主[44]를 '네禰'라고 부른 것은 나라 밖에서 친친親親의 도리를 보이는 말을 쓰고자 한 것이다. 謂從軍者. '公禰', 行主也. 所以遷主言'禰', 在外親也.

集說 '네禰'는 '조祧'의 글자와 뜻으로 읽어야 한다.[45] ○ '공네公禰'는 천주로 제거齊車[46]에 실어두고 군주를 따라 다니는 신주를 가리킨다. 서자庶子는 직책상 군대에서 군주를 따르기 때문에 이 제거에 모신 행주行主를 지킨다. '禰', 當讀作'祧'. ○ '公禰', 謂遷主, 載在齊車, 隨公出行者也. 庶子官旣從在軍, 故守衛此齊車之行主也.

【문왕세자 33】

군주에게 국경을 나가는 정사政事가 있을 경우, 서자 가운데 일이 없는 사람이 군주의 궁궐을 지킨다. 정실正室은 태묘大廟를 지키고, 여러 백부와 숙부(諸父)는 귀궁貴宮과 귀실貴室을 지키고, 여러 자식과 손자들은 하궁下宮과 하실下室을 지킨다.

公若有出疆之政,① 庶子以公族之無事者守於公宮. 正室守大廟,②

諸父守貴宮貴室,③ 諸子諸孫守下宮·下室.④

鄭注 ① 군주를 알현하여 회동하는 일을 가리킨다. 謂朝覲會同也.

② '정실正室'은 정처 소생의 자식이다. '태묘大廟'는 태조의 사당이다. '正室', 適子也. '大廟', 大祖之廟.

③ 노침路寢을 지키는 것을 뜻한다. 謂守路寢.

④ '하궁下宮'은 선친의 사당이다. '하실下室'은 평상시 거처하는 처소이다. '궁宮'이라고 말하기도 하고 '묘廟'라고 말하기도 한 것은 다른 말을 서로 통용해서 쓴 것이다. '下宮', 親廟也. '下室', 燕寢. 或言'宮', 或言'廟', 通異語.

集說 위 장에서 군사적 일로 나가는 것만 말하였다. 따라서 이 장의 '국경을 나가는 정사政事'(出疆之政)는 대개 군주를 알현하여 회동하는 일이다. '일이 없는 사람'(無事者)이란 군주의 행차를 따라가지 않는 사람과 맡은 직무가 없는 사람을 가리킨다. '군주의 궁궐'(公宮)은 군주의 종묘와 궁실을 총칭한 것이다. '정실正室'은 군주의 친족으로 경卿·대부大夫·시士가 된 사람이 낳은 정처소생의 자식을 가리킨다. '태묘太廟'는 태조의 사당이다. '제부諸父'는 군주의 백부와 숙부이다. '궁宮'은 사당을 가리켜 말한 것이고, '실室'은 처소를 가리켜 말한 것이다. '귀궁貴宮'은 선조의 사당(尊廟)[47]이고, '귀실貴室'은 노침路寢을 가리킨다. '하궁下宮'과 '하실下室'은 선친의 사당과 군주의 처소를 가리킨다. 上章專言出軍. 則此'出疆之政', 蓋朝覲會同之事也. '無事者', 謂不從行及無職守之人也. '公宮', 總言公之宗廟宮室也. '正室', 公族之爲卿大夫士者之適子也. '太廟', 太祖之廟也. '諸父', 公之伯父叔父也. '宮'以廟言, '室'以居言. '貴宮', 尊廟也, '貴室', 路寢也. '下宮'·'下室', 則是親廟與燕寢也.

【문왕세자 34】

5대손은 고조의 사당이 아직 헐리지 않았을 경우[48], 비록 벼슬하지 않는 서인庶人이라고 하더라도 관례와 혼례가 있을 때 반드시 군주에게 알리고, 상사가 발생하였을 때에도 반드시 군주에게 부고하며, 소상제小祥祭와 대상제大祥祭 때에도 군주에게 알린다.

五廟之孫, 祖廟未毁, 雖爲庶人, 冠·取妻必告. 死必赴, 練·祥則告.

鄭注 군주에게 가서 알리는 것이다. 실제로는 4대손인데도 5대라고 말한 것은 고조高祖가 처음 분봉된 군주의 아들이 되는 경우를 포함한 것이다. 赴告於君也. 實四廟孫, 而言五廟者, 容顯考爲始封子也.

集說 제후는 5묘廟를 둔다. 처음 분봉된 군주는 태조가 되어 세대가 아무리 오래되어도 체천遞遷되지 않는다. 태조 아래로 선조들은 친親이 다하면 체천된다. 여기서 오묘의 자손이라고 한 것은 이 처음 분봉된 군주가 곧 5대조이기 때문이다. 그러므로 '고조의 사당이 아직 헐리지 않았을 경우'(祖廟未毁)라고 말한 것이다. '아직 헐리지 않았다'(未毁)는 것은 아직 체천하지 않았다는 것이다. 이 자손이 비록 벼슬하지 않더라도 관례를 올리고 혼례를 치를 때에 반드시 군주에게 알리고, 사망하였을 때에도 반드시 부고하며, 연제練祭와 대상제大祥祭에도 반드시 알리는 것은 그 친親이 다 끝나지 않았기 때문이다. 諸侯五廟. 始封之君爲太祖, 百世不遷. 此下親盡, 則遞遷. 此言五廟之孫, 是始封之君卽五世祖. 故云'祖廟未毁'. '未毁', 未遞遷也. 此孫雖無祿仕, 然冠·昏必告于君, 死必赴, 練·祥之祭必告者, 以其親未盡也.

【문왕세자 35】

친족 사이에 서로 돕는 일에서, 조문弔問해야 하는데 조문하지 않고 단문袒免해야 하는데 하지 않으면, 담당자가 처벌한다. 부의로 보내는 봉賵, 부賻, 증承, 함含에 있어서도 모두 올바른 예禮가 있다.

族之相爲也, 宜弔不弔, 宜免不免, 有司罰之.① 至于賵·賻·承·含, 皆有正焉.②

鄭注 ① '조문弔'은 6대 이후를 가리킨다. '문免'은 5대를 가리킨다. '弔', 謂六世以往. '免', 謂五世.

② '승承'은 '증贈'(부의를 보내는 것)으로 읽는다. 발음상의 잘못이다. '정正'은 올바른 예禮이다. '承', 讀爲'贈'. 聲之誤也. '正', 正禮也.

集說 4대가 되면 시마복을 하며 상복의 끝이다. 5대가 되면 친親이 다 끝나므로 단문袒免만 한다. 단문은 설명이 앞 편에 보인다. 6대 이후에 대해서는 조문만 한다. 조문을 해야 하는데 조문을 하지 않거나, 단문袒免을 해야 하는데 하지 않는다면, 모두 예를 없애는 것이 된다. 그러므로 담당하는 관리가 그를 처벌한다. 예의 가르침을 엄격히 하려는 것이다. '봉賵'은 수레나 말을 주는 것이요, '부賻'는 재화를 주는 것이요, '함含'은 구슬과 옥을 주는 것이요, '수襚'는 의복을 주는 것으로 네 가지를 총칭해서 증贈(부의를 보내는 것)이라고 한다. 가깝고 먼 정도에 따라 각기 바른 예가 있어, 서자庶子가 담당한다. '유사有司'는 곧 서자이다. 四世而緦, 服之窮也. 五世親盡, 袒免而已. 袒免說見前篇. 六世以往, 弔而已矣. 當弔而不弔, 當免而不免, 皆爲廢禮. 故有司者罰之. 所以肅禮敎也. '賵'以車馬, '賻'以貨財, '含'以珠玉, '襚'以衣服, 四者總謂之贈. 隨其親疎, 各有正禮, 庶子官治之. '有司', 卽庶子也.

【문왕세자 36】

군주의 친족이 사형에 해당하는 범죄를 범하면 전인甸人에게 보내 교수형에 처하게 한다. 형벌에 처할 범죄일 경우 찌르거나 절단하는데, 그 경우에도 전인甸人에게 죄상을 적은 문서를 다 읽어준 다음 집행하도록 시킨다. 군주의 친족에게는 궁형宮刑을 시행하지 않는다.

公族其有死罪, 則磬于甸人,① 其刑罪. 則纖剸, 亦告于甸人.② 公族無宮刑.③

鄭注 ① 시장과 조정에서 시행하지 않는 것은 숨겨주기 위함이다. '전인甸人'은 교야郊野를 관장하는 관리다. 목을 매달아 죽이는 것을 '경磬'이라고 한다. 不於市朝者, 隱之也. '甸人', 掌郊野之官. 縣縊殺之曰'磬'.

② '섬纖'은 섬瀸으로 읽는다. '섬瀸'은 찌른다는 뜻이다. '단剸'은 절단하다는 뜻이다. 궁宮 · 할割 · 빈臏 · 묵墨 · 의劓 · 월刖 등이 모두 칼과 톱 등으로 신체의 일부를 찌르고 절단하는 형벌이다. '고告'는 국鞠으로 읽는다. 형률을 적은 문서를 읽고 법을 집행하는 것을 '국鞠'이라고 한다. '纖', 讀爲瀸. '瀸', 刺也. '剸', 割也. 宮 · 割 · 臏 · 墨 · 劓 · 刖, 皆以刀鋸刺割人體也. '告', 讀爲鞠. 讀書用法曰'鞠'.

③ '궁할宮割'은 음형淫刑(성기를 거세하는 형벌)이다. '宮割', 淫刑.

集說 '경磬'은 목을 매달아 죽이는 형벌이다. 『춘추좌씨전』의 "집이 경磬을 매달아놓은 것 같다"는 것에 대하여 황씨皇氏는 "악기 중에 경磬을 매달아놓은 것 같다는 뜻이다"라고 하였다.[49] '전인甸人'[50]은 교야郊野를 관장하는 관리다. 그를 위해서 숨겨주기 때문에 시장과 조정에서 행하지 않는

것이다. 형벌 가운데 찌르거나 절단하는 경우에도, 형률의 문서를 전인에게 다 읽어준다. 『한서』에 매양 '국옥鞫獄'이라고 나오는데, '국鞫'은 다한다는 뜻이다. 죄상을 심문하여 미진한 바가 남지 않게 한 뒤에 저지른 범죄의 죄상을 적은 문서를 읽고 형을 집행한다. 궁형宮刑이 없는 것은 종족을 단절시키지 않는 것이다. '磬', 懸縊殺之也. 『左傳』"室如懸磬", 皇氏云: "如縣樂器之磬也." '甸人', 掌郊野之官. 爲之隱, 故不於市朝. 其刑罪之當纖刺剸割之時, 亦鞫讀刑法之書於甸人之官也. 『漢書』每云'鞫獄', '鞫', 盡也. 推審罪狀, 令無餘蘊, 然後讀其所犯罪狀之書, 而刑之. 無宮刑者, 不絶其類也.

【문왕세자 37】

옥사獄事가 완료되면, 담당 관리가 군주에게 죄상을 보고하는데, 사형에 처할 범죄이면 "아무개의 범죄는 대벽大辟(중대한 범죄)에 해당합니다"라고 하고, 형벌에 처할 범죄이면 "아무개의 범죄는 소벽小辟(작은 범죄)에 해당합니다"라고 말한다. 군주는 "용서해주어라"라고 말한다. 담당 관리가 다시 "죄에 해당합니다"라고 보고하면 군주는 다시 "용서해주어라"라고 말한다. 담당 관리가 다시 "죄에 해당합니다"라고 보고하여, 세 차례 용서해주라고 하는 데 이르면, 대답하지 않고 가서 전인甸人에게 형을 집행하게 시킨다. 군주가 또 사람을 시켜 뒤쫓아 가게 하여 "비록 죄가 있더라도 반드시 사면해주어라"라고 한다. 담당 관리는 "늦었습니다"라고 대답한다. 담당 관리는 돌아와 형을 집행하였음을 군주에게 보고한다. 군주는 소복素

服을 입고, 정찬을 정식의 식사 때처럼 하지 않는 등 그를 위하여 평상시의 예禮를 변경한다. 그와 친소親疏가 같은 사람의 상喪을 당하였을 때 하는 것처럼 하는데, 상복은 하지 않고 직접 곡哭을 한다.

獄成, 有司讞于公, 其死罪則曰: "某之罪在大辟", 其刑罪, 則曰: "某之罪在小辟."① 公曰: "宥之."② 有司又曰: "在辟", 公又曰: "宥之."③ 有司又曰: "在辟", 及三宥, 不對, 走出, 致刑于甸人.④ 公又使人追之, 曰: "雖然, 必赦之." 有司對曰: "無及也."⑤ 反命于公.⑥ 公素服, 不擧, 爲之變. 如其倫之喪, 無服,⑦ 親哭之.⑧

鄭注 ① '성成'은 완료된다는 뜻이다. '헌讞'은 보고한다는 뜻이다. '벽辟' 또한 죄의 뜻이다. '成', 平也. '讞'之言白也. '辟', 亦罪也.

② '관宥'은 용서해준다는 뜻이다. 그 죄를 용서하여 형률을 받는 것에서 벗어나게 해주고 싶은 것이다. '宥', 寬也. 欲寬其罪, 出於刑也.

③ '우又'는 다시의 뜻이다. '又', 復也.

④ '대對'는 대답한다는 뜻이다. 앞서 군주가 용서해줄 것을 말할 때마다 대답하여 장차 다시 그를 용서해주게 한다. 세 번째에 이르러 죄가 확정되면 더 이상 대답하지 않고 가서 형을 집행시키는데, 군주의 은혜가 끝이 없기 때문이다. '對', 答也. 先者君每言宥, 則答之以將更寬之. 至於三, 罪定不復答, 走往刑之, 爲君之恩無已.

⑤ 죄가 확정되어 용서해줄 수 없지만, 그래도 그를 사면해주고자 하는 것은 자신의 친족에 대하여 형벌을 가하고 사형시키는 것을 신중히 하는 것이다. 罪旣正, 不可宥, 乃欲赦之, 重刑殺其類也.

⑥ 이미 형벌을 가하고 사형시켰다고 보고하는 것이다. 白已刑殺.

⑦ 소복素服은 흉한 일에서는 길복이 되고, 길한 일에 대해서는 흉복이 되

며, 상복은 아니다. 군주는 신하에 대하여 상복을 하지 않지만, 경과 대부가 죽으면 피변皮弁과 석최錫衰[51]를 하고 지내며, 가서 조문하고 일을 행할 때에는 변弁과 질絰을 갖춘다. 사士에 대해서는 의최疑衰를 하고 동성同姓에 대해서는 시최緦衰를 하고 조문을 한다. 지금 상복이 없다는 것은 가서 조문하지 않는다는 것이다. '윤倫'은 친소의 정도가 같은 것을 뜻한다. 소복素服의 경우에도 또한 피변皮弁을 한다. 素服於凶事爲吉, 於吉事爲凶, 非喪服也. 君雖不服臣, 卿大夫死, 則皮弁錫衰以居, 往弔當事則弁絰. 於士蓋疑衰, 同姓則緦衰以弔之. 今無服者, 不往弔也. '倫', 謂親疏之比也. 素服亦皮弁矣.

⑧ 가서 조문하지 않고 곡위哭位를 설치하여 곡을 할 뿐이다. 군주는 신하에 대하여 관리를 시켜 곡을 하게 한다. 不往弔, 爲位哭之而已. 君於臣, 使有司哭之.

集說 '옥사가 완료되었다'(獄成)는 것은 죄를 범한 사항에 대해 심문하여 그 실상을 파악한 것을 뜻한다. '헌讞'은 적용할 형벌에 대한 의견을 보고하는 것이다. 희생을 잡고 음식을 갖추어 정식으로 식사하는 것을 '거擧'라고 한다. '소복을 입고, 정찬을 정식의 식사 때처럼 하지 않는다'(素服不擧)는 것은 그를 위해 평상시의 예를 변경하여 가엽게 여기는 심정을 보이는 것이다. 혈연상 그와 동등한 사람들에 대해 하던 것과 똑같이 하면서도 그를 위해 조복弔服(조문하는 복장)을 하지 않는 것은 직접 가지 않기 때문이다. 그러나 외실에서 거주하고 음악을 듣지 않으며, 부의하는 것 등에 대해서는 여전히 혈연상의 친소가 그와 같은 사람에게 하는 것에 따라서 한다. '직접 곡哭을 한다'(親哭之)는 것은 이성異姓의 사당에 곡위哭位(곡하는 자리)를 설치하여 소복의 차림을 하고 곡을 한다는 것이다. 천자와 제후는 방계의 친족에 대하여 상복을 하지 않는다. 따라서 이 장에서 상복喪服이 없다고 한 것은 조복을 입지 않는 것임을 알 수 있다. '獄成', 謂所犯之事, 訊問已得情實也. '讞', 議刑也. 殺牲盛饌曰'擧'. '素服不擧', 爲之變其常禮, 示憫惻也. 如其親疎之

倫, 而不爲吊服者, 以不親往故也. 但居外・不聽樂及賻贈之類, 仍依親疎之等耳. '親哭之'者, 爲位于異姓之廟, 而素服以哭之也. 天子諸侯絶旁親. 故知此言無服, 是不爲吊服.

【문왕세자 38】

군주의 친족이 내조內朝에서 조현하는 것은 친족을 (친애하여) 안으로 들어오게 하려는 것이다. 비록 신분이 높은 사람이 있더라도 연령으로 서열을 삼는 것은 부자의 도리를 밝히기 위함이다. 외조外朝에서 조현할 때 관직의 높고 낮음으로 서열을 삼는 것은 이성異姓의 신하를 예우하는 것이다. 종묘宗廟에서 작위의 높고 낮음을 가지고 위치를 정하는 것은 덕을 숭상하기 위함이다. 종인宗人이 일을 맡길 때 직분을 기준으로 삼는 것은 현자를 존중하기 위함이다. 당堂에 올라가 준餕・수작受爵 등의 절차를 행하는 것을 상사上嗣에게 시키는 것은 선조를 존숭하기 위한 도리다. 상사喪事에서 상복喪服의 경중으로 서열을 정하는 것은 남의 친소親疎를 빼앗지 않기 위함이다. 군주가 친족과 연회를 가질 때에는 연령으로 서열을 삼는다. 그럼으로써 효제의 도리가 아래에까지 이르는 것이다. 친족과 모여 식사하는 것이 세대가 멀어져감에 따라 한 등급씩 줄어드는 것은 친친親親의 도리에 차등이 있어야 하기 때문이다. 전쟁으로 군주가 출정하였을 때 군주가 모시고 다니는 신주(公禰)를 지키는 것은 효도하고 친애하는 마음을 깊이 해야 하기 때문이다. 정실正室이 태묘大廟를 지키는 것은 종실宗室을 높여서 군신君臣의 도리가 드러나게 하기 위함이다. 여러 백부와 숙부(諸父) 그리고 형들이 귀실貴室을 지키고, 여러 자식과 아우들이 하실下室을 지키는데, 그럼으로써 사양하는 도리가 (아래에까지) 미치는 것이다.

公族朝于內朝, 內親也. 雖有貴者, 以齒, 明父子也.① 外朝以官, 體異姓也.② 宗廟之中以爵爲位, 崇德也.③ 宗人授事以官, 尊賢也.④ 登餕受爵以上嗣, 尊祖之道也.⑤ 喪紀以服之輕重爲序, 不奪人親也.⑥ 公與族燕則以齒. 而孝弟之道達矣.⑦ 其族食世降一等, 親親之殺也.⑧ 戰則守於公禰, 孝愛之深也.⑨ 正室守大廟, 尊宗室而君臣之道著矣.⑩ 諸父諸兄守貴室, 子弟守下室, 而讓道達矣.⑪

鄭注 ① 종족의 일로 모이는 것을 가리킨다. 謂以宗族事會.

② '체體'는 이어서 결합한다는 뜻이다. '體', 猶連結也.

③ '숭崇'은 높인다는 뜻이다. '崇', 高也.

④ 관직은 각자 잘하는 바가 있다. 官各有能.

⑤ '상사上嗣'는 선조의 정통正統이다. '上嗣', 祖之正統.

⑥ '기紀'는 일과 같은 의미다. '紀', 猶事也.

⑦ 가장 존귀한 사람(군주)은 친족의 줄과 자신의 자리를 다르게 하지 않기 때문이다. 以至尊不自異於親之列.

⑧ '쇄殺'는 차이가 있다는 뜻이다. '殺', 差也.

⑨ '모시고 다니는 신주'는 군주와 부모의 상징이다. '行主', 君父之象.

⑩ 서자의 신분으로 군주가 소중히 여기는 바를 함부로 지키지 못하기 때문이다. 以其不敢以庶守君所重.

⑪ 신분이 귀한 사람은 귀한 곳을 낮은 사람은 낮은 곳을 지키기 때문이다.

위에서는 백부와 숙부, 여러 자식 그리고 손자를 말하고, 여기서는 형제를 말한 것은 서로 갖추어 말한 것이다. 以其貴者守貴, 賤者守賤. 上言父子孫, 此言兄弟, 互相備也.

集說 이 장 이하는 앞서 '서자庶子 가운데 군주의 친족과 관련한 정사政事를 담당하는'(24장) 이하의 여러 일들을 반복해서 풀이한 것이다. '내친內親'은 친애하기 때문에 안으로 들어오게 하는 것이다. 부자父子의 소목昭穆을 문란해서는 안 됨을 밝힌 것이다. '체이성體異姓'은 이성의 신하를 예우하는 것이다. '덕을 높인다'(崇德)는 것은 덕이 높은 사람은 작위도 반드시 높은 것을 말한다. '현사를 존중한다'(尊賢)는 것은 오직 현자가 일을 잘 감당하기 때문이다. '상사上嗣'는 선조를 계승하는 자이다. 그러므로 선조를 존숭하는 도리가 된다. 상복喪服의 경중은 친속의 친소 정도에 근거한다. 친소의 등급은 바꾸거나 빼앗을 수 없다. 연회의 식사에서는 친친親親(친족에 대하여 친애함)의 도리를 위주로 하여 나이로 서열을 삼는다. 이는 효제孝弟의 도리를 (아래에까지) 이르게 하려는 것이다. 친친親親의 도리를 살아 있는 사람에게 베풀 때에는 등급에 따라 줄이는 차이가 있어야 한다. 효도하고 친애하는 도리를 죽은 사람에게 베풀 때에는 깊이 그리고 멀리 추모하는 마음이 있어야 한다. '군신의 도리'(君臣之道)는 경중輕重을 가지고 말하고, '사양하는 도리'(讓道)는 귀천貴賤으로 말한다. 此以下覆解前章'庶子正公族'以下諸事. '內親', 謂親之故進之於內也. 明父子昭穆不可紊也. '體異姓', 體貌異姓之臣也. '崇德', 德之尊者爵必尊也. '尊賢', 惟賢者能任事也. '上嗣', 繼祖者也. 故爲尊祖之道. 服之輕重本於屬之親疎. 親疎之倫不可易奪也. 燕食主於親親, 以齒相序. 所以達孝弟之道也. 親親施於生者, 宜有降殺之等. 孝愛施於死者, 宜有深遠之思. '君臣之道'以輕重言, '讓道'則以貴賤言也.

【문왕세자 39】

5대손은 고조의 사당이 아직 헐리지 않았을 경우, 비록 벼슬하지 않는 서인庶人이 되었더라도 관례와 혼례가 있을 때 반드시 군주에게 알리고, 상사가 발생하였을 때에도 반드시 군주에게 부고하는데 친親을 잊지 않기 위함이다. 친親이 아직 끊어지지 않았는데도 서인庶人의 대열에 있는 것은 무능한 이를 천시하는 것이다. 조弔·임臨·부賻·봉賵 등의 예를 공경히 행하는 것은 친족과 화목하고 우애하는 도리다. 옛날에 서자庶子의 관직이 잘 다스려지고서 나라에 인륜이 세워졌으며, 나라에 인륜이 세워지고서 일반 백성들이 지향할 바를 알았다.

五廟之孫, 祖廟未毁, 雖及庶人, 冠取妻必告, 死必赴, 不忘親也. 親未絶而列於庶人, 賤無能也. 敬弔·臨·賻·**賵**, 睦友之道也. 古者庶子之官治而邦國有倫, 邦國有倫而衆鄕方矣.

鄭注 '향방鄕方'은 지향해야 할 바를 아는 것을 말한다. '鄕方'言知所鄕.

集說 군주가 관직에 임용할 때는 본래 친소親疎의 차이에 따른 차이를 두지 않고 능력만 고려할 뿐이어서, 친親이 다했어도 능력이 뛰어나면 또한 반드시 임용한다. 이제 친親이 다하지 않았는데도 이미 서인의 대열에 있으니 이는 자신이 무능하기 때문이다. 그러므로 천시하는 것이다. 친족에 상사喪事가 생기면, 군주가 조弔·임臨·부賻·봉賵[52]의 예를 반드시 삼가 공경히 행하는 것은 그것이 모두 친족과 화목하고 우애하는 도리이기 때문이다. '향방鄕方'은 지향할 방향으로 모든 사람이 예교禮敎로 나아갈 줄 알게 됨을 뜻한다. 人君任官, 本無親疎之間, 顧賢否何如耳, 親盡而賢, 亦必仕之. 今親

未盡, 而已在庶人之列, 是以其無能, 故賤之也. 族人有喪, 君必敬謹其吊・臨・賻・賵之禮者, 是皆和睦友愛族人之道也. '鄉方', 所向之方, 謂皆知趨禮敎也.

【문왕세자 40】

군주의 친족이 범죄를 저지른 경우, 비록 군주와 친족이라고 해도 담당 관리가 불변의 법(正術)을 집행하는 것에 군주는 관여하지(犯) 않는다. 백성을 동일체로 여기는 것이다. 드러나지 않는 곳에서 형을 집행하는 것은 나라 사람들이 보고 내 형제의 범죄에 대하여 상의하는 것을 허용하지 않는 것이다. 조문하지 않고, 상복을 하지 않으며, 이성異姓의 사당에서 곡을 하는 것은 그 범죄가 선조를 욕되게 하기 때문에 멀리하는 것이다. 소복素服을 하고 외실에서 거처하며 음악을 듣지 않는 것은 사적으로 상복을 하는 것으로 혈족의 친함은 끊어짐이 없기 때문이다. 군주의 친족에게 궁형宮刑을 시행하지 않는 것은 그 동족을 단절시키지 않는 것이다.

公族之罪, 雖親, 不以犯有司正術也. 所以體百姓也.① 刑于隱者, 不與國人慮兄弟也. 弗吊, 弗爲服, 哭于異姓之廟, 爲忝祖, 遠之也. 素服, 居外, 不聽樂, 私喪之也, 骨肉之親無絶也. 公族無宮刑, 不翦其類也.②

鄭注 ① '범犯'은 간섭한다는 것과 같은 의미다. '술術'은 법을 뜻한다. '犯', 猶干也. '術', 法也.

② '전翦'은 단절시킨다는 뜻이다. '翦', 割截也.

集說 '정술正術'은 '불변의 법'(常法)이라고 말하는 것과 같다. 군주의 친족 중에 죄를 범한 자가 생겼을 때, 비록 군주의 친족이더라도 또한 오형五刑의 규정에 따르고 사면하지 않는 것은 사적인 친親을 가지고 담당관의 정당한 법집행에 관여하지 않는 것이다. 그러한 이유는 법을 제정하는데 (경우에 따라 달리 시행하는) 두 가지 제정이 없고 백성과 일체로 동일하게 판결해야 하기 때문이다. '여與'는 허용한다는 뜻과 같다. 전사甸師에게 드러나지 않은 곳에서 형을 집행하게 하는 것은 나라 사람들이 보고 나의 형제가 저지른 잘못에 대하여 논란하는 것을 허용하지 않는 것이다. 형률로는 이미 처벌해야 하지만 그래도 사적으로 상복을 하는 것은 혈족의 친함은 비록 사형에 처할 범죄를 저질렀더라도 끊어버리는 이치가 없기 때문이다. 궁형宮刑을 당하는 것은 생식의 길을 끊는 것이다. 그러므로 부형腐刑이라고 부르니 나무가 썩어 생장할 수 없게 된 것과 같은 것이다. 이 형벌을 군주의 친족에게 적용하지 않는 것은 길이길이 생존해갈 동족을 차마 단절시키지 못하는 것이다. '正術', 猶言'常法'也. 公族之有罪者, 雖是君之親, 然亦必在五刑之例而不赦者, 是不以私親, 而干犯有司之正法也. 所以然者, 以立法無二制, 當與百姓一體斷決也. '與', 猶許也. 刑于甸師隱僻之處者, 是不許國人見而謀度吾兄弟之過惡也. 刑已當罪, 而猶私喪之者, 以骨肉之親, 雖陷刑戮, 無斷絶之理也. 受宮刑者, 絶生理. 故謂之腐刑, 如木之朽腐無發生也. 此刑不及公族, 不忍翦絶其生生之類耳.

【문왕세자 41】

천자가 국학國學을 시찰하는 날, 첫 새벽(大昕)에 학사들을 북을 쳐서 소집하는데, 여러 학사들을 경동시키기 위한 것이다. 여러 학사들이 모인 뒤에 천자가 이르고, 이어 담당 관리에게 일을 거행하도록 명령하고, 평상의 예로 선사先師와 선성先聖에게 석전釋奠의 제사를 드리게 한다. 담당 관리는 일을 마치면 천자에게 보고한다.
天子視學, 大昕鼓徵, 所以警衆也.① 衆至然後天子至, 乃命有司行事, 興秩節祭先師·先聖焉.② 有司卒事反命.③

鄭注 ① 첫 새벽에 북을 쳐서 여러 학사들을 부르는 것이다. '경警'은 깨워 일어나게 한다는 것이다. 『주례』에 "무릇 악樂을 사용할 때" 태서大胥가 "북을 쳐서 학사學士들을 부른다"[53]라고 하였다. 早昧爽擊鼓, 以召衆也. '警', 猶起也. 『周禮』"凡用樂", 大胥"以鼓徵學士."

② '흥興'은 거행한다는 뜻이다. '질秩'은 '평상'의 뜻이다. '절節'은 예禮이다. 담당 관리에게 그 일을 관장케 하여 평상의 예禮로 선사先師와 선성先聖에게 제사하도록 시키고, 군주가 직접 제사하지 않는 것은 국학國學을 시찰할 때 예禮를 살펴보는 것이지 저 학사들을 위해서 선성先聖과 선사先師에게 보답하는 것이 아니기 때문이다. '興', 猶擧也. '秩', 常也. '節', 猶禮也. 使有司攝其事, 擧常禮祭先師·先聖, 不親祭之者, 視學觀禮耳, 非爲彼報也.

③ 제사가 끝났음을 보고하는 것이다. 제사가 끝나면 천자가 들어간다. 告祭畢也. 祭畢, 天子乃入.

集說 천자가 국학國學을 시찰하는 날, 첫 새벽에 국학에서는 북을 쳐서 학사들을 소집하는데, 그것은 대개 여러 학사들이 듣도록 경동시켜 일찍 모이게 하는 것이다. 모든 사물에 있어서 처음을 크게 여기고 끝은 작게 여긴다. 그러므로 '대흔大昕'(처음 밝아짐)을 첫 새벽으로 삼는다. 담당 관리는 『시詩』, 『서書』, 『예禮』, 『악樂』을 가르치는 관리다. '흥興'은 거행한다는 뜻이다. '질秩'은 평상의 뜻이다. '절節'은 예禮의 뜻이다. '일을 마치면 천자

에게 보고한다'(卒事反命)는 것은 석전釋奠의 일이 다 끝나면 천자에게 보고하는 것이다. 天子視學之日, 初明之時, 學中擊鼓, 以徵召學士, 蓋警動衆聽, 使早至也. 凡物以初爲大, 末爲小. 故以'大昕'爲初明也. 有司, 敎『詩』·『書』·『禮』·『樂』之官也. '興', 擧. '秩', 常. '節', 禮也. '卒事反命', 謂釋奠事畢, 復命于天子也.

【문왕세자 42】

처음 학교를 세울 때 양노연을 행하는 곳으로 간다. 동서東序로 가서 선노先老에게 석전釋奠을 올리고 드디어 삼노三老와 오경五更 그리고 군노群老(여러 노인)의 자리를 설치한다.

始之養也.① 適東序, 釋奠於先老,② 遂設三老·五更·群老之席位焉.③

鄭注 ① 또 양노연養老宴을 행하는 장소로 간다. 무릇 대합악大合樂을 행할 때에는 반드시 양노연까지 행한다. 따라서 그 장소로 간다. '시始'(처음)라고 말한 것은 처음에 학교를 세울 때를 말한다. 又之養老之處. 凡大合樂, 必遂養老. 是以往焉. 言'始', 始立學也.

② 군주가 직접 전을 올리는 것은 자신이 행하는 일이기 때문이다. 동서東序에서 양노연을 행하므로, 국학을 시찰하는 것은 상서上庠에서 한다. 親奠之者, 己所有事也. 養老東序, 則是視學於上庠.

③ 삼노三老와 오경五更은 각각 한 명씩이다. 모두 연로하고 경륜이 많으며 벼슬에서 퇴직한 사람들이다. 천자는 그들을 부형父兄으로 봉양하여, 온 천하를 포괄하는 효제孝悌를 보인다. '삼三'과 '오五'라고 이름을 붙인 것은 삼신三辰[54]과 오성五星[55]에서 그 상象을 취한 것으로, 하늘이 삼신과 오성을

통해 세상을 비추기 때문이다. 군노群老는 일정한 수가 없고, 그 예가 없어졌다. 향음주례鄕飮酒禮를 가지고 말해보면, 자리가 위치하는 곳은 삼노가 빈賓과 같은 위치고 오경이 개介와 같은 위치며, 군노群老가 중빈衆賓과 같은 위치임이 틀림없다. 三老五更, 各一人也. 皆年老更事致仕者也. 天子以父兄養之, 示天下之孝悌也. 名以三五者, 取象三辰五星, 天所因以照明天下者. 群老無數, 其禮亡. 以鄕飮酒禮言之, 帝位之處, 則三老如賓, 五更如介, 群老如衆賓必也.

集說 천자가 국학을 시찰하는 것은 우상虞庠에서 이고, 일이 모두 끝나면 나라로 돌아오고 다음날 동서東序로 가서 양노연을 한다. '처음'(始)은 처음에 학교를 세울 때를 가리킨다. 처음 학교를 세울 때가 아니라면, 선노先老에게 석전釋奠을 행하는 예법이 없다. '선노'는 선대의 삼노와 오경을 가리킨다. 삼노와 오경은 각각 한 사람이다. 군노群老는 정해진 수가 없다. 채옹蔡邕[56]은 "'경更'은 '수叟'로 되어야 옳다. 삼노三老는 3명이고 오경五更은 5명이다"라고 하는데, 맞는지는 잘 모르겠다. 그러나 모두 연로하고 경륜이 많으며 관직에서 은퇴한 사람들이다. 구설舊說(정현의 설)에서는 삼신三辰과 오성五星에서 그 상象을 취한 것이라고 하였다. 天子視學在虞庠之中, 事畢反國, 明日乃之東序, 而養老. '始'謂始初立學之時也. 若非始立學, 則無釋奠先老之禮. '先老', 先世之爲三老五更者也. 三老五更各一人. 群老無定數. 蔡邕云: "'更'當爲'叟'. 三老三人, 五更五人", 未知是否. 然皆年老更事致仕者. 舊說取象三辰五星.

【문왕세자 43】

천자는 몸소 음식을 진설해놓은 곳으로 나아가 단술과 노인들을 접대하는 음식물을 살펴본다. 음식물을 살펴보는 것을 마치면 나와서 노인들을 맞이하는데 풍악을 울리며 노인들에게 연회장소로 나아가게 한다. 노인들이 연회 장소에 들어와 각자 자리에 나아가면 천자는 물러나서 단술을 따라 바쳐서 효로 봉양하는 도리를 수행한다. 適饌省醴養老之珍具.① 遂發咏焉. 退脩之以孝養也.②

鄭注 ① 갖추어놓은 것을 직접 살펴보는 것이다. 親視其所有.

② '발영發咏'은 (노인들을 연회장소로) 풍악을 울리면서 들여보내는 것이다. '퇴수지退脩之'는 맞이하여 들어간 다음 단술(醴)로 술을 따라 올리고, 술을 따라 올리는 절차가 끝나면 음악도 마치는 것을 가리킨다. '發咏', 謂以樂納之. '退脩之', 謂旣迎而入, 獻之以醴, 獻畢而樂闋.

集說 자리를 설치하는 것이 끝나면, 천자는 몸소 음식을 진설해놓은 곳에 이르러 단술(醴)과 노인들을 대접할 음식들을 살펴본다. 음식물을 살펴보는 것이 끝나면 나와서 삼노三老와 오경五更을 맞이하는데, 문에 들어갈 때 악樂을 연주하고 그 노래를 부르게 하면서, 인도하여 연회장소로 나아가게 한다. 삼노와 오경이 들어와 서쪽 계단 아래의 자리로 나아가면 천자는 물러나서 단술을 따라 바친다. 이것이 효도로 봉양하는 도리를 수행하는 것이다. 設席位畢, 天子親至陳饌之處, 省視醴酒及養老珍羞之具. 省具畢, 出迎三老五更, 將入門, 遂作樂聲, 發其歌咏, 以延進之. 老更旣入, 卽西階下之位, 天子乃退而酌醴以獻之. 是脩行孝養之道也.

【문왕세자 44】

노인들이 자리로 돌아가면(反), 악공樂工에게 당堂으로 올라가 「청묘

淸廟」의 시[57]를 노래하게 한다. 노래가 끝나면 (정악正樂이) 노래가 완료되었음을 보고하고, 여수旅酬의 예를 행하는데 이때 선왕의 법도에 대하여 이야기하여 노인을 봉양하는 예의 취지를 이룬다. 부자父子, 군신君臣, 장유長幼의 도리를 이야기하고 문왕의 도덕을 칭송하는 노래와 음악으로 함께 배합하니 덕의 극치요, 예의 성대함이다.

反, 登歌「淸廟」.① 旣歌而語, 以成之也. 言父子 · 君臣 · 長幼之道, 合德音之致, 禮之大者也.②

鄭注 ① '반反'은 군노群老에게 단술을 따라 바치는 의절이 끝나면, 모두 올라가 자신의 자리로 나아가는 것을 말한다. 돌아가 자리로 나아가면, 악공樂工이 서쪽 계단 위에서 「청묘淸廟」를 노래하여 연주한다. '反', 謂獻群老畢, 皆升就席也. 反就席, 乃席工於西階上, 歌「淸廟」以樂之.

② '노래가 끝나고'(旣歌)는 악정樂正이 정가正歌가 갖추어졌음을 보고하는 것을 가리킨다. '어語'는 이야기한다는 뜻이다. 노래가 완료되면 여수旅酬의 예를 행한다. 여수의 예를 행하면서 부자父子 · 군신君臣 · 장유長幼의 도리를 이야기하고 합악合樂의 아름다운 바와 함께 말하여 그 취지를 이룬다. 『의례』「향사례鄕射禮」의 기記에, "옛날에 여수旅酬의 예를 행할 때 선왕의 법도에 대하여 이야기하였다"라고 한다. '旣歌', 謂樂正告正歌備也. '語', 談說也. 歌備而旅. 旅而說父子 · 君臣 · 長幼之道, 諸[58]合樂之所美, 以成其意. 「鄕射記」曰: "古者, 於旅也語."

集說 '반反'은 자리로 돌아간다는 뜻이다. 삼노三老와 오경五更이 술을 받는 예가 끝나면 모두 서쪽 계단 아래에서 동쪽을 향하고 서 있는데, 이제 모두가 돌아서서 당堂으로 올라가 자신의 자리로 나아간다. 그런 뒤 악공樂工에게 당으로 올라가 「청묘」의 시를 노래하여 연주하게 한다. 노래가 끝

나고 여수의 예를 행하는 때에 이르면, 좋은 도리를 이야기하여 천자가 노인을 봉양하는 예(의 취지)를 이룬다. 그 이야기하는 내용은 모두 부자 · 군신 · 장유의 도리고, 「청묘」의 시에서 영송詠誦하는 문왕의 도덕에 대한 음악이나 노래와 함께 배합하므로 모두 덕의 극치요, 예禮의 성대함이다. '反', 反席也. 老更受獻畢, 皆立於西階下東面, 今皆反升就席. 乃使樂工登堂, 歌「清廟」之詩以樂之. 歌畢, 至旅酬時, 談說善道, 以成就天子養老之禮也. 其所言說者, 皆是講明父子 · 君臣 · 長幼之道理, 集合「清廟」詩中所咏文王道德之音聲, 皆德之極致, 禮之大者也.

【문왕세자 45】

당堂 아래에서 「상象」을 연주하고, 「태무大武」의 춤을 추며, 여러 학사學士들을 크게 불러 모아 양노養老의 행사를 거행하니, 음악의 감홍이 신명神明에게 통하고 덕성을 흥기시키기에 충분하다. 군신君臣의 지위와 귀천의 위계를 바로잡으니 상하의 도리가 행해진다. 下管「象」, 舞「大武」, 大合衆以事, 達有神, 興有德也.① 正君臣之位 · 貴賤之等焉而上下之義行矣.②

鄭注 ① '「상象」'은 주周나라 무왕武王이 주紂를 정벌한 것을 기념한 음악이다. 생笙(생황)으로 연주하여 그 소리를 울리고 또 춤을 추는데 모두 당堂 아래에서 한다. '중衆'은 모인 학사들을 가리킨다. '달유신達有神'은 하늘이 천명을 주어 주나라가 하늘의 도움을 받고 있음을 천명하는 것이다. '홍유덕興有德'은 문왕文王과 무왕武王이 덕이 있음을 찬미하여 악사와 음악을 통해 앞에서 노래하고 뒤에서 춤을 추게 하는 것이다. '「象」', 周武王伐紂之樂

也. 以管播其聲, 又爲之舞, 皆於堂下. '衆', 謂所合學士也. '達有神', 明天授命周家之有神也. '興有德', 美文王武王有德, 師樂爲用, 前歌後舞.

② 「청묘淸廟」와 「무武」를 따르기 때문이다. 由「淸廟」與「武」也.

集說 '하관下管「상象」'은 당堂 아래에서 (생황 등 악기로) 「상무象舞」의 곡을 연주하는 것이다. '무舞「태무大武」'는 뜰에서 「태무大武」의 춤을 추는 것이다. 「상象」은 문왕의 무곡舞曲으로, 「주송周頌」의 「유청維淸」은 「상무象舞」의 악가樂歌이다. 「무武」는 「태무」의 악가이다. 「무」는 '무왕이 은殷을 이기고 살인을 멈추게 한 것'(勝殷遏劉)[59]을 찬미하고 있고, 「유청維淸」은 정벌을 말하지 않는다. 따라서 「상象」과 「무武」는 결코 「무무武舞」가 아니다. 정현鄭玄의 주註와 공영달孔穎達의 소疏에서는 문왕의 춤곡과 무왕의 춤곡을 모두 「상象」이라고 부르며, 「유청」을 노래하는 「상무象舞」는 문왕을 위한 것이고, 당 아래서 연주하는 「상象」은 무왕을 위한 것이라고 한다. 그 의도는 대개 「청묘淸廟」를 노래하는 「상象」과 생황으로 연주하는 「상象」을 모두 문왕을 위한 것이라고 하면, 상하의 구별을 두지 말아야 하는데 경문經文에서 구분하고 있기 때문일 것이다. 그러나 이것은 옛날에 악가樂歌가 당 위에 있고 악기가 당 아래에 있음을 모른 것이다. 무릇 사람이 노래하는 것을 모두 '승가升歌'라고, 또한 '등가登歌'라고도 한다.[60] 악기를 연주하는 것을 모두 '하관下管'이라고 한다. 『주례』에 "태사大師가 고瞽(악사)를 이끌고 당에 올라가 노래를 하고, 당 아래에서 악기를 연주한다"[61]고 하였고, 『서書』에 "당 아래에서 악기를 연주하매 도고鞉鼓(북의 일종)를 친다"[62]고 한 것이 바로 그것이다. 「청묘淸廟」는 사람이 노래하는 것으로 자연히 당堂으로 올라가야 하고, 「상象」은 악기로 연주하는 것으로 자연이 당 아래로 내려가야 한다. 무릇 음악은 모두 당 위와 당 아래의 연주를 포함하고 있다. 이상은 엄씨嚴氏의 설[63]로 구설의 잘못을 교정할 만하다. 그러므로 이제 그 설을

따른다. '대합중이사大合衆以事'는 여러 학사學士들을 크게 불러 모아 이 양노養老의 행사를 거행하니 음악의 감흥이 신명神明에 통하고 덕성德性을 홍기시키기에 충분함을 말하는 것이다. 일설에는 주周나라의 도로가 사방으로 뻗어 천하에 통한 것은 신명의 도움이 있었기 때문이요, 주나라 왕실이 홍기한 것은 대대로 덕을 쌓았기 때문인데, 그것을 모두 음악 중에서 볼 수 있다고 한다. 위에서 부자父子 · 군신君臣 · 장유長幼의 도리를 말하고, 여기에서 군신君臣의 지위와 귀천貴賤의 위계를 바로잡고서 위와 아래의 도리가 행해졌음을 말하였으니, 선왕께서 양노養老의 예가 어찌 빈말을 구차하게 한 것이겠는가? '下管「象」'者, 堂下以管奏「象舞」之曲也. '舞「大武」'者, 庭中舞「大武」之舞也. 「象」是文王之舞, 「周頌」「維清」乃「象」舞之樂歌. 「武」則「大武」之樂歌也. 「武」頌言'勝殷遏劉', 「維清」不言征伐. 則「象」·「武」決非武舞矣. 註疏以文王武王之舞, 皆名爲「象」, 「維清」「象舞」爲文王, 下管「象」爲武王. 其意蓋謂「清廟」與管「象」, 若皆爲文王, 不應有上下之別. 殊不知古樂歌者在上, 匏竹在下. 凡以人歌者, 皆曰'升歌', 亦曰'登歌'. 以管奏者, 皆曰'下管'. 『周禮』"大師帥瞽登歌, 下管奏樂器", 『書』言: "下管鼗鼓", 是也. 「清廟」以人歌之自宜升, 「象」以管奏之自宜下. 凡樂皆有堂上堂下之奏也. 此嚴氏之說, 足以正舊說之非. 故今從之. '大合衆以事'謂大會衆學士, 以行此養老之事, 而樂之所感, 足以通達神明, 興起德性也. 一說周道之四達, 以有神明相之, 周家之興起, 以世世脩德, 皆可於樂中見之. 上言父子 · 君臣 · 長幼之道, 此言正君臣之位 · 貴賤之等, 而上下之義行, 則先王養老之禮, 豈苟爲虛文而已哉?

【문왕세자 46】

담당 관리가 음악이 다 끝났음(闋)을 보고하면, 왕은 공公 · 후侯 ·

백伯 · 자子 · 남男 등과 군리群吏에게 명령하여, "자신의 나라로 돌아가 노인과 어린 사람을 봉양하고 돌보는 예를 동서東序에서 거행하라"라고 말한다. 이는 곧 인仁으로 예를 완수하는 것이다.

有司告以樂闋,① 王乃命公 · 侯 · 伯 · 子 · 男及群吏曰, "反養老幼于東序." 終之以仁也.②

鄭注 ① '결闋'은 마친다는 뜻이다. 군주에게 가무歌舞의 음악이 끝났음을 아뢰는 것으로, 여기서 아뢴다는 것은 음악을 행하는 횟수를 정해놓지 않고 (즐거움이 다할 때까지) 행하였음을 의미한다. '闋', 終也. 告君以歌舞之樂終, 此所告者謂無筭樂.

② '군리群吏'는 향鄕과 수遂의 관리들을 가리킨다. 왕은 연회의 끝 무렵 연회에 참석한 제후들에게 각자 자기 나라로 돌아가 이와 같이 양노養老의 예를 행하라고 명령하는데, 이것은 착한 마음을 끝까지 다하는 것이다. 『효경설』에서 이른바, "제후들이 돌아가 각자 자신의 나라에서 시행하고, 대부가 조정에서 부지런히 힘쓰며, 주州와 리里의 우두머리가 읍邑에서 사모하며 행한다"고 한 말이 이것이다. '群吏', 鄕 · 遂之官. 王於燕之末, 而命諸侯時朝會在此者, 各反養老如此禮, 是終其仁心. 『孝經說』所謂"諸侯歸各帥於國, 大夫勤於朝, 州里驩於邑", 是也.

集說 '결闋'은 마친다는 뜻이다. 이때, 왕기王畿 안의 제후들과 향鄕과 수遂의 관리들이 모두 연회의 자리에 참석하는데, 천자는 자신의 나라로 돌아가 각자 양노養老의 예를 거행하도록 시킨다. 이것은 곧 천자의 어질고 은혜로운 마음이 한 곳에서 시작하여 마침내 모두에게 두루 미치는 것이다. ○ 풍씨馮氏는 말한다. "석량石梁 선생은 이 경문에서 '유幼' 자를 지워 없앴다. 이제 살펴보니, 공영달孔穎達의 소疏에는 유幼에 해당하는 뜻이 있

지만 정현鄭玄의 주註에는 '어린 사람을 돌본다'(養幼)는 말이 없다. 아마도 잘못된 판본에서 '유幼' 한 글자를 끼워 넣은 듯하다." '闋', 終也. 此時, 畿內之諸侯及鄕·遂之吏, 皆與禮席, 天子使其反國各行養老之禮. 是天子之仁恩始于一處, 而終皆徧及也. ○ 馮氏曰: "石梁先生於此經, 塗去'幼'字. 今按, 疏有其義, 而鄭註無'養幼'之文. 疑是訛本攙入一字."

【문왕세자 47】

그러므로 성인聖人이 일을 기록할 때에는 중대한 것으로 생각하고, 공경하는 마음으로 소중히 여기고, 예禮로써 행하고, 효로써 봉양하는 마음으로 수행하고, 의리로써 기록하고, 인仁으로써 완수한다. 그러므로 옛사람은 한번 일을 거행하면 여러 사람들이 모두 그 덕이 완비된 것을 알았다. 옛날의 군자君子는 중대한 일을 거행할 때 반드시 처음부터 끝까지 조심하였으니, 여러 사람들이 어떻게 깨닫지 않을 수 있었겠는가? 그러므로 『서書』「열명說命」에 "처음부터 끝까지 마음에 새겨 항상 교육 가운데서 행한다"라고 한 것이다.

是故聖人之記事也, 慮之以大,① 愛之以敬,② 行之以禮,③ 脩之以孝養,④ 紀之以義,⑤ 終之以仁.⑥ 是故古之人一擧事而衆皆知其德之備也. 古之君子擧大事必愼其終始, 而衆安得不喩焉?⑦ 「兌命」曰: "念終始典于學."⑧

鄭注 ① 먼저 효제孝弟의 도리에 근본을 둠을 말한다. 謂先本於孝弟之道.

② 양노養老의 의례에 사용되는 것들을 살펴보는 것을 말한다. 謂省其所以養老之具.

③ 부형을 만나듯 직접 맞이하는 것을 가리킨다. 謂親迎之如見父兄.

④ 직접 단술을 따라 올리고 음식을 올리는 것을 가리킨다. 謂親獻之薦之.

⑤ 노래가 끝난 뒤 선왕의 법도에 대하여 이야기 하는 것을 가리킨다. 謂旣歌而語之.

⑥ 또한 제후들에게 자신의 나라로 돌아가 스스로 거행하라고 시키는 것을 가리킨다. 謂又以命諸侯歸於國復自行之.

⑦ 그 일의 본말이 드러나 있으므로 모두 파아하여 알 수 있음을 말한다. '유喩'는 깨닫는다는 뜻과 같다. 言其爲之本末露見, 盡可得而知也. '喩', 猶曉也.

⑧ '태兌'는 열說로 되어야 옳다. 「열명說命」은 『서書』의 편명으로 은殷나라 고종高宗 때의 관료였던 부열傅說이 지은 것이다. '전典'은 항상이라는 뜻이다. 일의 시작에서 끝까지 마음속에 새겨두어 항상 교육(學)에서 행한다는 것이다. 교육(學)은 예의禮義가 나오는 원천이다. '兌', 當爲'說'. 「說命」, 『書』篇名, 殷高宗之臣傅說之所作. '典', 常也. 念事之終始常於學. 學, 禮義之府.

集說 우虞·하夏·상商·주周가 모두 양노養老의 예법을 가지고 있었다. 후대 왕들의 양로養老 역시 모두 전대의 일을 기록한 것이다. 인간의 도리 중에 효제孝弟보다 더 중대한 것은 없다. '중대한 것으로 생각한다'(慮之以大)는 것은 이 효제의 도리를 도모하고 생각해서 미루어 실행함을 말한다. '공경하는 마음으로 소중히 여긴다'(愛敬)는 것은 사용되는 물품을 살펴보는 일을 가리킨다. '예로써 행한다'(行禮)는 것은 직접 맞이함을 엄숙하게 행하는 것이다. '효로써 봉양한다'(孝養)는 것은 단술을 바치는 것을 가리킨다. '의리로써 기록한다'(紀義)는 것은 노래가 끝나면 선왕의 법도에 대하여 이야기하는 것을 가리킨다. '인으로써 완수한다'(終仁)는 것은 제후의 나라들에

그것을 행하도록 시키는 것이다. 한 가지 일(양노의 예) 속에서도 사람들이 여러 덕이 온전히 갖추어져 있음을 알아보는 것은 끝을 조심하기를 처음처럼 하기 때문이다. 이와 같이 한다면, 여러 사람들이 어떻게 깨닫지 않을 수 있겠는가? 양노養老의 예가 교육에서 행해질 때, 또 처음부터 끝까지 마음에 새겨두는 의리를 따랐기 때문에 『서書』「열명說命」의 구절을 인용하여 말을 맺은 것이다. 虞·夏·商·周, 皆有養老之禮. 後王養老, 亦皆記序前代之事也. 人道莫大於孝弟. '慮之以大'者, 謂謀慮此孝弟之大道, 而推行之也. '愛敬', 省具之事. '行禮', 親迎肅之也. '孝養', 獻醴也. '紀義', 旣歌而語也. '終仁', 令侯國行之也. 一事之中, 人皆知其衆德之全備者, 以其愼終如始也. 如此則衆安得不喩曉乎? 養老之禮行於學, 又因終始之義, 故引「說命」以結之也.

【문왕세자 48】

「세자지기世子之記」에서 말한다. "아침과 저녁으로 침문寢門 밖에 이르러 내수內豎에게 '오늘 안부가 어떠하신가?'라고 물었다. 내수가 '편안하십니다'라고 하면 세자는 비로소 기쁜 안색을 하였다. (부친 왕계가) 기거에 편치 못함이 있어, 내수가 세자가 알리면, 세자는 안색에 근심하는 기색이 들고 풍채의 위용을 다 갖추지 못하였다. (不滿容) 내수가 평상시로 회복하였다고 말한 뒤에야 문왕도 평상시로 돌아왔다."

「世子之記」曰: "朝夕至于大寢之門外, 問於內豎, 曰: '今日安否何如?'① 內豎曰: '今日安', 世子乃有喜色. 其有不安節, 則內豎以告世子, 世子色憂不滿容.② 內豎言復初, 然後亦復初."

鄭注 ① '조석朝夕'은 아침과 저녁때마다라는 뜻이다. 낮에도 또 문안인사를 드리는 것은 문왕이 세자였을 때 행하던 것이요, 예禮에 맞는 제도는 아니다. 세자의 예가 없어졌기 때문에 이것을 말하여 그 기록을 남긴 것이다. '朝夕', 朝朝暮夕也. 日中又朝, 文王之爲世子, 非禮之制. 世子之禮亡, 言此存其記. ② '안색에 근심하는 기색이 들었다'(色憂)고 함은 근심이 깊지 않은 것으로, 문왕이 다닐 때 발걸음을 제대로 디디지 못하였다는 것에 미치지 못한다. '色憂', 憂淺也, 不及文王行不能正履.

集說 '「세자기기世子之記」'는 옛날에 세자를 가르치던 예의 편장篇章이다. '불만용不滿容'은 풍채의 아름다움을 다 갖추지 못하는 것을 뜻한다. 이 구절은 간략하게 줄여서 문왕과 무왕이 세자 노릇을 하는 것이 보통 사람과 달랐음을 보인 것이다. 문왕이 아버지 왕계王季에게 문안인사를 날마다 세 번씩 드렸는데, 여기서는 아침과 저녁뿐이다. 문왕은 다닐 때 발걸음을 제대로 디디지 못하였는데, 여기서는 안색에 근심하는 기색이 들었을 뿐이다. ○ 석량왕씨石梁王氏는 말한다. "옛날 세자의 예는 없어졌다. 이 편린은 그 기록의 한 구절인데, 대성戴聖이 「문왕세자」 끝에 붙여놓은 것이다." '「世子之記」', 古者敎世子之禮篇也. '不滿容', 不能充其儀觀之美也. 此節約言之, 以見文王武王爲世子之異於常人也. 文王朝王季日三, 此朝夕而已. 文王行不能正履, 此色憂而已. ○ 石梁王氏曰: "古世子之禮亡. 此餘其記之一節, 小戴以附篇末."

【문왕세자 49】

아침저녁으로 음식을 올릴 때에는 세자가 음식의 차고 더운 정도를 반드시 살펴보았고, 음식을 치울 때는 많이 드셨는지 여쭈었다.

음식에 대해서는 몸소 드신 것을 반드시 알아두고, 조리사(膳宰)에게 명한 뒤에 물러났다. 내수內豎가 왕계王季께서 아프시다고 말하면 세자는 몸소 재계할 때 입는 현단복玄端服을 입고 간호하였다.
朝夕之食上, 世子必在視寒煖之節, 食下, 問所膳. 羞必知所進, 以命膳宰, 然後退.① 若內豎言疾, 則世子親齊玄而養.②

鄭注 ① '수필지소진羞必知所進'은 반드시 몸소 드신 것을 알아둔다는 뜻이다. '羞必知所進', 必知親所食.
② '친親'은 스스로의 뜻이다. 병자를 간호하는 사람은 재계를 한다. '현玄'은 현관玄冠과 현단玄端이다. '親', 猶自也. 養疾者齊. '玄', 玄冠·玄端也.

集說 '수羞'는 음식이다. '필지소진必知所進'은 몸소 드신 것을 반드시 알아둔다는 뜻이다. '조리사에게 명한다'(命膳宰)는 것은 곧 이 「문왕세자」 처음에 나온 세자가 조리사에게 명령한 말이다. 병자를 간호하는 사람은 재계할 때의 검은 옷을 입는다. 곧 재계할 때 착용하는 검은 관과 검은 베로 만든 웃옷이며, 하의는 신분에 따라 제도를 달리하는데, 그것을 현단복玄端服이라고 부른다. '羞', 品味也. '必知所進', 必知親所食也. '命膳宰', 卽篇首所命之言也. 養疾者衣齊玄之服. 卽齊時所著玄冠緇布衣, 裳則貴賤異制, 謂之玄端服也.

【문왕세자 50】

조리사가 조리한 음식에 대하여 반드시 공경스럽게 살펴보고, 병이 나서 드시는 약에 대해서 반드시 직접 맛을 보았다. 음식을 많이 드시면 세자도 잘 먹었으며, 음식을 적게 드시면 세자도 배불리 먹지 못하였다. 처음의 상태로 회복한 뒤에야 세자도 평상시 하던 것으로 돌아왔다.

膳宰之饌必敬視之,① 疾之藥必親嘗之.② 嘗饌善, 則世子亦能食,③ 嘗饌寡, 世子亦不能飽.④ 以至于復初, 然後亦復初.⑤

鄭注 ① 병자의 식사는 간을 맞추고 조미하는 것에서 바라는 바가 다를 수 있기 때문이다. 疾者之食, 齊和所欲或異.

② 독이 있는지 시험하는 것이다. 試毒味也.

③ '선善'은 전에 비하여 많은 것을 뜻한다. '善', 謂多於前.

④ 문왕이 한 술 뜨면 무왕도 한 술 뜨고 문왕이 두 술 뜨면 무왕도 두 술 뜨던 효의 정도에 또한 미치지 못하는 것이다. 又不及文王[64]一飯再飯.

⑤ 평상시 입던 대로 회복하는 것이다. 復常所服.

集說 '선善'은 많다는 뜻이다. '배불리 먹지 못하였다'(不能飽)고 함은 무왕이 부친께서 한 술 뜨면 자신도 한 술 뜨고 두 술 뜨면 자신도 두 술 뜨던 효에 비추어 볼 때 또한 다른 것이다.[65] 이 편의 처음에 문왕과 무왕이 세자노릇하던 일을 말하였기 때문에 편의 끝에서 「세자지기世子之記」의 기록을 가지고 끝맺어 말한 것이다. '善', 猶多也. '不能飽', 以視武王之亦一亦再, 又異矣. 此篇首言文王武王爲世子之事, 故篇終擧「記」之言以終之云.

역주

1) 내수 : 周代에 天官에 속하여 궁중에서 명령을 전달하는 등 잡역에 종사하던 관직이다. 豎는 童豎(아이의 더벅머리 모양)의 뜻으로 미성년 아이가 이 일을 담당하였다. 『주례』 「天官 · 內豎」에 자세한 설명이 보인다.

2) 조리사 : 膳宰는 천자의 경우에는 膳夫라고 하는데, 군주의 술 · 밥(飮食)과 희생고기 · 안주(膳羞)를 관장하는 자이다. 『주례』 「天官 · 膳夫」에 "膳夫는 왕의 食飮 · 膳羞를 관장하여 왕 및 왕후 · 세자를 봉양한다"(膳夫, 掌王之食飮膳羞, 以養王及后 · 世子)라고 한 것에 대해 정현은 "'食'는 밥이다. '飮'은 술과 음료수이다. '膳'은 희생고기다. '羞'는 맛이 있는 음식이다"('食', 飯也. '飮', 酒漿也. '膳', 牲肉也. 有滋味者)라고 하였다.

3) '년'은 천기다 : 年은 곡물이 1년 동안 생장을 시작하여 끝나는 것, 즉 一周의 의미다. 天氣는 天 즉 자연의 氣數를 뜻한다. 齒(연령)가 인간의 수명으로서 인간의 氣數를 나타내는 것과 대비한 개념이다. 공영달의 소에서는 "『爾雅』 「釋天」에 '一周하는 것을 年이라고 한다'라고 하였다. '年'은 익는다는 뜻이다. 익는다는 것은 해마다 곡식이 한 번 익는 것을 가리킨다. 이것이 年이 天氣라는 뜻이다"(『爾雅』 「釋天」 云: "周曰年." '年', 稔也. 稔孰謂歲穀一孰. 是年爲天氣也)라고 하였다.

4) 남자는 ~ 난다 : 이 말은 『大戴禮記』 「本命」에 나온다. 『대대례기』에는 "男以八月而生齒, 八歲而齔"로 되어 있다. 『韓詩外傳』에도 같은 내용이 나오는데 "男八月生齒, 八歲而齠齒"로 되어 있다.

5) 소자는 ~ 마찬가지다 : 이 말은 『書』 「君奭」에 나온다.

6) '학사'는 ~ 자이다 : 卿 · 大夫의 자식으로 大學에 입학한 사람, 즉 國子를 가리킨다. 『주례』 「春官 · 大胥」와 「春官 · 樂師」에 관련 내용이 보인다. 『三禮辭典』, 1104쪽, '學士' 항목 참조. 정현 주에서는 學士를 한 단어로 여겼는데, 陳澔의 『禮記集說』에서는 士를 한 단어로 보고 學을 가르친다는 의미로 해석하였다. 그러나 士를 學士로 이해하는 점은 같다.

7) 만무 : 방패와 도끼를 들고 추는 춤으로 干舞라고도 하며, 武舞에 속한다. 『大戴禮記』 「夏小正」에 "丁亥日에 萬舞를 추고 大學에 들어간다"라고 하였다. '萬'이라고 부르는 것에 대하여 공영달은 湯이 萬人으로 천하를 얻고, 周武王이 萬人으로 천하를 복속시킨 것에 따른 것이라고 말한다. 「月令」(39), '命樂正, 習舞釋菜' 부분의 공영달의 소 참조.

8) 약무 : 깃을 들고 피리를 불며 추는 춤으로 文舞에 속한다. 『주례』 「春官 · 籥師」에 "國子에게 깃을 들고 춤을 추며 피리(籥)를 부는 것을 가르친다. 제사를 지낼 때 羽籥의 악무에 북을 쳐서 절주한다"(掌教國子舞羽龡籥. 祭祀則鼓羽籥之舞)라고 하였고, 정현의 주에 "文舞에는 깃을 들고 피리를 부는 사람이 있다. 이른바 籥舞이다. 「文王世子」에 '가을과 겨울에 약무를 연습한다'라고 하였다. 『詩』에 '왼손에 피리를 잡았고 오른손에 꿩 깃을 잡았네'라고 하였다. 북을 치는 이가 항상 악무의 박자를 조절한다"(注文舞有持

羽吹籥者. 所謂籥舞也. 「文王世子」曰: "秋冬學羽籥." 『詩』云: "左手執籥, 右手秉翟." 鼓之者恒爲之節)라고 하였다. 또한 그 소에 "祭祀에서 먼저 樂을 연주하여 神을 강림하게 하고, 合樂을 행할 때에 이르면 國子에게 춤을 추게 하는데, 羽籥의 춤으로 동작을 절주하여 악곡의 박자와 서로 맞추어서 서로 윤서를 일탈하지 않게 한다"(祭祀先作樂下神, 及合樂之時, 則使國子舞, 鼓動以羽籥之舞, 與樂節相應, 使不相奪倫)라고 하였다.

9) 왼손엔 ~ 들었네 : 이 말은 『毛詩』「邶風·簡兮」에 나온다.

10) 준사와 선사 : 鄕·大夫의 추천을 받은 사람을 秀士라고 하고, 秀士 가운데 뛰어난 사람으로서 司徒로 올라간 사람을 選士라고 하고, 選士 가운데 뛰어난 사람으로서 大學에 오른 자를 俊士라고 부른다. 『三禮辭典』, 423쪽, '秀士' 항목 참조.

11) 「왕제」에서 ~ 말한다 : 「王制」(86)에는 "사도는 선사 가운데서도 빼어난 사람을 논하여 국학에 올리는데, 이 사람을 俊士라고 한다"(司徒論選士之秀者, 而升之學, 曰俊士)라고 되어 있다.

12) 소무 : 나이가 어릴 때 추는 춤이다. 『주례』「春官·樂師」에 "무릇 춤에는 帗舞·羽舞·皇舞·旄舞·干舞·人舞 등이 있다"(凡舞, 有帗舞有羽舞, 有皇舞有旄舞, 有干舞有人舞)라고 하였는데, 가공언은 소에서 이 6가지 춤이 곧 小舞라고 주석하였다.

13) 악사는 ~ 가르친다 : 이 인용문은 『주례』「春官·樂師」에 나온다.

14) 태서는 ~ 가르친다 : 이 인용문은 『주례』「春官·大胥」에 나온다.

15) 약사는 ~ 관장한다 : 이 인용문은 『주례』「春官·籥師」에 나온다.

16) 육악 : 춤을 수반하는 여섯 가지 樂曲으로 雲門(黃帝가 지었다는 음악)·咸池(堯의 음악)·大韶(舜의 음악)·大夏(禹의 음악)·大濩(湯의 음악)·大武(武王의 음악) 등을 가리킨다. 관련 내용은 『주례』「地官·大司徒」, '六樂'에 대한 정현 주에 보인다.

17) 태서는 ~ 관장한다 : 이 부분은 『주례』「春官·大胥」에 나온다.

18) 모인 : 樂官에 속한 관직명이다. 散樂(野人의 음악)과 夷樂(오랑캐의 음악)에 맞추어 춤을 추는 것을 관장한다. 『주례』「春官·旄人」에 관련 내용이 보인다. '旄'는 기를 장식하는 소의 꼬리로 춤추는 사람이 들고 지휘하는 것이다. 『三禮辭典』, 638쪽, '旄人' 항목 참조.

19) 아를 ~ 않네 : 인용된 시는 『詩』「小雅·鼓鍾」에 나온다. 毛亨은 '南'이 남방의 음악이라고 하였고, 정현은 '雅'가 萬舞라고 하였다. 주희는 '雅'가 「小雅」와 「大雅」를 가리키고, '南'은 「周南」과 「召南」을 가리킨다고 하였다. 『毛詩注疏』와 『詩集傳』 인용부분 시에 대한 주 참조.

20) 동쪽 ~ 부른다 : 『시경』「小雅·鼓鐘」의 "아를 연주하고 남을 연주한다"(以雅以南)에 대한 毛傳에 나오는 말이다.

21) 舞 : 『禮記訓纂』에는 '義'로 되어 있다. 『禮記正義』(十三經注疏整理本 13책), 733쪽 주 3) 참조.

22) 악정은 ~ 주관한다 : 이 말은 「문왕세자」(22)에 나온다.

23) 삼덕과 삼행 : 至德 · 敏德 · 孝德을 합해서 三德이라고 하고 孝行 · 友行 · 順行 등을 합해서 三行이라고 부른다. 『주례』 「地官 · 師氏」에 "三德으로 國子를 가르치는데, 첫째 至德으로 道의 근본을 삼고, 둘째 敏德으로 행실의 근본을 삼고, 셋째 孝德으로 패역과 악행을 안다. 三行을 가르치는데, 첫째 孝行으로 부모를 친애하고, 둘째 友行으로 賢良을 존중하고, 셋째 順行으로 스승과 웃어른을 섬긴다"(以三德教國子, 一曰至德, 以爲道本, 二曰敏德, 以爲行本, 三曰孝德, 以知逆惡. 教三行, 一曰孝行, 以親父母, 二曰友行, 以尊賢良, 三曰順行, 以事師長)라고 하였다. 『三禮辭典』, 58쪽, '三德' 항목 참조.

24) 美 : 판본에 따라 媺로 되어 있기도 하다. 『禮記正義』(十三經注疏整理本 13책), 733쪽 주 3) 참조.

25) 함장 : 글자 그대로는 1丈 만큼 거리를 띠운다는 뜻으로 선생을 높여 부르는 말이다. 즉 선생과 자리를 같이할 때 자리 세 개의 넓이에 해당하는 1장 정도의 간격을 두고 마주 앉기 때문에 선생을 函丈이라고 부른다. 관련 내용은 「曲禮上」(68)에 보인다.

26) 도를 ~ 제사드린다 : 이 말은 『주례』 「宗伯 · 大司樂」에 보인다.

27) 夔 : 판본에 따라 夔 아래에 龍이 더 들어 있으나 衍字이다. 『禮記正義』 737쪽 참조.

28) 육무 : 周代에 남아 있던 상고 시대의 여섯 가지 大舞로, 雲門大卷 · 大咸 · 大磬 · 大夏 · 大濩 · 大武를 가리킨다. 이와 함께 拔舞 · 羽舞 · 皇舞 · 旄舞 · 干舞 · 人舞 등 여섯 가지 小舞를 가리키기도 한다. 『三禮辭典』, 197쪽, '六舞' 조 참조.

29) 사정 : 鄕飮酒禮 등에서 손님과 주인 사이의 예를 바르게 되도록 돕는 사람으로 庭長이라고도 부른다. 고정된 담당관은 없고, 주인이 相(예의 집행을 돕는 사람) 가운데 한 사람을 임명한다. 『三禮辭典』, 263~264쪽, '司正' 항목 참조.

30) 다음 날 ~ 된다 : 이 부분은 『의례』 「鄕飮酒禮」에서 인용한 것이다. 선생은 관직에서 퇴직하고 향촌에 물러나 지내는 노인을, 군자는 벼슬을 하지 않았지만 큰 덕행을 지닌 선비를 가리킨다. 자세한 내용은 「향음주례」의 "徵唯所欲, 以告于鄕先生君子可也"에 대한 정현 주 참조.

31) 합악 : 堂 위에서 시를 노래하고 堂 아래에서 악기를 연주하여 여러 소리가 한꺼번에 울리는 것을 가리킨다. 음악의 연주는 당 위에서 瑟을 연주하면서 詩를 노래하는 升歌, 당 아래에서 생황으로 연주하는 笙奏, 승가와 생주 사이에 노래와 생황의 연주를 교대로 하는 間歌, 당상과 당하의 모든 악기와 소리가 함께 노래되고 연주되는 合樂 등 네 단계로 진행된다. 즉 합악은 음악 연주의 맨 마지막 단계에서 전개되는 절차이다. 『三禮辭典』, 210쪽, '升歌' 항목; 342쪽, '合樂' 항목 참조.

32) 구설 : 정현의 설을 가리킨다. 위 정현 주석 참조.

33) 대악정은 ~ 한다 : 이 말은 「王制」(91)에 나온다.

34) 爲 : 衛湜의 『禮記集說』에는 '謂'로 되어 있다.

35) 懌 : 대전본에는 '豫'로 되어 있으나 오기이므로 바로잡는다.

36) 太 : 판본에 따라 '大' 또는 '太'로 되어 있다. 『예기정의』에서는 '大'로 정해놓았으나,

여기서는 『禮記集說大傳』에 따라 '太'로 쓴다. 관직명에 붙은 경우 太와 大는 모두 태로 읽으며, 의미도 동일하다. 『禮記正義』 741쪽 참조.

37) 사보 : 천자의 곁에서 보필하는 네 명의 대신을 가리킨다. 『尙書大傳』에는 四輔가 疑·丞·輔·弼이라고 하여 「문왕세자」(18)의 설명과 약간 차이가 있다. 『三禮辭典』, 282쪽, '四輔' 항목 참조.

38) 사·보·의·승에서 ~ 것이다 : 이 말은 『朱子語類』 권87, 「小戴禮·文王世子」에 나온다.

39) 阼 : 『예기집설대전』에는 '祚'로 되어 있으나 오기이므로 바로잡는다.

40) 서자는 ~ 관장한다 : 관련 내용은 『주례』 「天官·宮正」의 "國有故, 則令宿, 其比亦如之"에 대한 정현 주와 「夏官·諸子」에 나온다.

41) 조현 : 朝는 신하가 군주를 만나거나, 자식이 부모를 뵙는 것을 가리킨다. 「內則」(14)에 "命士(작명을 받은 士) 이상의 신분은 부자가 모두 처소를 달리한다. 동틀 무렵에 아침 인사를 드린다"(由命士以上, 父子皆異宮, 昧爽而朝)고 하였고, 『맹자』 「公孫丑下」에 "맹자가 제나라 군주를 조현하려고 하는데"(孟子將朝王)라고 하였다. 見을 아랫사람이 윗사람을 만난다는 의미로 읽을 때 상대를 보는 것이 아니라 자신을 상대에게 보이는 것이라는 취지에서 현(자신을 상대에게 보인다)으로 발음한다. 따라서 朝를 조현으로 번역하였다. 『三禮辭典』, 817~9쪽, '朝' 항목 (三)항 참조.

42) 사자 : '擧奠'은 술잔을 들어 술을 마시는 절차를 뜻하는데, 이 절차를 적장자인 嗣子가 하므로 곧 嗣子를 대신 가리키는 호칭으로 사용된다. 『의례』 「特牲饋食禮」에 관련된 내용과 그 사례가 나온다.

43) 가작 : 尸에게 三獻을 행한 뒤에 다시 추가로 술을 따라 올리는 것을 의미한다. 제사에서 주인과 主婦 그리고 賓 중의 한 사람이 尸에게 술을 따라 올리는 세 차례의 獻을 三獻이라고 한다. 의절은 三獻으로 완성이 된다. 따라서 이후 尸에게 술을 따라 올리는 것은 추가로 하는 것이 되므로 '加爵'이라고 한다. 『의례』 「特牲饋食禮」의 정현 주 참조.

44) 천주 : 군주가 巡狩나 出征 등의 일로 외지에 나아갈 때 모시고 가는 神主를 의미한다. 行主라고도 한다. 「曾子問」(30)에 관련 내용이 보인다. 『三禮辭典』, 1025~6쪽, 遷廟 항목 참조.

45) '네'는 ~ 한다 : 祧는 본래 고조 이상의 親이 다한 조상의 신주를 모셔두는 사당을 뜻한다. 따라서 이 사당으로 신주를 옮기는 것을 祧라고 한다. 禰는 본래 아버지의 신주를 모셔둔 사당 또는 아버지의 신주를 의미한다. 그러나 이 경문에서 禰는 군주가 출정할 때 모시고 가는 조묘의 신주를 가리키기 때문에 祧의 뜻으로 읽어야 한다고 한 것이다.

46) 제거 : 제사나 회동이 있을 때 타는 수레로 金路 또는 玉路 등을 가리킨다. 여기서는 巡狩나 出征 등으로 외지에 나갈 때 모시고 가는 신주를 싣고 가는 수레를 뜻한다.

47) 선조의 사당 : 陳澔는 태조의 사당을 太廟로 선친의 사당을 下宮으로 구분하여 파악하고 있다. 따라서 진호의 관점에 따를 때 尊廟는 태조와 선친을 제외한 조상의 사당을 가리키는 것으로 생각된다.

48) 고조의 ~ 경우 : 고조가 아직 체천되지 않았을 때를 가리킨다.

49) 『춘추좌씨전』의 ~ 하였다 : 관련 내용은 『춘추좌씨전』 僖公 26년 조 傳에 보인다. "室如縣磬"은 먹을 것이 없어 방 안이 빈 것이 마치 磬을 벽에 걸어놓은 것 같다는 뜻이다. 磬이 판본에 따라 罄(그릇이 빈 모양)으로 되어 있기도 하다. 정현은 악기 磬으로 파악하고 磬을 벽에 매달아 걸어놓으면 양쪽이 내려가고 가운데가 올라가 속이 텅 빈 모습으로 되며, 그것을 가지고 방 안이 텅 빈 것을 비유한 것이라고 해석하였다. 皇氏의 설은 『禮記注疏』에 인용된 것을 재인용한 것이다.

50) 전인 : 도성에서 100리 이내의 지역을 郊라고 하고, 郊로부터 100리 이내의 지역을 郊外 또는 甸이라고 부른다. 여기서 甸人은 이 甸을 담당하는 관리로 추정된다. 『주례』 「天官·太宰」 참조.

51) 피변과 석최 : 『주례』 「春官·司服」에 "(조문할 때) 천자는 三公과 六卿에 대하여 錫衰를 하고, 제후에 대하여 緦衰를 하고, 대부와 사에 대해 疑衰를 한다. 그 머리의 복장은 弁을 하고 絰을 두른다"(王爲三公六卿錫衰, 爲諸侯緦衰, 爲大夫士疑衰. 其首服皆弁絰)고 하였다. 「喪服小記」(70)에도 "제후가 다른 나라의 신하의 喪에 조문을 할 때는 반드시 皮弁과 錫衰를 한다"(諸侯弔必皮弁錫衰)라고 하였다. 피변은 (사슴가죽으로 만든) 흰색의 弁이며, 錫衰는 7升半의 麻를 매끄럽게 가공하여 만든 옷으로 천자가 삼공과 육공에 대하여 조문할 때 입는 옷이다. 錫衰에 대한 것은 [상복소기 70]의 주석 錫衰 항목 참조.

52) 조·임·부·봉 : 弔는 조문을, 臨은 신분이 높은 사람이 낮은 사람의 상에 와서 棺에 哭을 하는 것을, 賻는 부의로 재화를 주는 것을, 賵은 부의로 말이나 수레를 주는 것을 뜻한다.

53) 무릇 ~ 부른다 : 이 말은 『주례』 「春官·大胥」에 나온다.

54) 삼신 : 해·달·별을 가리킨다.

55) 오성 : 東方의 歲星(木星), 南方의 熒惑星(火星), 中央의 鎭星(土星), 西方의 太白星(金星), 北方의 辰星(水星) 등을 가리킨다. 劉向의 『說苑』 「辨物」에 "이른바 五星은 첫째 歲星, 둘째 熒惑, 셋째 鎭星, 넷째 太白, 다섯째 辰星이다"(所謂五星者, 一曰歲星, 二曰熒惑, 三曰鎭星, 四曰太白, 五曰辰星)라고 하였다.

56) 채옹 : 133~192년. 字는 伯喈이고, 陳留圉(현 河南省 開封市 圉镇) 출신이다. 東漢 시기 저명한 학자이자 서예가로 蔡琰(蔡文姬)의 부친이다. 벼슬이 左中郎將에 이르렀기 때문에 후대에 蔡中郎으로 불리었다. 『隋書』 「經籍志」에 저작 20여 권이 기록되어 있지만 모두 소실되고 후대에 『蔡中郎集』으로 묶여 전한다.

57) 「청묘」의 시 : 『詩經』 「周頌·淸廟」에 나온다. 文王의 덕을 칭송한 시들이다.

58) 諸 : 『禮記訓纂』에는 '說'로 되어 있다고 한다. 『禮記正義』 759쪽 주 3) 참조.

59) 무왕이 ~ 한 것 : 이 말은 『詩經』 「周頌·武」에 나오는 말을 인용한 것이다.

60) '승가'라고, 또한 ~ 한다 : 升歌와 登歌는 모두 堂에 올라가 노래한다는 뜻이다.

61) 태사가 ~ 연주한다 : 인용문의 내용은 『주례』「春官 · 太師」에 보인다. 『주례』에는 "큰 제사를 지낼 때, (태사가) 瞽(악사)를 이끌고 당으로 올라가 노래를 하는데 (먼저) 拊(박자를 잡아주는 악기)를 쳐서 연주하게 하고, 堂 아래에서는 악기를 연주하는데, 朄(악기 연주의 시작을 선도하는 작은 북)을 쳐서 연주하게 한다"(大祭祀, 帥瞽登歌, 令奏擊拊, 下管播樂器, 令奏鼓朄)라고 하였다.

62) 당 아래에서 ~ 친다 : 이 말은 『書』「益稷」에 나온다.

63) 엄씨의 설 : 엄씨는 嚴粲을 가리킨다. 엄찬의 설은 『禮記義疏』 권29, 해당 부분의 註에 보인다.

64) 文王 : 본래 '武王'으로 되어 있으나 阮元의 교감에 따라 文王으로 고친다. 『禮記正義』(十三經注疏本 13책), 765쪽, 주 1) 참조.

65) 배불리 ~ 것이다 : 「文王世子」(3)에서 말하고 있는 무왕이 세자 시절 문왕에게 행하였던 효에 미치지 못함을 말한다.

예기역주 권9

예운 제9
禮運

정현鄭玄의 『예기목록禮記目錄』에서 말한다. "「예운禮運」이라고 제목을 붙인 것은 오제五帝와 삼왕三王이 서로 바뀌고 음과 양이 선회하는 도리를 기록하였기 때문이다. 이 편은 유향劉向의 『별록別錄』에서는 「통론通論」에 속해 있다." 鄭『目錄』云: "名曰「禮運」者, 以其記五帝三王相變易·陰陽轉旋之道. 此於『別錄』屬「通論」."

이 편은 역대 제왕의 예악禮樂이 변천해온 것과 음양의 조화造化가 유행流行하고 소통하는 이치를 기록한 것으로, 아마도 자유子游의 문인이 기록한 것에서 나온 듯하다. 간혹 성현의 격언이 들어 있으나 편 머리의 대동大同, 소강小康의 설은 공자의 말이 아니다. 此篇記帝王禮樂之因革及陰陽造化流通之理, 疑出於子游門人之所記. 間有格言, 而篇首大同·小康之說, 則非夫子之言也.

【예운 1】

옛적에 공자가 납향제(蜡)에 빈賓으로 참여하였다가 일이 끝나자, 나가서 관觀 위에서 노닐다가 '아아!' 하면서 탄식하였다. 공자의 탄식은 노魯나라를 탄식한 것이다. 자유子游가 옆에 있다가 "선생께서는 무엇 때문에 탄식합니까?"라고 하였다. 공자가 말하였다. "위대한 도가 행해지는 것과 삼대三代의 뛰어난 현인들이 행하였던 것을 내가 직접 보지는 못하였지만 그래도 뜻은 두고 있다."

昔者仲尼與於蜡賓,① 事畢, 出遊於觀之上, 喟然而嘆.② 仲尼之嘆, 蓋嘆魯也. 言偃在側曰: "君子何嘆?"③ 孔子曰: "大道之行也與三代之英, 丘未之逮也, 而有志焉."④

鄭注 ① "'사蜡'는 찾는다(索)는 뜻이다. 매년 12월 만물이 닫고 감추는 때에 만물을 모아 그 신을 찾아서 제사하고",[1] 또 종묘에 제사지낸다. 이때 공자는 노나라에서 벼슬을 하면서 제사를 돕는 사람들 가운데 있었다. "'蜡'者, 索也. 歲十二月合, 聚萬物而索饗之", 亦祭宗廟. 時孔子仕魯, 在助祭之中.

② '관觀'은 궐闕이다. 공자가 노나라 임금이 제사를 지낼 때 예가 갖추어지지 않은 것을 보고, 여기서 또 상위象魏[2]의 옛 전장典章이 걸려 있던 곳을 보고서 느끼는 바가 있어 탄식한 것이다. '觀', 闕也. 孔子見魯君於祭禮有不備, 於此又覩象魏舊章之處, 感而嘆之.

③ '언언言偃'은 공자의 제자 자유子游이다. '言偃', 孔子弟子子游.

④ '대도大道'는 오제五帝 때를 말한다. '영英'은 준걸 중에서도 더욱 뛰어난 자이다. '태逮'는 미친다는 뜻으로 보는 데에 이르지 못하였다는 말이다. '지志'는 고문古文(옛 글)을 기억한다는 것이다. 노나라의 일을 말하지 않은 것은 (그럴 경우) 지나치게 박절한 것이 되므로 넓게 말한 것이다. '大道', 謂五帝時也. '英', 俊選之尤者. '逮', 及也, 言不及見. '志', 謂識古文. 不言魯事, 爲其大切, 廣言之.

集 사례蜡禮는 「교특생郊特牲」(46 이하)에 자세히 보인다. 공자가 노나라

說 에 있을 때 노나라의 납향제(蜡祭)에 빈賓으로 참여하였다가 일을 마치고 관觀 위에서 노닐면서 쉬었다. '관觀'은 문궐門闕이다. 두 개의 관觀이 문의 양 쪽에 있어 국가의 법령(典章)을 거기에 걸어놓고 사람들에게 보이는 것이다. '위연喟然'은 탄식하는 소리다. 노나라를 탄식한 까닭은 제사에서 예에 어긋났던 것이 있었거나 혹은 옛 법령을 보고서 인하여 옛 시대를 그리워한 때문이다. '언언言偃'은 공자의 제자 자유子游이다. 자유가 탄식한 까닭을 묻자, 공자는 '옛날에 대도大道가 세상에 실행되었던 것과 저 삼대의 뛰어나고 현명한 신하들이 때를 얻어서 도를 실행함이 융성했던 것을 내가 그리워한다. 내가 오늘날 이들 시대의 융성하였던 것을 보는 데까지는 이를 수 없지만, 삼대의 뛰어난 현인들이 하였던 바에 뜻을 두고 있다'라고 하였다. 이 또한 "꿈에 주공을 뵌다"[3]는 의미다. ○ 석량왕씨石梁王氏는 말한다. "오제五帝의 시대를 대동大同으로 여기고, 우왕禹王, 탕왕湯王, 문왕文王과 무왕武王, 성왕成王과 주공周公의 시대를 소강小康으로 여긴 것에는 노씨老氏(노자)의 뜻이 들어 있는데, 주註에서 또한 인용하여 실증하였고, 게다가 '예禮는 충신忠信이 각박해진 징표'[4]라고 한 것 등은 모두 유자儒者의 말이 아니다. '공자왈孔子曰'이라고 한 것은 기록한 자가 말을 부가한 것이다." 蜡禮詳見「郊特牲」篇. 孔子在魯, 與爲魯國蜡祭之賓, 畢事而遊息於觀上. '觀', 門闕也. 兩觀在門之兩旁, 懸國家典章之言於上以示人也. '喟然', 嘆聲也. 所以嘆魯者, 或祭事之失禮, 或因睹舊章而思古也. '言偃', 孔子弟子子游也. 問所以嘆之故, 夫子言'我思古昔大道之行於天下, 與夫三代英賢之臣所以得時行道之盛. 我今雖未得及見此世之盛, 而有志於三代英賢之所爲也.' 此亦夢見周公之意. ○ 石梁王氏曰: "以五帝之世爲大同, 以禹·湯·文·武·成王·周公爲小康, 有老氏意, 而註又引以實之, 且謂禮爲忠信之薄, 皆非儒者語. 所謂'孔子曰', 記者爲之辭也."

【예운 2】

(공자가 말하였다.) “큰 도가 행해지면, 천하는 공공公共의 것이 되어 현명하고 능력 있는 자를 선발하며,[5] 신의를 익히고 화목을 닦는다. 그러므로 사람들은 자신의 부모만을 부모로 여기지 않고, 또 자신의 자식만을 자식으로 여기지 않는다. 노인에게는 수명을 다하게 해주고, 젊은이에게는 일할 수 있게 해주고, 어린이에게는 자랄 수 있게 하고, 홀아비, 과부, 고아, 자식 없는 사람, 몹쓸 병에 걸린 사람들이 모두 부양받을 수 있게 한다. 남자는 직업이 있고, 여자는 시집갈 곳이 있다. 재화가 땅에 버려지는 것을 싫어하지만 구태여 사적으로 쌓아놓지 않는다. 힘을 씀이 자신에게서 나오지 않음을 싫어하지만 구태여 자신을 위하여 하지는 않는다. 이런 까닭에 간사한 꾀가 막혀서 일어나지 않고, 도적질과 어지럽히고 해치는 일이 생기지 않는다. 그러므로 바깥문이 있어도 닫지 않는다. 이것을 대동大同(크게 화평함)이라 한다.”

“大道之行也, 天下爲公, 選賢與能, 講信脩睦.① 故人不獨親其親, 不獨子其子.② 使老有所終, 壯有所用, 幼有所長, 矜·寡·孤·獨·廢疾者, 皆有所養.③ 男有分,④ 女有歸.⑤ 貨惡其棄於地也, 不必藏於己. 力惡其不出於身也, 不必爲己.⑥ 是故謀閉而不興, 盜竊亂賊而不作.⑦ 故外戶而不閉.⑧ 是謂大同.”⑨

鄭注 ① ‘공公’은 함께한다는 것이다. 왕위를 선양하여 성인의 덕을 가진 사람에게 전해주고, 자신의 가문 소유로 삼지 않는다는 것이다. ‘목睦’은 친애하는 것이다. ‘公’, 猶共也. 禪位授聖, 不家之. ‘睦’, 親也.

② 효도하고 자애하는 도리가 널리 행해지는 것이다. 孝慈之道廣也.

③ 부족하고 결핍됨이 없는 것이다. 無匱乏也.

④ '분分'은 직분과 같다. '分', 猶職也.

⑤ 모두 선량한 남편을 얻는 것이다. 皆得良奧之家.

⑥ 힘든 일을 꺼려하지 않고 베푸는 데 인색한 마음이 없는 것은 어질고 넉넉한 가르침이다. 勞事不憚, 施無吝心, 仁厚之敎也.

⑦ 사양을 숭상하기 때문이다. 尙辭讓之故也.

⑧ 바람과 한기를 막을 뿐이다. 禦風氣而已.

⑨ '동同'은 화和와 같은 뜻이다. 화평하다는 뜻이다. '同', 猶和也. 平也.

集說 '천하는 공공公共의 것이다'(天下爲公)는 것은 천하라는 큰 것을 자기 자손에게 사적으로 물려주지 않고 천하의 현인·성인과 더불어 공적으로 함께하여, 가령 요堯가 순舜에게 전해주고 순舜이 우禹에게 전해주는 것과 같이 선발할 만한 현명한 자나 능력 있는 자가 있으면 곧 그에게 전해주는 것을 말한다. 당시 사람들이 배우고 익힌 것은 성실과 신뢰요, 닦고 실천한 것은 조화와 친목이었다. 따라서 자신의 부모를 공경하여 남의 부모에까지 미치고, 자신의 아들을 사랑하여 남의 아들에까지 미쳐, 노인, 젊은이, 어린이가 각각 제자리를 얻게 하였고, 곤궁한 백성은 양육되지 않음이 없게 하였으며, 남자는 각각 사농공상士農工商의 직분을 갖게 하고, 여자는 선량한 남편에게 시집갈 수 있게 하였다. 재화는 백성의 삶에서 활용하여 생활 수단으로 쓰는 것이다. 만약 땅에 버려두고 때에 맞게 거두어 저장하지 않으면 훼손되고 없어져 쓸모없게 되니, 땅에 버려지는 것을 싫어하는 이유이다. 이제 단지 잘 거두어 저장하였다가 세상의 쓰임에 밑천이 될 수 있으면 충분하니, 구태여 이익을 독점하여 사적으로 자신의 집에 저장하지 않는다. 세상의 일에 힘을 들이지 않고 이룰 수 있는 일은 없다. 다만 사람

의 마음에 속임이 많아, 일을 함께하면 자신은 편안하게 지내고 남에게 힘든 일을 시키려 하고 자신의 힘을 기꺼이 다하지 않는다. 이것이 바로 (힘들여 일하는 것이) 자신에게서 나오지 않음을 싫어하는 이유이다. 이제 각자 힘을 다하여 천하의 일을 함께 이루면 그것으로 충분하니, 구태여 힘을 써서 자신의 일을 홀로 도모하지 않는다. 풍속이 이와 같기 때문에 그 결과 간사한 꾀는 막혀서 생기지 않고, 도둑질과 어지럽히는 일은 절멸되어 일어나지 않으며, 저물어 밤이 되어도 걱정 없어 바깥문을 닫지 않아도 되니, 어찌 공공의 것으로 여기는 도리가 행해져 크게 화평한 세상이 아니겠는가? 일설에 의하면, '외호外戶'는 문이 바깥에 설치되어 닫는 것이 안쪽을 향하는 것이다. '天下爲公,' 言不以天下之大私其子孫, 而與天下之賢聖公共之, 如堯授舜·舜授禹, 但有賢能可選, 卽授之矣. 當時之人, 所講習者誠信, 所脩爲者和睦. 是以親其親, 以及人之親, 子其子, 以及人之子, 使老者·壯者·幼者, 各得其所, 困窮之民, 無不有以養之, 男則各有士農工商之職分, 女則得歸于良奧之家. 貨財, 民生所資以爲用者. 若棄捐於地, 而不以時收貯, 則廢壞而無用, 所以惡其棄於地也. 今但得有能收貯, 以資世用者, 足矣, 不必其擅利而私藏於己也. 世間之事, 未有不勞力而能成者. 但人情多詐, 共事則欲逸己而勞人, 不肯盡力. 此所以惡其不出於身也. 今但得各竭其力, 以共成天下之事, 足矣, 不必其用力而獨營己事也. 風俗如此, 是以姦邪之謀閉塞而不興, 盜竊亂賊之事絶滅而不起, 暮夜無虞, 外戶可以不閉, 豈非公道大同之世乎? 一說, '外戶'者, 戶設於外而閉之向內也.

【예운 3】

(공자가 말하였다.) "이제 큰 도가 이미 은미해져 천하가 가家의 소

유로 되자, 각기 자기 부모만 부모로 여기고 자기 자식만 자식으로 여기고, 재화와 노동력을 자신을 위해서 사용하였다. 대인大人(천자와 제후)은 부자상속(世)과 형제상속(及)을 예禮라고 여기고, 성곽을 쌓고 해자를 파서 견고함으로 삼았다. 예禮와 의義로 강기綱紀를 삼아 군신君臣 사이를 바로잡고 부자父子 사이를 돈독히 하고 형제를 화목하게 하며 부부를 화합시키고 제도를 설치하고 전지田地와 택지宅地를 구획하고 용맹한 자와 지략이 있는 이를 높이고 자신을 위하는 것을 업적으로 여겼다. 그러므로 책략이 이로부터 생겨나고 전쟁이 이로 말미암아 일어났다. 우왕禹王, 탕왕湯王, 문왕文王과 무왕武王, 성왕成王과 주공周公은 이것을 이용함에 탁월하였던 이들이다. 이 여섯 군자 가운데 예를 삼가 힘쓰지 않은 이가 없었다. 의리를 드러내 분명히 하고, 신의를 이루고, 잘못이 있는 것을 드러내 밝히고, 인애仁愛의 도리를 모범으로 삼고, 낮추고 사양하는 도리를 강설하여, 백성들에게 보여줌에 상법常法(변하지 않는 법도)이 있었다. 만약 이것을 따르지 않는 자가 권세와 지위를 가진 경우가 있으면 퇴출되었고, 백성들이 재앙으로 여겼다. 이것을 소강小康(조금 안정됨)이라 한다."

"今大道旣隱,① 天下爲家,② 各親其親, 各子其子, 貨力爲己.③ 大人世及以爲禮, 城郭溝池以爲固.④ 禮義以爲紀, 以正君臣, 以篤父子, 以睦兄弟, 以和夫婦, 以設制度, 以立田里, 以賢勇知, 以功爲己. 故謀用是作, 而兵由此起.⑤ 禹·湯·文·武·成王·周公, 由此其選也.⑥ 此六君子者, 未有不謹於禮者也. 以著其義, 以考其信, 著有過, 刑仁, 講讓, 示民有常.⑦ 如有不由此者, 在埶者去, 衆以爲殃.⑧ 是謂小康."⑨

鄭注 ① '은隱'은 사라졌다는 것이다. '隱', 猶去也.

② 왕위를 자식에게 전하는 것이다. 傳位於子.

③ 풍속이 각박하고 인색한 것이다. 俗狹嗇.

④ 난亂이 빈번해지고 적賊이 많아져 이러한 것을 만들어 복속시킨 것이다. '대인大人'은 제후이다. 亂賊繁多, 爲此以服之也. '大人', 諸侯也.

⑤ 큰 도의 돈후하고 순박한 근본을 어겼기 때문이다. 가르침과 법령이 엄밀한 것은 그 폐단으로 그렇게 된 것이다. 『노자』에 "법령이 더욱 명확해질수록 도적이 많이 생긴다"6)고 하였다. 以其違大道敦朴之本也. 敎令之稠, 其弊則然. 『老子』曰: "法令滋章, 盜賊多有."

⑥ '유由'는 이용한다는 것이다. 예의를 이용하여 다스림을 이룰 수 있었던 것이다. '由', 用也. 能用禮義以成治.

⑦ '고考'는 이룬다는 뜻이다. '형刑'은 본받는다는 뜻이다. '考', 成也. '刑', 猶則也.

⑧ '세埶'는 권세와 지위다. '거去'는 처벌하여 쫓아낸다는 뜻이다. '앙殃'은 재앙과 같은 뜻이다. '埶', 埶位也. '去', 罪退之也. '殃', 猶禍惡也.

⑨ '강康'은 편안하다는 뜻이다. 큰 도를 행하는 이는 예禮를 충신忠信의 측면에서 오히려 엷어진 것으로 여긴다.7) '조금 편안하다'(小安)고 말한 것은 그 상태를 잃으면 도적과 난이 장차 발생하기 때문이다. '康', 安也. 大道之人以禮於忠信爲薄. 言'小安'者, 失之則賊亂將作矣.

集說 '천하는 가家의 소유가 된다'(天下爲家)는 것은 천하를 사가私家의 소유물로 삼아 자손에게 전하는 것이다. '대인大人'은 천자와 제후이다. 부자

사이에 서로 전하는 것을 '세世'라 하고, 형제 사이에 전하는 것을 '급及'이라고 한다. '기紀'는 강기綱紀(법도의 큰 기준)이다. '용지勇知를 현賢으로 여긴다'(賢勇知)는 것은 용맹과 영리함을 숭상한다는 것이다. 탁록涿鹿의 전쟁[8]과 묘족苗族 정벌[9]에 비추어 볼 때 전쟁은 후세의 왕으로부터 생긴 것이 아니다. 그런데 '전쟁이 이로 말미암아 생겨났다'(兵由此起)고 한 것은 탕왕湯王과 무왕武王의 일[10]을 들어 말한 것이다. '저著'는 드러내 분명하게 한다는 뜻이다. '고考'는 이룬다는 뜻이다. '형인刑仁'은 인애仁愛의 도리를 모범으로 삼는다는 뜻이다. '강양講讓'은 자신을 낮추고 남에게 사양하는 도리를 강설講說한다는 뜻이다. '백성들에게 보여줌이 항상됨이 있다'(示民有常)는 것은 여섯 군자가 삼가 예에 힘쓰면서 '의리를 드러내 분명히 한다'(著義) 이하의 다섯 가지 일을 행하여, 백성들에게 보여주는 것이 상법常法이 됨을 말한다. '재세在勢'는 군주의 권세와 지위에 있는 것을 말한다. 천하의 임금이 되어 예로써 이 다섯 가지 일을 행하지 않으면 천하 사람들이 백성에게 재앙을 초래하는 임금으로 여겨 함께 그를 폐출시키는 것을 말한다. 이것은 조금 안정되어 편안한 시대가 대도大道가 행해져 크게 화평한 시대만 못하다는 것이다. ○ 진씨陳氏가 말하였다. "예가禮家는 삼황오제의 시대에는 덕을 귀하게 여겼고 그 다음 삼왕의 시대에는 베풀고 보답하며 주고받는 것에 힘썼다고 한다.[11] 그러므로 큰 도가 공공公共의 것이었던 시대에는 예에 구구하게 얽매이지 않았으며, 예는 도덕이 쇠퇴해지고 충신忠信이 각박해진 것[12]이라고 한 것은 대개 노장老莊의 견해에서 나온 것이지 옛 성인의 말씀이 아니다." '天下爲家', 以天下爲私家之物, 而傳子孫也. '大人', 天子・諸侯也. 父子相傳爲'世', 兄弟相傳爲'及'. '紀', 綱紀也. '賢勇知', 以勇知爲賢也. 涿鹿之戰・有苗之征, 兵非由後王起也. 謂'兵由此起,' 擧湯武之事言之耳. '著', 明也. '考', 成也. '刑仁', 謂法則仁愛之道. '講讓', 講說遜讓之道. '示民有常', 言六君子謹禮而行'著義'以下五事, 示民爲常法也. '在勢', 居主[13]者之勢位也. 言爲天下之君, 而不以禮行此

五事, 則天下之人以爲殃民之主, 而共廢黜之也. 此謂小小安康之世, 不如大道大同之世也. ○ 陳氏曰: "禮家謂太上之世貴德, 其次務施報往來. 故言大道爲公之世, 不規規於禮, 禮乃道德之衰, 忠信之薄, 大約出於老莊之見, 非先聖格言也."

【예운 4】

자유子游가 다시 물었다. "예가 시급한 것이 이와 같습니까?" 공자가 말하였다. "예란 선왕이 그것으로 하늘의 도道를 계승하고 사람의 정情을 다스린 것이다. 그러므로 예를 잃으면 죽고 예를 얻으면 산다. 『시詩』에 이르기를 '쥐를 보아도 지체支體가 있는데, 사람이 되어서 예가 없구나. 사람으로서 예가 없으면 어찌 일찍 죽지 않겠는가?'[14]라고 하였다. 이런 까닭에 예는 반드시 하늘에 근본을 두고 땅을 본받고 귀신에서 법도를 펼쳐 보이며, 상사喪事·제사·활쏘기·말타기·관례·혼례·조회朝會·빙문聘問에까지 미친다. 그러므로 성인은 예禮로써 보여준 것이니, 따라서 천하, 국가와 가家[15]를 바로잡을 수 있다."

言偃復問曰: "如此乎禮之急也?" 孔子曰: "夫禮, 先王以承天之道, 以治人之情. 故失之者死, 得之者生. 『詩』曰: '相鼠有體, 人而無禮. 人而無禮, 胡不遄死?'① 是故夫禮必本於天, 殽於地, 列於鬼神,② 達於喪·祭·射·御·冠·昏·朝·聘.③ 故聖人以禮示之, 故天下·國·家可得而正也."④

鄭注 ① '상相'은 본다는 뜻이다. '천遄'은 빠르다는 뜻이다. 쥐에게 지체支體가 있다는 것은 사람이 되어서 예가 없는 것과 같음을 말한다. 사람으로서

예가 없으면 밉고 천하기가 쥐와 같아서 빨리 죽는 것만도 못하다. '相', 視也. '遄', 疾也. 言鼠之有身體, 如人而無禮者矣. 人之無禮, 可憎賤如鼠, 不如疾死之愈.

② 성인이 하늘의 밝음을 본받고 땅의 이로움을 따르고 귀신에게서 법도를 취하여 예를 제정하고 교령敎令[16]을 내렸다. 그렇게 하고 또 제사를 지내 공경함을 다한 것은 백성들에게 윗사람을 존경하도록 가르친 것이다. '귀鬼'는 정혼精魂(정신과 혼령)이 의지하는 것이고 '신神'은 물사物事를 이끌어 나오는 것으로[17], 조묘祖廟(선조의 사당) · 산천山川 · 오사五祀[18] 등을 가리킨다. 聖人則天之明, 因地之利, 取法度於鬼神, 以制禮下敎令也. 旣又祀之盡其敬也, 敎民嚴上也. '鬼'者, 精魂所歸, '神'者, 引物而出, 謂祖廟山川五祀之屬也.

③ 백성들이 윗사람에 대해 존경할 줄 알면, 예는 아래 백성에게까지 통하게 된다. 民知嚴上, 則此禮達於下也.

④ 백성들이 예를 알면, 교화하는 것이 쉽다. 民知禮則易敎.

集說 '예는 하늘에 근본을 둔다'(禮本於天)는 것은 예가 천리天理의 절도節度와 문장文章이기 때문이다. '효殽'는 본받다는 뜻이다. '땅에서 본받는다'(效於地)는 것은 산이 높고 못이 낮은 형세를 본받아 위아래의 차등을 두는 것이다. 뒷장(24)의 '효이강명殽以降命' 이하에서 그것을 자세히 말하였다. '귀신에서 법도를 펼쳐 보인다'(列於鬼神)는 것은 "예에는 오경五經(다섯 가지 근간)이 있는데 그 중에서 제사보다 중요한 것은 없다"[19]는 것이다. 상례와 제례 이하 여덟 가지는 인간의 일에서 행해야 할 의절儀節과 준칙準則이다. '禮本於天', 天理之節文也. '殽', 效也. '效於地'者, 效山澤高卑之勢, 爲上下之等也. 後章'殽以降命'以下, 乃詳言之. '列於鬼神', "禮有五經, 莫重於祭"也. 喪 · 祭以下八事, 人事之儀則也.

【예운 5】

자유子游가 다시 물었다. "선생님께서 예를 전부 말씀한 것을 들을 수 있겠습니까?" 공자가 말하였다. "나는 하나라의 도를 보기를 원하였다. 그래서 기杞에 갔으나 징험할 수 없었고, 나는 그곳에서 『하시夏時』를 얻었다. 나는 은나라의 도를 보기를 원하였다. 그래서 송나라로 갔으나 징험할 수 없었고, 나는 그곳에서 『곤건坤乾』을 얻었다. 『곤건』의 의리와 『하시』의 순서를 나는 이들을 통하여 살펴보았다."

言偃復問曰: "夫子之極言禮也, 可得而聞歟?"① 孔子曰: "我欲觀夏道.② 是故之杞,③ 而不足徵也,④ 吾得『夏時』焉.⑤ 我欲觀殷道. 是故之宋, 而不足徵也,⑥ 吾得『坤乾』焉.⑦ 『坤乾』之義, 『夏時』之等, 吾以是觀之."⑧

鄭注 ① 예가 시종 이루는 바를 알고자 한 것이다. 欲知禮終始所成.

② 그 예를 행하고 싶어서 그것이 이루었던 바를 살펴보는 것이다. 欲行其禮, 觀其所成.

③ '기杞'는 하후씨夏后氏의 후예이다. '杞', 夏后氏之後也.

④ '징徵'은 이룬다는 뜻이다. 어진 군주가 없어 함께 이룰 수 없었다는 뜻이다. '徵', 成也. 無賢君, 不足與成也.

⑤ 하나라의 사시四時에 대한 책을 얻은 것이다. 그 책 가운데 남아 있는 것으로 『소정小正』이 있다. 得夏四時之書也. 其書存者有『小正』.

⑥ '송宋'은 은殷나라의 후예이다. '宋', 殷人之後也.

⑦ 은나라의 음양에 관한 책을 얻은 것이다. 그 책 가운데 남아 있는 것으로 『귀장歸藏』이 있다. 得殷陰陽之書也. 其書存者有『歸藏』.

⑧ 두 책에 들어 있는 의도로부터 살펴본 것이다. 觀於二書之意.

集說 '기杞'는 하나라의 후예이다. '송宋'은 은나라의 후예이다. '징徵'은 실증한다는 뜻이다. 공자는 '내가 하나라와 은나라의 도를 살펴보고 연구하고자 하여 두 나라(기나라와 송나라)에 가서 그것을 찾아보았는데, 선대의 옛 전적과 오래된 가문의 유풍이 남아 있을 것이라고 생각하였으나 실증할 수 있는 것이 전혀 없었고, 기나라에서 『하시夏時』라는 책을 그리고 송나라에서 『곤건坤乾』이라는 역서易書를 겨우 얻었다'고 말하였다. 『하시』에 대하여 어떤 이는 곧 지금의 『하소정夏小正』[20]이라고 한다. 『곤건』은 『귀장歸藏』을 가리킨다. 상나라의 역易은 곤坤을 첫머리에 두고 건乾을 그 다음에 둔다. "이른바 『곤건』의 의리와 『하시』의 차례에 대하여, 내가 단지 이 두 책을 통해서 볼 뿐이다. 하나라와 은나라 이대二代의 천하를 다스리던 도를 어떻게 모두 얻어 들을 수 있겠는가?"라고 공자가 말한 것이다. 『논어』에 "문헌이 부족하기 때문이다"[21]라고 하였다. ○ 석량왕씨石梁王氏는 말한다. "『곤건』을 『주례』에서 말한 『귀장』과 합치시키고[22] 게다가 『노론魯論』[23]에서 말하지 않은 것이 있는 것은 아마 한나라 유학자들이 『노론』을 가탁해서 한 것이다. 참으로 그 설과 같다고 해도, 『하소정』이라는 책과 『곤건』이 어찌 예禮를 실증할 만한 것인가? 정현의 주註에 '징徵'을 풀이하여 '이루다'(成)라고 하였는데 더욱 옳지 않다. 근래의 유학자 중에는 도리어 이것을 인용하여 『노론』을 해명한 경우가 있는데 매우 잘못된 것이다. 「중용」에도 이 설은 없으니 대개 이 단락은 『노론』을 가탁하여 지은 것이다." '杞', 夏之後. '宋', 殷之後. '徵', 證也. 孔子言'我欲觀考夏殷之道, 故適二國而求之, 意其先代舊典・故家遺俗猶有存者, 乃皆無可徵驗者, 僅於杞得『夏時』之書, 於宋得『坤乾』之易耳.' 『夏時』, 或謂卽今『夏小正』. 『坤乾』謂『歸藏』. 商易首坤次乾也. "所謂『坤乾』之義理・『夏時』之等列, 吾但以此二書觀之而已. 二代治天下之道, 豈可悉得而聞

乎?"『論語』曰: "文獻不足故也." ○ 石梁王氏曰: "以『坤乾』合『周禮』之『歸藏』, 且有『魯論』所不言者, 恐漢儒依倣爲之. 誠如其說, 則『夏小正』之書與『坤乾』, 何足以證禮? 註, 訓'徵'爲'成', 尤非. 近儒有反引此以解『魯論』者, 謬甚. 「中庸」亦無是說, 大槩此段, 倣『魯論』爲之者."

【예운 6】

(공자가 말하였다.) "예의 처음은 먹고 마시는 데에서 시작된다. 기장을 돌에 익히고 돼지고기를 잘라 돌에 익혀 먹었고, 땅을 파 구덩이를 만들어서 물을 담아 저장하였고, 물을 손으로 떠 마시며, 흙으로 북채를 만들고 흙으로 북을 만들었다. 그럼에도 귀신에게 공경을 바칠 수 있었다."

"大禮之初, 始諸飮食. 其燔黍捭豚, 汙尊而抔飮, 蕢桴而土鼓. 猶若可以致其敬於鬼神."

鄭注 물품이 질박하고 소략하더라도 정결하고 공경하는 마음만 있으면 귀신에게 바칠 수 있으니 귀신은 덕을 흠향하지 맛을 흠향하지 않기 때문이다. 중고시대에는 아직 정鼎과 시루가 없어 겨를 벗기고 고기를 저며 달군 돌 위에다 익혀서 먹었다. 지금의 북쪽 오랑캐들은 아직도 그렇게 한다. '와준汙尊'은 땅을 파서 술동이를 삼은 것이다. '부음抔飮'은 손으로 물을 뜬다는 뜻이다. '괴蕢'는 '괴凷'로 읽는다. 소리로 인한 잘못이다. '괴凷'는 흙덩이의 뜻으로, 흙을 뭉쳐서 북채를 만든 것을 말한다. '토고土鼓'는 흙을 다져서 북을 만든 것이다. 言其物雖質略, 有齊敬之心, 則可以薦羞於鬼神, 鬼神饗德不饗味也. 中古未有釜·甑, 釋米捭肉, 加於燒石之上而食之耳. 今北狄猶然. '汙尊', 鑿

地爲尊也. '抔飮', 手掬之也. '蕢', 讀爲'凷'. 聲之誤也. '凷', 塩也, 謂摶土爲桴也. '土鼓', 築土爲鼓也.

集說 '번서燔黍'는 기장과 쌀을 달군 돌 위에 놓고 불을 지펴 익히는 것이다. '백돈捭豚'은 돼지고기를 자르고 뼈를 발라내어 달군 돌 위에 올려놓고 익히는 것이다. '와준汙尊'은 땅을 파서 구덩이를 만들어 물을 담아 저장하는 것이다. '부음抔飮'은 손으로 물을 움켜쥐고 마시는 것이다. '괴부蕢桴'는 흙덩이를 뭉쳐서 북을 치는 북채를 만드는 것이다. '토고土鼓'[24]는 흙을 다져서 북을 만드는 것이다. 상고시대에는 인심에 거짓이 없어 비록 이와 같이 단순하고 질박하였으나 또한 나름대로 귀신에게 공경을 바칠 수 있었다. '燔黍', 以黍米加於燒石上, 燔之使熟也. '捭豚', 擘析豚肉, 加於燒石之上而熟之也. '汙尊', 掘地爲汙坎, 以盛水也. '抔飮', 以手掬而飮之也. '蕢桴', 摶土塊爲擊鼓之椎也. '土鼓', 築土爲鼓也. 上古人心無僞, 雖簡陋如此, 亦自可以致敬於鬼神也.

【예운 7】

(공자가 말하였다.) "죽음이 확인됨에 이르면, 지붕에 올라가 소리쳐 부르기를 '고皐, 아무개는 돌아오시오(復)!'라고 한다. 그런 뒤에 날 것으로 반함飯含을 행하고, 익힌 고기로 견전遣奠을 올린다. 그러므로 (초혼례에서) 하늘을 바라보고 (혼을 부르며), (장례를 행하여 체백을) 땅에 묻으니, 체백體魄은 아래로 내려가고 지기知氣(혼魂)는 위로 올라간다. 그러므로 죽은 자는 머리를 북쪽으로 향하고, 산 자는 남쪽을 향하니, 모두 상고시대부터 하던 것을 따른 것이다."

"及其死也, 升屋而號, 告曰: '皐某復.'① 然後飯腥而苴孰.② 故天望而地藏也, 體魄則降, 知氣在上.③ 故死者北首,④ 生者南鄕,⑤ 皆從其初."⑥

鄭注 ① 하늘을 향해 부르는 것이다. 招之於天.

② 생쌀로 반함을 하는데, 상고시대에는 불로 익히는 법이 아직 없었기 때문이다. '(견전遣奠에) 익힌 고기를 싸서 올린다'(苴孰)는 것은 견전에 불로 익히는 기술이 있음을 취한 것이다. '저苴'는 어떤 본에는 '조俎'로 되어 있다. 飯以稻米, 上古未有火化. '苴孰', 取遣奠有火利也. '苴'或爲'俎'.

③ '땅에다 묻는다'(地藏)는 것은 장사지내는 것을 말한다. '地藏', 謂葬.

④ '머리'(首)는 음陰이다. '首', 陰也.

⑤ '향鄕'은 양陽이다. '鄕', 陽也.

⑥ 지금 행하는 것이 그렇다는 말이다. 謂今行之然也.

集說 '지붕에 올라간다'(升屋)는 것은 혼기魂氣가 위에 있기 때문이다. '고皐'는 소리를 이끌어내는 말이나. '모某'는 죽은 자의 이름이다. 이 사람의 혼魂을 불러와서 다시 체백體魄에 합하게 하고자 한 것이다. 이렇게 하여도 살아나지 않으면 상사喪事를 진행한다. '반성飯腥'은 불로 익히는 기술이 아직 없었던 상고시대의 방식을 사용하여 생쌀로 반함飯含[25]을 하는 것이다. '저숙苴孰'은 중고시대 불로 익히는 기술을 사용하여 익힌 고기를 (부들에) 싸서 (장지로 출발하기 전에) 죽은 자를 전송하는 전奠[26]을 행하는 것이다. '천망지장天望地藏'은 처음 죽었을 때 하늘을 보고 혼魂을 부르며, 체백體魄은 장례葬禮를 행하여 땅에 매장하는 것을 말한다. 그렇게 하는 것은 체백은 아래로 내려가고 지기知氣는 위로 올라가기 때문이다. 죽은 자의 머리를 북쪽으로 향하게 하는 것, 산 자는 남쪽을 향하여 거처하는 것, 그리고 이상의 죽은 자를 전송하는 여러 일들은 후세에 새로 만든 것이 아니

라 모두 상고시대부터 있던 예禮를 따르는 것이다. 所以'升屋'者, 以魂氣之在上也. '皐'者, 引聲之言. '某', 死者之名也. 欲招此魂, 令其復合體魄. 如是而不生, 乃行死事. '飯腥'者, 用上古未有火化之法, 以生稻米爲含也. '苴孰'者, 用中古火化之利, 包裹熟肉, 爲遣送之奠也. '天望地藏', 謂始死, 望天而招魂, 體魄則葬藏于地也. 所以然者, 以體魄則降而下, 知氣則升而上也. 死者之頭向北, 生者之居向南, 及以上送死諸事, 非後世創爲之, 皆是從古初所有之禮也.

【예운 8】

(공자가 말하였다.) "옛날에 선왕先王은 궁실宮室이 없어서 겨울에는 굴을 파서 거처하고 여름에는 땔감나무로 둥지(巢)를 만들어 거처하였다. 불로 익히는 법이 없어 초목의 열매, 새와 들짐승의 고기를 먹고, 그 피를 마셨으며, 털이 있는 것을 먹었다. 삼이나 명주실을 이용하는 견직 기술이 아직 없어서 깃털이나 가죽을 입었다."

"昔者先王未有宮室, 冬則居營窟, 夏則居橧巢.① 未有火化,② 食草木之實, 鳥獸之肉, 飮其血, 茹其毛. 未有麻絲, 衣其羽皮."③

鄭注 ① 추우면 흙을 쌓아서 안에 거주하고, 더우면 땔감나무(薪柴)를 모아서 그 위에서 거주한 것이다. 寒則累土, 暑則聚薪柴居其上.

② 날 것을 먹은 것이다. 食腥也.

③ 이때는 상고시대이다. 此上古之時也.

集說 '영굴營窟'은 흙을 쌓아 지어서 굴을 만드는 것이다. 지대가 높으면 땅속에 굴을 파고 지대가 낮으면 지상에 흙을 쌓아 굴을 만들었다. '증소橧巢'는 땔감나무(薪柴)를 쌓아서 둥지를 만들어 거처하는 것이다. '털이 있는

것을 먹었다'(茹其毛)는 것은 불로 익히는 법이 아직 없었으므로 털을 모두 제거하지 못하고 남은 털까지 함께 먹은 것이다. '營窟'者, 營累其土, 以爲窟穴也. 地高則穴於地中, 地卑則於地上累土爲窟也. '橧巢'者, 橧聚薪柴, 以爲巢居也. '茹其毛'者, 以未有火化, 故去毛不能盡而幷食之也.

【예운 9】

(공자가 말하였다.) "후성後聖이 홍기한 연후에 불을 이용하는 기술을 연마하였다. 틀을 만들어 금속 기물을 주조하고, 진흙을 배합하여 도기를 만들고, 대사臺榭(누각과 창고)·궁실·창호를 만들었다. 싸서 불 속에 굽고, 불 위에 굽고, 솥에 삶고, 꿰어서 불에 굽고, 식초를 빚었다. 삼과 명주실을 이용하는 견직 기술을 개발하여 베와 비단을 만들었다. 이렇게 하여 산 자를 양육하고 죽은 자를 보내며, 귀신과 상제上帝를 섬겼는데 모두 그 처음(朔 상고시대)을 따랐다."

"後聖有作,① 然後脩火之利.② 范金,③ 合土,④ 以爲臺榭·宮室·牖戶.⑤ 以炮,⑥ 以燔,⑦ 以亨,⑧ 以炙,⑨ 以爲醴酪.⑩ 治其麻絲以爲布帛. 以養生送死, 以事鬼神上帝, 皆從其朔."⑪

鄭注 ① '작作'은 홍기하다의 뜻이다. '作', 起.

② 만물을 불로 익히고 제련하는 것이다. 孰冶萬物.

③ 기물을 주조하여 만든 것이다. 鑄作器用.

④ 기와(瓦瓴)·벽돌(甓)·무甒(술동이[樽]의 한 종류)·태大(술동이[樽]의 한 종류)이다. 瓦瓴·甓及甒·大.

⑤ '곳집'(榭)은 기물을 보관하는 곳이다. '榭', 器之所藏也.

⑥ 싸서 불 속에 굽는 것이다. 裹燒之也.

⑦ 불 위에 놓는 것이다. 加於火上.

⑧ 솥에 삶는 것이다. 煮之鑊也.

⑨ 꿰어서 불 위에 놓는 것이다. 貫之火上.

⑩ 증류하여 빚는 것이다. '락酪'은 식초이다. 烝釀之也. '酪', 酢截.

⑪ '삭朔' 역시 처음이라는 뜻으로, 지금 행하는 것도 그렇다는 말이다. '朔', 亦初也, 亦謂今行之然.

集說 '범范'의 부수는 죽竹을 따라야 한다. 『운韻』[27]의 주註에서 "흙으로 만든 것을 형型이라 하고, 쇠로 만든 것을 용鎔이라 하고, 나무로 만든 것을 모模라 하고, 대나무로 만든 것을 범笵이라고 하는데, 모두 기물을 주조하는 거푸집이다"라고 하였다. '범금范金'은 거푸집을 만들어서 쇠그릇을 주조하는 것이다. '합토合土'는 진흙을 배합하여 도기를 만드는 것이다. 싸서 굽는 것을 '포炮'라 하고, 불 위에 올려놓고 굽는 것을 '번燔'이라 하고, 솥에다 찌는 것을 '팽亨'이라 하고, 꿰어서 불 위에 올려놓고 굽는 것을 '자炙'라고 한다. '락酪'은 식초이다. '치治'는 누이고 염색하는 부류이다. 이상의 여러 일들은 모두 불을 이용하는 기술로 지금도 계승하여 사용하고 있다. 모두 과거 성인에게서 법을 취한 것이기 때문에 '모두 그 처음(朔)을 따른다'(皆從其朔)고 한 것이다. '삭朔'은 또한 처음의 뜻이다. '范'字當從竹. 『韻』註云: "以土曰型, 以金曰鎔, 以木曰模, 以竹曰笵, 皆鑄器之式也." '范金', 爲形範以鑄金器也. '合土', 和合泥土爲陶器也. 裹而燒之曰'炮', 加於火上曰'燔', 煮於鑊曰'亨', 貫串而置之火上曰'炙'. '酪', 醋也. '治', 湅染之類也. 此以上諸事, 皆火之利, 今世承用而爲之. 皆是取法往聖, 故云'皆從其朔'. '朔'亦初也.

【예운 10】

(공자가 말하였다.) "그러므로 현주玄酒는 방 안에 진설하고, 예醴와 잔醆은 문 가까이 진설하며, 제제粢醍는 당堂에 진설하며, 징주澄酒는 당堂 아래에 진설한다. 희생을 진설하고, 정鼎과 조俎를 준비하고, 금琴·슬瑟·관管·경磬·종鍾·고鼓의 악기를 배열하고, 축문(祝)과 하문(嘏)을 갖춘다. 그로써 상천의 신과 선조를 강림하게 하고, 군신 사이를 바르게 하고, 부자 사이를 돈독히 하며, 형제 사이를 화목하게 하고, 상하 사이를 고르게 하고, 부부가 각기 위치할 곳이 있게 한다. 이것을 일러 하늘의 복을 이어받는다고 한다."

"故玄酒在室, 醴·醆在戶, 粢醍在堂, 澄酒在下. 陳其犧牲, 備其鼎俎, 列其琴·瑟·管·磬·鍾·鼓, 脩其祝·嘏. 以降上神與其先祖, 以正君臣, 以篤父子, 以睦兄弟, 以齊上下, 夫婦有所. 是謂承天之祜."

鄭注 이 경문은 오늘날 예禮에 사용되는 찬구饌具(음식을 진설하는 기물)가 상고시대를 따르는 것과 그 일의 의미를 말한 것이다. '자粢'는 '제齊'로 읽는다. 발음 때문에 '자粢'로 잘못 표기된 것이다. 『주례』에 "오제五齊는 첫째 범제泛齊, 둘째 예제醴齊, 셋째 앙제盎齊, 넷째 체제醍齊, 다섯째 침제沈齊이다"[28]라고 하였다. 글자는 비록 다르지만 '잔醆'과 '앙盎', '징澄'과 '침沈'은 모두 같은 물품이다. 같은 곳에 진설하지 않는 것은 상고시대부터 내려온 것을 중히 여기고 근세의 것을 소략하게 여기는 것이다. '축祝'은 축관이 주인을 대신하여 귀신에게 흠향하게 하는 말이다. '하嘏'는 축관이 시尸를 대신하여 주인에게 복을 주는 말이다. '호祜'는 복福을 뜻하는데, 복은 갖춘

다(備)는 뜻이다. 此言今禮饌具所因於古及其事義也. ‘粢’, 讀爲‘齊’. 聲之誤也. 『周禮』 “五齊, 一曰泛齊, 二曰醴齊, 三曰盎齊, 四曰醍齊, 五曰沈齊.” 字雖異, ‘醆’與‘盎’ · ‘澄’與‘沈’, 蓋同物也. 奠之不同處, 重古略近也. ‘祝’, 祝爲主人饗神[29]辭也. ‘嘏’, 祝爲尸致福於主人之辭也. ‘祜’, 福也, 福之言備也.

集說 태고에는 술이 없었고 물을 사용하여 예를 행하였다. 후세의 성왕은 태고시대부터 내려온 것을 중히 여겼으며 그래서 그것을 높여 현주玄酒라고 이름하고, 제사를 지낼 때는 방 안의 북쪽 가까이에 진설하였다. ‘예醴’는 체體(일체)의 뜻인데[30], 술이 하룻밤 익은 것으로 『주례』에는 ‘예제醴齊’라고 하였다. ‘잔醆’은 곧 『주례』의 ‘앙제盎齊’인데, 앙盎은 옹翁[31]의 뜻으로, 숙성되면 파르스름하게 푸른빛이 도는 흰색이 된다. 이 두 술은 후세에 만들어진 것으로 천시하여, 진열할 때 비록 방 안에 하지만 조금 남쪽으로 출입문 가까이에 둔다. 그러므로 ‘예醴와 잔醆은 출입문 가까이 둔다’(醴醆在戶)고 한 것이다. ‘제체粢醍’는 곧 『주례』의 ‘체제醍齊’로 술이 숙성되면 홍적색을 띠는데, 또한 더 낮추어서 당堂에 진열한다. ‘징주澄酒’는 곧 『주례』의 ‘침제沈齊’로 숙성되면 찌꺼기가 가라앉는데, 또한 당堂의 아래에 둔다. 이 다섯 가지는 각각 등급에 따라 낮추어가면서 진설한다. ‘축祝’은 주인을 대신하여 귀신에게 고하는 말이며, ‘하嘏’는 시尸를 대신하여 주인에게 복을 주는 말로 관련 내용이 「증자문」에 보인다.[32] ‘상신上神’은 하늘에 있는 귀신이다. 「제통祭統」(17)에 “군주가 희생은 맞이하지만 시尸는 맞이하지 않는 것은 신분이 혼동되는 혐의를 분별하기 위한 것이다”라고 하였는데, 이것이 ‘군신간의 의리를 바로잡는다’(正君臣)는 뜻이다. 「제통祭統」(18)에 “아버지가 북쪽을 보고(北面) 그를 섬기는 것은 아들이 아버지를 섬기는 도리를 밝히는 것이다”라고 하였는데, 이것은 ‘부자간의 관계를 돈독히 한다’(篤父子)는 것이다. ‘형제를 화목하게 한다’(睦兄弟)는 것은 주인이 장형제에게 잔

을 올리고 이어서 여러 형제들에게 미치는[33] 예이다. '위아래를 고르게 한다'(齊上下)는 것은 술을 따라 올리는 의절(獻)과 남긴 음식을 내려주어 먹는 의절(餕)을 행할 때 각각 차례가 있어 남겨두거나 빠진 사람이 없게 한다는 것이다. '부부가 위치하는 곳이 있다'(夫婦有所)는 것은 "군주는 동쪽 계단에 있고 부인은 서쪽 곁방에 있는다"[34]는 것과 '잔을 건네는 것'[35] 등이다. 이처럼 예를 행하면 귀신이 임하여 흠향하니 어찌 상천上天의 복을 이어받지 않겠는가? 太古無酒, 用水行禮. 後王重古, 故尊之名爲玄酒, 祭則設於室內而近北也. '醴', 猶體也, 酒之一宿者, 『周禮』謂之'醴齊'. '醆', 卽『周禮』'盎齊', 盎猶翁也, 成而翁翁然葱白色也. 此二者, 以後世所爲賤之, 陳列雖在室內, 而稍南近戶. 故云'醴醆在戶'也. '粢醍'卽『周禮』'醍齊', 酒成而紅赤色也, 又卑之列於堂. '澄酒', 卽『周禮』'沈齊', 成而滓沈也, 又在堂之下矣. 此五者, 各以等降設之. '祝', 爲主人告神之辭, '嘏', 爲尸致福於主人之辭, 說見「曾子問」. '上神', 在天之神也. 「祭統」云: "君迎牲而不迎尸, 別嫌也", 是'正君臣'之義. "父北面而事之, 所以明子事父之道", 是'篤父子'也. '睦兄弟'者, 主人獻長兄弟及衆兄弟之禮. '齊上下'者, 獻與餕各有次序, 無遺缺也. '夫婦有所'者, "君在阼, 夫人在房"及'致爵'之類也. 行禮如此, 神格鬼享, 豈不承上天之福祜乎?

【예운 11】

(공자가 말하였다.) "축호祝號를 제정하고 현주玄酒로 제사를 지낸다. 희생의 피와 털을 올리고, 희생의 날고기를 조俎에 담아 올리며, 또 희생의 몸체를 익혀서 올린다. 월석越席(부들자리)을 펴고, 거친 베로 술동이를 덮고, 누이고 물들인 비단으로 제복을 만들어 입고, 예주醴酒와 잔주醆酒를 올리고, 번燔(구운 고기)과 적炙(구워 익힌

간)을 올린다. 임금과 부인이 번갈아 술잔을 올려 죽은 자의 혼백魂魄을 즐겁게 하니, 이것을 보이지 않는 아득함 가운데서 계합契合하는 것(合莫)이라고 한다. 이렇게 한 후 물러나 데친 고기를 함께 모아 삶아서 개·돼지·소·양 등의 고기를 부위별로 구분하여 보簠·궤簋·변籩·두豆·형鉶·갱羹에 담아서, 축사祝辭에는 효孝라는 말로 고하고 하사嘏辭에는 자慈라는 말로 고한다. 이것을 대상大祥(크게 상서로움)이라 한다. 이것이 예가 잘 이루어진 것이다."

"作其祝號, 玄酒以祭. 薦其血毛, 腥其俎, 孰其殽. 與其越席, 疏布以冪, 衣其澣帛, 醴醆以獻, 薦其燔炙. 君與夫人交獻, 以嘉魂魄, 是謂合莫.① 然後退而合亨, 體其犬豕牛羊, 實其簠·簋·籩·豆·鉶·羹, 祝以孝告, 嘏以慈告. 是謂大祥.② 此禮之大成也."③

鄭注 ① 이것은 상고시대와 중고시대의 음식을 올리는 것을 말한다. 『주례』에 축호祝號가 여섯 가지가 있으니 "첫째 신호神號, 둘째 귀호鬼號, 셋째 기호祇號, 넷째 생호牲號, 다섯째 자호齍號, 여섯째 폐호幣號이다"라고 하였다. '호號'란 신神을 높이고 물건을 드러내는 것이다. '희생의 날고기를 조俎에 담아 진설한다'(腥其俎)는 것은 돼지를 갈라서 날고기로 담는 것이니, 피와 털과 함께 모두 태고시대의 예를 본받은 것이다. '희생의 몸체를 익힌다'(孰其殽)는 것은 몸체를 갈라서 삶는 것이다. 이 이하는 모두 중고시대를 본받은 것이다. '월석越席'은 부들을 잘라서 만든 자리다. '멱冪'은 술동이를 덮는 것이다. '한백澣帛'은 비단을 누이고 물들여 제복祭服을 만드는 것이다. '가嘉'는 즐겁다는 뜻이다. '막莫'은 허무虛無(비어 있고 흔적이 없다)라는 뜻이니, 『효경설』[36]에 "위로 아무 흔적이 없는 것에 통한다"고 하였다. 此謂薦上古·中古之食也. 『周禮』祝號有六: "一曰神號, 二曰鬼號, 三曰祇號, 四曰牲號, 五

曰齋號, 六曰幣號.” ‘號’者, 所以尊神顯物也. ‘腥其俎’, 謂豚解而腥之, 及血毛皆所以法於大古也. ‘孰其殽’, 謂體解而爓之. 此以下皆所法於中古也. ‘越席’, 翦蒲席也. ‘冪’, 覆尊也. ‘澣帛’, 練染以爲祭服. ‘嘉’, 樂也. ‘莫’, 虛無也, 『孝經說』曰: “上通無莫.”

② 이것은 지금 세상의 음식을 올리는 것을 말한다. ‘개·돼지·소·양 등의 고기를 부위별로 구분한다’(體其犬豕牛羊)는 것은 뼈와 고기의 귀하고 천함을 분별하여 여러 조(衆俎)에 담는 것을 말한다. ‘축사祝辭에는 효孝라는 말로 고하고 하사嘏辭에는 자慈라는 말로 고한다’(祝以孝告)는 것은 각각 그 뜻을 첫머리로 삼는 것이다. ‘상祥’은 상서롭다는 뜻이다. 지금 세상의 음식은 인도人道에 상서로운 것이 된다. 此謂薦今世之食也. ‘體其犬·豕·牛·羊’, 謂分別骨肉之貴賤以爲衆俎也. ‘祝以孝告, 嘏以慈告’, 各首其義也. ‘祥’, 善也. 今世之食, 於人道爲善也.

③ 자유子游에게 예가 이루어진 것으로써 설명한 것이다. 解子游以禮所成也.

集說 『주례』에 축호祝號가 여섯 가지가 있으니 “첫째 신호神號, 둘째 귀호鬼號, 셋째 기호祇號, 넷째 생호牲號, 다섯째 자호齍號, 여섯째 폐호幣號이다”[37]라고 하였다. ‘축호祝號를 제정한다’(作其祝號)는 것은 귀신 및 희생과 옥에 대해 아름답게 부르는 말을 만든다는 뜻이다. 신호神號는 ‘호천상제昊天上帝’와 같은 것이고, 귀호鬼號는 ‘황조백모皇祖伯某’와 같은 것이고, 기호祇號는 ‘후토지기后土地祇’와 같은 것이고, 생호牲號는 ‘일원대무一元大武’와 같은 것이고, 자호齍號는 ‘직왈명자稷曰明粢’와 같은 것이고, 폐호幣號는 ‘폐왈량폐幣曰量幣’와 같은 것으로,[38] 축사祝史가 그 말들을 칭하여 귀신에게 고한다. 제사를 지낼 때마다 반드시 현주玄酒를 진설하지만, 실제로 헌작獻酌에 쓰지는 않는다. ‘희생의 피와 털을 올린다’(薦其血毛)는 것은 희생을 죽일 때 피와 털을 취하여 묘실廟室에 들어가 신에게 고하는 것이다. ‘희생의 날고기를 조俎에 담는다’(腥其俎)는 것은 희생을 죽여서 조俎에 날고기를 담아

시尸 앞에 나아가 올린다는 뜻이다. 제사에 현주玄酒를 진설하고, 희생의 피와 털을 올리며, 조俎에 날고기를 담아 올리는 것, 이 세 가지는 상고시대의 예를 본받은 것이다. '희생의 몸체를 익힌다'(孰其殽) 이하는 중고시대의 예이다. '효殽'는 뼈가 있는 몸체인데 끓여서 익힌 것이다. '월석越席'은 부들로 만든 자리다. '소포疏布'는 거친 베이다. '멱冪'은 술동이를 덮는 것이다. 『주례』에서 월석越席과 소포疏布는 하늘에 제사할 때 사용한다.[39] 이 경문에서는 종묘에서 사용한다고 하였는데 기록하는 자가 뒤섞어 서술한 것이다. '한백澣帛'은 누이고 물들인 비단으로 제복祭服을 만드는 것을 가리킨다. '예주醴酒와 잔주醆酒를 올린다'(醴醆以獻)는 것은 조천朝踐[40]에서 피와 날고기를 올릴 때 예주醴酒를 사용하고 궤사饋食[41]에서 익힌 고기를 올릴 때 잔주醆酒를 사용하는 것이다. '번燔과 적炙을 올린다'(薦其燔炙)는 것은 구운 고기와 구워 익힌 간肝을 말한다. 『의례』「특생궤사례特牲饋食禮」에 따르면, 주인이 시尸에게 올리면 빈장賓長은 간肝을 가지고 따르며, 주부가 시尸에게 올리면 빈장賓長이 번燔을 가지고 따른다. 첫 번째로 임금이 올리고, 두 번째로 부인이 올리며, 세 번째로 임금이 올리고, 네 번째로 부인이 올린다. 그러므로 '임금과 부인이 교대로 올린다'(君與夫人交獻)고 한 것이다. 이상 '숙기효孰其殽'까지는 중고시대의 예를 본받은 것으로 모두 죽은 자의 혼백魂魄을 즐겁게 하여 보이지 않는 아득함(冥漠) 가운데서 계합契合하기를 희구하는 것이다. '이렇게 한 후 물러나 데친 고기를 함께 모아 삶는다'(然後退而合亨)는 것은 앞서 데쳐 올린 고기가 익은 것이 아니어서 이제 물려 전의 데친 고기를 가져다 다시 합하여 삶아서 먹을 수 있게 익히는 것이다. 또 시尸의 조俎에 오직 오른쪽 몸체만을 담으니 그 나머지 담지 않은 것과 왼쪽 몸체 등을 또한 솥 안에 삶는다. 그러므로 '모아 삶는다'(合亨)고 한 것이다. '개, 돼지, 소, 양 등의 고기를 부위별로 구분한다'(體其犬豕牛羊)는 것은 희생의 크기와 익힌 정도에 따라 부위별로 뼈와 몸체의 귀하고 천함을 구분하여 여러 조(衆俎)에 담아 시尸에게 바치고 빈객과 형제들을 접대하는 데 사용한다는 것이다. 이것은 제사의 마지막에 함께 모여 음식을 먹는(饗燕) 여러 조(衆俎)를 말하는 것이지 시尸 앞에 진설하는 정조正俎를 말하는 것이 아니다. '보簠'는 안이 둥글고 밖이 모난 것으로 벼와 수수를 담는 그릇이고, '궤簋'는 밖이 둥글고 안이 모난 것으로 서직黍稷을 담는 그릇이다. '변籩'과 '두豆'는 모양과 제작법이 같은데, 대나무로 만든 것을 변籩이라 하고 나무로 만든 것을 두豆라고 한다. '형鉶'[42]은 정鼎과 모양이 같으나 작은 것으로 나물과 조미한 국을 담는 그릇이다. '축祝'과 '하嘏'는 해설이 앞에서 나왔다. '효孝'는 조종祖宗(선조)을 섬기는 도이다. '자慈'는 자손을 사랑하는 도이다. '합팽合亨' 이하는 당시의 예이다. '상祥'은 상서롭다(善)는 뜻과 같다. 『周禮』祝號有六: "一神號, 二鬼號, 三祇號, 四牲號, 五齍號, 六幣號." '作其祝號'者, 造爲鬼神及牲玉美號之辭. 神號如'昊天上帝', 鬼號如'皇祖伯某', 祇號若'后土地祇', 牲號若'一元大武', 齍號若'稷曰明粢', 幣號若'幣曰量幣', 祝史稱之以告鬼神也. 每祭必設玄酒, 其實不用之以酌. '薦其血毛', 謂殺牲之時, 取血及毛, 入以告神於室也. '腥其俎', 謂牲旣殺, 以俎盛肉, 進於尸前也. 祭玄酒・薦血毛・腥俎, 此三者是法上古之禮. '孰其殽'以下是中古之禮. '殽', 骨體也, 以湯爓爲熟. '越席', 蒲席也. '疏布', 麤布也. '冪', 覆尊也. 『周禮』越席・疏布, 祭天用之. 此以爲宗廟之用, 記者雜陳之也. '澣帛', 謂祭服以湅染之帛制之也. '醴醆以獻'者, 朝踐薦血腥時用醴, 饋食薦熟時用醆也. '薦其燔炙'者, 燔肉炙肝也. 「特牲禮」, 主人獻尸, 賓長以肝從, 主婦獻尸, 賓長以燔從也. 第一君獻, 第二夫人獻, 第三君獻, 第四夫人獻. 故云'君與夫人交獻'也. 此以上至'孰其殽'是法中古之禮, 皆所以嘉善於死者之魂魄, 而求以契合於冥漠之中也. '然後退而合亨', 謂先薦爓未是熟物, 今乃退取向爓肉, 更合而烹煮之, 使熟而可食也. 又尸俎惟載右體, 其餘不載者及左體等, 亦於鑊中烹煮之. 故云'合亨'也. '體其犬・豕・牛・羊'者, 隨其牲之大小烹熟, 乃體別骨之貴賤, 以爲衆俎, 用供尸及待賓客兄弟等也. 此是祭末饗燕之衆俎, 非尸前之正俎也. '簠', 內圓而外方, 盛稻粱之器, '簋', 外圓而內方, 盛黍稷之器. '籩豆', 形制同, 竹曰

籩, 木曰豆. '鉶', 如鼎而小, 菜・和羹之器也. '祝嘏', 說見前. '孝', 事祖宗之道也. '慈', 愛子孫之道也. '合亨'以下, 當世之禮也. '祥', 猶善也.

【예운 12】

공자가 말하였다. "아, 슬프구나! 내가 주나라 법도를 보니 유왕幽王과 여왕厲王이 손상시켰다. 내가 노나라를 버리고 어디로 가겠는가? 노나라가 교제郊祭와 체제禘祭를 지낸 것은 예가 아니다. 주공의 법도가 쇠미해진 것이다. 기杞나라가 교제를 지낸 것은 우임금 때문이요, 송나라가 교제를 지낸 것은 설契임금 때문이다. 이는 천자의 일을 지키는 것이다. 그러므로 천자는 천지에 제사지내고, 제후는 사직에 제사지낸다."

孔子曰: "嗚呼, 哀哉! 我觀周道, 幽・厲傷之. 吾舍魯何適矣?① 魯之郊禘非禮也. 周公其衰矣.② 杞之郊也, 禹也, 宋之郊也, 契也. 是天子之事守也.③ 故天子祭天地, 諸侯祭社稷."

鄭注 ① 정령政令이 어지럽고 예법이 어긋났으나, 노나라가 그래도 낫다고 여긴 것이다. 政亂禮失, 以爲魯尙愈.

② '비非'는 잃었다는 것과 같다. 노나라에서 교제사를 위해 키운 소의 입이 상하고,43) 생쥐가 그 뿔을 갉아먹었으며,44) 네 차례 교제사 날을 점쳤으나 결과가 길하지 않은 일이 있었으니,45) 주공의 법도가 쇠미해진 것이다. 자손들이 주공의 법도를 받들어 행하여 흥기시키지 못하였음을 말한다. '非', 猶失也. 魯之郊牛口傷, 鼷鼠食其角, 又有四卜郊不從, 是周公之道衰矣. 言子孫不能奉行興之.

③ 선조의 법도는 자손들이 마땅히 지켜야 하는 것이다. 先祖法度, 子孫所當守.

集說 유왕幽王과 여왕厲王 전에 주나라의 도가 이미 쇠미하였지만, 크게 무너진 것은 유왕과 여왕 때이다. 노나라는 주공이 봉해 받은 나라이다. 공자는 일찍이 "노나라가 한 번 변하면 도가 행해지는 수준에 이를 수 있다"[46]고 하였으니, 노나라를 버리고 어디로 가겠는가? 그러나 노나라가 교제郊祭와 체제禘祭를 지낸 것은 예가 아니다. 우禹임금은 삼대三代 시기의 성왕盛王이다. 그러므로 (그 후손인) 기杞나라가 교제郊祭를 지낼 수 있다. '설契'은 은殷나라의 시조이다. 그러므로 (그 후손인) 송宋나라가 교제郊祭를 지낼 수 있었다. 오직 이 두 나라는 대대로 천자의 일을 지켜 그 조상을 섬길 수 있다. 주공은 비록 성인이나 신하이다. 성왕成王이 하사한 것이 본디 그른 것이고, 백금伯禽이 받은 것은 더욱 그른 것이다. 주공이 예禮를 제정하고 악樂을 만든 것은 만세토록 바꿀 수 없는 전장典章을 위해서였는데 그 자손이 이와 같이 하였으니 이는 주공의 가르침이 자손들의 참람한 예로 인하여 쇠미해진 것이다. 천지天地와 사직社稷에 대한 제사는 임금과 신하의 분수로서 엄격하여 넘을 수 없는 것인데, 노나라가 신하라고 일컬으면서 천자의 예를 참람할 수 있겠는가? ○ 석량왕씨石梁王氏는 말한다. "이 한 단락은 참으로 공자의 말인데, 주註에서는 그 뜻을 밝히지 못했다. 천자는 천지에 제사하고, 제후는 단지 사직에 제사할 수 있다. 기杞나라와 송宋나라가 교제郊祭를 지내는 것은 왕자王者의 후예로서 천자의 일을 지키는 것으로 예에서 허용하는 것이다. 노나라가 교제를 지내는 것은 주공이 제정한 예를 어긴 것으로 기杞나라와 송宋나라의 경우와 같지 않다." 幽·厲之前, 周道已微, 其大壞則在幽·厲也. 魯, 周公之國. 夫子嘗言其可一變至道, 則舍魯何往哉? 然魯之郊禘, 則非禮矣. 禹爲三代之盛王. 故杞得以郊. '契'爲殷之始祖. 故宋得以郊. 惟此二國可世守天子之事, 以事其祖. 周公雖聖人, 臣也. 成王之賜, 固非, 伯禽之受, 尤非. 周公制禮作樂爲萬世不易之典, 而子孫若此, 是周公之敎, 因子孫之僭禮而衰

矣. 天地社稷之祭, 君臣之分, 凜不可踰, 魯謂人臣而可僭天子之禮哉? ○ 石梁王氏曰: "此一章眞孔子之言, 註不能明其旨. 天子祭天地, 諸侯但可祭社稷. 杞宋之郊, 是王者之後, 天子之事守, 禮之所許者. 魯而有郊, 是背周公所制之禮, 與杞宋不同也."

【예운 13】

(공자가 말하였다.) "축사祝辭와 하사嘏辭에서 항상 옛 법도를 따르는 것을 감히 바꾸지 않으니, 이를 대하大嘏(크게 상서로움)라고 한다."

"祝·嘏莫敢易其常古, 是謂大假."

鄭注 '가假'는 또한 크다는 뜻이다. 감히 떳떳한 옛 법도를 바꾸지 않는 것 이를 크고 크다고 한 것이다. 지금은 그렇지 않음을 말하려는 것이다. '假', 亦大也. 不敢改其常古之法度, 是謂大大也. 將言今不然.

集說 제례祭禮에 축사祝辭는 시작할 때 하고 하사嘏辭는 마칠 때 하니 예가 이루어지는 것이다. '상고常古'는 항상 옛 법도를 섬긴다는 뜻이다. 감히 바꾸지 않는 것은 귀하거나 천하거나 예를 행함에 한결같이 옛 제도에 의거함을 것이다. '가假'는 또한 마땅히 '하嘏'가 되어야 하니, 앞 장(11)의 '대상大祥'(크게 상서로움)의 뜻이다. 마땅히 그렇게 해야 하는 예를 행하면 자연스런 복이 있고 그 복이 큼을 말한다. 祭禮, 祝於始, 嘏於終, 禮之成也. '常古', 常事古法也. 不敢變易, 謂貴賤行禮, 一依古制也. '假', 亦當作'嘏', 猶上章'大祥'之意. 言行當然之禮, 則有自然之福, 其福大矣.

【예운 14】

(공자가 말하였다.) "축사祝辭와 하사嘏辭를 종宗(宗祝)·축祝(大祝)·무巫(점치는 관원)·사史(천문역수와 사책을 관장하는 관원)에게 간직하게 하는 것은 예가 아니다. 이를 어두운 나라(幽國)라고 한다."
"祝·嘏辭說, 藏於宗·祝·巫·史, 非禮也. 是謂幽國."

鄭注 '종축宗祝과 무사巫史에게 간직하게 한다'(藏於宗祝巫史)는 것은 임금이 그것이 있음을 모른다는 말이다. '유幽'는 어둡다는 것이다. 나라가 어둡다는 것은 임금과 대부가 모두 밝지 않다는 것이다. '藏於宗祝·巫史', 言君不知有也. '幽', 闇也. 國闇者, 君與大夫俱不明也.

集說 축사祝辭와 하사嘏辭는 예로 문식하는 것이다. 문식할 일이 없으면 행하지 않았다. 『주례』에서는 대종백大宗伯이 육호六號[47]를 알리는 것을 담당하니, 그 일을 중시한 것이다. 쇠미한 시대에 임금과 신하가 예를 소홀히 하여, 오직 종축宗祝과 무사巫史가 그것을 익혀서 기억하였다. 그러므로 어둡고 우매한 나라라고 한 것이다. 예에 어두워 정치를 명확하게 밝힐 수 없음을 말한다. 祝·嘏辭說, 禮之文也. 無文不行. 『周禮』大宗伯掌詔六號, 重其事耳. 衰世君臣慢禮, 惟宗祝·巫史習而記之. 故謂幽昏之國. 言其昧於禮, 無以昭明政治也.

【예운 15】

(공자가 말하였다.) "잔醆과 가斝를 임금의 시尸에게 올리는 것은 예가 아니다. 이것을 일러 참람한 임금이라 한다."

"醆·斝及尸君, 非禮也. 是謂僭君."

鄭注 예를 참람하게 사용한 임금이다. '잔醆'과 '가斝'는 선왕의 술잔(爵)으로, 오직 노나라와 왕자王者의 후예만이 사용할 수 있다. 여타의 제후들은 당대의 왕의 기물을 사용할 뿐이다. 僭禮之君也. '醆'·'斝', 先王之爵也, 唯魯與王者之後得用之耳. 其餘諸侯用時王之器而已.

集說 '잔醆'은 하나라의 술잔이고, '가斝'는 은나라의 술잔이다. '시군尸君'은 임금의 시尸이다. 기나라와 송나라는 하나라와 은나라 두 왕조의 후예로 잔醆과 가斝를 사용하여 시尸에게 올릴 수 있으나, 여타 나라들은 오직 당대의 왕의 기물을 사용한다. 지금 제후들이 모두 잔醆과 가斝를 사용하여 임금의 시尸에게 올리고 있으니 예가 아니다. 이는 윗사람을 참람하게 침범하는 임금이다. '醆', 夏之爵, '斝', 殷之爵. '尸君', 君之尸也. 杞宋二王之後, 得用以獻尸, 其餘列國, 惟用時王之器. 今國君皆用醆·斝, 以及於尸君, 非禮也. 是僭上之君耳.

【예운 16】

(공자가 말하였다.) "면冕과 변弁, 군사(兵)와 무기(革)를 대부의 사가私家에 간직하는 것은 예가 아니다. 이를 위협당하는 임금(脅君)이라 한다."

"冕弁·兵革, 藏於私家, 非禮也. 是謂脅君."

鄭注 위협당하는 임금이다. '면冕'과 '변弁'은 임금의 존복尊服이고, '병혁兵革'은 임금의 군사(武衛)와 병기兵器이다. 劫脅之君也. '冕弁', 君之尊服, '兵革', 君

之武衛及軍器也.

集說 '면冕'은 제복祭服의 관冠이고, '변弁'은 피변皮弁이다. 대부의 경우 가家라고 칭하는데, 대부가 조정의 존복尊服과 국가의 군사(武衛)를 자신의 가(私家)에 간직하고 있다면, 그가 강성하고 전횡함을 알 수 있다. 그 나라의 임금이라면, 곧 강한 신하에게 위협당하는 임금임을 알 수 있다. '冕', 祭服之冠, '弁', 皮弁也. 大夫稱家, 大夫以朝廷之尊服・國家之武衛而藏於私家, 可見其强橫. 則此國君者, 乃見脅於强臣之君也.

【예운 17】

(공자가 말하였다.) "대부가 가신家臣의 수를 모두 갖추고, 제기祭器를 남으로부터 빌리지 않고, 성악聲樂을 모두 갖추는 것은 예가 아니다. 이를 어지러운 나라(亂國)라고 한다."

"大夫具官, 祭器不假, 聲樂皆具, 非禮也. 是謂亂國."

鄭注 신하가 사치하고 부귀함이 임금의 신분에 견주어 하면, 법도가 무너져 어지러운 나라이다. 공자는 "관중管仲은 가신家臣의 직무를 겸하게 하지 않았으니, 어찌 그 검소하다고 하겠는가?"[48]라고 하였다. 臣之奢富儗於國君, 敗亂之國也. 孔子謂"管仲官事不攝, 焉得儉?"

集說 대부의 가신家臣은 직무대로 다 갖출 수 없고, 한 사람이 보통 여러 가지 일을 겸하니, 가신家臣을 다 갖추는 것은 참람하게 임금에게 비견하는 것이다. 제기祭器는 오직 공公과 고孤 이상만 완전히 갖출 수 있다. 대부로서 전록田祿(관원이 되어 받는 봉록)[49]이 없는 자는 제기祭器를 진설할 수 없으

므로 빌릴 수 있는 것이다. 전록田祿이 있는 자도 제기祭器를 완전히 갖출 수 없으므로 모름지기 빌리는 부분이 있어야 한다. 빌리지 않는다면, 역시 참람하게 임금의 신분을 침범하여 비견하는 것이다. 『주례』에 대부에게는 판현判縣의 악樂이 있고,[50] 『의례』 「소뢰궤사少牢饋食」에는 악樂을 연주한다는 문장이 없다. 이는 대부가 제사를 지낼 때 악樂을 사용하지 않음을 말한다. 혹 임금이 악을 하사하면 악을 연주한다. '성악聲樂을 모두 갖춘다'(聲樂皆具)는 것 또한 참람하게 임금의 신분을 침범하여 비견하는 것이다. 지위가 높고 낮음에 차등이 없으면, 어지러운 나라가 아니고 무엇이겠는가? 家臣不能具官, 一人常兼數事, 具官是僭擬也. 祭器惟公孤以上得全備. 大夫無田祿者, 不設祭器, 以其可假也. 有田祿者, 祭器亦不得全具, 須有所假. 不假亦僭擬也. 『周禮』 大夫有判縣之樂, 「少牢饋食」 無奏樂之文. 是大夫祭不用樂也. 或君賜, 乃有之耳. '聲樂皆具', 亦僭擬也. 尊卑無等, 非亂國而何?

【예운 18】

(공자가 말하였다.) "그러므로 제후(公)에게 벼슬하는 것을 신臣이라 하고, 대부의 가家에 벼슬하는 것을 복僕이라 한다. 삼년상三年喪 중이거나 새로 혼인한 경우 일 년 동안 일을 시키지 않는다. 신臣이 최상衰裳[51]을 입고 군주의 조정에 들어오거나, 대부가 가복家僕들과 섞여 나란히 늘어서는 것은 예가 아니다. 이를 임금이 신하와 더불어 자신의 나라를 공유한다고 한다."

"故仕於公曰臣, 仕於家曰僕. 三年之喪與新有昏者, 期不使. 以衰裳入朝, 與家僕雜居齊齒, 非禮也. 是謂君與臣同國."

鄭注 신하가 자신의 상사喪事나 혼사昏事가 있는데 돌아가지 않고, 도리어 최상衰裳을 입고 임금의 조정에 들어오거나 혹 자신의 복僕과 더불어 서로 나란히 처하면, 이를 일러 임금과 신하가 나라를 공유하여 지위의 높고 낮음이 없는 것이라고 한다. 상사喪事와 혼사昏事가 있어도 돌아가지 않는 이는 오직 임금뿐이다. 신하는 상사나 혼사가 있으면, 마땅히 직무를 되돌려주고 가家로 돌아간다. 복僕은 또한 사士와 더불어 대등하게 처할 수 없다. 臣有喪昏之事而不歸, 反服其衰裳以入朝, 或與僕相等輩而處, 是謂君臣共國, 無尊卑也. 有喪昏不歸唯君耳. 臣有喪昏, 當致事而歸. 僕又不可與士齒.

集說 '신臣'은 임금에 상대되는 칭호이고, '복僕'은 역役에 복무한다는 이름이다. 대부에게 벼슬하는 자는 자신을 복僕(노복)이라 칭하니 더욱 천한 것이다. 남의 신하가 되어 삼년상三年喪이나 신혼新昏이 있으면 일 년 동안은 임금이 그를 부리지 않는데, 인정人情을 체현하기 위함이다. 이 두 가지에 나아가 논하면 상사喪事가 혼사昏事보다 더욱 중하다. 이제 신하가 자기 집에서 거상居喪하지 않고 최상衰裳(상복) 차림으로 조정에 들어오면, 이는 임금의 조정 보기를 자기의 가家처럼 여기는 것이요, 이는 임금이 그 신하와 더불어 자신의 나라를 공유하는 것이다. 경과 대부에 나아가 말하면 복僕은 또한 그들의 신하이다. 지금 경과 대부가 자기 집의 복僕과 더불어 섞여 나란히 늘어서 있으면 귀하고 천한 신분의 분별이 없게 되니, 또한 임금이 그 신하와 더불어 자신의 나라를 공유하는 것이 된다. '臣'者, 對君之稱, '僕'者, 服役之名. 仕於大夫者, 自稱曰僕, 則益賤矣. 人臣有三年之喪或新昏, 則一期之內, 君不使之, 所以體人情也. 就二者而論, 喪尤重於昏也. 今乃不居喪於家, 而以衰裳入朝, 是視君之朝如己之家矣, 是君與其臣共此國也. 就卿大夫而言, 僕又其臣也. 今卿大夫乃與其家之僕雜居齊列, 無貴賤之分, 亦是君與臣共此國也.

【예운 19】

(공자가 말하였다.) "그러므로 천자는 전지田地가 있어 그 자손을 안배하고, 제후는 국토가 있어 그 자손을 안배하고, 대부는 채지采地가 있어 그 자손을 안배한다. 이를 선왕의 제도制度라고 한다."

"故天子有田以處其子孫, 諸侯有國以處其子孫, 大夫有采以處其子孫. 是謂制度."

鄭注 지금은 그렇게 하지 않음을 말한다. 『춘추』 소공昭公 원년 조에 "진백秦伯의 동생 침鍼이 진晉으로 달아났다"52)라고 하였는데, 천승千乘의 나라(제후국)를 지니고서 동모제同母弟(어머니가 같은 동생)를 포용하지 못한 것을 풍자한 것이다. 言今不然也. 『春秋』「昭元年」"秦伯之弟鍼出奔晉", 刺其有千乘之國, 不能容其母弟.

集說 왕의 자제 가운데 공덕功德이 있는 자는 봉하여 제후로 삼고 그 나머지는 기내畿內의 토지를 분급한다. 제후의 자손은 명命하여 경과 대부로 삼는데, 공덕이 있는 자에게는 또한 채지采地를 하사한다. 이른바 "관직에 대대로 공로가 있으면 관직의 명칭을 족칭族稱으로 삼는 것이 있다. 읍邑의 경우도 또한 (읍邑을 다스림에 공로가 있을 경우) 그와 같이 한다"53)라고 하는 것이다. 대부는 지위가 낮아 채지采地를 나누어 자손에게 주지 못하고, 단지 채지의 녹祿을 가지고 양육한다. 이것이 선왕先王의 제도制度이다. 王之子弟, 有功德者, 封爲諸侯, 其餘則分以畿内之田. 諸侯子孫, 命爲卿大夫, 其有功德者, 亦賜采地. 所謂"官有世功, 則有官族. 邑亦如之也." 大夫位卑, 不當割采地以與子孫, 但養之以采地之祿耳. 此先王之制度也.

【예운 20】

(공자가 말하였다.) "그러므로 천자가 제후에게 갈 때, 반드시 제후의 종묘에 머무르는데, 예적禮籍을 가지고 들어가지 않으면, 이를 일러 천자가 법도를 어그러뜨리고 기강을 문란하게 하는 것이라고 한다."

"故天子適諸侯, 必舍其祖廟, 而不以禮籍入, 是謂天子壞法亂紀."

鄭注 '예적禮籍[54]을 받들고 들어간다'(以禮籍入)는 것은 태사太史가 예를 집전하여 간기簡記를 들고 나라의 휘오諱惡(금기사항)를 받드는 것이다. 천자가 비록 존귀하나 남의 종묘에서 머무를 때는 오히려 공경함이 있으니, 스스로 공손하고 삼가는 것이다. '以禮籍入', 謂大史典禮執簡記奉諱惡也. 天子雖尊, 舍人宗廟, 猶有敬焉, 自拱敕也.

集說 종묘宗廟가 조정보다 존귀하다. 그러므로 천자가 그곳에 머무른다. 그러나 반드시 '태사太史가 간기簡記를 잡고 휘오諱惡를 받든다'(太史執簡記奉諱惡)는 것은 감히 천자의 존귀함으로도 남의 종묘를 소홀히 대할 수 없기 때문이다. 이렇게 하지 않으면, 법도를 어그러뜨리고 기강을 어지럽히는 것이다. 廟尊於朝. 故天子舍之. 然必'太史執簡記奉諱惡'者, 不敢以天子之尊而慢人之宗廟也. 不如此, 則是壞法度亂紀綱矣.

【예운 21】

(공자가 말하였다.) "제후가 병을 위문하거나 상사喪事에 조문하는 것이 아니면서 신하의 집에 들어가는 것, 이것을 일러 임금과 신하

가 장난하는 것이라고 한다."
"諸侯非問疾吊喪, 而入諸臣之家, 是謂君臣爲謔."

鄭注 까닭 없이 서로 만나는 것, 이것은 장난하는 것(戱謔)이다. 진陳나라 영공靈公과 공영孔甯·의행보儀行父가 자주 하씨夏氏에게 갔다가 시해를 당하였다.[55] 無故而相之, 是戱謔也. 陳靈公與孔甯·儀行父數如夏氏, 以取弑焉.

集說 제후는 자신의 신하에 대하여 질병에 위문하거나 상사喪事에 조문하는 예가 있다. 이것이 아니면서 가는 것은 장난질하는 것(戱謔)이다. 예를 무너뜨린 재앙이 항상 이로 말미암아 생긴다. 諸侯於其臣, 有問疾吊喪之禮. 非此而往, 是戱謔也. 敗禮之禍, 恒必由之.

【예운 22】

(공자가 말하였다.) "그러므로 예는 임금의 큰 권병權柄이다. 혐의를 변별하고 은미한 것을 밝히고, 귀신을 접대하고, 제도를 살피고, 인의仁義를 구별하는 방법이요, 정사政事를 다스리고 임금을 안정시키는 방법이다."
"是故禮者, 君之大柄也. 所以別嫌明微, 儐鬼神, 考制度, 別仁義, 所以治政安君也."

鄭注 지금 시대가 이처럼 예를 잃은 것을 미워하여, 그 때문에 예의 큰 뜻을 말한 것이다. '병柄'은 그것을 견지하고 의지해서 일을 다스리는 것이다. 疾今失禮如此, 爲言禮之大義也. '柄', 所操以治事.

集說 나라에 예禮가 있음은 기물器物에 자루가 있는 것과 같아서, 이 자루를 잘 붙들고 있으면 나라를 다스릴 수 있다. 빈객賓客을 예로써 접대하는 것을 '인도한다'(儐)라고 말한다. 귀신을 접대하는 것도 또한 같다. 그러므로 '인도한다'(儐)라고 한 것이다. '제도制度'는 예악禮樂, 의복衣服, 도량度量, 권형權衡 등과 같은 것으로, 살펴서 바로잡아 차이가 나지 않게 한다. 인仁은 친애함을 위주로 하고 의義는 절제함을 주로 하니, 구별하여 사용하여 반드시 그 적절함에 합당하게 한다. 國之有禮, 如器之有柄, 能執此柄, 則國可治矣. 接賓以禮曰'儐'. 接鬼神亦然. 故曰'儐'. '制度', 如禮樂・衣服・度量・權衡之類, 考而正之, 不使有異. 仁主於愛, 義主於斷, 別而用之, 必當其宜.

【예운 23】

(공자가 말하였다.) "그러므로 정령政令이 바르지 않으면 임금의 지위가 위태로워지고, 임금의 지위가 위태로워지면 대신大臣은 배반하고 소신小臣은 도둑질한다. 형벌이 준엄해지고 풍속이 무너지면 법도에 일정함이 없게 된다. 법도에 일정함이 없게 되면 예에 서열이 없어진다. 예에 서열이 없어지면 사士는 자신의 직분에 종사하지 않는다. 형벌이 준엄해지고 풍속이 무너지면 백성들이 귀부하지 않는다. 이를 일러 병든 나라(疵國)라고 한다."

"故政不正, 則君位危, 君位危, 則大臣倍, 小臣竊. 刑肅而俗敝, 則法無常. 法無常而禮無列. 禮無列, 則士不事也. 刑肅而俗敝, 則民弗歸也. 是謂疵國."

鄭注 다시 우려하여 정사政事가 잘못되고 임금의 지위가 위태로워지는 재난과 폐해를 말한 것이다. '숙肅'은 준엄하다는 뜻이다. '자疵'는 병통이라는 뜻이다. 又爲言政失君危之禍敗也. '肅', 駿也. '疵', 病也.

集說 '배倍'는 윗사람을 배반하면서 사사로움을 행한다는 뜻이다. 혹은 배반하여 떠나감을 뜻한다. '낮은 지위의 신하가 도적질한다'(小臣竊)는 것은 이른바 도신盜臣[56]을 일컬은 것이다. '숙肅'은 준엄하고 빠르다는 뜻이다. '속폐俗敝'는 사람이 염치가 없어 풍속이 상하고 무너짐을 말한다. 나라를 다스림에 예가 없으므로 형벌이 준엄하고 풍속이 무너지는 데 이른다. 임금이 된 자가 그저 멋대로 형벌을 남용하면 결국 떳떳한 법도를 폐지하게 되고, 법도가 폐지되면 예에 상하의 서열이 없게 된다. 사士가 직분을 닦지 않고 민심이 이반되는 것이 당연하다. 어찌 병든 나라가 아니겠는가? '倍', 違上行私也. 或亦倍而去之之謂. '小臣竊', 所謂盜臣也. '肅', 峻急也. '俗敝', 人無廉恥, 風俗敝敗也. 治國無禮, 故至於刑肅而俗敝. 爲君者但恣己用刑, 遂廢常法, 法廢而禮無上下之列矣. 宜乎士不脩職, 民心離叛也. 豈非疵病之國乎?

【예운 24】

(공자가 말하였다.) "그러므로 정사政事는 임금이 자신을 편안하게 하는 방법이다. 이 때문에 정사는 반드시 하늘에 근본하고, 하늘을 본받아 명령을 내린다. 사社에게 제사하면서 명령을 내리는 것을 땅을 본받는다(殽地)고 하고, 조묘祖廟에게 제사하면서 명령을 내리는 것을 인의仁義라고 하며, 산천에게 제사하면서 명령을 내리는 것을 흥작興作이라 하고, 오사五祀에게 제사하면서 명령을 내리는

것을 제도制度라고 한다. 이것이 성인이 자신을 편안하게 하는 든든한 방법이다."

"故政者, 君之所以藏身也.① 是故夫政必本於天, 殽以降命.② 命降于社之謂殽地,③ 降于祖廟之謂仁義,④ 降於山川之謂興作,⑤ 降於五祀之謂制度.⑥ 此聖人所以藏身之固也."⑦

鄭注 ① 이 경문에서 다시 이어서 이 시대를 위해 정사政事를 말한 것이다. '장藏'은 밖으로는 광채가 나지만 형체는 보이지 않음을 뜻한다. 해・달・별의 신神과 같은 것이다. 於此又遂爲之言政也. '藏', 謂輝光於外而形體不見. 若日月星辰之神.

② '강降'은 내린다는 뜻이다. 하늘의 기운을 본받아 교령敎令(가르침의 명령)을 내리니, 하늘에는 운행하는 주기와 음양의 절기가 있기 때문이다. '降', 下也. 殽天之氣, 以下敎令, 天有運移之期・陰陽之節也.

③ 교령敎令이 사社로부터 내려오는 것을 말한다. '사社'는 토지를 주관하는 신이다. 『주례』의 천하의 지역을 계산하는 법(土會之法)에 다섯 가지 지형에 따른 물산物産이 있다.57) 謂敎令由社下者也. '社', 土地之主也. 『周禮』土會之法, 有五地之物生.

④ 교령敎令이 선조로부터 내려오는 것을 말한다. 「대전大傳」(14)에 "녜禰로부터 따라서 위로 조祖에 이르는데 친이 먼 쪽이 가벼움은 인仁에 따른 것이다. 조祖로부터 따라서 아래로 녜禰에 이르는데 높은 쪽이 무거운 것은 의義에 따른 것이다"라고 하였다. 謂敎令由祖下者. 「大傳」曰"自禰率而上至于祖, 遠者輕, 仁也. 自祖率而下至于禰, 高者重, 義也."

⑤ 교령敎令이 산천의 신으로부터 내려오는 것을 말한다. 산천에는 초목과 짐승이 있어 기물器物을 제작하여 국가의 일에 제공할 수 있다. 謂敎令由山

川下者也. 山川有草木禽獸, 可作器物, 共國事.

⑥ 교령敎令이 오사五祀의 신으로부터 내려옴을 말한다. 오사에는 중류中霤·문門·호戶·조竈·항行의 신이 있는데, 이것이 비로소 궁실宮室 제도가 되었다. 謂敎令由五祀下者. 五祀有中霤·門·戶·竈·行之神, 此始爲宮室制度.

⑦ 정령政令이 행해지는 것이 이와 같다면, 성곽과 해자를 구축하여 방비하는 것이 무슨 필요가 있겠는가? 政之行如此, 何用城郭溝池之爲?

集說 '장藏'은 편안하다는 것과 같다. 임금은 정령政令이 나오는 곳이다. 그러므로 정령政令이 바르지 않으면 임금의 지위가 위태로워진다. 『서書』에 "하늘의 일을 사람이 대신한다"고 하였고, 전典(전장)은 '천서天叙'라 하고 예禮는 '천질天秩'이라 하였으니,[58] 이는 임금의 정령은 반드시 하늘에 근본을 두고 그것을 본받아, 아래 백성들에게 명령을 선포하는 것이다. '사社'는 후토后土의 신에게 제사하는 것이다. 사社에 제사하는 것으로 인하여 명령을 내리는 것은 땅을 본받는(效地) 정사政事이고, 조묘祖廟에 제사를 올리면서 명령을 내리는 것은 인의仁義의 정사이고, 산천에 제사를 올리면서 명령을 내리는 것은 흥작興作의 정사이고, 오사五祀의 신에 제사를 올리면서 명령을 내리는 것은 제도制度의 정사政事이다. '땅을 본받는다'(效地)는 것은 높고 낮은 형세를 본받아 존비尊卑의 지위를 정하는 것이다. '인의仁義'는 인仁은 사모함을 가지고 말하고, 의義는 친소親疎의 차이를 두는 것을 가지고 말한 것이다. 사모하는 마음은 무궁하나 친소의 차이는 정해져 있다. 또 친한 사람을 가깝게 대하는 것(親親)은 인仁이고, 지위가 높은 사람을 높이는 것(尊尊)은 의義다. 인仁의 측면에 중점을 두어 부모를 따르고 차등을 두어 위로 조祖(조·증조·고조 등)에 이르면 지위가 높은 사람을 높이는(尊尊) 의義가 융숭해진다. 의義에 중점을 두어 조祖를 따르고 순차적으로 아래로 부모에 이르면 친한 사람을 가깝게 대하는(親親) 인仁이 독실해진다.[59] 홍

작興作(사업을 일으킴)의 일은 훌륭한 재료가 아니면 이룰 수 없다. 그러므로 산천의 제사에서 명령을 행한다. '제도制度'의 진흥은 궁실宮室에서 시작된다. 그러므로 오사五祀의 제사에 근본을 두는 것이다. 임금의 지위를 안정시키고 백성을 잘 다스리는 것에는 예禮보다 좋은 것이 없다. 성인이 예를 사용한 정사가 이와 같다. 그러므로 자신의 지위가 안정되고 나라가 보존될 수 있다. '藏', 猶安也. 君者, 政之所自出. 故政不正, 則君位危. 『書』言"天工人其代之", 典曰'天叙', 禮曰'天秩', 是人君之政, 必本於天而效法之, 以布命於下也. '社', 祭后土也. 因祭社而出命, 是效地之政, 有事於祖廟而出命, 是仁義之政, 有事於山川而出命, 是興作之政, 有事於五祀而出命, 是制度之政. '效地'者, 效其高下之勢, 以定尊卑之位也. '仁義'者, 仁以思慕言, 義以親疎言. 思慕之心無窮, 而親疎之殺有定. 又親親仁也, 尊尊義也. 自仁率親, 等而上之至于祖, 而尊尊之義隆. 自義率祖, 順而下之至于禰, 而親親之仁篤也. '興作'之事, 非材不成. 故於山川. '制度'之興, 始於宮室. 故本五祀. 夫安上治民, 莫善於禮. 聖人庸禮之政如此. 故身安而國可保也.

【예운 25】

(공자가 말하였다.) "그러므로 성인은 천지의 도道에 참여하고 귀신과 나란히 함께하여 정사政事를 다스린다. 천지와 귀신이 머무르는 바에 처하니 예에 차례가 있다. 천지와 귀신이 즐거워하는 바를 완색하니, 백성들이 다스려진다. 그러므로 하늘은 계절을 낳고 땅은 재화를 낳는다. 사람은 그 아버지가 낳고 그 스승이 가르친다. 이 네 가지를 임금은 올바름을 가지고 사용한다. 그러므로 임금은 허물이 없는 곳에 선다."

"故聖人參於天地, 並於鬼神, 以治政也. 處其所存, 禮之序也. 玩其所樂, 民之治也.① 故天生時而地生財. 人其父生而師敎之. 四者君以正用之. 故君者, 立於無過之地也.②"

鄭注 ① '병並'은 함께(幷)라는 뜻이다. 비견해서 본뜨는 것을 말한다. '존存'은 살핀다(察)는 뜻이다. '치治'는 일과 거처를 즐거워하게 하는 것이다. '並', 幷也. 謂比方之也. '存', 察也. '治', 所以樂其事居也.

② 때에 순응하여 재화를 기르고, 스승을 높이어 백성을 가르치며, 정사政事를 다스리면 잘못됨이 없다. 『역易』에 "어떻게 자리를 지킬 것인가? 인仁으로 한다. 어떻게 사람을 모을 것인가? 재화로 한다"60)라고 하였다. 順時以養財, 尊師以敎民, 而以治政, 則無過差矣. 『易』曰: "何以守位? 曰仁. 何以聚人? 曰財."

集說 이 경문은 위 장(24)을 이어 정사政事를 말한 것으로, 성인이 천지의 도에 참여하여 돕고 귀신의 일에 비견하고 함께하는 것이 모두 정사政事를 다스리는 것임을 말하였다. 그러므로 천지와 귀신이 머무르는 바에 처하면, 하늘은 높고 땅은 낮으며 만물은 흩어져 각양으로 있어 성인聖人이 그것을 본받으니, 이것이 예에 차례가 있게 되는 이유이다. 천지와 귀신이 즐거워하는 바를 완색하면, 유행流行하여 멈추지 않고, 화합하여 화육化育함에 성인이 이를 본받으니, 이것이 백성이 다스려지는 이유이다. 네 계절이 하늘에 근본을 두고 백 가지 재화가 땅에서 생산되며, 사람은 아버지에게서 태어나 덕이 스승에게서 완성된다. 이 '네 가지는 임금이 올바름으로 사용한다'(四者君以正用之)라는 말은 다음과 같은 뜻이다. 임금이 자신을 바로잡고 덕을 닦아 하늘의 때에 순응하고 땅의 이로움에 의지하면서 그 도리를 헤아려 이루고 그 적합함을 보필하여 그로써 백성을 도와 산 자를 봉양하고 죽은 자를 장사지냄에 유감이 없게 한다. 그런 뒤에 상庠·서序·학

學·교校의 가르침을 베풀고 효제孝弟를 펴면, 부유하게 하고 교화시킬 수 있어 다스리는 도리(治道)를 얻는다. 그러나 그 요점은 임금이 자신을 바르게 하는 데 있으니, 허물이 없는 곳에 선 뒤에 가능하다. 자신을 바르게 하지 못한다면, 남을 바르게 하는 것을 어떻게 하겠는가? 此承上章言政之事, 謂聖人所以參贊天地之道, 儗並鬼神之事, 凡以治政而已. 故處天地鬼神之所存, 則天高地下, 萬物散殊, 聖人法之, 此禮之所以序也. 玩天地鬼神之所樂, 則流而不息, 合同而化, 聖人法之, 此民之所以治也. 四時本於天, 百貨產於地, 人生於父, 而德成於師. 此'四者君以正用之'. 謂人君正身脩德, 順天之時, 因地之利, 而財成其道, 輔相其宜, 以左右民, 使之養生喪死無憾. 然後設爲庠·序·學·校之敎, 申之以孝弟焉, 則有以富之敎之, 而治道得矣. 然其要在君之自正其身, 立於無過之地而後可. 不能正其身, 如正人何?

【예운 26】

(공자가 말하였다.) "그러므로 임금은 다른 사람이 본받는 자이지 다른 사람을 본받는 자가 아니다. 임금은 봉양을 받는 자이지 다른 사람을 봉양하는 자가 아니다. 임금은 섬김을 받는 자이지 다른 사람을 섬기는 자가 아니다. 그러므로 임금이 다른 사람을 본받으면 허물이 있게 되고, 다른 사람을 봉양하면 부족하게 되며, 다른 사람을 섬기면 지위를 잃는다. 그러므로 백성들은 임금을 본받아 자신을 다스리고, 임금을 봉양하여 자신을 편안히 하며, 임금을 섬겨 자신을 현달시킨다. 그러므로 예가 먼 곳에 이르고 분수가 정하여진다. 그러므로 사람들이 모두 죽음을 아끼고 삶을 걱정한다." "故君者所明也, 非明人者也. 君者所養也, 非養人者也. 君者所

事也, 非事人者也. 故君明人則有過, 養人則不足, 事人則失位. ① 故百姓則君以自治也, 養君以自安也, 事君以自顯也. 故禮遠而分定. 故人皆愛其死而患其生."②

鄭注 ① '명明'은 높인다(尊)는 뜻과 같다. '明', 猶尊也.

② '칙則'은 '명明'이 되어야 옳다. 사람의 도리는 몸이 다스려지고 거처가 편안하고 이름이 드러나면 구차하게 살지 않는다. 의롭지 못하게 죽고 의로움을 저버리고 살아남는 것은 죽음을 아끼고 삶을 걱정하지 않는 것이다. '則', 當爲'明'. 人之道, 身治居安名顯, 則不苟生也. 不義而死, 舍義而生, 是不愛死患生也.

集說 이 경문은 위 장(25)의 '임금은 허물이 없는 곳에 선다'는 것을 이어서 말한 것이다. 구설舊說에 "'명明'은 높인다(尊)와 같은 뜻"이라고 하였다. 그래서 구설에서는 '칙군則君'을 '명군明君'의 뜻으로 읽었다. 이제 이 장의 세 '명明' 자를 모두 '칙則' 자로 읽는 것으로 고정하면, 위아래 문장의 뜻이 평탄하게 서로 상응한다. (구설처럼) 그 설명을 왜곡하여 말할 필요가 없다. 임금이란 몸을 바르게 하고 덕을 닦아 신하와 백성들의 본받는 바가 되는 자이지, 다른 사람을 본받는 자가 아니다. 신민의 봉양을 받는 자이지, 다른 사람을 봉양하는 자가 아니다. 신민이 복종하고 섬기는 바가 되는 자이지, 복종하여 다른 사람을 섬기는 자가 아니다. 임금이 다른 사람을 본받으면 자신이 다른 사람들이 취하여 본받을 바가 되기에 부족하고 도리어 다른 사람을 취하여 본받는 것이니 허물이 없는 곳에 서는 것이 아니게 된다. 임금이 남을 봉양하면 한 사람의 몸으로서 어찌 억조 인민의 음식을 공급할 수 있겠는가? 반드시 부족할 것이다. 임금이 남을 섬기면 존귀함을 낮추어 비천한 사람을 섬기는 것이니 지위를 잃게 된다. 오직 백성들이 임

금을 본받아 그 몸을 스스로 다스리니, 이른바 "문왕과 무왕이 흥기하면 백성들이 선을 좋아한다"[61]는 것이다. '임금을 봉양하여 자신을 편안하게 한다'(養君以自安)는 것은 힘을 다하여 부세賦稅를 납부하면 밭 갈아 먹고 샘을 파 마시는 편안함이 있다는 것을 말한다. '임금을 섬겨 자신을 현달시킨다'(事君以自顯)는 것은 충성을 다하고 직분을 다하면 관작을 받는 영예가 있음을 말한 것이다. 예교禮敎가 통용되어 이르고 명분을 벗어나지 않으므로 사람들이 모두 의를 지켜 죽는 것을 사모하고, 의롭지 않게 살아남는 것을 부끄럽게 여긴다. ○ 석량왕씨石梁王氏는 말한다. "이 곳은 모두 공자의 말이 아니다." 此承上章君立於無過之地而言. 舊說"'明', 猶尊也." 故讀'則君'爲'明君'. 今定此章三'明'字, 皆讀爲'則'字, 則上下文義, 坦然相應矣. 不必迂其說也. 君者, 正身脩德, 而爲臣民之所則傚者也, 非則傚人者也. 臣民之所奉養也, 非奉養人者也. 臣民之所服事也, 非服事人者也. 君而則人, 則是身不足以爲人所取則, 而反取則於人, 非立於無過之地者矣. 君而養人, 則一人之身, 豈能供億兆人之食? 必不足矣. 君而事人, 則降尊以事卑, 爲失位矣. 惟百姓者則君, 以自治其身, 所謂"文武興, 則民好善"也. '養君以自安', 謂竭力供賦稅, 則有耕食鑿飮之安也. '事君以自顯', 謂竭忠盡職, 則有錫爵之榮也. 禮敎通達, 而名分不踰, 故人皆慕守義而死, 恥不義而生也. ○ 石梁王氏曰: "此處皆非夫子之言."

【예운 27】

(공자가 말하였다.) "그러므로 남의 지모知謀를 사용할 때는 그 속임수를 제거하고, 남의 용기를 사용할 때는 그 노여움을 제거하며, 남의 어짊을 사용할 때는 그 탐욕을 제거한다."

"故用人之知, 去其詐, 用人之勇, 去其怒, 用人之仁, 去其貪."

鄭注 지혜로운 자의 책모와 용기 있는 자의 과단성과 어진 자의 베풂을 사용하면 다스림을 이루기에 충분하다. 속임수는 백성의 믿음을 해치고, 노여움은 백성의 생명을 해치며, 탐욕은 백성의 재산을 해치니, 이 세 가지는 어지러움의 근원이다. 用知者之謀・勇者之斷・仁者之施, 足以成治矣. 詐者害民信, 怒者害民命, 貪者害民財, 三者亂之原.

集說 임금이 사람을 등용함에 마땅히 그 장점을 취하고 단점은 버려야 한다는 말이다. 대개 중간 정도의 재능을 가진 자는 장점이 있으나, 반드시 단점도 있다. '거去'는 버린다는 뜻이다. 지모知謀가 있는 자는 속임수에 흐르기 쉽다. 그러므로 남의 지모를 사용할 때는 마땅히 그 속임수를 버리고 책하지 않는다. 용기가 있는 자는 사나움에 이르기 쉽다. 그러므로 남의 용기를 사용할 때는 마땅히 그 사나움의 허물을 버려야 한다. ○ 주자朱子는 말한다. "인仁은 단지 아끼는 것(愛)이다. 아끼기만 하고 의義로써 제재함이 없으면, 곧 일마다 모두 아끼고 좋아하게 된다. 물건이나 일도 아끼고 좋아하고 관작官爵도 아끼고 돈도 아껴서 일마다 모두 아끼니 탐욕이 되는 것이다. 그러므로 남의 어짊을 사용할 때는 마땅히 그 탐욕의 잘못을 버려야 한다."[62] 言人君用人, 當取其所長, 舍其所短. 蓋中人之才, 有所長, 必有所短也. '去', 猶棄也. 有知謀者, 易流於欺詐. 故用人之知, 當棄其詐而不責也. 有剛勇者, 易至於猛暴. 故用人之勇, 當棄其猛暴之過也. ○ 朱子曰: "仁止是愛. 愛而無義以制之, 便事事都愛好. 物事也愛好, 官爵也愛, 愛[63]錢也愛, 事事都愛, 所以貪也. 故用人之仁, 當棄其貪之失也."

【예운 28】

(공자가 말하였다.) "그러므로 나라에 환란이 있을 때 임금이 사직社稷을 위해 죽는 것을 의義라 하고, 대부가 군주의 종묘宗廟를 위해 죽는 것을 변變이라고 한다."

"故國有患, 君死社稷, 謂之義, 大夫死宗廟, 謂之變."

鄭注 '변變'은 마땅히 '변辯'이 되어야 하니, 발음으로 인한 잘못이다. '변辯'은 바르다는 뜻이다. 임금은 사직을 지키고, 신하는 임금의 종묘를 지킨다. '환患'은 포위당하거나 쳐들어온 것을 말한다. '變', 當爲'辯', 聲之誤也. '辯', 猶正也. 君守社稷, 臣衛君宗廟者. '患', 謂見圍入.

集說 '대부는 종묘를 위해 죽는다'(大夫死宗廟)는 것은 임금의 종묘를 지키다 목숨을 바치는 것을 말한다. 그러나 자기의 종묘 또한 본국에 있으니, 임금의 종묘를 버리지 않은 것은 곧 자기의 종묘를 버리지 않은 것이다. 구설舊說에 '변變'은 변辨의 뜻으로 읽고, '변辨'을 바르다는 뜻이라고 하였다. 일설에는 그 죽음에 분변함이 있는 것으로 죽지 않아도 되는데 죽는 것이 아니라고 하였다. '大夫死宗廟', 言衛君之宗廟而致死也. 然己之宗廟, 亦在本國, 不棄君之宗廟, 卽是不棄己之宗廟也. 舊說, '變'讀爲辨, '辨'猶正也. 一說, 其死有分辨, 非可以無死而死也.

【예운 29】

(공자가 말하였다.) "그러므로 성인聖人이 천하를 한 가족으로, 중

국中國을 한 몸으로 삼을 수 있는 것은 사의로 억측하여 하는 것이 아니다. 반드시 그 정情(실정)을 알고, 그 의義(의리)를 열며, 그 이利(이로움이 되는 것)에 명철하고, 그 환患(우환이 되는 것)에 통달한 연후에 그렇게 할 수 있는 것이다. 무엇을 인정人情이라고 하는가? 희喜(기뻐함)·노怒(분노함)·애哀(슬퍼함)·구懼(두려워함)·애愛(사랑함)·오惡(미워함)·욕欲(욕구함)으로 이 일곱 가지는 배우지 않아도 할 수 있다. 무엇을 인의人義라 일컫는가? 부자父慈(부모가 자식에게 자애롭게 대하는 것)·자효子孝(자식이 부모에게 효도하는 것)·형량兄良(형이 아우에게 선량하게 대하는 것)·제제弟弟(아우가 형에게 공경하는 것)·부의夫義(남편이 올바름으로 부인에게 대하는 것)·부청婦聽(아내가 남편에게 순종하는 것)·장혜長惠(윗사람이 아랫사람에게 은혜롭게 대하는 것)·유순幼順(아랫사람이 윗사람에게 공순히 따르는 것)·군인君仁(군주가 백성에게 어질게 대하는 것)·신충臣忠(신하가 군주에게 충직한 것)으로 이 열 가지를 인의人義라고 한다. 신의信義를 강마하고 화목和睦을 닦는 것을 인리人利(사람에게 이로운 것)라고 하며, 싸우고 빼앗으며 서로 죽이는 것을 인환人患(사람에게 우환이 되는 것)이라고 한다. 그러므로 성인이 사람의 칠정七情을 다스리고, 십의十義를 닦으며, 신의信義를 강마講磨하고 화목을 닦으며, 사양辭讓을 숭상하고 쟁탈을 제거하는 방법으로, 예禮를 버리고서 어떻게 그것을 다스리겠는가?"

"故聖人耐以天下爲一家, 以中國爲一人者, 非意之也. 必知其情, 辟於其義, 明於其利, 達於其患, 然後能爲之.① 何謂人情? 喜·怒·哀·懼·愛·惡·欲七者, 弗學而能. 何謂人義? 父慈·子孝·兄良·弟弟·夫義·婦聽·長惠·幼順·君仁·臣忠十者, 謂之人義. 講信脩睦, 謂之人利, 爭奪相殺, 謂之人患.② 故聖人之所以治人七情, 脩十義, 講信脩睦, 尙慈讓去爭奪, 舍禮何以治之?"③

鄭注 ① '내耐'는 옛날의 '능能' 자이다. 책을 전수하는 과정에서 시대가 달라져도 옛 글자가 때로 남아 있으니, 또한 금본에서 잘못한 경우가 있다. '의意'는 마음에 사려가 없는 것이다. '벽辟'은 열다는 뜻이다. '耐', 古'能'字. 傳書世異, 古字時有存者, 則亦有今誤矣. '意', 心所無慮也. '辟', 開也.

② 사람의 일을 극언極言한 것이다. 極言人事.

③ 오직 예만이 그렇게 할 수 있다는 것이다. 唯禮可耳.

集說 '억측한 것이 아니다'(非意之)는 것은 사적인 의도로 억측하여 한 것이 아니라는 말이다. 반드시 이러한 칠정七情이 있음을 알기에, 십의十義의 방도를 열어 그것에 말미암게 하고, 그 이로움과 근심의 소재를 밝게 파악하여 나아갈 바와 피할 바를 알게 한다. 그러한 뒤에 한 가족이 되고 한 몸이 되게 할 수 있는 것이다. 칠정七情은 배우지 않아도 할 수 있으니, 예로써 다스리면 사람의 의義와 사람의 이利가 이로부터 말미암아 흥기하고, 예를 폐하면 사람의 걱정이 이로 말미암아 생겨난다. ○ "애愛와 욕欲은 어떻게 구별됩니까?"라고 물었다. 주자朱子가 대답하였다. "애愛는 저 사물을 두루 사랑하는 것이다. 욕欲은 반드시 얻으려고 마음을 먹는 것이니, 곧 취해서 가지고 오려는 것이다."[64] '非意之', 謂非以私意臆度而爲之也. 必是知其有此七情也, 故開辟其十義之途, 而使之由之, 明達其利與患之所在, 而使之知所趨知所避. 然後能使之爲一家爲一人也. 七情弗學而能, 有禮以治之, 則人義人利, 由此而生, 禮廢則人患由此而起. ○ 問: "愛與欲何別?" 朱子曰: "愛是汎愛那物. 欲則有意於必得, 便要拏將來."

【예운 30】

(공자가 말하였다.) "먹고 마시는 것과 남녀가 교제함은 사람이 크게 욕구하는 바가 있다. 죽어 없어지는 것과 가난하여 곤고함은 사람이 크게 싫어하는 바가 있다. 그러므로 욕구함과 싫어함은 마음의 큰 단서이다."

"飮食男女, 人之大欲存焉. 死亡貧苦, 人之大惡存焉. 故欲惡者, 心之大端也."

集說 인심人心에 비록 칠정七情이 있으나, 총괄해서 말하면 단지 욕구함과 싫어함 두 가지다. 그러므로 큰 단서라고 말한 것이다. 人心雖有七情, 總而言之, 止是欲惡二者, 故曰大端.

【예운 31】

(공자가 말하였다.) "사람은 그 마음을 안에 간직하고 있어 남이 헤아릴 수 없다. 아름다움과 추함이 모두 그 마음에 있어 안색에 드러나지 않는다. 하나하나 궁구하려면, 예禮를 버려두고 무엇으로 하겠는가?"

"人藏其心, 不可測度也. 美惡皆在其心, 不見其色也. 欲一以窮之, 舍禮何以哉?"

鄭注 인정人情의 알기 어려움과 예를 밝히는 것이 중요함을 말한 것이다. 言人情之難知, 明禮之重.

集說 욕구하고 싫어하는 마음은 안에 감추어져 있으니 타인이 어찌 헤아릴 수 있겠는가? 그 욕구하는 바의 선악과 싫어하는 바의 선악을 어찌 안색에서 살필 수 있는 것이겠는가? 만약 하나하나 궁구해서 명확히 알고자 하면, 예禮에서 구하지 않고는 불가능하다. 대개 칠정七情이 절도에 맞고 십의十義가 순수하게 성숙하면 행동거지가 자연히 예에 합치하게 된다. 만약 칠정이 어그러져 편벽되거나 인륜이 훼손됨이 있으면 말하고 행동하는 사이에 모두 상도常度를 잃는다. 안에 간직하고 있는 것은 반드시 밖으로 드러나는 것이다. 만약 예를 알지 못하면, 동작과 위의威儀 사이에서 정情과 의義의 득실得失을 살필 방법이 없다. 欲惡之心, 藏於內, 他人豈能測度之? 所欲之善惡・所惡之善惡, 豈可於顏色覘之? 若要一一窮究而察識, 非求之於禮不可. 蓋七情中節, 十義純熟, 則擧動自然合禮. 若七情乖僻, 人倫有虧, 則言動之間, 皆失常度矣. 有諸中, 必形諸外也. 若不知禮, 則無以察其情義之得失於動作威儀之間矣.

【예운 32】

(공자가 말하였다.) "그러므로 사람은 천지의 덕德, 음양陰陽의 교합交合, 귀신의 응축(會), 오행五行의 빼어난 기운을 가지고 있다."
"故人者, 其天地之德・陰陽之交・鬼神之會・五行之秀氣也."

鄭注 사람이 이 기氣와 성性의 순수함을 함께 가지고 있음을 말한 것이다. 言人兼此氣・性純也.

集說 '천지天地'・'귀신鬼神'・'오행五行'은 모두 음양陰陽이다. '덕德'은 실리實理를 가리켜 말한 것이고, '교交'는 변화와 결합을 가리켜 말한 것이다. '회會'라는 것은 현묘하게 합하여 응축하는 것이다. 형체가 생기고 정신이

발생하는 것이 모두 그 빼어나고 가장 영명한 것이므로 '오행의 빼어난 기운'(五行之秀氣)이라고 한 것이다. ○ 석량왕씨石梁王氏는 말한다. "이 말이 가장 순수하다." '天地'·'鬼神'·'五行', 皆陰陽也. '德'指實理而言, '交'指變合而言. '會'者, 妙合而凝也. 形生神發, 皆其秀而最靈者, 故曰'五行之秀氣'也. ○ 石梁王氏曰: "此語最粹."

【예운 33】

(공자가 말하였다.) "그러므로 하늘은 양기陽氣를 가지고 있어 해와 별을 드리워 비춘다. 땅은 음기陰氣를 가지고 있어 산과 하천으로 기를 통한다. 오행五行을 네 계절에 분산하여 퍼뜨려서 조화를 이룬 뒤에 달이 생겨난다. 이 때문에 달은 15일 만에 가득 차고 15일 만에 완전히 이지러진다."

"故天秉陽, 垂日星.① 地秉陰, 竅於山川. 播五行於四時, 和而後月生也. 是以三五而盈, 三五而闕."②

鄭注 ① '병秉'은 가진다는 뜻과 같다. 하늘은 양기陽氣를 가지고 있어 베풀어 낳고 아래를 밝게 비추며 임한다. '秉', 猶持也. 言天持陽氣, 施生照臨下也. ② '규竅'는 구멍이다. 땅은 음기陰氣를 가지고 있어 산천으로 들이고 내어 오행五行을 사시四時에 펼친다. 이 기氣가 조화를 이룬 뒤에 달이 생겨나 위로 해와 짝을 이루니 신하의 공적이 이루어져 작위爵位에 나아가는 것과 같다. 한 번 차고 한 번 이지러지는(一盈一闕) 것은 굽히고 펴는 뜻이다. 반드시 '15'(三五)일인 것은 오행五行을 사시四時에 분산하여 퍼뜨리는 것이다. 1을 수水라 하고, 2를 화火라 하고, 3을 목木이라 하고, 4를 금金이라 하고,

5를 토土라고 하니, 합하여 15의 성수成數가 된다. '竅', 孔也. 言地持陰氣, 出內於山川, 以舒五行於四時. 比氣和, 乃后月生而上配日, 若臣功成進爵位也. 一盈一闕, 屈伸之義也. 必'三五'者, 播五行於四時也. 一曰水, 二曰火, 三曰木, 四曰金, 五曰土, 合爲十五之成數也.

集說 '산천으로 숨구멍을 삼는다'(竅於山川)는 것은 "산과 연못이 기氣를 통한다"[65]는 것이다. 오행五行은 하나의 음양으로, 오행의 질質이 땅에서 갖추어지고, 오행의 기氣가 하늘에서 행한다. 봄의 목木, 여름의 화火, 가을의 금金, 겨울의 수水가 각각 그 일을 주관하여 네 계절을 이룬다. 달이 차고 이지러지는 것은 해가 멀어지고 가까워짐으로 말미암는다. 네 계절의 차례가 순응하여 조화로우며, 해의 운행이 궤도를 따라 행한 뒤에 달이 빛을 내는 것이 주기대로 이루어져 보름이 되면 차고 그믐이 되면 죽어서 그믐달과 초생달이 때를 잃음(朓朒之失)[66]이 없다. '竅於山川', "山澤通氣"也. 五行, 一陰陽也, 質具於地, 氣行於天. 春木·夏火·秋金·冬水, 各主其事, 以成四時. 月之盈虧, 由於日之近遠. 四序順和, 日行循軌, 而後月之生明如期, 望而盈, 晦而死, 無朓朒之失也.

【예운 34】

(공자가 말하였다.) "오행五行이 운행함에 번갈아 서로 끝이 된다. 오행五行·사계절·열두 달이 번갈아 서로 시작이 된다."

"五行之動, 迭相竭也. 五行·四時·十二月, 還相爲本也."

鄭注 '갈竭'은 등에 짊어진다는 뜻과 같다. 오행五行이 운행運行함에 돌아가며 서로 시작이 됨을 말한다. '竭', 猶負載也. 言五行運轉, 更相爲始也.

集說 '동動'은 움직인다는 뜻이다. '갈竭'은 다하다, 마친다는 뜻이다. '본本'이란 시작하다는 뜻이다. 오행五行이 사시에서 운행運行함에 번갈아 서로 끝이 되고 돌아가며 서로 시작이 되어, 끝나면 시작이 있으니 고리에 끝이 없는 것과 같다. 겨울이 끝나면 봄이 시작하여 오니 봄은 여름의 근본이 되며, 봄이 다하면 여름이 오니 여름은 다시 가을의 근본이 된다. 이미 간 것이 지금 있는 것의 인도자가 되고 지금 있는 것은 곧 올 것의 근본이 된다. 오행·사계절·열두 달이 모두 그러하지 않는 것이 없다. '動', 運也. '竭', 盡也, 終也. '本'者, 始也. 五行之運於四時, 迭相終而還相始, 終則有始, 如環無端也. 冬終竭而春始來, 則春爲夏之本, 春竭而夏來, 則夏又爲秋之本. 已往者爲見在者所竭, 見在者爲方來者所本. 五行·四時·十二月, 莫不皆然也.

【예운 35】

(공자가 말하였다.) "오성五聲·육률六律·십이관十二管이 돌아가며 서로 궁성宮聲이 된다."

"五聲·六律·十二管, 還相爲宮也."

鄭注 '오성五聲'은 궁宮·상商·각角·치徵·우羽이다. 그 관管은 양陽을 '율律'이라 하고 음陰을 '려呂'라 하며, 12신辰에 배치되어 있다. 황종(鐘)에서 시작하는데, 관管의 길이가 9촌으로, 아래로 낳는 것(下生)은 셋으로 나누어 하나를 줄이고, 위로 낳는 것(上生)은 셋으로 나누어 하나를 더하여, 남려南呂에서 끝난다. 번갈아 서로 궁宮이 되어, 모두 60조調이다. '五聲', 宮·商·角·徵·羽也. 其管陽曰'律', 陰曰'呂', 布十二辰. 始於黃鍾, 管長九寸, 下生者三分去一, 上生者三分益一, 終於南呂[67]. 更相爲宮, 凡六十也.

集說 '오성五聲'은 궁宮 · 상商 · 각角 · 치徵 · 우羽이다. '육률六律'은 양성陽聲인데, 황종鍾은 자子이고, 태주太는 인寅이고, 고선姑洗은 진辰이고, 유빈(賓)은 오午이고, 이칙夷則은 신申이고, 무역無射은 술戌이다. 음성陰聲을 육려(六)라고 하는데, 대려(大)는 축丑이고, 응종應鐘은 해亥이고, 남려(南)는 유酉이고, 임종林鐘은 미未고, 중려(仲)는 사巳이고, 협종夾鍾은 묘卯이다. 육률과 육려는 모두 (사시의 변화에 따른) 기氣을 관측하는 관管의 이름이다. '율律'은 본받는다(法)는 뜻이며, 또 조술祖述한다는 말이다. '려呂'는 돕는다는 뜻으로 양陽을 도와 기氣를 펼친다는 말이다. 총괄해서 말하면, 모두 율律이라고 칭할 수 있다. 그러므로 「월령」에서 열두 달 모두 율이라 칭하였다. 길고 짧음의 수는 각기 덜고 더함이 있으며, 또 아내를 맞이하고 아들을 낳는 법식이 있다. 길고 짧음을 덜고 더한다는 것은 예컨대 황종(鍾)은 길이가 9촌인데 아래로 낳을 때는 셋으로 나누어 하나를 줄이므로 아래로 임종林鍾을 낳아 길이가 6촌이 되고, 위로 낳을 때는 셋으로 나누어 하나를 더하므로 기령 인종林鍾의 길이가 6촌인데, 위로 태주(太)를 낳아 길이가 8촌이 되는 것이다. 위와 아래로 낳을 때 5개가 아래로 낳고 6개가 위로 낳는다. 대개 임종林鍾의 미未부터 응종應鍾의 해亥까지 모두 자와 오의 동쪽에 있다. 그러므로 아래로 낳는다고 한다. 대려(大)의 축丑으로부터 유빈(賓)의 오午까지 모두 자와 오의 서쪽에 있다. 그러므로 위로 낳는다고 한다. 자와 오는 모두 위로 낳는 것에 속하므로 마땅히 '7개가 위로 낳는다'고 해야 하는데 '6개가 위로 낳는다'고 한 이유는 황종(鍾)은 여러 율律의 머리로 삼기 때문에 세지 않는 것이다. '율律이 아내를 맞이하고 려呂가 아들을 낳는다'는 것은 예컨대 황종黃鐘 9가 임종林鐘 6을 아내로 삼고, 태주(太) 9가 남려(南) 6을 아내로 삼아 8을 격하여 아들을 낳으니, 곧 임종은 태주를 낳고 이칙은 협종을 낳는 부류이다. 각각 이에 의하여 추론하면 알 수 있

다. 번갈아 궁宮이 된다는 것은 궁宮음이 군주가 되는 뜻이 있어 12관管이 교대로 주음主音이 되는 것이다. 황종에서부터 시작하여, (12관이) 궁宮이 될 때를 맞게 되면 오성五聲이 모두 갖추어진다. (예컨대) 황종은 첫 번째 궁으로 아래로 임종을 낳아 치徵로 삼고, 위로 태주를 낳아 상商으로 삼고, 아래로 남려(南)를 낳아 우羽로 삼고, 위로 고선姑洗을 낳아 각角으로 삼는다. 나머지도 이러한 방식에 따른다. 임종이 두 번째로 궁이 되고, 태주가 세 번째, 남려가 네 번째, 고선이 다섯 번째, 응종이 여섯 번째, 유빈(賓)이 일곱 번째, 대려(大)가 여덟 번째, 이칙夷則이 아홉 번째, 협종夾鍾이 열 번째, 무역이 열한 번째, 중려(仲)가 열두 번째 궁이 된다. 이 순서는 1년 12개월의 순서가 아니라 율려(律)가 상생相生하는 순서이다. '五聲', 宮·商·角·徵·羽也. '六律', 陽聲, 黃鐘子·太簇寅·姑洗辰·蕤賓午·夷則申·無射戌也. 陰聲謂之六呂, 大呂丑·應鐘亥·南呂酉·林鐘未·仲呂巳·夾鐘卯也. 六律·六呂, 皆是候氣管名. '律', 法也, 又云述也. '呂', 助也, 言助陽宣氣也. 總而言之, 皆可稱律, 故「月令」十二月, 皆稱律也. 長短之數, 各有損益, 又有娶妻生子之例. 長短損益者, 如黃鍾長九寸, 下生者三分去一, 故下生林鍾長六寸也, 上生者三分益一, 如林鍾長六寸, 上生太簇長八寸也. 上下之生, 五下六上. 蓋自林鍾未至應鍾亥, 皆在子午以東. 故謂之下生. 自大呂丑至蕤賓午, 皆在子午以西. 故謂之上生. 子午皆屬上生, 當云'七上'而云'六上'者, 以黃鍾爲諸律之首, 故不數也. '律娶妻而呂生子'者, 如黃鍾九以林鍾六爲妻, 太簇九以南呂六爲妻, 隔八而生子, 則林鍾生太簇, 夷則生夾鍾之類也. 各依此推之可見. 還相爲宮者, 宮爲君主之義, 十二管更迭爲主. 自黃鍾始, 當其爲宮, 五聲皆備. 黃鍾第一宮, 下生林鍾爲徵, 上生太簇爲商, 下生南呂爲羽, 上生姑洗爲角. 餘倣此. 林鍾第二宮, 太簇三, 南呂四, 姑洗五, 應鍾六, 蕤賓七, 大呂八, 夷則九, 夾鍾十, 無射十一, 仲呂十二也. 此非十二月之次序, 乃律呂相生之次序也.

【예운 36】

(공자가 말하였다.) "오미五味(다섯 가지 맛)·육화六和(여섯 가지 조미료를 사용하는 조미방식)68)·십이식十二食(12개월의 음식)이 돌아가며 서로 바탕(質 기본 맛)이 된다."

"五味·六和·十二食, 還相爲質也."

鄭注 '오미五味'는 신맛(酸)·쓴맛(苦)·매운맛(辛)·짠맛(鹹)·단맛(甘)이다. 조미하는 법은 봄에는 신맛이 많게 하고, 여름에는 쓴맛이 많게 하고, 가을에는 매운맛이 많게 하고, 겨울에는 짠맛이 많게 하는데, 모두 기름(滑)과 단맛(甘)을 넣는다. 이를 '육화六和'라고 한다. '五味', 酸·苦·辛·鹹·甘也. 和之者, 春多酸, 夏多苦, 秋多辛, 冬多鹹, 皆有滑甘. 是謂'六和'.

集說 신맛(酸)·쓴맛(苦)·매운맛(辛)·짠맛(鹹)에 기름(滑)과 단맛(甘)을 첨가한다. 이것이 '오미五味'와 '육화六和'이다. '십이식十二食'은 열두 달에 먹는 음식이다. '돌아가며 서로 바탕(質)이 된다'(還相爲質)는 것은 가령 봄 3개월은 신맛(酸)을 기본 맛으로 삼고 여름 3개월은 쓴맛(苦)을 기본 맛으로 삼는데, 육화六和는 모두 서로 용用(보조로 사용되는 것)이 됨을 말한다. 酸·苦·辛·鹹, 加滑與甘. 是'五味'·'六和'也. '十二食', 十二月之所食也. '還相爲質'者, 如春三月以酸爲質, 夏三月以苦爲質, 而六和皆相爲用也.

【예운 37】

(공자가 말하였다.) "오색五色·육장六章·십이의十二衣는 돌아가며

서로 바탕이 된다."
"五色·六章·十二衣, 還相爲質也."

鄭注 '오색五色'과 '육장六章'은 채색과 문양을 그리고 수로 넣는 일이다. 『주례』「고공기考工記」에 "토土는 황색으로 하고 그 형상은 네모이다. 하늘의 색은 사시의 변화에 따른다. 화火는 둥글게 하고, 산은 노루(章)로 하며, 수水는 용龍으로 한다. 문양은 날짐승, 길짐승, 그리고 뱀으로 한다. 네 계절에 따라 오색五色의 방위를 섞어 밝게 나타내는데, 이를 교巧라 한다."[69] '五色'·'六章', 畫繢事也. 『周禮』「考工記」曰: "土以黃, 其象方. 天時變. 火以圜, 山以章, 水以龍. 鳥獸蛇. 雜四時五色之位以章之, 謂之巧也."

集說 '오색五色'은 청색·적색·황색·흰색·흑색이다. 하늘의 검은색(玄)을 합하면 육장六章이 된다. 열두 달의 옷은 가령 「월령月令」의 봄에는 청색 옷을 입고, 여름에는 적색 옷을 입는 것과 같은 부류이다.[70] '돌아가며 서로 바탕이 된다'(還相爲質)는 것은 문양과 채색을 넣는 일에서 그 계절의 한 가지 색을 위주로 하고 나머지 색은 사이에 섞어 넣는 것을 말한다. '五色', 靑·赤·黃·白·黑也. 幷天玄爲六章. 十二月之衣, 如「月令」春衣靑·夏衣朱之類. '還相爲質', 謂畫繪之事, 主其時之一色, 而餘色間雜也.

【예운 38】

(공자가 말하였다.) "그러므로 사람은 천지天地의 마음이며 오행五行의 발단(端)이다. 오미五味를 먹고, 오성五聲을 구별하고, 오색五色을 입고 살아가는 존재이다."

"故人者, 天地之心也, 五行之端也. 食味·別聲·被色而生者也."

鄭注 이 경문은 기氣와 성性을 겸하여 가지고 있는 효과를 말한 것이다. 此言兼氣·性之效也.

集說 '천지天地의 마음'(天地之心)이라 한 것은 리理로써 말한 것이고, '오행五行의 발단'(五行之端)이라고 한 것은 기氣로써 말한 것이다. 오미五味를 먹고, 오성五聲을 구별하고, 오색五色을 입는데, 그 사이에 모두 오행五行의 배치가 있으니 성정性情에 없을 수 없는 것이다. ○ 혹자가 '사람이 천지의 마음'이란 것에 관하여 물었다. 주자朱子가 대답하였다. "가령 '천도天道는 선한 사람에게 복福을 주고 악한 사람에게 재앙을 준다'[71]는 말은 곧 사람이 바라는 바이다. 선한 것은 사람들이 모두 복을 주고자 하고, 악한 것에 대해서는 사람들이 모두 재앙을 주고자 한다." 또 말하였다. "교화敎化는 모두 사람들이 하는 것이다. 이것이 이른바 '사람은 천지의 마음이다'라고 한 것이다."[72] '天地之心', 以理言, '五行之端', 以氣言. 食五味·別五聲·被五色, 其間皆有五行之配, 而性情所不能無者. ○ 問: "人者天地之心." 朱子曰: "謂如'天道福善禍淫', 乃人所欲也. 善者, 人皆欲福之, 淫者, 人皆欲禍之." 又曰: "敎化皆是人做. 此所謂'人者天地之心'也."

【예운 39】

(공자가 말하였다.) "그러므로 성인이 규범(則)을 제정할 때 반드시 천지天地를 근본으로 삼고, 음양陰陽을 발단(端)으로 삼고, 사시四時를 권병權柄으로 삼고, 해와 별을 벼리(紀)로 삼고, 달을 분한分限으

로 삼고, 귀신을 무리로 삼고, 오행五行을 바탕으로 삼고, 예의禮義를 수단(器)로 삼고, 인정人情을 밭으로 삼고, 사령四靈(네 가지 신령한 것)을 가축으로 삼는다. 천지를 근본으로 삼으므로 만물을 망라하여 행할 수 있다. 음양陰陽을 발단으로 삼으므로 정情의 선악을 알 수 있다. 사시四時를 권병으로 삼으므로 만사를 권면하여 이룰 수 있다. 해와 별을 벼리로 삼으므로 열두 달에 할 일을 펼쳐 보일 수 있다. 달을 분한으로 삼으므로 일의 성과(事功)가 농작물을 심고 가꾸어 번성하는 것과 같음이 있다. 귀신을 서로 의지하는 무리로 삼으므로 일이 오래도록 지키는 바가 있다. 오행을 바탕으로 삼으므로 일이 매년 다시 시작함이 있다. 예의를 수단으로 삼으므로 일을 행하면 이룸이 있다. 인정人情을 전지(田)로 삼으므로 방이 아랫목(奧)을 갖추듯이 사람들이 마음에 바른 데로 나아가는 터전을 가진다. 사령四靈을 가축으로 삼으니 음식에 사용할 가축이 있다.[73)]

"故聖人作則, 必以天地爲本, 以陰陽爲端, 以四時爲柄, 以日星爲紀, 月以爲量, 鬼神以爲徒, 五行以爲質, 禮義以爲器, 人情以爲田, 四靈以爲畜.① 以天地爲本, 故物可擧也.② 以陰陽爲端, 故情可睹也.③ 以四時爲柄, 故事可勸也.④ 以日星爲紀, 故事可列也.⑤ 月以爲量, 故功有藝也.⑥ 鬼神以爲徒, 故事可守也.⑦ 五行以爲質, 故事可復也.⑧ 禮義以爲器, 故事行有考也.⑨ 人情以爲田, 故人以爲奧也.⑩ 四靈以爲畜, 故飮食有由也.⑪"

鄭注 ① 천지天地로부터 오행五行에 이르기까지 그 제작制作에서 취하는 상象이다. 예의禮義와 인정人情은 정사政事가 다스려지는 것이다. '사령四靈'(네 가지 신령한 것)은 그 징조가 드러난 것이다. 이것은 『춘추』가 원년元年에

서 시작하여 기린(麟)을 포획한 데에서 마쳤으니 포괄한 것이다.[74] 여씨呂氏가 「월령」을 설명하면서 '춘추'라고 일컬은 것은 일의 종류가 서로 가깝기 때문이다.[75] '량量'은 나눈다는 뜻이다. '귀신鬼神'은 산천山川(산천의 신)을 말한다. 산천은 땅을 도와 기를 통하게 하는 상象이다. '기물'(器)은 가지고 일을 하는 수단이다. '전지'(田)는 사람이 경작하여 다스리는 곳이다. 예禮에서 지위를 정함에, 빈賓(주빈)과 주인은 천지를 본뜨고, 개介와 준僎[76]은 음양陰陽을 본뜨고, 사면四面의 자리는 사시四時를 본뜨고, 중빈衆賓의 세 우두머리(三賓)는 세 큰 별(三光)을 본뜨고, 부부는 일월日月을 본뜨는 것이 또한 그것이다.[77] 天地以至於五行, 其制作所取象也. '禮義'·'人情', 其政治也. '四靈'者, 其徵報也. 此則『春秋』始於元, 終於麟, 包之矣. 呂氏說「月令」而謂之'春秋', 事類相近焉. '量', 猶分也. '鬼神', 謂山川也. 山川, 助地通氣之象也. '器', 所以操事. '田', 人所捊治也. 禮之位, 賓主象天地, 介僎象陰陽, 四面之位象四時, 三賓象三光, 夫婦象日月, 亦是也.

② '물物'은 천지가 양육하고 생장시키는 것이다. '物', 天地所養生.

③ 정情은 음양으로써 통한다. 情以陰陽通也.

④ 일은 사시四時로써 이루어진다. 事以四時成.

⑤ 일은 해와 별로써 절후(候)를 삼는데, 일을 일으켜 행하는 것에는 차례가 있다. 事以日與星爲候, 興作有次第.

⑥ '예藝'는 재능(才)의 뜻이다. 열두 달은 각기 분수가 있으니, 사람의 재주에 각각 잘하는 바가 있는 것과 같다. '예藝'는 어떤 본에는 '예倪'로 되어 있다. '藝', 猶才也. 十二月各有分, 猶人之才各有所長也. '藝'或爲'倪'.

⑦ 산천은 직분을 지키고 옮기지 않는다. 山川守職不移.

⑧ 일은 아래에서 끝나면 다시 위에서 시작된다. 事下竟, 復由上始也.

⑨ '고考'는 이룬다는 뜻이다. 기물器物이 잘 정비되어 있으면, 일이 이루어진다. '考', 成也. 器利則事成.

⑩ '오奧'는 주인이라는 뜻과 같다. 전지는 주인이 없으면 황폐해진다. '奧', 猶主也. 田無主則荒.

⑪ '유由'는 사용한다는 뜻이다. 사령四靈은 바치는 제수(羞物)와 무리가 된다. '由', 用也. 四靈與羞物爲群.

集說 이 장은 모두 10조이다. '천지天地'부터 '인정人情'까지 9조는 모두 앞 장의 여러 일들을 다시 말한 것이다. 모든 사물의 이치가 천지의 사이에서 벗어나지 않아, 성인이 규범(典則)을 만듦에 천지를 근본으로 삼으니 사물의 이치를 모두 포괄하여 행할 수 있다. ○ 정情 중에 선한 것은 양陽에 속하고 악한 것은 음陰에 속하니, 음양에서 그 단서를 구하면 선악을 알 수 있다. ○ '병柄'은 권병(權)의 뜻과 같다. 사시四時에 각각 해야 할 일이 있으니, 때에 해당하는 권병權柄을 잡고 백성을 가르치고 일을 세우면 일을 권면하여 이룰 수 있다. ○ '해와 별이 기준이 된다'(日星爲紀)는 것은 일중성조日中星鳥[78]와 일영성화日永星火[79]의 부류와 같은 것으로 시기의 변화에 기준으로 삼는 것이다. '열列'은 열두 달의 일을 자세히 늘어놓아 백성에게 보여서 일을 하도록 시키는 것이다. ○ '량量'은 한정한다는 뜻으로, 일을 열두 달에 각각 나누어 한정함을 말한다. 한정된 범위를 넘지 않으면 하는 일이 모두 때를 얻게 되므로, 일의 성과가 불어남이 마치 농작물을 심고 가꾸어서 번성함과 같다. ○ '도徒'는 무리(徒侶)가 서로 의지하는 것과 같다. 교사郊社·종묘宗廟·산천山川·오사五祀의 예禮는 모두 정사政事와 서로 의지하는 것이니, 앞 장(24)의 '땅을 본받는다'(殽地) 이하의 여러 일이다. 이처럼 정사政事를 행하면 모든 일이 오래오래 잘못되지 않을 수 있다. ○ 오행五行의 기氣는 한 바퀴 돌면 다시 시작한다. '질質'은 바르다는 뜻과 같다. 국가는 해마다 정기적으로 행하는 일이 있으니 반드시 오행五行의 시령時令을 통해 바른 방법을 취한다. 따라서 그 일 또한 금년에 한 바퀴 돌

면 내년에 다시 시작한다. ○ 기물(器)은 반드시 이루어진 후에 용도에 부합하게 된다. 이제 예의禮義를 사용하기를 기물을 완성하듯이 한다면, 시행되는 일에 어찌 이루지 못함이 있겠는가? '고考'는 이룬다는 뜻이다. ○ 인정人情을 다스리기를 밭을 다스리는 것처럼 하여, 사사롭고 치우침이 바른 성性을 해치지 않게 하기를 마치 가라지가 좋은 곡식을 해치지 못하게 하는 것과 같이 하면, 사람들이 모두 도道에 머물고 바른 데로 나아가는 터전을 가져 마치 방에 아랫목(奧)이 있는 것과 같을 것이다.[80] ○ 육축六畜[81]은 인가에서 사육하는 것이지만, 사령四靈은 본래 사육하는 것으로 이르게 할 수 있는 것이 아니다. 이제 성현의 시대가 되어 마치 길들이고 길러서 그런 것처럼 사령이 출현함은 모두 성인이 인도하고 교화함에 감응한 것이다. '음식은 쓸 가축이 있다'(飮食有由)는 것에서 '유由'는 사용한다는 뜻이다. 사령四靈은 날짐승과 들짐승 비늘을 가진 것과 딱지를 가진 것 등 모든 짐승의 우두머리여서 우두머리가 이르면 그 족속이 모두 이르니, 그들을 사용하여 주방에 공급할 수 있다는 것이다. 此章凡十條. 自'天地'至'人情'九條, 皆是覆說前章諸事. 萬事萬物之理, 不出乎天地之間, 聖人作爲典則, 而以天地爲本, 則事物之理, 皆可擧行. ○ 情之善者屬陽, 惡者屬陰, 求其端於陰陽, 則善惡可得而見. ○ '柄', 猶權也. 四時各有當爲之事, 執當時之權柄, 以敎民立事, 則事可勸勉而成. ○ '日星爲紀', 如日中星鳥・日永星火之類, 所以紀時之早晩. '列'者, 以十二月之事, 詳列以示民, 而使之作爲也. ○ '量', 限量也, 謂十二月之分限. 分限不踰, 則所爲皆得其時, 故事功滋長, 如樹藝然也. ○ '徒', 如徒侶之相依. 郊社・宗廟・山川・五祀之禮, 皆與政事相依, 卽前章'殽地'以下諸事. 如此行政, 則凡事可悠久不失也. ○ 五行之氣, 周而復始. '質', 猶正也. 國家歲有常事, 必取正於五行之時令. 則其事亦今歲周而來歲復始也. ○ 器必成而後, 適於用. 今用禮義如成器, 則事之所行, 豈有不成者乎? '考', 成也. ○ 治人情如治田, 不使邪僻害正性, 如不使稊稗害嘉穀, 則人皆有宿道向方之所, 如室之有奧也. ○ 六畜人家所豢養, 四靈本非可以豢養致者. 今皆爲聖世而出如馴畜然, 皆聖人道化所

感耳. '飮食有由'者, '由', 用也. 謂四靈爲鳥獸魚鼈之長, 長至則其屬皆至, 有可用之以供庖廚者矣.

【예운 40】

(공자가 말하였다.) "무엇을 사령四靈이라 하는가? 기린(麟)·봉황(鳳)·거북(龜)·용龍을 사령四靈이라 한다. 그러므로 용을 가축으로 삼으므로 물고기가 놀라 흩어지지 않는다. 봉황을 가축으로 삼으므로 날짐승이 놀라 날아가지 않는다. 기린을 가축으로 삼으므로 길짐승이 놀라 뛰어가지 않는다. 거북을 가축으로 삼으므로 인정人情이 바름을 잃지 않는다."

"何謂四靈? 麟·鳳·龜·龍謂之四靈. 故龍以爲畜, 故魚鮪不淰. 鳳以爲畜, 故鳥不獝. 麟以爲畜, 故獸不狘. 龜以爲畜, 故人情不失."

鄭注 '심淰'은 문득 보였다가 문득 사라짐(閃)을 말한다. '휼獝'과 '월狘'은 날아가고 달아나는 모습이다. '실失'은 떠난다는 뜻이다. '귀龜'는 북방의 영물로 신의가 있으면 이른다. '淰'之言閃也. '獝'·'狘', 飛走之貌也. '失', 猶去也. '龜', 北方之靈, 信則至矣.

集說 '유鮪'(다랑어)는 물고기 중에서 큰 것이다. 그러므로 특별히 언급한 것이다. '임淰'은 대열을 이룬 무리가 놀라 흩어지는 모양이다. '휼獝'은 놀라서 날아가는 모양이다. '월狘'은 놀라서 달아나는 모습이다. 세 영물靈物이 이미 가축처럼 길들여져 그 무리가 모두 따르며, 사람을 보아도 놀라 달아나지 않는다. 거북은 앞일을 아는 능력이 있어서 사람이 결정할 것이

있으면 거북으로 가부可否를 알 수 있다. 그러므로 그 정情의 바름을 잃지 않는다. 앞의 세 동물은 모두 '음식에 쓸 수 있다'는 것을 인하여 말하였지만, 거북만은 말하지 않았으니 그 이유는 개충介蟲(갑각류)의 부류가 응하는 것은 의심스러운 것을 결정하는 보배이기 때문이며 음식물로서 예例를 들 수 있는 것이 아니기 때문이다. ○ 석량왕씨石梁王氏는 말한다. "'사령四靈을 가축을 기르듯이 출현하게 함이 있다'는 것을 부연하여 설명함이 여기에 이르러서 음미할 뜻이 없으며 너무 사실에 맞지 않고 엉성하다. 어느 곳인들 거북이 없겠는가?" '鮪', 魚之大者. 故特言之. '淰', 群隊驚散之貌. '獝', 驚飛也. '狘', 驚走也. 三靈物, 既馴擾如畜, 則其類皆隨從之, 雖見人, 亦不爲之驚而飛走矣. 龜能前知, 人有所決, 以知可否. 故不失其情之正也. 上三物, 皆因'飲食有由'而言, 龜獨不言, 介蟲之類應者, 以其爲決疑之寶, 非可以飲食之物例之也. ○ 石梁王氏曰: "'四靈以爲畜'衍至此, 無義味太迂疏. 何所無龜?"

【예운 41】

(공자가 말하였다.) "그러므로 선왕은 시귀蓍龜를 잡고, 제사의 예를 진열하고, 폐백(繒)을 묻고, 축사祝辭와 하사嘏辭를 선양하고, 제도制度를 만들었다. 그러므로 나라에 예가 있게 되고 관직에 맡은 바가 있으며, 일에는 직분이 있고 예에는 차서가 있게 되었다."

"故先王秉蓍龜, 列祭祀, 瘞繒, 宣祝嘏辭說, 設制度. 故國有禮, 官有御, 事有職, 禮有序."

鄭注 모두 복서卜筮가 만든 조치다. 희생을 묻는 것을 '예瘞'라 한다. 폐백을 '증繒'이라고 한다. '선宣'은 선양한다는 뜻이다. '증繒'은 어떤 본에는 '증贈'

으로 되어 있다. 皆卜筮所造置也. 埋牲曰'瘞'. 幣帛曰'繒'. '宣', 猶揚也. '繒', 或作'贈'.

集說 '예瘞'는 묻는다는 뜻이다. '증繒'은 폐백이다. 「제법祭法」(2)에 "태절泰折에서 (비단과 희생을) 땅에 묻는 것은 땅에 제사지내는 것이다"라고 하였다. '증繒'이란 증송贈送한다는 뜻이다. 폐백을 묻어 신에게 고하는 것 역시 신에게 증송하는 것이다. '선宣'은 선양한다는 뜻이다. 선왕은 제사지내는 일을 중시하였다. 그러므로 시귀蓍龜로 날짜를 정하고, 제사의 예를 진열하고, 제도를 설치하는 것이 이처럼 상세하였다. 제도가 한 번 정해지자, 국가에 지킬 수 있는 전례가 있게 되고, 관직에는 주관할 업무가 있게 되고, 일에는 직무가 있게 되어 예가 차서를 얻게 되었다. '瘞', 埋也. '繒', 幣帛也. 「祭法」云: "瘞埋於泰折, 祭地也." '繒'之言贈. 埋幣告神者, 亦以贈神也. '宣', 揚也. 先王重祭事. 故定期日於蓍龜而陳列祭祀之禮, 設爲制度, 如此其詳. 制度一定, 國家有典禮可守, 官有所治, 事有其職, 禮得其序也.

【예운 42】

(공자가 말하였다.) "그러므로 선왕先王은 예禮가 아래 백성에게 이르지 못함을 근심한다. 그러므로 교郊에서 상제上帝에게 제사하는 것은 하늘의 지위(天位)를 안정시키는 것이다. 국國(國都)에서 사社에 제사하는 것은 토지의 이로움(地利)을 드러내 열거하는 것이다. 조묘에 제사하는 것은 인仁을 근본으로 삼는 것이다. 산천에 제사하는 것은 귀신을 손님의 예로 대접하는 것이다. 오사五祀에 제사하는 것은 일에 근본을 두는 것이다. 그러므로 종축宗祝은 종묘에 있고, 삼공은 조정에 있으며, 삼로三老는 학교에 있고, 왕의 앞에는

무巫가 있고 뒤에는 사史가 있으며, 복서卜筮·고瞽·유侑는 모두 임금의 좌우에 있다. 왕은 가운데에 머물며 마음은 일삼음이 없이 지극한 정도正道를 지킨다."

"故先王患禮之不達於下也.① 故祭帝於郊, 所以定天位也. 祀社於國, 所以列地利也. 祖廟所以本仁也. 山川所以儐鬼神也. 五祀所以本事也. 故宗祝在廟, 三公在朝, 三老在學, 王前巫而後史, 卜筮瞽侑皆在左右. 王中心無爲也, 以守至正."②

鄭注 ① 백성들이 믿지 않음을 염려한 것이다. 患下不信也.

② 이것은 백성들에게 예禮가 이르게 하는 방법이다. 백성들에게 귀신을 존중하게 하고, 거처하기를 신중하게 하는 것이다. '종宗'은 종인宗人이다. '고瞽'는 악인樂人이다. '유侑'는 사보四輔[82]에 속한다. 此所以達禮於下也. 敎民尊神, 愼居處也. '宗', 宗人也. '瞽', 樂人也. '侑', 四輔也.

集說 천자가 하늘을 존숭하는 예를 다하면 백성들이 임금을 존숭하는 예를 안다. 그러므로 '하늘의 지위를 안정시킨다'(定天位)고 한 것이다. 식화食貨[83]가 바탕으로 삼는 것은 모두 땅에서 나온다. 그래서 천자가 몸소 후토后土에 제사지내는 것은 바로 땅의 이로움을 드러내 열거하여 백성들이 근본에 보답하는 예를 알게 하기 위한 것이다. 인仁의 실질은 부모를 섬기는 것 그것이다. 임금이 자식의 예로 시尸를 섬김은 인의仁義의 가르침이 아래 백성에게 이르게 하는 것이다. 귀신에게 손님의 예로 대접하고 산천에 제사지내고, 일과 행위에 근본 하여 오사五祀에 제사지내는 것은 모두 예교禮敎가 사방에 미치게 하는 것으로, 이것 또한 앞 장에서 다하지 못한 뜻이다. 종묘宗廟에는 종축宗祝이 있고, 조정에는 삼공三公이 있으며, 학교에는 삼로三老와 오경五更[84]이 있는 것은 예교禮敎를 밝혀 천하를 맑게 하는 것

이 아님이 없다. 무巫는 조문弔問에 임하는 예를 주관하며 앞에 위치하고, 사史는 언동의 실상을 기록하며 뒤에 위치한다. 고瞽는 악사樂師가 되고 유侑는 사보四輔가 되어 혹은 성악聲樂을 변별하고 혹은 위의威儀를 돕는다. 왕은 그 가운데 거하니 이 마음이 일삼을 것이 무엇이 있겠는가? 그저 군도君道의 지극한 바름을 지킬 따름이다. 이 또한 임금이 예로써 자신을 단속하여 천하에 가르침을 보이는 것이다. ○ 석량왕씨石梁王氏는 말한다. "무巫는 제사지낼 때 비로소 쓰고 복서卜筮는 일이 있을 때 묻는 것인데, 항상 좌우에 있다고 한 것은 그른 말이다." 天子致尊天之禮, 則天下知尊君之禮. 故曰'定天位.' 食貨所資, 皆出於地. 天子親祀后土, 正爲表列地利, 使天下知報本之禮也. 仁之實, 事親是也. 人君以子禮事尸, 所以達仁義之教於下也. 儐禮鬼神而祭山川, 本諸事爲而祭五祀, 皆是使禮教之四達, 此亦前章未盡之意. 廟有宗祝, 朝有三公, 學有三老·五更, 無非明禮教以淑天下. 巫主吊臨之禮而居前, 史書言動之實而居後. 瞽爲樂師, 侑爲四輔, 或辨聲樂, 或贊威儀. 而王居其中, 此心何所爲哉? 不過守君道之至正而已. 此又是人君以禮自防, 示教於天下也. ○ 石梁王氏曰: "巫祭祀方用, 卜筮有事方問, 謂常在左右, 非也."

【예운 43】

(공자가 말하였다.) "그러므로 예가 교郊에서 행해지면 온갖 신神이 직무를 받아 행하고, 예가 사社에서 행해지면 모든 재화(百貨)가 다 사용될 수 있다. 예가 종묘에서 행해지면 효도와 자애가 행해지고, 예가 오사五祀에서 행해지면 모범으로 삼고 본받는 것을 바로잡게 된다. 그러므로 교사郊社·조묘祖廟·산천山川·오사五祀는 의義를

문식하는 것이요 예를 보존하여 지키는 것이다."

"故禮行於郊, 而百神受職焉, 禮行於社, 而百貨可極焉. 禮行於祖廟, 而孝慈服焉, 禮行於五祀, 而正法則焉.① 故自郊社·祖廟·山川·五祀, 義之脩而禮之藏也."②

鄭注 ① 신실함이 그 예禮에 부합하면, 신神과 사물, 사람이 모두 그것에 응함을 말한다. '백신百神'은 여러 별과 28수宿이다. '모든 재화'(百貨)는 금金과 옥玉 따위다. 言信得其禮, 則神物與人皆應之. '百神', 列宿也. '百貨', 金玉之屬.
② '수脩'는 문식한다는 뜻과 같다. '지킨다'(藏)는 것은 성곽과 같음을 말한다. '脩', 猶飾也. '藏', 若其城郭然.

集說 이 경문은 위 문장의 교郊에서 상제에게 제사를 지내는 등의 예를 이어서 말한 것이다. '온갖 신(百神)이 직무를 받아 행한다'(百神受職)는 것은 비바람이 절기에 맞고 추위와 더위가 때에 맞아서 재앙의 징험이 없는 것을 말한다. '모든 재화가 다 사용될 수 있다'(百貨可極)는 것은 땅은 보물을 아끼지 않고 만물은 이로움을 남겨두지 않는다는 뜻이다. '효도와 자애가 행해진다'(孝慈服)는 것은 천하의 모든 사람이 효도와 자애의 도리를 순응하여 행할 줄 아는 것을 말한다. '모범으로 삼아 본받는 것을 바로잡는다'(正法則)는 것은 귀천貴賤의 예가 각각 제도가 있어 감히 참람하게 분수를 넘음이 없음을 말한다. 성왕聖王의 정성스런 제사에 감응하여 신이 이름에, 그 효과가 이와 같다. 이로써 보면 교사郊社·조묘祖廟·산천山川·오사五祀는 모두 의義를 문식하는 것이고 예를 보존하여 지키는 것이다. 앞(24)에서는 산천의 제사를 통해 사업을 일으키는 것(興作)에 대하여 말하였으나, 여기에서 말하지 않은 것은 모범으로 삼아 본받는 일이 그것을 포함하고 있기 때문이다. 此承上文祭帝於郊等禮而言. '百神受職', 謂風雨節, 寒暑時, 而無咎徵也. '百貨

可極', 謂地不愛寶, 物無遺利也. '孝慈服', 謂天下皆知服行孝慈之道也. '正法則', 謂貴賤之禮, 各有制度, 無敢僭踰也. 聖王精禋感格, 其效如此. 由此觀之, 則郊社・祖廟・山川・五祀, 皆義之脩飾, 而禮之府藏也. 前言山川興作, 而此不言者, 法則之事包之也.

【예운 44】

(공자가 말하였다.) "그러므로 예는 반드시 태일大一에 근본 한다. 나뉘어 천지가 되고, 전환하여 음양陰陽이 되며, 변하여 네 계절이 되고, 펼쳐 벌려져 귀신이 된다. 그 내린 것을 명령(命)이라 한다. 하늘을 본받는 것을 위주로 한 것이다."

"是故夫禮必本於大一. 分而爲天地, 轉而爲陰陽, 變而爲四時, 列而爲鬼神. 其降曰命.① 其官於天也."②

鄭注 ① 성인이 이를 본받아 백성들에게 내려주어 교령敎令으로 삼았다.

聖人象此, 下之以爲敎令.

② '관官'은 본받는다는 뜻이다. 이것은 성인이 하늘을 본받는 이유이다.

'官', 猶法也. 此聖人所以法於天也.

集說 극히 큰 것을 '태太'라 하고 나뉘기 전을 '일一'이라 한다. 태극太極은 셋을 포함하면서 하나를 이루는(函三爲一)85) 리理다. 나뉘어 천지天地가 되면 높고 낮음과 귀하고 천함의 등급이 있게 된다. 전환하여 음양陰陽이 되면 길흉과 상벌의 일이 있게 된다. 변하여 네 계절이 되면 세월이 오래되고 가까운 차이가 있게 된다. 펼쳐 벌려져 귀신이 되면 근본에 보답하고 처음으로 돌아가는 정情이 있게 된다. 성인이 예를 제정한 것이 모두 이에 근본 하여 그 명령을 아래로 내린 것이다. 이는 모두 하늘을 본받는 것을

위주로 한 것이다. '관官'은 위주로 한다(主)의 뜻이다. ○ 석량왕씨石梁王氏는 말한다. "예학자가 『역易』에 '태극太極'의 글자가 있음을 보고 바꾸어 '태일太一'이라는 용어를 이끌어내었으나 이는 제자諸子의 말이다. '기관어천야其官於天也'[86] 한 구절은 위 문장을 총결하고 있는데, '천지를 관官으로 삼는다'(官天地)[87]는 것이니 『장자莊子』의 뜻과 같이 보아야 한다." 極大曰'太', 未分曰'一'. 太極, 函三爲一之理也. 分爲天地, 則有高卑·貴賤之等. 轉爲陰陽, 則有吉凶·刑賞之事. 變爲四時, 則有歲月久近之差. 列爲鬼神, 則有報本反始之情. 聖人制禮, 皆本於此, 以降下其命令者. 是皆主於法天也. '官'者, 主之義. ○ 石梁王氏曰: "禮家見『易』有'太極'字, 翻出一箇'太一', 仍是諸子語. '其官於天也'一句結上文, 官天地, 當如『莊子』義."

【예운 45】

(공자가 말하였다.) "예는 반드시 하늘에 근본 한다. 움직여 땅으로 가고, 펼쳐서 열거하여 일로 나아가고, 변하여 때를 따르며, 분한과 가꾸어 번성함(藝)에 합치한다. 사람에게 있으면 의義라 한다. 그것을 행하는 데는 재화財貨와 근력筋力, 사양辭讓의 절도節度와 음식의 품절品節, 관례冠禮와 혼례婚禮, 상례喪禮와 제례祭禮, 사례射禮와 어御(수레와 말을 모는 예), 조현朝見(신하가 군주를 찾아가 알현하는 예)과 빙례聘禮 등의 예로 한다."

"夫禮必本於天.① 動而之地,② 列而之事,③ 變而從時,④ 協於分藝.⑤ 其居人也曰養.⑥ 其行之以貨·力·辭讓·飮食·冠·昏·喪·祭·射·御·朝·聘."⑦

鄭注 ① 태일大一과 하늘에 근본 한다는 뜻이다. 本於大一與天之義.

② 땅을 본받는 것을 뒤에 한다. 後法地也.

③ 오사五祀를 본받는 것을 뒤에 하는 것이니, "오사五祀에 제사하는 것은 일에 근본을 두는 것"[88]이다. 後法五祀, "五祀所以本事"也.

④ 사시四時를 본받는 것을 뒤에 한다. 後法四時.

⑤ '협協'은 합한다는 뜻이다. 예가 달의 분한分限에 합하는 것이 사람의 재주에 각각 잘하는 바가 있는 것과 같음을 말한다.[89] '協', 合也. 言禮合於月之分, 猶人之才也.

⑥ '양養'은 의義가 되어야 하니, 글자가 잘못된 것이다. 백성에게 내리면 교령教令이 되며, 사람의 몸에 있으면 의義가 된다. 『효경설』에 "의義는 사람으로 말미암아 나온다"[90]라고 하였다. '養', 當爲義, 字之誤也. 下之則爲教令, 居人身爲義. 『孝經說』曰: "義由人出."

⑦ '화貨'는 폐백과 정실庭實[91]이다. '력力'은 근력이 센 자이다. 그렇지 않으면 쓰러지고 피로하게 된다. '貨', 摯幣庭實也. '力', 筋骸强者也. 不則偃罷.

集說 이 경문 또한 앞 장(24)의 '하늘에 근본 하고 땅을 본받는' 취지에 근거한 것이다. '움직여 땅으로 간다'(動而之地)는 것은 곧 "땅을 본받는 것"(24)이다. '펼쳐서 열거하여 일로 나아간다'(列而之事)는 것은 곧 "오사五祀에 제사하는 것은 일에 근본을 둔다"(39)는 것이다. '변하여 때를 따른다'(變而從時)는 것은 곧 "사시四時를 권병權柄으로 삼는 것"(39)이다. '협協'은 합한다는 뜻이다. '분分'은 "달을 분한分限으로 삼는 것"(39)이다. '예藝'는 곧 "일의 성과(事功)가 농작물을 심고 가꾸어 번성하는 것과 같음이 있는 것"(39)이다. 위에서 "의義를 문식하는 것"과 "예禮를 보존하여 지키는 것"을 말하였기 때문에 이 경문에서도 처음에 예를 말하고 끝에 의義를 말한 것이다. '거인居人'은 사람에게 있다는 말과 같다. 예가 비록 성인이 제작한 것이나

모두 인간의 일에서 당연하게 하는 의義에 근거한 것이다. 그러므로 '사람에게 있는 것을 의義라고 한다'고 말한 것이다. '관례와 혼례' 이하 여덟 가지는 모두 예이다. 그러나 예를 행하는 데에는 반드시 재화財貨의 뒷받침, 근력의 강함, 사양辭讓의 절도節度, 음식의 품절品節이 있어야 하니, 또한 모두 마땅히 그러해야 하는 의義다. 此亦本前章'本於天殽於地'之意. '動而之地', 卽"殽地"也. '列而之事', 卽"五祀所以本事"也. '變而從時', 卽"四時以爲柄"也. '協', 合也. '分', 謂"月以爲量"也. '藝', 卽"功有藝"也. 上言"義之脩"·"禮之藏", 故此亦始言禮, 終言義. '居人', 猶言在人也. 禮雖聖人制作, 而皆本於人事當然之義. 故云'居人曰義'也. '冠昏'而下八者, 皆禮也. 然行禮者, 必有貨財之資·筋力之强·辭讓之節·飮食之品, 亦皆當然之義也.

【예운 46】

(공자가 말하였다.) "그러므로 예의禮義라는 것은 사람의 큰 단서이다. 그것은 신의信義를 익히고 화목을 닦아 사람의 살과 피부가 만나고 근육과 뼈가 묶이는 곳을 단단하게 하는 것이요, 산 사람을 봉양하고 죽은 사람을 보내며 귀신을 섬기는 큰 단서요, 천도天道에 통달하고 인정人情에 순응하는 큰 창구(大竇)이다. 그러므로 오직 성인만이 예를 그만둘 수 없음을 알고 있다. 그러므로 나라를 무너뜨리고 집을 잃으며 몸을 망치는 사람은 반드시 먼저 그 예를 버린다."

"故禮義也者, 人之大端也. 所以講信脩睦, 而固人之肌膚之會, 筋骸之束也, 所以養生·送死·事鬼神之大端也, 所以達天道·順人情之大竇也.① 故唯聖人爲知禮之不可以已也. 故壞國·喪家·亡人, 必先去其禮."②

鄭注 ① '두竇'는 구멍이다. '竇', 孔穴也.

② 어리석은 자가 성인과 반대로 하는 것을 말한 것이다. 言愚者之反聖人也.

集說 피부가 모두 모이고, 근육과 뼈가 연결되어 묶인 곳은 단단하지 않음이 없다. 그러나 예禮로써 단속하고 경계시킴이 없으면 태만하고 기울어지는 용모가 나타난다. 그러므로 반드시 예로써 단단하게 하는 것이다. '두竇'는 출입할 수 있는 구멍인데, 예의禮義로 말미암으면 통달하고 예의로 말미암지 않으면 막히기 때문에 구멍에 비유한 것이다. 성인이 천도天道에 통달하고 인정人情에 순응할 수 있는 것은 예가 그만둘 수 없는 것임을 알기 때문이다. 저 나라를 망친 임금, 집을 잃은 주인, 몸을 망친 사내는 모두 먼저 그 예를 버렸기 때문이다. 肌膚之總會, 筋骨之聯束, 非不固也. 然無禮以維飭之, 則惰慢傾側之容見矣. 故必禮以固之也. '竇', 孔穴之可出入者, 由於禮義則通達, 不由禮義則窒塞, 故以竇譬之. 聖人之能達天道·順人情者, 以其知禮之不可以已也. 彼敗國之君·喪家之主·亡身之夫, 皆以先去其禮之故也.

【예운 47】

(공자가 말하였다.) "그러므로 사람에게 있어 예는 술에 누룩이 있는 것과 같다. 군자는 두터움으로써 예를 행하고 소인은 박함으로써 예를 행한다.92)"

"故禮之於人也, 猶酒之有糵也. 君子以厚, 小人以薄."

鄭注 모두 좋은 맛을 낼 수 있는 것이다. 성품이 선한 자는 진한 술(醇)이다. 皆得以爲美味. 性善者醇耳.

集說 사람은 예로써 덕을 이루는데 마치 술이 누룩으로 맛을 이루는 것과 같다. 군자는 예에 후하여 군자가 되고, 소인은 예에 박하여 소인이 된다. 또한 술에 진한 술과 묽은 술이 있는 것과 같다. 人以禮而成德, 如酒以麴蘖而成味. 君子厚於禮, 故爲君子, 小人薄於禮, 故爲小人. 亦如酒之有醇醨也.

【예운 48】

(공자가 말하였다.) "그러므로 성왕은 의義의 권병權柄과 예의 순서를 익히고 밝혀 인정人情을 다스린다. 그러므로 인정은 성왕의 밭이니 예를 익히고 밝혀서 경작한다."

"故聖土脩義之柄·禮之序, 以治人情.① 故人情者, 聖工之田也, 脩禮以耕之."②

鄭注 ① '다스린다'(治)는 것은 흠 있는 가라지를 제거하고 깨끗하고 튼실한 것을 기르는 것이다. '治'者, 去瑕穢, 養菁華也.

② 굳센 것과 부드러운 것을 조화시키는 것이다. 和其剛柔.

集說 유씨劉氏는 말한다. "'수脩'는 익히고 밝히는 것이다. '병柄'은 사람이 붙잡는 것이다. 성왕이 의리의 소재를 익히고 밝혀 사람들이 잡고 따를 것을 얻어서 일의 마땅함을 제어할 수 있게 하였다. 사람이 모두 의리의 요점을 잡고서 예의 순서에 부합하게 거처하면 정情의 발현이 모두 절도節度에 맞게 된다. 그러므로 인정人情을 다스릴 수 있다. 예는 인정人情의 예방

하는 틀(防範)로, 도道를 닦는 가르침에 예보다 더 앞서는 것이 없다. 그러므로 인정을 다스림에 예를 급선무로 삼으니, 마치 밭을 경작하는 자가 반드시 먼저 쟁기와 보습으로 밭을 가는 것과 같다." 劉氏曰: "'脩'者, 講明也. '柄'者, 人所操也. 聖王講明乎義之所在, 使人得所持循而制事之宜也. 人能操義之要, 以處禮之序, 則情之發, 皆中節矣. 故可以治人情也. 禮者, 人情之防範, 脩道之敎, 莫先於禮. 故治人之情, 以禮爲先務, 如治田者, 必先以耒耜耕之也."

【예운 49】

(공자가 말하였다.) "의義를 펼쳐 열거해서 파종한다."

"陳義以種之."

鄭注 선한 도리를 심는 것이다. 樹以善道.

集說 '의義'는 인정人情을 재제裁制하는 것이다. 일에 따라 마땅함을 제어하고 때에 맞게 조치하기를 마치 밭의 적합함에 맞추어 파종해야 할 것을 파종하는 것과 같다. '義'者, 人情之裁制. 隨事制宜, 而時措之, 如隨田之宜, 而種所當種也.

【예운 50】

(공자가 말하였다.) "학문을 강마하여 김매준다."

"講學以耨之."

鄭注 옳은 것을 두고 그른 것을 제거하는 따위다. 存是去非類也.

集說 예禮와 의義는 본래 정情이 절도節度에 맞게 할 수 있지만, 그러나 혹 기질氣質과 물욕物欲이 가려서 사의私意가 생겨나니, 마치 잡초가 좋은 종자를 해치는 것과 같다. 그러므로 반드시 배움을 익혀 천리와 인욕의 분별을 밝혀서 그른 것을 제거하고 옳은 것을 보존하기를 마치 농부가 김을 매서 잡초를 제거하고 묘목을 기르는 것과 같이 한다. 禮義固可使情之中節, 然或氣質物欲蔽之, 而私意生焉, 則如草萊之害嘉種矣. 故必講學以明理欲之辨, 去非而存是, 如農之耨以去草養苗也.

【예운 51】

(공자가 말하였다.) "인仁에 근본을 두어 거둬들인다."

"本仁以聚之."

鄭注 그 번성한 것을 화합시키는 것이다. 合其所盛.

集說 '학문을 익혀 김매준다'(講學以耨之)(50)는 것은 하나가 아닌 각양각색의 선에서 널리 구하는 것이니 근본은 하나이지만 현상은 만 가지로 다양한 이理를 얻는 것이다. '인仁에 근본을 두어 거둬들인다'(本仁以聚之)는 것은 하나에 이르는 리理로 요약하여 모으는 것으로 만 가지로 다른 모습을 하면서도 근본은 하나인 묘합妙合에 나아가는 것이다. 이에 이르면 온갖 다양한 이치들을 하나의 이치로 모으고 본심本心의 덕德이 온전해진다. 이것은 곡식이 익어서 거둬들이는 것과 같다. '講學以耨之'者, 博而求之於不一之善, 所以得一本萬殊之理. '本仁以聚之'者, 約而會之於至一之理, 所以造萬殊一本之妙也.

至此則會萬理爲一理, 而本心之德全矣. 此如穀之熟而斂之也.

【예운 52】

(공자가 말하였다.) "악樂에 실어 행하여 편안히 여기게 한다."

"播樂以安之."

鄭注 감동시켜 견고하게 하는 것이다. 感動使之堅固.

集說 '거둬들인다'(聚之)(52)는 것은 인仁을 이롭게 여기는 수준으로 아직 인仁을 편안하게 여기는 수준이 못된다.[93] 그러므로 반드시 읊조리고 노래하며 춤추어 표현하여 그 덕성德性을 도야하고 그 찌꺼기를 녹이게 하여, 도덕道德에 화순和順하게 하면 어느덧 절로 예를 행하는 경지로 나아가게 된다. 이는 곧 음식을 먹기를 충분히 배부르게 먹는 것과 같다. 이 다섯 가지는 성왕이 도를 닦는 가르침[94]이다. 처음과 끝의 조리條理가 이와 같고 학문의 강마(講學)가 그 가운데 위치하여 앞뒤를 관통한다. 대개 예禮로 밭을 갈고 의義로 파종하는 것은 덕에 들어가는 공부로서 배움의 첫 단계 조리條理다. 인仁으로 거둬들이고 음악으로 편안히 여기게 하는 것은 덕을 완성한 효과로서 배움의 끝단계 조리다. 처음부터 끝에 이르는 동안 인의예악仁義禮樂을 강마하지 않음이 없어 그것을 이룸에 이르면, 예禮와 의義의 성과가 앞에서 드러나고, 인仁과 악樂의 효과가 뒤에서 나타난다. '聚之'者, 利仁之事, 未能安仁也. 故必使之詠歌舞蹈, 以陶養其德性, 消融其查滓, 而使之和順於道德焉, 則造於從容自然之域矣. 此則如食之而厭飫也. 此五者, 聖王脩道之敎. 始終條理如此, 而講學居其中, 以通貫乎前後. 蓋禮耕義種, 入德之功, 學之始條理也. 仁聚樂安,

成德之效, 學之終條理也. 自始至終, 於仁義禮樂, 無所不講, 至其成也, 則禮義之功著於先, 仁樂之效見於後焉.

【예운 53】

(공자가 말하였다.) "그러므로 예라는 것은 의義의 정해진 제도이다. 의義에 부합시켜 부합하면 예가 비록 선왕이 제정하지 않은 것일지라도 의義로써 제정할 수 있다."

"故禮也者, 義之實也. 協諸義而協,① 則禮雖先王未之有, 可以義起也."②

鄭注 ① '협協'은 부합한다는 뜻이다. 예를 의義에 합치시켰을 때 의와 부합하고 어그러짐이 없는 것을 말한다. '協', 合也. 合禮於義, 則與義合不乖剌.
② 의義에 부합하면 의義에 근거하여 예를 제정할 수 있다. 以其合於義, 可以義起作.

集說 '실實'은 정해진 제도이다. '예禮'는 의義의 정해진 제도이고, '의義'는 예의 기준이다. 예는 한 번 정해지면 바뀌지 않으나, 의義는 때에 따라 합당함을 정한다. 그러므로 의義에 합치시켜서 응당 해야 하는 것에 부합한다면, 비록 선왕이 그런 예를 제정하지 않았더라도 의義로 참작하여 예를 새로 제정할 수 있다. 이것이 삼대三代의 손익損益이 서로 답습하지 않은 이유이다. '實'者, 定制也. '禮'者, 義之定制, '義'者, 禮之權度. 禮一定不易, 義隨時制宜. 故協合於義而合當爲者, 則雖先王未有此禮, 可酌之於義而創爲之禮焉. 此所以三代損益不相襲也.

【예운 54】

(공자가 말하였다.) "의義는 예藝(일)의 분한分限이요, 인仁의 절도이다. 의義를 가지고 일(藝)의 사리에 부합하고 인仁을 헤아려 행하는 것을 익히니, 그것을 얻는 자는 강해진다."

"義者, 藝之分, 仁之節也.① 協於藝, 講於仁, 得之者强."②

鄭注 ① '예藝'는 재주의 뜻이다. '藝', 猶才也.

② 의義가 있으면 사람이 복종한다. 有義則人服之也.

集說 '예藝'는 일로써 말한 것이고, '인仁'은 마음으로써 말한 것이다. 일은 밖에서 조처하는 것으로, 의義로써 한계를 지어 합당하게 하는 것으로 삼는다. 마음은 내면에서 발發하는 것으로, 의義로써 절도에 맞게 재제裁制하는 것으로 삼는다. '예藝에 부합하게 한다'(協於藝)는 것은 그 사리事理의 마땅함에 부합하게 하는 것이다. '인仁을 익힌다'(講於仁)는 것은 사랑하는 마음의 친소親疎와 후박厚薄을 헤아려 행사行事의 대소大小와 경중輕重에 부합시킴에 한결같이 의義로 재제裁制하는 것을 삼는 것이다. 윗사람이 의義를 좋아하면 백성은 아무도 감히 복종하지 않는 자가 없다. 그러므로 의義을 얻은 자는 강해진다. '藝', 以事言, '仁', 以心言. 事之處於外者, 以義爲分限之宜. 心之發於內者, 以義爲品節之制. '協於藝'者, 合其事理之宜也. '講於仁'者, 商度其愛心之親疎厚薄, 而協合乎行事之大小輕重, 一以義爲之裁制焉. 上好義, 則民莫敢不服. 故得義者强.

【예운 55】

(공자가 말하였다.) "인仁은 의義의 근본이고 도리에 순응하여 행하는 본바탕이다. 그것을 얻는 자는 존귀해진다."

"仁者, 義之本也, 順之體也. 得之者尊."

鄭注 인仁이 있으면 사람들이 우러러본다. 有仁[95]則人仰之也.

集說 '인仁'은 본심本心의 온전한 덕이다. 그러므로 의義의 근본이 된다. 이는 곧 모든 일을 도리에 순응하여 행하는 것(百順[96])의 본바탕이다. 원元은 선善의 우두머리다. 인仁을 일체로 삼으면 우두머리가 될 수 있다. 그러므로 인仁을 얻은 자는 존귀해진다. 위 문장(53)에서 '예禮는 의義의 정해진 제도(實)'라고 하고 이 경문에서는 '인仁이 의義의 근본(本)'이라 말하였으니, '정해진 제도'(實)는 각 부분(散體)으로써 말한 것이고 근본(本)은 전체全體로써 말한 것으로 동일한 이치다. 장자張子[97]는 "경례經禮 삼백 가지와 곡례曲禮 삼천 조목에 한 가지도 인仁이 아닌 것이 없다"라고 하였다. 저 나무와도 같아서 근본부터 지엽까지 모두 생의生意가 충만해 있는 것 이는 전체全體로서의 인仁이다. 그러나 하나의 뿌리부터 천 개의 가지와 만 개의 잎까지 선후先後와 대소大小가 각기 그 순서가 있으니 이는 각 부분(散體)으로서의 예이다. 근본부터 말단까지 하나의 가지 하나의 잎사귀가 각각 일리一理를 구비하여 때에 따라 성하고 시들어 각기 그 마땅함을 얻는 것은 의義다. '仁'者, 本心之全德. 故爲義之本. 是乃百順之體質也. 元者, 善之長. 體仁足以長人. 故得仁者尊. 上文言'禮者義之實', 此言'仁者義之本', '實'以散體言, 本以全體言, 同一理也. 張子謂: "經禮三百, 曲禮三千, 無一事之非仁也." 猶之木焉, 從根本至枝葉, 皆生意, 此全體之仁也. 然自一本至千枝萬葉, 先後大小, 各有其序, 此散體之禮也. 而其自本至

末, 一枝一葉, 各具一理, 隨時榮悴, 各得其宜者, 義也.

【예운 56】

(공자가 말하였다.) "그러므로 나라를 다스리는데 예로써 하지 않으면 보습이 없이 밭을 가는 것과 같다. 예를 행함에 의義에 근본하지 않으면 밭을 갈아놓고 파종하지 않는 것과 같다. 의義를 행함에 학문으로써 익히지 않으면 파종해놓고 김매지 않는 것과 같다. 학문을 익힘에 인仁에 합치시키지 않으면 김을 매놓고 수확하지 않는 것과 같다. 인仁에 합치시켜 놓고 음악으로 편안하게 하지 않으면 수확하여 놓고 먹지 않는 것과 같다."

"故治國不以禮, 猶無耜而耕也.① 爲禮不本於義, 猶耕而弗種也.② 爲義而不講之以學, 猶種而弗耨也.③ 講之以學而不合之以仁, 猶耨而弗穫也.④ 合之以仁而不安之以樂, 猶穫而弗食也."⑤

鄭注 ① 착수할 수 없다는 것이다. 無以入也.

② 좋은 곡식이 자라날 수 없다. 嘉穀無由生也.

③ 싹을 재배하지 않고, 풀을 제거하지 않은 것이다. 苗不殖, 草不除.

④ 수확의 풍흉豐凶을 알 수 없다는 것이다. 無以知收之豐荒也.

⑤ 달고 쓴맛을 알지 못한다는 것이다. 不知味之甘苦.

集說 이 경문은 반대의 비유를 통하여 앞 단락 성학聖學의 가르치고 배양하는 일은 시작과 끝이 있어 그 차례를 문란시킬 수 없으며 그 노력을 빠뜨릴 수 없음이 이와 같음을 거듭 밝힌 것이다. 此反譬以申明前段聖學敎養之事, 有始有卒, 其序不可紊, 而功不可缺如此.

【예운 57】

(공자가 말하였다.) "음악으로써 편안하게 하여도 순응하여 행하는 수준(順)에 도달하지 못하면 먹어도 풍만하지 못한 것과 같다. 사지四肢가 바르고 피부가 충족되어 팽팽함은 사람의 풍만함(肥)이다. 부자간에 돈독하고 형제간에 화목하고 부부간에 화합함은 가家의 풍요로움(肥)이다. 대신大臣이 법도에 맞게 행동하고 소신小臣이 염치가 있으며, 관직이 서로 차례가 있고, 군신이 서로 바른 것은 국가의 풍요로움(肥)이다. 천자는 덕德을 수레로 삼고 악樂을 마부로 삼으며, 제후는 예禮로써 서로 교제하고, 대부는 법法으로써 서로 차서를 두며, 사士는 믿음으로 서로 사귀며, 백성은 화목으로 서로 지키는 것이 천하의 풍요로움(肥)이다. 이를 크게 순응하여 행함(大順)이라 한다. 크게 순응하여 행함(大順)은 살아 있는 사람을 봉양하고 죽은 자를 장사지내며 귀신을 섬기는 것이 항상되는 근거이다."

"安之以樂, 而不達於順, 猶食而弗肥也.① 四體既正, 膚革充盈, 人之肥也. 父子篤, 兄弟睦, 夫婦和, 家之肥也. 大臣法, 小臣廉, 官職相序, 君臣相正, 國之肥也. 天子以德爲車, 以樂爲御, 諸侯以禮相與, 大夫以法相序, 士以信相考, 百姓以睦相守, 天下之肥也. 是謂大順. 大順者, 所以養生·送死·事鬼神之常也."②

鄭注 ① 공효가 나타나지 않는 것이다. 功不見也.

② '상常'은 모두 행함에 예가 있어 재용에 결핍이 없음을 일컫는다. '거車'는 어떤 본에는 '거居'로 되어 있다. '常', 謂皆有禮, 用無匱乏也. '車'或爲'居'.

集 앞 장(52)은 '예를 음악에 실어 행하여 편안하게 함'(播樂以安之)에 이

說 르러 그쳤는데, 이 경문에서 또 '순응하여 행함(順)에 도달하지 못하면 먹어도 살찌지 않는 것과 같다'(不達於順, 猶食而弗肥)는 한 구절을 더한 것은 대개 악樂으로써 편안하게 하기 이전은 모두 자신을 이루는 노력으로 『대학』의 덕을 밝히는 일이요, 순응하여 행함(順)에 도달한 이후는 바야흐로 남을 이루는 효과로 『대학』의 백성을 새롭게 하는 일이기 때문이다. 그러므로 사람의 몸의 풍만함을 가지고 비유하여 가家·국國·천하의 풍요로움을 말함이 이에 이르렀으니, 곧 성학聖學의 지극한 공효功效로서 자신을 이루고 남을 이루어 안과 밖을 합치시키는 도道요, 『대학』의 몸이 닦이고 집안이 정비되고 나라가 다스려지고 천하가 평안해지는 일이다. 그러므로 '크게 순응하여 행한다'(大順)라고 한 것이다. 크게 순응하여 행하면 작위를 행함이 없이도 다스려지니 살아 있는 사람을 봉양하고 죽은 사람을 장사지내며 귀신을 섬기는 것이 각기 그 항상됨을 얻는다. 이상은 모두 유씨劉氏의 설이다. ○ '대신大臣이 법도에 맞게 행동한다'(大臣法)는 것은 신하의 도리를 다한다는 뜻이다. '소신小臣이 염치가 있다'(小臣廉)는 것은 지키는 바를 손상시키지 않는다는 뜻이다. '덕을 수레로 삼는다'(以德爲車)는 인의仁義에 말미암아 행한다는 뜻이다. '악樂을 마부로 삼는다'(以樂爲御)는 움직임에 화합하지 않음이 없음을 뜻한다. '예로써 서로 교제한다'(以禮相與)는 조빙朝聘이 때에 맞음을 말한다. '법으로써 서로 차서를 둔다'(以法相序)는 윗사람이 아랫사람을 핍박하지 않고 아랫사람이 윗사람을 참람하지 않는다는 뜻이다. '믿음으로 서로 사귄다'(以信相考)는 것은 오래된 약속을 잊지 않음을 말한다. '화목으로 서로 지킨다'(以睦相守)는 것은 출입에 서로 벗이 되고, 수망守望(방비하고 지킴)에 서로 도우며, 질병에 서로 부지扶持해주는 것이다. '비肥'는 충분하고 풍성하여 부족함이 없다는 뜻이다. 前章至'播樂以安之'而止, 此又益以'不達於順猶食而弗肥'一節者, 蓋安之以樂以前, 皆是成己之功, 『大學』明德之事也, 達之於順以後, 方是成物之效, 『大學』新民之事也. 故以人身之肥設譬, 而言家·國·天

下之肥至此, 乃是聖學之極功, 成己成物合內外之道, 『大學』身脩家齊國治天下平之事也. 故謂之'大順'. 大順則無爲而治, 所以養生・送死・事鬼神, 各得其常也. 以上並劉氏說. ○'大臣法', 盡臣道也. '小臣廉', 不虧所守也. '以德爲車', 由仁義行也. '以樂爲御', 動無不和也. '以禮相與', 朝聘以時也. '以法相序', 上不偪下, 下不僭上也. '以信相考', 久要不忘也. '以睦相守', 出入相友, 守望相助, 疾病相扶持也. '肥'者, 充盛而無不足之意.

【예운 58】

(공자가 말하였다.) "그러므로 일이 크게 쌓여도 적체되지 않고, 일이 함께 행해져도 어그러지지 않고, 자잘한 일이라도 실수하지 않는다. 일이 깊어도 통하고, 무성하고 빽빽하여도 여유가 있으며, 연접되어 있어도 서로 미치지 않고, 함께 움직여도 서로 해치지 않는다. 이것은 순응하여 행함(順)이 지극한 것이다. 그러므로 순응하여 행함(順)에 대하여 밝게 안 뒤에 위태로움으로 자신을 경계하는 도리를 고수할 수 있다."

"故事大積焉而不苑, 並行而不謬, 細行而不失. 深而通, 茂而有間, 連而不相及也, 動而不相害也. 此順之至也.① 故明於順, 然後能守危也."②

鄭注 ① 사람이 모두 예에 밝아, 역란을 키우거나 화합을 지체시키는 것이 없이 각기 자신의 합당한 분수를 얻고 자신의 직무에 순응하여 종사함을 말한다. 言人皆明於禮, 無有蓄亂滯合者, 各得其分, 理順其職也.

② 위태로움으로 자신을 경계하는 도리를 고수할 수 있다. 군자는 편안히 거처하면서도 위태로운 듯이 여기고, 소인은 위태롭게 거처하면서도

편안하게 여긴다. 『역』에 "위태로운 자는 그 지위를 편안히 여기기 때문이다"[98]라고 하였다. 能守自危之道也. 君子居安如危, 小人居危如安. 『易』曰: "危者安其位."

集說 이 경문 이하 이 편의 끝까지 모두 크게 순응하여 행함(大順)의 설을 밝힌 것이다. 이 대순大順의 도리로 천하를 다스리면 비록 큰일이 앞에 쌓여 있어도 또한 정체됨에 이르지는 않으며, 비록 같지 않은 일이 일시에 함께 시행되어도 또한 어그러지지 않는다. 비록 작은 일이더라도 행함에 또한 미세하다고 하여 실수하지 않는다. 비록 깊고 아득하여도 통할 수 있고, 비록 무성하고 빽빽하여도 여유가 있으니 중간에 틈이 있음을 말한다. 두 가지 물건이 연접하여 서로 미치면 피차의 다툼이 있고, 두 가지 일이 일시에 함께 움직이면 이해利害의 다툼이 있으나, '서로 미치지 않고'(不相及) '서로 해치지 않으면'(不相害) 다툼이 없는 것이다. 이 경문은 임금이 천하를 다스리는 일에 큰일과 자잘한 일, 깊은 일과 무성한 일, 서로 연접된 일과 함께 움직이는 일이 있지만 일들이 저절로 각기 그 조리를 얻는 것은 한 가지 '순응하여 행함'(順)의 지극함에 지나지 않을 뿐임을 포괄적으로 말한 것이다. 그러므로 순응하여 행함(順)에 대하여 밝게 안 뒤에 위태로움과 망함으로 경계하는 것을 고수할 수 있어, 위태로움과 망함에 이르지 않게 된다. 此以下至篇終, 皆是發明大順之說. 謂以此大順之道治天下, 則雖事之大者積疊在前, 亦不至於膠滯, 雖事之不同者一時並行, 亦不至舛謬也. 雖小事, 所行亦不以其微細而有失也. 雖深窅而可通, 雖茂密而有間, 謂有中間也. 兩物接連而相及, 則有彼此之爭, 兩事一時而俱動, 則有利害之爭, '不相及''不相害', 則無所爭矣. 此泛言人君治天下之事, 有大有細, 有深有茂, 有連有動, 而自然各得其分理者, 不過一順之至而已. 故明於順, 然後能守危亡之戒, 而不至於危亡也.

【예운 59】

(공자가 말하였다.) "그러므로 예가 같지 않으니 풍성하게 하지도 않고 줄이지도 않음은 인정人情을 유지하고 위태로움을 보합保合하는 방법이다. 그러므로 성왕은 인정人情에 순응함(順)으로 행하여, 산에 거주하는 자를 시냇가에 살게 하지 않고, 물가에 거주하는 자를 평원에 살게 하지 않게 하여, 피폐하게 시키지 않는다. 물·불·쇠붙이(金)·나무를 사용하고, 음식을 조리함에 반드시 시기에 맞게 한다. 남녀를 결혼시키고 작위爵位를 나누어 줌에 반드시 나이와 덕에 맞게 한다. 백성에게 일을 시키는 것은 (시기의 바쁘고 한가한 것에) 순응하여 행한다. 그러므로 수재水災·한재旱災·해충의 재앙이 없고, 백성들에게 흉년과 요妖얼孽의 재이에 대한 우환이 없다."

"故禮之不同也, 不豐也, 不殺也, 所以持情而合危也.① 故聖王所以順, 山者不使居川, 不使渚者居中原, 而弗敝也.② 用水·火·金·木·飮食必時.③ 合男女, 頒爵位, 必當年德.④ 用民必順.⑤ 故無水旱昆蟲之災, 民無凶饑妖孽之疾."⑥

鄭注 ① '성대하게 차린다'(豐)는 것과 '줄여서 차린다'(殺)는 것은 천자와 사士가 명호와 지위를 같이하지 않고, 사용하는 예제 또한 수數(규모)를 달리함을 말한다. 그 정情을 부지해주고 그 위태로움을 안정시키는 방법이다. '豐'·'殺', 謂天子及士, 名位不同, 禮亦異數. 所以拱持其情, 合安其危.

② 작은 모래톱을 '저渚'(삼각주)라 하고, 넓고 평평한 곳을 '원原'(평원)이라 한다. 산에서 사는 사람은 짐승을 이익으로 삼고, 저渚에서 사는 사람은

어염魚鹽을 이익으로 삼고, 중원中原에서 사는 사람은 오곡五穀을 이익으로 삼으니, 각기 자신이 편안하게 여기는 곳에 살게 하고 그 이익을 바꾸어 힘들게 하거나 피폐케 하지 않는다. 백성이 생업을 잃으면 살 길이 막히게 되고, 막히게 되면 어지러워진다. 小洲曰'渚', 廣平曰'原'. 山者利其禽獸, 渚者利其魚鹽, 中原利其五穀, 使各居其所安, 不易其利勞敝之也. 民失其業則窮, 窮則濫.

③ '물을 사용한다'(用水)는 것은 어부가 때에 맞추어 고기 잡고 어량을 설치하는 것이니, "봄에는 자라(鼈)와 모시조개(蜃)를 헌상하고, 가을에는 거북(龜)과 물고기(魚)를 헌상한다"[99]는 것이다. '불을 사용한다'(用火)는 것은 『주례』「하관夏官 · 사관司爟」에 "네 계절에 나라의 불을 바꾸어 계절의 질병을 구제한다"고 한 것과 "계춘季春에 불을 내고" "계추季秋에 불을 거두어 들인다"[100]는 것을 말한다. '금을 사용한다'(用金)는 것은 『주례』「지관地官 · 초인卝人」의 "때에 맞추어 금 · 옥 · 주석 · 돌을 취하는 것"[101]을 말한다. '나무를 사용한다'(用木)는 것은 『주례』「지관地官 · 산우山虞」의 "중동仲冬(하력 11월)에 양陽의 나무를 자르고, 중하仲夏(하력 5월)에 음陰의 나무를 자른다"는 것을 말한다. 음식은 "밥의 조리는 봄철에 준해서 한다. 국의 조리는 여름철에 준해서 한다. 장醬의 조리는 가을철에 준해서 한다. 음료수는 겨울철에 준해서 한다"[102]는 것을 말한다. '用水', 謂漁人以時漁爲梁, "春獻鼈蜃, 秋獻龜魚"也. '用火', 謂「司爟」"四時變國火, 以救時疾"及"季春出火""季秋納火"也. '用金', 謂「卝人」"以時取金玉錫石"也. '用木', 謂「山虞」"仲冬斬陽木, 仲夏斬陰木". 飮食, 謂"食齊視春時, 羹齊視夏時, 醬齊視秋時, 飮齊視冬時."

④ 『주례』「지관地官 · 매씨媒氏」에 "남자는 삼십 세에 장가들게 하고 여자는 이십 세에 시집가게 한다"고 한 것과 『주례』「하관夏官 · 사사司士」에 "사士의 업무성과를 평가하여 작록爵祿을 올리거나 내린다"고 한 것을 말한다. 謂「媒氏」"令男三十而取, 女二十而嫁."「司士」"稽士任, 進退其爵祿"也.

⑤ 농사철을 빼앗지 않는 것이다. 不奪農時.

⑥ 크게 순응하여 행하는(大順) 때에는 음양陰陽이 조화를 이룬다는 말이다. '곤충의 재앙'(昆蟲之災)은 메뚜기 등이다. 言大順之時, 陰陽和也. '昆蟲之災', 螟螽之屬也.

集說 귀하고 천함에 등급이 있으므로 예제禮制가 같지 않다. 검소해야 할 것에 풍성하게 해서는 안 되고 융숭하게 해야 할 것에 줄여서는 안 되니, 인정人情을 유지하여 교만하거나 방종하지 않게 하고, 상하上下를 보합保合하여 위란危亂에 이르지 않게 하는 방법이다. 성왕이 백성의 정情에 따르는 것은 마치 산을 편안히 여기면 시냇가로 옮겨 살게 하지 않고 물가를 편안히 여기면 평원으로 옮겨 살게 하지 않는 것과 같다. 그러므로 백성이 곤궁하거나 피폐하지 않게 된다. "수달이 물고기로 제사한 뒤에 우인虞人이 택량澤梁에 들어간다"103)는 것과 "봄에는 자라(鼈)와 모시조개(蜃)를 헌상하고, 가을에는 거북(龜)과 물고기(魚)를 헌상한다"104)는 부류, 그것이 '물을 사용하는 데 반드시 때에 맞게 한다'(用水必時)는 것이다. "봄에는 느릅나무와 버드나무의 불을 취하고 여름에는 대추나무와 살구나무의 불을 취하고 늦여름에는 뽕나무와 산뽕나무의 불을 취하고 가을에는 떡갈나무와 졸참나무의 불을 취하고 겨울에는 괴목나무와 박달나무의 불을 취한다"105)고 하고, 또 『주례』에 "계춘季春에 불을 내고" "계추季秋에 불을 거두어들인다"고 한 부류, 그것이 '불을 사용하는 데 반드시 때에 맞게 한다'(用火必時)는 것이다. 『주례』 「지관地官 · 초인卝人」의 "때에 맞추어 금, 옥, 주석, 돌을 취하는 것"106)과 「월령」(57)에 "계춘에 다섯 창고의 재료 상태를 조사하게 시키는데, 금과 철을 우선으로 살피게 하는 것", 그것이 '쇠붙이(金)을 사용하는 데 반드시 때에 맞게 한다'(用金必時)는 것이다. 『주례』 「지관地官 · 산우山虞」의 "중동仲冬(하력 11월)에 양陽의 나무를 자르고, 중하仲夏(하력 5월)에 음陰의 나무를 자른다"107)는 것, 그것이 '나무를 사용하는 데 반드시 때에 맞

게 한다'(用木必時)는 것이다. '음식飮食'은 "밥의 조리는 봄철에 준해서 하고, 국의 조리는 여름철에 준해서 한다"108)는 부류가 그것이다. '남녀를 결혼시킴'(合男女)에 반드시 그 나이에 맞게 하고, '작위를 나누어 줌'(頒爵位)에 반드시 그 덕에 맞게 하고, '백성에게 일을 시킴'(用民)에 반드시 농한기를 이용하는 것, 이 모두 순응함(順)으로 행하는 것이다. 그러므로 천지 사이의 화합을 불러오며 가뭄과 수재 및 해충의 재앙이 없다. '흉기凶饑'는 흉년이 들어 곡식이 익지 않는 것이다. '요妖'는 의복衣服·가요歌謠·초목草木 등의 재이災異를 말하고, '얼孽'은 짐승과 벌레의 재이를 말한다. 사가史家의 「오행지五行志」에 실려 있는바 대대로 있었다. '질疾'은 우환을 뜻한다. 貴賤有等, 故禮制不同. 應儉者不可豐, 應隆者不可殺, 所以維持人情, 不使之驕縱, 保合上下, 不使之危亂也. 聖王所以順民之情者, 如安於山則不徙之居川, 安於渚則不徙之居中原. 故民不困敝也. "獺祭魚, 然後虞人入澤梁"及"春獻鼈蜃, 秋獻龜魚"之類, 是'用水必時'也. "春取榆柳之火, 夏取棗杏之火, 季夏取桑柘之火, 秋取柞楢之火, 冬取槐檀之火", 又『周禮』"季春出火", "季秋納火"之類, 是'用火必時'也. 「卝人」'以時取金玉錫石'及「月令」"季春審五庫之量, 金鐵爲先", 是'用金必時'也. "仲冬斬陽木, 仲夏斬陰木", 是'用木必時'也. '飮食', 則如"食齊視春時, 羹齊視夏時"之類, 是也. '合男女'必當其年, '頒爵位'必當其德, '用民'必於農隙, 凡此皆是以順行之. 故能感召兩間之和, 而無旱乾·水溢及螟蝗之災也. '凶饑', 年凶穀不熟也. '妖', 謂衣服·歌謠·草木之怪, '孽', 謂禽獸·蟲豸之怪. 史家「五行志」所載代有之. '疾', 患也.

【예운 60】

(공자는 말하였다.) "그러므로 하늘은 도道를 아끼지 않고, 땅은 보

물을 아끼지 않으며, 사람은 정情을 아끼지 않는다. 그러므로 하늘은 단비를 내려주고 땅은 예천醴泉(좋은 물)을 내고, 산은 기물과 산거山車를 내고, 황하는 하도河圖를 등에 진 용마龍馬를 내며, 봉황과 기린이 모두 교郊의 수풀에 있고, 거북과 용이 궁소宮沼에 있으며, 그 외의 조수鳥獸의 알과 새끼는 (놀라지 않으므로) 모두 살펴볼 수 있다. 이것은 다른 까닭이 아니라 선왕이 예禮를 닦아 의義에 이르고, 믿음을 체회하여 순응하여 행함(順)에 이르렀기 때문이다. 그러므로 이것이 순順의 참됨(實)이다."④

"故天不愛其道, 地不愛其寶, 人不愛其情.① 故天降膏露, 地出醴泉, 山出器車, 河出馬圖, 鳳皇·麒麟皆在郊棷, 龜·龍在宮沼, 其餘鳥獸之卵胎, 皆可俯而闚也.② 則是無故,③ 先王能脩禮以達義, 體信以達順. 故此順之實也."④

鄭注 ① 아름다운 상서祥瑞가 나타나고 인정人情이 지극함을 말한 것이다. 言嘉瑞出, 人情至也.

② '고膏'는 달다는 뜻이다. '기器'는 은으로 된 독과(銀甕)와 붉은 시루(丹甑) 같은 것을 말한다. '마도馬圖'는 용마龍馬가 등에 도圖를 지고 출현하는 것이다. '수棷'[109]는 수풀을 뜻한다. '소沼'는 연못이다. '膏', 猶甘也. '器', 謂若銀甕·丹甑也. '馬圖', 龍馬負圖而出也. '棷', 聚草也. '沼', 池也.

③ 그렇게 만든 별개의 일이 있는 것이 아니다. 非有他事使之然也.

④ '실實'은 진실하다는 뜻과 같다. 극진하다는 뜻이다. '實', 猶誠也. 盡也.

集說 구설舊說에 '기器'는 은으로 된 독(銀甕)과 붉은 시루(丹甑[110])이다. '거車'는 산거山車[111])가 갈고리 모양으로 구부러져 있는 것(垂鉤)으로, 주물러

휘어서 다스리지 않아도 저절로 둥글게 구부러진 것을 말한다. 진晉나라 때 항산恒山의 큰 나무가 저절로 뽑혔는데, 뿌리 아래에 구슬(璧) 70개와 규圭 73개가 있었다. 모두 빛과 색깔이 영롱하고 기이하여 보통의 옥과 달랐다.[112] 또 장액군張掖郡의 유곡柳谷에서 난 돌에 팔괘八卦와 황결璜玦[113]의 상象이 있었는데[114] 또한 그런 부류이다. '수椒'는 수풀(藪)과 같은 뜻이다. 용의 변화는 예측하기 어렵고 반드시 궁宮의 연못에 있는 것이 아니니, 또한 순응하여 행함(順)을 지극히 함으로써 감통시켜 이르게 하는 것의 탁월하고 남다름을 지극하게 말한 것이다. 말 때문에 그 취지를 왜곡하지 않는 것이 좋다. '예를 닦아 의義에 이른다'(脩禮以達義)는 것은 이 예를 닦아 교화의 방책으로 삼아서 천하에 통용시킴에 의에 합당하지 않음이 없다는 것이다. '믿음을 체회하여 순응하여 행함(順)에 이른다'(體信以達順)는 것은 자신을 돌이켜 진실하여서 천하에 통용시킴에 순응하지 않음이 없다는 것이다. 이것은 지극한 공효이다. 그러므로 '이것은 순順의 참됨(實)이다'(此順之實也)라고 맺은 것이다. ○ 정자程子는 말한다. "군자가 경敬으로 자신을 닦아 독실하고 공손하면 천하가 평안해질 것이다. 오직 상하가 공경恭敬에 하나가 되면 천지天地가 스스로 제자리에 위치하고 만물이 스스로 자라나 사령四靈이 반드시 이른다. 이것이 믿음(信)을 체회하여 순順에 이르는 도道이다."[115] ○ 주자朱子는 말한다. "믿음(信)은 참된 리(實理)고, 순順은 화평한 기(和氣)다. 믿음을 체회함은 중中을 이룬 것이요, 순順에 이름은 화和를 이룬 것이다. 이 도리를 자신에서 참되게 체회하면 저절로 발發하여 절도節度에 맞게 되고, 천하에 미루어 행함에 통하지 않음이 없게 된다."[116] 舊說, '器'爲銀甕丹甑. '車'爲山車垂鉤, 謂不待揉治而自圓曲也. 晉時恒山大樹自拔, 根下有璧七十圭七十三. 皆光色精奇, 異常玉. 又張掖柳谷之石, 有八卦璜玦之象, 亦此類也. '椒', 與藪同. 龍之變化叵測, 未必宮沼有之, 亦極言至順感召之卓異耳. 不以辭害意可也. '脩禮以達

義'者, 脩此禮以爲敎, 而達之天下無不宜也. '體信以達順'者, 反身而誠, 而達之天下, 無不順也. 此極功矣. 故結之曰: '此順之實也.' ○ 程子曰: "君子脩己以敬, 篤恭而天下平. 惟上下一於恭敬, 則天地自位, 萬物自育, 而四靈畢至矣. 此體信達順之道." ○ 朱子曰: "信是實理, 順是和氣. 體信是致中, 達順是致和. 實體此道於身, 則自然發而中節, 推之天下, 而無所不通也."

역주

1) 사는 ~ 제사하고 : 이 말은 「郊特牲」(46)에 나온다.

2) 상위 : 宮門 밖에 법령을 기록한 象版을 걸어놓는 門闕이다. 魏는 門闕이 높다는 뜻이다. 象魏·闕·觀은 서로 이름만 다를 뿐이지 같은 것으로 천자는 兩觀이고 제후는 一觀이다. 『三禮辭典』, 868쪽 참조.

3) 꿈에 주공을 뵌다 : 『논어』 「述而」에 "심하다, 나의 늙음이여. 오래되었구나, 내가 꿈에 주공을 뵙지 못한 것이"(甚矣, 吾衰也. 久矣, 吾不復夢見周公)이라고 하였다.

4) 예는 ~ 징표 : 『노자』 38장에 나온다.

5) 현명하고 ~ 선발하며 : 王引之는 '選賢與能'의 '與'는 '擧'가 되어야 한다고 했다. 『大戴禮』 「王言」에 "選賢擧能"(현명한 자를 뽑고 능력 있는 자를 천거한다)이라 한 것을 예로 들었다. 『禮記訓纂』上, 331쪽 참조.

6) 법령이 ~ 생긴다 : 『노자』 57장에 "천하에 금기하고 기피하는 것이 많으면 백성이 더욱 가난해지고, 백성에게 이로운 기물이 많아지지만 나라가 더욱 혼란해진다. 백성들에게 교묘한 기술이 많아지면 기이한 물건이 더욱 생기고, 법령이 더욱 명확해지면 도적이 많이 생긴다"(天下多忌諱, 而民彌貧, 民多利器, 國家滋昏, 人多伎巧, 奇物滋起, 法令滋彰, 盜賊多有)라고 하였다.

7) 예를 ~ 여긴다 : 『노자』 38장에 "대저 禮는 忠信이 엷어진 징표요 분란이 발생하는 시작이다"(夫禮者, 忠信之薄, 而亂之首)라고 하였다.

8) 탁록의 전쟁 : 黃帝와 蚩尤 사이의 전쟁을 말한다. 『사기』 「五帝本紀」에 "蚩尤가 난을 일으켜 帝의 命을 따르지 않자, 이에 黃帝가 제후를 모아 거느리고 蚩尤와 涿鹿의 들에서 전쟁을 하였다"(蚩尤作亂, 不用帝命, 於是黃帝乃徵師諸侯, 與蚩尤戰於涿鹿之野)라고 하였다.

9) 묘족 정벌 : 禹가 舜의 명을 받아 有苗를 정벌한 것을 가리킨다. 관련 내용은 『書』 「大禹謨」에 나온다.

10) 탕왕과 무왕의 일 : 은나라 탕왕이 하나라 桀을 치고, 주나라 무왕이 은나라 紂를 정벌한 일이다.

11) 예가는 ~ 한다 : 관련 내용은 「曲禮上」(23)에 보인다.

12) 충신이 각박해진 것 : 관련 내용은 『노자』 38장에 나온다.

13) 主 : 『예기집설대전』에는 '主'로 되어 있으나 『陳氏禮記集說』에 '王'으로 되어 있다. 여기서는 군주에 대한 통칭인 '임금'으로 번역하였다.

14) 쥐를 ~ 않겠는가? : 이 말은 『詩』 「鄘風·相鼠」에 나온다.

15) 천하, 국가와 가 : 공영달의 소에 "天下는 天子를, 國은 諸侯를, 家는 卿과 大夫를 가리킨다"(天下謂天子, 國謂諸侯, 家謂卿大夫)라고 하였다.

16) 교령 : 교화를 위해 선포하는 권고, 훈계, 금기 등의 명령을 말한다.

17) 물사를 이끌어 나오는 것으로 : 공영달의 소에 "宗廟는 仁義를 이끌어 나오게 할 수 있고, 山川은 (구름과 비가) 흥하여 일어남을 이끌어 나오게 할 수 있고, 五祀는 制度를 이끌어 나오게 할 수 있고, 또 모두 함께 복과 경사를 이끌어 나오게 할 수 있다"(宗廟能引出仁義, 山川能引出興作, 五祀能引出制度, 又俱能引出福慶)라고 하였다.

18) 오사 : 戶·竈·中霤·門·行에 지내는 제사이다. 자세한 설명은 「曲禮下」(82) 注, 「祭法」(13) 注 참조.

19) 예에는 ~ 없다 : 「祭統」(1)에 "무릇 사람을 다스리는 道 가운데 예보다 시급한 것이 없다. 예에는 五經(다섯 가지 근간)이 있는데 그 중에서 제사보다 중요한 것은 없다"(凡治人之道, 莫急於禮. 禮有五經, 莫重於祭)라 하였다.

20) 『하소정』 : 『大戴禮記』 제47편 편명이다. 현존하는 중국에서 가장 오래된 현존하는 月令이다. 원래는 經과 傳이 나뉘어 있었다고 하나 지금은 이어져서 나눌 수 없다. 『三禮辭典』, 616~617쪽 참조.

21) 문헌이 ~ 때문이다 : 『논어』 「八佾」에 "내가 夏나라의 禮를 말할 수 있지만, 杞의 유산으로는 내 말을 증명하기가 부족하다. 殷나라의 禮를 내가 말할 수 있지만, 宋의 유산으로는 내 말을 증명하기가 부족하다. 문적과 학자가 부족하기 때문이다. 충분하다면 나는 증명할 수 있다"(夏禮吾能言之, 杞不足徵也. 殷禮吾能言之, 宋不足徵也. 文獻不足故也, 足則吾能徵之矣)라고 하였다.

22) 『곤건』을 ~ 합치시키고 : 『주례』 「春官·大卜」에 "세 易의 法을 관장하는데, 첫째 連山, 둘째 歸藏, 셋째 周易이다"(掌三易之法, 一曰連山, 二曰歸藏, 三曰周易)라고 하였고, 「春官筮人」에 "세 易을 관장하여 九筮의 명호를 변별하는데, (세 역은) 첫째 連山, 둘째 歸藏, 셋째 周易이고, 九筮의 명호는 첫째 巫更, 둘째 巫咸, 셋째 巫式, 넷째 巫目, 다섯째 巫易, 여섯째 巫比, 일곱째 巫祠, 여덟째 巫參, 아홉째 巫環으로, 이들로 吉凶을 판별한다"(掌三易以辨九筮之名, 一曰連山, 二曰歸藏, 三曰周易, 九筮之名一曰巫更, 二曰巫咸, 三曰巫式, 四曰巫目, 五曰巫易, 六曰巫比, 七曰巫祠, 八曰巫參, 九曰巫環, 以辨吉凶)라고 하였다.

23) 『노론』 : 현재의 『논어』를 가리킨다. 『논어』는 본래 『魯論』·『齊論』·『古論』 세 종류가 있었으나, 중간에 『魯論』을 중심으로 현재의 『논어』로 재편된 후 나머지는 산실되어 전하지 않는다.

24) 괴부와 토고 : 흙으로 만든 북채와 북이다.

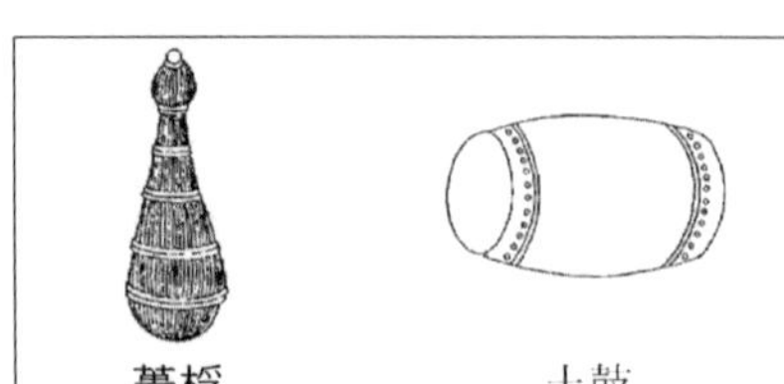

『欽定禮記義疏』(淸)

25) 반함 : 생쌀과 조개 등을 死者의 입에 넣어 아름답게 장식하는 의절이다. 「檀弓上」(68) 참조.

26) 죽은 자를 전송하는 전 : 遣奠을 가리킨다. 葬奠이라고도 하며, 널을 구거에 싣고 장지로 떠나기 전에 지내는 喪祭이다. 「檀弓上」(68) 참조.

27) 『운』 : 金나라 泰和 8年(1208)에 韓道昭가 완성한 『五音集韻』을 가리키는 것으로 보인다. 인용문은 '笵' 항목의 注에 나온다.

28) 오제는 ~ 침제이다 : 이 말은 『주례』 「天官 · 酒正」에 나온다. "다섯 가지 술의 이름을 구분하면, 첫째 泛齊, 둘째 醴齊, 셋째 盎齊, 넷째 緹齊, 다섯째 沈齊라고 한다"(辨五齊之名, 一曰泛齊, 二曰醴齊, 三曰盎齊, 四曰緹齊, 五曰沈齊)에 대해 정현은 "범제는 술이 숙성되면 찌꺼기가 둥둥 떠 있다. 오늘날 宜成醪(막걸리)와 같다. 醴는 體(형상)와 같은 뜻이다. 숙성이 되면 즙과 찌꺼기가 서로 반반씩 된다. 오늘날의 恬酒와 같다. '盎'은 翁의 뜻과 같다. 술이 익으면 파르스름하게 푸른빛이 도는 흰색이 된다. 오늘날의 酇白(흰색의 술)과 같은 술이다. 緹齊는 숙성되면 주황빛이 된다. 오늘날의 下酒와 같다. 침제는 숙성되면 찌꺼기가 가라앉는다. 오늘날의 造清과 같다. 예제 위로는 더욱 탁하여 걸러서 따르는 술이다. 앙제 아래로는 차츰 더 맑은 술이다. 그 모양의 유형이 그러한 것이고, 옛날의 제조법은 다 알지 못한다"(泛者, 成而滓浮泛泛然. 如今宜成醪矣. 醴猶體也. 成而汁滓相將. 如今恬酒矣. '盎'猶翁也. 成而翁翁然蔥白色. 如今酇白矣. 緹者, 成而紅赤. 如今下酒矣. 沈者, 成而滓沈. 如今造清矣. 自醴以上尤濁, 縮酌者. 盎以下差清. 其象類則然, 古之法式, 未可盡聞)라고 하였다.

29) 神 : 衛湜의 『禮記集說』에 인용된 정현 주에는 이 '神' 뒤에 '之'가 있다.

30) 예는 ~ 뜻인데 : 이 말은 『주례』 「天官 · 酒正」의 醴齊에 대한 정현의 주에 나오는데, 가공언은 소에서 "술이 숙성되었을 때 위와 아래가 일체가 되어 즙과 찌끼가 서로 함께 있기 때문에 醴齊라고 이름한다"(熟時, 上下一體, 汁滓相將, 故名醴齊)라고 하였다. 곧 술과 찌끼가 한 덩어리가 되어 있다는 뜻에서 '體'라고 한 것이다.

31) 옹 : 파리하다는 뜻인데 창백하게 될 때 띠는 푸른색을 말한다.

32) '축'은 ~ 보인다 : 祝은 「曾子問」(2 · 3 · 50 · 51), 嘏에 대해서는 「曾子問」(51) 진호의 주에 설명이 자세하다.

33) 주인이 장형제에게 ~ 미치는 : 『의례』 「特牲饋食禮」에 "주인이 술잔을 씻은 후 조계 위쪽에서 長兄弟에게 술을 올려 獻의 예를 행하는데, 빈에게 헌의 예를 행하는 때와 동일한 절차로 한다. 주인이 술잔을 씻은 후 衆兄弟들에게 술을 올려 獻의 예를 행하는데, 중빈들에게 헌의 예를 행할 때와 동일한 절차로 한다"(主人洗爵, 獻長兄弟於阼階上, 如賓儀. 洗, 獻衆兄弟, 如衆賓儀)라고 하였다.

34) 군주는 ~ 있는다 : 이 말은 「禮器」(60)에 나온다.

35) 잔을 건네는 것 : 『의례』 「特牲饋食禮」에 보이는데, 부부가 각기 자기 자리에서 자신의 상대에게 술을 따라 건네는 것을 가리킨다.

36) 『효경설』 : 이 책은 현재 전하지 않는다. 『한서』 「儒林傳 · 王式傳」에 "博士 江公은 집

안이 대대로 『魯詩』의 宗長이었는데, 江公에 이르러 『孝經說』을 저술하였다"(博士江公, 世爲『魯詩』宗, 至江公著『孝經說』)라고 한다. 江公의 행적은 자세하지 않다.

37) 첫째 ~ 폐호이다 : 『주례』 「春官 · 大祝」에 나오는 말이다.

38) 신호는 ~ 것으로 : 이 내용은 『주례』 「春官 · 大祝」의 "육호를 변별한다. 첫째는 신호이고, 둘째는 귀호, 셋째는 기호, 넷째는 생호, 다섯째는 생호, 여섯째는 자호이다"(辨六號, 一曰神號, 二曰鬼號, 三曰示號, 四曰牲號, 五曰齍號, 六曰幣號)라고 한 것에 대한 정현의 주에 나온다.

39) 『주례』에서 ~ 사용한다 : 『주례』에 越席은 나오지 않는다. 疏布는 『주례』 「天官 · 冪人」의 "冪人은 巾(술동이를 덮는 덮개보)과 冪(술동이 덮개)을 함께 갖추는 것을 담당한다. 祭祀에는 거친 베를 사용하여 八尊에 巾과 冪으로 덮고, 고운 베를 사용하여 六彝에 巾과 冪으로 덮는다. 무릇 王의 巾에는 모두 보불의 문장이 있다"(冪人, 掌共巾 · 冪. 祭祀以疏布巾 · 冪八尊, 以畫布巾 · 冪六彝. 凡王巾皆黼)라고 하였다. 정현은 주에서 "疏布를 사용하는 것은 天地의 神에게 제사할 때에는 質을 높이기 때문이다"(以疏布者, 天地之神尙質)라고 하였다.

40) 조천 : 천자와 제후의 종묘제사에서 처음에 제사를 시작할 때 하는 의절로, 朝事라고도 한다. 곧 降神의 예(祼)를 하고 나서 진행하는 醴酒를 따라 올리고(獻醴), 피와 날고기를 올리는(薦血腥) 의절을 말한다. 『주례』 「春官 · 司尊彝」의 "朝踐의 예에 두 동이의 獻尊을 쓴다"(其朝踐用兩獻尊)에 대한 정현의 주에 "朝踐은 피와 날고기를 올리고 예주를 따라 올려 제사를 시작하는 것을 말한다"(朝踐, 謂薦血腥, 酌醴, 始行祭事)라고 하였다. 이에 대한 공영달의 소에 朝踐의 과정과 내용에 대한 상세한 설명이 있어 참조가 된다.

41) 궤사 : 제사에서 익힌 음식과 黍稷을 올리는 것으로 시작하는 의절을 饋食이라고 한다. 『의례』 「特牲饋食禮」의 정현 주에 "제사에서 익힌 음식으로부터 시작하는 것을 饋食이라고 한다. 익힌 음식을 올리는 것(饋食)은 식사의 도리다"(祭祀自孰始曰饋食. 饋食者, 食道也)라고 하였다. 천자와 제후가 선왕에게 제사를 올릴 때 降神의 예(祼)를 하고 나서, 술을 따라 올리고(獻醴), 피와 날고기를 올리는(薦血腥) 朝踐 또는 朝事를 먼저 행한다. 그러고 나서 익힌 음식을 올리는(薦熟) 饋食을 행한다. 그러나 大夫와 士의 제사는 朝踐의 절차가 없이 饋食로부터 시작한다. 그러므로 『의례』에서 제사를 饋食禮라고 한 것이다. 『三禮辭典』, 1264쪽, '饋食' 항목 참조.

42) 보 · 궤 · 변 · 두 · 형 그림 :

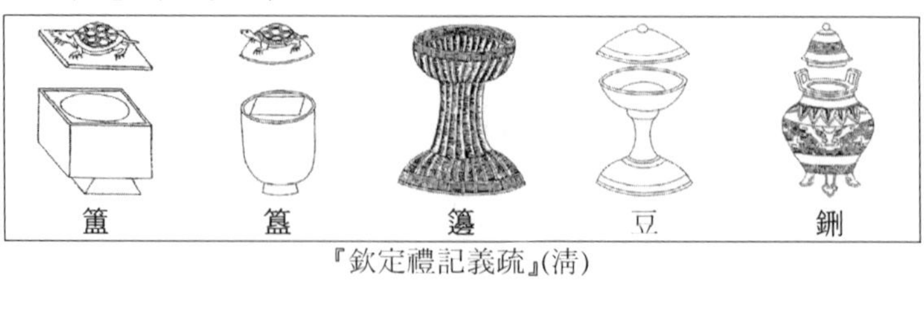

『欽定禮記義疏』(淸)

43) 교제사를 ~ 상하고 : 『춘추』 宣公 3년 조 경문에 "三年春王正月에 郊祭에 사용하는 소의 입이 상하였다. 소를 바꾸어서 점을 쳤는데, 소가 죽었다. 이에 교제를 지내지 않았다. 그런데도 三望(分野 · 산 · 하천에 대한 望祭)의 제사를 지냈다"(三年春王正月, 郊牛之口傷. 改卜牛, 牛死. 乃不郊. 猶三望)라고 하였다.

44) 생쥐가 ~ 갉아먹었으며 : 『춘추』 成公 7년 조 경문에 "7년 춘왕 정월, 생쥐가 교제를 위해 키운 소의 뿔을 갉아먹었다. 소를 바꾸어 점을 쳤는데, 생쥐가 또 그 뿔을 갉아먹었다. 이에 소를 희생을 쓸 것에서 해지하여 (죽이지 않고) 풀어주었다"(七年春王正月, 鼷鼠食郊牛角. 改卜牛, 鼷鼠又食其角. 乃免牛)라고 하였다.

45) 네 차례 ~ 있었으니 : 『춘추좌씨전』 僖公 31년 조에 "여름 4월, 네 번 교제일을 점쳤는데 길하지 않았다. 이에 희생을 (죽이지 않고) 풀어주었다. 예가 아니다"(夏四月, 四卜郊, 不從. 乃免牲. 非禮也)라고 하였다.

46) 노나라가 ~ 있다 : 『논어』 「雍也」에 "齊나라가 한 번 변하면 魯나라의 수준에 이르고, 魯나라가 한 번 변하면 道가 행해지는 수준에 이른다"(齊一變, 至於魯, 魯一變, 至於道)라고 하였다.

47) 육호 : 『주례』 「春官 · 大祝」에 "六號를 변별하는데, 첫째 神號, 둘째 鬼號, 셋째 示號, 넷째 牲號, 다섯째 齍號, 여섯째 幣號이다"(辨六號, 一曰神號, 二曰鬼號, 三曰示號, 四曰牲號, 五曰齍號, 六曰幣號)라고 하였다.

48) 관중은 ~ 하겠는가? : 이 말은 『논어』 「八佾」에 나온다.

49) 전록 : 이 용어의 의미는 「曲禮下」(22)의 역주 참조.

50) 대부에게는 판현의 악이 있고 : 『주례』 「春官 · 小胥」에 "樂縣의 자리를 바로잡는데, 王은 宮縣, 諸侯는 軒縣, 卿과 大夫는 判縣, 士는 特縣으로 하여, 그 소리를 변별한다"(正樂縣之位, 王宮縣, 諸侯軒縣, 卿大夫判縣, 士特縣, 辨其聲)라고 하였다. 정현의 주에 따르면 宮縣은 4면에 악기를 메달고, 軒縣은 3면에, 判縣은 2면에, 特縣은 1면에 악기를 매다는 것을 말한다.

51) 최상 : 居喪을 하는 동안 입는 옷으로 상의를 衰, 하의를 裳이라고 한다. 『의례』 「喪服」 "상복은 衰와 裳의 아랫단을 꿰매지 않는다"(喪服, 斬衰裳)의 정현 주에 "무릇 복식에서 상의를 衰, 하의를 裳이라고 한다"(凡服, 上曰衰, 下曰裳)라고 하였다.

52) 진백의 ~ 달아났다 : 이 말은 『춘추좌씨전』 昭公 원년 조에 나온다. "癸卯일에 鍼이 晉으로 갔는데, 그 수레가 1000乘이었다. '秦伯의 동생 鍼이 晉으로 달아났다'라고 쓴 것은 秦伯에게 죄를 돌린 것이다"(癸卯, 鍼適晉, 其車千乘. 書曰'秦伯之弟鍼出奔晉', 罪秦伯也)라고 하였다.

53) 관직에 ~ 한다 : 이 말은 『춘추좌씨전』 隱公 18년 조에 나온다. "無駭가 죽자, 羽父가 諡와 族을 내려주기를 요청하였다. 은공이 衆仲에게 族에 대하여 물었다. 衆仲이 대답하기를, '天子는 德이 있는 이를 제후로 세워 출생한 것을 따라 姓을 내려주고, 토지로 보답하여 氏를 명해준다. 諸侯는 字로 諡를 삼고, 그 字를 이용하여 族稱을 삼는다.

가령 관직에 대대로 공로가 있으면, 관직의 명칭을 族稱으로 삼는 것이 있다. 邑의 경우도 또한 (邑을 다스림에 공로가 있을 경우) 그와 같이 한다'라고 하였다. 은공은 字를 가지고 氏를 주어 展氏로 삼았다."(無駭卒, 羽父請謚與族. 公問族於衆仲. 衆仲對曰: '天子建德, 因生以賜姓, 胙之土而命之氏. 諸侯以字爲謚, 因以爲族. 官有世功, 則有官族. 邑亦如之.' 公命以字爲展氏)

54) 예적 : 태사가 담당하는 각종의 忌諱 사항을 기록해놓은 책이다.

55) 진나라 ~ 당하였다 : 관련 내용은 『춘추좌씨전』 宣公 10년 조에 나온다. "陳나라 靈公과 孔寧, 儀行父가 夏氏의 집에서 술을 마셨다. 公이 行父에게 말하였다. '徵舒는 자네를 닮았어.' 행보가 대답하였다. '또한 임금을 닮았습니다.' 徵舒가 병통으로 여겼다. 공이 나오자 자신의 마구간에서 활을 쏘아 살해하였다. 두 사람은 楚나라로 달아났다."(陳靈公與孔寧·儀行父飮酒於夏氏. 公謂行父曰: '舒似女.' 對曰: '亦似君.' 徵舒病之. 公出, 自其廐射而殺之. 二子奔楚) 닮았다는 것은 곧 徵舒의 모친인 夏姬가 분방하여 이들이 하희와 정을 통하였기 때문에 희롱하여 말한 것이다. 인용문은 이러한 희학질이 화근이 되어 陳靈公이 결국 夏姬의 아들 徵舒에게 시해당하였음을 말한 것이다.

56) 도신 : 국가의 재정을 사적으로 횡령하는 신하를 말한다. 「大學」(64)에 "百乘(사백필의 말)을 소유한 집안에서는 賦稅를 거두는 것을 급선무로 삼는 신하를 두지 않는다. 부세를 거두는 데 골몰하는 신하를 두기보다는 차라리 자신의 재산을 축내는 신하를 둔다"(百乘之家, 不畜聚斂之臣. 與其有聚斂之臣, 寧有盜臣)라고 하였다.

57) 『주례』의 ~ 있다 : 관련 내용은 『주례』 「地官·大司徒」에 나온다. 會는 '계산한다'(計)는 뜻으로 읽는다. '土計之法'은 해당 부분 정현의 주과 공영달의 소에 따르면, 조정에 내야 할 貢物의 배당을 위해 천하의 지역을 계산하는 방법을 뜻한다. 다섯 가지 지형(五地)은 지형의 환경에 따라 山林·川澤·丘陵·墳衍(하천 주변[墳]과 낮은 평지[衍])·原隰 등 다섯 가지로 나누는 것이다.

58) 『서』에 ~ 하였으니 : 관련 내용은 『書』 「皐陶謨」에 나온다.

59) 인의 측면에 ~ 독실해진다 : 관련 내용은 「大傳」(14)에 나온다.

60) 어떻게 ~ 한다 : 이 말은 『역』 「繫辭下」에 나온다.

61) 문왕과 ~ 좋아한다 : 이 말은 『맹자』 「告子上」에 나온다.

62) 인은 ~ 한다 : 이 말은 『朱子語類』 권87에 나온다.

63) 愛 : 현행본 『朱子語類』에는 이 '愛'가 없다. 어세상 필요 없는 글자이다.

64) "애와 욕은 ~ 것이다 : 이 말은 『朱子語類』 권87에 나온다.

65) 산과 ~ 통한다 : 『역』 「繫辭傳」에 나오는 말이다.

66) 그믐달과 초생달이 때를 잃음 : 朓는 그뭄이 되었는데 달이 서쪽에 보이는 것을, 朒은 월 초에 달이 동쪽에 보이는 것으로 모두 달의 운행이 느려져 주기에 맞지 않음을 말한다.

67) 呂 : 어떤 본에는 경방률에 따라 呂 자가 事 자로 되어 있다. 『예기주소』 691쪽, 교감기 참조.

68) 육화 : 신맛을 내는 것, 쓴맛을 내는 것, 매운맛을 내는 것, 짠맛을 내는 것, 기름, 단맛을 내는 것 등 여섯 가지 조미료를 사용하여 조미하는 방법을 말한다. 이 조미 방식에서 계절의 특성에 따라 봄에는 신맛, 여름에는 쓴맛, 가을에는 매운맛, 겨울에는 짠맛을 기본 맛으로 삼으면서 나머지 조미료를 보조로 사용하는데, 기름과 단맛을 내는 조미료는 공통적으로 사용한다. 이상 정현 주와 陳澔 집설을 요약한다.

69) 토는 ~ 한다 : 이 말은 『주례』 「冬官 · 畫繢」에 나온다.

70) 「월령」의 ~ 부류이다. : 봄에 청색 옷을 입는 것은 「月令」(7 · 25 · 47)에 나오고, 여름에 적색 옷을 입는 것은 「月令」(71 · 91 · 116)에 나온다.

71) 천도는 ~ 준다 : 이 말은 『書』 「仲虺之誥」에 나온다.

72) 혹자가 '사람이 ~ 것이다 : 이 말은 『朱子語類』 권87에 나온다.

73) 사령을 ~ 있다 : 집설의 취지에 따르면, 사령은 본래 집에서 기르는 가축이 아니지만, 정치를 잘하여 그 결과 사령이 출현함이 집에서 가축을 길러 길들인 것과 한 가지기 때문에 사령을 가축으로 삼는다고 한 것이다. 또한 사령이 출현하면 그 사령의 족속들도 모두 번성하므로 그들을 음식에 쓸 수 있다고 말한 것이다. 정현은 이 음식을 제사에 바치는 음식으로 설명하였다. 곧 사령을 출현하게 하는 정치를 하면, 제사에 바치는 음식에 희생으로 쓸 수 있는 가축이 풍부하다는 취지로 이해할 수 있다.

74) 이것은 ~ 것이다 : 『춘추』는 隱公 원년 조에서 시작하며, 끝부분에 가서 기린을 포획한 기사(哀公 14년 조)와 공자의 사망(哀公 16년 조)을 기록하고 있다. 포괄한다는 것은 『춘추』의 기사가 경문에서 말한 天地와 陰陽에서 四靈에 이르는 내용들을 모두 포괄하고 있다는 뜻이다.

75) 여씨가 ~ 때문이다 : 『呂氏春秋』의 「十二紀」는 春夏秋冬의 사계절로 나눈 「月令」 형식의 기술을 하고 있는데 그 내용은 자연 · 정치 · 사상을 포괄하는 백과전서적 성격을 가지고 있다. '月令'이 아닌 '春秋'라고 이름을 붙인 것에 대하여 정현은 위 경문의 내용을 포괄하고 있기 때문이라고 여긴 것이다.

76) 준 : 의례의 진행에서 주인을 돕는 有司로 賓을 돕는 유사인 介와 짝을 이룬다. '遵'과 통용한다. '僎爵', '僎賓'이라고도 한다. 『의례』 「鄉飮酒禮」에 자세한 설명이 보인다.

77) 예에서 ~ 그것이다 : 관련 내용은 「鄉飮酒義」(14)에 나온다.

78) 일중성조 : 이 말은 『書』 「堯典」에 나온다. 日中은 밤과 낮의 길이가 같다는 뜻으로 춘분을 뜻한다. 星鳥의 鳥는 28宿 중 남방의 7宿 井 · 鬼 · 柳 · 星 · 張 · 翼 · 軫를 총칭하는 말로 朱鳥라고 한다. 곧 밤과 낮의 길이가 같은 춘분의 시기에 혼중성은 鶉火星인데 이 별이 남방 7수에 걸쳐 보임을 말한다.

79) 일영성화 : 이 말은 『書』 「堯典」에 나온다. 日永은 낮이 밤보다 더 길다는 뜻으로 낮이 가장 긴 하지 때를 가리킨다. 星火의 火는 大火星을 가리킨다. 하지 때 저녁에 남중하는 昏中星이다. 곧 낮의 길이가 가장 긴 하지 때 혼중성은 대화성임을 말한다.

80) 사람들이 ~ 것이다 : "道에 머물고 바른 데로 나아간다"(宿道向方)는 말은 『순자』 「王覇」

에 나온다. 본래는 군주가 재상을 잘 뽑아 정사를 맡기면 모든 관리가 재상의 지휘에 따라 도에서 이탈하지 않고 바른 데로 나아감을 뜻한다. "방에 아랫목(奧)이 있다"는 말은 「仲尼燕居」(13)에 나온다. 성인이 제정한 제도에는 모두 예에 의거한 기준들이 있어, 가령 어림잡아 대강 짓는 집일지라도 尊者가 머무는 아랫목(奧) 정도는 구분해놓는 법도를 갖춘다는 뜻이다. 이 구절은 人情을 禮로써 잘 인도하면, 대강 짓는 집도 일정한 법식을 갖추는 것처럼, 사람들이 매사 도에 의거하고 바른 데로 나아가려는 의지를 기본적으로 지니게 됨을 뜻한다.

81) 육축 : 말·소·양·닭·개·돼지 등 희생으로 쓰는 가축을 지칭하는 말이다. 『주례』 「天官·庖人」과 『춘추좌씨전』 등에 용례가 보인다.

82) 사보 : 이 말은 「文王世子」(18)에 나온다. 설명은 해당 부분 진호 집설 참조.

83) 식화 : 『書』 「洪範」에서는 糧食과 財貨를 뜻한다. 후대에는 국가의 재정과 경제를 총칭하는 개념으로 많이 사용되었다.

84) 삼로와 오경 : 삼로와 오경은 각각 1인씩이다. 일설에 삼로는 3인, 오경은 5인이라고 한다. 모두 연로하고 경험을 쌓아서 퇴관한 사람들이다. 삼로와 오경이라는 명칭은 三辰과 五星에서 취했다고 한다. 또 일설에 삼로는 三公의 퇴관자, 오경은 孤卿의 퇴관자라고 한다. 고경은 삼공 다음가는 관직으로 少師·少傅·少保의 三孤이다. 「樂記」(74), 「祭義」(46, 47) 등에도 용례가 보인다.

85) 셋을 ~ 이루는 : 셋은 天·地·人 세 氣를 뜻하고, 하나는 이 세 기가 혼연히 합해져 아직 분화되지 않고 하나의 기를 이루고 있는 것을 말한다. 『한서』 「律曆志」에 "太極의 元氣는 셋을 포함하면서 하나가 된다. '極'은 중앙(中)을 뜻한다. '元'은 시작의 뜻이다"(太極元氣, 函三爲一. '極', 中也. '元', 始也)라고 하였고, 顏師古의 注에 孟康의 말을 인용하여 "元氣는 子時에 시작하는데, 아직 분화되지 않은 때, 天·地·人이 혼연히 합해져 하나를 이룬다. 그러므로 子의 數는 유독 一이다"(元氣始起於子, 未分之時, 天地人混合爲一. 故子數獨一也)라고 하였다.

86) 기관어천야 : 石梁王氏의 취지는 이 구절이 '하늘을 본받는다'는 뜻이 아니라 '하늘에 의해서 주관된다'는 뜻으로 이해해야 한다는 것이다. 따라서 아래에서 『장자』의 구절을 인용한 것이다.

87) 천지를 관으로 삼는다 : 『장자』 「德充符」에 "天地를 官으로 삼고, 萬物을 府로 삼는다"(官天地, 府萬物)는 말에서 가져온 것이다. 「장자」의 구절은 자신이 직접 관여하여 다스리지 않고 천지와 만물을 통해 다스림으로써 物과 我를 모두 온전히 하는 것을 의미한다.

88) 오사에 ~ 두는 것 : 이 말은 「禮運」(42)에 나온다.

89) 예가 ~ 말한다 : 「禮運」(39)의 정현 주 참조.

90) 의는 ~ 나온다 : 『孝經說』은 현재 전하지 않는다.

91) 정실 : 貢物을 종묘의 뜰에 진설해놓는 것, 또는 그 공물을 의미한다. 『의례』 「覲禮」에 관련 내용이 보인다. 『三禮辭典』, 632쪽, '庭實' 참조.

92) 군자는 ~ 행한다 : 진호의 취지에 따른 것이나, 경문의 문맥 상 "군자는 그 예로 인해 두텁게 되고 소인은 그 예로 인해 박하게 된다"는 뜻으로 해석하는 것이 합당해 보인다.

93) 인을 ~ 못된다 : 『논어』「里仁」에 "어진 사람은 仁을 편안하게 여기고, 지혜로운 사람은 인을 이롭게 여긴다"(仁者安仁, 知者利仁)라고 하였다.

94) 도를 닦는 가르침 : 이 말은 「中庸」 첫머리에 "천명을 가리켜 性이라고 말하고, 性에 따르는 것을 가리켜 道라고 말하고, 道를 수양하는 것을 가리켜 敎라고 한다"(天命之謂性, 率性之謂道, 修道之謂敎)라고 하였다.

95) 仁 : 정리본에는 '人'으로 되어 있으나 오기이므로 바로잡는다.

96) 모든 ~ 행하는 것 : 이 말은 「祭統」(2)에 보인다.

97) 장자 : 북송의 성리학자 張載를 가리킨다. 「西銘」, 『正蒙』 등의 저술이 있고, 문집으로 『張載集』이 선한다. 인용된 문장은 『近思錄』「道體」에 "禮儀三百, 威儀三千, 無一物而非仁也"로 인용되어 있다.

98) 위태로운 ~ 때문이다 : 이 말은 『역』「繫辭下」에 나온다.

99) 봄에는 ~ 헌상한다 : 이 말은 『주례』「天官・鼈人」에 나온다.

100) 계춘에 ~ 거두어들인다 : 이 말 역시 『주례』「夏官・司爟」에 나온다. 出火는 초봄에 들판을 태워 농사를 돕는 것을 가리키고, 內火는 가을에 들판에 불을 놓아 태우는 것을 금지시키는 것을 말한다.

101) 때에 ~ 취하는 것 : 『주례』「地官・廾人」에는 "金・玉・錫・石의 산지를 관장하여 엄격한 금령을 세워 지킨다. 시기에 맞추어 채취할 때, 그 지점을 표시하고 품목을 정해서 준다. 그 禁令을 돌아다니면서 감독한다"(掌金玉錫石之地, 而爲之厲禁以守之. 若以時取之則物其地圖而授之. 巡其禁令)라고 하였다.

102) 밥의 ~ 한다 : 이 말은 『주례』「天官・食醫」과 「內則」(55)에 나온다.

103) 수달이 ~ 들어간다 : 이 말은 「王制」(45)에 나온다.

104) 봄에는 ~ 헌상한다 : 이 말은 『주례』「天官・鼈人」에 나온다.

105) 봄에는 ~ 취한다 : 이 말은 『주례』「夏官・司爟」의 정현 주에 鄭司農의 말로 인용되어 있다.

106) 때에 ~ 취하는 것 : 『주례』「地官・廾人」에는 "金・玉・錫・石의 산지를 관장하여 엄격한 금령을 세워 지킨다. 시기에 맞추어 채취할 때, 그 지점을 표시하고 품목을 정해서 준다. 그 禁令을 돌아다니면서 감독한다"(掌金玉錫石之地, 而爲之厲禁以守之. 若以時取之則物其地圖而授之. 巡其禁令)라고 하였다.

107) 중동에 ~ 자른다 : 이 말은 『주례』「地官・山虞」에 나온다. 주에 鄭司農은 "陽의 나무는 봄과 여름에 생장하는 것이다. 陰의 나무는 가을과 겨울에 생장하는 것으로 소나무와 측백나무 종류이다"(陽木, 春夏生者. 陰木, 秋冬生者, 若松柏之屬)라고 하였고, 정현은 "陽의 나무는 산의 남쪽에서 생장하는 것이고 陰의 나무는 산의 북쪽에서 생장하는 것이다"(陽木, 生山南者, 陰木, 生山北者)라고 하였다.

108) 밥의 ~ 한다 : 이 말은 『주례』 「天官 · 食醫」와 「內則」(55)에 나온다.

109) 수 : 정현과 공영달은 '藪', 곧 풀이 모여 있는 수풀의 뜻으로 풀이하여 음을 素와 口의 반절 곧 '수'로 표기하였다.

110) 은으로 된 독과 붉은 시루 : 공영달의 소에 따르면 緯書인 『孝經』 「援神契」의 문장이라고 한다. 『初學記』에 "「瑞應圖」에 '王者가 연회에서 취하는 데 이르지 않고 형벌의 시행이 합당하고, 사람들이 잘못을 편들지 않으면 은으로 된 독(銀甕)이 출현한다"(「瑞應圖」曰 : '王者宴不及醉, 刑罰中, 人不爲非, 則銀甕出')라고 하였다. 『詩』 「周頌譜」에 "山에서 기물과 수레가 출현하고, 땅에서는 醴泉, 銀甕, 丹甑이 나온다"(山出器車, 地生醴泉 · 銀甕 · 丹甑)라고 하였고, 『宋書』 「符瑞志」에 "丹甑은 五穀이 잘 여물면 출현한다"(丹甑, 五穀豐熟則出)라고 하였다.

111) 산거 : 공영달의 소에 "『禮緯斗威儀』에 '정치가 太平하면, 山車가 갈고리 모양으로 절로 구부러져 있다'(其政太平, 山車垂鉤)라고 하였고, 그 注에 '山車는 자연적으로 이루어진 수레이고, 垂鉤는 구부려 제련하지 않아도 자연적으로 둥글게 구부러진 것이다'(山車, 自然之車, 垂鉤, 不揉治而自圓曲)라고 하였다"라고 설명하였다. 곧 山車는 나무가 자연적으로 구부러져 수레 모양을 이루어 인위적으로 휘지 않아도 되는 것을 말한다.

112) 항산의 ~ 달랐다 : 관련 내용은 『晉書』 권110, 「載記」 第十에 보인다.

113) 황결 : 璜은 벽옥을 절반으로 자른 모습의 옥이고, 玦은 허리에 차는 고리 모양의 옥이다.

114) 장액군의 ~ 있었는데 : 관련 내용은 『文獻通考』 卷300, 「物異考六 · 玉石之異」에 보인다.

115) 군자가 ~ 도이다 : 이 말은 『二程遺書』 권6에 나온다.

116) 믿음은 ~ 된다 : 현존하는 주자의 문집에 이와 일치되는 문장은 보이지 않으며, 『朱子語類』 권44에 관련 내용이 "'體信'是實體此道於身, '達順'是發而中節, 推之天下而無所不通也"(44-125)와 "信只是實理, 順只是和氣. '體信'是致中底意思, '達順'是致和底意思"(44-127)의 두 조목에 분산된 형태로 나온다.

색인

◆ ㄴ ◆

◆ ㄷ ◆

◆ ㅇ ◆

◆ ㅈ ◆

◆ ㅊ ◆

◆ ㅌ ◆

◆ ㅍ ◆

◆ ㅎ ◆